제 3 판

회귀 분석

박성현 저

민 영 사

머 리 말

먼저 이 책의 두번째 개정판을 내면서 그동안 이 책을 아껴 주시고 많은 조언을 하여 주신 동료 교수들, 일반 독자들, 그리고 대학원생들에게 심심한 감사를 드립니다. 이 책의 초판은 통계학의 전문분야 서적이 거의 없었던 1981년에 출판되어 회귀분석의 연구와 교육에 크게 기여했다고 생각됩니다. 그 후 1989년에 첫 번째 개정판을 내면서 두 개의 장(회귀진단, 혼합물실험)을 추가하여 독자들의 요구에 응답한 바 있습니다. 그간 이 책에 한문이 너무 많이 사용되고 통계패키지 사용 예제가 없다는 지적을 참조하여 독자들의 요구에 부응하기 위하여, 이 두번째 개정판에서는 한문을 사용하지 않기로 하고, 또한 SAS와 SPSS의 사용 예제를 여러 개 소개하여 실용적인 측면을 강조하였습니다.

이 책을 읽는 데에는 어느 정도의 사전 준비가 필요합니다. 통계학의 수준은 기초통계학, 그리고 수학의 수준은 선형대수 과목을 이수하는 것이 필요할 것입니다. 그러나, 이와 같은 준비가 안된 독자들을 위하여 1, 2장에 기초통계와 행렬이론을 정리해 놓았습니다. 이미 이 두 과목을 마친 독자는 3장부터 읽기 시작하면 좋을 것입니다. 회귀분석이 점차적으로 모든 학문에 널리 응용될 수 있도록 발전하고 있는 것을 감안하여, 통계학과 학생은 물론 사회대학, 경영대학, 공과대학, 의과대학 등의 학생들도 읽을 수 있도록 예제를 광범위하게 수록하였습니다. 또한 각종의 연구소나 기업체에서도 사용할 수 있도록 실무적인 응용예제도 다수 포함시켰습니다.

이 책은 회귀분석의 모든 연구내용을 개괄적으로 모두 기술하다보니 학부생이나 통계학 비전공자가 읽기에는 다소 어려운 감이 있습니다. 따라서 학부학생에게 이 책을 강의할 때에는 9, 10, 12, 17, 18장은 생략하여도 무방하리라 생각합니다. 이 장들은 대학원에서 강의하여도 좋을 것입니다.

끝으로, 믿음 안에서 일에 관한 정열과 소망을 주시는 주님께 깊은 감사를 드립니다. 또한 민영사의 김정식 사장과 권혜진 양에게도 감사의 뜻을 전하고 싶습니다. 이들의 끝없는 권유와 노고가 이 개정판의 출판을 가능하게 하였다고 생각합니다

1998년 8월 저자 씀

차 례

제 I 편 기초적 행렬 및 통계 이론

1. 행렬의 기초 이론 13

1.1 행렬의 정의 · 13
1.2 행렬의 연산 · 15
1.3 특수한 행렬 · 20
1.4 선형방정식 · 23
1.5 고유값과 고유벡터 · 26
1.6 이차형식 · 29
1.7 분할행렬 · 31
1.8 미분법 · 34
참고문헌 · 35
연습문제 · 35

2. 기초적 통계 이론 39

2.1 확률변수 · 39
2.2 확률변수의 분포 · 46
2.3 통계적 추정 · 51
2.4 통계적 가설검정 · 59
참고문헌 · 65
연습문제 · 65

제 II 편 기초적 회귀분석

3. 단순회귀분석 71

3.1 서론 · 71
3.2 회귀분석의 기본개념 · 73
3.3 회귀선의 추정 · 77
3.4 회귀선의 정도 · 85
3.5 상관분석 · 90
3.6 분산분석 · 96
3.7 원점을 지나는 회귀 · 98
3.8 가중회귀 · 99
3.9 통계패키지에 의한 분석 사례 · 101
참고문헌 · 104
연습문제 · 104

4. 단순회귀에 관한 추론 109

4.1 구간추정 · 110
4.2 가설검정 · 117
4.3 상관계수의 검정 · 122
4.4 모형의 타당성 · 125
4.5 오차의 자기상관 · 131
4.6 통계패키지에 의한 분석 사례 · 135
참고문헌 · 138
연습문제 · 139

5. 기초적 회귀분석의 기타 논제 141

5.1 모형의 변환 · 141
5.2 x의 측정오차 · 147
5.3 x의 수준 선택 · 149
5.4 두 회귀선의 비교 · 150
5.5 이차형식의 분포 · 157
5.6 평균제곱의 기댓값 · 162
5.7 반복측정값의 회귀분석 · 165
참고문헌 · 167
연습문제 · 168

제Ⅲ편 중회귀분석

6. 기초적 중회귀분석 175

6.1 서론 · 175
6.2 독립변수가 둘인 경우 · 176
6.3 행렬의 사용 · 177
6.4 분산분석 · 184
6.5 회귀방정식의 정도 · 192
6.6 절편 없는 중회귀모형 · 197
6.7 제곱합의 분포 · 199
6.8 통계패키지에 의한 분석 사례 · 202
참고문헌 · 205
연습문제 · 206

7. 추정과 가설검정(Ⅰ) 211

7.1 점추정 · 212
7.2 구간추정 · 216
7.3 가설검정 · 219
7.4 가설 $C\beta = m$ 의 검정 · 222
7.5 적합결여검정 · 232
7.6 잔차의 검토 · 234
7.7 통계패키지에 의한 분석 사례 · 238
참고문헌 · 239
연습문제 · 240

8. 추정과 가설검정(II) 243

8.1 추가제곱합 · 243
8.2 부분 F-검정과 축차 F-검정 · 254
8.3 변수의 표준화 · 256
8.4 공동신뢰영역 · 264
8.5 회귀모형의 비교검정 · 269
8.6 통계패키지에 의한 분석 사례 · 273
참고문헌 · 276
연습문제 · 276

9. 다항회귀 281

9.1 다항회귀모형 · 281
9.2 모형의 타당성 · 291
9.3 직교다항회귀 · 293
9.4 접목된 다항회귀 · 302
9.5 최적실험계획 · 307
9.6 통계패키지에 의한 분석 사례 · 310
참고문헌 · 314
연습문제 · 315

제IV편 회귀분석의 확장

10. 일반화 회귀분석 321

10.1 일반화 최소제곱추정 · 321
10.2 추정량의 특성 · 323
10.3 다변량회귀 · 326
10.4 자기상관 · 332
참고문헌 · 341
연습문제 · 341

11. 가변수 346

11.1 하나의 독립가변수 · 347
11.2 두 개 이상의 독립가변수 · 354
11.3 구간별 선형회귀 · 358
11.4 종속가변수 · 361
11.5 로지스틱 반응함수 · 368
11.6 통계패키지에 의한 분석 사례 · 373
참고문헌 · 378
연습문제 · 379

12. 분산분석에의 응용 383

12.1 일원배치법 · 383
12.2 반복이 없는 이원배치법 · 393
12.3 반복이 있는 이원배치법 · 397
12.4 모수의 재조정법 · 406
12.5 통계패키지에 의한 분석 사례 · 416
참고문헌 · 419
연습문제 · 419

13. 반응표면분석 425

13.1 기본적인 개념 · 425
13.2 최적반응조건의 결정 · 428
13.3 정준분석 · 432
13.4 실험계획법 · 442
13.5 공정최적화 응용 예제 · 449
13.6 통계패키지에 의한 분석 사례 · 452
참고문헌 · 455
연습문제 · 456

14. 혼합물실험의 분석 462

14.1 기본적인 개념 · 462
14.2 혼합물의 구조모형 · 464
14.3 혼합물실험에 관한 실험계획 · 468
14.4 제한된 영역에서의 실험계획 · 476
14.5 통계패키지에 의한 분석 사례 · 483
참고문헌 · 488
연습문제 · 489

제Ⅴ편 최적회귀방정식의 선택

15. 변수의 선택 495

15.1 변수제거의 결과 · 496
15.2 변수선택의 방법 · 500
15.3 변수선택의 판정기준 · 513
15.4 가스 마일수 자료의 분석 · 522
15.5 혼합모형에서의 변수 선택 · 527
15.6 통계패키지에 의한 분석 사례 · 530
참고문헌 · 542
연습문제 · 543

16. 회귀진단 550

16.1 기본적인 개념 · 550
16.2 이상치의 검출 · 552
16.3 영향을 크게 주는 측정값의 검출 · 561
16.4 이상치와 영향을 크게 주는 측정값의 척도의 비교 · 567
16.5 통계패키지에 의한 분석 사례 · 571
참고문헌 · 575
연습문제 · 576

17. 편의추정 578

17.1 다중공선성의 문제 · 578
17.2 능형회귀 · 583
17.3 주성분회귀 · 591
17.4 제한회귀 · 594
참고문헌 · 597
연습문제 · 576

18. 비선형회귀 601

18.1 서론 · 601
18.2 최소제곱추정 · 602
18.3 선형화법 · 605
18.4 최대경사법 · 611
18.5 심플렉스탐사법 · 615
참고문헌 · 623
연습문제 · 624

부록 625
연습문제 해답 639
색인 661

제 I 편

기초적 행렬 및 통계 이론

1. 행렬의 기초 이론
2. 기초적 통계 이론

1

행렬의 기초 이론

회귀분석을 체계적으로 다루려면 행렬의 사용은 필수적이라 하겠다. 제 3 장에서 소개되는 단순회귀(單純回歸, simple regression)분석은 행렬의 사용 없이 설명이 가능하나, 제 4 장부터 전개되는 중회귀(重回歸, multiple regression) 개념을 다루는 데는 행렬이 반드시 필요한 도구이다. 첫 장에서는, 이 책을 읽는 데 필요한 행렬의 기초적 지식을 간추려 보고자 한다.

1·1 행렬의 정의

mn 개의 원소(元素, elements) $a_{ij}(i=1, 2, \cdots, m\,;\ j=1, 2, \cdots, n)$를 다음과 같이 나열한 것을 $m \times n$ 행렬이라고 한다.

$$\begin{bmatrix} a_{11} & a_{12} & \cdots & a_{1n} \\ a_{21} & a_{22} & \cdots & a_{2n} \\ \vdots & \vdots & & \vdots \\ a_{m1} & a_{m2} & \cdots & a_{mn} \end{bmatrix}$$

여기서 a_{ij} 는 i 번째 행(行, row)과 j 번째 열(列, column)의 원소를 나타내며, 위의 행렬을 문자 A 로 표시하기로 하면, 다음과 같이 간단히 쓰기도 한다.

$$A = (a_{ij}),\quad (i=1, 2, \cdots, m\,;\ j=1, 2, \cdots, n)$$

행과 열의 수를 나타내는 $m \times n$ 을 행렬의 차원(次元, dimension)이라고 한다.

이 책에서 다루는 행렬의 모든 원소는 실수(實數, real number)라고 가정한다.

1·1·1 정방행렬

행과 열의 수효가 같은 행렬, 즉 $n \times n$ 행렬을 정방행렬(正方行列, square matrix)이라 하며, n 을 이 행렬의 차수(次數, order)라 한다.

1·1·2 대칭행렬

정방행렬 $A=(a_{ij})$에서 모든 i, j에 대하여 $a_{ij}=a_{ji}$가 성립될 때 A를 대칭행렬(對稱行列, symmetric matrix)이라 부른다.

〔예 1·1〕
$$\begin{bmatrix} 1 & -1 & 2 \\ -1 & 0 & 3 \\ 2 & 3 & 7 \end{bmatrix}$$

1·1·3 단위행렬

n 차의 행렬에서 대각선 원소(diagonal elements)가 모두 1이고, 나머지는 모두 0이면 이 행렬을 n 차 단위행렬(單位行列, unit matrix)이라 하고, I 혹은 I_n 으로 표시한다.

〔예 1·2〕
$$I_3 = \begin{bmatrix} 1 & 0 & 0 \\ 0 & 1 & 0 \\ 0 & 0 & 1 \end{bmatrix}$$

1·1·4 대각선행렬

대각선 원소만이 0이 아닌 값을 가질 수 있고, 그 외의 모든 원소는 모두 0을 갖는 행렬을 대각선행렬(對角線行列, diagonal matrix)이라 한다.

〔예 1·3〕
$$A = \begin{bmatrix} 1 & 0 & 0 \\ 0 & 5 & 0 \\ 0 & 0 & 3 \end{bmatrix}$$

1·1·5 전치행렬

행렬 A의 행을 열로 하고, 열을 행으로 한 행렬을 A'로 표시하고, A'을 A의 전치행렬(轉置行列, transpose matrix)이라 한다. 이 때 A는 A'의 전치행렬이기도 하다.

〔예 1·4〕

$$X=\begin{bmatrix} 1 & x_{11} & x_{21} & \cdots & x_{k1} \\ 1 & x_{12} & x_{22} & \cdots & x_{k2} \\ 1 & x_{13} & x_{23} & \cdots & x_{k3} \\ \vdots & \vdots & \vdots & & \vdots \\ 1 & x_{1n} & x_{2n} & \cdots & x_{kn} \end{bmatrix}$$ 이면 X의 전치행렬은

$$X'=\begin{bmatrix} 1 & 1 & 1 & \cdots & 1 \\ x_{11} & x_{12} & x_{13} & \cdots & x_{1n} \\ x_{21} & x_{22} & x_{23} & \cdots & x_{2n} \\ \vdots & \vdots & \vdots & & \vdots \\ x_{k1} & x_{k2} & x_{k3} & \cdots & x_{kn} \end{bmatrix}$$ 이다.

1·1·6 벡터(vector)

$n\times1$ 행렬을 n차 행벡터(row vector)라 부르고 $1\times n$ 행렬을 n차 열벡터(column vector)라 한다. 행과 열의 구별 없이 벡터라 하면, 이 책에서는 열벡터를 의미하는 것으로 한다.

1·2 행렬의 연산

1·2·1 행렬의 합(addition of matrices)

두 개의 $m\times n$행렬 $A=(a_{ij})$와 $B=(b_{ij})$의 합은 다음과 같다.

$$A+B=\begin{bmatrix} a_{11}+b_{11} & a_{12}+b_{12} & \cdots & a_{1n}+b_{1n} \\ a_{21}+b_{21} & a_{22}+b_{22} & \cdots & a_{2n}+b_{2n} \\ \vdots & \vdots & & \vdots \\ a_{m1}+b_{m1} & a_{m2}+b_{m2} & \cdots & a_{mn}+b_{mn} \end{bmatrix}=(a_{ij}+b_{ij})$$

〔예 1·5〕 $\begin{pmatrix} 3 & 1 & -1 \\ 2 & 2 & -3 \end{pmatrix} + \begin{pmatrix} 1 & 2 & 1 \\ 1 & 3 & 0 \end{pmatrix} = \begin{pmatrix} 4 & 3 & 0 \\ 3 & 5 & -3 \end{pmatrix}$

행렬의 합은 두 행렬의 차원이 같을 때에만 가능하다. A 행렬에서 B 행렬을 뺄 때에도 마찬가지이며, 그 연산은 다음과 같다.

$$A-B = (a_{ij}-b_{ij})$$

1·2·2 행렬의 곱(multiplication of matrices)

$m \times n$ 행렬 $A=(a_{ij})$와 $n \times l$ 행렬 $B=(b_{ij})$의 곱을 $C=(c_{ij})$라 하면,

$$c_{ij} = a_{i1}b_{1j}+a_{i2}b_{2j}+\cdots+a_{in}b_{nj} = \sum_{k=1}^{n} a_{ik}b_{kj}$$

이고, 행렬 C는 $m \times l$ 행렬이 된다. 만약, A의 열의 수와 B의 행의 수가 일치하지 않으면, 이 두 행렬의 곱은 성립하지 않는다.

〔예 1·6〕 $\begin{pmatrix} 2 & 1 & 3 \\ 1 & 3 & 2 \end{pmatrix} \begin{pmatrix} 3 & 4 \\ -1 & 2 \\ 2 & 1 \end{pmatrix} = \begin{pmatrix} 11 & 13 \\ 4 & 12 \end{pmatrix}$

〔예 1·7〕 행렬 $X=(x_{ij})$가 $n \times k$ 행렬인

$$X = \begin{pmatrix} x_{11} & x_{12} & \cdots & x_{1k} \\ x_{21} & x_{22} & \cdots & x_{2k} \\ x_{31} & x_{32} & \cdots & x_{3k} \\ \vdots & \vdots & & \vdots \\ x_{n1} & x_{n2} & \cdots & x_{nk} \end{pmatrix} \qquad (1 \cdot 1)$$

일 때 $X'X$를 구하라. 즉, X의 전치행렬 X'와 X의 곱을 구하는 것이며, 이와 같은 행렬 $X'X$는 회귀분석에서 자주 나타나는 형태이다.

$$X'X = \begin{pmatrix} \sum_{p=1}^{n} x_{p1}^2 & \sum_{p=1}^{n} x_{p1}x_{p2} & \sum_{p=1}^{n} x_{p1}x_{p3} & \cdots & \sum_{p=1}^{n} x_{p1}x_{pk} \\ & \sum_{p=1}^{n} x_{p2}^2 & \sum_{p=1}^{n} x_{p2}x_{p3} & \cdots & \sum_{p=1}^{n} x_{p2}x_{pk} \\ & & \sum_{p=1}^{n} x_{p3}^2 & \cdots & \sum_{p=1}^{n} x_{p3}x_{pk} \\ & (\text{대칭}) & & & \vdots \\ & & & & \sum_{p=1}^{n} x_{pk}^2 \end{pmatrix} \qquad (1 \cdot 2)$$

《정리 1·1》 $(AB)' = B'A'$

《정리 1·2》 모든 정방행렬 A에 대하여 $AI=IA=A$가 성립한다.

1·2·3 스칼라 배(scalar multiplication)

$m\times n$ 행렬 $A=(a_{ij})$에 대해 α를 임의의 상수(constant)라 할 때 다음이 성립한다.

$$\alpha A = \begin{pmatrix} \alpha a_{11} & \alpha a_{12} & \cdots & \alpha a_{1n} \\ \alpha a_{21} & \alpha a_{22} & \cdots & \alpha a_{2n} \\ \vdots & \vdots & & \vdots \\ \alpha a_{m1} & \alpha a_{m2} & \cdots & \alpha a_{mn} \end{pmatrix} = (\alpha a_{ij})$$

1·2·4 행렬식

정방행렬 $A=(a_{ij})$의 행렬식(行列式, determinant)은 $|A|$ 혹은 $\det(A)$로 표시하며, 행렬 A가 1×1 행렬이면 $|A| = a_{11}$이고, 2×2 행렬이면

$$|A| = \begin{vmatrix} a_{11} & a_{12} \\ a_{21} & a_{22} \end{vmatrix} = a_{11}a_{22} - a_{12}a_{21}$$

이다.

$n\times n$ 행렬 $A=(a_{ij})$에서 i번째 행과 j번째 열을 빼버린 나머지 $(n-1)\times(n-1)$ 행렬의 행렬식을 M_{ij}라 쓰면, 이 M_{ij}를 a_{ij}의 소행렬식(minor)이라 부르고,

$$A_{ij} = (-1)^{i+j} M_{ij} \tag{1·3}$$

를 a_{ij}의 여인수(餘因數, cofactor)라 한다. 그러면, 행렬 A의 행렬식은 다음에 의하여 정의된다.

$$|A| = \sum_{j=1}^{n} a_{ij} A_{ij}, \quad i = 1, 2, \cdots, n \tag{1·4}$$

〔예 1·8〕 3차 정방행렬 A의 행렬식은

$$|A| = \begin{vmatrix} a_{11} & a_{12} & a_{13} \\ a_{21} & a_{22} & a_{23} \\ a_{31} & a_{32} & a_{33} \end{vmatrix} = a_{11}A_{11} + a_{12}A_{12} + a_{13}A_{13}$$

$$= a_{11}\begin{vmatrix} a_{22} & a_{23} \\ a_{32} & a_{33} \end{vmatrix} - a_{12}\begin{vmatrix} a_{21} & a_{23} \\ a_{31} & a_{33} \end{vmatrix} + a_{13}\begin{vmatrix} a_{21} & a_{22} \\ a_{31} & a_{32} \end{vmatrix}$$

$$= a_{11}a_{22}a_{33} - a_{11}a_{32}a_{23} - a_{12}a_{21}a_{33} + a_{12}a_{31}a_{23} + a_{13}a_{21}a_{32} - a_{13}a_{31}a_{22}$$

《정리 1·3》 행렬 A, B가 정방행렬이면

$$|AB| = |BA| = |A||B|$$

《정리 1·4》 $|A| = |A'|$

《정리 1·5》 A가 $n \times n$ 행렬이면,

$$|\alpha A| = \alpha^n |A|$$

《정리 1·6》

$$\begin{vmatrix} 1 & x_1 & x_1^2 & \cdots & x_1^{n-1} \\ 1 & x_2 & x_2^2 & \cdots & x_2^{n-1} \\ \vdots & \vdots & \vdots & & \vdots \\ 1 & x_n & x_n^2 & \cdots & x_n^{n-1} \end{vmatrix} = \prod_{i<j} (x_j - x_i)$$

위의 행렬식을 Vandermonde 행렬식이라 부르며, 여기서 Π는 곱을 표시하는 기호이다.

1·2·5 트레이스

정방행렬 A 의 트레이스(trace)를 $\mathrm{tr}(A)$로 표시하고, $\mathrm{tr}(A)$는 행렬 A 의 대각선 원소들의 합이다. 즉, $A=(a_{ij})$가 $n\times n$ 행렬일 때

$$\mathrm{tr}(A) = \sum_{i=1}^{n} a_{ii}$$

이 된다.

〔예 1·9〕

$$A = \begin{bmatrix} 1 & 2 & 3 \\ 4 & 5 & 6 \\ 7 & 8 & 9 \end{bmatrix} \text{이면 } \mathrm{tr}(A) = 1+5+9 = 15$$

《정리 1·7》 $\mathrm{tr}(A\pm B) = \mathrm{tr}(A)\pm\mathrm{tr}(B)$

《정리 1·8》 $\mathrm{tr}(\alpha A) = \alpha\mathrm{tr}(A)$

《정리 1·9》 $\mathrm{tr}(I_n) = n$

《정리 1·10》 $\mathrm{tr}(AB) = \mathrm{tr}(BA)$

$\mathrm{tr}(ABC) = \mathrm{tr}(BCA) = \mathrm{tr}(CAB)$

《정리 1·11》 만약, $\boldsymbol{x}$ 는 $n\times 1$ 벡터이고, A 는 $n\times n$ 행렬이면,

$$\boldsymbol{x}'A\boldsymbol{x} = \mathrm{tr}(\boldsymbol{x}'A\boldsymbol{x}) = \mathrm{tr}(A\boldsymbol{x}\boldsymbol{x}') = \mathrm{tr}(\boldsymbol{x}\boldsymbol{x}'A)$$

가 된다.

1·3 특수한 행렬

1·3·1 역행렬

행렬 A가 n차의 정방행렬이고 행렬식이 0이 아니면,

$$AA^{-1}=A^{-1}A=I_n$$

을 만족시키는 행렬 A^{-1}가 존재하며, A^{-1}를 A의 역행렬(逆行列, inverse matrix)이라 한다. $n\times n$ 행렬 $A=(a_{ij})$의 역행렬 A^{-1}는 다음에 의하여 얻어진다.

$$A^{-1}=\frac{1}{|A|}\begin{bmatrix} A_{11} & A_{21} & \cdots & A_{n1} \\ A_{12} & A_{22} & \cdots & A_{n2} \\ \vdots & \vdots & & \vdots \\ A_{1n} & A_{2n} & \cdots & A_{nn} \end{bmatrix} \tag{1·5}$$

위에서 A_{ij}는 식 (1·3)에서 정의된 a_{ij}의 여인수이다.

〔예 1·10〕 $A=\begin{bmatrix} a & b \\ c & d \end{bmatrix}$이면 $A^{-1}=\dfrac{1}{ad-cb}\begin{bmatrix} d & -b \\ -c & a \end{bmatrix}$ (1·6)

〔예 1·11〕 $A=\begin{bmatrix} a & b & c \\ b & d & e \\ c & e & f \end{bmatrix}$이면

$$|A|=adf+2bce-c^2d-ae^2-b^2f,$$

$$A^{-1}=\frac{1}{|A|}\begin{bmatrix} df-e^2 & ce-bf & be-cd \\ ce-bf & af-c^2 & bc-ae \\ be-cd & bc-ae & ad-b^2 \end{bmatrix} \tag{1·7}$$

《정리 1·12》 $(A^{-1})^{-1}=A$

《정리 1·13》 $(A')^{-1}=(A^{-1})'$

《정리 1·14》 행렬 A, B가 모두 정방행렬이고, $|A|\neq 0$, $|B|\neq 0$ 이면 $(AB)^{-1}=B^{-1}A^{-1}$ 이다.

《정리 1·15》 상수 α가 0이 아니고 행렬 A의 역행렬이 존재하면,

$$(\alpha A)^{-1}=\frac{1}{\alpha}A^{-1}$$

이 된다.

《정리 1·16》 $|A|\neq 0$ 이면 $|A^{-1}|=\dfrac{1}{|A|}$ 이다.

《정리 1·17》 $n\times n$ 행렬 A가

$$(a_{ij})=\begin{bmatrix} a & b & \cdots & b \\ b & a & \cdots & b \\ \vdots & \vdots & & \vdots \\ b & b & \cdots & a \end{bmatrix}$$

의 모양을 가지면(즉, $a_{ii}=a$, $a_{ij}=b$, $i\neq j$), A의 행렬식은

$$|A|=(a-b)^{n-1}[a+(n-1)b]$$

이고, 역행렬은 $A^{-1}=(a^{ij})$로 나타내면 다음과 같다.

$$a^{ii}=\frac{a+(n-2)b}{[a+(n-1)b](a-b)},\quad a^{ij}=\frac{-b}{[a+(n-1)b](a-b)}\ (i\neq j)$$

1·3·2 직교행렬

정방행렬 A에 대하여 만약

$$A'=A^{-1} \tag{1·8}$$

이 성립하면, A를 직교행렬(直交行列, orthogonal matrix)이라 부른다. 즉, 전치행렬과 역행렬이 일치하는 행렬은 직교행렬이다. A가 직교행렬이면

$$AA' = A'A = I$$

가 또한 성립한다.

〔예 1・12〕 $A = \begin{bmatrix} \frac{1}{\sqrt{2}} & -\frac{1}{\sqrt{2}} \\ \frac{1}{\sqrt{2}} & \frac{1}{\sqrt{2}} \end{bmatrix}$은 직교행렬이다.

왜냐하면

$$A' = A^{-1} = \begin{bmatrix} \frac{1}{\sqrt{2}} & \frac{1}{\sqrt{2}} \\ -\frac{1}{\sqrt{2}} & \frac{1}{\sqrt{2}} \end{bmatrix}$$

이기 때문이다. 또한,

$$A'A = AA' = \begin{bmatrix} 1 & 0 \\ 0 & 1 \end{bmatrix}$$

이 성립한다.

한편, n차 정방행렬 A가 직교행렬이고 $n\times 1$ 벡터 $\boldsymbol{x}$가

$$\boldsymbol{y} = A\boldsymbol{x} \tag{1・9}$$

라는 식을 통하여 $\boldsymbol{y}$로 변환(變換, transformation)되면 식 (1・9)를 직교변환(直交變換, orthogonal transformation)이라 하며, 다음의 재미있는 관계식을 갖는다.

$$\boldsymbol{y}'\boldsymbol{y} = (A\boldsymbol{x})'(A\boldsymbol{x}) = \boldsymbol{x}'A'A\boldsymbol{x} = \boldsymbol{x}'I\boldsymbol{x} = \boldsymbol{x}'\boldsymbol{x} \tag{1・10}$$

《정리 1·18》 P가 직교행렬이면, 다음이 성립한다.

$$\mathrm{tr}(P'AP) = \mathrm{tr}(A),$$
$$|P'AP| = |A|,$$
$$|P| = 1 \text{ 이거나 } |P| = -1$$

1·3·3 멱등행렬

$AA=A$가 성립되는 정방행렬 A를 멱등행렬(冪等行列, idempotent matrix)이라 부른다. 멱등행렬의 개념은 통계의 분포이론을 발전시키는 데 있어서 매우 중요한 역할을 한다. 회귀분석에서 흔히 나타나는 $X(X'X)^{-1}X'$ 또는 $I-X(X'X)^{-1}X'$과 같은 행렬은 멱등행렬이다. 즉,

$$\begin{aligned}[X(X'X)^{-1}X'][X(X'X)^{-1}X'] &= X(X'X)^{-1}X'X(X'X)^{-1}X' \\ &= X(X'X)^{-1}X'\end{aligned}$$

$$\begin{aligned}&[I-X(X'X)^{-1}X'][I-X(X'X)^{-1}X'] \\ &\quad =I-X(X'X)^{-1}X'-X(X'X)^{-1}X'+X(X'X)^{-1}X'X(X'X)^{-1}X' \\ &\quad =I-X(X'X)^{-1}X'\end{aligned}$$

멱등행렬 A가 대칭이면 이를 대칭멱등행렬(對稱冪等行列, symmetric idempotent matrix)이라고 한다. 통계학에서 취급되는 멱등행렬은 모두 대칭이므로 앞으로 대칭이라는 말을 빼고, 단순히 멱등행렬이라고 할 때에도 대칭멱등행렬을 의미하는 것으로 이해하여 주기 바란다.

1·4 선형방정식

1·4·1 선형독립

k개의 $n\times1$ 벡터 $\mathbf{v}_1, \mathbf{v}_2, \cdots, \mathbf{v}_k$가 있다 하자. 어떤 상수 $c_1, c_2, \cdots, c_k$에 대하여 만약,

$$\sum_{i=1}^{k} c_i\mathbf{v}_i = \mathbf{0} \tag{1 · 11}$$

이 $c_i(i=1,2,\cdots,k)$가 전부 0일 때에만 성립한다면 벡터 $\mathbf{v}_1, \mathbf{v}_2, \cdots, \mathbf{v}_k$는 서로 선형독립(線型獨立, linear independence)이라고 한다. 식 (1 · 11)이 모든 c_i가 0은 아닌 경우에도 등식이 성립한다면 벡터 $\mathbf{v}_1, \mathbf{v}_2, \cdots, \mathbf{v}_k$는 선형종속(線型從屬, linear dependence)관계에 있다고 한다.

〔예 1·13〕

$$\boldsymbol{v}_1 = \begin{bmatrix} 1 \\ 3 \\ 2 \end{bmatrix}, \quad \boldsymbol{v}_2 = \begin{bmatrix} 3 \\ 2 \\ 5 \end{bmatrix}, \quad \boldsymbol{v}_3 = \begin{bmatrix} 4 \\ 5 \\ 7 \end{bmatrix}$$

의 세 벡터에 대하여 $c_1 = 1$, $c_2 = 1$, $c_3 = -1$ 이면

$$\sum_{i=1}^{3} c_i \boldsymbol{v}_i = \boldsymbol{v}_1 + \boldsymbol{v}_2 - \boldsymbol{v}_3 = \mathbf{0}$$

이 되는데, 모든 c_i가 0은 아니어도 식 (1·11)이 성립되므로, 위의 세 벡터는 선형종속관계에 있다. 그러나 $\boldsymbol{v}_1$, $\boldsymbol{v}_2$ 만을 생각하면 $c_1\boldsymbol{v}_1 + c_2\boldsymbol{v}_2 = \mathbf{0}$ 을 만족하기 위해서는 c_1, c_2 가 모두 0이 되어야 하므로 $\boldsymbol{v}_1$, $\boldsymbol{v}_2$ 는 선형독립관계에 있다.

벡터 $\boldsymbol{v}_1$, $\boldsymbol{v}_2$, $\boldsymbol{v}_3$ 를 한 데 모아 다음과 같은 행렬을 생각하여 보자.

$$V = \begin{bmatrix} 1 & 3 & 4 \\ 3 & 2 & 5 \\ 2 & 5 & 7 \end{bmatrix}$$

이 행렬 V에서 선형독립인 열이 최대로 둘이며, 이런 경우 행렬 V의 계수(階數, rank)를 2라고 한다.

일반적으로 $m \times n$ 행렬 A에서 열계수(column rank)는 선형독립인 열의 최대의 개수를 말하고, 행계수(row rank)는 선형독립인 행의 최대의 개수를 말하며, 열계수와 행계수는 같고, 이 계수를 행렬 A의 계수라 하고 $r(A)$로 표시한다.

$n \times n$ 행렬 A에서 $r(A) = k$ 일 때 만약 $k = n$ 이면 행렬 A를 정칙(正則, nonsingular) 행렬이라고 하고, $k < n$ 이면 비정칙(非正則, singular) 행렬이라고 한다.

《정리 1·19》 $r(AB) \le r(A)$

$r(AB) \le r(B)$

《정리 1·20》 $r(A+B) \le r(A) + r(B)$

《정리 1·21》 $n \times n$ 행렬 A에 대하여 $r(A) = k < n$ 이면 선형독립인 열과 행의 수는 각각 k 이며 $|A| = 0$ 이다. 또 $|A| = 0$ 이면 $r(A) < n$ 이다.

《정리 1·22》 $r(A'A) = r(AA') = r(A) = r(A')$

1·4·2 연립선형방정식

다음과 같은 k개의 선형방정식이 있다 하자.

$$\begin{aligned} a_{11}x_1 + a_{12}x_2 + \cdots + a_{1k}x_k &= b_1 \\ a_{21}x_1 + a_{22}x_2 + \cdots + a_{2k}x_k &= b_2 \\ \vdots \qquad \vdots \qquad\qquad &\ \ \vdots \\ a_{k1}x_1 + a_{k2}x_2 + \cdots + a_{kk}x_k &= b_k \end{aligned}$$

이와 같은 연립선형방정식(聯立線型方程式, simultaneous linear equations)을 행렬로 간단히 표시하면,

$$A\boldsymbol{x} = \boldsymbol{b} \tag{1·12}$$

이며, $A=(a_{ij})$, $\boldsymbol{x}'=(x_1, x_2, \cdots, x_k)$, $\boldsymbol{b}'=(b_1, b_2, \cdots, b_k)$이다. 이 $k\times k$ 행렬 A가 정칙행렬이면(즉, $r(A)=k$), 방정식 (1·12)에 다음과 같이 A의 역행렬을 곱함으로써 벡터 $\boldsymbol{x}$에 관한 유일한 해(解, solution)를 구할 수 있다.

$$A^{-1}A\boldsymbol{x} = A^{-1}\boldsymbol{b} \Rightarrow \boldsymbol{x} = A^{-1}\boldsymbol{b} \tag{1·13}$$

만약 A가 비정칙행렬이면(즉, $r(A)<k$), 식 (1·12)에 대한 $\boldsymbol{x}$의 해는 두 가지로 나누어서 생각하여야 한다. 행렬 A의 오른쪽에 벡터 $\boldsymbol{b}$를 첨가시킨 첨가행렬(添加行列, augmented matrix)을 $B=(A \vdots \boldsymbol{b})$라고 하자. 먼저 $r(A)=r(B)$이면 식 (1·12)에 대한 $\boldsymbol{x}$의 해는 무한히 많이 존재한다. 한편, $r(A)<r(B)$이면 $\boldsymbol{x}$의 해는 존재하지 않는다. 여기서 $r(A)>r(B)$가 되는 경우는 있을 수 없다. 왜냐하면, A의 열들은 B의 열들의 부분집합(部分集合, subset)이기 때문이다.

《정리 1·23》 다음과 같은 $\boldsymbol{b}$에 관한 연립선형방정식

$$X'X\boldsymbol{b} = X'\boldsymbol{y}$$

는 언제나 이를 만족시키는 $\boldsymbol{b}$의 해를 갖는다.

이 정리는 회귀분석에서 매우 유용하게 쓰여지므로 간단히 증명을 보이겠다.

증명 《정리 1·19》와 《정리 1·22》를 사용하여

$$r(X') = r(X'X) \le r(X'X \vdots X'\boldsymbol{y}) = r[X'(X \vdots \boldsymbol{y})] \le r(X')$$

이 되며, 따라서 $r(X'X) = r(X'X \vdots X'\boldsymbol{y})$가 된다. 즉, 연립선형방정식 $X'X\boldsymbol{b} = X'\boldsymbol{y}$에 대한 $\boldsymbol{b}$의 해는 존재한다. ■

1·5 고유값과 고유벡터

n차의 정방행렬 A와 스칼라(scalar) λ로 행렬식 $f(\lambda) = |A - \lambda I_n|$을 만들면, 이와 같은 함수 $f(\lambda)$를 행렬 A에 대한 특성함수(特性函數, characteristic function)라 부르고,

$$f(\lambda) = |A - \lambda I_n| = 0 \tag{1·14}$$

을 만족시키는 λ의 값을 행렬 A의 고유값(eigenvalues) 또는 특성근(特性根, characteristic roots)이라고 하며, n개의 고유값 $\lambda_1, \lambda_2, \cdots, \lambda_n$이 존재한다. 이 고유값들은 반드시 모두 상이한 값들은 아니다.

어떤 고유값 λ에 대하여

$$(A - \lambda I_n)\boldsymbol{x} = \boldsymbol{0} \tag{1·15}$$

와 같은 연립방정식을 만들었을 때, 이를 만족시키는 벡터 $\boldsymbol{x}$를 주어진 고유값 λ에 대응하는 고유벡터(eigenvector)라고 한다. $\boldsymbol{0}$벡터도 식 (1·15)를 만족시키나, 이는 고유벡터로 생각하지 않는다. n개의 고유값이 있으므로 n개의 고유벡터가 존재한다.

〔예 1·14〕 행렬 $A = \begin{bmatrix} 2 & \sqrt{6} \\ \sqrt{6} & 1 \end{bmatrix}$의 고유값과 고유벡터를 구하라.

$$f(\lambda) = |A - \lambda I| = \begin{vmatrix} 2-\lambda & \sqrt{6} \\ \sqrt{6} & 1-\lambda \end{vmatrix}$$
$$= (\lambda - 4)(\lambda + 1) = 0$$

에서 A 의 고유값은 $\lambda=4$ 와 -1 이다. $\lambda=4$ 에 대하여, 식 (1·15)는

$$\begin{bmatrix} 2-4 & \sqrt{6} \\ \sqrt{6} & 1-4 \end{bmatrix}\begin{bmatrix} x_1 \\ x_2 \end{bmatrix}=\begin{bmatrix} 0 \\ 0 \end{bmatrix}$$

이며,

$$-2x_1+\sqrt{6}\,x_2=0,\quad \sqrt{6}\,x_1-3x_2=0$$

이므로, 이를 풀면

$$\boldsymbol{x}=\begin{bmatrix} x_1 \\ x_2 \end{bmatrix}=\begin{bmatrix} \sqrt{3/5} \\ \sqrt{2/5} \end{bmatrix}$$

이 된다. 다음으로 $\lambda=-1$ 을 사용하여 같은 요령으로 풀면

$$\boldsymbol{x}=\begin{bmatrix} x_1 \\ x_2 \end{bmatrix}=\begin{bmatrix} -\sqrt{2/5} \\ \sqrt{3/5} \end{bmatrix}$$

와 같은 고유벡터를 얻는다.

《정리 1·34》 대칭행렬의 고유값은 모두 실수이다.

《정리 1·35》 행렬 A 의 0 아닌 고유값의 개수는 $r(A)$와 같다.

《정리 1·36》 행렬 A 와 CAC^{-1} 의 고유값은 같으며, 만약 행렬 C 가 직교행렬이면 A 와 CAC' 는 같은 고유값을 갖는다.

《정리 1·37》 $\lambda_1,\ \lambda_2,\ \cdots,\ \lambda_n$ 을 대칭행렬 A 의 고유값이라 하고, 행렬 Λ 를

$$\Lambda=\begin{bmatrix} \lambda_1 & 0 & 0 & \cdots & 0 \\ 0 & \lambda_2 & 0 & \cdots & 0 \\ 0 & 0 & \lambda_3 & \cdots & 0 \\ \vdots & \vdots & \vdots & & \vdots \\ 0 & 0 & 0 & \cdots & \lambda_n \end{bmatrix} \tag{1·16}$$

라 하면 $C'AC=\Lambda$ 를 만족시키는 직교행렬 C 가 존재한다.

《정리 1·38》 $\lambda_1, \lambda_2, \cdots, \lambda_n$을 대칭행렬 A의 고유값이라 하고 행렬 Λ를 식 (1·16)과 같이 정의하면 임의의 벡터 $\boldsymbol{x}$에 대하여,

$$\begin{aligned} Q &= \boldsymbol{x}'A\boldsymbol{x} = \boldsymbol{w}'P'AP\boldsymbol{w} = \boldsymbol{w}'\Lambda\boldsymbol{w} \\ &= \lambda_1 w_1^2 + \lambda_2 w_2^2 + \cdots + \lambda_n w_n^2 \end{aligned} \tag{1·17}$$

을 만족하는 직교변환 $\boldsymbol{x}=P\boldsymbol{w}$가 존재하며 벡터 $\boldsymbol{p}_i$를 행렬 P의 i번째 열벡터라 하면 $\boldsymbol{p}_i$는 고유값 λ_i에 대응하는 행렬 A의 고유벡터이고, P는 직교행렬이다.

《정리 1·39》 멱등행렬의 고유값은 0 또는 1이다.

《정리 1·40》 행렬 A가 $r(A)=k$인 멱등행렬일 때는

$$P'AP = E_k$$

와 같이 되는 직교행렬 P가 존재한다. 여기서 행렬 E_k는 대각선 원소(對角線 元素, diagonal elements) 중 k개가 1, 나머지는 0인 대각선행렬을 의미한다.

《정리 1·41》 $n \times n$ 행렬 A의 고유값을 $\lambda_1, \lambda_2, \cdots, \lambda_n$이라 할 때 다음이 성립한다.

$$\text{tr}(A) = \sum_{i=1}^{n} \lambda_i$$

$$\text{tr}(A'A) = \sum_{i=1}^{n} \lambda_i^2$$

$$\text{tr}(A^{-1}) = \sum_{i=1}^{n} \lambda_i^{-1}$$

$$|A| = \lambda_1 \lambda_2 \cdots \lambda_n$$

또한 만약, A가 멱등행렬이면,

$$\text{tr}(A) = r(A)$$

1·6 이차형식

$\boldsymbol{y}$는 i번째 원소가 y_i인 벡터이고 $A=(a_{ij})$는 $n\times n$ 대칭행렬이라고 할 때

$$\begin{aligned}\boldsymbol{y}'A\boldsymbol{y} &= \sum_{i=1}^{n}\sum_{j=1}^{n}a_{ij}y_iy_j \\ &= \sum_{i=1}^{n}a_{ii}y_i^2+2\sum_{i=1}^{n-1}\sum_{j=i+1}^{n}a_{ij}y_iy_j \qquad (1\cdot 18)\end{aligned}$$

를 $\boldsymbol{y}$의 이차형식(二次形式, quadratic form)이라고 한다. 이차형식 $\boldsymbol{y}'A\boldsymbol{y}$의 계수라고 하면, 이것은 행렬 A의 계수를 말한다.

$\mathbf{0}$이 아닌 모든 벡터 $\boldsymbol{y}$에 대하여, $\boldsymbol{y}'A\boldsymbol{y}>0$이 성립할 때 행렬 A를 양정치(陽定置, positive definite) 행렬이라 하고, 만약 $\boldsymbol{y}'A\boldsymbol{y}<0$이 성립하면 행렬 A를 음정치(陰定置, negative definite) 행렬이라 한다. 한편, $\mathbf{0}$이 아닌 모든 벡터 $\boldsymbol{y}$에 대하여 $\boldsymbol{y}'A\boldsymbol{y}\geq 0$이 성립하면 행렬 A를 양반정치(陽半定置, positive semidefinite) 행렬이라 부르며, 이 때는 $\boldsymbol{y}'A\boldsymbol{y}=0$을 만족시키는 $\mathbf{0}$ 아닌 $\boldsymbol{y}$ 벡터가 존재하는 경우이다. 이와 반대로, $\boldsymbol{y}'A\boldsymbol{y}\leq 0$이면 행렬 A를 음반정치(陰半定置, negative semidefinite) 행렬이라 부른다. 그리고, 행렬 A가 위의 어떤 경우에도 속하지 않을 경우에는, 이 행렬을 비정치(非定置, indefinite) 행렬이라 부른다.

행렬 A가 양정치일 때 이차형식 $\boldsymbol{y}'A\boldsymbol{y}$를 양정치 이차형식이라 부르며, 행렬 A가 다른 경우에도 각 경우에 따라서 이차형식을 분류할 수 있다.

〔예 1·15〕 다음의 이차형식

$$\begin{aligned}\boldsymbol{y}'A\boldsymbol{y} &= (y_1, y_2, y_3)\begin{bmatrix}3 & 5 & 1\\ 5 & 13 & 0\\ 1 & 0 & 1\end{bmatrix}\begin{bmatrix}y_1\\ y_2\\ y_3\end{bmatrix} \\ &= 3y_1^2+13y_2^2+y_3^2+10y_1y_2+2y_1y_3 \\ &= (y_1+2y_2)^2+(y_1+3y_2)^2+(y_1+y_3)^2\end{aligned}$$

은 $\boldsymbol{y}$의 값들이 동시에 0이 아닌 모든 값에 대하여 $\boldsymbol{y}'A\boldsymbol{y}>0$이므로, 이 이차형식은 양정치

이며, 행렬 A는 양정치행렬이다.

〔예 1·16〕 다음의 이차형식

$$\boldsymbol{y}'A\boldsymbol{y}=(y_1, y_2, y_3)\begin{bmatrix} 37 & -2 & -24 \\ -2 & 13 & -3 \\ -24 & -3 & 17 \end{bmatrix}\begin{bmatrix} y_1 \\ y_2 \\ y_3 \end{bmatrix}$$
$$=37y_1^2+13y_2^2+17y_3^2-4y_1y_2-48y_1y_3-6y_2y_3$$
$$=(6y_1-4y_3)^2+(y_1-2y_2)^2+(3y_2-y_3)^2$$

은 $\boldsymbol{y}'=(2,1,3)$에서 $\boldsymbol{y}'A\boldsymbol{y}=0$이며, 이외의 $\boldsymbol{0}$이 아닌 모든 $\boldsymbol{y}$에 대하여 $\boldsymbol{y}'A\boldsymbol{y}>0$이므로, 이 이차형식은 양반정치이며, 행렬 A는 양반정치행렬이다.

《정리 1·42》 양정치행렬의 고유값은 전부 양수이고 음정치행렬의 고유값은 전부 음수이다. 양반정치행렬의 고유값은 전부 0 또는 양수이고, 음반정치행렬의 고유값은 전부 0 또는 음수이다. 그리고 비정치행렬의 고유값은 음수, 양수 또는 0으로 되어 있다.

《정리 1·43》 대칭행렬 A가 양정치행렬이 되기 위한 필요충분조건은 정칙행렬 C가 존재하며 $A=CC'$ 또는 $A=C'C$와 같이 되는 것이다.

《정리 1·44》 $n\times m$ 행렬 A의 계수가 $m(m<n)$일 때 $A'A$는 양정치행렬이고, AA'는 양반정치행렬이다.

《정리 1·45》 $n\times m$ 행렬 A의 계수가 $k(k<m,\ k<n)$일 때, $A'A$, AA'는 다같이 양반정치행렬이다.

《정리 1·46》 양정치행렬은 정칙행렬이다. 그러나, 정칙행렬이 반드시 양정치행렬은 아니다. 양반정치행렬은 비정칙행렬이다. 그러나, 비정칙행렬이 반드시 양반정치행렬은 아니다.

《**정리 1·47**》 어떤 정칙행렬 C에 대하여 만약 행렬 A가 양정치행렬이면 $C'AC$도 양정치행렬이고, 만약 A가 양반정치행렬이면 $C'AC$도 양반정치행렬이다.

《**정리 1·48**》 $n\times n$ 행렬 $A=(a_{ij})$가 양정치행렬이 되기 위한 필요충분조건은 다음과 같다.

$$a_{11}>0,\quad \begin{vmatrix} a_{11} & a_{12} \\ a_{21} & a_{22} \end{vmatrix}>0,\ \cdots,\ \begin{vmatrix} a_{11} & a_{12} & \cdots & a_{1n} \\ a_{21} & a_{22} & \cdots & a_{2n} \\ \vdots & \vdots & & \vdots \\ a_{n1} & a_{n2} & \cdots & a_{nn} \end{vmatrix}>0$$

만약, 부등호의 방향이 $<$, $>$, $<$ 등과 같이 교대로 나타나면 행렬 A가 음정치행렬이 되기 위한 필요충분조건이다.

1·7 분할행렬

$m\times p$ 행렬 A와 $p\times q$ 행렬 B가 다음과 같이 분할(分割, partition)되어 있다고 하자.

$$A=\begin{bmatrix} A_{11} & A_{12} \\ A_{21} & A_{22} \end{bmatrix},\quad B=\begin{bmatrix} B_{11} & B_{12} \\ B_{21} & B_{22} \end{bmatrix} \tag{1・19}$$

여기서 A_{11}은 $m_1\times p_1$, A_{12}는 $m_1\times p_2$, A_{21}은 $m_2\times p_1$, A_{22}는 $m_2\times p_2$ 행렬들이며, $m_1+m_2=m$, $p_1+p_2=p$이다. 한편, B_{11}은 $p_1\times q_1$, B_{12}는 $p_1\times q_2$, B_{21}은 $p_2\times q_1$, B_{22}는 $p_2\times q_2$이며, $p_1+p_2=p$, $q_1+q_2=q$이다. 그러면, 행렬 A와 B의 곱은

$$AB=\begin{bmatrix} A_{11}B_{11}+A_{12}B_{21} & A_{11}B_{12}+A_{12}B_{22} \\ A_{21}B_{11}+A_{22}B_{21} & A_{21}B_{12}+A_{22}B_{22} \end{bmatrix}$$

로 정의된다. 그리고, 행렬 A의 전치행렬은 다음과 같다.

$$A'=\begin{bmatrix} A_{11}' & A_{21}' \\ A_{12}' & A_{22}' \end{bmatrix}$$

$n\times n$행렬 A가 정칙행렬이고, 식 (1·19)와 같이 분할되어 있고, A_{11}의 차원은 $m\times m$이라 하자. 이 때 A의 역행렬은

$$A^{-1}=\begin{bmatrix} A_{11} & A_{12} \\ A_{21} & A_{22} \end{bmatrix}^{-1}=\begin{bmatrix} G & -GA_{12}A_{22}^{-1} \\ -A_{22}^{-1}A_{21}G & A_{22}^{-1}+A_{22}^{-1}A_{21}GA_{12}A_{22}^{-1} \end{bmatrix} \qquad (1\cdot 20)$$

$$G=(A_{11}-A_{12}A_{22}^{-1}A_{21})^{-1}$$

으로 표시되거나, 또는

$$A^{-1}=\begin{bmatrix} A_{11} & A_{12} \\ A_{21} & A_{22} \end{bmatrix}^{-1}=\begin{bmatrix} A_{11}^{-1}+A_{11}^{-1}A_{12}HA_{21}A_{11}^{-1} & -A_{11}^{-1}A_{12}H \\ -HA_{21}A_{11}^{-1} & H \end{bmatrix} \qquad (1\cdot 21)$$

$$H=(A_{22}-A_{21}A_{11}^{-1}A_{12})^{-1}$$

이 된다.

어떤 정방행렬 A에 대하여, 만약 A_{11}이 정칙행렬이면, A의 행렬식은

$$|A|=\begin{vmatrix} A_{11} & A_{12} \\ A_{21} & A_{22} \end{vmatrix}=|A_{11}|\,|A_{22}-A_{21}A_{11}^{-1}A_{12}| \qquad (1\cdot 22)$$

이며, 만약 A_{22}가 정칙행렬이면

$$|A|=\begin{vmatrix} A_{11} & A_{12} \\ A_{21} & A_{22} \end{vmatrix}=|A_{22}|\,|A_{11}-A_{12}A_{22}^{-1}A_{21}| \qquad (1\cdot 23)$$

이 된다.

〔예 1·17〕

$$A=\begin{bmatrix} 1 & 0 & 1 & 1 & 1 \\ 0 & 1 & 2 & 2 & 2 \\ 3 & -1 & 4 & 0 & 0 \\ 3 & -1 & 0 & 4 & 0 \\ 3 & -1 & 0 & 0 & 4 \end{bmatrix}\text{에서}$$

$$A_{11}=\begin{bmatrix}1 & 0\\ 0 & 1\end{bmatrix},\ A_{12}=\begin{bmatrix}1 & 1 & 1\\ 2 & 2 & 2\end{bmatrix},\ A_{21}=\begin{bmatrix}3 & -1\\ 3 & -1\\ 3 & -1\end{bmatrix},\ A_{22}=\begin{bmatrix}4 & 0 & 0\\ 0 & 4 & 0\\ 0 & 0 & 4\end{bmatrix}$$

로 분할하면 A^{-1}를 식 (1・20)을 사용하여 비교적 간편히 구할 수 있다.

$$A_{11}-A_{12}A_{22}^{-1}A_{21}=\begin{bmatrix}-\frac{5}{4} & \frac{3}{4}\\ -\frac{9}{2} & \frac{5}{2}\end{bmatrix}$$

$$G=(A_{11}-A_{12}A_{22}^{-1}A_{21})^{-1}=\begin{bmatrix}10 & -3\\ 18 & -5\end{bmatrix}$$

따라서

$$A^{-1}=\begin{bmatrix}10 & -3 & -1 & -1 & -1\\ 18 & -5 & -2 & -2 & -2\\ -3 & 1 & \frac{1}{2} & \frac{1}{4} & \frac{1}{4}\\ -3 & 1 & \frac{1}{4} & \frac{1}{2} & \frac{1}{4}\\ -3 & 1 & \frac{1}{4} & \frac{1}{4} & \frac{1}{2}\end{bmatrix}$$

A의 행렬식은 식 (1・23)으로부터

$$|A|=\begin{vmatrix}4 & 0 & 0\\ 0 & 4 & 0\\ 0 & 0 & 4\end{vmatrix}\begin{vmatrix}-\frac{5}{4} & \frac{3}{4}\\ -\frac{9}{2} & \frac{5}{2}\end{vmatrix}=(64)\left(\frac{2}{8}\right)=16$$

《정리 1·49》 $n\times n$ 정칙행렬 A, $n\times 1$ 벡터 $\boldsymbol{b}$, 그리고 스칼라 c에 하여 다음이 성립한다.

$$(A+c\boldsymbol{b}\boldsymbol{b}')^{-1}=A^{-1}-\frac{c}{1+c\boldsymbol{b}'A^{-1}\boldsymbol{b}}A^{-1}\boldsymbol{b}\boldsymbol{b}'A^{-1}$$

1·8 미 분 법

두 개의 $n\times1$ 벡터 $\boldsymbol{c}$, $\boldsymbol{x}$가 곱의 형식,

$$\boldsymbol{c}'\boldsymbol{x} = (c_1, c_2, \cdots, c_n)\begin{bmatrix} x_1 \\ x_2 \\ \vdots \\ x_n \end{bmatrix} = \sum_{i=1}^{n} c_i x_i$$

으로 주어졌을 때 $\boldsymbol{c}'\boldsymbol{x}$의 $\boldsymbol{x}$에 대한 편도함수(偏導函數, partial derivative)는 다음과 같이 나타낸다.

$$\frac{\partial(\boldsymbol{c}'\boldsymbol{x})}{\partial\boldsymbol{x}} = \begin{bmatrix} \dfrac{\partial(\boldsymbol{c}'\boldsymbol{x})}{\partial x_1} \\ \dfrac{\partial(\boldsymbol{c}'\boldsymbol{x})}{\partial x_2} \\ \vdots \\ \dfrac{\partial(\boldsymbol{c}'\boldsymbol{x})}{\partial x_n} \end{bmatrix} = \begin{bmatrix} c_1 \\ c_2 \\ \vdots \\ c_n \end{bmatrix} = \boldsymbol{c} \qquad (1 \cdot 24)$$

또한 같은 방법으로

$$\frac{\partial(\boldsymbol{c}'\boldsymbol{x})}{\partial\boldsymbol{x}'} = \boldsymbol{c}' \qquad (1 \cdot 25)$$

이차형식 $\boldsymbol{y}'A\boldsymbol{y}$를 $\boldsymbol{y}$에 대하여 구한 편도함수는 A가 대칭이면,

$$\frac{\partial(\boldsymbol{y}'A\boldsymbol{y})}{\partial\boldsymbol{y}} = 2A\boldsymbol{y} \qquad (1 \cdot 26)$$

이며, 만약 A가 대칭행렬이 아니면,

$$\frac{\partial(\boldsymbol{y}'A\boldsymbol{y})}{\partial\boldsymbol{y}} = (A+A')\boldsymbol{y}$$

가 된다.

▶ 참 고 문 헌 ◀

1・1. Graybill, F. A. : *Introduction to Linear Statistical Models*, Vol. 1. New York, McGraw-Hill, 1961.

1・2. Noble, B. : *Applied Linear Algebra*, New Jersey, Prentice-Hall, 1969.

1・3. Rao, C. R. : *Linear Statistical Inference and Its Applications*, Wiley, 1973.

1・4. Searle, S. R. : *Linear Models*, Wiley, 1971.

■ 연 습 문 제 ■

1・1. $A=\begin{pmatrix} 6 & 2 \\ 1 & 3 \end{pmatrix}$, $B=\begin{pmatrix} 2 & 1 \\ -1 & 4 \end{pmatrix}$

일 때에 $(AB)'=B'A'$, $(AB)^{-1}=B^{-1}A^{-1}$, $\mathrm{tr}(AB)=\mathrm{tr}(BA)$, $|AB|=|A||B|$가 성립함을 보여라.

1・2. $A=\begin{bmatrix} 3 & 1 & 2 \\ 2 & -2 & 4 \\ 7 & -3 & 10 \end{bmatrix}$, $B=\begin{bmatrix} 1 & 2 & 3 \\ 2 & 0 & 1 \\ -1 & 2 & 2 \end{bmatrix}$

일 때에 AB, $A'A$, AA', $A+B$ 와 이들의 계수(rank)를 각각 구하여 《정리 1・19》에서부터 《정리 1・22》까지의 내용이 맞는 것을 보여라.

1・3. 행렬

$$C=\begin{bmatrix} \frac{1}{\sqrt{3}} & \frac{1}{\sqrt{3}} & \frac{1}{\sqrt{3}} \\ \frac{1}{\sqrt{2}} & \frac{1}{\sqrt{2}} & 0 \\ \frac{1}{\sqrt{6}} & \frac{1}{\sqrt{6}} & -\frac{2}{\sqrt{6}} \end{bmatrix}$$

가 직교행렬임을 증명하라.

1・4. A, B, $A+B$가 각각 정칙(nonsingular)행렬일 경우

$$(A^{-1}+B^{-1})^{-1} = A(A+B)^{-1}B = B(A+B)^{-1}A$$

가 성립함을 증명하라.

1・5. 다음이 성립함을 보여라.

$$\begin{vmatrix} d_1+1 & 1 & \cdots & 1 \\ 1 & d_2+1 & \cdots & 1 \\ \vdots & \vdots & & \vdots \\ 1 & 1 & \cdots & d_m+1 \end{vmatrix} = d_1d_2\cdots d_m\left(1+\sum_{i=1}^{m}\frac{1}{d_i}\right)$$

1・6. 다음의 이차형식

$$Q=\boldsymbol{y}'A\boldsymbol{y}=3y_1^2+4y_2^2+4y_1y_2+y_3^2+2y_1y_3+2y_4^2+y_1y_4+2y_2y_4$$

에서 대칭행렬 A를 구하라. 그리고, $\dfrac{\partial Q}{\partial \boldsymbol{y}}$을 구하라.

1・7.

$$A=\begin{bmatrix} 2 & 1 & 2 \\ 2 & 3 & 5 \\ 3 & 3 & 1 \\ 5 & 1 & 3 \end{bmatrix}$$

일 때에 $A'A$를 구하고, 이것이 양정치(positive definite)행렬임을 보여라.

1・8. $n\times 1$ 벡터 $\boldsymbol{y}$, $n\times k$ 행렬 A, $k\times 1$ 벡터 $\boldsymbol{\beta}$에 대하여 L이 다음과 같이 주어져 있다.

$$L = (\boldsymbol{y}-A\boldsymbol{\beta})'(\boldsymbol{y}-A\boldsymbol{\beta})$$

L이 다음과 같이 전개됨을 보이고 $\dfrac{\partial L}{\partial \boldsymbol{\beta}}$를 구하라.

$$L = \boldsymbol{y}'\boldsymbol{y}-2\boldsymbol{\beta}'A'\boldsymbol{y}+\boldsymbol{\beta}'A'A\boldsymbol{\beta}$$

1・9. 만약

$$A=\begin{pmatrix} \frac{1}{4} & \frac{1}{4} & \frac{1}{4} & \frac{1}{4} \\ \frac{1}{4} & \frac{1}{4} & \frac{1}{4} & \frac{1}{4} \\ \frac{1}{4} & \frac{1}{4} & \frac{1}{4} & \frac{1}{4} \\ \frac{1}{4} & \frac{1}{4} & \frac{1}{4} & \frac{1}{4} \end{pmatrix}$$

일 경우에 A가 멱등행렬임을 보이고 A의 고유값을 구하고, 또한 $\mathrm{tr}(A)$와 $r(A)$도 구하라.

1・10. $n\times1$ 벡터 $\boldsymbol{y}$의 i번째 원소가 y_i일 때 다음과 같은 $\boldsymbol{y}$의 이차형식에 대한 대칭행렬 A를 구하라.

(1) $\boldsymbol{y}'A\boldsymbol{y}=\left(\frac{1}{n}\sum_{i=1}^{n}y_i\right)^2$ (2) $\boldsymbol{y}'A\boldsymbol{y}=\sum_{i=1}^{n}y_i^2$

(3) $\boldsymbol{y}'A\boldsymbol{y}=\sum_{i=1}^{n}(y_i-\bar{y})^2$, 여기서 $\bar{y}=\sum_{i=1}^{n}y_i/n$

1・11. 행렬

$$X=\begin{pmatrix} 1 & 0 \\ 1 & 0 \\ 0 & 1 \\ 0 & 1 \end{pmatrix}$$

에 대하여 $kX'X$가 멱등행렬이 되기 위한 양의 상수 k를 구하라.

1・12. $n\times k$ 행렬 X의 계수가 $k(k<n)$이고 행렬 X의 첫번째 열이 모두 1로 구성된 벡터

$$\mathbf{1}=\begin{pmatrix} 1 \\ 1 \\ \vdots \\ 1 \end{pmatrix}$$

일 때 다음이 성립함을 증명하라.

(1) $X(X'X)^{-1}X'\mathbf{1} = \mathbf{1}$ (2) $\mathbf{1}'X(X'X)^{-1}X'\mathbf{1} = n$

2

기초적 통계 이론

앞 장에서는 회귀분석을 다루는 데 필요한 기본적인 행렬 이론을 취급하였는데, 이 장에서는 이 책을 이해하는 데 필요한 기초적인 통계 이론에 대하여 요약하려 한다. 대부분의 독자가 이미 기초적인 통계 이론에 대하여 알고 있으리라 믿어지나, 이 책에서 사용될 통계기호를 소개하고, 필요한 정의를 내려 두는 것이 좋으리라고 생각된다.

통계학(統計學, statistics)이란 말은 원래 국가산술(state arithmetic)이란 말에서 나왔듯이, 역사적으로 정치가들이 국가의 살림을 꾸려 나가기 위하여 필요한 숫자를 체계적으로 산출해 내는 데에서 유래하였다. 대부분의 학문이 그렇듯이 통계학도 역사적으로 발전과 변모를 거듭하였으며, 현대적인 통계학은 '국가산술'의 영역을 벗어나서 의사결정과학(意思決定科學, decision-making science)으로 발전하고 있다. 통계학의 올바른 정의는 사회, 자연 및 인간 생활의 온갖 현상을 연구하기 위하여 불확실성(不確實性, uncertainty)이 내포된 자료(資料, data)의 선택, 관찰, 분석 및 추정을 통하여 의사결정에 필요한 정보의 획득과 처리방법을 연구하는 학문이라고 말할 수 있을 것이다.

불확실성이 개입된 문제를 다루는 데 있어서는 언제나 확률의 개념이 따르기 마련이며, 통계 이론은 확률 이론과 밀접한 관계에 있다. 먼저 확률변수에 대하여 알아보자.

2·1 확률변수

실험의 결과가 우연에 의하여 결정지어지며, 이러한 실험이 똑같은 조건 하에서 여러 번 반복되어질 수 있는 실험을 시행(試行, trial)이라 한다. 시행때마다 나타날 수 있는 가장 기본적인 결과를 그 시행의 근원사상(根元事象, elementary event)이라고 한다. 그리고, 어떠한 시행과 관련하여 생각할 수 있는 모든 가능한 근원사상들의 집합을 표본공간(標本空間, sample space)이라고 하고, 표본공간의 부분집합(部分集合, subset)을 사상(事象, event)이라 부른다. 물론 하나의 근원사상도 하나의 사상이 될 수 있다. 어떤 사상 A가 일어나리라고 기대되는 확실성을 계량적으로 표시한 값을 사상 A의 확률(確率, probability)이라고 부른다.

어떤 시행의 표본공간을 S라고 하고, 이 표본공간의 임의의 근원사상을 w라 하자. 근원사상 w에 대하여 어떤 일정한 규칙(rule)에 따라 하나의 실수를 대응시키고 이 관계를 $X(w)$로 표시하면, 이는 수학적인 의미에서 함수가 되며, 이러한 함수를 확률변수(確率變數, random variable)라 한다. 확률변수는 X, Y, Z 등의 대문자로 표시하는 것이 통례이다(그러나 회귀분석에서는 확률변수를 소문자로 쓰는 경우가 많으며, 이 책에서도 3장부터는 소문자에 의하여 변수표시를 허용하기로 한다. 이는 편의에 의해서이다).

확률변수는 이산형(離散型, discrete type)과 연속형(連續型, continuous type)으로 대별된다. 동전을 여러 번 던졌을 때 앞면의 수, 생산공정에서 한 시간에 나오는 불량품의 개수 등은 이산확률변수(離散確率變數, discrete random variable)이며, 자택에서 근무처까지의 통근 소요시간, 제품의 중량처럼 연속적인 값을 취할 수 있는 것은 연속확률변수(連續確率變數, continuous random variable)라 한다.

확률변수 X가 취할 수 있는 각각의 값 x에 대하여, 일정한 확률이 대응되도록 함수 $p(x)$를 정의하면, 이를 확률변수 X의 확률밀도함수(確率密度函數, probability density function)라 하고, 약자로 $p.d.f.$라고 표시한다. 일반적으로 이산확률변수에 대해서는 $p(x)$로 표시하나, 연속확률변수에 대해서는 $f(x)$로 나타내 준다.

이산확률변수의 $p.d.f.$는 다음의 고유한 성질을 갖는다.

(1) $p(x) \geq 0$, 모든 x의 값에 대하여,

(2) $\sum_x p(x) = 1$, 모든 x의 값에 대하여 $p(x)$를 합칠 경우.

한편, 연속확률변수 X의 $p.d.f.$는 다음의 성질을 갖는다.

(1) $f(x) \geq 0$, 모든 x에 대하여

(2) $\int_{-\infty}^{\infty} f(x)\,dx = 1$

확률변수 X가 어떤 구간 $[a, b]$에 속할 확률이 무엇인가를 다음과 같이 구한다.

$$P\{a \leq X \leq b\} = \sum_{a \leq x \leq b} p(x) \quad : \text{이산형} \tag{2·1}$$
$$= \int_a^b f(x)\,dx : \text{연속형}$$

확률변수 X와 관련하여 자주 쓰이는 것으로 확률분포함수(確率分布函數, probability distribution function)가 있다. 이 함수를 $F(x)$로 나타내고 간단히 분포함수 또는 누적분포함수(累積分布函數, cumulative distribution function)라고도 부른다. $F(x)$는 다음 식으로 정의된다.

$$F(x) = P\{X \leq x\} \tag{2·2}$$

즉, 확률변수 X가 주어진 실수 x보다 작거나 같을 확률이다.

확률분포함수는 다음과 같은 성질을 갖는다.

(1) 만일 $x_1 < x_2$이면 $F(x_1) \leq F(x_2)$이다. 즉, $F(x)$는 비감소함수(非減少函數, nondecreasing function)이다.

(2) $F(-\infty) = 0$, $F(\infty) = 1$

(3) $F(x)$는 우측으로부터 연속이다.

〔예 2·1〕 같은 동전을 세 번 던져서 앞면과 뒷면이 나타나는 사항을 관찰하는 문제를 생각하여 보자. 근원사상은 모두 8개이며, 표본공간을 써 보면

$$S = \{(H,H,H),\ (H,H,T),\ (H,T,H),\ (T,H,H),\ (H,T,T),$$
$$(T,H,T),\ (T,T,H),\ (T,T,T)\}$$

이며, 여기서 H는 앞면을, T는 뒷면을 의미한다. 확률변수 X를 앞면의 수로 규칙을 정한다면 근원사상이 $w=(H,H,H)$에 대하여 $X(w)=3$이며 $w=(H,H,T)$에 대해서는 $X(w)=2$가 된다. 따라서 이 확률변수의 $p.d.f.$ $p(x)$는 다음과 같다.

〈표 2·1〉 확률밀도함수

x 의 값	$p(x)$
0	1/8
1	3/8
2	3/8
3	1/8

2·1·1 기대값과 분산

확률변수의 분포와 관련된 이론 중에서 가장 중요한 개념의 하나는 확률변수의 기대값(期待값, expected value)과 분산(分散, variance)에 관한 것이다. 확률변수 X 의 기대값은 $E(X)$라고 쓰고, 이산형과 연속형 확률변수에 따라서 다르게 정의된다.

$$E(X) = \sum_x xp(x) \quad : \text{이산형} \qquad (2 \cdot 3)$$

$$= \int_{-\infty}^{\infty} xf(x)\,dx \quad : \text{연속형} \qquad (2 \cdot 4)$$

$E(X)=\mu$라 놓고 확률변수 X 의 분산을 $Var(X)$로 표시하면 다음과 같이 $Var(X)$를 정의한다.

$$Var(X) = \sum_x (x-\mu)^2 p(x) \quad : \text{이산형} \qquad (2 \cdot 5)$$

$$= \int_{-\infty}^{\infty} (x-\mu)^2 f(x)\,dx \quad : \text{연속형} \qquad (2 \cdot 6)$$

〔예 2·2〕 앞의 〔예 2·1〕에서 정의된 이산확률변수 X 의 기대값과 분산을 구하여라.

풀이

$$E(X) = \sum_x xp(x)$$

$$= (0)\left(\frac{1}{8}\right) + (1)\left(\frac{3}{8}\right) + (2)\left(\frac{3}{8}\right) + (3)\left(\frac{1}{8}\right)$$

$$= 1.5$$

$$Var(X) = \sum_x (x-1.5)^2 p(x)$$

$$= (0-1.5)^2\left(\frac{1}{8}\right)+(1-1.5)^2\left(\frac{3}{8}\right)+(2-1.5)^2\left(\frac{3}{8}\right)+(3-1.5)^2\left(\frac{1}{8}\right)$$
$$=0.75$$

분산의 공식 (2·5)와 (2·6)을 이산형과 연속형으로 구별하지 않고 동시에 표현할 수 있는 공식은

$$Var(X) = E[(X-\mu)^2] \tag{2·7}$$

이며, 다음과 같은 관계식을 이용하여 계산을 간단히 한다.

$$\begin{aligned} Var(X) &= E[(X-\mu)^2] \\ &= E[X^2-2\mu X+\mu^2] \\ &= E(X^2)-2\mu E(X)+\mu^2 \\ &= E(X^2)-\mu^2 \end{aligned} \tag{2·8}$$

여기서 $E(X^2)$은 다음과 같다.

$$E(X^2) = \sum_x x^2 p(x) \quad : \text{이산형} \tag{2·9}$$

$$= \int_{-\infty}^{\infty} x^2 f(x)\,dx \ : \text{연속형} \tag{2·10}$$

《정리 2·1》 모든 상수 a, c에 대해서 다음이 성립한다.

$$E(aX+c) = aE(X)+c$$
$$Var(aX+c) = a^2 Var(X)$$

2·1·2 결합분포와 공분산

두 개의 확률변수 X, Y에 관해서 주어진 실수가 x, y일 때 사상 $\{X \leq x\}$, $\{Y \leq y\}$이 동시에 일어나는 확률을 정의하는 결합확률분포함수(結合確率分布函數, joint probability distribution function) $F(x, y)$는

$$F(x, y) = P\{X \le x,\ Y \le y\} \tag{2・11}$$

과 같다. 결합확률밀도함수(joint $p.d.f.$)는 이산형인 경우는 $p(x, y)$로, 연속형인 경우는 $f(x, y)$로 나타낸다.

두 개의 확률변수 X, Y의 기대값과 분산을 각각 μ_x, μ_y 및 σ_x^2, σ_y^2이라 하고, 다음과 같은 수학적 기대값을 생각하자.

$$\begin{aligned} E[(X-\mu_x)(Y-\mu_y)] &= E(XY-\mu_y X-\mu_x Y+\mu_x\mu_y) \\ &= E(XY)-\mu_x\mu_y \end{aligned} \tag{2・12}$$

이와 같은 기대값을 X, Y의 공분산(共分散, covariance)이라 하며, 일반적으로는 σ_{xy}로서 표시된다. 또한 X와 Y의 상관계수(相關係數, coefficient of correlation)는 ρ_{xy}로서 표시하며, 공분산과 X와 Y의 표준편차의 곱의 비율로서 정의된다. 즉

$$\rho_{xy} = \frac{E[(X-\mu_x)(Y-\mu_y)]}{\sqrt{E(X-\mu_x)^2}\cdot\sqrt{E(Y-\mu_y)^2}} = \frac{\sigma_{xy}}{\sigma_x \cdot \sigma_y} \tag{2・13}$$

2·1·3 확률벡터

k개의 확률변수 $Y_1, Y_2, \cdots, Y_k$가 있고, 그 각각의 기대값과 분산을 $E(Y_i)=\mu_i$, $Var(Y_i)=\sigma_i^2$, $(i=1, 2, \cdots, k)$라 하고 Y_i와 Y_j 사이의 공분산을

$$Cov(Y_i, Y_j) = \sigma_{ij},\ (i<j\,;\, i, j=1, 2, \cdots, k)$$

라 하자. 이 때 벡터

$$\boldsymbol{y} = \begin{bmatrix} Y_1 \\ Y_2 \\ \vdots \\ Y_k \end{bmatrix}$$

를 확률벡터(確率벡터, random vector)라 부르고, 확률벡터 $\boldsymbol{y}$의 기대값과 분산은 다음과 같이 정의한다.

$$E(\boldsymbol{y}) = E\begin{bmatrix} Y_1 \\ Y_2 \\ \vdots \\ Y_k \end{bmatrix} = \begin{bmatrix} \mu_1 \\ \mu_2 \\ \vdots \\ \mu_k \end{bmatrix} = \boldsymbol{\mu} \tag{2・14}$$

$$\begin{aligned} Var(\boldsymbol{y}) &= E(\boldsymbol{y}-\boldsymbol{\mu})(\boldsymbol{y}-\boldsymbol{\mu})' \\ &= \begin{bmatrix} Var(Y_1) & Cov(Y_1, Y_2) & \cdots & Cov(Y_1, Y_k) \\ & Var(Y_2) & \cdots & Cov(Y_2, Y_k) \\ & & & \vdots \\ & (\text{대칭}) & & Var(Y_k) \end{bmatrix} \\ &= \begin{bmatrix} \sigma_1^2 & \sigma_{12} & \cdots & \sigma_{1k} \\ & \sigma_2^2 & \cdots & \sigma_{2k} \\ & & & \vdots \\ & (\text{대칭}) & & \sigma_k^2 \end{bmatrix} \end{aligned} \tag{2・15}$$

흔히 식 (2・15)의 $Var(\boldsymbol{y})$를 확률벡터 $\boldsymbol{y}$의 분산-공분산행렬(分散-共分散行列, variance-covariance matrix)이라 부르고 Σ 또는 V로 표시한다.

《정리 2·2》 $\boldsymbol{y}$가 $k\times1$ 확률벡터이고, 기대값이 $\boldsymbol{\mu}$이며 $n\times k$ 행렬 A가 상수들로 이루어진 행렬이면

$$E(A\boldsymbol{y}) = AE(\boldsymbol{y}) = A\boldsymbol{\mu} \tag{2・16}$$

이다. 그리고, $\boldsymbol{y}$의 분산-공분산행렬이 Σ이면

$$\begin{aligned} Var(A\boldsymbol{y}) &= E[(A\boldsymbol{y}-A\boldsymbol{\mu})(A\boldsymbol{y}-A\boldsymbol{\mu})'] \\ &= AE[(\boldsymbol{y}-\boldsymbol{\mu})(\boldsymbol{y}-\boldsymbol{\mu})']A' \\ &= A\Sigma A' \end{aligned} \tag{2・17}$$

이 성립한다. 위에서 $n\times k$ 행렬 A가 $1\times k$ 벡터 $\boldsymbol{a}'=(a_1, a_2, \cdots, a_k)$로 표현될 수 있는 특수한 경우에는 식 (2・16)과 (2・17)이

$$E(\boldsymbol{a}'\boldsymbol{y}) = \boldsymbol{a}'\boldsymbol{\mu} \tag{2・18}$$

$$\begin{aligned} Var(\boldsymbol{a}'\boldsymbol{y}) &= \boldsymbol{a}'\Sigma\boldsymbol{a} \\ &= \sum_{i=1}^{k} a_i^2\sigma_i^2 + 2\sum_{i=1}^{k-1}\sum_{j>i}^{k} a_i a_j \sigma_{ij} \end{aligned} \tag{2・19}$$

로 나타내어진다. 만약 Y_i 들이 서로 독립이라면 $\sigma_{ij}=0$ 이므로 식 (2・19)의 뒷부분은 필요없는 항이 될 것이다.

변수 Y_i 들의 선형식 $\sum_{i=1}^{k} a_i Y_i$ 와 $\sum_{i=1}^{k} b_i Y_i$ 에서 Y_i 들이 서로 독립이면 다음이 성립한다.

$$Cov\left(\sum_{i=1}^{k} a_i Y_i,\ \sum_{i=1}^{k} b_i Y_i\right) = \sum_{i=1}^{k} a_i b_i \sigma_i^2 \tag{2・20}$$

만일 변수 $Y_1, Y_2, \cdots, Y_k$ 가 서로 독립이고 같은 확률밀도함수를 갖는다면 이와 같은 변수들은 하나의 확률표본(確率標本, random sample)을 이룬다고 말한다.

2・2 확률변수의 분포

확률변수의 분포를 정의하여 주는 확률밀도함수($p.\ d.\ f$)는 이론적으로 무한히 많으며, 회귀분석에서 많이 쓰이는 네 가지의 연속확률변수들의 $p.\ d.\ f$를 간단히 설명하고자 한다.

2・2・1 정규분포

정규분포(正規分布, normal distribution)를 하는 확률변수 X 의 $p.d.f.$는 $E(X)=\mu$ 이고 $V(X)=\sigma^2$ 이면

$$f(x) = \frac{1}{\sqrt{2\pi\cdot\sigma^2}} e^{-\frac{1}{2}\left(\frac{x-\mu}{\sigma}\right)^2} \tag{2・21}$$

으로 표현되며, e 는 자연대수의 밑(base)이다. 이와 같은 정규분포를 간략히 $N(\mu, \sigma^2)$이라고 표기하기로 한다.

만약 $\mu=0$, $\sigma^2=1$이면 이러한 정규분포를 표준정규분포(標準正規分布, standard normal distribution)라 하고 $N(0, 1)$로 쓸 수 있다. 이 경우의 확률변수를 Z로 흔히 표시하고 이의 $p.d.f.$는

$$\phi(z) = \frac{1}{\sqrt{2\pi}} e^{-\frac{1}{2}z^2} \tag{2・22}$$

이며, 부록의 〈표 A-1〉에는 누적확률(累積確率, cumulative probability)이 $1-\alpha$가 되는 다음과 같은 z_α의 값이 수록되어 있다.

$$1-\alpha = P\{Z \le z_\alpha\} = \int_{-\infty}^{z_\alpha} \phi(z)\, dz \tag{2・23}$$

[그림 2・1]에 z_α의 위치가 표시되어 있다.

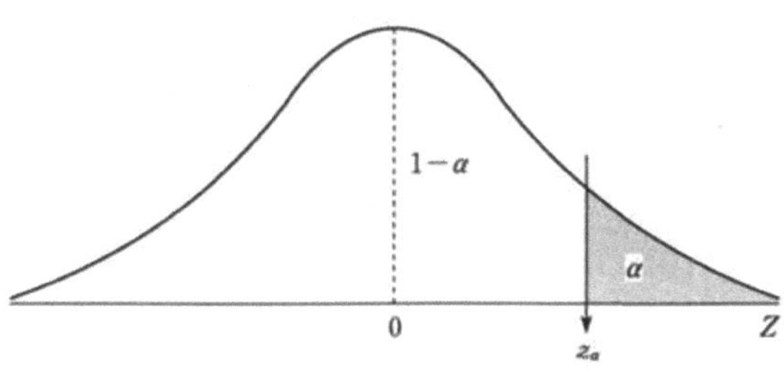

[그림 2・1] 표준정규분포 N(0, 1)

정규분포가 통계이론에서 특히 많이 쓰이는 것은 다음과 같은 중심극한의 정리(中心極限의 定理, central limit theorem)가 발견되었기 때문이다.

《정리 2·3》 중심극한의 정리

평균이 μ이고 분산이 σ^2인 임의의 모집단으로부터의 크기 n인 확률표본 $X_1, X_2, \cdots, X_n$으로부터 얻어지는 표본평균,

$$\bar{X} = \sum_{i=1}^{n} X_i/n$$

는 표본의 크기 n이 충분히 크면 대략 $N\left(\mu, \dfrac{\sigma^2}{n}\right)$과 같은 정규분포를 한다. 만약 정규분포로부터의 확률표본이라면 $\bar{X}$는 정확히 정규분포를 한다.

다음으로 정규확률변수의 선형함수의 성질을 간단히 정리로서 알아 보기로 하자.

《정리 2·4》 만약 $X \sim N(\mu, \sigma^2)$이고 $a, c,\ c \neq 0$, 가 상수이며, $Y = a + cX$라는 관계가 있으면 $Y \sim N(a + c\mu, c^2\sigma^2)$과 같은 분포를 한다.

《정리 2·5》 $X_1, X_2, \cdots, X_n$이 서로 독립인 정규분포를 하는 확률변수이면 X_i들의 선형함수 $L = \sum_{i=1}^{n} a_i X_i$($a_i$들은 상수)는

$$L \sim N\left(\sum_{i=1}^{n} a_i E(X_i),\ \sum_{i=1}^{n} a_i^2 Var(X_i)\right)$$

와 같은 분포를 한다.

2·2·2 χ^2-분포

만약 $Z_1, Z_2, \cdots, Z_\phi$이 ϕ개의 서로 독립인 표준정규분포를 하는 변수라 하자. 그러면,

$$\chi^2(\phi) = Z_1^2 + Z_2^2 + \cdots + Z_\phi^2 \tag{2・24}$$

을 자유도(degrees of freedom)가 n인 χ^2-분포를 하는 변수라고 정의하며, 그 기대값은

$$E[\chi^2(\phi)] = \phi. \tag{2・25}$$

부록의 〈표 A-3〉에는 누적확률이 $1-\alpha$가 되는 다음과 같은 $\chi^2(\phi\,;\,\alpha)$의 값이 수록되어 있다.

$$1-\alpha = P\{\chi^2(\phi) \leq \chi^2(\phi\ ;\ \alpha)\} \qquad (2 \cdot 26)$$

이를 그림으로 간단히 표시하면 [그림 2・2]와 같다.

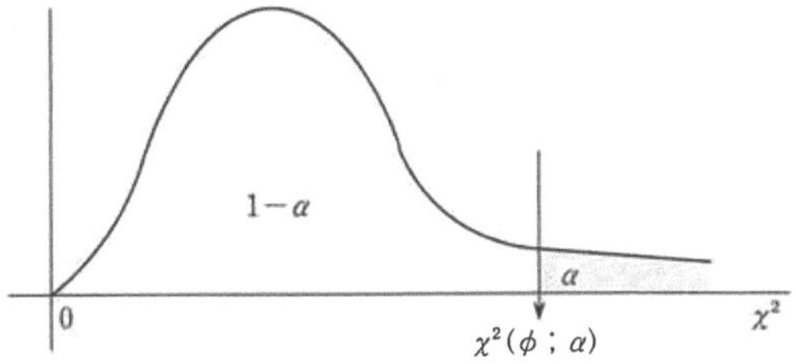

[그림 2・2] χ^2-분포

2·2·3 t-분포

만약 Z 와 $\chi^2(\phi)$이 서로 독립인 확률변수이며 Z 는 표준정규분포를 하고 $\chi^2(\phi)$은 자유도가 ϕ 인 χ^2-분포를 할 때 다음과 같은 변수

$$t(\phi) = \frac{Z}{\sqrt{\dfrac{\chi^2(\phi)}{\phi}}} \qquad (2 \cdot 27)$$

를 자유도가 ϕ 인 t-분포를 한다고 말한다. 이 변수의 기대값은

$$E[t(\phi)] = 0, \quad \phi \geq 2 \qquad (2 \cdot 28)$$

이며, 부록의 〈표 A-2〉에는 누적확률이 $1-\alpha$가 되는 다음과 같은 $t(\phi\ ;\ \alpha)$의 값이 수록되어 있다.

$$1-\alpha = P\{t(\phi) \leq t(\phi\ ;\ \alpha)\} \qquad (2 \cdot 29)$$

이를 그림으로 나타내 보면 [그림 2・3]과 같다. 그리고, ϕ가 무한히 커지면 다음이 성립한다.

$$\lim_{\phi \to \infty} t(\phi\ ;\ \alpha) = z_\alpha \qquad (2 \cdot 30)$$

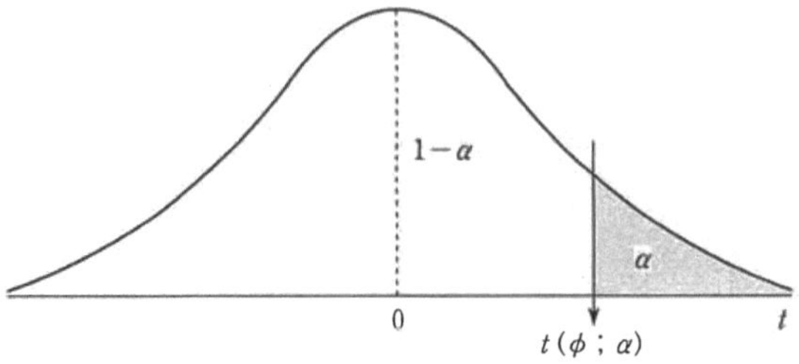

[그림 2・3] t-분포

2·2·4 F-분포

만약 $\chi^2(\phi_1)$과 $\chi^2(\phi_2)$가 서로 독립이며, 각각의 자유도가 ϕ_1, ϕ_2인 χ^2-분포를 할 때 다음의 변수

$$F(\phi_1, \phi_2) = \frac{\chi^2(\phi_1)/\phi_1}{\chi^2(\phi_2)/\phi_2} \tag{2・31}$$

는 분자의 자유도가 ϕ_1이고 분모의 자유도가 ϕ_2인 F-분포를 한다고 한다. 이 변수의 기대값은,

$$E[F(\phi_1, \phi_2)] = \frac{\phi_2}{\phi_2-2}, \quad \phi_2 \geq 3 \tag{2・32}$$

이며, 부록 〈표 A-4〉에는 누적확률이 $1-\alpha$가 되는 다음과 같은 $F(\phi_1, \phi_2\,;\,\alpha)$의 값이 수록되어 있다.

$$1-\alpha = P\{\,F(\phi_1, \phi_2) \leq F(\phi_1, \phi_2\,;\,\alpha)\,\} \tag{2・33}$$

분자의 자유도가 1인 경우에는 다음의 특수한 관계가 t-분포와 F-분포 간에 성립한다.

$$F(1, \phi) = [t(\phi)]^2$$
$$F(1, \phi\,;\,\alpha) = \left[t\left(\phi\,;\,\frac{\alpha}{2}\right)\right]^2 \tag{2・34}$$

이 관계를 도해하면 [그림 2・4]와 같다.

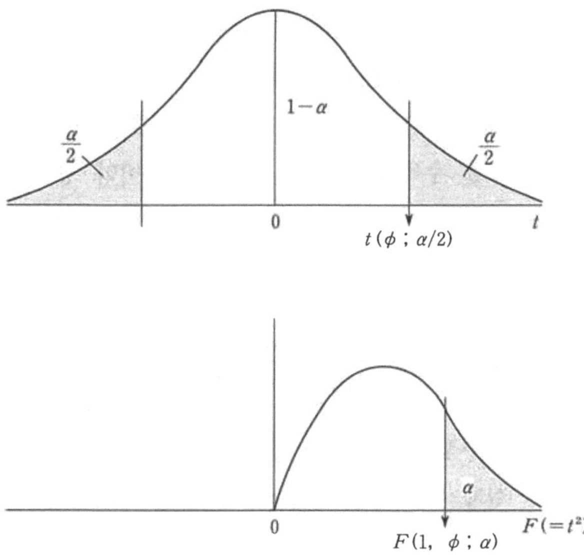

［그림 2・4］ t-분포와 F-분포의 관계

2·3 통계적 추정

2·3·1 추정의 개념

어떤 모집단으로부터 자료를 추출하여 이 모집단에 대한 성격을 규명키 위한 과학적인 조사를 할 때, 이 모집단의 분포가 $f(x\,;\,\theta)$라고 가정하고 θ를 모르는 모수(母數, parameter)로 설정한 후 이 모수의 값을 자료로부터 추측하려고 할 때가 있다. 예를 들면, 어떤 도시의 주민 50만 명의 몸무게 분포가 대체로 다음과 같은 함수의 형태를 갖고,

$$f(x\,;\,\theta)=\frac{1}{\sqrt{2\pi}}e^{-\frac{1}{2}(x-\theta)^2},\quad -\infty<x<\infty$$

x는 개인의 몸무게이며, θ가 이들 주민의 평균 몸무게로서 모르는 어떤 값을 갖는다고 하자. 이런 경우 변수 X는 $f(x\,;\,\theta)$라는 분포에 따르며 θ를 모수라고 한다.

모집단으로부터 제한된 규모의 표본을 추출하고 표본의 자료로부터 모수 θ의 값을 추측하는 통계적 절차를 통계적 추정(統計的 推定, statistical estimation) 또는 모집단모수의 추정(母集團母數의 推定, estimation of population parameter)이라고 한다. 우리가 흔히 추정하고자 하는 모수는 모집단의 평균(μ), 비율(p), 분산(σ^2) 등이다.

모집단에서 크기 n인 표본 $X_1, X_2, \cdots, X_n$을 임의로 뽑아 이들 표본의 함수 $\phi(X_1, X_2, \cdots, X_n)$을 사용하여 모수를 추측하는 것이 모수의 추정이라 할 수 있다. 예를 들어, 모집단의 평균(간단히 모평균이라고도 함) μ를 추정하는 방법으로 일반적으로 표본평균 $\bar{X}$를 사용하는데, 이 때는

$$\phi(X_1, X_2, \cdots, X_n) = \frac{X_1 + X_2 + \cdots + X_n}{n}$$

이다. 이와 같이 모수를 추정하기 위한 관찰가능한 표본의 함수를 추정량(推定量, estimator)이라고 부르고, 실제 관찰치를 대입하여 계산한 추정량의 값을 추정값(推定값, estimate)이라고 한다. 모평균 μ의 추정량이 표본평균 $\bar{X}$이다 라고 할 때에 흔히 쓰는 기호는,

$$\hat{\mu} = \bar{X} = \frac{\sum_{i=1}^{n} X_i}{n} \tag{2・35}$$

이다.

일반적으로, 확률변수들의 함수이며 모르는 모수를 포함하지 않는 것을 통계량(統計量, statistic)이라고 부르는데, 추정량도 하나의 통계량으로 볼 수 있다. 모집단의 분산 σ^2은 일반적으로 표본의 분산으로 추정되며, 기호로 나타내면

$$\hat{\sigma}^2 = s^2 = \frac{\sum_{i=1}^{n} (X_i - \bar{X})^2}{n-1} \tag{2・36}$$

이다. 이와 같이 $\bar{X}$, s^2 등은 어떤 단일의 수로서 모수를 추정하며, 이와 같은 추정방법을 점추정(點推定, point estimation)이라 한다.

모수의 참값과 그의 점추정량이 제공하는 점추정값과는 일치하는 경우는 거의 없다. 따라서, 모수가 포함되리라고 예측되는 구간을 추정하여 점추정에 대신할 수도 있다. 이와 같이 모수가 어떤 구간에 있다고 추정하는 것을 구간추정(區間推定, interval estimation)이라고 한다. 이 구간이 모수를 포함시킬 확률을 신뢰수준(信賴水準, confidence level) 또는 신뢰계수(信賴係數, confidence coefficient)라고 부르며, 이 구간을 신뢰구간(信賴區間, confidence interval)이라고도 한다. 이 구간의 상한과 하한을 신뢰한계(信賴限界, confidence limit)라고 부르며, 신뢰한계도 점추정값과 마찬가지로 표본관찰값에서 산출되므로 통계량이다.

신뢰구간은 통계량이므로 표본에 따라서 구간이 달라지며, 그 폭은 신뢰계수에 따라 달라진다. 신뢰계수가 95%라고 하면 신뢰구간이 모수를 그 구간 안에 포함할 확률이 0.95 라는 뜻이다.

2·3·2 점추정

어떤 모수 θ에 대한 점추정량은 여러 가지가 있을 수 있는데, 추정량이 갖추어야 할 바람직한 조건은 다음과 같다.

(1) 불편성(unbiasedness)
(2) 일치성(consistency)
(3) 충분성(sufficiency)
(4) 최소분산(minimum variance)
(5) 최소평균제곱오차(minimum mean square error)

추정량 $\hat{\theta}$에 대하여 $E(\hat{\theta})=\theta$가 성립하면 $\hat{\theta}$을 θ의 불편추정량(不偏推定量, unbiased estimator)이라고 부른다. 식 (2·35), (2·36)에 있는 추정량 $\bar{X}$와 s^2은

$$E(\bar{X}) = \mu, \quad E(s^2) = \sigma^2$$

이므로 μ와 σ^2의 불편추정량이다.

표본의 크기가 증가함에 따라서 추정량의 값이 모수에 한없이 접근해가는 성질을 일치성이라고 한다. 이 성질을 만족시켜 주는 추정량을 일치추정량(一致推定量, consistent estimator)이라고 하며, 모든 양수 $\epsilon>0$의 값에 대하여 다음이 성립한다.

$$\lim_{n\to\infty} P\{|\hat{\theta}-\theta| \geq \epsilon\} = 0$$

확률표본 $X_1, X_2, \cdots, X_n$ 의 결합확률밀도함수가 $f(x_1, x_2, \cdots, x_n ; \theta)$라 하고 모수 θ의 추정량 $\hat{\theta}$이 주어졌을 때 조건부결합확률밀도함수(conditional joint probability density function) $g(x_1, x_2, \cdots, x_n | \hat{\theta})$이 θ를 포함하지 않게 되면 $\hat{\theta}$을 θ의 충분추정량(充分推定量, sufficient estimator)이라고 부른다. 결합확률밀도함수가

$$f(x_1, x_2, \cdots, x_n ; \theta) = f_1(x_1, x_2, \cdots, x_n) f_2(\hat{\theta} ; \theta) \tag{2・37}$$

와 같이 구분될 수 있으면 $\hat{\theta}$은 θ의 충분추정량임이 증명되어 있다.

추정량 $\hat{\theta}$의 분산 $E[\hat{\theta}-E(\hat{\theta})]^2$이 모든 다른 추정량 θ^*의 분산과 비교하여,

$$E[\hat{\theta}-E(\hat{\theta})]^2 \leq E[\theta^*-E(\theta^*)]^2 \tag{2・38}$$

이 성립하면 $\hat{\theta}$을 θ의 최소분산추정량(最少分散推定量, minimum variance estimator)이라고 부른다.

추정량 $\hat{\theta}$의 평균제곱오차 $E[\hat{\theta}-\theta]^2$이 모든 다른 추정량 θ^*의 평균제곱오차와 비교하여,

$$E[\hat{\theta}-\theta]^2 \leq E[\theta^*-\theta]^2 \tag{2・39}$$

이 성립하면 $\hat{\theta}$을 θ의 최소평균제곱오차추정량(最少平均제곱誤差推定量, minimum mean square error estimator)이라고 부른다. 만약 $\hat{\theta}$이 불편이면 최소분산은 최소평균제곱오차를 의미한다.

위에서 추정량이 가져야 하는 바람직한 성질들을 알아보았는데, 다음으로 위의 성질들을 대부분의 경우에 만족시켜 주는 추정량을 찾는 방법을 알아보기로 하자. 먼저 최대우도법(最大尤度法, method of maximum likelihood)에 의하여 구하여지는 최대우도추정량(maximum likelihood estimator)은 다음과 같다. 모집단의 확률밀도함수 $f(x ; \theta)$가 있고, 여기서 확률표본 $X_1, X_2, \cdots, X_n$을 추출하였을 때, 이들의 결합확률밀도함수는

$$g(x_1, x_2, \cdots, x_n) = \prod_{i=1}^{n} f(x_i ; \theta) \tag{2・40}$$

이다. 이 함수를 θ의 함수로 보고 x_i들은 주어진 값으로 보기로 하면 이와 같은 함수를

θ의 우도함수(likelihood function) $L(\theta)$라고 한다. 즉,

$$L(\theta) = \prod_{i=1}^{n} f(x_i\,;\,\theta) \tag{2·41}$$

이 우도함수를 최대로 하여 주는 θ의 값을 θ의 추정값으로 잡아 주는 방법을 최대우도법에 의한 θ의 추정방법이라고 하며, 그 추정량을 최대우도추정량이라고 부르고 간략히 최우추정량이라고도 한다. 이 추정량은 일반적으로 일치성과 충분성을 가지고 있다.

다음으로 최소제곱법(最少제곱法, method of least squares)에 의하여 구하여지는 최소제곱추정량(least squares estimator)을 알아 보자. 표본의 i번째 관찰값이

$$y_i = f_i(\theta) + \epsilon_i, \quad i=1, 2, \cdots, n$$

와 같은 가정 하에 얻어지며, $f_i(\theta)$는 θ의 어떤 알려진 함수이고, ϵ_i는 확률변수로 $E(\epsilon_i)=0$가 성립된다고 하자. 이 때 다음과 같은 제곱합

$$Q = \sum_{i=1}^{n} [y_i - f_i(\theta)]^2 \tag{2·42}$$

을 최소로 하는 θ의 값을 최소제곱법에 의해 얻어지는 θ의 추정값이라 하며, 그 추정량을 최소제곱추정량이라 부른다. 이 추정량은 일반적으로 불편성과 일치성을 가지고 있다.

2·3·3 구간추정

어떤 모집단의 평균 μ를 추정하는데 점추정량으로 표본의 평균 $\bar{X}$를 가장 많이 쓰며, $\bar{X}$는 추정량이 가져야 할 바람직한 성질들을 대개 가지고 있다. 이제 μ의 구간추정을 검토하기 위해 $\bar{X}$가 갖는 표본분포(標本分布, sampling distribution)를 간단히 알아보자.

모집단의 모평균이 μ, 분산이 σ^2이라 하자. 확률표본 $X_1, X_2, \cdots, X_n$을 추출하여 표본평균 $\bar{X}$를 구하면, 이는 다음과 같은 표본분포의 성질을 갖는다.

(가) $\mu_{\bar{x}}=\mu$, 즉, $\bar{X}$는 평균 μ를 중심으로 분포되어 있다.

(나) $\bar{X}$의 표준편차는 다음과 같다.

$$\sigma_{\bar{x}} = \frac{\sigma}{\sqrt{n}} \tag{2·43}$$

(다) 만약 모집단이 정규분포를 하면

$$\bar{X} \sim N(\mu, \sigma_{\bar{x}}^2) \tag{2·44}$$

이며,

$$Z = \frac{\bar{X}-\mu}{\sigma_{\bar{x}}} \sim N(0,1) \tag{2·45}$$

이 된다.

(라) 만약 모집단이 비정규분포라면 $\bar{X}$는 n이 증가함에 따라 $N(\mu, \sigma_{\bar{x}}^2)$에 수렴한다. 또한 $\frac{\bar{X}-\mu}{\sigma_{\bar{x}}}$는 $N(0,1)$에 수렴한다. 이 결과는 《정리 2·3》의 중심극한의 정리에 그 이론적인 기초를 두고 있다.

위에 요약된 내용을 근거로 하여 모평균 μ의 구간추정을 하여 보자. 모집단이 정규분포를 하면 $Z=\frac{\bar{X}-\mu}{\sigma_{\bar{x}}}$는 정확히 표준정규분포를 하므로 〈표 A-1〉으로부터 Z가 -2에서 $+2$ 사이에 있을 확률은 0.9545임을 알 수 있다. 따라서,

$$\begin{aligned} 0.9545 &= P\left(-2 \le \frac{\bar{X}-\mu}{\sigma_{\bar{x}}} \le 2\right) \\ &= P(-2\sigma_{\bar{x}} \le \bar{X}-\mu \le 2\sigma_{\bar{x}}) \\ &= P(\bar{X}-2\sigma_{\bar{x}} \le \mu \le \bar{X}+2\sigma_{\bar{x}}) \end{aligned} \tag{2·46}$$

이 되며, 이 의미는 표본평균을 중심으로한 구간$(\bar{X}-2\sigma_{\bar{x}},\ \bar{X}+2\sigma_{\bar{x}})$이 모평균 μ를 포함시킬 확률이 0.9545라는 뜻이다.

일반적으로 모집단이 정규분포에 따르고 분산 σ^2을 알고 있는 경우, $1-\alpha$의 신뢰계수를 갖는 모평균 μ의 신뢰구간은

$$\bar{X} \pm z_{\alpha/2} \cdot \sigma_{\bar{x}} \tag{2·47}$$

가 된다. 일반적으로 모수 θ의 신뢰구간은, 이 모수의 불편추정량이 $\hat{\theta}$이라 하고 $\hat{\theta}$이 충분히 큰 표본으로부터 얻어져서 $\hat{\theta}$의 분포가 $N(\theta, Var(\hat{\theta}))$에 가깝다면 다음과 같은 방법으로 얻어진다.

$$\hat{\theta} \pm z_{\alpha/2} \cdot \sqrt{Var(\hat{\theta})} \tag{2・48}$$

위 공식에서 $Var(\hat{\theta})$은 $\hat{\theta}$의 분산을 의미한다.

실제로 모집단의 표준편차 σ를 모르고 있는 경우가 대부분이며 이런 경우에는 식 (2・47), (2・48) 등을 사용할 수 없다. 모집단의 표준편차 σ를 모르는 경우에 모평균 μ의 신뢰구간을 구하는 방법을 알아 보자.

표본분산 s^2에 $(n-1)$을 곱하고 모집단의 분산인 σ^2으로 나누어

$$\chi^2 = \frac{(n-1)s^2}{\sigma^2} = \frac{\sum_{i=1}^{n}(X_i - \bar{X})^2}{\sigma^2} \tag{2・49}$$

을 구하면 χ^2은 자유도 $(n-1)$인 χ^2-분포를 하게 된다. 모집단의 표준편차 σ를 모를 경우 식 (2・45)의

$$Z = \frac{\bar{X} - \mu}{\frac{\sigma}{\sqrt{n}}}$$

과 같은 표준정규분포를 사용할 수 없으므로 σ의 자리에 그의 점추정량인 표본표준편차 s를 사용하면 통계량

$$t = \frac{\bar{X} - \mu}{\frac{s}{\sqrt{n}}} \tag{2・50}$$

은 자유도 $(n-1)$인 t-분포를 하게 된다. 왜냐하면, 식 (2・27)과 (2・49)를 이용하면

$$\frac{\bar{X} - \mu}{\frac{s}{\sqrt{n}}} = \frac{\bar{X} - \mu}{\frac{\sigma}{\sqrt{n}}} \div \sqrt{\frac{(n-1)s^2/\sigma^2}{(n-1)}} = \frac{Z}{\sqrt{\frac{\chi^2(n-1)}{n-1}}}$$

와 같이 되고 $\bar{X}$와 s^2은 서로 독립임이 알려져 있으므로 이는 자유도 $(n-1)$인 t-분포를 한다. 따라서, 신뢰계수가 $1-\alpha$인 모평균 μ의 구간추정은 식 (2・47)과 같은 이론에 의하여

$$\bar{X} \pm t\left(n-1\,;\,\frac{\alpha}{2}\right) \cdot s_{\bar{x}} \tag{2・51}$$

이 되며, 여기서 $s_{\bar{x}}$는 다음과 같다.

$$s_{\bar{x}} = \frac{s}{\sqrt{n}} \tag{2・52}$$

식 (2・48)에서 모분산 σ^2을 모르기 때문에 $Var(\hat{\theta})$을 모를 경우에는 이의 추정량 $\widehat{Var}(\hat{\theta})$을 $Var(\hat{\theta})$의 대신에 사용하면 θ의 구간추정은 다음과 같다.

$$\hat{\theta} \pm t\left(n-1\,;\,\frac{\alpha}{2}\right)\sqrt{\widehat{Var}(\hat{\theta})} \tag{2・53}$$

윗 공식에서도 $\hat{\theta}$이 정규분포를 한다는 가정이 성립되어야 한다. 식 (2・30)에서 본 바와 같이 만약 n이 충분히 크면, 대략적으로 $t(n-1\,;\,\alpha) = z_\alpha$이며 $\widehat{Var}(\hat{\theta})$은 $Var(\hat{\theta})$과 매우 가까워질 것이므로, 실질적으로 식 (2・53)과 식 (2・48)은 동일한 결과를 줄 것이다.

〔예 2・3〕 비누공장에서 생산되는 어떤 특수한 비누의 무게가 정규분포를 한다고 알려졌는데 평균 μ와 분산 σ^2은 정확히 알려져 있지 않다. 평균 μ를 구간추정하기 위해 크기 $n=9$인 표본을 얻었다.

표본의 자료(단위 g) : 9.0, 9.1, 8.8, 9.1, 9.0, 9.4, 9.2, 8.8, 8.6

95% 신뢰구간을 구하여라.

풀이 --

표본표준편차 s를 구하면, $\bar{x}=9.0$이므로

$$s = \sqrt{\frac{\Sigma(x_i-\bar{x})^2}{n-1}} = \sqrt{\frac{(9.0-9.0)^2+(9.1-9.0)^2+\cdots+(8.6-9.0)^2}{9-1}}$$

$$= \sqrt{\frac{0.46}{8}} = 0.24$$

$$s_{\bar{x}} = \frac{s}{\sqrt{n}} = \frac{0.24}{\sqrt{9}} = 0.08$$

$$t(n-1\,;\,0.025) = t(8\,;\,0.025) = 2.306$$

따라서 식 (2·51)을 사용하여

$$\bar{x} \pm t(8\,;\,0.025)\,s_{\bar{x}}$$
$$\Rightarrow 9.0 \pm (2.306)(0.08)$$
$$\Rightarrow 9.0 \pm 0.18$$
$$\Rightarrow (8.82 \sim 9.18)$$

즉 비누무게의 신뢰구간은 8.82 g에 9.18 g이며 신뢰수준 95%라는 것은 이러한 방법으로 100개의 구간을 구했을 때 95개 정도가 모평균 μ를 포함할 것으로 기대할 수 있다는 것이다.

2·4 통계적 가설검정

2·4·1 검정의 개념

모집단의 모수의 값이나 확률분포에 대하여 어떤 가설(hypothesis)을 설정하고, 이 가설의 성립여부를 표본의 자료를 통하여 검정(testing)하여 통계적 결정을 내리는 것을 통계적 가설검정(假說檢定) 또는 간단히 통계적 검정이라 부른다. 통계적 검정은 통계적 추정과는 대조적으로 모집단에 관한 가설이 먼저 설정되면 이 가설이 옳은가의 여부를 알기 위하여 표본자료에서 얻은 통계량을 이용하는 것이다. 일반적으로 모집단분포의 모양은 주어지므로 모수의 가설에 대한 검정이 많다. 검정의 대상으로 삼는 가설을 귀무가설(歸無假說, null hypothesis)이라고 하고, 이에 대립되거나 이를 부정하는 가설을 대립가설(對立假說, alternative hypothesis)이라고 한다.

표본을 관찰하여 얻어진 결과에 의해 가설을 부정할 때에는 그 가설을 기각(reject)한다고 하고, 가설을 부정하지 못할 때에는 그 가설을 채택(accept)한다고 말한다. 여기서 유의하여야 할 것은 귀무가설이 기각되지 않았다고 해서 반드시 이 가설이 옳다는 뜻은 아니다. 단지 표본관찰의 결과로 볼 때 귀무가설을 부정할 만한 충분한 이유가 없기 때문이며 이 경우에는 기각판정을 보류한 것에 불과하다고 해석하여도 무방할 경우가 많다.

가설검정의 결과를 나누어 보면, 귀무가설(H_0)이 맞는 경우에 이를 채택하거나 기각하는 두 가지 결정이 있고, 또 귀무가설이 틀린 경우에 이를 채택하거나 기각하는 두 가지 결정이 있다. 따라서, 모두 네 가지의 가능한 경우가 있는데 잘못된 판단을 내리는 경우는 두 가지로서 맞는 귀무가설을 기각하는 때와 틀린 귀무가설을 채택하는 때이다. 전자의 경우에는 제 1 종의 오류(type Ⅰ error)를 범했다고 말하고 후자의 경우에는 제 2 종의 오류(type Ⅱ error)를 범했다고 한다. 제 1 종의 오류를 범할 확률을 α로 표시하며, 이를 유의수준(有意水準, level of significance)이라 하고, 제 2 종의 오류를 범할 확률을 β로 표시하여 $(1-\beta)$의 값을 검출력(檢出力, power of test)이라고 한다. 검출력이란 검정하려는 귀무가설이 틀린 경우에 이를 기각하는 확률이므로 귀무가설의 잘못을 검출해 내는 확률이 된다. 통계적 검정은 맞는 귀무가설을 기각하는 제 1 종의 오류를 가능한한 줄이고 가설의 잘못을 찾아내는 검출력을 크게 하는 것이 바람직하다.

귀무가설이 세워지면 표본을 선택하고 관찰하여, 그 가설을 기각할 것인가 채택할 것인가를 결정하기 위한 통계량을 구해야 한다. 이러한 통계량을 검정통계량(檢定統計量, test statistic)이라고 한다. 검정통계량도 통계량이므로 확률변수이며, 어떤 확률분포를 갖는다. 검정통계량의 분포를 알면, 그 영역을 기각역(棄却域, rejection region)과 채택역(採擇域, acceptance region)으로 나누어, 검정통계량의 값이 기각역에 위치하면 귀무가설을 기각하고, 채택역에 위치하면 채택하게 된다. 기각역과 채택역을 나누는 경계치를 기각치(critical value)라고 부른다. 귀무가설이 맞을 때에도 검정통계량이 기각역에 위치할 가능성이 있는데, 이러한 확률을 검정의 유의수준이라 하며 이것은 제 1 종 오류에 해당한다.

대립가설이 귀무가설의 어느 한쪽에만 있어서 검정의 기각역이 채택역의 어느 한쪽에만 있게 되는 경우를 한쪽검정(one-tailed test)이라 하고, 검정의 기각역이 채택역의 양쪽에 있는 경우를 양쪽검정(two-tailed test)이라고 한다.

2·4·2 모평균의 검정

모집단의 평균 μ의 값이 어떤 특정의 값 μ_0인지 아닌지를 검정하고 싶은 경우에는 귀무가설 H_0는

$$H_0 : \mu = \mu_0$$

라 쓰고, 대립가설 H_1은 양쪽검정인 경우에는

$$H_1 : \mu \neq \mu_0$$

라 표시하고 한쪽검정인 경우는

$$H_1 : \mu < \mu_0 \text{ 이거나 } \mu > \mu_0$$

이 된다.

앞에서 본 바와 같이 모집단이 정규분포이면 표본평균 $\bar{X}$는 항상 정규분포를 하고, 모집단이 정규분포가 아니라 하더라도 표본의 크기 n이 충분히 크면 중심극한의 정리에 의하여 표본평균은 근사적으로 정규분포를 한다. 따라서, 모평균 μ를 검정할 때에 표본의 크기 n이 충분히 크고 모분산 σ^2을 알고 있으면, 모집단의 분포에 구애됨이 없이 정규분포를 사용하여 검정할 수 있다. 모집단이 정규분포를 하나 σ^2을 모르고 μ를 검정하고자 할 때 표본의 크기가 작으면 t-분포를 사용하고, 크면 Z-분포를 사용하여도 좋다.

모집단이 정규분포를 하고 표준편차 σ를 알고 있는 경우(또는 모집단의 분포는 모르나 표준편차 σ는 알고 있으며, 표본의 크기 n이 큰 경우) 모평균 μ에 관한 검정은 다음 순서에 따라서 한다.

(순서 1) 귀무가설을 세운다.

$$H_0 : \mu = \mu_0$$

(순서 2) 대립가설을 세운다.

$$H_1 : \mu \neq \mu_0 \text{ (양쪽검정)}$$
$$H_1 : \mu < \mu_0 \text{ 또는 } \mu > \mu_0 \text{ (한쪽검정)}$$

(순서 3) 표본을 추출하여 표본평균 $\bar{X}$의 값 $\bar{x}$를 구한다.

(순서 4) 검정통계량 Z_0의 값 z_0을 구한다.

$$z_0 = \frac{\bar{x}-\mu}{\frac{\sigma}{\sqrt{n}}}$$

(순서 5) 유의수준 α를 정하고 한쪽검정인 경우는 [그림 2·5]에서처럼 기각치 z_α의 값을, 양쪽검정인 경우는 [그림 2·6]처럼 $z_{\alpha/2}$의 값을 부록 〈표 A-1〉의 표준정규분포표를 사용하여 구한다.

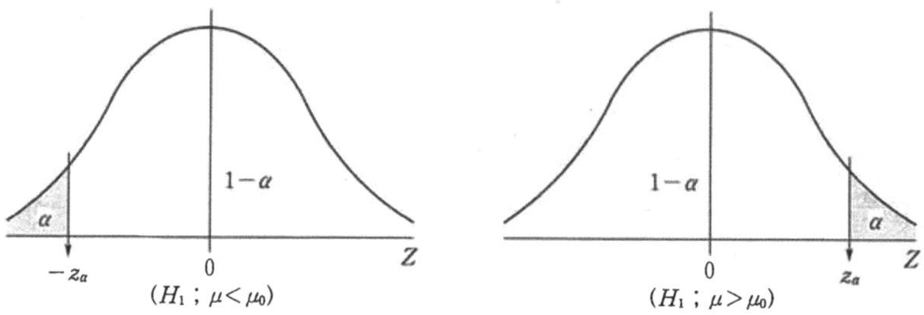

[그림 2·5] 한쪽 검정

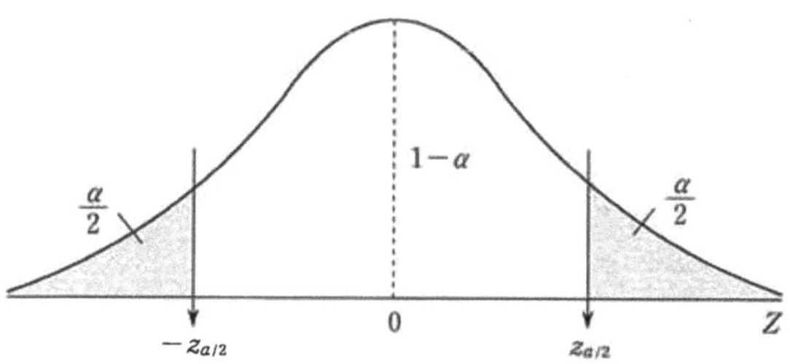

[그림 2·6] 양쪽 검정

(순서 6) 검정통계량 Z_0의 값 z_0와 기각치 z_α(또는 $z_{\alpha/2}$)의 값을 비교해 결정을 내린다.

$z_0 < -z_\alpha$($H_1 : \mu < \mu_0$인 한쪽검정)이면 귀무가설을 기각하고, 아니면 채택한다.

$z_0 > z_\alpha$($H_1 : \mu > \mu_0$인 한쪽검정)이면 귀무가설을 기각하고, 아니면 채택한다.

$|z_0| > z_{\alpha/2}$ (양쪽검정)이면 귀무가설을 기각하고, 아니면 채택한다.

〔예 2·4〕 어떤 공장에서 제조되는 특수제품은 공정온도 200℃에서 만들어지며 제품의 강도는 대략 $N(73.7\text{ kg},\ (1\text{ kg})^2)$과 같은 분포를 한다고 알려져 있다. 공정온도를 조금 바꾸어서

제품을 생산하여 보았더니 표준편차는 변함이 없어 보이나 평균강도에 차이가 있어 보인다. 바꾸어진 공정온도에서 생산된 제품 중 16개를 추출하여 강도를 재어 보았더니 표본평균이 75.1 kg이었다. 공정온도가 달라짐으로 인하여 생산되는 제품의 평균강도가 달라진다고 말할 수 있는가를 유의수준 $\alpha = 0.05$를 사용하여 검정하라.

풀이

$H_0 : \mu = 73.7$

$H_1 : \mu \neq 73.7$

$\bar{x} = 75.1,\ \sigma = 1,\ n = 16,\ \alpha = 0.05$

검정통계량의 값은

$$z_0 = \frac{\bar{x} - \mu_0}{\frac{\sigma}{\sqrt{n}}} = \frac{75.1 - 73.7}{\frac{1}{\sqrt{16}}} = 5.6$$

이며 양쪽검정이므로 $z_{\alpha/2} = z_{0.025} = 1.96$이 된다. 따라서, $|z_0| = 5.6 > 1.96$이 성립하므로 귀무가설은 기각된다. 즉, 제품의 강도는 공정온도의 변화에 따라 평균강도가 달라졌다고 말할 수 있다.

지금까지 모집단의 표준편차 σ가 이미 알려져 있는 상태에서 모평균 μ에 관한 검정을 알아 보았다. 그러나, 실무에서는 σ를 모르는 경우가 많으며 σ를 모르는 경우에 어떻게 모평균 μ를 검정하는가에 대한 순서를 알아보자.

(순서 1, 2, 3) 표준편차 σ를 아는 경우와 동일함.

(순서 4) 표본의 표준편차 s를 구하고 검정통계량 t_0의 값을 계산한다.

$$t_0 = \frac{\bar{X} - \mu_0}{\frac{s}{\sqrt{n}}}$$

이 통계량의 자유도는 $(n-1)$이다.

(순서 5) 유의수준 α를 정하고 양쪽검정이면 $t\left(n-1\ ;\ \frac{\alpha}{2}\right)$의 값을 부록 〈표 A-2〉에서 구하고 한쪽검정이면 $t(n-1\ ;\ \alpha)$의 값을 찾는다.

(순서 6) 검정통계량 t_0의 값과 (순서 5)에서 구한 t의 값과 비교하여 결정을 내린다.

$t_0 < -t(n-1\,;\,\alpha)$ ($H_1: \mu < \mu_0$ 인 한쪽검정)이면 귀무가설을 기각하고 아니면 채택한다.

$t_0 > t(n-1\,;\,\alpha)$ ($H_1: \mu > \mu_0$ 인 한쪽검정)이면 귀무가설을 기각하고 아니면 채택한다.

$|t_0| > t\left(n-1\,;\,\frac{\alpha}{2}\right)$ (양쪽검정)이면 귀무가설을 기각하고 아니면 채택한다.

〔예 2·5〕 어떤 기계에 의하여 만들어지는 제품의 평균무게가 2g인지를 검정하고 싶다. 표본을 취하여 표본평균무게를 구하니 1.96g이고 표본표준편차는 0.05g이다. 표본의 크기가 50이고 유의수준을 5%로 잡아주면 제품의 평균무게가 2g이라는 가설이 맞는가, 아니면 2g보다 작다는 것이 옳은가?

풀이

$$H_0: \mu = 2.0$$
$$H_1: \mu < 2.0$$
$$\bar{x} = 1.96,\ s = 0.05,\ \alpha = 0.05,\ n = 25$$

검정통계량의 값은

$$t_0 = \frac{\bar{x} - \mu_0}{\frac{s}{\sqrt{n}}} = \frac{1.96 - 2.0}{\frac{0.05}{\sqrt{50}}} = -5.66$$

이며, 한쪽검정이므로 기각치는

$$-t(n-1\,;\,\alpha) = -t(24\,;\,0.05) = -1.711$$

이다. 따라서, $t_0 = -5.66 < -1.711$ 이 성립하므로 귀무가설은 기각된다.

위에서 모평균에 대한 가설검정을 검토하였는데 이외에도 모든 종류의 모수에 대한 검정이 가능하다. 기타 가설검정에 대해서는 참고문헌을 참조하여 주기 바란다.

▶ 참 고 문 헌 ◀

2・1. Neter, J., Wasserman W. and Whitmore G. : *Fundamental Statistics for Business and Economics*, 4th ed., Boston, Allyn and Bacon, 1973.

2・2. 김우철 외 7인 공저 : 현대통계학, 영지문화사, 1988.

2・3. 백운봉 : 표준통계적방법, 박영사, 1973.

2・4. Steel, R.G.D. and Torrie, J.H. : *Principles and Procedures of Statistics*, New York, McGraw-Hill, 1960.

■ 연 습 문 제 ■

2・1. 같은 주사위를 두 번 던지는 시행을 고려하여 보자. 주사위의 눈을 1, 2, 3, 4, 5, 6 으로 표시하면 한 시행의 결과는 두 개의 숫자로서 표현될 것이다. 첫번째 숫자는 첫번째 던진 주사위의 눈금이다.

(1) 이 시행에 대한 표본공간을 정의하라.

(2) 두 숫자의 합을 확률변수 X 로 정의할 경우 X 의 확률밀도함수를 구하라.

(3) 사상 A, B 를 다음과 같이 정의하자.

$A = \{$ 첫번째 주사위의 눈금이 짝수인 경우 $\}$

$B = \{$ 두번째 주사위의 눈금이 짝수인 경우 $\}$

사상 A, B 에 각각 어떠한 근원사상이 있는가를 밝혀라.

2・2. 어떤 복권의 상금액을 확률변수 X 라고 하자. 추첨결과 만일 1등이 되면 9백만원이 될 수도 있고 떨어지면 0원이 될 수도 있다. 이 복권의 제도는 100,000번에서 199,999번까지의 10만 가지를 1조로 하여 5조(50만 장)를 매출, 추첨에 의하여 다음과 같은 당첨금을 주기로 하였다고 하자.

등 급	당 첨 금	매수	확률
1등	9,000,000 원	1	1/50 만
애석상(1등과 조가 다름)	10,000 원	4	4/50 만
2등	1,000,000 원	5	5/50 만
3등	10,000 원	50	50/50 만
장려상	1,000 원	500	500/50 만

(1) 이 복권을 한 장 샀을 경우 상금액 X의 기대값을 계산하라.

(2) 상금액 X의 표준편차를 구하라.

(3) 50만 장을 다 팔아서 당첨금을 분배한 후에 순이익금을 2천만원으로 하고 싶다면 복권 한 장에 약 얼마씩 받아야 하겠느냐?

2・3. 한 여름 낮의 온도 T가 평균 28℃ 이고 표준편차 4℃ 를 갖는 정규분포를 한다고 하자. 어느 한 여름 낮을 임의로 선택하였을 때,

(1) 온도 T가 24℃에서 28℃ 사이에 있을 확률을 구하라.

(2) 온도 T가 36℃ 이상 될 확률을 구하여라.

(3) 온도 T가 32℃에서 36℃ 사이일 확률을 구하라.

2・4. 어떤 확률벡터 $\boldsymbol{y}'=(Y_1, Y_2, \cdots, Y_k)$에서 $Var(Y_i)=\sigma^2$, $i=1,2,\cdots,k$, 이고 $Cov(Y_i, Y_j)=\frac{1}{k}\sigma^2$, $i\neq j$, 일 때에 $Var(\boldsymbol{y})$을 구하라. 만약 행렬 $A=(a_{ij})$가 있어 $a_{ii}=1$, $i=1,2,\cdots,k$, 이고 $a_{ij}=\frac{1}{k}$, $i\neq j$ 이면 $Var(A\boldsymbol{y})$는 무엇이 되는가?

2・5. 한강에서 모래를 채취하여 모래를 운반하는데 한 트럭당 실려 있는 모래 양이 평균 3톤이고 표준편차가 0.5톤인 정규분포를 한다고 한다.

(1) 모래를 운반하는 트럭 9대를 임의추출할 때 표본의 평균 $\overline{X}$가 갖는 분포를 구하라.

(2) 위의 (1)의 경우에 $\overline{X}$가 2.5톤 미만이 될 확률을 구하라.

2・6. 어떤 원료에서 만들어지는 제품의 순도(단위 : %)를 구간추정하고 싶다. 표본을 조사하니 다음과 같다.

표본제품의 순도 : 74.9, 75.5, 72.5, 73.4, 78.2, 77.8

순도의 모평균에 대한 95% 신뢰구간을 추정하라. 제품의 순도는 정규분포 한다고 가정한다.

2·7. 매년 수천 개의 전구를 소비하는 어느 회사에서 지금까지 A사의 제품을 사용하였다. A사 제품의 평균수명은 1,000시간이었다. 그런데, B사에서 싼값으로 전구가 생산되어 이 새로운 전구의 평균수명이 유의수준 $\alpha=0.05$에서 1,000시간보다 작다는 것이 증명되지만 않는다면 B사 제품을 사용하기로 하고 64개의 표본을 조사한 결과 평균수명 $\bar{x}=985$시간, 표본표준편차 $s=75$시간을 얻었다. B사 제품의 평균수명이 1,000시간보다 작다고 할 수 있겠는가? 유의수준 $\alpha=0.05$에서 검정하여라.

2·8. 다음의 데이터는 어느 회사에서 만드는 실의 장력(단위 : kg/cm²)을 알아 보기 위한 표본의 데이터이다. 이 표본이 추출된 모집단의 평균 장력이 98.5 kg/cm² 이라고 할 수 있는가, 없는가를 유의수준 $\alpha=0.10$으로 검정하라(모집단의 분산이 1.5 kg/cm² 이라고 가정하라.)

장 력	도 수
95	2
96	12
97	15
98	10
99	8
100	3
합계	50

2·9. a, b, c, d가 상수일 때, 다음을 증명하여라.

(1) $\mathrm{Cov}(a+bX,\ c+dY)=bd\ \mathrm{Cov}(X, Y)$

(2) $\mathrm{Corr}(a+bX,\ c+dY)=\mathrm{Corr}(X, Y)$, 단 $b>0,\ d>0$

윗 식에서 b와 d가 모두 음수일 때는 어떠한가?

b와 d의 부호가 다를 때는 어떠한가?

위에서 $\mathrm{Corr}(X, Y)$는 변수 X와 Y 간의 상관계수를 의미한다.

2·10. 한 과목의 시험점수는 평균값 $\mu=70$, 표준편차 $\sigma=8$인 정규분포를 한다. 다음 방법에 의해 학점을 내려고 한다.

이 때 각 학점에 해당하는 학생들의 백분율을 구하여라.

점 수	학 점
$70-1.5\sigma$ 미만	F
$70-1.5\sigma \sim 70-0.5\sigma$	D
$70-0.5\sigma \sim 70+0.5\sigma$	C
$70+0.5\sigma \sim 70+1.5\sigma$	B
$70+1.5\sigma$ 이상	A

2·11. 구두를 제조하는 공장에서 구두 밑창에 쓰일 고무를 잘라내는 기계가 있다. 이 기계에 의해 잘라지는 밑창의 두께는 표준편차 $\sigma=0.2$ mm 인 정규분포를 한다. 구두 밑창의 기준이 되는 $\mu=25$ mm 로부터 평균 두께가 다른 경우가 있다. 이 기계의 작업을 관리하기 위해 5 개의 표본을 택하여 두께의 평균값 $\bar{X}$ 가 $24.8 \le \bar{X} \le 25.2$ 이면 이 기계는 관리 상태에 있고, 그렇지 않은 경우에는 기계의 작업을 중단하고 이를 재조정하려고 한다.

(1) 실제 평균 두께가 $\mu=25$ mm 인데도 관리 상태에 있지 않다고 할 확률을 구하여라.

(2) 실제 평균 두께가 $\mu=25.3$ mm 일 때 관리 상태에 있지 않다고 할 확률은?

제 II 편

기초적 회귀분석

3. 단순회귀분석
4. 단순회귀에 관한 추론
5. 기초적 회귀분석의 기타 논제

3

단순회귀분석

3·1 서 론

어떤 연구이든지간에 관련된 변수(variables)들간에 상호 관련성을 찾으려고 할 때가 많다. 예를 들면, 사람이 나이가 먹어 갈수록 키가 커지는데, 나이와 키 사이의 함수관계를 생각해 볼 수 있을 것이다. 또는 어떤 플라스틱 제품의 견고도가 이 제품을 만드는 기계의 온도와 어떤 연관성을 가지고 있다고 하면, 이들 변수간의 함수관계를 규명하는 것은 흥미있는 연구일 것이다. 위의 두 가지 예에서 키와 견고도는 일반적으로 종속변수(從屬變數, dependent variable) 또는 반응변수(反應變數, response variable)라 부르고, 나이나 온도와 같이 종속변수에 영향을 주는 변수를 독립변수(獨立變數, independent variable) 또는 설명변수(說明變數, explanatory variable)라 한다. 앞으로 변수를 나타내는 데는 알파벳의 대문자를 쓰지 않고 편의상 소문자로 나타내기로 한다.

우리 주위에는 독립변수와 종속변수 사이의 함수관계를 알아 내려고 하는 수없이 많은 문제들이 있으며, 이런 관계를 실험자료를 분석하여 어느 정도 규명할 수 있다면 귀중한 정보를 우리에게 제공할 수 있을 것이다. 이처럼 변수들간의 함수관계를 추구하는 통계적 방법을 회귀분석(回歸分析, regression analysis)이라고 부른다.

일반적으로 회귀분석은 한 개의 독립변수와 한 개의 종속변수간의 관계 분석에 제한되어 있지 않고 여러 개의 변수들간의 함수관계를 규명하는 데에도 많이 쓰여지고 있으나, 이 장에서는 제일 간단한 경우에 해당하는 한 개의 독립 및 종속 변수간의 선형관계

(linear relation)에 관한 분석을 먼저 다루려 한다. 이와 같은 분석을 단순회귀분석(單純回歸分析, simple regression analysis)이라고 한다.

회귀라는 말은 영국의 우생학자 F. Galton(1822~1911)이 처음으로 불렀다고 한다. 그는 아버지의 신장 x 와 아들의 신장 y 와의 관계식은 45°의 기울기를 주지 못하고 그것보다 경사가 완만한 직선을 준다고 간파하였다 한다. 이와 같은 생각에 관심을 가졌던 K. Pearson(3・3)은 1,078 가족의 부자간 신장에 관한 기록을 수집하여 아버지의 신장 x 를 독립변수로 하고, 아들의 신장 y 를 종속변수(단위는 인치)로 하여

$$\hat{y} = 33.73 + 0.516x$$

와 같은 선형관계식을 얻었다. [그림 3・1]은 아버지들의 각 신장별로 아들들의 평균 신장을 표시하고 이들간의 관계를 나타내는 직선을 표시한 것이다.

이 그림에서 보면 아버지의 신장이 60인치인 경우 아들들의 평균 신장은 약 65인치로서 아버지의 신장보다 크고, 이와 반대로 아버지의 신장이 74인치인 경우에는 아들들의 평균 신장이 약 72인치로서 아버지의 신장보다 작은 것을 보게 된다. 이 직선은 x 와 y 의 평균 $(\bar{x}, \bar{y})$를 지나므로, 결국 아들들의 신장은 인간 전체의 평균 신장에 되돌아가려는 경향이 있다는 것이다. 위에서와 같은 함수관계를 'regression'이라는 용어로 처음 표현한 사람이 F. Galton이며, 이것이 유래가 되어 통계학에서 변수간의 어떤 함수관계를 표현하는 식은 회귀식(回歸式, regression equation)이라는 용어로 사용하게 된 것이다.

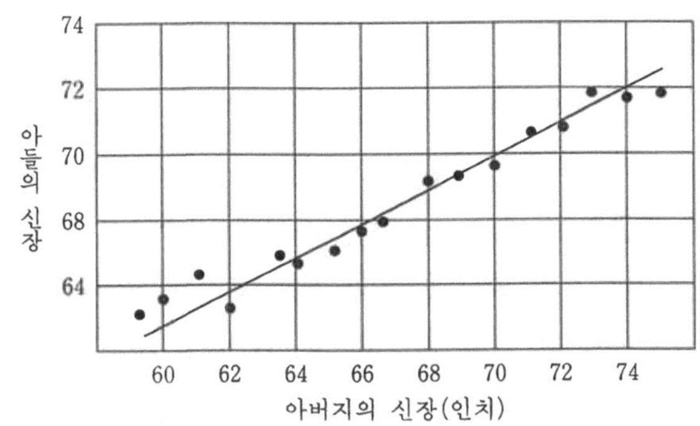

[그림 3・1] 아버지와 아들간의 신장의 회귀직선

3·2 회귀분석의 기본개념

3·2·1 산점도

두 변수간의 함수관계를 연구하는 첫 단계로서 먼저 하여야 할 것은 도표(graph)상에 관찰점(觀察點, observation point)들을 그려 보는 일이다. 이러한 도표를 산점도(散點圖, scatter diagram)라고 하는데, 이 산점도로부터 두 변수간의 관계를 대략적으로 짐작할 수 있다.

구체적인 예를 들어 보기로 하자. 어떤 특수한 종류의 상품을 팔고 있는 상점을 중심으로 광고가 판매량에 미치는 관계를 알아 보기 위하여 비슷한 여건하에 있는 많은 상점들 중에서 10개의 상점을 표본(sample)으로 추출하여, 이 상점들의 연간 광고료와 총판매량을 알아보니 그 자료가 〈표 3·1〉과 같다 하자.

〈표 3·1〉 표본상점의 광고료와 총판매액

상점 번호	광 고 료 (단위 : 10만 원)	총 판 매 액 (단위 : 100만 원)	상점 번호	광 고 료 (단위 : 10만 원)	총 판 매 액 (단위 : 100만 원)
1	4	9	6	12	30
2	8	20	7	6	18
3	9	22	8	10	25
4	8	15	9	6	10
5	8	17	10	9	20

광고료를 독립변수 x로 하고 판매액을 종속변수 y로 하여 산점도를 그려 보면 [그림 3·2]와 같다. 이 그림으로부터 우리는 x가 증가하면 일반적으로 y가 증가한다는 사실을 쉽게 알 수 있고, 그 관계가 대략 직선인 것도 짐작할 수 있다.

[그림 3·2]와 같은 산점도를 그렸을 경우에 x와 y의 관계가 직선보다는 곡선으로 표시하는 것이 타당할 때도 있다.

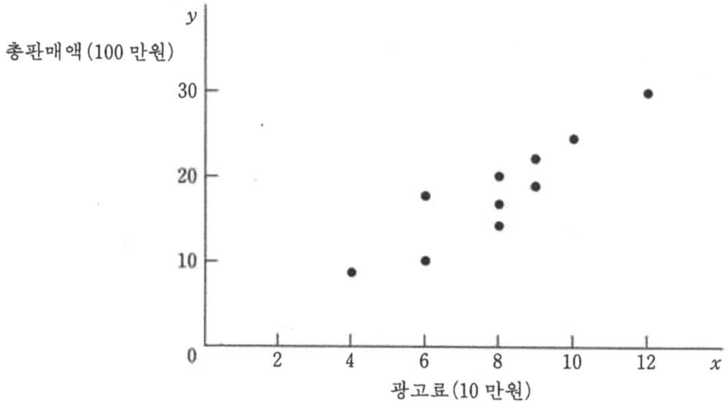

[그림 3 · 2] 광고료와 총판매액의 산점도

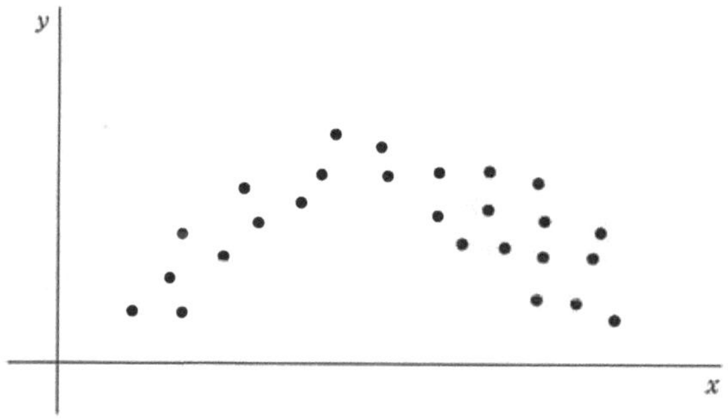

[그림 3 · 3] 곡선관계 산점도

[그림 3 · 3]의 경우는 여기에 해당할 것이다. 이럴 경우에는 곡선을 적합시키는 곡선회귀(曲線回歸, curvilinear regression) 또는 다항회귀(多項回歸, polynomial regression)를 사용하여야 하며, 이는 뒤에 다루기로 하겠다.

3·2·2 기본 가정(basic assumptions)

변수 x와 y간에 직선회귀모형(直線回歸模型, straight line regression model)을 적합시킬 경우에는 일반적으로 다음과 같은 가정이 전제조건을 이루고 있다.

(1) 변수 x와 y 사이에 존재하는 관련성은 주어진 x의 값에서 y의 기대값을 $\mu_{y \cdot x}$

라고 할 때

$$\mu_{y \cdot x} = \beta_0 + \beta_1 x \qquad (3 \cdot 1)$$

와 같은 선형식으로 적절히 표현될 수 있다.

(2) 주어진 x의 값에서 변수 y는 정규분포(normal distribution)를 하며, 평균은 $\mu_{y \cdot x} = \beta_0 + \beta_1 x$로 x에 따라서 변하나 분산은 x의 값에 관계없이 일정하다.

(3) 독립변수 x는 오차 없이 측정할 수 있는 수학변수(mathematical variable)이며, 종속변수 y는 측정오차를 수반하는 확률변수(random variable)이다. 또 y의 측정오차들은 서로 독립이다.

위의 가정 아래 단순회귀모형을 표현하면 다음과 같다.

$$y_i = \beta_0 + \beta_1 x_i + \epsilon_i \qquad (3 \cdot 2)$$

위에서

$y_i = i$ 번째 측정된 y의 값

$\beta_0, \beta_1 =$ 모집단의 회귀계수

$x_i = i$ 번째 주어진 고정된 x의 값

$\epsilon_i = i$ 번째 측정된 y의 오차항으로 확률분포는 $N(0, \sigma^2)$이며, 다른 오차항과는 상관관계가 없다.

모형 (3・2)를 단순회귀모형이라 불렀는데, 여기서 '단순(simple)'이란 말은 이 모형이 회귀계수로 볼 때도 선형(linear in the regression coefficients)이고, 독립변수로 볼 때도 선형(linear in the independent variable)이며, 독립변수가 단 하나뿐이므로 이렇게 부르는 것이다. 이와 같은 모형을 독립변수가 하나인 일차 모형(first order model)이라고도 부른다.

모형 (3・2)의 표현에서 첨자 i를 빼고 종속변수의 값을 일반형으로 나타내면

$$y = \beta_0 + \beta_1 x + \epsilon \qquad (3 \cdot 3)$$

이 되는데 주어진 x에서 y의 기대치가 $\mu_{y \cdot x} = \beta_0 + \beta_1 x$이므로 식 (3・3)은

$$y = \mu_{y \cdot x} + \epsilon$$

으로 표현되며 오차항 $\epsilon = y - \mu_{y \cdot x}$ 의 분산을 σ^2 이라 하면 확률변수 y 와 ϵ 는 각각 다음의 분포를 가진다.

$$y \sim N(\mu_{y \cdot x},\ \sigma^2) \qquad (3 \cdot 4)$$

$$\epsilon \sim N(0,\ \sigma^2) \qquad (3 \cdot 5)$$

즉, $E(y) = \mu_{y \cdot x}$, $E(\epsilon) = 0$ 이며 분산을 간편하게 Var 로 표시하면

$$Var(y) = Var(\epsilon) = \sigma^2$$

또 두번째 가정에서 y 의 분산은 x 의 값에 관계없이 일정하다고 하였는데 이와 같은 가정을 등분산(等分散, homoscedastic)의 가정이라고 하며, 만약 y 의 분산이 x 의 값에 따라 달라진다면 이분산(異分散, heteroscedastic)의 성질을 가졌다고 한다. 이분산인 경우는 후에 별도로 다루기로 하겠다.

위의 세번째 가정에서 y 의 측정오차들은 서로 독립이라고 하였는데 두 변수간의 공분산을 간단히 Cov 로 표시하면,

$$Cov(\epsilon_i, \epsilon_j) = 0, \quad i \neq j$$

이 성립되는 가정이다. 이 가정이 성립하지 않는 경우에 대해서도 후에 별도로 다루기로 하겠다.

마지막으로, 위의 세번째 가정에서 x 는 수학변수라고 하였는데, 실질적으로 x 도 확률변수인 경우가 흔하다. 이런 경우에도 만약 주어진 x 에서 y 의 조건부 확률분포가 $N(\mu_{y \cdot x}, \sigma^2)$ 이며, x 의 확률분포가 β_0, β_1, σ^2 과 아무런 관련이 없으면 모형 (3·3)이 이러한 경우를 포함시킨다고 간주하여도 무방하다. 단, 이런 경우에는 x 와 y 가 모두 확률변수이므로 x 에 대하여 y 의 회귀(regression of y on x)를 구하는 것 외에도 y 에 대하여 x 의 회귀(regression of x on y)를 구하는 것도 의미가 있다.

식 (3·4)와 (3·5)에 표현된 성질을 알기 쉽게 설명하기 위하여 〈표 3·1〉의 광고료(x)와 총판매액(y)간의 가상적인 모집단의 분포를 그림으로 그려 보면 [그림 3·4]를 얻

을 수 있다. 예를 들면, $x = 6$ 에서의 y 의 평균은

$$E(y) = \mu_{y \cdot x} = \beta_0 + 6\beta_1$$

이고, 이는 [그림 3 · 4]에서 $x = 6$ 과 $E(y) = \beta_0 + \beta_1 x$ 가 만나는 점의 y 좌표이며, 이를 평균으로 y 는 표준편차 σ 를 갖는 정규분포를 한다는 의미이다.

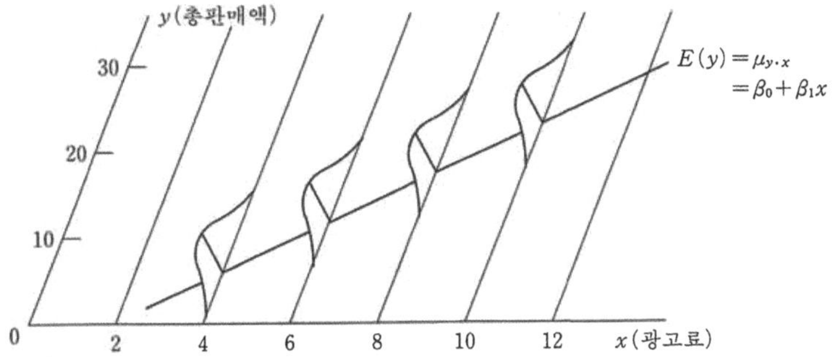

[그림 3 · 4] $y \sim N(\mu_{y \cdot x}, \sigma^2)$의 도해

모형 (3·3)의 직선회귀를 다음과 같이 변형하여 대체모형(代替模型, alternative model)으로 사용하는 경우도 있다.

$$\begin{aligned} y &= \beta_0 + \beta_1 x + \epsilon \\ &= (\beta_0 + \beta_1 \bar{x}) + \beta_1 (x - \bar{x}) + \epsilon \\ &= \beta_0' + \beta_1 (x - \bar{x}) + \epsilon \end{aligned} \tag{3 · 6}$$

위에서 $\beta_0 + \beta_1 \bar{x}$ 를 β_0' 로 대치시킨 것이다.

3·3 회귀선의 추정

표본자료(標本資料, sample data)로부터 선형식 (3 · 1)을 추정하여 얻은 직선을

$$\hat{y} = b_0 + b_1 x \tag{3 · 7}$$

이라 표시하자. 이와 같은 직선을 추정된 회귀직선, 또는 간단히 회귀선이라고 부르기로 하겠다. 여기에서 $b_0, b_1, \hat{y}$ 는 각각 $\beta_0, \beta_1, \mu_{y \cdot x}$ 의 추정값(estimate)이다. 흔히 b_0 를 표본회귀직선 (3·7)의 절편(intercept)이라 부르고, b_1 을 기울기(slope)라 부른다. b_0 는 $x=0$ 에서 $\hat{y}$ 의 값이며, b_1 은 x 가 한 단위 증가할 때에 $\hat{y}$ 의 증가량을 나타내 준다.

이제 b_0 와 b_1 을 구하는 방법을 알아 보자. 확률표본추출에 의하여 n 개의 관찰점, $(x_1, y_1), (x_2, y_2), \cdots, (x_n, y_n)$ 을 가지고 있다 하자. 이 점들을 가장 잘 적합시킬 수 있는 직선 (3·7)을 구하기 위해서는 적합도(goodness of fit)를 어떻게 비교하여야 할 것인가에 대한 표준(criterion)을 정해야 할 것이다.

3·3·1 최소제곱법

표본자료를 적합시키는 데는 여러 가지 표준들이 고려될 수 있으나, 가장 널리 적용되고 있는 최소제곱법(最小제곱法, method of least squares)을 알아보자. 앞 장에서 간단히 설명된 바와 같이, 이 방법은 i 번째 관찰점 (x_i, y_i) 에 관한 회귀모형을 식 (3·2)로 부터

$$y_i = \beta_0 + \beta_1 x_i + \epsilon_i \tag{3·8}$$

라고 표현할 때 오차제곱들의 합

$$S = \sum_{i=1}^{n} \epsilon_i^2 = \sum_{i=1}^{n} (y_i - \beta_0 - \beta_1 x_i)^2 \tag{3·9}$$

을 최소로 하는 β_0 와 β_1 의 값을 이들의 추정값, b_0 와 b_1 으로 하는 방법이다.

식 (3·9)의 오차제곱합 S 를 최소화시키는 β_0 와 β_1 을 구하기 위하여 S 를 β_0 와 β_1 으로 각각 편미분하여 다음의 결과를 얻게 된다.

$$\frac{\partial S}{\partial \beta_0} = -2\sum (y_i - \beta_0 - \beta_1 x_i) \tag{3·10}$$
$$\frac{\partial S}{\partial \beta_1} = -2\sum x_i (y_i - \beta_0 - \beta_1 x_i)$$

위에서 $\sum$ 는 $\sum_{i=1}^{n}$ 을 의미하며 앞으로 혼란이 야기되지 않는 범위 내에서 이런 의미로 쓰겠다. 식 (3·10)의 편미분 값을 0 으로 만드는 β_0 와 β_1 을 각각 b_0 와 b_1 으로 대치하여

정리하면,

$$b_0 n + b_1 \sum x_i = \sum y_i$$
$$b_0 \sum x_i + b_1 \sum x_i^2 = \sum x_i y_i \qquad (3 \cdot 11)$$

이 되는데 이 식을 정규방정식(正規方程式, normal equations)이라고 부른다.

수학적으로 식 (3・9)를 최소화하는 것은, β_0와 β_1으로 각각 S를 편미분하여 얻어진 결과를 0으로 놓고 해를 구하였다고 해서 이 해가 S를 최소화한다는 보장은 없다. 이는 단지 필요조건에 지나지 않으며 충분조건은 다음과 같은 이차편미분(second order partial derivative) 행렬

$$H = \begin{bmatrix} \dfrac{\partial^2 S}{\partial \beta_0^2} & \dfrac{\partial^2 S}{\partial \beta_0 \partial \beta_1} \\ \dfrac{\partial^2 S}{\partial \beta_1 \partial \beta_0} & \dfrac{\partial^2 S}{\partial \beta_1^2} \end{bmatrix} \qquad (3 \cdot 12)$$

이 양정치(陽定置, positive definite) 행렬이 되어야 한다는 것이다(참고문헌 (3・6) 참조). 《정리 1・48》로부터 행렬 H가 양정치이기 위해서는

$$\frac{\partial^2 S}{\partial \beta_0^2} > 0, \quad |H| > 0$$

이어야 하는데

$$\frac{\partial^2 S}{\partial \beta_0^2} = 2n > 0$$

$$|H| = \begin{vmatrix} 2n & 2\sum x_i \\ 2\sum x_i & 2\sum x_i^2 \end{vmatrix} = 4n\sum (x_i - \bar{x})^2 > 0$$

이 성립하므로 수학적인 이론으로 볼 때 식 (3・10)을 0으로 하는 β_0와 β_1의 값은 식 (3・9)를 최소화시키는 값이다.

정규방정식 (3・11)을 b_0와 b_1에 대하여 풀면,

$$b_1 = \frac{\sum x_i y_i - \frac{(\sum x_i)(\sum y_i)}{n}}{\sum x_i^2 - \frac{(\sum x_i)^2}{n}} = \frac{\sum (x_i - \bar{x})(y_i - \bar{y})}{\sum (x_i - \bar{x})^2}$$

$$b_0 = \frac{\sum y_i}{n} - b_1 \frac{\sum x_i}{n} = \bar{y} - b_1 \bar{x} \qquad (3 \cdot 13)$$

앞으로 표현을 간단히 하기 위하여

$$\begin{aligned} S_{(xx)} &= \sum (x_i - \bar{x})^2 \\ S_{(yy)} &= \sum (y_i - \bar{y})^2 \\ S_{(xy)} &= \sum (x_i - \bar{x})(y_i - \bar{y}) \end{aligned} \qquad (3 \cdot 14)$$

을 사용하기로 하면 기울기 b_1 은

$$b_1 = \frac{S_{(xy)}}{S_{(xx)}}.$$

이와 같은 방법으로 얻어진 β_0 와 β_1 의 추정량을 최소제곱추정량(最少제곱推定量, least squares estimator)이라고 부른다.

식 (3・6)의 대체모형에 대하여 오차제곱합

$$S = \sum \epsilon_i^2 = \sum [y_i - \beta_0' - \beta_1 (x_i - \bar{x})]^2$$

을 만들어 위와 똑같은 방법으로 β_0' 와 β_1 을 추정하여 b_0' 과 b_1 을 구하면 적합된 회귀모형은,

$$\begin{aligned} \hat{y} &= b_0' + b_1 (x - \bar{x}) \\ b_0' &= \bar{y} \\ b_1 &= \frac{S_{(xy)}}{S_{(xx)}} \end{aligned} \qquad (3 \cdot 15)$$

이며, 간략히

$$\hat{y} - \bar{y} = b_1 (x - \bar{x}) \text{ 또는 } \hat{y}_i - \bar{y} = b_1 (x_i - \bar{x}) \qquad (3 \cdot 16)$$

로 표현할 수 있다. b_1은 식 (3·13)과 동일하고 b_0'만 차이가 있다. 이 결과는 $\beta_0'=\beta_0+\beta_1\bar{x}$ 라는 가정으로부터 구해낼 수 있다. 즉,

$$b_0' = b_0+b_1\bar{x} = (\bar{y}-b_1\bar{x})+b_1\bar{x} = \bar{y}$$

〔예 3·1〕 〈표 3·1〉에 있는 광고료와 판매액 자료에 대하여 최소제곱법에 의하여 회귀직선을 구하고 산점도 위에 이 직선을 그려 보아라.

풀이

주어진 자료로부터 다음을 얻을 수 있다.

$$n = 10$$
$$\sum y_i = 9+20+\cdots+20 = 186$$
$$\bar{y} = 186/10 = 18.6$$
$$\sum x_i = 4+8+\cdots+9 = 80$$
$$\bar{x} = 80/10 = 8$$
$$\sum x_i y_i = (4)(9)+(8)(20)+\cdots+(9)(20) = 1,608$$
$$\sum x_i^2 = (4)^2+(8)^2+\cdots+(9)^2 = 686$$

따라서, 식 (3·13)으로부터

$$b_1 = \frac{1,608-\dfrac{(80)(186)}{10}}{686-\dfrac{(80)^2}{10}} = 2.609$$

$$b_0 = \frac{186}{10}-(2.609)\left(\frac{80}{10}\right) = -2.270$$

이므로, 적합된 회귀직선은

$$\hat{y} = -2.270+2.609x \tag{3·17}$$

이다. [그림 3·5]는 이 회귀직선을 산점도 위에 그린 것이다. 식 (3·6)의 대체모형을 사용한다면 식 (3·15)로부터 추정된 회귀직선은,

$$\begin{aligned}\hat{y} &= \bar{y}+b_1(x-\bar{x})\\ &= 18.6+2.609(x-8)\end{aligned} \tag{3·18}$$

이 된다.

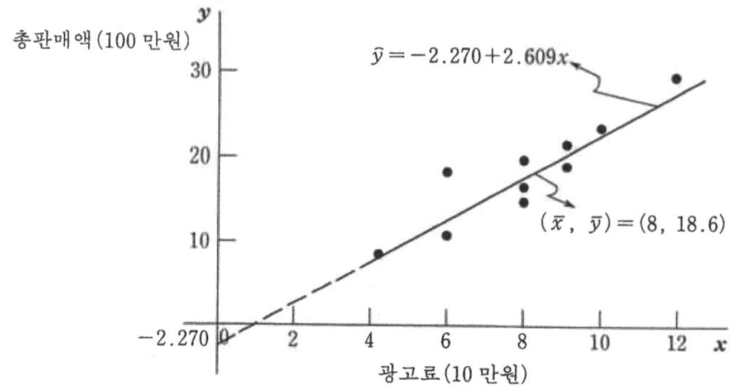

[그림 3·5] 적합된 회귀직선

3·3·2 최우추정법(method of maximum likelihood estimation)

앞에서 다룬 최소제곱법에 의하여 회귀계수 β_0, β_1을 추정하는 방법은 주어진 x에서 y가 정규분포(따라서 오차항 ϵ가 정규분포)를 한다는 가정이 없을 때에도 적용되는 추정방법이다. 이제 오차항 ϵ가 식 (3·5)처럼 다음과 같은 성질을 가진다고 하자.

$$\epsilon \sim N(0,\ \sigma^2)$$

즉, ϵ는 정규분포를 하는 확률변수로서 0을 평균으로 하고 σ^2을 분산으로 한다는 것을 의미한다.

이러한 가정 아래에서 n개의 관찰점을 구했을 때 $\epsilon_1, \epsilon_2, \cdots, \epsilon_n$은 정규분포 $N(0, \sigma^2)$에서 얻어지는 확률표본이며 ϵ_i의 확률밀도함수(probability density function)는

$$f(\epsilon_i) = \frac{1}{\sqrt{2\pi\sigma^2}} \exp\left(-\frac{\epsilon_i^2}{2\sigma^2}\right)$$

이고, $f(\epsilon_i)$, $i = 1, 2, \cdots, n$, 들의 곱은

$$\begin{aligned} L = \prod_{i=1}^{n} f(\epsilon_i) &= \frac{1}{(2\pi\sigma^2)^{n/2}} \exp\left[-\frac{\sum \epsilon_i^2}{2\sigma^2}\right] \\ &= \frac{1}{(2\pi\sigma^2)^{n/2}} \exp\left[-\frac{\sum (y_i - \beta_0 - \beta_1 x_i)^2}{2\sigma^2}\right] \end{aligned} \tag{3·19}$$

으로 표현되는데, 이 함수는 식 (2·41)에서 설명된 것과 같은 우도함수(likelihood function)이다. 이 함수를 최대로 크게 하여 주는 β_0와 β_1의 값을 구하여 이 값들은 최우추정값이라 부르며, 이와 같은 방법으로 구하는 β_0와 β_1의 추정량을 우리는 최우추정량(最尤推定量, maximum likelihood estimator)이라 한다. 편미분의 편의상 식 (3·19)의 우도함수를 대수변환(logarithmic transformation)하면 다음과 같다.

$$\ln L = -\frac{n}{2}\ln 2\pi\sigma^2 - \frac{1}{2\sigma^2}\sum(y_i-\beta_0-\beta_1 x_i)^2 \tag{3·20}$$

식 (3·20)을 각각 β_0와 β_1으로 편미분하면

$$\frac{\partial \ln L}{\partial \beta_0} = \frac{1}{\sigma^2}\sum(y_i-\beta_0-\beta_1 x_i)$$

$$\frac{\partial \ln L}{\partial \beta_1} = \frac{1}{\sigma^2}\sum x_i(y_i-\beta_0-\beta_1 x_i) \tag{3·21}$$

이 되는데, 이를 각각 0으로 놓고 β_0와 β_1의 해를 구하는 것은 식 (3·10)을 각각 0으로 놓고 푸는 것과 동일한 것이다. 따라서, 최우추정량으로서의 b_0와 b_1은 최소제곱추정량과 동일한 것을 알 수 있다. 여기서 유의하여야 할 사항은 최우추정량은 오차항 ϵ_i의 분포를 정규분포 $N(0, \sigma^2)$이라고 가정하고 얻은 것이고, 최소제곱추정량은 이러한 가정이 전제되어 있지 않다는 점이다.

3·3·3 적합된 회귀선의 성질(properties of fitted regression line)

식 (3·7)에서 x 대신에 i번째 x의 관찰치 x_i를 사용하면

$$\hat{y}_i = b_0 + b_1 x_i \tag{3·22}$$

이 되는데, 여기서 $\hat{y}_i$는 x_i에서 추정된 $E(y_i)$의 추정치이다. x_i에서 관찰된 y_i와 추정된 $\hat{y}_i$과의 차이

$$e_i = y_i - \hat{y}_i \tag{3·23}$$

를 잔차(殘差, residual)라고 부르며, b_0와 b_1이 식 (3·13)에 의하여 구해지는 최소제곱추

정값이면 다음과 같은 흥미있는 몇 가지 성질이 성립한다.

(1) 잔차들의 합은 0 이다. 즉,

$$\sum e_i = 0 \tag{3·24}$$

이 성질은 다음과 같이 간단히 증명될 수 있다.

$$\sum e_i = \sum (y_i - \hat{y}_i) = \sum (y_i - b_0 - b_1 x_i) = \sum y_i - nb_0 - b_1 \sum x_i = 0$$

왜냐하면, 식 (3·11)의 정규방정식에서

$$b_0 n + b_1 \sum x_i = \sum y_i$$

이기 때문이다. 이것을 또한 다른 방법으로 증명할 수도 있다. 식 (3·15)의 결과를 이용하여

$$y_i - \hat{y}_i = y_i - [b_0' + b_1(x_i - \bar{x})] = (y_i - \bar{y}) - b_1(x_i - \bar{x})$$

이므로

$$\sum e_i = \sum (y_i - \hat{y}_i) = \sum (y_i - \bar{y}) - b_1 \sum (x_i - \bar{x}) = 0$$

이 명백하다. 잔차의 합이 0 이므로

$$\sum y_i = \sum \hat{y}_i$$

이 또한 성립한다.

(2) 잔차제곱의 합, $\sum e_i^2$ 은 최소가 된다. 이것은 최소제곱법에 의하여 b_0 와 b_1 을 구할 때 요구한 성질이므로 명백하다.

(3) 잔차들의 x_i 에 의한 가중합(加重合, weighted sum)은 0 이다. 즉

$$\sum x_i e_i = 0 \tag{3·25}$$

왜냐하면,

$$\sum x_i e_i = \sum x_i (y_i - \hat{y}_i) = \sum x_i (y_i - b_0 - b_1 x_i) = \sum x_i y_i - b_0 \sum x_i - b_1 \sum x_i^2$$

이 되는데, 이것은 정규방정식 (3·11)의 두번째 식으로부터 0 이다.

(4) 잔차들의 $\hat{y}_i$ 에 의한 가중합은 0 이다. 즉

$$\sum \hat{y}_i e_i = 0 \tag{3·26}$$

왜냐하면,

$$\sum \hat{y}_i e_i = \sum (b_0 + b_1 x_i) e_i = b_0 \sum e_i + b_1 \sum x_i e_i$$

인데, 식 (3·24)와 (3·25)로부터 $\sum \hat{y}_i e_i$ 가 0 이 됨을 알 수 있다.

(5) 점 $(\bar{x}, \bar{y})$는 적합된 회귀선상에 있다. 이것은 식 (3·16)의 대체모형에서

$$\hat{y} - \bar{y} = b_1 (x - \bar{x})$$

이므로 $(\bar{x}, \bar{y})$가 회귀선상에 있음이 명백하다. [그림 3·5]가 이러한 성질을 나타내 주고 있다.

3·4 회귀선의 정도

앞에서 주어진 자료로부터 회귀선을 구하는 방법을 고찰하였는데, 회귀선만을 가지고는 관철점들이 회귀선 주위에 어떻게 분포되어 있으며, 회귀선이 이 점들을 어느 정도 잘 대변하여 주고 있는가를 알 수 없다. 물론 산점도 위에 회귀선을 그려 보아 대략 짐작할 수 있으나, 추정된 회귀선의 정도(精度, precision)를 측정하는 여러 가지 측도(測度, measure)에 대하여 알아보기로 하자.

3·4·1 추정값의 표준오차(standard error of estimate)

앞에서 선형회귀모형 $y = \beta_0 + \beta_1 x + \epsilon$ 을 표본의 자료로부터 적합시킬 때에 오차항 ϵ 은 상호 독립이며 평균이 0, 표본편차가 σ 인 확률분포를 갖고 x 의 값에 관계없이 이와

같은 성질이 성립한다고 가정하였다. 따라서, 모든 x의 값에 대하여 종속변수 y의 기대값은

$$E(y)=\mu_{y\cdot x}=\beta_0+\beta_1 x$$

이고 분산은 σ^2이라고 생각하는 것이다.

이제 위에서 가정한 σ의 추정방법을 생각하여 보자. y의 측정값들이 회귀선 주위에 모두 가깝게 있다면 σ의 추정값은 작을 것이고, 이와 반대로 y의 값들이 회귀선으로부터 멀리 떨어져 있는 것이 많으면 σ의 추정값이 커질 것이다. 먼저 다음과 같은 회귀로부터의 평균제곱편차(平均제곱偏差, mean square deviation from regression)

$$s_{y\cdot x}^2=\frac{\sum e_i^2}{n-2}=\frac{\sum(y_i-\hat{y}_i)^2}{n-2} \tag{3・27}$$

를 정의하자. 이것이 바로 σ^2의 불편추정값(unbiased estimate)이 된다. 이와 같은 성질을 5장에서 증명하도록 하겠다. 따라서, 표본의 자료에서 구해지는 회귀에서의 표준편차 $s_{y\cdot x}$는 다음과 같다.

$$s_{y\cdot x}=\sqrt{\frac{\sum(y_i-\hat{y}_i)^2}{n-2}} \tag{3・28}$$

이것을 추정값의 표준오차(推定값의 標準誤差, standard error of estimate)라고 부른다. 이 오차를 $s_{y\cdot x}$라고 표기하는 이유는 어떤 주어진 x에서 y의 표본표준편차(標本標準偏差, sample standard deviation)라는 의미에서 이렇게 쓴 것이다.

〔예 3・2〕 〈표 3・1〉에 있는 표본자료에 대하여 추정값의 표준오차를 구하라.

풀이

앞의 〔예 3・1〕에는 추정된 회귀식 (3・17)을 얻고, 이 회귀식으로부터 〈표 3・2〉를 얻을 수 있다. 이 표를 이용하여,

$$\sum(y_i-\hat{y}_i)^2=(9-8.17)^2+(20-18.60)^2+\cdots+(20-21.21)^2=55.36$$

이므로, 구하려는 추정값의 표준오차는

$$s_{y \cdot x} = \sqrt{\frac{\sum(y_i - \hat{y}_i)^2}{n-2}} = \sqrt{\frac{55.36}{8}} = 2.63(\text{단위 : 100 만 원})$$

이 된다.

〈표 3・2〉 $\hat{y}_i$ 와 $y_i - \hat{y}_i$

관찰점 번 호	x_i	y_i	$\hat{y}_i = -2.270 + 2.609x_i$	$y_i - \hat{y}_i$
1	4	9	8.17	0.83
2	8	20	18.60	1.40
3	9	22	21.21	0.79
4	8	15	18.60	−3.60
5	8	17	18.60	−1.60
6	12	30	29.04	0.96
7	6	18	13.38	4.62
8	10	25	23.81	1.19
9	6	10	13.38	−3.38
10	9	20	21.21	−1.21

만약 n 개의 관찰점들이 추정된 회귀선상에 모두 있게 된다면 모든 i 에 대하여 $y_i - \hat{y}_i = 0$ 이므로 $s_{y \cdot x}$ 가 0 이 됨을 알 수 있다. 바꾸어 말해서, 만약 회귀분석에서 $s_{y \cdot x} = 0$ 이 됐다면 이는 모든 점들이 회귀선상에 위치하고 있다는 얘기이다. 물론 이런 경우는 극히 드물며, $s_{y \cdot x}$ 의 값이 매우 작은 경우는 흔히 있는데, 이런 경우는 n 개의 점들이 모두 회귀선에 매우 밀접해서 있음을 말해 주는 것이다.

3·4·2 결정계수(coefficient of determination)

추정된 회귀선의 정도를 측정하는 다른 방법으로 다음의 식을 고려하여 보자.

$$(y_i - \bar{y}) = (y_i - \hat{y}_i) + (\hat{y}_i - \bar{y}) \tag{3・29}$$

한 개의 관찰값 y_i 와 y_i 들의 평균 $\bar{y}$ 와의 차이를 총편차(total deviation)라고 하면

식 (3・29)에서 보듯이 두 개의 편차 합으로 나타낼 수 있다. 하나는 회귀선에 의하여 설명되지 않는 편차이고, 또 하나는 설명되는 편차이다. 이 관계를 [그림 3・6]에서 표시하고 있다.

식 (3・29)를 제곱하고 모든 i에 대하여 합을 구하면

$$\sum(y_i-\bar{y})^2=\sum(y_i-\hat{y}_i)^2+\sum(\hat{y}_i-\bar{y})^2+2\sum(y_i-\hat{y}_i)(\hat{y}_i-\bar{y})$$

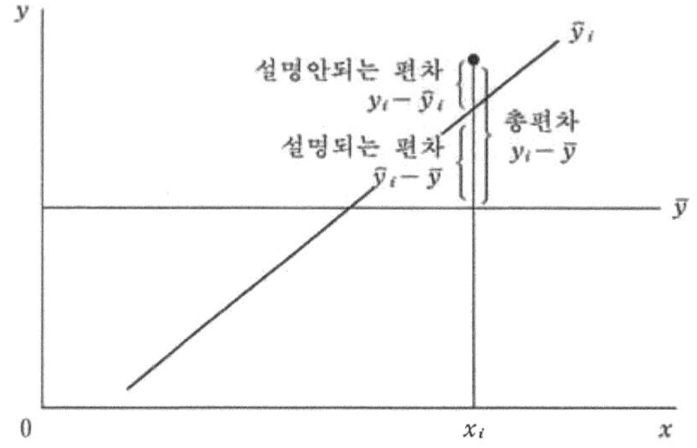

[그림 3・6] 총편차의 구분

가 되는데, 오른쪽 마지막 항은

$$\sum(y_i-\hat{y}_i)(\hat{y}_i-\bar{y})=\sum e_i(\hat{y}_i-\bar{y})=\sum\hat{y}_ie_i-\bar{y}\sum e_i$$

이므로, 식 (3・24)와 (3・26)으로부터 $\sum\hat{y}_ie_i=0$, $\sum e_i=0$ 이며, 따라서 0이 된다. 총편차의 제곱의 합

$$S_{(yy)}=\sum(y_i-\bar{y})^2$$

을 총변동(總變動, total variation)이라 부르고, $S_{(yy)}$를 총제곱합(總제곱合, total sum of squares)이라 부르기도 하며 SST로 표시한다. 총제곱합은 다음과 같이 둘로 나누어진다.

$$SST = SSE + SSR \qquad (3\cdot30)$$

(총변동) = (회귀선에 의해서 설명 안 되는 변동) + (회귀선에 의하여 설명되는 변동)

여기서 각각

$$SSE = \sum(y_i - \hat{y}_i)^2 \qquad (3 \cdot 31)$$
$$SSR = \sum(\hat{y}_i - \bar{y})^2$$

으로 SSE 는 잔차에 의한 제곱합(sum of squares due to residual errors) 또는 회귀로부터의 제곱합(sum of squares from regression)이라고 하며, SSR 은 회귀에 의한 제곱합(sum of squares due to regression)이라고 한다.

위의 변동들에 대하여 다음의 비율

$$r^2 = \frac{SSR}{SST} = 1 - \frac{SSE}{SST} \qquad (3 \cdot 32)$$

은 총변동 중에서 회귀선에 의하여 설명되는 비율이며 r^2 의 범위는 $0 \leq r^2 \leq 1$ 이다. 이 r^2 을 표본결정계수(標本決定係數, sample coefficient of determination)라고 정의한다. 만약, 모든 관찰점들이 회귀선상에 위치한다면 $SSE=0$ 이며 $r^2=1$ 이다. 이와 반대로, x 와 y 사이에 회귀관계가 전혀 없어서 추정된 회귀선의 기울기가 0이면 $\hat{y}_i = \bar{y}$ 가 성립되며, 이 경우에는 r^2 의 값이 0이 된다. 그러나, 일반적으로 r^2 의 값은 0에서 1 사이에 있으며, x 와 y 사이에 높은 상관관계가 있을수록 1에 가까와진다. 즉, r^2 의 값이 0에 가까운 값을 가지는 회귀선은 쓸모가 없는 회귀선이고, 회귀분석의 의미가 없으며 r^2 의 값이 큰 값을 가질수록 회귀선의 유용성이 높아진다.

결정계수는 총변동을 설명하는 데 있어서 회귀선에 의하여 설명되는 변동이 기여하는 비율을 의미하므로 결정계수를 회귀선의 기여율이라고 부르기도 한다.

〔예 3·3〕 〈표 3·1〉의 자료에 대하여 식 (3·16)과 같은 회귀선을 구했을 때 결정계수는 어떤 값을 갖는가?

풀이

앞의 〔예 3·2〕에서 계산한 것과 같이 $SSE = \sum(y_i - \hat{y}_i)^2 = 55.36$ 이며

$$\begin{aligned} S_{(yy)} = SST &= \sum(y_i - \bar{y})^2 \\ &= (9-18.6)^2 + (20-18.6)^2 + \cdots + (20-18.6)^2 \\ &= 368.40 \end{aligned}$$

이므로, 식 (3・32)로부터

$$r^2 = 1 - \frac{SSE}{SST} = 1 - \frac{55.36}{368.40} = 0.850$$

이 된다. 즉 총변동 중에서 회귀직선에 의하여 설명되는 부분이 85%라는 말이며 추정된 회귀선의 정도는 비교적 높은 편이다.

회귀선의 정도를 측정하는 데 있어서 추정값의 표준오차와 결정계수 이외에도 상관계수나 분산분석의 F-검정으로부터 측정이 가능한데, 이것들은 다음의 상관분석과 분산분석에서 다루도록 하겠다.

3·5 상 관 분 석

3·5·1 상관계수

두 변수 x와 y 사이의 상관관계를 설명하는 데 결정계수가 쓰여지기도 하지만, 결정계수는 x와 y의 관계가 음의 상관관계인지 양의 상관관계인지를 구별하지 못하는 단점을 가지고 있다. 이와 같은 단점을 보완하여 두 변량간의 상호관계를 측정하는 척도로서 상관계수(相關係數, coefficient of correlation)라고 하는 것이 있다. 단순회귀분석에서는 상관계수 r을 다음과 같이 구할 수 있다.

$$r = \pm\sqrt{r^2} \tag{3・33}$$

즉, 결정계수 r^2의 제곱근이며, 만약 추정된 회귀선의 기울기 b_1이 양이면 $r=\sqrt{r^2}$으로 양의 상관계수를 갖고 기울기 b_1이 음이면 $r=-\sqrt{r^2}$으로 음의 상관계수를 갖는다.

결정계수 r^2의 값이 0에서 1까지이므로 상관계수 r의 값은 -1에서 1까지이며 x와 y의 상관정도에 따라서 r의 값이 결정된다. [그림 3・7(a)]처럼 회귀선의 기울기가 음이고 모든 관찰점들이 회귀선상에 있을 경우는 $r=-1$이며, r이 가질 수 있는 최소의 값이다. [그림 3・7(b)]처럼 기울기는 음이나 관찰점들이 반드시 회귀선상에만 있지 않을 경우는 r의 값은 음이나 -1은 아니다. 반대로 [그림 3・7(c)]처럼 기울기가 양이면 $0<r<1$ 이며, 관찰점들이 모두 회귀선상에 있으면 [그림 3·8(d)]처럼 $r=1$ 인 최대값을 가지게 된다. 마지막으로 회귀선의 기울기가 0이면 $\hat{y}_i = \bar{y}$ 가 되며, 식 (3·32)로부터 $r^2=0$ 이므로, 따라서 r 의 값은 0이다. 이는 [그림 3·7(e)]의 경우에 해당하며, 이 때에 우리는 x 와 y 사이에 상관관계가 전혀 없다고 한다.

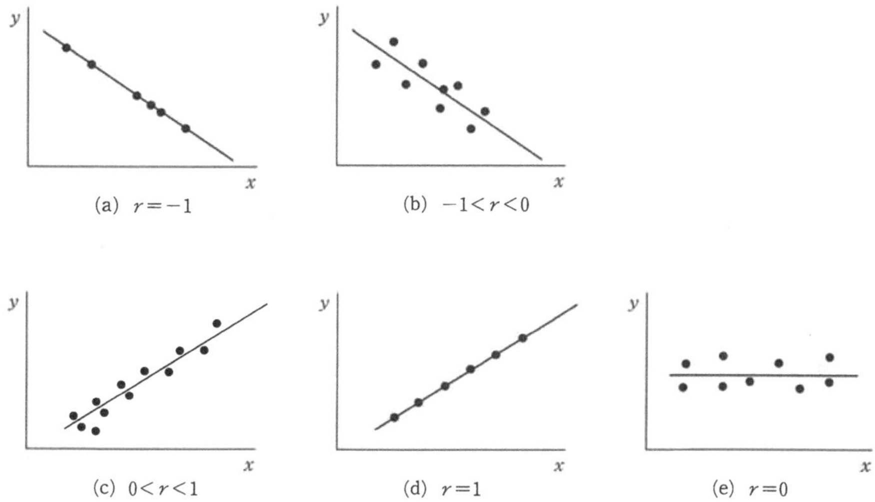

[그림 3·7] 상관계수

이제까지 취급해 온 단순회귀분석에서는 x 와 y 의 함수관계가 식 (3·3)에 의하여 표현되고(즉, $y=\beta_0+\beta_1 x+\epsilon$), 이 모형의 기본 가정의 하나로서 y 는 확률변수이나 x 는 수학변수로 가정한 후에 회귀분석의 여러 가지 측면을 연구하여 왔다. 만약 x 도 또한 확률변수이고 x 와 y 가 어떤 이변량분포(二變量分布, bivariate distribution)를 하고 있다면 x 와 y 의 모집단상관계수(母集團相關係數, population coefficient of correlation)는 다음에 의하여 정의한다.

$$\rho_{xy} = \frac{Cov(x, y)}{\sqrt{Var(x)\, Var(y)}} \tag{3·34}$$

변수 x, y 의 분산 $Var(x)$, $Var(y)$를 각각 σ_x^2, σ_y^2 으로 표시하고 x 와 y 의 공분산을 σ_{xy} 로 표시하면 식 (3·34)의 모집단의 상관계수는,

$$\rho_{xy}=\frac{\sigma_{xy}}{\sigma_x \cdot \sigma_y} \tag{3·35}$$

로 나타내진다. 이는 앞 장의 식 (2·13)과 같은 것임에 유의하라.

모집단으로부터 크기가 n인 표본을 뽑았을 때 n개의 자료점 $(x_1, y_1), (x_2, y_2), \cdots, (x_n, y_n)$이 얻어졌다면 이 두 변수 사이의 표본상관계수(標本相關係數, sample coefficient of correlation)는

$$r_{xy}=\frac{S_{(xy)}}{\sqrt{S_{(xx)}S_{(yy)}}} \tag{3·36}$$

으로 정의된다. 계수 r_{xy}는 수학적으로 쉽게 그 범위가 $-1 \leq r_{xy} \leq 1$임을 증명할 수 있으며, [그림 3·7]에서 본 바와 같이 x와 y 사이의 상관정도에 따라서 그 값이 결정될 것이다.

상관계수는 두 변수간의 선형관계(linear relationship)가 어느 정도인가를 재는 측도이지 함수관계를 알아보는 측도는 아니다. 다음 표는 정확히 $y=x^2-4x+6$이라는 함수관계를 만족시키고 있다.

x	0	1	2	3	4
y	6	3	2	3	6

그러나, 식 (3·36)에 의하여 상관계수 r_{xy}를 구해 보면 $S_{(xy)}=\sum(x_i-\bar{x})(y_i-\bar{y})=0$이므로 결국 $r_{xy}=0$이 된다. 이것은 상관계수가 두 변수간의 직선적인 관련성만을 측정하는 도구라는 것을 알기 쉽게 보여 주는 예라 하겠다.

〔예 3·4〕 〈표 3·1〉의 자료에 대하여 식 (3·36)을 사용하여 표본상관계수를 구하라.

풀이 --

표본상관계수 r_{xy}는 다음과 같이 〈표 3·3〉을 작성하여 계산하는 것이 편리하다.

〈표 3·3〉 r_{xy} 의 계산표

자료번호	x	y	x^2	xy	y^2
1	4	9	16	36	81
2	8	20	64	160	400
3	9	22	81	198	484
4	8	15	64	120	225
5	8	17	64	136	289
6	12	30	144	360	900
7	6	18	36	108	324
8	10	25	100	250	625
9	6	10	36	60	100
10	9	20	81	180	400
계	80	186	686	1,608	3,828

$$S_{(xx)}=\sum(x_i-\bar{x})^2=\sum x_i^2-\frac{(\sum x_i)^2}{n}=686-\frac{(80)^2}{10}=46$$

$$S_{(yy)}=\sum(y_i-\bar{y})^2=\sum y_i^2-\frac{(\sum y_i)^2}{n}=3,828-\frac{(186)^2}{10}=368.4$$

$$S_{(xy)}=\sum(x_i-\bar{x})(y_i-\bar{y})=\sum x_iy_i-\frac{(\sum x_i)(\sum y_i)}{n}$$

$$=1,608-\frac{(80)(186)}{10}=120$$

$$r_{xy}=\frac{S_{(xy)}}{\sqrt{S_{(xx)}S_{(yy)}}}=\frac{120}{\sqrt{(46)(368.4)}}=0.92$$

이와 같이 양의 높은 상관계수는 광고료와 판매액 간에는 높은 상관관계가 있으며, 광고료의 증가에 따라서 판매액도 증가한다는 의미이다. 상관계수 r_{xy} 의 계산을 식 (3·36)에 의하지 않고 식 (3·33)에 의하여 얻을 수도 있다. 〔예 3·3〕에서 결정계수의 값이 $r^2=0.85$ 이고 회귀선의 기울기가 양의 값을 가졌으므로 상관계수 r 은 $r=\sqrt{r^2}=\sqrt{0.85}=0.92$ 로서 정확히 같은 값을 얻게 된다.

식 (3·33)에 의하여 상관계수 r 을 구할 때에는 결정계수 r^2 의 값이 반드시 단순회귀분석에서 얻어지는 결정계수인가를 확인하여야 한다. 단순회귀분석에서 구해지는 결정계수가 아니고 뒤에서 다루게 되는 중회귀나 곡선회귀에서 얻어지는 결정계수로부터는 상관계수 r을 구할 수 없다.

여기서 밝혀 두어야 할 것은, 식 (3・33)과 (3・36)이 어째서 같은 수치를 주느냐 하는 것이다. 이것을 보이기 위하여 다음의 등식을 증명해 보자.

$$r^2 = \frac{SSR}{SST} = \frac{[S_{(xy)}]^2}{S_{(xx)}S_{(yy)}} = (r_{xy})^2 \qquad (3 \cdot 37)$$

왼쪽과 오른쪽의 등호는 식 (3・32)와 (3・36)에 있는 정의이므로 명백한 사실이며, 가운데의 등호는 식 (3・16)으로부터 $\hat{y}_i - \bar{y} = b_1(x_i - \bar{x})$이므로

$$SSR = b_1^2 S_{(xx)}$$

이며, 식 (3・13)의 b_1에 관한 공식을 이용하면 $b_1 = S_{(xy)}/S_{(xx)}$으로

$$r^2 = \frac{SSR}{SST} = \frac{b_1^2 S_{(xx)}}{S_{(yy)}} = \left[\frac{S_{(xy)}}{S_{(xx)}}\right]^2 \frac{S_{(xx)}}{S_{(yy)}} = \frac{[S_{(xy)}]^2}{S_{(xx)}S_{(yy)}} = (r_{xy})^2$$

이므로 식 (3・37)은 성립된다.

결정계수 r^2은 총변동을 회귀방정식에 의하여 설명되는 변동과 설명 안되는 변동으로 구분하여 설명되는 변동이 총변동에 대한 비율로서 r^2을 정의하였는데, 이것과 x와 y의 상관도(相關度, degree of correlation)를 말해 주는 상관계수 r_{xy}의 제곱이 일치한다는 재미있는 결론을 위에서 보여 주었다. 그러나 이와 같은 결과는 단순회귀의 결정계수에 한하여서만 성립한다는 사실에 유의해 주기 바란다.

단순회귀분석에서 얻어진 결정계수 r^2과 표본상관계수 r_{xy} 사이에 직접적인 관계가 있듯이 회귀직선의 기울기 b_1과 r_{xy} 사이에는 다음과 같은 관계가 있다.

$$r_{xy} = \frac{S_{(xy)}}{\sqrt{S_{(xx)}S_{(yy)}}} = \frac{S_{(xy)}}{S_{(xx)}} \cdot \frac{\sqrt{S_{(xx)}}}{\sqrt{S_{(yy)}}} = b_1 \frac{s_x}{s_y} \qquad (3 \cdot 38)$$

위에서 s_x, s_y는 각각 x와 y의 표본표준편차(sample standard deviation)로

$$s_x = \sqrt{\frac{S_{(xx)}}{n-1}}, \quad s_y = \sqrt{\frac{S_{(yy)}}{n-1}}$$

과 같은 것이다. 식 (3・38)에서 r_{xy}와 b_1은 서로 선형관계에 있음을 알 수 있고 같은 부

호를 가지며 s_x 와 s_y 의 값이 양이므로, 크기가 서로 정비례함을 알 수 있다.

표본상관계수 r_{xy} 의 또 다른 재미있는 성질은 회귀에 있어서의 오차분산, σ^2 의 추정값 $s_{y\cdot x}^2$(식 (3・27)에 정의되어 있음)과의 관계에서 얻어진다. 즉,

$$\begin{aligned}\sum(y_i-\hat{y}_i)^2 &= (n-2)s_{y\cdot x}^2 = SST-SSR \\ &= \sum(y_i-\bar{y})^2 - \frac{[\sum(x_i-\bar{x})(y_i-\bar{y})]^2}{\sum(x_i-\bar{x})^2} \\ &= \sum(y_i-\bar{y})^2[1-r_{xy}^2] \end{aligned} \tag{3・39}$$

$\sum(y_i-\hat{y}_i)^2$은 음수가 될 수는 없으므로, 따라서 r_{xy}^2 은 1보다 클 수 없다. 여기에서 $-1\leq r\leq 1$ 인 r_{xy} 의 성질이 유도될 수 있다. 또 $\sum(y_i-\hat{y}_i)^2=0$ 이면 $r_{xy}^2=1$ 임을 의미한다.

$s_{y\cdot x}^2$ 을 y 의 분산 s_y^2 으로 나누면

$$\frac{s_{y\cdot x}^2}{s_y^2} = \frac{\sum(y_i-\bar{y})^2(1-r_{xy}^2)/(n-2)}{\sum(y_i-\bar{y})^2/(n-1)} = \frac{n-1}{n-2}(1-r_{xy}^2)$$

이며, n 이 크면 대략 다음이 성립한다.

$$\frac{s_{y\cdot x}^2}{s_y^2} \fallingdotseq 1-r_{xy}^2$$

두 변수 x, y 의 단위 크기가 큰 차이가 있을 때에는 두 변수의 실제 측정값 대신에

$$x^* = \frac{x-\bar{x}}{s_x}, \quad y^* = \frac{y-\bar{y}}{s_y} \tag{3・40}$$

와 같이 x, y 값을 변환하여 이용하는 경우가 있다. 이와 같이 변환된 변수를 표준화된 변수(標準化된 變數, standardized variables)라고 부른다. 이것을 식 (3・16)의

$$\hat{y}-\bar{y} = b_1(x-\bar{x})$$

에 대입하면,

$$\hat{y}^*s_y = b_1x^*s_x \text{ 또는 } \hat{y}^* = \frac{b_1s_x}{s_y}\cdot x^*$$

을 얻게 되며, 식 (3・38)을 사용하면

$$\hat{y}^* = r_{xy}x^*$$

을 얻게 되어, 표준단위로 변환하여 계산한 회귀계수(回歸係數, regression coefficient)가 곧 두 변수간의 상관계수가 되는 것을 관찰할 수 있다.

3·6 분 산 분 석

회귀분석에 있어서 식 (3・30)에서 본 바와 같이 총변동 또는 총제곱합을 회귀선에 의하여 설명되는 부분과 안 되는 부분으로 나누어 고찰하는 것은 매우 의미있는 일이다. 회귀선에 의하여 설명되는 제곱합을 회귀에 의한 제곱합이라 부르며, 이는 식 (3・16)과 (3・13)을 이용하여 표현하면,

$$SSR = \sum(\hat{y}_i - \bar{y})^2 = b_1^2 S_{(xx)} = \frac{[S_{(xy)}]^2}{S_{(xx)}} \tag{3・41}$$

그리고, 회귀선에 의하여 설명 안 되는 제곱합을 회귀로부터의 제곱합 또는 잔차(residual)로 인한 제곱합이라고 부르며, 이 제곱합의 간편한 계산은

$$SSE = \sum(y_i - \hat{y}_i)^2 = \sum(y_i - \bar{y})^2 - \sum(\hat{y}_i - \bar{y})^2 = SST - SSR$$

주어진 자료를 적합시키는 데 있어서 회귀직선이 유의(有意, significant)한가 하는 것은 SSR이 상대적으로 SSE보다 어느 정도 큰가를 다음과 같은 분산분석표를 만들어 알아볼 수 있다.

〈표 3・4〉 단순회귀의 분산분석표

요 인	제 곱 합	자 유 도	평균제곱	F_0	$F(\alpha)$
회 귀	SSR	1	$MSR = SSR$	$\frac{MSR}{MSE}$	$F(1, n-2\,;\,\alpha)$
잔 차	SSE	$n-2$	$MSE = \frac{SSE}{n-2}$		
계	SST	$n-1$			

〈표 3·4〉에서 평균제곱은 제곱합을 자유도로 나눈 것이며, 잔차의 평균제곱 MSE는 식 (3·28)에서 기술된 추정값의 표준오차의 제곱과 같다. 마지막 열의 F_0는 회귀의 평균제곱 MSR과 잔차의 평균제곱 MSE와의 비율이다. 이 비율이 크면 회귀에 의한 제곱합이 잔차의 그것보다 상대적으로 많이 커서 회귀선이 x와 y간의 관계를 설명하는 데 유의하다는 의미가 된다. 이 F_0의 값이 어느 정도 커야 되는가에 대해서는 부록 〈표 A-4〉의 F 분포표를 이용하여 주어진 유의수준(level of significance) α와 자유도(1, $n-2$)를 사용하여 기각치 $F(1, n-2\,;\,\alpha)$를 구하고, 만약 $F_0>F(1, n-2\,;\,\alpha)$이면 회귀선이 유의하다고 말한다. 분산분석표에서는 이 값은 $F(\alpha)$란에 적어서 F_0의 값과 비교할 수 있게 한다.

〔예 3·5〕 〈표 3·1〉의 자료에 대하여 직선회귀의 분산분석표를 작성하고 유의수준 5%로 회귀직선의 유의여부를 검정하라.

풀이

〈표 3·4〉의 분산분석표를 만들어 보면 다음과 같다.

〈표 3·5〉 분산분석표

요 인	제곱합	자유도	평균제곱	F_0	$F(0.05)$	$F(0.01)$
회 귀	313.04	1	313.04	45.24**	5.32	11.26
잔 차	55.36	8	6.92			
계	368.40	9				

유의수준 $\alpha=0.05$를 사용하여 F의 기각치를 구해보면 5.32인데 $F_0=45.24$이므로 〔예 3·1〕에서 구한 회귀직선 $\hat{y}=-2.270+2.609x$는 매우 유의함을 알 수 있다.

'매우 유의'하다는 말은 $F_0>F(0.01)$인 경우에 흔히 쓰고, '유의'하다 하면 $F_0>F(0.05)$인 경우에 흔히 사용한다. '매우 유의'한 경우에는 F_0의 값 오른쪽에 **를 붙이고, '유의'한 경우에는 *를 하나 붙이기로 한다.

3·7 원점을 지나는 회귀

두 변수 x와 y의 관계가 성질상 $x=0$일 때에 $y=0$라는 것이 명백할 때가 있다. 예를 들면, x가 제품의 생산량이고 y는 생산비용이어서 생산량이 0이면 생산비용도 0이라고 생각하는 경우라든가, 담배 가게에서 x는 재고가 있는 담배 종류의 수이고, y는 판매량일 때 x가 0이면 y도 0이 되는 경우이다.

위와 같은 경우에 사용할 수 있는 회귀직선은 모형 (3・2)에서 $\beta_0=0$으로 놓고 원점을 통과하는 다음과 같은 회귀모형이다.

$$y_i = \beta_1 x_i + \epsilon_i \tag{3・42}$$

위에서 β_1, x_i, ϵ_i 등에 대한 가정은 단순회귀모형의 경우와 동일하다.

오차제곱합은

$$S = \sum \epsilon_i^2 = \sum (y_i - \beta_1 x_i)^2$$

이며, 이를 최소로 하는 β_1의 값, b_1을 β_1의 최소제곱추정값이라 하면 b_1은 다음의 정규방정식을 만족시킨다.

$$\sum x_i (y_i - b_1 x_i) = 0$$

따라서, b_1은

$$b_1 = \frac{\sum x_i y_i}{\sum x_i^2} \tag{3・43}$$

이 되며, 이 경우 σ^2의 불편추정량은 $s_{y \cdot x}^2$(또는 MSE)로

$$s_{y \cdot x}^2 = \frac{\sum (y_i - \hat{y}_i)^2}{n-1} = \frac{\sum (y_i - b_1 x_i)^2}{n-1} \tag{3・44}$$

이며, 분모가 $n-2$가 아니라 $n-1$인 것은 식 (3・42)의 모수 β_1을 추정할 때에 자유도를 하나 상실하여 $s_{y \cdot x}^2$과 관련된 자유도가 $n-1$이기 때문이다.

추정된 회귀직선을

$$\hat{y}_i = b_1 x_i \qquad (3 \cdot 45)$$

라고 쓰면 $e_i = y_i - \hat{y}_i$ 은 잔차이며, 절편(intercept) b_0 가 있는 경우에는 식 (3·24)에서 $\sum e_i$ 는 0이 되나, 원점을 통과하는 회귀선에 대해서는 잔차의 합이 반드시 0은 아니다.

회귀선에 의하여 설명되는 변동은

$$SSR = \sum(\hat{y}_i)^2 = \sum(b_1 x_i)^2 = b_1^2 \sum x_i^2 \text{ 또는 } \frac{(\sum x_i y_i)^2}{\sum x_i^2} \qquad (3 \cdot 46)$$

에 의하여 정의되며, 자유도는 1이고 잔차변동 SSE 는

$$SSE = \sum(y_i - \hat{y}_i)^2 = \sum(y_i - b_1 x_i)^2 = \sum y_i^2 - SSR \qquad (3 \cdot 47)$$

으로 자유도는 $n-1$ 이다. 따라서, 원점을 통과하는 회귀선의 유의검정은

$$F_0 = \frac{SSR/1}{SSE/(n-1)} = \frac{MSR}{MSE} \qquad (3 \cdot 48)$$

을 $F(1, n-1\,;\,\alpha)$ 와 비교하여 판정하게 된다.

3·8 가 중 회 귀

단순회귀모형은 식 (3·2)에서 일반적으로 가정하였듯이 오차항의 등분산, $Var(\epsilon_i) = \sigma^2$, 이 전제조건으로 되어 있다. 그러나, 이러한 등분산의 가정이 성립되지 않는 경우도 있으며, 오차항마다 분산이 다른 경우를 생각하여 보자. 즉

$$\begin{aligned} y_i &= \beta_0 + \beta_1 x_i + \epsilon_i \\ Var(\epsilon_i) &= \sigma_i^2 = \frac{\sigma^2}{w_i} \end{aligned} \qquad (3 \cdot 49)$$

이라 하고, 이런 경우 가중최소제곱법(加重最小제곱法, method of weighted least squares)을 사용하여 회귀분석하는 것을 가중회귀(加重回歸, weighted regression)분석이라고 부

른다. 이 때 w_i 를 가중치(weights)라고 부른다.

최소자승법에서는 식 (3・9)의 오차제곱의 합

$$S = \sum(y_i - \beta_0 - \beta_1 x_i)^2$$

을 최소로 하는 것이나 가중최소제곱법에서는

$$Q = \sum w_i (y_i - \beta_0 - \beta_1 x_i)^2 \tag{3・50}$$

을 최소로 하는 β_0 와 β_1 의 값을 구하는 것이다. 이 가중오차제곱의 합 Q 를 β_0 와 β_1 에 대하여 편미분하여 식 (3・11)과 같은 정규방정식을 만들면

$$\begin{aligned} b_0 \sum w_i + b_1 \sum w_i x_i &= \sum w_i y_i \\ b_0 \sum w_i x_i + b_1 \sum w_i x_i^2 &= \sum w_i x_i y_i \end{aligned} \tag{3・51}$$

이 되며, 가중평균을 각각

$$\bar{x} = \frac{\sum w_i x_i}{\sum w_i}, \quad \bar{y} = \frac{\sum w_i y_i}{\sum w_i} \tag{3・52}$$

라 하면, 가중정규방정식의 해는 다음과 같다.

$$\begin{aligned} b_1 &= \frac{\sum w_i (x_i - \bar{x})(y_i - \bar{y})}{\sum w_i (x_i - \bar{x})^2} \\ b_0 &= \bar{y} - b_1 \bar{x} \end{aligned} \tag{3・53}$$

가중회귀에서는 변동을 다음과 같이 정의한다. $\bar{x}$ 와 $\bar{y}$ 는 가중평균이다.

$$\begin{aligned} SST &= \sum w_i (y_i - \bar{y})^2 \\ SSR &= \frac{[\sum w_i (x_i - \bar{x})(y_i - \bar{y})]^2}{\sum w_i (x_i - \bar{x})^2} \\ SSE &= SST - SSR \end{aligned} \tag{3・54}$$

가중잔차의 합(weighted sum of residuals)

$$\sum w_i (y_i - \hat{y}_i) = \sum w_i (y_i - b_0 - b_1 x_i) \tag{3・55}$$

은 0이 되며, 가중잔차제곱합(weighted residual sum of squares)

$$\sum w_i(y_i - b_0 - b_1 x_i)^2 \quad (3 \cdot 56)$$

은 최소가 된다. 기타 이와 관련된 분산분석표는 〈표 3·4〉에 있는 것과 동일한 형태를 갖는다.

3·9 통계패키지에 의한 분석 사례

〈표 3·1〉의 자료에 대하여 SAS와 SPSS에 의하여 산점도를 그려보고, 단순선형회귀모형을 적합시켜 분산분석을 실시해 보자.

3·9·1 SAS에 의한 분석 프로그램 및 결과

〈SAS 프로그램〉

```
DATA t3_1; /* 데이터 세트에 이름을 부여하기 */
  INPUT x y @@; /* 두 개의 변수를 연속해서 읽기 */
    CARDS;
      4   9   8  20   9  22   8  15   8  17
     12  30   6  18  10  25   6  10   9  20
      ;

/* 산점도 그리기 */       --------> ①

SYMBOL1 V=STAR I=RL;
PROC GPLOT DATA=t3_1;
   PLOT y*x=1 /HAXIS=0 TO 16 BY 4
               VAXIS=0 TO 35 BY 5;
RUN;

PROC REG; /* 회귀분석을 실시 */    ------> ②
   MODEL y=x; /* 단순 회귀모형을 적합하기 */
RUN;
```

〈SAS 결과〉

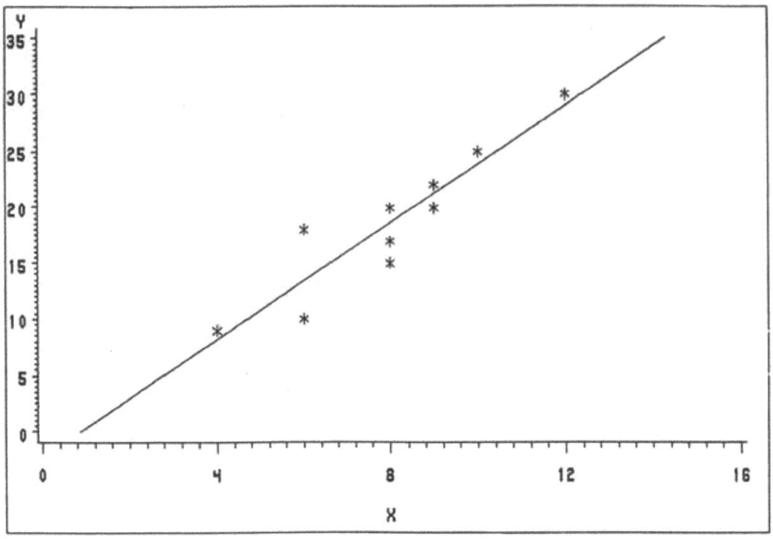

(1) 위의 산점도를 보면 자료가 일차직선 관계를 나타내고 있음을 볼 수 있다. 따라서 단순회귀모형을 적합시켜보는 것이 타당해 보인다.

(2) 분산분석표는 다음과 같다.

Analysis of Variance

Source	DF	Sum of Squares	Mean Square	F Value	Prob>F
Model	1	313.04348	313.04348	45.240	0.0001
Error	8	55.35652	6.91957		
C Total	9	368.40000			

Root MSE	2.63051	R-square	0.8497
Dep Mean	18.60000	Adj R-sq	0.8310
C.V.	14.14251		

F-검정 결과 p-값이 0.0001로 매우 유의하다. 또한 결정계수 (R^2 ; R-square)는 0.8497이며 이는 적합시킨 회귀모형이 전체 자료의 약 85%를 설명하고 있다는 의미이다. 추정된 회귀선의 정도는 비교적 높은 편임을 알 수 있다. 한편 추정값의 표준오차 ($s_{y \cdot x}$)는 2.63(위의 분산분석표에서 Root MSE)이다.

3·9·2 SPSS에 의한 분석 결과

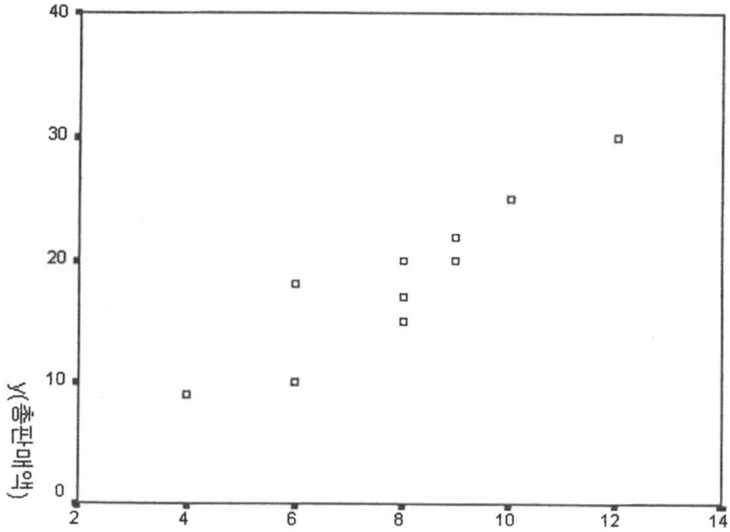

Model Summary

Model	R	R Square	Adjusted R Square	Std. Error of the Estimate
1	.922[a]	.850	.831	2.63

a. Predictors: (Constant), x(광고료)

ANOVA[b]

Model		Sum of Squares	df	Mean Square	F	Sig.
1	Regression	313.043	1	313.043	45.240	.000[a]
	Residual	55.357	8	6.920		
	Total	368.400	9			

a. Predictors: (Constant), x(광고료)

b. Dependent Variable: y(총판매액)

Coefficients[a]

Model		Unstandardized Coefficients		Standardized Coefficients	t	Sig.
		B	Std. Error	Beta		
1	(Constant)	-2.270	3.212		-.707	.500
	x(광고료)	2.609	.388	.922	6.726	.000

a. Dependent Variable: y(총판매액)

▶ 참 고 문 헌 ◀

3·1. Draper, N. R. and Smith, H.: *Applied Regression Analysis*, New York, John Wiley & Sons, 1966.

3·2. Ergun, S.: "Application of the principle of least squares to families of straight lines," *Industrial and Engineering Chemistry*, 48, pp. 2063~2068, 1956.

3·3. Pearson, K.: *Biometrika*, Vol. 2, p. 357, 1903.

3·4. Neter, J. and Wasserman W.: *Applied Linear Statistical Models*, Homewood, R. D. Irwin, 1974.

3·5. Ott, L.: *An Introduction to Statistical Methods and Data Analysis*, Massachusetts, Duxbury Press, 1977.

3·6. Rustagi, J. S.: *Variational Methods in Statistics*, pp. 42~43, New York, Academic Press, 1976.

▩ 연 습 문 제 ▩

3·1. 어떤 큰 공장에서 동일한 기계들의 정비기록에 관한 표본자료를 취하였다. 이는 기계의 사용연도(age of machines)와 정비비용(maintenance cost) 간에 어떤 관계가 있는가를 밝혀내기 위한 것이다. 그 자료는 다음과 같다(표본의 크기 $n=14$).

사용연도 x (단위 : 년)	정비비용 y (단위 : 1,000 원)	사용연도 x (단위 : 년)	정비비용 y (단위 : 1,000 원)
3	39	6	90
1	24	9	140
5	115	3	112
8	105	5	70
1	50	7	186
4	86	2	43
2	67	6	126

(1) 이 데이터의 산점도를 그려라.

(2) 최소제곱법의 의한 회귀직선을 적합시켜라.

(3) 추정값의 표준오차 $s_{y \cdot x}$ 를 구하여라.

(4) 결정계수와 상관계수를 구하여라.

(5) 분산분석표를 작성하고 회귀직선의 유의 여부를 검정하라(유의수준 $\alpha=0.05$ 사용).

(6) 사용연도가 4년인 기계의 평균 정비비용은 어느 정도인가를 추정하라.

(7) 잔차 $e_i = y_i - \hat{y}_i$ 를 구하고 잔차의 합이 0임을 확인하여라.

(8) 잔차들의 x_i 에 대한 가중합, $\sum x_i e_i$ 를 구하여라.

(9) 잔차들의 $\hat{y}_i$ 에 대한 가중합, $\sum \hat{y}_i e_i$ 를 구하여라.

(10) 두 변수 x, y 를 표준화된 변수(식 (3·40) 참조)로 고친 후 회귀직선을 적합시키고, 그 회귀계수가 두 변수 x, y 간의 상관계수와 같음을 밝혀라.

3·2. 자동차의 무게가 무거우면 이를 움직이는 데 더 많은 연료가 소모된다는 것은 알려진 사실이다. 자동차의 무게와 자동차를 1 km 움직이는 데 필요한 에너지량과의 함수관계를 정확히 판단하기 위하여 A 자동차회사는 다음의 자료를 실험을 통하여 얻었다. 실험 비용이 많이 드는 관계로 9번만 실험하였다.

무게 x (단위 : 1,000 kg)	에너지 소모량 y (단위 : 1,000 Btu)	무게 x (단위 : 1,000 kg)	에너지 소모량 y (단위 : 1,000 Btu)
0.9	2.0	1.7	3.2
1.3	2.6	0.7	1.8
2.1	4.3	1.2	2.3
2.5	5.8	1.6	3.0
2.4	5.1		

(1) x 에 대한 y 의 회귀직선을 최소제곱법에 의하여 구하여라. 데이터의 산점도를 그리고, 구한 회귀직선을 산점도 위에 그려 넣어라.

(2) 분산분석표를 작성하고 회귀직선의 유의 여부를 검정하라(유의수준 $\alpha = 0.05$ 사용).

(3) 무게가 3,000 kg이 되는 차량의 에너지 소모량은 어느 정도일까를 예측하라. 무게가 1,000 kg이 되는 차량의 에너지 소모량의 몇 배인가?

(4) 원점을 지나는 회귀직선을 구하라.

(5) 원점을 지나는 회귀직선의 결정계수를 구하라.

(6) 오차항의 분산이 같지 않다는 것이 밝혀지고 $Var(\epsilon_i) = kx_i^2$ 으로 x^2 의 크기에 비례한다면 가중회귀를 사용하여야 한다. 가중최소제곱법에 의하여 가중회귀직선을 구하라. 이 경우의 회귀변동(SSR)을 구하여라.

3 · 3. 다음의 직선회귀모형

$$y_i = \beta_0 + \beta_1 x_i + \epsilon_i, \quad i=1, 2, \cdots, n$$
$$Var(\epsilon_i) = kx_i \ (k\text{는 상수})$$

에서 가중회귀직선을 구하려 한다. 정규방정식을 구하고 가중잔차의 합이 0 이 됨을 증명하라.

3 · 4. 어떤 화학제품의 중요한 품질특성의 하나로, 점도 y 가 문제가 되어 있다. 점도를 정하여진 범위 안에 들어가도록 하기 위한 요인으로 여러 가지가 생각되지만 여기서는 반응온도 x 가 중요한 검토의 대상으로 취급되었다. x 와 y 에 관해서 20 번 실험을 하여 얻어진 결과는 다음과 같다.

$$\bar{x} = 15.0, \quad S_{(xx)} = 160.0, \quad S_{(xy)} = 90.0$$
$$\bar{y} = 13.0, \quad S_{(yy)} = 83.2$$

(1) 회귀직선모형 $y_i = \beta_0 + \beta_1 x_i + \epsilon_i$, $Var(\epsilon_i) = \sigma^2$ 을 가정하고 회귀직선을 적합시켜라.

(2) 분산분석표를 작성하여라.

(3) 표본의 상관계수를 구하여라.

3 · 5. (문제의 출처 : 참고문헌 (3 · 2))

다음과 같은 회귀직선군(family of straight lines)

$$E(y_i) = \beta_{0i} + \beta_1 x_i, \quad i=1, 2, \cdots, m,$$

의 모수들($\beta_{01}, \beta_{02}, \cdots, \beta_{0m}, \beta_1$)의 최소제곱추정값($b_{01}, b_{02}, \cdots, b_{0m}, b_1$)들이 다음과 같음을 증명하라.

$$b_1 = \frac{\sum_{i=1}^{m}\sum_{\mu=1}^{n_i}(x_{i\mu} - \bar{x}_i)(y_{i\mu} - \bar{y}_i)}{\sum_{i=1}^{m}\sum_{\mu=1}^{n_i}(x_{i\mu} - \bar{x}_i)^2}$$

$$b_{0i} = \bar{y}_i - b_i\bar{x}_i, \quad i = 1, 2, \cdots, m$$

여기서

$$x_{i1}, x_{i2}, \cdots, x_{in_i}$$

$$y_{i1}, y_{i2}, \cdots, y_{in_i}$$

들은 i번째 직선에 관련된 x_i와 y_i들의 측정값이다.

또한 잔차제곱합(residual sum of squares) SSE와 그의 관련된 자유도 ϕ_E가 다음과 같음을 밝혀라.

$$SSE = \sum_{i=1}^{m}\sum_{\mu=1}^{n_i}(y_{i\mu} - \bar{y}_i)^2 - b_1^2\sum_{i=1}^{m}\sum_{\mu=1}^{n_i}(x_{i\mu} - \bar{x}_i)^2$$

$$\phi_E = \sum_{i=1}^{m} n_i - m - 1$$

3・6. (문제의 출처 : 참고문헌 (3・2))

다음과 같은 회귀직선군

$$E(y_i) = \beta_0 + \beta_i x_i, \quad i=1, 2, \cdots, m,$$

의 모수들($\beta_0, \beta_1, \beta_2, \cdots, \beta_m$)의 최소제곱추정값($b_0, b_1, b_2, \cdots, b_m$)들이 다음과 같음을 증명하라. 여기서 $x_{i\mu}, y_{i\mu}$의 값의 의미는 앞 문제 3・5와 동일하다.

$$b_0 = \frac{\sum_{i=1}^{m} n_i\left[\bar{y}_i - \bar{x}_i\left(\sum_{\mu=1}^{n_i} x_{i\mu}y_{i\mu} / \sum_{\mu=1}^{n_i} x_{i\mu}^2\right)\right]}{\sum_{i=1}^{m} n_i\left(1 - n_i\bar{x}_i^2 / \sum_{\mu=1}^{n_i} x_{i\mu}^2\right)}$$

$$b_i = \frac{\sum_{i=1}^{n_i} x_{i\mu}y_{i\mu} - b_0\sum_{\mu=1}^{n_i} x_{i\mu}}{\sum_{\mu=1}^{n_i} x_{i\mu}^2}, \quad i=1, 2, \cdots, m$$

또한 잔차제곱합은 SSE와 그의 자유도 ϕ_E가 다음과 같음을 밝혀라.

$$SSE = \sum_{i=1}^{m}\sum_{\mu=1}^{n_i} y_{i\mu}^2 - \sum_{i=1}^{m} b_i^2\sum_{\mu=1}^{n_i} x_{i\mu}^2 + b_0^2\sum_{i=1}^{m} n_i - 2b_0\sum_{i=1}^{m} n_i\bar{y}_i$$

$$\phi_E = \sum_{i=1}^{m} n_i - m - 1$$

3・7. 만약

$$y_1 = \beta_0 + \epsilon_1$$
$$y_2 = 2\beta_0 - \beta_1 + \epsilon_2$$
$$y_3 = \beta_0 + 2\beta_1 + \epsilon_3$$

이고 $E(\epsilon_i)=0$, $i=1, 2, 3$ 이라면 β_0 와 β_1 의 최소제곱추정값은 무엇인가? y_i, $i=1, 2, 3$ 의 함수로써 나타내어라. 그리고 이 경우의 잔차제곱합(residual sum of squares)을 구하라.

3・8. 두 모수(parameters)인 α 와 β 를 추정하기 위하여 다음과 같은 세 가지 형태의 측정을 할 수 있다.

(1) α 에 대한 측정
(2) $\alpha+\beta$ 에 대한 측정
(3) $\alpha-2\beta$ 에 대한 측정

위의 모든 측정은 서로 독립이고 기대값이 0 이고 분산이 같은 오차를 수반하고 있다. 만약 m 개의 측정값이 (1)에 대하여, 또한 다른 m 개의 측정값이 (2)에 대하여, 그리고 n 개의 측정값이 (3)에 대하여 얻어졌다고 하자. α 와 β 의 최소제곱추정값을 구하고 $m=2n$ 이 성립하면 α 와 β 의 최소제곱추정값간의 공분산(covariance)이 0 임을 증명하라.

4

단순회귀에 관한 추론

앞 장에서 취급된 단순회귀직선의 기본 가정 중의 하나는 $E(y) = \mu_{y \cdot x}$ 라 놓으면 식 (3・1)의

$$\mu_{y \cdot x} = \beta_0 + \beta_1 x$$

이 성립되는 것이다. 이 의미는 관심이 되고 있는 모집단에서 변수 x 와 y 사이에 이와 같은 모집단회귀선(母集團回歸線, population regression line)이 존재한다는 것이다. 여기서 $\mu_{y \cdot x}$, β_0와 β_1은 모집단의 모수(parameters)들이다. 실제에 있어서 모집단에 속해 있는 모든 관찰점들을 전부 관찰할 수가 없으므로 모집단으로부터 n 개의 관찰점 (x_i, y_i)를 추출하여, 이 표본으로부터 표본회귀선(標本回歸線, sample regression line), 식 (3・7),

$$\hat{y} = b_0 + b_1 x$$

을 추정하는 것이다. 여기서 $\hat{y}$ 는 $\mu_{y \cdot x}$ 의, b_0 은 β_0 의, 그리고 b_1 은 β_1 의 점추정량들이다. 이 추정량들은 물론 통계량이므로 분산을 가지고 있으며, 모수들에 대한 구간추정과 가설검정을 할 수 있는 통계적 근거를 마련하여 준다.

이 장에서도 식 (3・2)에서 가정한 단순회귀모형의 가정이 모두 성립한다고 전제한다.

4·1 구 간 추 정

4·1·1 β_1 의 신뢰구간

모집단회귀선의 기울기 β_1 을 추정하기 위하여 하나의 표본을 모집단으로부터 추출하고, 식 (3·13)을 사용하여 표본회귀선의 기울기

$$b_1 = \frac{\sum(x_i - \bar{x})(y_i - \bar{y})}{\sum(x_i - \bar{x})^2}$$

을 구한다. 이 기울기는 표본으로부터 얻어진 것이므로 분산을 가지고 있으며, 이 분산을 구해 보자.

위의 b_1 의 공식 중 분자는

$$\sum(x_i - \bar{x})(y_i - \bar{y}) = \sum(x_i - \bar{x})y_i - \bar{y}\sum(x_i - \bar{x}) = \sum(x_i - \bar{x})y_i$$

이므로

$$b_1 = \sum a_i y_i, \quad a_i = \frac{x_i - \bar{x}}{\sum(x_i - \bar{x})^2}$$

라 쓸 수 있고, $y_i \sim N(E(y_i), \sigma^2)$이므로 《정리 2·5》를 사용하여 b_1 의 기대값과 분산은

$$\begin{aligned} E(b_1) &= \sum a_i E(y_i) = \sum a_i[\beta_0' + \beta_1(x_i - \bar{x})] \\ &= \beta_0' \frac{\sum(x_i - \bar{x})}{\sum(x_i - \bar{x})^2} + \beta_1 \frac{\sum(x_i - \bar{x})^2}{\sum(x_i - \bar{x})^2} \\ &= \beta_1 \end{aligned} \tag{4·1}$$

이므로 b_1 은 β_1 의 불편추정량이 되며,

$$\begin{aligned} Var(b_1) &= \sum a_i^2 Var(y_i) \\ &= \sum\left[\frac{(x_i - \bar{x})^2}{[\sum(x_i - \bar{x})^2]^2}\right]\sigma^2 \\ &= \frac{\sigma^2}{\sum(x_i - \bar{x})^2} \end{aligned} \tag{4·2}$$

이므로, b_1의 분포는 $b_1 \sim N\left(\beta_1,\ \frac{\sigma^2}{S_{(xx)}}\right)$이 된다.

σ^2의 추정은 $s_{y \cdot x}{}^2$(또는 MSE)에 의하여 얻어지므로 b_1의 분산의 추정값은

$$\widehat{Var}(b_1) = \frac{MSE}{S_{(xx)}} \tag{4・3}$$

따라서, b_1의 표준편차는

$$\sigma_{b_1} = \frac{\sigma}{\sqrt{S_{(xx)}}} \tag{4・4}$$

이며, 그 추정값은

$$s_{b_1} = \sqrt{\frac{MSE}{S_{(xx)}}} \tag{4・5}$$

구간추정의 일반형 식 (2・48)과 (2・53)을 이용하여 신뢰계수 1-α를 가지는 β의 신뢰구간은, σ^2을 아는 경우는

$$b_1 \pm z_{\alpha/2} \cdot \frac{\sigma}{\sqrt{S_{(xx)}}} \tag{4・6}$$

이며, σ^2을 모르는 경우는

$$b_1 \pm t\left(n-2\,;\,\frac{\alpha}{2}\right) \cdot \sqrt{\frac{MSE}{S_{(xx)}}} \tag{4・7}$$

으로 주어진다.

4・1・2 β_0의 신뢰구간

모집단회귀선의 절편 β_0는 표본으로부터 얻어지는 식 (3・13)

$$b_0 = \bar{y} - b_1 \bar{x}$$

으로부터 추정되고, b_0의 기대값은

$$E(b_0) = E(\bar{y}) - \bar{x}E(b_1) = (\beta_0 + \beta_1\bar{x}) - \bar{x}\beta_1 = \beta_0$$

이며, 분산은

$$\begin{aligned} Var(b_0) &= Var(\bar{y} - b_1\bar{x}) \\ &= Var(\bar{y}) + (\bar{x})^2 Var(b_1) - 2Cov(\bar{y}, b_1\bar{x}) \\ &= \sigma^2\left(\frac{1}{n} + \frac{(\bar{x})^2}{S_{(xx)}}\right) - 2\bar{x}Cov(\bar{y}, b_1) \end{aligned} \tag{4・8}$$

여기에서

$$\bar{y} = \sum a_i y_i, \quad a_i = \frac{1}{n}$$

$$b_1 = \sum c_i y_i, \quad c_i = \frac{x_i - \bar{x}}{S_{(xx)}}$$

$$Var(y_i) = \sigma^2$$

이므로, 식 (2・20)을 이용하여

$$\begin{aligned} Cov(\bar{y}, b_1) &= Cov(\sum a_i y_i,\ \sum c_i y_i) = \sigma^2 \sum a_i c_i \\ &= \frac{\sigma^2 \sum (x_i - \bar{x})}{nS_{(xx)}} = 0 \end{aligned} \tag{4・9}$$

따라서, 식 (4・8)은

$$Var(b_0) = \sigma^2\left(\frac{1}{n} + \frac{(\bar{x})^2}{S_{(xx)}}\right) \tag{4・10}$$

이 되며, b_0의 분포는 $N\left[\beta_0,\ \sigma^2\left(\frac{1}{n} + \frac{(\bar{x})^2}{S_{(xx)}}\right)\right]$이 됨을 알 수 있다.

β_0의 $100(1-\alpha)\%$ 신뢰구간은 σ^2을 알고 있는 경우는

$$b_0 \pm z_{\alpha/2}\sqrt{\sigma^2\left(\frac{1}{n} + \frac{(\bar{x})^2}{S_{(xx)}}\right)} \tag{4・11}$$

이며, σ^2이 미지인 경우는

$$b_0 \pm t\left(n-2\,;\,\frac{\alpha}{2}\right)\sqrt{MSE\left(\frac{1}{n}+\frac{(\bar{x})^2}{S_{(xx)}}\right)} \tag{4・12}$$

이 된다.

4·1·3 $\mu_{y \cdot x}$의 신뢰구간

어떤 주어진 x의 값에서 y의 기대값을 $E(y)=\mu_{y \cdot x}=\beta_0+\beta_1 x$라고 정의했고, 이는 식 (3・7) 또는 (3・15)에 의하여 추정된다.

$$\hat{y} = b_0+b_1 x = b_0'+b_1(x-\bar{x})$$

이 추정량 $\hat{y}$의 기대값은

$$E(\hat{y}) = E(b_0+b_1 x) = \beta_0+\beta_1 x = \mu_{y \cdot x}$$

이므로 불편추정량이며, 분산은 다음과 같다. 식 (3・15)로부터

$$\hat{y} = b_0'+b_1(x-\bar{x}) = \bar{y}+b_1(x-\bar{x})$$

이므로,

$$Var(\hat{y}) = Var(\bar{y})+(x-\bar{x})^2 Var(b_1)+2(x-\bar{x})\,Cov(\bar{y}, b_1)$$

인데, 식 (4・9)로부터 $Cov(\bar{y}, b_1)=0$ 이므로, 식 (4・2)를 이용하여

$$\begin{aligned} Var(\hat{y}) &= Var(\bar{y})+(x-\bar{x})^2 Var(b_1) \\ &= \sigma^2\left(\frac{1}{n}+\frac{(x-\bar{x})^2}{S_{(xx)}}\right) \end{aligned} \tag{4・13}$$

이 됨을 알 수 있다. 여기에서 유의하여야 할 것은 $\hat{y}$의 분산은 x의 함수로서 $x=\bar{x}$일 경우에 최소가 되며, $x=\bar{x}$를 대칭으로 x의 값이 $\bar{x}$에서 멀어질수록 커진다. 또한 표본의 크기 n이 커져도 $Var(\hat{y})$이 작아짐을 알 수 있다. 식 (4・13)에서 σ^2을 모를 경우에는 표본으로부터의 추정값 MSE를 쓰면 $Var(\hat{y})$의 추정값

$$\widehat{Var}(\hat{y}) = MSE\left[\frac{1}{n}+\frac{(x-\bar{x})^2}{S_{(xx)}}\right] \tag{4・14}$$

를 얻을 수 있다. 통계량 $\hat{y}$ 도 정규분포를 한다.

주어진 x 에서 $\mu_{y \cdot x}$ 의 $100(1-\alpha)\%$ 신뢰구간을 구해 보면 σ^2 이 기지(旣知, known)인 경우

$$\hat{y} \pm z_{\alpha/2}\sqrt{\sigma^2\left[\frac{1}{n}+\frac{(x-\bar{x})^2}{S_{(xx)}}\right]} \tag{4・15}$$

이며, σ^2 이 미지(未知, unknown)인 경우는

$$\hat{y} \pm t(n-2\,;\,\alpha/2)\sqrt{MSE\left[\frac{1}{n}+\frac{(x-\bar{x})^2}{S_{(xx)}}\right]} \tag{4・16}$$

임을 알 수 있다.

〔예 4・1〕 〈표 3・1〉에 있는 광고료와 판매액의 표본자료가 얻어진 모집단에 대하여 $\mu_{y \cdot x}=\beta_0+\beta_1 x$ 가 성립된다고 가정하고, β_1, β_0 와 $\mu_{y \cdot x}$ 의 95% 신뢰구간을 각각 구하라.

풀이

앞 장의 예제들에서 얻어진 자료를 사용하면

$$b_1 = 2.609$$
$$S_{(xx)} = \sum(x_i-\bar{x})^2 = 46$$
$$MSE = 6.92$$
$$s_{b_1} = \sqrt{\frac{MSE}{S_{(xx)}}} = 0.388$$
$$t(8\,;\,0.975) = 2.306$$

이므로, β_1 의 신뢰구간은

$$\begin{aligned} b_1 \pm t(8\,;\,0.025)\,s_{b_1} &= 2.609 \pm (2.306)(0.388) \\ &= 2.609 \pm 0.895 \\ &= (1.714,\ 3.504) \end{aligned}$$

이다. 절편 b_0 의 표준편차는

$$s_{b_0} = \sqrt{MSE\left[\frac{1}{n}+\frac{(\bar{x})^2}{S_{(xx)}}\right]} = \sqrt{(6.92)\left[\frac{1}{10}+\frac{(8)^2}{46}\right]} = 3.21$$

이므로, β_0 의 95% 신뢰구간은

$$\begin{aligned} b_0 \pm t(8\,;\,0.025)s_{b_0} &= -2.270 \pm (2.306)(3.21) \\ &= -2.270 \pm 7.402 \\ &= (-9.672,\ 5.132) \end{aligned}$$

이다. 이 구간이 넓게 나온 이유는 $\bar{x}$ 의 값이 0 보다 많이 커서 $(\bar{x})^2/S_{(xx)}$ 의 값이 크게 나왔기 때문이다.

마지막으로, $\mu_{y\cdot x}$ 의 신뢰구간을 구해 보자. $\mu_{y\cdot x}$ 의 추정값은 $\hat{y}$ 로서 x 의 함수이며 $\hat{y}$ 의 분산도 또한 x 의 함수이다. x 의 값이 4, 6, 8, 10, 12 에서 $\mu_{y\cdot x}$ 의 신뢰구간을 식 (4·16)을 사용하여 구해 보자.

$x=4$

$$\begin{aligned} \hat{y} &= b_0 + b_1 x \\ &= -2.270 + (2.609)(4) = 8.17 \end{aligned}$$

$$\begin{aligned} \widehat{Var}(\hat{y}) &= MSE\left[\frac{1}{n} + \frac{(x-\bar{x})^2}{S_{(xx)}}\right] \\ &= (6.92)\left[\frac{1}{10} + \frac{(4-8)^2}{46}\right] = 3.10 \end{aligned}$$

$$\sqrt{\widehat{Var}(\hat{y})} = \sqrt{3.10} = 1.76$$

$$\begin{aligned} \hat{y} \pm t(8\,;\,0.025)\sqrt{\widehat{Var}(\hat{y})} &= 8.17 \pm (2.306)(1.76) \\ &= 8.17 \pm 4.06 \\ &= (4.11,\ 12.23) \end{aligned}$$

위와 똑같은 방법을 사용하여,

$x=6$ $\quad 13.38 \pm (2.306)(1.14) = 13.38 \pm 2.63 = (10.75,\ 16.01)$

$x=8$ $\quad 18.60 \pm (2.306)(0.84) = 18.60 \pm 1.94 = (16.66,\ 20.54)$

$x=10$ $\quad 23.82 \pm (2.306)(1.14) = 23.82 \pm 2.63 = (21.19,\ 26.45)$

$x=12$ $\quad 29.04 \pm (2.609)(1.76) = 29.04 \pm 4.59 = (24.45,\ 33.63)$

[그림 4·1]은 추정된 회귀직선을 중심으로 $x=4, 6, 8, 10, 12$ 에서 각각 신뢰구간을 화살표로 표시하고 화살표의 윗 끝들을 서로 연결하고 아래 끝들을 서로 연결하여 가운데가 잘룩한 나팔 모양의 영역을 얻는데, 이러한 영역을 신뢰대(信頼帶, confidence band)라고 부른다.

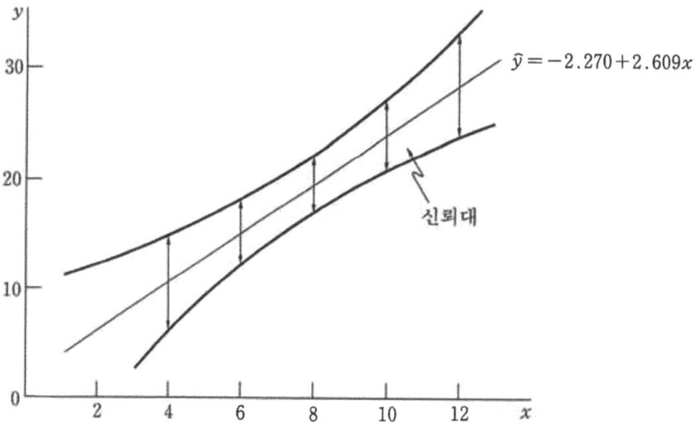

[그림 4・1] 신 뢰 대

4·1·4 하나의 y 값의 신뢰구간

앞 절에서 y 의 기대값 $E(y)=\mu_{y \cdot x}$ 에 대하여 신뢰구간을 구하여 보았는데, 만약 우리가 주어진 x 의 값에서 하나의 예측값 y 를 얻으려 할 때, 이 하나의 값 y_s(individual value of y)가 어느 구간에 있을까를 생각하여 보자.

주어진 x 에서 하나의 예측값 y_s 는 평균반응 $\mu_{y \cdot x}$ 의 예측값 $\hat{y}$ 이 갖는 분산에다 σ^2 을 더한 크기의 분산을 갖는다.

즉, y_s 의 추정값 $\hat{y}_s$ 가 갖는 분산은

$$
\begin{aligned}
Var(\hat{y}_s) &= V(\epsilon)+Var(\hat{y}) = \sigma^2+\sigma^2\left[\frac{1}{n}+\frac{(x-\bar{x})^2}{S_{(xx)}}\right] \\
&= \sigma^2\left[1+\frac{1}{n}+\frac{(x-\bar{x})^2}{S_{(xx)}}\right] \qquad (4 \cdot 17)
\end{aligned}
$$

이며, 이의 추정값 $\widehat{Var}(\hat{y}_s)$은 σ^2 대신에 MSE 를 쓰면 될 것이다. y_s 에 대한 점추정값은 추정된 회귀선 $\hat{y}=b_0+b_1x$ 를 사용해야 할 것이다.

따라서, $100(1-\alpha)\%$ 신뢰구간은 σ^2 이 알려져 있는 경우는

$$\hat{y} \pm z_{\alpha/2}\sqrt{\sigma^2\left[1+\frac{1}{n}+\frac{(x-\bar{x})^2}{S_{(xx)}}\right]} \tag{4・18}$$

이며, σ^2이 알려져 있지 않는 경우는

$$\hat{y} \pm t\left(n-2\,;\,\frac{\alpha}{2}\right)\sqrt{MSE\left[1+\frac{1}{n}+\frac{(x-\bar{x})^2}{S_{(xx)}}\right]} \tag{4・19}$$

이 된다.

식 (4・13)과 (4・17)로부터 $Var(\hat{y}_s)$가 $Var(\hat{y})$보다 σ^2만큼 더 크므로 하나의 값 y_s의 신뢰구간은 $\mu_{y \cdot x}$의 신뢰구간보다 넓어지며, 또한 신뢰대도 더 넓은 영역을 차지하게 된다.

4・2 가 설 검 정

모집단의 회귀직선 $\mu_{y \cdot x}=\beta_0+\beta_1 x$를 정확히 알기 위해서는 모집단 전체를 관찰하여야 하는데, 이것은 실제로 불가능하거나 바람직하지 않을 경우가 많다. 이런 경우에 $\mu_{y \cdot x}$, β_0, β_1 등에 대하여 이들이 어떤 특수한 값을 취하는가 아닌가에 대한 가설을 검정할 필요가 있다.

모수 θ의 검정은 만약 θ의 추정량 $\hat{\theta}$이 불편(不偏, unbiased)이고, 정규분포를 하면 다음과 같은 검정통계량을 만들어 검정할 수 있다.

$$Z_0 = \frac{\hat{\theta}-\theta_0}{\sqrt{Var(\hat{\theta})}} \tag{4・20}$$

위에서 θ_0은 모수 θ의 귀무가설의 값(즉, $H_0 : \theta = \theta_0$)이다. 검정통계량 Z_0은 표준정규분포를 하므로, 기각치 $z_{\alpha/2}$(또는 z_α)를 양쪽검정이냐 또는 한쪽검정이냐에 따라서 정한 다음, 2장에 설명된 대로 실시하면 될 것이다.

만약 $\hat{\theta}$의 분산, $Var(\hat{\theta})$이 미리 알려져 있지 않으면, 이를 표본에서 추정하여 불편추정량 $\widehat{Var}(\hat{\theta})$을 구하고 식 (4・20)의 $Var(\hat{\theta})$ 대신에 $\widehat{Var}(\hat{\theta})$을 대입시켜, 검정통계량

$$t_0 = \frac{\hat{\theta} - \theta_0}{\sqrt{\hat{V}ar(\hat{\theta})}} \tag{4 · 21}$$

을 구하면 이는 t-분포를 하며, 자유도는 단순회귀분석인 경우에 $n-2$가 된다. 그 다음 검정절차는 2 장에서 기술된 방법을 따르면 된다.

4·2·1 β_1의 검정

모집단 회귀직선의 기울기 β_1에 대한 가설검정을 먼저 알아 보자. β_1의 값이 어떤 특정의 값 β_{10}이 아닌가 하는 가설을 검정하려면 다음과 같은 귀무가설과 대립가설을 설정한 후,

$$H_0 : \beta_1 = \beta_{10}$$
$$H_1 : \beta_1 \neq \beta_{10} \text{(양쪽검정인 경우)}$$

표본을 취하여 (x_i, y_i), $i=1, 2, \cdots, n$을 관찰하고, 최소제곱법에 의한 공식 (3 · 13)에 의하여 β_1의 불편추정값 b_1을 먼저 구한다. b_1의 분산은 식 (4 · 2)에 의하여 구해졌으므로 σ^2이 알려진 경우에는 식 (4 · 20)의 검정통계량을 사용하고 σ^2이 알려져 있지 않은 경우에는 $Var(b_1)$을 모르기 때문에, 이의 추정값 식 (4 · 3)

$$\hat{V}ar(b_1) = \frac{MSE}{S_{(xx)}}$$

을 사용하여 식 (4 · 21)의 t_0 검정통계량의 값을 구한다. 일반적으로 σ^2이 알려져 있지 않은 경우가 많으므로 t-분포를 사용해야 할 경우가 허다하다.

σ^2이 알려져 있지 않다고 하고, 그 다음 절차를 보면 검정통계량 t_0의 값은

$$t_0 = \frac{b_1 - \beta_{10}}{\sqrt{\hat{V}ar(b_1)}} = \frac{b_1 - \beta_{10}}{\sqrt{\frac{MSE}{S_{(xx)}}}}$$

이며, 양쪽검정이므로 $t\left(n-2 ; \frac{\alpha}{2}\right)$인 기각치를 구한 후 만약 $|t_0| > t\left(n-2 ; \frac{\alpha}{2}\right)$이면, 귀무가설을 기각하고 아니면 귀무가설을 채택하게 된다.

4·2·2 β_0의 검정

모집단의 회귀직선이 y 좌표를 차단하는 점이 되는 절편 β_0에 대해서도 위의 β_1의 검정과 같은 방법을 따르면 된다. 앞에서는 양쪽검정을 보았으므로, 이번에는 연습삼아 한쪽검정인 경우를 살펴보자.

$$H_0 : \beta_0 = \beta_{00}$$
$$H_1 : \beta_0 < \beta_{00}$$

β_0의 추정량은 b_0이고, 이의 분산은 식 (4·10)에 의하여 구해졌으며 σ^2이 미지인 경우에는 b_0의 분산의 추정값은

$$\widehat{Var}(b_0) = (MSE)\left[\frac{1}{n}+\frac{(\bar{x})^2}{S_{(xx)}}\right]$$

이 된다. 따라서, t_0 검정통계량의 값은

$$t_0 = \frac{b_0-\beta_{00}}{\sqrt{\widehat{Var}(b_0)}} = \frac{b_0-\beta_{00}}{\sqrt{MSE\left[\frac{1}{n}+\frac{(\bar{x})^2}{S_{(xx)}}\right]}}$$

이고, 대립가설이 $\beta_0<\beta_{00}$인 한쪽검정이므로 2장에서 논의된 절차에 따라 기각역이 [그림 4·2]처럼 왼쪽에 존재하며, 기각치는 $t(n-2\,;1-\alpha)$ 또는 $-t(n-2\,;\alpha)$가 된다.

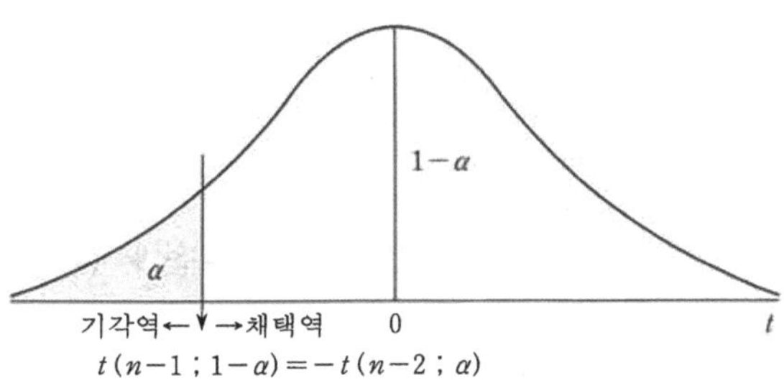

[그림 4·2] t-분포의 기각역

4·2·3 $\mu_{y\cdot x}$의 검정

주어진 x의 값에서 y의 기대값 $E(y)=\mu_{y\cdot x}$에 대한 가설검정을 알아보자. 귀무가설에서 설정된 값을 $\mu^0_{y\cdot x}$라 하고, 다음과 같은 한쪽검정을 고려하여 보자.

$$H_0 : \mu_{y\cdot x} = \mu^0_{y\cdot x}$$
$$H_1 : \mu_{y\cdot x} > \mu^0_{y\cdot x}$$

$\mu_{y\cdot x}$의 추정량은 $\hat{y}=\bar{y}+b_1(x-\bar{x})$이며, 이의 분산은 식 (4·13)에서 구하였고 σ^2이 미지인 경우는 식 (4·14)를 사용하면 된다. σ^2이 미지라고 가정하고 검정통계량의 값을 구하면

$$t_0 = \frac{\hat{y}-\mu^0_{y\cdot x}}{\sqrt{\widehat{Var}(\hat{y})}} = \frac{\hat{y}-\mu^0_{y\cdot x}}{\sqrt{MSE\left[\frac{1}{n}+\frac{(x-\bar{x})^2}{S_{(xx)}}\right]}}$$

이 되며, 대립가설이 $\mu_{y\cdot x}>\mu^0_{y\cdot x}$처럼 되어 있으므로 기각역이 오른쪽에 위치하게 된다. 즉, [그림 4·2]와 반대 방향쪽에 기각역과 기각치가 위치하게 된다. 유의수준 α에서 기각치는 $t(n-2\,;\,\alpha)$이므로, 만약

$$t_0 > t(n-2\,;\,\alpha)$$

이면 귀무가설을 기각하고, 아니면 귀무가설을 채택하게 된다.

4·2·4 하나의 y 값에 대한 검정

어떤 x의 값에서 하나의 예측값 y(이것은 y_s라 하자)를 고려할 때, 이 값이 어떤 특정의 값 y_0를 취하게 될 것인가에 대한 가설 검정을 다음과 같이 할 수 있다. 양쪽검정인 경우를 살펴보자.

$$H_0 : y_s = y_0$$
$$H_1 : y_s \neq y_0$$

$\hat{y}_s$의 분산은 식 (4·17)에서 알려져 있고 σ^2을 모를 경우에는 그의 추정값은

$$\hat{V}ar(\hat{y}_s) = MSE\left[1+\frac{1}{n}+\frac{(x-\bar{x})^2}{S_{(xx)}}\right]$$

이 되므로, 검정통계량의 값을 구해 보면

$$t_0 = \frac{\hat{y}-y_0}{\sqrt{MSE\left[1+\frac{1}{n}+\frac{(x-\bar{x})^2}{S_{(xx)}}\right]}}$$

이다. 따라서, 만약 $|t_0|>t\left(n-2\,;\,\frac{\alpha}{2}\right)$ 이면 귀무가설은 기각되고 아니면 채택하여야 할 것이다.

〔예 4·2〕 〈표 3·1〉에 있는 광고료와 판매액의 표본자료가 얻어진 모집단에 대하여 회귀직선 $\mu_{y\cdot x}=\beta_0+\beta_1 x$ 가 성립된다고 가정하고, 유의수준 $\alpha=0.05$ 로 다음의 가설을 검정하라. 주어진 x 의 값은 $x=6$ 이다.

$$H_0 : \mu_{y\cdot x} = 9$$
$$H_1 : \mu_{y\cdot x} > 9$$

풀이

$x=6$ 에서

$$\hat{y} = b_0+b_1 x = -2.270+(2.609)(6) = 13.38$$

이며, σ^2 을 모르므로 $Var(\hat{y})$의 추정값은

$$\hat{V}ar(\hat{y}) = MSE\left[\frac{1}{n}+\frac{(x-\bar{x})^2}{S_{(xx)}}\right]$$
$$= (6.92)\left[\frac{1}{10}+\frac{(6-8)^2}{46}\right] = 1.29$$

가 되므로, 검정통계량의 값은

$$t_0 = \frac{\hat{y}-y_0}{\sqrt{\hat{V}ar(\hat{y})}} = \frac{13.38-9}{\sqrt{1.29}} = \frac{4.38}{1.14} = 3.84$$

그런데, $t(n-2\,;\,\alpha)=t(8\,;\,0.05)=1.86$ 이며, $t_0=3.84>1.86$ 이므로 귀무가설을 기각하고 대립가설이 채택된다.

4·3 상관계수의 검정

모상관계수(母相關係數, population coefficient of correlation) ρ_{xy}는 식 (3・34)와 (3・35)에 정의되어 있으며 이의 점추정값 r_{xy}는 식 (3・36)에 설명되어 있다. 표현을 간편하게 하기 위해 ρ_{xy}, r_{xy}를 각각 ρ, r로 표시키로 한다. 크기 n인 표본을 취하여 r을 계산하면 이는 ρ를 모수로 하는 어떤 확률분포를 갖는다. 이의 분포이론은 Fisher (4・4)에 의하여 처음으로 연구되었다. [그림 4・3]은 $n=10$이고 $\rho=0$, 0.7인 경우에 대한 r의 분포를 그려 놓았다.

$\rho=0$인 경우의 r의 분포곡선은 0에 대하여 대칭적이긴 하지만 정규분포와 일치하지는 않는다. 더구나 $\rho=0.7$인 경우는 대칭과는 크게 어긋나는 분포를 하게 된다. 또한 r의 분포는 표본의 크기 n에 따라서 많이 달라진다. n이 크면 클수록 그 분포는 대칭적이 되며, 정규분포에 가까와진다.

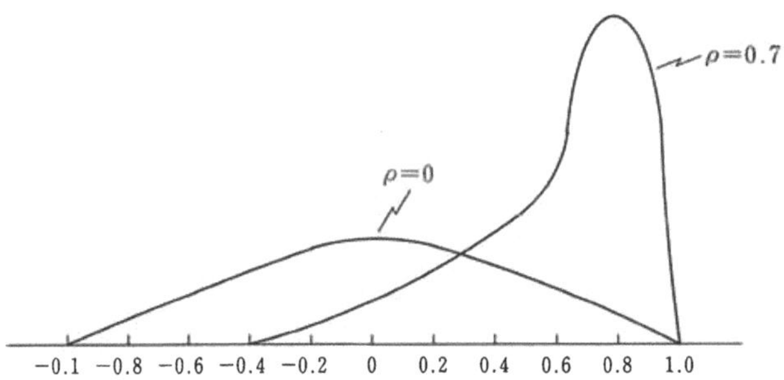

[그림 4・3] 표본상관계수 r의 분포($n=10$)

만약, 모상관계수 ρ가 0이라면

$$t_0=\frac{r}{\sqrt{\dfrac{1-r^2}{n-2}}} \tag{4・22}$$

은 자유도 $n-2$를 갖는 t-분포를 한다. 따라서, 가설검정

$$H_0: \rho=0$$
$$H_1: \rho\neq 0$$

은 다음의 절차에 의하여 이루어진다.

먼저 검정통계량

$$t_0 = \frac{r}{\sqrt{\frac{1-r^2}{n-2}}} = r\sqrt{\frac{n-2}{1-r^2}} \tag{4·23}$$

의 값을 구한다. 만약, 이 값의 절대값이 $|t_0| > t\left(n-2\,;\frac{\alpha}{2}\right)$ 이면 귀무가설을 기각하고, 아니면 채택한다.

다음으로 $\rho \neq 0$ 인 경우일 때의 ρ 의 구간추정과 가설검정에 대하여 알아보자. 이 경우에는 앞에서 사용한 방법을 그대로 적용할 수 없다. Fisher(4·5)에 의하면 다음의 통계량

$$Z' = \frac{1}{2}\ln\left(\frac{1+r}{1-r}\right) \tag{4·24}$$

은 표본의 크기가 클 경우에(대략 $n \geq 25$) 근사적으로 정규분포를 하며, 기대값과 분산은

$$E(Z') = \frac{1}{2}\ln\left(\frac{1+\rho}{1-\rho}\right)$$

$$Var(Z') = \frac{1}{n-3} \tag{4·25}$$

이 된다. 따라서, 표준화된 통계량

$$Z = \frac{Z' - E(Z')}{\sqrt{Var(Z')}} \tag{4·26}$$

은 대략 표준정규분포, $N(0, 1)$에 가까운 분포를 한다.

부록의 〈표 A-5〉에는 식 (4·24)의 r 의 값과 이에 대응하는 Z'의 값 z'을 수록하여 놓았다. 따라서, 식 (4·26)으로부터 $E(Z') = \frac{1}{2}\ln\left(\frac{1+\rho}{1-\rho}\right)$ 의 $100(1-\alpha)\%$ 신뢰구간은

$$Z' \pm z_{\alpha/2}\sqrt{Var(Z')} \tag{4·27}$$

이 되며, 부록 〈표 A-5〉을 사용하여 이들 상한(上限, upper limit)과 하한(下限, lower limit)에 해당하는 z'을 구하고, 이에 대응되는 r의 값을 구하면 이것이 바로 ρ의 신뢰구

간이 된다.

ρ에 대한 가설검정은 다음과 같다. 만약, ρ가 어떤 특정의 값 ρ_0인가 아닌가에 대한 가설을 검정하여 보자.

$$H_0 : \rho = \rho_0$$
$$H_1 : \rho \neq \rho_0$$

크기 n인 표본으로부터 표본상관계수 r을 구한 후 〈표 A-5〉로부터 이에 대응하는 Z'의 값을 구한다. 또한 ρ_0에 대응하는 Z'의 값을 〈표 A-5〉에서 구하고, 이를 $E(Z')$로 생각한다. 식 (4・26)을 사용하여

$$Z = \frac{Z' - E(Z')}{\sqrt{\dfrac{1}{n-3}}} \tag{4・28}$$

의 값 z를 구한다. 만약, 이 값이 표준정규분포 〈표 A-1〉에서 구한 $z_{\alpha/2}$의 값과 비교하여 보아

$$|z| > z_{\alpha/2}$$

이면 귀무가설을 기각한다.

〔예 4・3〕 〈표 3・1〉에 있는 광고료와 판매액의 표본자료가 얻어진 모집단에 대하여 유의수준 $\alpha=0.05$로 모상관계수 ρ의 구간추정을 하고, 또한 $\rho=0.5$인가 아닌가에 대한 가설검정을 행하라.

풀이

$n=10$, $r=0.92$이므로 〈표 A-5〉에서 $z'=1.589$이며,

$$z_{\alpha/2} = z_{0.025} = 1.96$$
$$Var(Z') = \frac{1}{n-3} = \frac{1}{7} = 0.143$$

이므로, 식 (4・27)로부터

$$\begin{aligned} z' \pm z_{\alpha/2}\sqrt{Var(Z')} &= 1.589 \pm (1.96)\sqrt{0.143} \\ &= 1.589 \pm 0.741 \\ &= (0.848,\ 2.330) \end{aligned}$$

이 된다. 이제 〈표 A-5〉를 사용하여 0.848과 2.330에 대응되는 r의 값을 구하면 각각 0.690과 0.981이므로 모상관계수 ρ의 95% 신뢰구간은

$$0.690 \leq \rho \leq 0.981$$

다음으로 가설검정

$$H_0 : \rho = 0.5$$
$$H_1 : \rho \neq 0.5$$

을 하여 보자. $r=0.92$에 대응되는 Z'의 값은 $z'=1.589$이고 $\rho_0=0.5$에 대응되는 Z'의 값은 $E(Z')=0.549$이며, $Var(Z')=0.143$이므로 식 (4・28)로부터

$$z = \frac{z' - E(Z')}{\sqrt{Var(Z')}} = \frac{1.589 - 0.549}{\sqrt{0.143}} = \frac{1.040}{0.378} = 2.751$$

그런데, $z_{\alpha/2} = z_{0.025} = 1.96$이므로 $|z|=2.751>1.96$이 성립되어 귀무가설을 기각한다. 즉 모상관계수 ρ의 값이 0.5라는 것은 틀리는 가설이다.

4·4 모형의 타당성

이제까지 논의해 온 단순회귀분석은 앞 장의 절 3·2·2에서 기술된 세 가지의 기본 가정에 기초를 두고 있으며, 모형은 식 (3・2)에 표현되어 있다. 즉, x와 y 사이에는 직선적인 함수관계, $y=\beta_0+\beta_1 x+\epsilon$가 성립되며, 오차항 ϵ는 $N(0, \sigma^2)$의 분포를 하며 서로 독립이고, x는 확률변수가 아니라는 가정이다. 그러나, 실제에 있어서 이러한 가정들이 옳은 것인지 아닌지 모를 경우가 많으며, 이 가정들에 대한 검토가 이루어져야 할 것이다.

직선회귀식이 주어진 자료를 적합시키는 데 적절하지 않으며, 모집단의 x와 y 사이에 직선적인 함수관계가 타당하지 않을 것이라고 짐작할 수 있는 것은 다음의 몇 가지 측도(measures)로써 볼 수 있다. 첫째, 결정계수 r^2의 값이 0에 가까운 경우는 직선회귀선이 적절하지 않으며, 다른 형태의 모형을 고려하여야 할 것이라는 것을 말해 준다. 이 경우는 단순회귀분석의 결과는 의미 있는 정보를 제공하지 못한다.

둘째, 추정값의 표준오차 $s_{y \cdot x}$의 값이 너무 클 때에는 직선회귀모형에 의문을 제기하여야 한다. 이 경우는 관찰점들이 추정된 회귀직선으로부터 멀리 떨어진 것이 많으며, 모

형 자체가 타당하지 않을 가능성이 높다.

셋째, 단순회귀의 분산분석 때에 구한 F_0의 값이 매우 작을 경우이다. 이 때는 직선회귀모형이 유의하지 못하고 더 적절한 모형이 있을 가능성을 암시해 주는 것이다. 이런 경우에 단순회귀분석은 의미가 없다고 보겠다.

위에서 지적한 것 이외에 최근에 활발히 연구되고 있는 것들로 적합결여검정(適合缺如檢定, lack-of-fit test)을 통하여 모형의 타당성을 판정하고 잔차의 검토를 통하여 타당한 모형을 발견하고, 또한 모형의 변환(變換, transformation)을 통하여 타당한 모형을 찾는 연구가 이루어지고 있다. 이것들에 대하여 차례로 검토하여 보자.

4·4·1 적합결여검정

두 변수 x와 y 사이의 함수관계가 단순회귀방정식

$$y = \beta_0 + \beta_1 x + \epsilon, \quad \epsilon \sim N(0, \sigma^2)$$

으로 표현되는 것이 적합한가의 검정방법으로 적합결여검정이란 것이 있다. 이 검정은 정해진 x의 수준(level)에서 반복측정(repeated observations)이 있어야만 가능하다.

x의 수준으로 $x_1, x_2, \cdots, x_k$가 있고, 각 수준에서 $n_1, n_2, \cdots, n_k$개의 반복된 관찰값

$$\begin{array}{ll} x_1 \text{에서} & y_{11}, y_{12}, \cdots, y_{1n_1}, \\ x_2 \text{에서} & y_{21}, y_{22}, \cdots, y_{2n_2}, \\ \vdots & \vdots \\ x_k \text{에서} & y_{k1}, y_{k2}, \cdots, y_{kn_k}, \end{array}$$

들이 있다 하자. 전체 자료의 수 $n=\sum_{i=1}^{k} n_i$를 가지고 최소제곱법에 의해 구한 회귀직선을

$$\hat{y}_i = b_0 + b_1 x_i, \quad i=1, 2, \cdots, k$$

라고 하자. 하나의 x_i점에서는 n_i개의 y의 측정값이 있지만, 회귀직선에 의한 y의 추정값은 $\hat{y}_i$ 하나뿐이다.

잔차변동 SSE의 표현은 이 경우에는

$$SSE = \sum_{i=1}^{k} \sum_{j=1}^{n_i} (y_{ij} - \hat{y}_i)^2 \tag{4·29}$$

이 되며, $\bar{y}_i = \sum_{j=1}^{n_i} y_{ij}/n_i$ 라 놓고 SSE 를 다음과 같이 둘로 분해할 수 있다.

$$SSE = \sum_{i=1}^{k}\sum_{j=1}^{n_i}[(y_{ij}-\bar{y}_i)+(\bar{y}_i-\hat{y}_i)]^2$$

$$= \sum_{i=1}^{k}\sum_{j=1}^{n_i}(y_{ij}-\bar{y}_i)^2+\sum_{i=1}^{k}n_i(\bar{y}_i-\hat{y}_i)^2 \qquad (4 \cdot 30)$$

식 (4·30)에서 첫번째 제곱합을 순오차제곱합(純誤差제곱合, pure error sum of squares)

$$SSPE = \sum_{i=1}^{k}\sum_{j=1}^{n_i}(y_{ij}-\bar{y}_i)^2 \qquad (4 \cdot 31)$$

이라 하고, 두번째 제곱합을 적합결여제곱합(適合缺如제곱合, lack-of-fit sum of squares)

$$SSLF = \sum_{i=1}^{k}n_i(\bar{y}_i-\hat{y}_i)^2 \qquad (4 \cdot 32)$$

이라 한다.

$SSPE$ 와 관련된 자유도는 $n-k$ 이다. 왜냐하면, 식 (4·31)에서 $\sum_{j=1}^{n_i}(y_{ij}-\bar{y}_i)^2$은 n_i-1 의 자유도를 가지고 있으며 k 개의 x 수준에서는 총합 $\sum_{i=1}^{k}(n_i-1)=n-k$ 의 자유도가 되기 때문이다. 따라서, 순오차평균제곱(pure error mean square)은

$$MSPE = \frac{SSPE}{n-k} \qquad (4 \cdot 33)$$

$SSLF$ 와 관련된 자유도는 $k-2$ 이다. 왜냐하면, 식 (4·32)에서 k 개의 x 수준이 있고 $\hat{y}_i$ 는 2개의 모수를 추정하여 얻어지며, 이 때 자유도 2개를 상실하게 되므로 $k-2$ 가 된다. 따라서, 적합결여평균제곱(lack-of-fit mean square)은

$$MSLF = \frac{SSLF}{k-2} \qquad (4 \cdot 34)$$

회귀직선 $E(y)=\beta_0+\beta_1 x$ 가 옳은가를 검정하기 위한 통계량으로 쓰여지는 것은

$$F_0 = \frac{MSLF}{MSPE} \qquad (4 \cdot 35)$$

이며, 회귀직선이 옳든 아니든 간에

$$E(MSPE) = \sigma^2$$

$$E(MSLF) = \sigma^2 + \frac{\sum_{i=1}^{k} n_i[E(y_i) - E(\hat{y}_i)]^2}{k-2} \qquad (4 \cdot 36)$$

이 성립한다. 만약 $E(\hat{y}_i) = E(y_i) = \beta_0 + \beta_1 x_i$ 이면 $E(MSLF) = \sigma^2$ 과 같다. 따라서, 식 (4 · 35)의 F_0 의 값이 1에 가까우면 회귀직선모형이 옳은 가정이며, F_0 의 값이 커지면 $E(y) \neq \beta_0 + \beta_1 x$ 라는 의미가 된다.

적합결여검정에 대한 가설과 판정 방법(decision rule)은 다음과 같다.

$$H_0 : E(y) = \beta_0 + \beta_1 x$$
$$H_1 : E(y) \neq \beta_0 + \beta_1 x$$

만약, $F_0 = \frac{MSLF}{MSPE} > F(k-2,\ n-k\ ;\ \alpha)$ 이면 귀무가설을 기각하고, 아니면 채택한다.

〔예 4 · 4〕 어떤 시중은행에서는 비슷한 지역에 위치하고 있는 2개의 지점 A, B를 표본대상으로 다음과 같은 실험을 하였다. 각 지점에서는 신규저축예금 가입자에게 예금액을 6등급으로 나누어 각 등급의 최저예금액에 정비례하는 가치를 가진 선물을 주기로 하였다. 일정한 실험기간 동안에 이와 같은 방침에 따라서 평소보다 신규예금 가입자가 어느 정도 증가하는가를 관찰하였다. 〈표 4 · 1〉의 데이터를 근거로 하여 최저예금액(x)과 신규가입자 증가수(y)간에 회귀직선이 성립하는가를 검토하라.

〈표 4 · 1〉 저축 예금자 자료

최저예금액 x (단위 : 천 원)	증가된 저축예금가입자 수 y		
	지점 A	지점 B	평 균
75	28	42	$\bar{y}_1 = 35$
100	112	136	$\bar{y}_2 = 124$
125	160	150	$\bar{y}_3 = 155$
150	143	161	$\bar{y}_4 = 152$
175	156	124	$\bar{y}_5 = 140$
200	124	104	$\bar{y}_6 = 114$

풀이

식 (3・13)을 이용하여 얻어진 추정된 회귀직선은

$$\hat{y} = b_0 + b_1 x = 50.857 + 0.503x$$

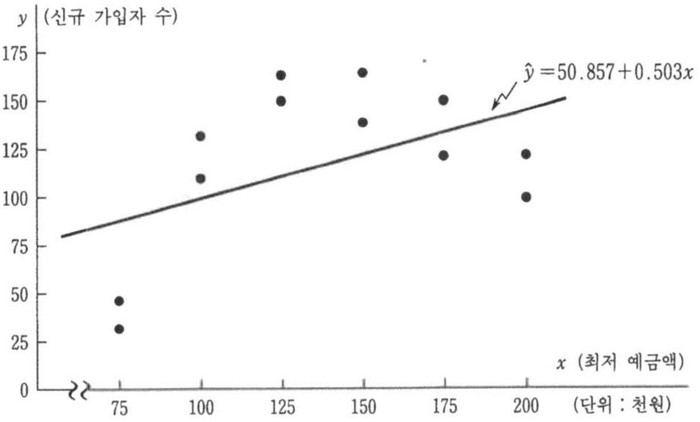

[그림 4・4] 은행 자료의 추정된 회귀직선

이며, 〈표 3・3〉에 의거한 분산분석표는 다음과 같다.

〈표 4・2〉 은행자료의 분산분석표

요 인	제 곱 합	자 유 도	평균제곱	F_0	$F(0.05)$
회 귀	$SSR = 5,531.4$	1	5,531.4	3.54	4.94
잔 차	$SSE = 15,630.6$	10	1,563.1		
계	$SST = 21,162.0$	11			

그런데 $F(1, 10\,;\,0.05) = 4.94$ 이므로, $F_0 = 3.54 < 4.94$ 가 되어 회귀변동이 유의하다고 결론지을 수 없다. 즉, 회귀직선이 자료를 설명하는 데 유의한 기여를 못한다는 말이다. 이유를 발견하기 위하여 산점도를 [그림 4・4]에 그려 보았더니, 직선보다는 곡선의 형태가 더 적합하지 않을까 생각되어진다. 이를 통계적으로 확인하기 위하여 회귀직선의 적합결여검정을 하여 보자.

식 (4・31)에 있는 순오차제곱합은

$$SSPE = \sum_{i=1}^{k} \sum_{j=1}^{n_i} (y_{ij} - \bar{y}_j)^2$$

$$= (28-35)^2+(42-35)^2+(112-124)^2+(136-124)^2+\cdots$$
$$+(124-114)^2+(104-114)^2$$
$$= 1,310.0$$

이며, $SSE=SSPE+SSLF$ 이므로

$$SSLF = SSE-SSPE = 15,630.6-1,310.0 = 14,320.6$$

이 되고, $SSPE$ 의 자유도는 $n-k=12-6=6$, $SSLF$ 의 자유도는 $k-2=6-2=4$ 가 되므로, 적합결여검정통계량 식 (4·35)의 값은

$$F_0=\frac{SSLF/4}{SSPE/6}=\frac{14,320.6/4}{1,310.0/6}=\frac{3,580.2}{218.3}=16.42$$

그런데, $F(4,6\,;0.05)=4.53$ 이므로 $F_0=16.42>4.53$ 이 성립되어 회귀직선의 가정이 옳지 않으며, $E(y)=\beta_0+\beta_1 x$ 는 x 와 y 관계의 올바른 표현이 될 수 없다.

4·4·2 잔차의 검토

잔차는 $e_i=y_i-\hat{y}_i=y_i-b_0-b_1x_i$ 에 의하여 구해지며, 식 (3·24)에서 지적된 바와 같이 잔차의 합은 0이다. 이론적인 측면에서 볼 때 회귀직선모형이 타당하고 오차의 등분산성이 성립된다면 잔차들을 x 에 대하여 산점도를 그려 보았을 때 0을 중심으로 완전히 랜덤(random)하게 나타나야 할 것이다.

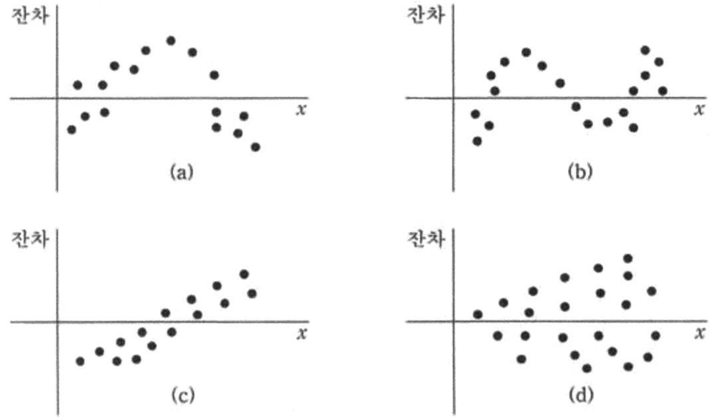

[그림 4·5] 잔차의 산점도

만약, 회귀직선을 적합시킨 결과 잔차의 산점도가 [그림 4·5]처럼 그려졌다 하자. (a)는 이차곡선식 $\hat{y}=b_0+b_1x+b_2x^2$과 같은 것이 타당해 보이며, (b)는 삼차곡선식, $\hat{y}=b_0+b_1x+b_2x^2+b_3x^3$이 적절해 보이고, (c)는 어떤 선형항(linear term)이 추가되면 좋을 것이라는 것을 나타내주며, (d)는 x가 증가함에 따라 오차의 분산이 증가하여 가중회귀직선을 사용하는 것이 바람직할 것이라는 뜻이 된다. 이와 같이 잔차의 산점도를 보고 회귀직선의 타당성과 등분산성 등에 대하여 대략 짐작할 수 있다. 좀더 자세한 통계적 논의에 대해서는 참고문헌 (4·1)과 (4·2)를 참조하여 주기 바란다.

4·5 오차의 자기상관

독립변수 x가 시간을 나타낼 때에는 잔차분석이 더욱 중요한 의미를 갖는다. 예를 들어, 잔차의 산점도가 [그림 4·6]과 같다 하자. 이런 경우엔 시간(x)이 흐름에 따라 잔차가 어떤 일정한 주기(cycle)를 가지고 변화하는 것 같으며, 잔차 $e_i=y_i-\hat{y}_i$는 오차 $\epsilon=y_i-\beta_0-\beta_1x_i$의 추정값이므로, [그림 4·6]과 같은 경우에는 오차 ϵ_i들 사이에 어떤 종속적인 함수 관계가 있을 가능성이 크다.

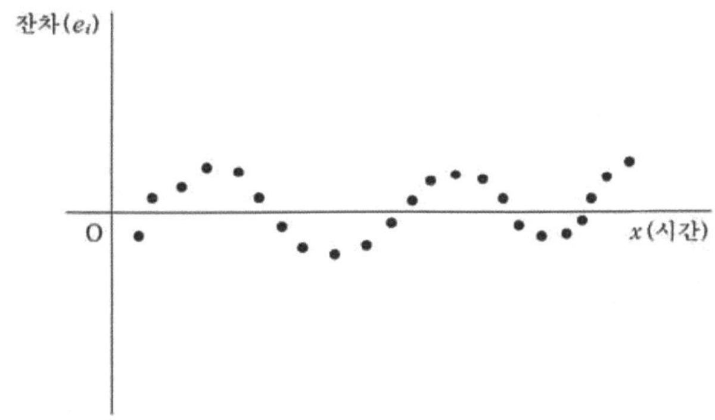

[그림 4·6] 시계열 자료의 잔차

직선회귀모형 $y_i=\beta_0+\beta_1x_i+\epsilon_i$에서 만약 오차간에

$$\epsilon_i = \rho\epsilon_{i-1}+\delta_i \tag{4·37}$$

가 성립되며, $\rho \neq 0$ 이고 $E(\delta_i)=0$, $Var(\delta_i)=\sigma_\delta^2$, $Cov(\delta_i, \delta_j)=0$, $i \neq j$이 만족되는 경우에, 오차항 ϵ_i 간에는 일차자기상관(一次自己相關, first-order autocorrelation)이 존재한다고 말한다. 식 (4・37)을 연장하면

$$\begin{aligned}\epsilon_i &= \rho\epsilon_{i-1}+\delta_i = \rho(\rho\epsilon_{i-2}+\delta_{i-1})+\delta_i = \cdots \\ &= \delta_i+\rho\delta_{i-1}+\rho^2\delta_{i-2}+\cdots \\ &= \sum_{j=0}^{\infty}\rho^j\delta_{i-j} \qquad (4 \cdot 38)\end{aligned}$$

그런데, $E(\delta_i)=0$ 이며 $Cov(\delta_i, \delta_j)=0$, $i \neq j$ 이므로 모든 i 에 대하여 다음이 성립한다.

$$\begin{aligned}E(\epsilon_i) &= 0 \\ Var(\epsilon_i) &= E(\epsilon_i^2) \\ &= E(\delta_i^2)+\rho^2E(\delta_{i-1}^2)+\rho^4E(\delta_{i-2}^2)+\cdots \\ &= (1+\rho^2+\rho^4+\cdots)\sigma_\delta^2 \\ &= \frac{\sigma_\delta^2}{1-\rho^2} = \sigma_\epsilon^2 \qquad (4 \cdot 39)\end{aligned}$$

또한

$$\begin{aligned}Cov(\epsilon_i, \epsilon_{i-1}) &= E(\epsilon_i\epsilon_{i-1}) \\ &= E[(\delta_i+\rho\delta_{i-1}+\rho^2\delta_{i-2}+\cdots)(\delta_{i-1}+\rho\delta_{i-2}+\rho^2\delta_{i-3}+\cdots)] \\ &= \rho E(\delta_{i-1}+\rho\delta_{i-2}+\cdots)^2 = \rho\sigma_\epsilon^2 \qquad (4 \cdot 40)\end{aligned}$$

같은 방법을 사용하여, $j \neq 0$ 에서

$$E(\epsilon_i\epsilon_{i-j}) = \rho^j\sigma_\epsilon^2 \qquad (4 \cdot 41)$$

따라서, 일차자기상관이 있는 단순회귀모형에서는 오차벡터 $\boldsymbol{\epsilon}=(\epsilon_1, \epsilon_2, \cdots, \epsilon_n)'$의 식 (2・15)와 같은 분산-공분산행렬은 식 (4・42)와 같다.

$$Var(\boldsymbol{\epsilon}) = E(\boldsymbol{\epsilon}\boldsymbol{\epsilon}') = \frac{\sigma_\delta^2}{1-\rho^2}\begin{bmatrix} 1 & \rho & \rho^2 & \cdots & \rho^{n-1} \\ \rho & 1 & \rho & \cdots & \rho^{n-2} \\ \rho^2 & \rho & 1 & \cdots & \rho^{n-3} \\ \vdots & \vdots & \vdots & & \vdots \\ \rho^{n-1} & \rho^{n-2} & \rho^{n-3} & \cdots & 1 \end{bmatrix} \qquad (4 \cdot 42)$$

다음으로 일차자기상관계수(一次自己相關係數, first-order autocorrelation coefficient) ρ 가 존재하는가의 여부를 검정하는 방법을 알아 보자. 이 검정에 적절한 통계량은 Durbin-Watson(4・3)의 d 통계량(Durbin-Watson d statistic)이며, 이 통계량은 잔차를 $e_i = y_i - \hat{y}_i = y_i - b_0 - b_1 x_i$ 에 의하여 구한 후 다음의 공식에 의하여 얻어진다.

$$d = \frac{\sum_{i=2}^{n}(e_i - e_{i-1})^2}{\sum_{i=1}^{n}(e_i^2)} \qquad (4 \cdot 43)$$

식 (4・43)에서의 분자는 잔차의 각 시점(x_i) 사이의 잔차의 차이를 제곱해 합계한 것이고 분모는 단순히 잔차의 제곱의 합계이다. 만약, 오차항 ϵ_i 가 i 의 어느 값을 막론하고 자기상관을 갖지 않았다고 한다면(즉 $\rho=0$), 다음 식의 공분산항 $E(\epsilon_i \epsilon_{i-1})$은 0 이다.

$$\begin{aligned} E(\epsilon_i - \epsilon_{i-1})^2 &= E(\epsilon_i^2 + \epsilon_{i-1}^2 - 2\epsilon_i \epsilon_{i-1}) \\ &= E(\epsilon_i^2) + E(\epsilon_{i-1}^2) - 2E(\epsilon_i \epsilon_{i-1}) \end{aligned}$$

그러나, 오차가 자기상관을 갖는다면 $E(\epsilon_i \epsilon_{i-1}) \neq 0$ 이며, 오차가 양의 자기상관(陽의 自己相關, positive autocorrelation)을 가지면

$$E(\epsilon_i - \epsilon_{i-1})^2 < E(\epsilon_i^2) + E(\epsilon_{i-1}^2)$$

이고, 음의 자기상관(陰의 自己相關, negative autocorrelation)을 가지면

$$E(\epsilon_i - \epsilon_{i-1})^2 > E(\epsilon_i^2) + E(\epsilon_{i-1}^2)$$

이 될 것이다. 이와 같은 이론에 근거하여 ϵ_i 대신에 잔차 e_i 를 사용하고 E 대신에 Σ 를 써서 나온 것이 Durbin-Watson 의 통계량이다.

Durbin 과 Watson 은 자기상관에 대한 검정을 하기 위하여, 표본의 크기 n에 따라 달라지며 또 독립변수의 수에 따라 변하는(단순회귀에서는 하나의 독립변수 x) 통계량 d의 상한(d_U)과 하한(d_L)을 계산하여 부록 〈표 A-6〉과 같은 표를 만들었다. 먼저 양의 자기상관관계가 존재하는가에 대한 검정절차를 알아보자.

(순서 1) 가설을 세운다.

$$H_0 : \rho = 0$$
$$H_1 : \rho > 0$$

(순서 2) 검정통계량 d의 값을 식 (4・43)에 의하여 구한다.

(순서 3) 부록 〈표 A-6〉에서 해당되는 d_L과 d_U를 구한다.

(1) $d < d_L$ 이면 H_0를 기각하고 H_1을 채택한다.

(2) $d_L < d < d_U$ 이면 불확정적이다.

(3) $d > d_U$ 이면 H_0를 채택하고 H_1을 기각한다.

이 검정절차의 단점은 만약 통계량 d의 값이 d_L과 d_U 사이에 위치하면 H_0를 채택하지도 기각하지도 못하는 점일 것이다. 다음으로 음의 자기상관이 존재하는가의 여부를 알아보자. 먼저, 잔차 e_i 들간의 표본상관계수는

$$\hat{\rho} = \frac{\sum_{i=2}^{n} e_i e_{i-1}}{\sqrt{\sum_{i=1}^{n} e_i^2} \cdot \sqrt{\sum_{i=2}^{n} e_{i-1}^2}} \tag{4・44}$$

라고 정의되며, n이 작지 않으면 대략

$$\sum_{i=1}^{n} e_i^2 = \sum_{i=2}^{n} e_i^2 = \sum_{i=2}^{n} e_{i-1}^2$$

이 성립되므로, 검정통계량 d는

$$d = \frac{2\sum_{i=2}^{n} e_i^2 - 2\sum_{i=2}^{n} e_i e_{i-1}}{\sum_{i=1}^{n} e_i^2} = 2 - 2\hat{\rho} = 2(1-\hat{\rho}) \tag{4・45}$$

이 된다. 즉, $\hat{\rho}=0$ 이면 $d=2$ 이고 $\hat{\rho}$ 의 값이 0 에서 1 로 가면, d 의 값은 2 에서 0 으로 감소하며, 0 에서 -1 로 가면 2 에서 4 로 증가한다. 따라서, 음의 상관관계에 대한 가설검정은 다음의 방법에 따르면 좋을 것이다.

(순서 1) 가설을 정한다.

$$H_0 : \rho = 0$$
$$H_1 : \rho < 0$$

(순서 2) 검정통계량 d 의 값을 식 (4・43)에 의하여 구한다.

(순서 3) 부록 〈표 A-6〉에서 d_L 과 d_U 를 구한 후 $d_L^* = 4 - d_U$, $d_U^* = 4 - d_L$ 에 의하여 상한(d_U^*)과 하한(d_L^*)을 얻는다. 만약

(1) $d < d_L^*$ 이면 H_0 를 채택하고 H_1 을 기각한다.

(2) $d_L^* < d < d_U^*$ 이면 불확정적이다.

(3) $d > d_U^*$ 이면 H_0 를 기각하고 H_1 을 채택한다.

일반적으로 음의 자기상관을 갖는 경우가 희귀하므로, 여기에 대한 가설검정은 별로 많이 사용되지 않는다.

4・6 통계패키지에 의한 분석 사례

〈표 3・1〉의 표본자료가 얻어진 모집단에 대하여 $\mu_{y \cdot x} = \beta_0 + \beta_1 x$ 가 성립된다고 가정하고 다음을 구하여 보자.

(1) 직선 회귀식 $y = \beta_0 + \beta_1 x + \epsilon$ 을 적합시켜라.

(2) 잔차의 산점도를 그려보고 모형의 타당성과 등분산성에 대하여 설명하여라.

(3) 유의수준 $\alpha = 0.1$ 에서 $H_0 : \beta_1 = 3$, $H_1 : \beta_1 \neq 3$ 을 검정하여라.

(4) Durbin-Watson d 통계량을 사용하여 $H_0: \rho=0$, $H_1: \rho>0$을 유의수준 $\alpha=0.05$에서 검정하여라.

4·6·1 SAS에 의한 분석 프로그램 및 결과

〈SAS 프로그램〉

```
DATA t3_1;
  INPUT x y @@;
    CARDS;
      4   9    8  20    9  22    8  15    8  17
     12  30    6  18   10  25    6  10    9  20



PROC REG;
  MODEL y=x /DW; /* 오차의 자기상관 검정 실시 */
  OUTPUT OUT=t3_1out  RESIDUAL=resid; /* 잔차 저장하기 */
  TEST x=3 /PRINT; /*  H0: β1 = 3에 대한 검정결과를 프린트하기 */

SYMBOL1 V=STAR I=NONE;

/* 잔차의 산점도 그리기 */
PROC GPLOT DATA=t3_1out;
  PLOT resid*x=I /VREF=0
                 HAXIS=0 TO 15 BY 4
                 VAXIS=-5 TO 5 BY 2;
RUN;
```

TEST 문장은 MODEL 문장에서 추정된 회귀 계수들에 대한 가설을 검정할 때 사용된다.

〈SAS 결과〉

```
                         Analysis of Variance

                          Sum of          Mean
Source           DF      Squares        Square      F Value       Prob>F
Model             1    313.04348     313.04348       45.240       0.0001
Error             8     55.35652       6.91957
C Total           9    368.40000

    Root MSE        2.63051     R-square        0.8497
    Dep Mean       18.60000     Adj R-sq        0.8310
    C.V.           14.14251
```

Parameter Estimates

Variable	DF	Parameter Estimate	Standard Error	T for H0: Parameter=0	Prob > |T|
INTERCEP	1	-2.269565	3.21234769	-0.707	0.4999
X	1	2.608696	0.38784705	6.726	0.0001

(1) 위의 결과에서 적합된 회귀식의 방정식은 $\hat{y}=-2.270+2.609x$ 이다.

(2) 잔차의 산점도를 살펴보자.

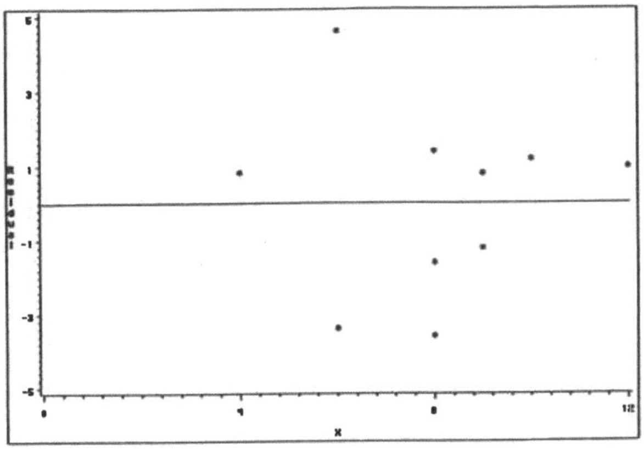

잔차의 특정한 경향성이 나타나지는 않으나 처음 몇 개의 잔차의 절대값이 나머지 잔차들에 비하여 비교적 크므로 등분산성을 만족하고 있는지는 자세한 검토가 필요하다.

(3)

```
Dependent Variable: Y
Test:                 Numerator:      7.0435   DF:    1   F value:   1.0179
                      Denominator:  6.919565   DF:    8   Prob>F:    0.3426
```

$H_0: \beta_1=3$, $H_1: \beta_1 \neq 3$ 을 검정한 결과 p-값이 0.3426 으로 유의수준 $\alpha=0.1$ 에서 귀무가설을 기각할 수 없다.

(4) Durbin-Watson d 통계량을 구한 결과는 다음과 같다.

```
Durbin-Watson D                 1.468
(For Number of Obs.)               10
1st Order Autocorrelation       0.247
```

d 통계량값은 1.468 로 $d>d_U$ 이므로 귀무가설을 기각할 수 없다.

4·6·2 SPSS에 의한 분석 결과

Model Summary[b]

Model	R	R Square	Adjusted R Square	Std. Error of the Estimate	Durbin-Watson
1	.922[a]	.850	.831	2.63	1.468

a. Predictors: (Constant), x(광고료)

b. Dependent Variable: y(총판매액)

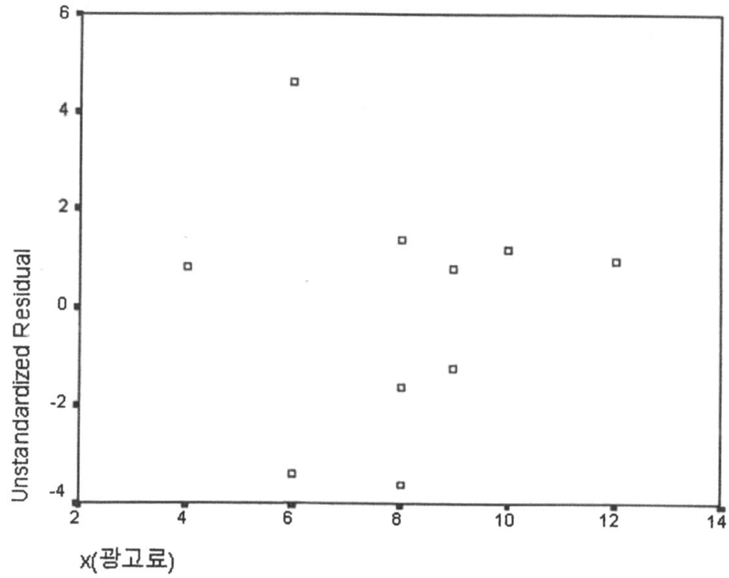

▶ 참 고 문 헌 ◀

4・1. Anscombe, F. J. and Tukey, J. W.: "The examination and analysis of residuals," *Technometrics*, Vol. 5, pp. 141～160, 1963.

4・2. Draper, N. R. and Smith, H.: *Applied Regression Analysis*, New York, John Wiley & Sons, 1966.

4・3. Durbin, J. and Watson, G. S.: "Testing for serial correlation in least squares regression, Ⅰ and Ⅱ," *Biometrika*, Vol. 37 & 38, pp. 409~428, pp. 159~178, 1950 & 1951.

4・4. Fisher, R. A.: "Frequency distribution of the values of the correlation coefficient in samples from an indefinitely large population," *Biometrika*, Vol. 10, pp. 507~521, 1915.

4・5. Fisher, R. A.: "On the probable error of a coefficient of correlation deduced from a small sample," *Metron*, Vol. 1, pp. 3~32, 1921.

4・6. Huang, D. S.: *Regression and Econometric Models*, New York, John Wiley & Sons, 1970.

4・7. Neter, J. and Wasserman, W.: *Applied Linear Statistical Models*, Homewood, R. D. Irwin, 1974.

4・8. 백운봉 : 표준통계적방법. 박영사, 1973.

4・9. 윤석범 : 계량경제학. 법문사, 1978.

연 습 문 제

4・1. 기울기 β_1 의 $100(1-\alpha)\%$ 신뢰구간이 0 을 그 구간 속에 포함하고 있으면 가설검정 H_0 : $\beta_1=0$, H_1 : $\beta_1 \neq 0$ 에서 유의수준 α 로 귀무가설이 채택되고, 만약 신뢰구간이 0 을 포함하고 있지 않으면 대립가설이 채택된다. 이것은 옳은 주장인가?

4・2. 모집단 상관계수의 검정(H_0 : $\rho=0$)과 기울기의 검정(H_0 : $\beta_1=0$)은 실제로 같은 내용의 검정임을 증명하라.

4・3. 앞 장의 연습문제 3・1 에 대하여 β_1, β_0 와 $\mu_{y \cdot x}$($x=10$ 에서)의 90% 신뢰구간을 구하여라. 그리고 $x=10$ 에서 하나의 y 값의 90% 신뢰대를 그려라.

4・4. 앞 장의 연습문제 3・2 에 대하여 다음의 가설검정을 행하라. 유의수준, $\alpha=0.1$.

(1) H_0 : $\beta_1=1$
 H_1 : $\beta_1 \neq 1$

(2) H_0 : $\mu_{y \cdot x}=3.3$ ($x=2.0$ 에서)
 H_1 : $\mu_{y \cdot x}>3.3$ ($x=2.0$ 에서)

(3) H_0 : $\rho=0$
 H_1 : $\rho \neq 0$

(4) H_0 : $\rho=0.4$
 H_1 : $\rho \neq 0.4$

4・5. 생선을 잡아서 얼음창고에 일주일 동안 보관한 후에 생선의 신선도가 어느 정도 변하는가를 실험하였다. 신선도를 y로 놓고 10점 만점으로 하여 0점이 신선도가 전혀 없는 것이고 10점이 가장 좋은 경우이다. 독립변수 x는 생선을 잡은 지 x시간이 경과한 후에 얼음창고에 넣는 것을 가리킨다. 실험으로 10개의 데이터를 얻었다.

y(신 선 도)	8.5	8.4	7.9	8.1	7.8	7.6	7.3	7.0	6.8	6.7
x(경과시간)	0	0	3	3	6	6	9	9	12	12

(1) 직선회귀식 ($y=\beta_0+\beta_1 x+\epsilon$)이 타당한가를 유의수준 $\alpha=0.05$를 사용하여 적합결여검정을 행하라.

(2) 직선회귀식이 타당한 경우, 신선도의 점수가 시간당 얼마만큼이나 떨어지는가를 95% 신뢰계수를 가지고 구간추정하라(즉, β_1의 구간추정).

4・6. 어떤 회사의 과거 10년간 판매실적은 다음과 같다. 변환된 x_i의 값은 연도를 표시한다. 즉 $x_1=0$는 1969년을 상징한다.

(단위 : 10,000)

연 도	1969	1970	1971	1972	1973	1974	1975	1976	1977	1978
x_i	0	1	2	3	4	5	6	7	8	9
y_i	120	135	162	181	215	234	277	313	374	422

(1) 회귀직선을 적합시키고 Durbin-Watson d 통계량을 사용하여 가설검정($H_0: \rho=0$, $H_1: \rho>0$)을 하고 싶다. 어떠한 방법을 써야 하는지 설명하라. d 통계량의 값은 무엇인가?

(2) 회귀직선을 적합시켰을 때 기울기 b_1이 갖는 의미는 무엇인가?

4・7. 식 (4・36)을 증명하여라.

4・8. 식 (4・42)에 표현된 행렬의 역행렬을 구하여라.

5

기초적 회귀분석의 기타 논제

이 장에서는 주로 단순회귀와 관련된 것으로, 앞 3, 4 장에서 다루지 않은 것 중에서 중요한 것들을 선택하여 논의하여 보기로 한다.

5·1 모형의 변환

설명변수 x 와 목적변수 y 사이의 관계를 규명하는 회귀함수(回歸函數, regression function)를 찾는 데 있어서 선형식 $y=\beta_0+\beta_1 x+\epsilon$ 을 가정하는 것이 적절치 않은 경우가 허다하다. 선형식이 아닌 비선형식(非線型式, nonlinear equation)인 경우에는 최소제곱법에 의하여 회귀계수들을 구하기가 어려우며 사용상 여러 가지 문제점을 가지고 있다. 특수한 경우에는 비선형회귀함수이지만, 적절한 수학적 변환을 통하여 다루기 쉬운 선형식으로 바꿀 수 있는 경우가 있다. 이런 경우들에 대하여 고찰하여 보자.

5·1·1 대수변환

만약 x 와 y 간에

$$y=\alpha_0\alpha_1{}^x\epsilon \tag{5・1}$$

의 관계가 있다 하자. 여기서 α_0 와 α_1 은 모수(parameters)이며 ϵ 은 오차를 의미하는 확률변수로 평균이 1 이고 분산 σ^2 을 가지고 있다. 식 (5・1)의 양쪽에 동시에 밑(base)을

10으로 하는 대수변환(對數變換, logarithmic transformations)을 취하면

$$\log y = \log \alpha_0 + x \log \alpha_1 + \log \epsilon$$

이 되며,

$$\log y = y', \quad \log \alpha_0 = \beta_0, \quad \log \alpha_1 = \beta_1, \quad \log \epsilon = \epsilon' \tag{5・2}$$

으로 놓으면

$$y' = \beta_0 + \beta_1 x + \epsilon' \tag{5・3}$$

으로 되어, 우리가 지금까지 취급하여 온 회귀직선이다. 최소제곱법에 의하여 β_0와 β_1의 추정값 b_0와 b_1을 쉽게 구할 수 있고, 식 (5・2)의 변환으로부터 역대수(逆對數)를 취하면 α_0와 α_1의 추정값, a_0와 a_1은 각각

$$a_0 = \text{antilog}(b_0), \quad a_1 = \text{antilog}(b_1)$$

으로부터 얻어지며, 따라서 식 (5・1)의 y의 추정값 $\hat{y}$은

$$\hat{y} = a_0 a_1^x \tag{5・4}$$

이 된다.

식 (5・1)의 변형

$$y = \alpha_0 x^{\alpha_1} \epsilon \tag{5・5}$$

이 x와 y의 회귀함수로서 적절하다고 판단될 경우도 있다. 이 때에는

$$\log y = \log \alpha_0 + \alpha_1 \log x + \log \epsilon \tag{5・6}$$

로 되고, $\log y = y'$, $\log \alpha_0 = \beta_0$, $\alpha_1 = \beta_1$, $\log x = x'$, $\log \epsilon = \epsilon'$으로 놓아서 회귀직선

$$y' = \beta_0 + \beta_1 x' + \epsilon' \tag{5・7}$$

을 얻을 수 있다. β_0와 β_1의 추정값 b_0, b_1을 구한 후 α_0와 α_1의 추정값 a_0, a_1은

$$a_0 = \text{antilog}(b_0), \quad a_1 = b_1$$

에 의하여 얻어지며, 추정된 회귀직선은

$$\hat{y} = a_0 x^{a_1} \tag{5・8}$$

이다.

위와 같은 방법으로, 만약 비선형모형이

$$y = e^{\beta_0+\beta_1 x}\epsilon \tag{5・9}$$

이라면 자연대수(natural logarithm)를 취하여

$$\ln(y) = \beta_0+\beta_1 x+\ln(\epsilon) \tag{5・10}$$

로 선형화시킬 수 있다. 만약 모형이

$$y = \frac{1}{1+e^{\beta_0+\beta_1 x+\epsilon}} \tag{5・11}$$

라면

$$\ln\left(\frac{1}{y}-1\right) = \beta_0+\beta_1 x+\epsilon \tag{5・12}$$

이 성립되어 선형화된 회귀직선을 가질 수 있다.

비선형모형 (5・1), (5・5), (5・9), (5・11) 등이 주어지고 이것들이 선형화가 가능한 경우는 문제가 간단하나 선형화가 불가능한 경우도 많다. 이 때에는 비선형추정(非線型推定, nonlinear estimation) 방법에 의하여 회귀식을 추정하여야 한다. 이 방법에 대해서는 16 장에서 다루기로 한다.

회귀모형이 주어져 있지 않고 데이터만 주어져 있을 경우에 어떤 모형이 가장 적절한가를 결정하여야 할 경우가 있다. 이 때에는 우선 x와 y의 산점도를 그려서 대략적으로 어떤 모형이 적절한가를 판단하여야 한다. 확실하지 않은 경우는 여러 개의 가능한 모형을 적합시키고 적합의 정도를 따져서(비교하는 기준으로는 결정계수 r^2이 좋음) 선택하면

좋을 것이다.

〔예 5·1〕 어떤 생명보험회사에서 판매원의 교육정도가 판매성적에 미치는 영향을 조사하기 위하여 개인적인 여건이 비슷한 판매원 지망자를 10 명 뽑아서 다음의 조사를 하였다.

〈표 5·1〉 보험 판매원 교육 자료

교육 기간(단위 : 주) x	판매 성적(계약건수) y	$\log y = y'$
1	45	1.653
1	40	1.602
2	60	1.778
2	62	1.792
3	75	1.875
3	81	1.908
4	115	2.061
5	150	2.176
5	145	2.161
5	148	2.170

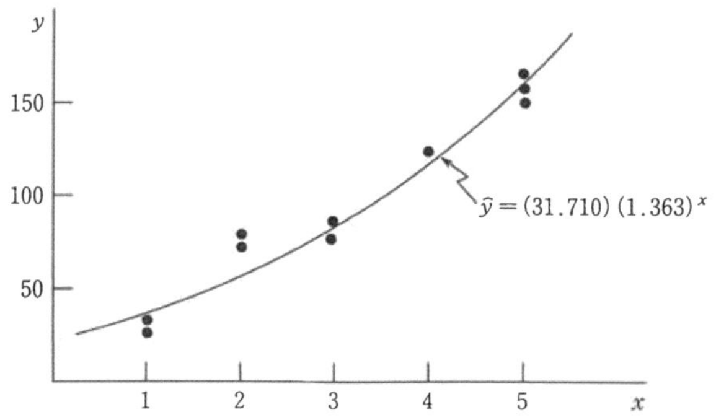

[그림 5·1] 보험 자료의 산점도

산점도를 그려보니 [그림 5·1]과 같다.

[그림 5·1]의 산점도로부터 직선식보다는 식 (5·1)의 $y=\alpha_0\alpha_1^x\epsilon$ 이 더 바람직하다고

판단하고, 이를 적합시켜 보기로 하였다.

식 (5·2)의 변환에 의하여 얻어진 직선회귀식은 식 (5·3)이며, 최소제곱법에 의하여 β_0와 β_1을 추정키 위하여 $y'=\log y$의 값을 구하였다. 〈표 5·1〉에 y'의 값을 적어 놓았다. β_0와 β_1의 추정값은 식 (3·13)으로부터

$$b_1 = \frac{\sum x_i y_i' - \frac{(\sum x_i)(\sum y_i')}{n}}{\sum x_i^2 - \frac{(\sum x_i)^2}{n}} = \frac{62.528 - \frac{(31)(19.178)}{10}}{119 - \frac{(31)^2}{10}} = 0.134$$

$$b_0 = \frac{\sum y_i'}{n} - b_1 \frac{\sum x_i}{n} = \frac{19.178}{10} - (0.134)\left(\frac{31}{10}\right) = 1.502$$

따라서, 변환된 회귀직선의 추정식은

$$\hat{y}' = 1.502 + 0.134\,x \tag{5·13}$$

이며, 원래의 비선형모형 (5·1)의 추정식은

$$\hat{y} = [\text{antilog}(1.502)][\text{antilog}(0.134)]^x = (31.710)(1.363)^x \tag{5·14}$$

이다. 이 방정식은 [그림 5·1]에 그려져 있다. 참고 삼아 x와 y'의 산점도를 그리고, 회귀직선 (5·13)을 그려 넣으면 [그림 5·2]와 같다.

〈표 5·1〉의 x, y 자료에 대하여 처음부터 회귀직선을 구하였을 경우와 식 (5·14)와 같이 비선형모형을 구하였을 경우, 어느 쪽이 더 좋은가를 비교하려면 〈표 5·1〉의 x, y를 가지고 회귀직선 $\hat{y}=b_0+b_1x$를 구하여, 이 직선의 결정계수를 계산하고, 다음으로 x, y'을 가지고 얻어진 회귀직선(식 (5·13))의 결정계수를 구한 후, 어느 결정계수가 더 큰가를 비교하면 될 것이다. 이 방법은 결정계수에 의한 비교방법이고, 이외에도 비교하는 사람의 관점에 따라서 여러 가지 비교 방법을 생각할 수 있을 것이다.

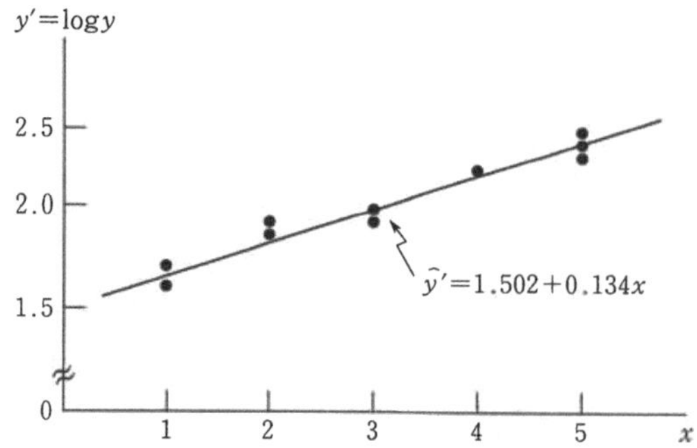

[그림 5・2] 변환된 회귀직선

5·1·2 역변환

만약, x 와 y 사이에 x 에 대하여 비선형인 모형

$$y = \beta_0 + \beta_1\left(\frac{1}{x}\right) + \epsilon \tag{5・15}$$

이 적절한 표현이라 하자. 이 때에는 x 의 역변환(逆變換, reciprocal transformation)

$$x' = \frac{1}{x} \tag{5・16}$$

을 사용하여 직선회귀모형

$$y = \beta_0 + \beta_1 x' + \epsilon$$

을 만들 수 있다. 이외에도 다음과 같은 역변환이 있다.

$$y' = \beta_0 + \beta_1 x + \epsilon', \quad 여기서\ y' = \frac{1}{y} \tag{5・17}$$

$$y' = \beta_0 + \beta_1 x' + \epsilon', \quad 여기서\ y' = \frac{1}{y},\ x' = \frac{1}{x} \tag{5・18}$$

그러면, 어떤 경우에 식 (5・15), (5・17), (5・18)과 같은 비선형모형이 쓰여지는가? x 와 y 의 점들을 산점도로 그려 보아서, 만약 x 가 증가함에 따라 y 가 곡선

(curvilinear)을 그리면서 변하며, 또한 어떠한 값으로 수렴하여 가는 모양을 가지면 이와 같은 모형에 해당된다.

예를 들어, 어떤 아이의 성장곡선을 알기 위하여, 이 아이의 과거 자료를 수집하여 [그림 5·3]에 그려 넣었다. 성장하면서 어떤 일정한 키로 수렴할 것이 확실하며, [그림 5·3]으로부터 곡선이 타당해 보이므로, 비선형회귀식 (5·15)가 적절하여 보인다. $x'=\frac{1}{x}$의 역변환을 사용하여 x', y의 산점도를 그리니 [그림 5·4]와 같다. 이 그림으로부터 회귀직선이 적합함을 알 수 있다.

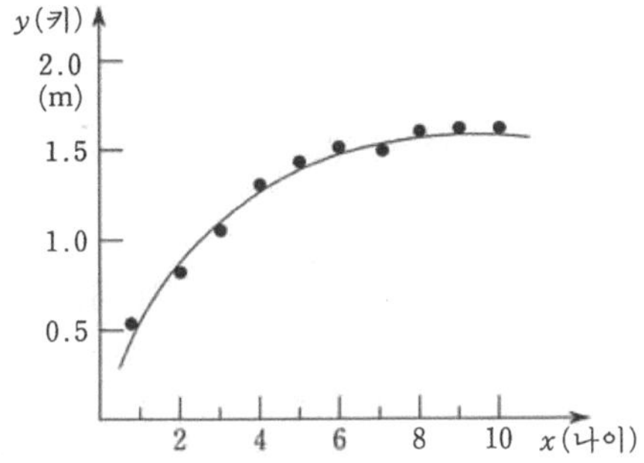

[그림 5·3] 성장에 관한 산점도

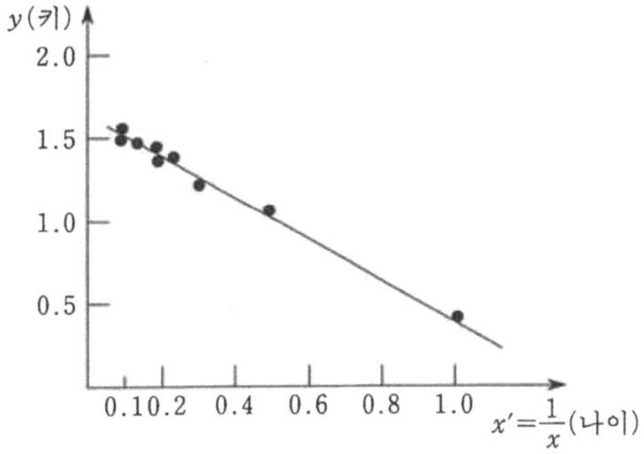

[그림 5·4] 역변환된 자료의 산점도

5·2 x의 측정오차

이제까지 x값에 오차가 관련되어 있지 않다고 가정하고 x와 y간의 회귀분석문제를 다루어 왔다. 그러나, 실제에 있어서 독립변수 x를 측정할 때에도 측정오차가 수반되는 경우가 있을 것이다.

x를 독립변수의 참값(true value)이라 하고 x^*를 x의 측정값이라 하자. 이 때 i번째 x의 값에서는 측정오차

$$\delta_i = x_i^* - x_i \tag{5·19}$$

가 발생하며 $E(\delta_i)=0$, $Var(\delta_i)=\sigma_\delta^2$이라고 생각하자. 그러면 δ_i는 확률변수이며, 따라

서 x_i^* 도 확률변수가 될 것이다.

참값 x 를 사용하였을 때

$$y_i = \beta_0 + \beta_1 x_i + \epsilon_i \tag{5・20}$$

와 같은 직선회귀모형에서 x_i 대신에 x_i^* 를 써서 이의 측정오차 δ_i 가 정규분포, $N(0, \sigma_\delta^2)$ 을 따른다면 x^* 와 y 는 한 쌍의 이변량정규분포(二變量正規分布, bivariate normal distribution)를 따르게 된다. 이제 식 (5・20)에 $x_i = x_i^* - \delta_i$ 를 대입시키면

$$y_i = \beta_0 + \beta_1 (x_i^* - \delta_i) + \epsilon_i = \beta_0 + \beta_1 x_i^* + (\epsilon_i - \beta_1 \delta_i) \tag{5・21}$$

이 된다. 이것은 독립변수를 x_i^* 로 하고, 오차항을 $(\epsilon_i - \beta_1 \delta_i)$ 로 하는 일반적인 회귀직선모형 (3・2)처럼 보이나 많은 차이가 있다. 즉, x_i^* 는 확률변수이며 오차항과 상관관계를 가지고 있다.

x_i^* 와 $(\epsilon_i - \beta_1 \delta_i)$ 간의 공분산을 구하여 보자. ϵ_i 와 δ_i 간에는 상관관계가 없다고 하자. 즉,

$$E(\epsilon_i \delta_i) = 0 \tag{5・22}$$

그러면

$$\begin{aligned} Cov(x_i^*, \epsilon_i - \beta_1 \delta_i) &= E\{[x_i^* - E(x_i^*)][(\epsilon_i - \beta_1 \delta_i) - E(\epsilon_i - \beta_1 \delta_i)]\} \\ &= E[(x_i^* - x_i)(\epsilon_i - \beta_1 \delta_i)] \\ &= E[\delta_i(\epsilon_i - \beta_1 \delta_i)] \\ &= E[\delta_i \epsilon_i - \beta_1 \delta_i^2] = -\beta_1 \sigma_\delta^2 \end{aligned} \tag{5・23}$$

이 공분산은 x 와 y 간에 회귀관계가 존재하면(즉, $\beta_1 \neq 0$), 0 이 될 수는 없을 것이다. 따라서, 3 장에서 논의된 최소제곱법을 그대로 사용할 수는 없다. 이 방법을 그대로 사용하여 회귀직선을 구할 경우에는 최소제곱추정값 b_0 와 b_1 은 편의(biased)가 되며, 일치성(consistency)도 없게 된다.

이 책에서는 더 깊게 이 문제에 대하여 다루지 않으며, 관심 있는 독자는 참고문헌 (5・3, 5・5, 5・6)을 참조하여 주기 바란다.

5·3 x의 수준 선택

어떤 문제에 대하여 x와 y의 회귀함수를 구하고자 할 때에 실험자가 먼저 고려하여야 할 것은 어떤 x의 수준에서 y를 측정하여야 하며, 정해진 x의 값에서 몇 번 y를 관찰할 것인가를 결정하는 것이다. 이것은 변수 x에 대한 실험계획법(實驗計劃法, design of experiments)상의 문제이며, 어떠한 계획이 가장 좋을까 하는 것은 실험의 목적에 따라 좌우될 것이다.

회귀분석에 있어서 실험의 목적은 여러 가지가 있을 수 있다. 단순회귀의 경우에는 다음의 것을 들 수 있다.

(1) 회귀직선의 기울기를 가능한 한 정확하게 추정하고 싶다.
(2) 회귀직선의 절편을 가능한 한 정확히 구하고 싶다.
(3) 주어진 x의 값에서 y의 평균반응값 $E(y)$를 가능한 한 정확히 예측하고 싶다.
(4) 주어진 x의 값에서 하나의 측정값 y를 가능한 한 정확히 예측하고 싶다.

목적에 따라서 실험계획이 어떻게 영향을 받는가를 보기 위하여 b_1, b_0, $\hat{y}$과 하나의 예측값 $\hat{y}_s$의 분산을 고려하여 보자. 앞 장에서 얻은 결과는 다음과 같다.

$$Var(b_1) = \frac{\sigma^2}{\sum(x_i-\bar{x})^2}$$

$$Var(b_0) = \sigma^2\left[\frac{1}{n}+\frac{(\bar{x})^2}{\sum(x_i-\bar{x})^2}\right]$$

$$Var(\hat{y}) = \sigma^2\left[\frac{1}{n}+\frac{(x-\bar{x})^2}{\sum(x_i-\bar{x})^2}\right]$$

$$Var(\hat{y}_s) = \sigma^2\left[1+\frac{1}{n}+\frac{(x-\bar{x})^2}{\sum(x_i-\bar{x})^2}\right]$$

첫번째로, 회귀직선의 기울기를 정확히 구하는 것이 목적이라면, 기울기의 분산을 가능한 한 작게 하는 것이 좋으므로, $S_{(xx)}=\sum(x_i-\bar{x})^2$의 값을 크게 해 주어야 한다. x의 실험영역(experimental region)이 $x_a \leq x \leq x_b$라고 하자. 전체 관찰점의 수 n이 짝수일 때

$S_{(xx)}$를 최대로 하여 주려면 $n/2$개를 x_a에 배치하고 나머지 $n/2$개를 x_b에 배치하면 $S_{(xx)}$는 최대가 될 것이다. 만약, n이 홀수라면 $(n-1)/2$개와 $(n+1)/2$개로 나누어 x_a와 x_b에 임의로 배치하면 될 것이다. 결국, 기울기의 분산을 최소화시키는 실험계획은 x의 양쪽 극한점에 반씩 나누어 배치하는 것이다. 그러나, 실제에 있어서 이러한 극단적인 실험계획은 위험을 안고 있다. 만약 회귀함수가 직선으로 적절치않고, 곡선인 경우에는 두 개의 x수준에서 관찰한 것만으로는 곡선을 구할 수 없다. 따라서, 직선식이 적절치 않다는 것이 판명될 경우에 곡선을 탐지할 수 있도록 x의 수준이 최소한 셋으로 나누어져야 한다. 결론적으로, x의 범위 (x_a, x_b)에서 x의 수준을 정할 때 세 수준$(x_a, (x_a+x_b)/2, x_b)$에 균등하게 자료점(data point)을 배치시키는 것이 바람직하다고 하겠다.

두번째로, 회귀직선의 절편을 구하는 것이 목적이라면 실험계획에서 x의 평균, $\bar{x}$가 0이 되도록 하여주는 것이 가장 좋을 것이다. $\bar{x}=0$이면 $S_{(xx)}$의 값에 $Var(b_0)$가 아무런 영향을 받지 않는다. 부득이하여 $\bar{x}=0$이 될 수 없으면 $S_{(xx)}$를 최대로 해 주는 실험계획을 하여야 한다.

세번째와 네번째의 목적을 달성키 위해서는, $S_{(xx)}$를 가능한 한 크게 하여 주는 동시에 관심 있는 x의 주어진 값이 $\bar{x}$에 가깝게 오도록 하여야 할 것이다. 가장 좋은 것은 $x=\bar{x}$가 되도록 하는 것이다. 왜냐하면, $Var(\hat{y})$과 $Var(\hat{y}_s)$가 $(x-\bar{x})^2$에 비례하여 커지기 때문이다.

5·4 두 회귀선의 비교

흔히 우리는 두 개의 모집단을 비교하고 싶을 때가 있으며 여기서는 두 모집단이 갖는 각각의 회귀직선이 동일한 것인가 아닌가에 대한 검정방법을 다루어 보겠다. 예를 들어, 서울과 부산을 비교하는 데 있어서, 가구당 소득(x)이 가구당 전력사용량(y)과 어떤 회귀관계가 있는가를 검토할 때, 서울의 회귀직선이 부산의 회귀직선과 차이가 있는가를 알아보는 것은 재미있는 일일 것이다. 다른 예로서, 도시와 농어촌을 비교하는데, 어린 아동들의 연령(x)과 키(y)의 회귀 관계가 같은가 다른가를 분석해 보는 것도 흥미 있는 일이 될 것이다.

두 모집단에 대하여 회귀선의 동일여부를 검정하는 다른 이유로는, 만약 두 회귀선이 같은 경우에 두 모집단을 합쳐서 하나의 모집단을 형성하고, 이에 대한 회귀선을 구함으로써 각 모집단의 회귀선보다는 더 정도(精度)가 좋은 회귀선을 구할 수 있다는 장점이 있다. 또한 두 개의 회귀선이 다르다고 판정될 때에도 기울기는 서로 동일할지 모른다는 이차적인 검정을 유도하게 되며, 기울기의 검정은 이 자체로서 의미를 가지고 있다. 예를 들어, 서울과 부산의 가구당 소득과 전력사용량의 회귀직선이 같지 않다 하더라도 만약 절편만이 다르고 기울기가 같다면, 이는 기본 전력소비량은 다르나 소득이 증가함에 따라 전력소비량의 증가속도가 동일하다는 의미가 될 것이다.

먼저 두 회귀직선을 비교하고, 다음으로 기울기를 비교하여 보겠다.

5·4·1 두 회귀직선의 검정

두 회귀직선모형을 다음과 같이 쓰자.

〈완전 모형〉 $$y_{ij}=\beta_{0i}+\beta_{1i}x_{ij}+\epsilon_{ij} \qquad (5\cdot24)$$

$$i=1,2$$

$$j=1,2,\cdots,n_i$$

$$\epsilon_{ij}\sim N(0,\sigma^2)$$

이 모형을 완전모형(完全模型, full model)이라 부르기로 한다. 여기에서 $i=1,2$ 는 모집단을 의미하고 각 모집단으로부터 n_1 과 n_2 개의 표본을 택했으며, 오차항의 분포는 두 모집단이 동일하게 $N(0,\sigma^2)$ 이다. 따라서, $i=1,2$ 에 대하여

$$\text{모집단 1}: E(y_{1j})=\beta_{01}+\beta_{11}x_{1j} \qquad (5\cdot25)$$

$$\text{모집단 2}: E(y_{2j})=\beta_{02}+\beta_{12}x_{2j} \qquad (5\cdot26)$$

두 회귀직선이 동일하려면 $\beta_{01}=\beta_{02}$ 이고, $\beta_{11}=\beta_{12}$ 가 성립되어야 하므로, 가설은 다음과 같다.

$$H_0: \beta_{01}=\beta_{02} \text{ 그리고 } \beta_{11}=\beta_{12}$$

$$H_1: \beta_{01}\neq\beta_{02} \text{ 이거나 } \beta_{11}\neq\beta_{12}, \text{ 또는 동시에}$$

$$\beta_{01} \neq \beta_{02} \text{ 그리고 } \beta_{11} \neq \beta_{12}$$

귀무가설이 성립될 경우 $\beta_{01}=\beta_{02}=\beta_0$, $\beta_{11}=\beta_{12}=\beta_1$ 이라고 놓으면 식 (5・24)의 완전모형을 다음의 축소모형(縮小模型, reduced model)으로 바꿀 수 있다.

〈축소모형〉 $y_{ij} = \beta_0+\beta_1 x_{ij}+\epsilon_{ij}$ (5・27)

$$i=1,2$$
$$j=1,2,\cdots,n_i$$
$$\epsilon_{ij}\sim N(0,\sigma^2)$$

검정절차는 다음과 같다.

(순서 1) 완전모형을 적합시키고 완전모형의 잔차제곱합, $SSE(F)$를 구한다. 모집단 i의 SSE를 SSE_i라고 하면

$$SSE_i = \sum_{j=1}^{n_i}(y_{ij}-\hat{y}_{ij})^2$$
$$= \sum_{j=1}^{n_i}(y_{ij}-b_{0i}-b_{1i}x_{ij})^2 \tag{5・28}$$

이며 b_{0i}, b_{1i}는 모집단 i에 적합시킨 최소제곱추정값들이다. 그러면

$$SSE(F) = SSE_1+SSE_2 \tag{5・29}$$

(순서 2) 축소모형을 적합시키고 축소모형의 잔차제곱합, $SSE(R)$을 구한다.

$$SSE(R) = \sum_{i=1}^{2}\sum_{j=1}^{n_i}(y_{ij}-\hat{y}_{ij})^2 = \sum_{i=1}^{2}\sum_{j=1}^{n_i}(y_{ij}-b_0-b_1x_{ij})^2 \tag{5・30}$$

여기서 b_0, b_1은 두 모집단의 표본을 합쳐서 회귀직선을 적합시킨 최소제곱추정값들이다.

(순서 3) 검정통계량의 값을 구한다. df_F와 df_R을 각각 $SSE(F)$와 $SSE(R)$에 대응되는 자유도라 하면 검정통계량의 값 F_0는

$$F_0 = \frac{SSE(R)-SSE(F)}{df_R-df_F} \div \frac{SSE(F)}{df_F} \tag{5・31}$$

이 된다. 여기서 $df_R=(n_1-1)+(n_2-1)$, $df_F=(n_1-2)+(n_2-2)$이며, F_0의 자유도는 분자의 것이 $df_R-df_F=2$이고, 분모의 것이 $df_F=n_1+n_2-4$가 된다.

(순서 4) 가설의 검정 ; 만약 유의수준 α에서 $F_0>F(2, n_1+n_2-4\,;\,\alpha)$이면 귀무가설을 기각하고, 아니면 귀무가설을 채택한다.

〔예 5・2〕 맥주를 생산하는 어느 맥주회사에 두 개의 생산라인(production line)이 있다. 이 라인을 움직이는 라인 속도(line speed)와 하루 동안에 라인으로부터 흘러 나와서 못 쓰게 되는 맥주의 양 간에는 관계가 있는 것으로 판명되었다. 그런데, 라인속도와 흘러 나오는 소모량 간의 관계가 생산라인이 다름에 따라 차이가 있는가를 알기 위해서 다음의 실험 자료를 얻었다. 두 회귀직선의 동일성 여부를 검정하라.

〈표 5・2〉 맥주생산라인의 자료(자료는 코드(coded)된 것임)

생 산 라 인 Ⅰ			생 산 라 인 Ⅱ		
측정번호	라인속도(x_{1j})	소모량(y_{1j})	측정번호	라인속도(x_{2j})	소모량(y_{2j})
1	100	218	1	105	140
2	125	248	2	215	277
3	220	360	3	270	384
4	205	351	4	255	341
5	300	470	5	175	215
6	255	394	6	135	180
7	225	332	7	200	260
8	175	321	8	275	361
9	270	410	9	155	252
10	170	260	10	320	422
11	155	241	11	190	273
12	190	331	12	295	410
13	140	275			
14	290	425			
15	265	367			

풀이

먼저 문제의 성질을 파악하기 위하여 산점도를 그려 보았다. [그림 5·5]로 부터 두 모집단의 회귀직선이 뚜렷이 다른 것같이 보이지도 않으며, 또 완전히 동일한 것처럼 보이지도 않는다. 앞의 검정절차에 따라 동일성 여부에 대한 가설을 검정하여 보자.

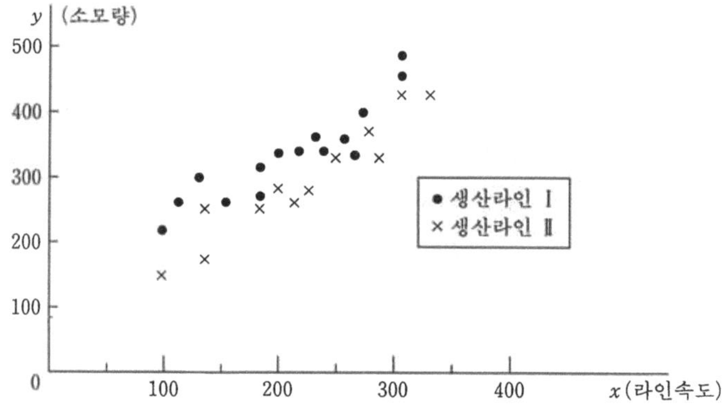

[그림 5·5] 맥주생산라인자료의 산점도

계산은 생략하고 결과를 간단히 〈표 5·3〉에 기술하면 다음과 같다.

〈표 5·3〉 각 생산라인의 회귀분석 자료

생산라인 Ⅰ

회귀직선 : $\hat{y}_{1j} = 97.965 + 1.145x_{1j}$

분산분석표

요인	제곱합	자유도
회 귀	$SSR_1 = 70,441$	1
잔 차	$SSE_1 = 6,403$	13
계	$SST_1 = 76,844$	14

생산라인 Ⅱ

회귀직선 : $\hat{y}_{2j} = 7.574 + 1.322x_{2j}$

분산분석표

요인	제곱합	자유도
회 귀	$SSR_2 = 87,726$	1
잔 차	$SSE_2 = 3,501$	10
계	$SST_2 = 91,227$	11

$$SSE(F) = SSE_1 + SSE_2 = 6,403 + 3,501 = 9,904$$

$$df_F = (n_1 - 2) + (n_2 - 2) = 13 + 10 = 23$$

다음으로 축소모형의 회귀분석 결과는 〈표 5·4〉에 간추려 놓았다.

〈표 5・4〉 축소모형의 회귀분석 자료

회 귀 직 선 : $\hat{y}_{ij} = 64.036+1.196x_{ij}$

분산분석표 :	요인	제곱합	자유도
	회 귀	$SSR(R) = 149,661$	1
	잔 차	$SSE(R) = 29,408$	25
	계	$SST(R) = 179,069$	26

$$SSE(R) = 29,408$$

$$df_R = (n_1-1)+(n_2-1) = 14+11 = 25$$

따라서, 검정통계량의 값은

$$F_0 = \frac{29,408-9,904}{2} \div \frac{9,904}{23} = 22.65$$

그런데, 유의수준 $\alpha=0.05$에서 $F(2,23\,;\,0.05)=3.42$이므로 두 생산라인의 회귀직선이 동일하다는 귀무가설은 기각된다.

5·4·2 두 기울기의 검정

두 회귀직선이 동일하지 않다는 판정을 내린 후에 우리는 두 회귀직선의 절편은 다르나 기울기는 같을지 모른다는 생각을 가질 수 있다. 여기에 대한 가설의 설정은

$$H_0 : \beta_{11} - \beta_{12} = 0$$

$$H_1 : \beta_{11} - \beta_{12} \neq 0$$

이며, $(b_{11}-b_{12})$가 $(\beta_{11}-\beta_{12})$의 점추정량이 되므로 검정통계량 t_0는 다음과 같다.

$$t_0 = \frac{b_{11}-b_{12}}{\sqrt{\widehat{Var}(b_{11}-b_{12})}} \tag{5・32}$$

여기서 t_0 통계량의 자유도는 $df=(n_1-2)+(n_2-2)$가 된다. 먼저 $(b_{11}-b_{12})$의 분산, $Var(b_{11}-b_{12})$를 구하여 보자. b_{11}과 b_{12}는 두 개의 다른 추정된 회귀직선의 기울기이며,

두 표본의 관찰치 사이에는 공분산이 없다고 가정하면 $Cov(b_{11}, b_{12})=0$ 이 되며, $(b_{11} - b_{12})$의 분산은

$$Var(b_{11}-b_{12}) = Var(b_{11}) + Var(b_{12})$$
$$= \frac{\sigma^2}{\sum(x_{1j}-\bar{x}_1)^2} + \frac{\sigma^2}{\sum(x_{2j}-\bar{x}_2)^2} \quad (5 \cdot 33)$$

이며, σ^2은 $MSE(F)$로 추정될 수 있으므로

$$\widehat{Var}(b_{11}-b_{12}) = MSE(F)\left[\frac{1}{\sum(x_{1j}-\bar{x}_1)^2} + \frac{1}{\sum(x_{2j}-\bar{x}_2)^2}\right] \quad (5 \cdot 34)$$

이 된다. 따라서, 검정의 판정방법(判定方法, decision rule)은 다음과 같다. 검정통계량 t_0의 값을 구하여 만약 $|t_0| > t\left(n_1+n_2-4\,;\frac{\alpha}{2}\right)$이면 귀무가설을 기각하고, 아니면 채택한다.

〔예 5·3〕 앞의 〔예 5·2〕의 문제에서 두 회귀직선의 기울기가 동일한가를 검정하라.

풀이

〈표 5·3〉의 회귀분석에서

$$b_{11}=1.145,\quad b_{12}=1.322$$
$$SSE(F) = 9,904,\quad MSE(F) = \frac{SSE(F)}{df_F} = \frac{9,904}{23} = 430.6$$

이며, 또한

$$\sum(x_{1j}-\bar{x}_1)^2 = 53,693,\quad \sum(x_{2j}-\bar{x}_2)^2 = 50,192$$

이므로

$$\widehat{Var}(b_{11}-b_{12}) = 430.6\left[\frac{1}{53,693} + \frac{1}{50,192}\right] = 0.166$$

따라서, 검정통계량 t_0의 값은

$$t_0 = \frac{1.145-1.322}{\sqrt{0.166}} = \frac{-0.177}{0.4074} = -0.434$$

그런데, $t(23\,;0.025)=2.069$ 이므로 $|t_0|=0.434>2.069$ 가 성립되지 않으며, 귀무가설은

기각되지 않고 채택되어야 한다. 즉, 두 생산라인에서 라인속도가 증가함에 따라 추가적으로 소모되는 맥주량의 소모율(기울기 β_{11}, β_{12})은 다르다고 말할 수 없다.

5·5 이차형식의 분포

$\boldsymbol{y}=(y_1, y_2, \cdots, y_n)'$의 이차형식에 대해서는 1장에서 다루었다. 이제 이차형식의 확률분포에 대해 알아보자. 이차형식의 분포가 회귀분석과 중요한 연관성을 갖는 것은, 제곱합(sum of squares)들은 이차형식의 모양으로 바꿀 수 있으며, 제곱합의 분포는 이차형식의 분포이론으로부터 유도할 수 있기 때문이다. 예를 들어, 총제곱합(총변동) $\sum_{i=1}^{n}(y_i-\bar{y})^2$ 이 어떤 이차형식, $\boldsymbol{y}'A\boldsymbol{y}$를 갖는가를 살펴보자.

$$
\begin{aligned}
\sum(y_i-\bar{y})^2 &= \sum y_i^2-\frac{(\sum y_i)^2}{n} \\
&= \boldsymbol{y}'I\boldsymbol{y}-\frac{1}{n}\boldsymbol{y}'\mathbf{1}\mathbf{1}'\boldsymbol{y} \\
&= \boldsymbol{y}'\left(I-\frac{1}{n}J\right)\boldsymbol{y}
\end{aligned}
\tag{5 · 35}
$$

위에서 $\mathbf{1}$과 J는 각각 1만으로 구성된 n-벡터와 $n\times n$ 행렬이다. 즉,

$$
\mathbf{1}=\begin{bmatrix}1\\1\\1\\\vdots\\1\end{bmatrix},\quad J=\mathbf{1}\mathbf{1}'=\begin{bmatrix}1&1&1&\cdots&1\\1&1&1&\cdots&1\\1&1&1&\cdots&1\\\vdots&\vdots&\vdots&&\vdots\\1&1&1&\cdots&1\end{bmatrix}
\tag{5 · 36}
$$

따라서, 행렬 A는 대각선상의 원소는 모두 $\left(1-\frac{1}{n}\right)$이며, 그 외에는 모두 $-\frac{1}{n}$인 행렬이 된다.

이차형식의 분포를 검토하기 전에 다변량정규분포에 관하여 간단히 알아보자.

5·5·1 다변량정규분포

확률벡터 $\boldsymbol{y}'=(y_1, y_2, \cdots, y_n)$의 기대값이 $\boldsymbol{\mu}'=(\mu_1, \mu_2, \cdots, \mu_n)$이고, $\boldsymbol{y}$의 분산-공분산행렬이 V이며, $\boldsymbol{y}$가 다변량정규분포(多變量正規分布, multivariate normal distribution)를 따른다면 $\boldsymbol{y}\sim N(\boldsymbol{\mu}, V)$라고 표기한다. 행렬 V는 양정치(陽定置, positive definite)행렬이라고 가정한다. 다변량정규분포를 따르는 확률벡터 $\boldsymbol{y}$의 확률밀도함수는 다음과 같다.

$$f(y_1, y_2, \cdots, y_n)=\frac{e^{-\frac{1}{2}(y-\mu)'V^{-1}(y-\mu)}}{(2\pi)^{\frac{1}{2}n}\,|\,V\,|^{\frac{1}{2}}} \tag{5・37}$$

만약, $n=1$이면 $\boldsymbol{y}=y$, $\boldsymbol{\mu}=\mu$, $V=\sigma^2$라고 쓸 수 있으며, 식 (5・37)은

$$f(y)=\frac{1}{\sqrt{2\pi}\cdot\sigma}e^{-\frac{1}{2}(\frac{y-\mu}{\sigma})^2}$$

이 되는데, 이는 식 (2・21)과 같은 것으로 $N(\mu, \sigma^2)$의 분포를 따르는 확률변수 y의 밀도함수이다.

만약 $\boldsymbol{y}'=(y_1, y_2, \cdots, y_n)$이 $N(\boldsymbol{0}, I)$의 분포를 하면 y_i는 $N(0, 1)$의 표준정규분포를 하며, 식 (2・24)로부터

$$\boldsymbol{y}'\boldsymbol{y}=\sum_{i=1}^{n}y_i^2\sim\chi^2(n) \tag{5・38}$$

즉, 이차형식 $\theta=\boldsymbol{y}'\boldsymbol{y}=\boldsymbol{y}'I\boldsymbol{y}$는 자유도 n인 χ^2-분포를 한다.

만약, 두 개의 이차형식 Q_1과 Q_2가 서로 독립이고 $Q_1\sim\chi^2(n_1)$이고 $Q_2=\chi^2(n_2)$이면, 식 (2・31)로부터

$$\frac{Q_1/n_1}{Q_2/n_2}\sim F(n_1, n_2) \tag{5・39}$$

다음으로 $y\sim N(0, 1)$이고 이차형식 Q가 자유도 n인 χ^2-분포를 하며 y와 독립이면 식 (2・27)에서 본 바와 같이

$$\frac{y}{\sqrt{\frac{Q}{n}}} \sim t(n) \tag{5·40}$$

5·5·2 비중심 χ^2-분포와 F-분포(noncentral χ^2-distribution and F-distribution)

식 (5·38)에서 확률벡터 $\boldsymbol{y} \sim N(\boldsymbol{0}, I)$이면 $\boldsymbol{y}'\boldsymbol{y}$가 $\chi^2(n)$분포를 한다고 하였다. 만약, $E(\boldsymbol{y})=\boldsymbol{0}$이 아니고 $E(\boldsymbol{y})=\boldsymbol{\mu}$이면, $\boldsymbol{y}'\boldsymbol{y}$는 어떤 분포를 하게 될 것인가?

$\boldsymbol{y} \sim N(\boldsymbol{\mu}, I)$이면 $\boldsymbol{y}'\boldsymbol{y}=\sum_{i=1}^{n} y_i^2$은 자유도가 n이고 비중심모수(非中心母數, noncentrality parameter)가 $\lambda=\frac{1}{2}\boldsymbol{\mu}'\boldsymbol{\mu}$인 비중심 χ^2-분포를 한다고 알려져 있다. 이 분포에 대한 표현은 다음과 같이 한다.

$$\boldsymbol{y}'\boldsymbol{y} \sim \chi^{2\prime}(n, \lambda) \tag{5·41}$$

물론, $\boldsymbol{\mu}=\boldsymbol{0}$이면 $\lambda=0$이 되며 이 경우는 $\chi^2(n)$분포를 하게 된다.

다음으로 식 (5·39)에서 $Q_1 \sim \chi^2(n_1)$이고 $Q_2 \sim \chi^2(n_2)$이면, 그 비 $\frac{Q_1/n_1}{Q_2/n_2}$는 $F(n_1, n_2)$ 분포를 한다고 하였다. 만약 Q_1이 $\chi^2(n_1)$이 아니고 $\chi^{2\prime}(n_1, \lambda)$이면 그 비는 어떤 분포를 할 것인가?

$Q_1 \sim \chi^{2\prime}(n_1, \lambda)$이고 $Q_2 \sim \chi^2(n_2)$이며, 서로 독립이면

$$\frac{Q_1/n_1}{Q_2/n_2} \sim F'(n_1, n_2, \lambda) \tag{5·42}$$

로서 비중심모수(noncentrality parameter)가 λ이고 분자의 자유도가 n_1이고, 분모의 자유도가 n_2인 비중심 F-분포(noncentral F-distribution)를 한다고 한다.

비중심 χ^2-분포와 F-분포에 대한 자세한 이론적인 연구에 대해서는 참고문헌(5·2, 5·4, 5·8)을 참조하여 주기 바란다.

5·5·3 이차형식의 분포(distribution of quadratic forms)

이차형식의 확률분포에 대한 이론은 회귀분석의 연구에서 중요한 역할을 한다. 그러나, 이 책에서는 깊이 다루지 않고 중요한 정리만을 간추리고 정리의 증명은 필요한 것만을 하기로 한다. 증명이 없는 정리에 대하여 증명 자체에 흥미가 있는 독자는 참고문헌

(5・2, 5・8)을 보면 좋을 것이다.

《정리 5·1》 만약 $\boldsymbol{y} \sim N(\boldsymbol{\mu}, V)$이면

(1) $E(\boldsymbol{y}'A\boldsymbol{y}) = \mathrm{tr}(AV) + \boldsymbol{\mu}'A\boldsymbol{\mu}$

(2) $Cov(\boldsymbol{y},\ \boldsymbol{y}'A\boldsymbol{y}) = 2VA\boldsymbol{\mu}$

증명 (1) $E(\boldsymbol{y}\boldsymbol{y}') = E[(\boldsymbol{y}-\boldsymbol{\mu})(\boldsymbol{y}-\boldsymbol{\mu})' + \boldsymbol{y}\boldsymbol{\mu}' + \boldsymbol{\mu}\boldsymbol{y}' - \boldsymbol{\mu}\boldsymbol{\mu}'] = V + \boldsymbol{\mu}\boldsymbol{\mu}'$

따라서,

$$\begin{aligned} E(\boldsymbol{y}'A\boldsymbol{y}) &= E[\mathrm{tr}(A\boldsymbol{y}\boldsymbol{y}')] = \mathrm{tr}[AE(\boldsymbol{y}\boldsymbol{y}')] \\ &= \mathrm{tr}(AV + A\boldsymbol{\mu}\boldsymbol{\mu}') = \mathrm{tr}(AV) + \boldsymbol{\mu}'A\boldsymbol{\mu} \end{aligned}$$

(2)

$$\begin{aligned} Cov(\boldsymbol{y},\ \boldsymbol{y}'A\boldsymbol{y}) &= E(\boldsymbol{y}-\boldsymbol{\mu})[\boldsymbol{y}'A\boldsymbol{y} - E(\boldsymbol{y}'A\boldsymbol{y})] \\ &= E(\boldsymbol{y}-\boldsymbol{\mu})[\boldsymbol{y}'A\boldsymbol{y} - \boldsymbol{\mu}'A\boldsymbol{\mu} - \mathrm{tr}(AV)] \\ &= E(\boldsymbol{y}-\boldsymbol{\mu})[(\boldsymbol{y}-\boldsymbol{\mu})'A(\boldsymbol{y}-\boldsymbol{\mu}) + 2(\boldsymbol{y}-\boldsymbol{\mu})'A\boldsymbol{\mu} - \mathrm{tr}(AV)] \\ &= \boldsymbol{0} + 2VA\boldsymbol{\mu} - \boldsymbol{0} = 2VA\boldsymbol{\mu} \end{aligned}$$

《정리 5·2》 만약 $\boldsymbol{y} \sim N(\boldsymbol{\mu}, V)$이면

$$Var(\boldsymbol{y}'A\boldsymbol{y}) = 2\,\mathrm{tr}(AV)^2 + 4\boldsymbol{\mu}'AVA\boldsymbol{\mu}$$

《정리 5·3》 $\boldsymbol{y} \sim N(\boldsymbol{\mu}, V)$일 때에 $\boldsymbol{y}'A\boldsymbol{y} \sim \chi^{2\prime}\left[r(A),\ \frac{1}{2}\boldsymbol{\mu}'A\boldsymbol{\mu}\right]$이 되기 위한 필요충분조건은 AV가 멱등(idempotent)행렬이다.

이 정리를 회귀분석에 사용하는 간단한 예를 들어 보자. 단순회귀모형에서

$$y_i = \beta_0 + \beta_1 x_i + \epsilon_i, \quad \epsilon_i \sim N(0, \sigma^2)$$

이므로 $y_i \sim N(\beta_0 + \beta_1 x_i, \sigma^2)$이며, $\boldsymbol{\mu}' = (\beta_0 + \beta_1 x_1,\ \beta_0 + \beta_1 x_2,\ \cdots,\ \beta_0 + \beta_1 x_n)$이라 놓으면 $\boldsymbol{y}' = (y_1, y_2, \cdots, y_n) \sim N(\boldsymbol{\mu}, I\sigma^2)$. 총제곱합을 σ^2으로 나눈 것은 식 (5・35)로부터

$$\frac{\sum(y_i - \bar{y})^2}{\sigma^2} = \boldsymbol{y}'A\boldsymbol{y}.\ \text{여기서}\ A = \frac{1}{\sigma^2}\left(I - \frac{1}{n}J\right)$$

그런데, $V = I\sigma^2$이므로 $AVAV = AV$로 AV는 멱등행렬이 되고 또한

$$r(A) = n-1 \tag{5・43}$$

$$\boldsymbol{\mu}' A \boldsymbol{\mu} = \beta_1{}^2 S_{(xx)}/\sigma^2 \tag{5・44}$$

이 됨을 증명할 수 있다. 따라서,

$$\frac{\sum(y_i - \bar{y})^2}{\sigma^2} \sim \chi^2(n-1,\ \beta_1{}^2 S_{(xx)}/2\sigma^2) \tag{5・45}$$

위의 《정리 5・3》에서 $\boldsymbol{\mu}$와 V의 특수한 경우를 고려하게 되면 다음의 정리를 얻을 수 있다.

《정리 5・4》

(1) $\boldsymbol{y} \sim N(\boldsymbol{0}, I)$이면 $\boldsymbol{y}' A \boldsymbol{y} \sim \chi^2(p)$가 되기 위한 필요충분조건은 A가 계수(rank) p인 멱등행렬이다.

(2) $\boldsymbol{y} \sim N(\boldsymbol{\mu}, I\sigma^2)$이면 $\boldsymbol{y}' \boldsymbol{y}/\sigma^2 \sim \chi^{2'}\left(n,\ \frac{1}{2}\boldsymbol{\mu}'\boldsymbol{\mu}/\sigma^2\right)$

(3) $\boldsymbol{y} \sim N(\boldsymbol{\mu}, I)$이면 $\boldsymbol{y}' A \boldsymbol{y} \sim \chi^{2'}\left(p,\ \frac{1}{2}\boldsymbol{\mu}' A \boldsymbol{\mu}\right)$가 되기 위한 필요충분조건은 행렬 A가 $r(A) = p$인 멱등행렬이다.

《정리 5・5》 $\boldsymbol{y} \sim N(\boldsymbol{\mu}, V)$일 때 $\boldsymbol{y}' A \boldsymbol{y}$와 $B\boldsymbol{y}$가 독립적으로 분포(distributed independently)하기 위한 필요충분조건은 $BVA = O$이다.

《정리 5・6》 $\boldsymbol{y} \sim N(\boldsymbol{\mu}, V)$일 때 두 이차형식, $\boldsymbol{y}' A \boldsymbol{y}$와 $\boldsymbol{y}' B \boldsymbol{y}$가 독립적으로 분포하기 위한 필요충분조건은 $AVB = O$(또는 $BVA = O$)이다.

《정리 5・7》 $\boldsymbol{y} \sim N(\boldsymbol{\mu}, V)$이고, A_i는 대칭행렬이고, $r(A_i) = k_i$, $i = 1, 2, \cdots, p$, 그리고 $A = \sum_{i=1}^{p} A_i$도 대칭이며, $r(A) = k$이면

$$\boldsymbol{y}' A_i \boldsymbol{y} \sim \chi^{2'}\left(k_i,\ \frac{1}{2}\boldsymbol{\mu}' A_i \boldsymbol{\mu}\right)$$

$\boldsymbol{y}' A_i \boldsymbol{y}$는 서로 독립

$$y'Ay \sim \chi^{2\prime}\left(k,\ \frac{1}{2}\mu' A \mu\right)$$

가 성립되기 위한 필요충분조건은 다음의 Ⅰ 또는 Ⅱ 이다.

Ⅰ : 다음의 (a), (b), (c) 중 어느 두 개만 성립되면 된다.

(a) A_iV 는 모든 i 에 대하여 멱등행렬이다.

(b) $A_iVA_j = 0$, 모든 $i<j$ 에 대하여

(c) AV 는 멱등행렬이다.

Ⅱ : Ⅰ 의 (c)가 옳고, 또한 $k=\sum_{i=1}^{p} k_i$ 가 성립한다.

위의 《정리 5 · 7》의 특수한 경우로서 $\mu=0$, $V=I=A$ 인 경우에 대한 정리가 일찍이 Cochran(참고문헌 (5 · 1))에 의하여 증명되었다.

《정리 5 · 8》 (코크란의 정리)

$y \sim N(0, I)$ 이고 A_i, $i=1, 2, \cdots, p$, 는 대칭행렬이며, $\sum_{i=1}^{p} A_i = I$ 이면, $y'A_iy \sim \chi^2(k_i)$ 이며, 서로 독립적으로 분포되기 위한 필요충분조건은 $\sum_{i=1}^{p} k_i = n$ 이다.

이들 이차형식에 대한 분포이론은 다음 장부터 자주 인용이 되므로, 이차형식이 어떻게 회귀분석에 사용되는가에 대한 실례는 여기서는 생략하기로 한다.

5·6 평균제곱의 기대값

〈표 3 · 3〉에 있는 회귀분석의 제곱합과 평균제곱, SSR, SSE, SST, MSR, MSE 등은 모두 통계량이며 기대값을 가지고 있을 것이다. 이들은 또한 모두 이차형식으로 표현될 수 있으므로, 《정리 5 · 1》에 의하여 기대값을 구할 수 있다. 《정리 5 · 1》을 사용하기 위해서는 행렬을 사용하여야 하므로, 6 장에서 회귀분석의 행렬 사용을 소개한 후에 다시 다루기로 하고, 여기서는 행렬을 사용하지 않고 제곱합과 평균제곱들의 기대값을 구하여 보자.

회귀직선의 대체 모형을 사용할 경우 데이터의 구조식은

$$y_i = \beta_0' + \beta_1(x_i - \bar{x}) + \epsilon_i, \quad i=1, 2, \cdots, n, \quad \epsilon_i \sim N(0, \sigma^2) \tag{5・46}$$

이며, 오차분산 σ^2 은 다음과 같이 정의할 수 있다. $\bar{\epsilon} = \sum_{i=1}^{n} \epsilon_i / n$ 이라 하면

$$\sigma^2 = E\left[\frac{\sum(\epsilon_i - \bar{\epsilon})^2}{n-1}\right] \tag{5・47}$$

또한, 식 (5・46)에서 y_i 들의 평균은

$$\bar{y} = \frac{\sum y_i}{n} = \beta_0' + \bar{\epsilon} \tag{5・48}$$

이 되며, 따라서

$$Var(\bar{y}) = \frac{\sigma^2}{n} \tag{5・49}$$

먼저 총제곱합, SST 의 기대값은

$$\begin{aligned} E[SST] &= E[\sum(y_i - \bar{y})^2] \\ &= E[\sum\{\beta_0' + \beta_1(x_i - \bar{x}) + \epsilon_i - (\beta_0' + \bar{\epsilon})\}^2] \\ &= E[\sum\{\beta_1^2(x_i - \bar{x})^2 + (\epsilon_i - \bar{\epsilon})^2\}] \\ &= E[\beta_1^2 S_{(xx)}] + E[\sum(\epsilon_i - \bar{\epsilon})^2] \\ &= \beta_1^2 S_{(xx)} + (n-1)\sigma^2 \end{aligned} \tag{5・50}$$

다음 회귀제곱합, SSR 의 기대값을 구해 보자. β_0' 의 추정값은 $b_0' = \bar{y}$ 이며, b_1 의 분산은

$$Var(b_1) = E(b_1^2) - [E(b_1)]^2 = E(b_1^2) - \beta_1^2$$

이므로, 이를 이용하여

$$E[SSR] = E[\sum(\hat{y}_i - \bar{y})^2]$$

$$
\begin{aligned}
&= E[\sum\{b_0' + b_1(x_i - \bar{x}) - b_0'\}^2] \\
&= E[\sum\{b_1(x_i - \bar{x})\}^2] \\
&= S_{(xx)}E(b_1^2) = S_{(xx)}[Var(b_1) + \beta_1^2] \\
&= S_{(xx)}\left[\frac{\sigma^2}{S_{(xx)}} + \beta_1^2\right] = \sigma^2 + \beta_1^2 S_{(xx)} \qquad (5 \cdot 51)
\end{aligned}
$$

따라서, 잔차제곱합 SSE 의 기대값은

$$E[SSE] = E[SST] - E[SSR] = (n-2)\sigma^2 \qquad (5 \cdot 52)$$

가 되며, MSR 과 MSE 의 기대값은 쉽게 구할 수 있다. 즉

$$E[MSR] = E[SSR] = \sigma^2 + \beta_1^2 S_{(xx)} \qquad (5 \cdot 53)$$

$$E(MSE) = \frac{1}{n-2}E(SSE) = \sigma^2 \qquad (5 \cdot 54)$$

위의 결과에 대하여 분산분석표를 만들면 다음과 같다.

〈표 5・5〉 분산분석표와 기대값

요인	제곱합	자유도	평균제곱	평균제곱의 기대값
회귀	SSR	1	MSR	$\sigma^2 + \beta_1^2 S_{(xx)}$
잔차	SSE	$n-2$	MSE	σ^2
계	SST	$n-1$		

이상의 결과로부터 평균제곱의 기대값의 비는

$$\frac{E[MSR]}{E[MSE]} = \frac{\sigma^2 + \beta_1^2 S_{(xx)}}{\sigma^2} = 1 + \beta_1^2\left[\frac{S_{(xx)}}{\sigma^2}\right] \qquad (5 \cdot 55)$$

이며, 회귀에 의한 변동이 유의한가에 대한 F-검정$\left(\text{검정통계량은 } F_0 = \frac{MSR}{MSE}\right)$의 귀무가설과 대립가설은

$$H_0 : \beta_1 = 0$$
$$H_1 : \beta_1 \neq 0$$

이라고 볼 수 있다.

5·7 반복측정값의 회귀분석

각 x_i의 수준에서 n_i개의 반복적인 데이터가 있는 경우에 대하여 알아보자. 데이터의 구조식은

$$y_{ij} = \beta_0 + \beta_1 x_i + \epsilon_{ij} \tag{5・56}$$
$$\epsilon_{ij} \sim N(0, \sigma^2)$$
$$i=1, 2, \cdots, k$$
$$j=1, 2, \cdots, n_i$$

이며, 이는 이미 4장의 적합결여검정에서 취급된 모형이지만 4장에서는 회귀식의 추정보다는 적합결여를 판정하기 위한 F-검정만 하였으므로, 여기서는 추정문제를 살펴보기로 한다.

식 (5・56)의 모형은 3장에서 취급한 바와 같이 $n=\sum_{i=1}^{k} n_i$로 놓고

$$y_i = \beta_0 + \beta_1 x_i + \epsilon_i, \quad i=1, 2, \cdots, n$$

으로 바꾸어 회귀직선을 적합시켜도 좋다. 그러나, 같은 x_i가 n_i번씩 반복되므로, 이러한 특색을 이용하여 다음의 계산방법을 사용할 수 있다.

표현의 간편을 위하여 다음의 기호를 사용하기로 하자.

$$\sum_{i=1}^{k} = \sum_i, \quad \sum_{j=1}^{n_i} = \sum_j$$

$$n = \sum_i n_i, \quad \bar{x} = \frac{1}{n}\sum_i n_i x_i, \quad T_i = \sum_j y_{ij}$$

$$T = \sum_i T_i = \sum_i \sum_j y_{ij}, \quad \bar{y} = \frac{T}{n}$$

그러면,

$$S_{(xx)} = \sum_i \sum_j (x_i - \bar{x})^2$$

$$= \sum_i n_i (x_i - \bar{x})^2 = \sum_i n_i x_i^2 - \frac{(\sum_i n_i x_i)^2}{n} \tag{5・57}$$

$$S_{(yy)} = \sum_i \sum_j (y_{ij} - \bar{y})^2 = \sum_i \sum_j y_{ij}^2 - \frac{T^2}{n} \tag{5・58}$$

$$S_{(xy)} = \sum_i \sum_j (x_i - \bar{x})(y_{ij} - \bar{y})$$

$$= \sum_i \sum_j x_i y_{ij} - \frac{(\sum_i n_i x_i)(\sum_i \sum_j y_{ij})}{n}$$

$$= \sum_i x_i T_i - \frac{(\sum_i n_i x_i)\, T}{n} \tag{5・59}$$

따라서, 회귀모수 β_0 와 β_1 의 추정값은 식 (3・13)으로부터 각각

$$b_1 = \frac{S_{(xy)}}{S_{(xx)}}, \quad b_0 = \bar{y} - b_1 \bar{x}$$

이며, 식 (3・41)에 의해 분산분석에 필요한 제곱합은

$$SST = S_{(yy)}$$
$$SSR = [S_{(xy)}]^2 / S_{(xx)}$$
$$SSE = SST - SSR$$

앞의 4 장에서 논의된 바와 같이, 각 x_i 에서 y 의 값을 반복측정하였을 경우에는 오차제곱합(*SSE*)이 식 (4・31)과 (4・32)에 있는 순오차제곱합(*SSPE*)과 적합결여제곱합(*SSLF*)으로 나눌 수 있으며, 가정된 회귀식의 적합결여검정이 가능하다. 여기에 관한 분산분석표를 보이면 〈표 5・6〉과 같다.

〈표 5·6〉 적합결여 검정을 포함한 분산분석표

요인	제곱합	자유도	평균제곱	F_0
회귀	SSR	1	MSR	$F_0=\frac{MSR}{MSE}$
잔차	SSE	$n-2$	MSE	
적합결여	$SSLF$	$k-2$	$MSLF$	$F_0=\frac{MSLF}{MSPE}$
순오차	$SSPE$	$n-k$	$MSPE$	
계	SST	$n-1$		

▶ 참 고 문 헌 ◀

5·1. Cochran, W. G. : "The distribution of quadratic forms in a normal system with applications to the analysis of variance," *Proc. Cambridge Philos. Soc.*, 30, pp. 178~191, 1934.

5·2. Graybill, F. A. : *An Introduction to Linear Statistical Models*, Vol. 1, New York, McGraw-Hill, 1961.

5·3. Halperin, M. : "Fitting of straight lines and prediction when both variables are subject to error," *Journal of the American Statistical Association*, Vol. 56, pp. 657~659, 1961.

5·4. Hogg, R. V. and Craig, A. T. : *Introduction to Mathematical Statistics*, London, The Macmillan, 1970.

5·5. Johnston, J. : *Econometric Methods*, New York, McGraw-Hill, 1963.

5·6. Madansky, A. : "The fitting of straight lines when both variables are subject to error," *Journal of the American statistical Association*, Vol. 54, pp. 173~205, 1959.

5·7. Neter, J. and Wasserman, W. : *Applied Statistical Models*, Homewood, Richard D. Irwin, 1974.

5·8. Searle, S. R. : *Linear Models*, New York, John Wiley & Sons, 1971.

5·9. Seber, G. A. F. : *Linear Regression Analysis*, New York, John Wiley & Sons, 1977.

▩ 연 습 문 제 ▩

5・1. 어떤 슈퍼마켓에서 고객이 구입하는 상품의 금액과 카운터에서 값을 치르는 데 걸리는 시간 사이에 회귀함수관계가 있는가를 알아보기 위하여 10명의 고객을 임의로 추출하여 다음의 데이터를 얻었다.

구매 상품의 금액 x (단위 : 천원)	소요되는 시간 y (단위 : 분)	구매 상품의 금액 x (단위 : 천원)	소요되는 시간 y (단위 : 분)
6.4	1.7	32.1	4.1
16.1	2.7	7.2	1.2
42.1	4.9	3.4	0.5
2.1	0.3	20.8	3.3
30.7	3.9	1.5	0.2

(1) 데이터의 산점도를 그려라.

(2) 단순회귀모형, $y=\beta_0+\beta_1 x+\epsilon$을 가정하고, 이를 적합시킬 경우에 결정계수 r^2의 값은 얼마인가? 만족할 만큼 충분히 큰가?

(3) 다음의 비선형모형을 적합시켜 보고 싶다.

(a) $y = e^{\beta_0+\beta_1 x+\epsilon}$ (b) $y = \beta_0+\beta_1\sqrt{x}+\epsilon$

(c) $y = \beta_0 x^{\beta_1}\epsilon$ (d) $y = \beta_0\cdot\beta_1^{x}\epsilon$

(e) $y = \beta_0+\beta_1\left(\frac{1}{x}\right)+\epsilon$

위의 모형을 적절한 모형변환을 시켜서 선형모형으로 만든 후 회귀직선을 적합시키고 각각 r^2을 구하여라. 어떤 모형이 가장 큰 r^2의 값을 가지는가?

(4) 위의 (3)에서 r^2의 값이 가장 큰 모형이 선택되었을 경우, 이 모형의 추정식을 사용하여 구매상품의 총금액이 10,000원인 경우에 소요되는 시간이 평균 몇 분이 소요되리라고 예측하는가?

5・2. 앞 장의 〔예 4・4〕에 있는 데이터(〈표 4・1〉)는 적합결여검정에서 회귀직선이 옳지 않다

는 결정이 내려졌다. 어떠한 모형이 적절한가를 생각하여 이를 적합시켜 보아라. 만약 모형의 변환이 필요하면 이를 변환시켜 적합시켜라. 추정된 모형을 산점도 위에 그려 보아라.

5・3. 두 타이어회사 A, B에서 생산되는 타이어를 비교하기 위하여 고속도로에서 트럭이 달리는 상황을 모의실험(simulated experiment)하여 다음의 데이터를 얻었다. 데이터는 코드된 것(coded data)이다. x는 트럭이 달리는 속도이고 y는 타이어가 마모되기까지의 총 주행거리이다.

$x_{1j}=x_{2j}$	10	20	30	40	50	60	70
$y_{1j}(A)$	9.8	12.5	14.9	16.5	22.4	24.1	25.8
$y_{2j}(B)$	15.0	14.5	16.5	19.1	22.3	20.8	22.4

(1) 산점도를 그려라.

(2) 각 회사별로 속도와 총주행거리 간의 회귀직선을 구한다면, 두 개의 직선이 동일하다고 볼 수 있는가? 유의수준 $\alpha=0.05$로 가설검정하라.

(3) 관심의 대상이 x가 증가함에 따라 y가 얼마나 증가하는가에 있다. 두 회사의 타이어에 대하여 각각 회귀직선을 구하였을 때 기울기가 같은가의 여부를 $\alpha=0.05$로 검정하라.

5・4. 식 (5・43)과 (5・44)를 증명하라.

5・5. 단순회귀에서 회귀제곱합,

$$SSR=\sum_{i=1}^{n}(\hat{y}_i-\bar{y})^2$$

을 이차형식 $\mathbf{y}'A\mathbf{y}$로 표현하라. 이 이차형식의 분포를 구하고, 또한 기대치를 《정리 5・1》에 의하여 구하라.

5・6. 단순회귀에서 오차제곱합,

$$SSE=\sum_{i=1}^{n}(y_i-\hat{y}_i)^2$$

을 이차형식 $\mathbf{y}'B\mathbf{y}$로 표현하라. 이 이차형식의 분포를 구하고, 또한 기대치를 《정리 5・1》을 사용하여 구하라.

5・7. 식 (5・35)에 있는 총제곱합

$$SST = \sum_{i=1}^{n}(y_i - \bar{y})^2 = \boldsymbol{y}'\left(I - \frac{1}{n}J\right)\boldsymbol{y}$$

의 기대값을 구하고, 앞의 문제 5·5와 5·6의 결과를 사용하여

$$SST = SSR + SSE, \quad E(SST) = E(SSR) + E(SSE)$$

임을 보여라.

5·8. 4장의 연습문제 4·5의 데이터에 대하여 식 (5·57), (5·58), (5·59)를 사용하여 제곱합 SSR, SSE와 SST를 구하고 SSE를 분류하여 $SSPE$와 $SSLF$로 나누고 〈표 5·6〉을 작성하여라.

5·9. 단순회귀모형, $y=\beta_0+\beta_1 x+\epsilon$에서 오차항끼리는 서로 독립이고 $N(0, \sigma^2)$의 분포를 갖는다고 하자. 모수간의 비(ratio)

$$\phi = -\beta_0/\beta_1$$

에 대한 구간을 다음 절차에 따라서 구하여라.

(1) $\bar{y}=b_0+b_1\bar{x}$ 이고 $\delta=E(\bar{y})/E(b_1)$라고 놓을 때 다음을 구하여라.

a) $E(\bar{y}-\delta b_1)$ b) $Cov(\bar{y}, b_1)$ c) $Var(\bar{y}-\delta b_1)$

(2) $\bar{y}-\delta b_1$의 분포를 구하고, $Var(\bar{y}-\delta b_1)$을 $w\sigma^2$으로 놓아라.

(3) σ^2을 $MSE=s^2$으로 추정하기로 한다. s^2과 $\bar{y}-\delta b_1$이 서로 독립임을 증명하여라.

(4) $t=\dfrac{\bar{y}-\delta b_1}{s\sqrt{w}}$로 놓으면, 이 통계량은 자유도 $n-2$의 t-분포를 하며, 따라서 t^2은 자유도 $(1, n-2)$의 F-분포를 한다. 다음의 부등식

$$t^2 \leq \left[t\left(n-2\,;\frac{\alpha}{2}\right)\right]^2 = F(1, n-2\,;\alpha)$$

은 δ의 $100(1-\alpha)\%$ 신뢰구간을 주게 되며, 이 구간을 $d_1\leq\delta\leq d_2$라 할 때 d_1과 d_2는 다음의 이차방정식

$$d^2\left\{b_1^2-\frac{s^2F(1, n-2\,;\alpha)}{\sum(x_i-\bar{x})^2}\right\}-2d\bar{y}b_1+\left\{(\bar{y})^2-\frac{1}{n}s^2F(1, n-2\,;\alpha)\right\}=0$$

의 근이 되어야 함을 보여라.

(5) δ의 신뢰구간으로부터 $\phi=-\beta_0/\beta_1$의 신뢰구간은

$$\bar{x}-d_2 \leq -\beta_0/\beta_1 \leq \bar{x}-d_1$$

임을 보여라(참고문헌 (5·9)에서 발췌하였음).

5·10. 다음의 방정식

$$y=\frac{\alpha\beta}{\alpha\sin^2\theta+\beta\cos^2\theta}$$

를 어떻게 변환하면 직선회귀의 형태로 바꾸어서 α와 β를 최소제곱법에 의하여 추정할 수 있는가를 보여라.

제 III 편

중 회 귀 분 석

6. 기초적 중회귀분석
7. 추정과 가설검정(I)
8. 추정과 가설검정(II)
9. 다 항 회 귀

6

기초적 중회귀분석

6·1 서　론

제 1 편의 기초적 회귀분석에서는 독립변수가 하나 있는 경우에 직선회귀모형을 적합시키는 단순회귀분석을 논의하였다. 일반적으로 대부분의 자연적, 사회적인 현상을 설명하는 데 있어서 종속변수 y의 변화는 두 개 이상의 독립변수에 의하여 좌우되는 경우가 많으며, 설명력 있는 적절한 독립변수를 여러 개 잘 선택하여 이들의 함수로써 종속변수를 나타낼 경우, 우리는 좀더 정도(精度, precision) 좋은 예측을 할 수 있을 것이다.

제 3 장에서 단순회귀를 설명할 때 예로 들었던 문제를 다시 생각하여 보자. 어떤 특수한 종류의 상품을 팔고 있는 상점을 대상으로 광고료와 총판매액 사이에 직선회귀관계를 살펴보고, 광고료(x)가 총판매액(y)을 설명하는 데 도움이 된다는 것을 관찰하였다. 그런데, 광고료 이외에 총판매액에 영향을 줄 수 있는 다른 요인들(상점의 크기, 총자산, 점원의 수, 판매원의 능력 등)을 함께 고려한다면 총판매액을 설명하는 데 좀더 정확한 답을 얻을 수 있을 것이다. 이처럼 종속변수의 변화를 설명하기 위하여 두 개 이상의 독립변수가 사용되는 선형회귀모형을 중선형회귀모형(重線型回歸模型, multiple linear regression model)이라 부르며, 선형이라는 말을 빼고 간단히 중회귀모형(multiple regression model)이라고도 한다. 중회귀분석의 기본적인 개념은 제 3 장의 단순회귀분석과 같으며, 유일한 차이점은 한 개의 독립변수 대신에 두 개 이상을 사용한다는 점뿐이다.

먼저 두 개의 독립변수가 있는 가장 간단한 중회귀모형을 알아보자.

6·2 독립변수가 둘인 경우

하나의 종속변수(y)와 두 개의 독립변수(x_1, x_2) 사이에 다음과 같은 관계식이 성립한다고 하자.

$$y = \beta_0 + \beta_1 x_1 + \beta_2 x_2 + \epsilon \tag{6・1}$$

이것은 식 (3・3)에 대응되는 식이며, β_0, β_1과 β_2는 모집단의 회귀계수(回歸係數, regression coefficients)로 모수(parameters)이며, ϵ은 y를 측정할 때에 발생되는 오차이다.

이제 n개의 관찰점을 (x_{11}, x_{21}, y_1), (x_{12}, x_{22}, y_2), $\cdots$, (x_{1n}, x_{2n}, y_n)이라고 표시하자. x_{ij}는 i번째 독립변수가 j번째 관찰점을 취할 때 갖게 되는 독립변수의 값이다. 그러면, 모형 (6・1)은 다음과 같이 표현될 수 있다.

$$y_j = \beta_0 + \beta_1 x_{1j} + \beta_2 x_{2j} + \epsilon_j, \quad j=1, 2, \cdots, n \tag{6・2}$$

일반적으로 오차 ϵ_j에 대한 가정은

$$\epsilon_j \sim N(0, \sigma^2) \tag{6・3}$$
$$Cov(\epsilon_i, \epsilon_j) = 0, \quad i \neq j$$

이며, 이러한 가정이 성립되지 않는 특수한 경우에 대해서는 뒤에 별도로 다루기로 한다.

식 (6・2)의 모수들을 추정하는 방법을 강구하여 보자. β_i의 추정값을 b_i라고 하면 $E(y_i)$의 추정값은

$$\hat{y}_j = b_0 + b_1 x_{1j} + b_2 x_{2j} \tag{6・4}$$

이며, b_i들을 최소제곱법에 의하여 구하려면 다음의 오차제곱합

$$S = \sum_{j=1}^{n} \epsilon_j^2 = \sum_{j=1}^{n} (y_j - \beta_0 - \beta_1 x_{1j} - \beta_2 x_{2j})^2 \tag{6・5}$$

을 최소로 하는 β_i들의 값을 구하면 된다. 식 (6・5)를 β_i에 대하여 각각 편미분하여 0으로 놓으면

$$\frac{\partial S}{\partial \beta_0} = 2\sum(y_j - \beta_0 - \beta_1 x_{1j} - \beta_2 x_{2j})(-1) = 0$$

$$\frac{\partial S}{\partial \beta_1} = 2\sum(y_j - \beta_0 - \beta_1 x_{1j} - \beta_2 x_{2j})(-x_{1j}) = 0$$

$$\frac{\partial S}{\partial \beta_2} = 2\sum(y_j - \beta_0 - \beta_1 x_{1j} - \beta_2 x_{2j})(-x_{2j}) = 0$$

이 되며, 위의 세 식을 만족시키는 β_i의 값을 b_i라 놓으면 다음과 같은 정규방정식(正規方程式, normal equations)을 얻을 수 있다.

$$\begin{aligned} \sum y_j &= nb_0 + b_1\sum x_{1j} + b_2\sum x_{2j} \\ \sum x_{1j}y_j &= b_0\sum x_{1j} + b_1\sum x_{1j}^2 + b_2\sum x_{1j}x_{2j} \\ \sum x_{2j}y_j &= b_0\sum x_{2j} + b_1\sum x_{1j}x_{2j} + b_2\sum x_{2j}^2 \end{aligned} \qquad (6 \cdot 6)$$

위 식은 미지수 세 개(b_0, b_1, b_2)를 포함하고 있는 연립방정식이며, 이를 풀면 최소제곱법에 의한 β_i의 추정값인 b_i를 구할 수 있을 것이다.

만약, 독립변수가 세 개라면 네 개의 식을 가진 연립방정식을 다루어야 하며, 더욱 복잡한 모양을 나타내게 되므로 중회귀분석에서는 거의 모든 경우에 행렬을 사용하여 표현 방법을 간소화하고 있다. 이제 행렬의 사용 방법을 다음 절부터 다루어 보자.

6·3 행렬의 사용

회귀분석을 하는 데 있어서 행렬을 사용하면 표현이 간결할 뿐만 아니라, 몇 개의 독립변수가 있든지 관계없이 회귀분석을 다루는 행렬표현 방법이 일정하게 된다. 먼저 행렬을 사용하여 〔예 3·1〕을 다시 풀어 보기로 하자.

독립변수가 하나이므로, j번째 관찰점에 대한 관계식을 벡터를 사용하여 표시하면,

$$y_j = \beta_0 + \beta_1 x_j + \epsilon_j = (1, x_j)\begin{bmatrix} \beta_0 \\ \beta_1 \end{bmatrix} + \epsilon_j \qquad (6 \cdot 7)$$

이 된다. n개의 관찰점을 한데 묶어서 행렬을 사용하면

$$\begin{bmatrix} y_1 \\ y_2 \\ y_3 \\ \vdots \\ y_n \end{bmatrix} = \begin{bmatrix} 1 & x_1 \\ 1 & x_2 \\ 1 & x_3 \\ \vdots & \vdots \\ 1 & x_n \end{bmatrix} \begin{bmatrix} \beta_0 \\ \beta_1 \end{bmatrix} + \begin{bmatrix} \epsilon_1 \\ \epsilon_2 \\ \epsilon_3 \\ \vdots \\ \epsilon_n \end{bmatrix} \tag{6 · 8}$$

이라 쓸 수 있고, 이를 간략하게

$$\boldsymbol{y} = X\boldsymbol{\beta} + \boldsymbol{\epsilon} \tag{6 · 9}$$

이라고 표현한다. 여기에서 $\boldsymbol{y}$와 $\boldsymbol{\epsilon}$은 $n \times 1$ 벡터이고, X는 $n \times 2$ 행렬이며 $\boldsymbol{\beta}$는 2×1 벡터가 된다. 〈표 3·1〉의 데이터에 대해서는

$$\boldsymbol{y} = \begin{bmatrix} 9 \\ 20 \\ 22 \\ 15 \\ 17 \\ 30 \\ 18 \\ 25 \\ 10 \\ 20 \end{bmatrix}, \quad X = \begin{bmatrix} 1 & 4 \\ 1 & 8 \\ 1 & 9 \\ 1 & 8 \\ 1 & 8 \\ 1 & 12 \\ 1 & 6 \\ 1 & 10 \\ 1 & 6 \\ 1 & 9 \end{bmatrix}, \quad \boldsymbol{\epsilon} = \begin{bmatrix} \epsilon_1 \\ \epsilon_2 \\ \epsilon_3 \\ \epsilon_4 \\ \epsilon_5 \\ \epsilon_6 \\ \epsilon_7 \\ \epsilon_8 \\ \epsilon_9 \\ \epsilon_{10} \end{bmatrix}, \quad \boldsymbol{\beta} = \begin{bmatrix} \beta_0 \\ \beta_1 \end{bmatrix}$$

이다.

최소제곱법에 의하여 최소화시키려는 양은 오차제곱합으로 이는 식 (6·9)로부터

$$\sum_{j=1}^{n} \epsilon_j^2 = \boldsymbol{\epsilon}'\boldsymbol{\epsilon} = (\boldsymbol{y} - X\boldsymbol{\beta})'(\boldsymbol{y} - X\boldsymbol{\beta}) = \boldsymbol{y}'\boldsymbol{y} - 2\boldsymbol{\beta}'X'\boldsymbol{y} + \boldsymbol{\beta}'X'X\boldsymbol{\beta}$$

가 되며, 이를 $\boldsymbol{\beta}$에 대하여 미분하여 $\mathbf{0}$으로 놓고 이를 만족시키는 $\boldsymbol{\beta}$의 값을 $\boldsymbol{b}$로 하면 다음의 정규방정식을 얻는다.

$$X'X\boldsymbol{b} = X'\boldsymbol{y} \tag{6・10}$$

위 식은 식 (3・11)을 간략하게 행렬을 사용하여 표현한 데 불과하다. 여기에서 $\boldsymbol{b}' = (b_0, b_1)$으로 b_0는 β_0의, b_1은 β_1의 추정값이다.

식 (3・11)과 (6・10)이 같은 것인가를 확인하기 위하여 다음을 관찰하여 보자. 식 (6・10)의 오른쪽 항은

$$X'\boldsymbol{y} = \begin{bmatrix} 1 & 1 & 1 & \cdots & 1 \\ x_1 & x_2 & x_3 & \cdots & x_n \end{bmatrix} \begin{bmatrix} y_1 \\ y_2 \\ y_3 \\ \vdots \\ y_n \end{bmatrix} = \begin{bmatrix} \sum y_j \\ \sum x_j y_j \end{bmatrix} \tag{6・11}$$

이며, 이는 식 (3・11)의 오른쪽과 같다. 그런데,

$$X'X = \begin{bmatrix} 1 & 1 & 1 & \cdots & 1 \\ x_1 & x_2 & x_3 & \cdots & x_n \end{bmatrix} \begin{bmatrix} 1 & x_1 \\ 1 & x_2 \\ 1 & x_3 \\ \vdots & \vdots \\ 1 & x_n \end{bmatrix} = \begin{bmatrix} n & \sum x_j \\ \sum x_j & \sum x_j^2 \end{bmatrix} \tag{6・12}$$

이므로, 식 (6・10)의 왼쪽은

$$X'X\boldsymbol{b} = \begin{bmatrix} n & \sum x_j \\ \sum x_j & \sum x_j^2 \end{bmatrix} \begin{bmatrix} b_0 \\ b_1 \end{bmatrix} = \begin{bmatrix} b_0 n + b_1 \sum x_j \\ b_0 \sum x_j + b_1 \sum x_j^2 \end{bmatrix} \tag{6・13}$$

으로, 이는 식 (3・11)의 왼쪽과 동일하다.

이제 식 (6・10)을 $\boldsymbol{b}$에 대하여 푸는 것을 생각하여 보자. 만약, $X'X$ 행렬의 역행렬 (inverse matrix)이 존재한다면, 식 (6・10)의 양쪽에다 $(X'X)^{-1}$을 곱하여

$$\boldsymbol{b} = (X'X)^{-1}X'\boldsymbol{y} \tag{6・14}$$

를 얻는다. $X'X$의 역행렬은

$$(X'X)^{-1}=\begin{bmatrix} n & \sum x_j \\ \sum x_j & \sum x_j^2 \end{bmatrix}^{-1}$$

$$=\begin{bmatrix} \dfrac{\sum x_j^2}{n\sum x_j^2-(\sum x_j)^2} & \dfrac{-\sum x_j}{n\sum x_j^2-(\sum x_j)^2} \\ \dfrac{-\sum x_j}{n\sum x_j^2-(\sum x_j)^2} & \dfrac{n}{n\sum x_j^2-(\sum x_j)^2} \end{bmatrix} \tag{6·15}$$

이며, 따라서 식 (6·14)의 벡터 $\boldsymbol{b}$ 는

$$\boldsymbol{b}=\begin{bmatrix} b_0 \\ b_1 \end{bmatrix}=\begin{bmatrix} \dfrac{(\sum x_j^2)(\sum y_j)-(\sum x_j)(\sum x_j y_j)}{n\sum x_j^2-(\sum x_j)^2} \\ \dfrac{n\sum x_j y_j-(\sum x_j)(\sum y_j)}{n\sum x_j^2-(\sum x_j)^2} \end{bmatrix} \tag{6·16}$$

이 된다. 이렇게 구한 b_0 와 b_1 이 3 장에서 구한 식 (3·13)의 b_0 와 b_1 과 일치하는가를 검토하여 보자. 먼저 b_1 을 구하는 식에서 분자와 분모를 각각 n 으로 나누면, 식 (3·13)의 b_1 을 구하는 공식과 일치하고, 다음으로 b_0 을 구하는 식에서 분자에 $\dfrac{(\sum y_j)(\sum x_j)^2}{n}$ 을 뺏다가 더하면

$$b_0=\frac{(\sum y_j)\left[\sum x_j^2-\dfrac{(\sum x_j)^2}{n}\right]-n\left[\sum x_j y_j-\dfrac{(\sum x_j)(\sum y_j)}{n}\right]\left[\dfrac{\sum x_j}{n}\right]}{n\left[\sum x_j^2-\dfrac{(\sum x_j)^2}{n}\right]}$$

$$=\frac{\sum y_j}{n}-b_1\left(\frac{\sum x_j}{n}\right)$$

이 되므로 b_0 의 공식도 일치함을 알 수 있다.

위처럼 독립변수가 하나일 경우에는 식 (3·11)과 같은 정규방정식을 직접 푸는 것도 어렵지 않으나, 만약 독립변수의 수가 많은 경우에는 무척 어려워지며, 행렬을 사용하여 일반적으로 컴퓨터의 도움을 받아 풀어 나가는 것이 바람직하다.

독립변수가 두 개 있는 경우에 j 번째 관찰점에 대해서는

$$y_j=\beta_0+\beta_1 x_{1j}+\beta_2 x_{2j}+\epsilon_j=(1,\ x_{1j},\ x_{2j})\begin{bmatrix}\beta_0\\ \beta_1\\ \beta_2\end{bmatrix}+\epsilon_j$$

와 같은 벡터 표현이 성립되며, n개의 관찰점에 대해 행렬을 사용하여 표현하면 다음과 같다.

$$\boldsymbol{y} = X\boldsymbol{\beta} + \boldsymbol{\epsilon}, \quad \boldsymbol{\epsilon} \sim N(\mathbf{0}, I\sigma^2)$$

여기에서 각각

$$\boldsymbol{y} = \begin{bmatrix} y_1 \\ y_2 \\ \vdots \\ y_n \end{bmatrix}, \quad X = \begin{bmatrix} 1 & x_{11} & x_{21} \\ 1 & x_{12} & x_{22} \\ \vdots & \vdots & \vdots \\ 1 & x_{1n} & x_{2n} \end{bmatrix}, \quad \boldsymbol{\beta} = \begin{bmatrix} \beta_0 \\ \beta_1 \\ \beta_2 \end{bmatrix}, \quad \boldsymbol{\epsilon} = \begin{bmatrix} \epsilon_1 \\ \epsilon_2 \\ \vdots \\ \epsilon_n \end{bmatrix} \tag{6 · 17}$$

이며, $\boldsymbol{\beta}$의 최소제곱추정값 $\boldsymbol{b}$는 식 (6 · 14)에서 본 바와 같이 $\boldsymbol{b}=(X'X)^{-1}X'\boldsymbol{y}$가 된다.

〈표 6 · 1〉 총판매액의 자료

상점번호	1	2	3	4	5	6	7	8	9	10
광고료 x_1(단위 : 10 만 원)	4	8	9	8	8	12	6	10	6	9
상점의 크기 x_2(단위 : 평)	4	10	8	5	10	15	8	13	5	12
총판매액 y(단위 : 100 만 원)	9	20	22	15	17	30	18	25	10	20

독립변수가 둘인 경우에 대한 예를 들어 보자. 〔예 3 · 1〕에서는 y가 총판매액이고 하나의 독립변수 x는 광고료였는데, 추가적으로 상점의 크기라는 독립변수를 생각하여 보자. 이와 관련된 자료를 수집하니 〈표 6 · 1〉과 같다. 이 예제에 대하여 식 (6 · 17)의 행렬들은 다음과 같다.

$$\boldsymbol{y} = \begin{bmatrix} 9 \\ 20 \\ 22 \\ 15 \\ 17 \\ 30 \\ 18 \\ 25 \\ 10 \\ 20 \end{bmatrix}, \quad X = \begin{bmatrix} 1 & 4 & 4 \\ 1 & 8 & 10 \\ 1 & 9 & 8 \\ 1 & 8 & 5 \\ 1 & 8 & 10 \\ 1 & 12 & 15 \\ 1 & 6 & 8 \\ 1 & 10 & 13 \\ 1 & 6 & 5 \\ 1 & 9 & 12 \end{bmatrix}, \quad \boldsymbol{\beta} = \begin{bmatrix} \beta_0 \\ \beta_1 \\ \beta_2 \end{bmatrix}, \quad \boldsymbol{\epsilon} = \begin{bmatrix} \epsilon_1 \\ \epsilon_2 \\ \epsilon_3 \\ \epsilon_4 \\ \epsilon_5 \\ \epsilon_6 \\ \epsilon_7 \\ \epsilon_8 \\ \epsilon_9 \\ \epsilon_{10} \end{bmatrix}$$

따라서, $X'X$ 와 $X'\boldsymbol{y}$ 는

$$X'X = \begin{bmatrix} 10 & 80 & 90 \\ 80 & 686 & 784 \\ 90 & 784 & 932 \end{bmatrix}, \quad X'\boldsymbol{y} = \begin{bmatrix} 186 \\ 1608 \\ 1866 \end{bmatrix}$$

이며,

$$(X'X)^{-1} = \begin{bmatrix} 1.62902 & -0.26385 & 0.06464 \\ -0.26385 & 0.08047 & -0.04222 \\ 0.06464 & -0.04222 & 0.03034 \end{bmatrix}$$

이 되므로, 우리가 구하려는 벡터 $\boldsymbol{b}$ 는

$$\boldsymbol{b} = (X'X)^{-1}X'\boldsymbol{y} = \begin{bmatrix} -0.651 \\ 1.551 \\ 0.760 \end{bmatrix}$$

따라서, 최소제곱법에 의하여 적합된 선형회귀식은

$$\hat{y} = b_0 + b_1x_1 + b_2x_2 = -0.651 + 1.551x_1 + 0.760x_2$$

이 되며, 임의의 x_1과 x_2에 대하여 총판매액의 기대값 $E(y)$를 추정할 수 있다. 예를 들어, 광고료를 100만 원($x_1 = 10$) 쓰고 상점의 크기가 10평($x_2 = 10$)인 상점의 평균 총판매액의 추정값은,

$$\hat{y} = -0.651 + (1.551)(10) + (0.760)(10) = 22.459$$

으로 약 22.459백만 원이 되리라고 예측할 수 있다.

일반적으로 독립변수가 k개인 경우에 중선형회귀모형은

$$y = \beta_0 + \beta_1x_1 + \beta_2x_2 + \cdots + \beta_kx_k + \epsilon \qquad (6 \cdot 18)$$

이고, j번째 관찰점에 대한 표현은

$$y_j = \beta_0 + \beta_1x_{1j} + \beta_2x_{2j} + \cdots + \beta_kx_{kj} + \epsilon_j$$
$$j=1, 2, \cdots, n$$

이며, $\epsilon_j \sim N(0, \sigma^2)$의 가정을 행렬을 사용하여 표현하면

$$\boldsymbol{y} = X\boldsymbol{\beta} + \boldsymbol{\epsilon}, \quad \boldsymbol{\epsilon} \sim N(\boldsymbol{0}, I\sigma^2) \qquad (6 \cdot 19)$$

이 된다. $\boldsymbol{y}$와 $\boldsymbol{\epsilon}$은 식 (6・17)과 동일한 $(n\times1)$ 벡터이며, X는 $n\times(k+1)$행렬이고, $\boldsymbol{\beta}$는 $(k+1)\times1$ 벡터로서 다음과 같다.

$$X = \begin{bmatrix} 1 & x_{11} & x_{21} & \cdots & x_{k1} \\ 1 & x_{12} & x_{22} & \cdots & x_{k2} \\ 1 & x_{13} & x_{23} & \cdots & x_{k3} \\ \vdots & \vdots & \vdots & \vdots & \vdots \\ 1 & x_{1n} & x_{2n} & \cdots & x_{kn} \end{bmatrix}, \quad \boldsymbol{\beta} = \begin{bmatrix} \beta_0 \\ \beta_1 \\ \beta_2 \\ \vdots \\ \beta_k \end{bmatrix} \qquad (6 \cdot 20)$$

식 (6・19)에서 오차벡터 $\boldsymbol{\epsilon}$에 대한 가정은, $\boldsymbol{\epsilon}$는 다변량정규분포를 하며 $E(\boldsymbol{\epsilon})=\boldsymbol{0}$, $Var(\boldsymbol{\epsilon})=I\sigma^2$이다. 또한 특별한 조건이 붙지 않는 한 행렬 X의 계수(rank)는

$$r(X) = k+1$$

이라고 가정하며 $n>k$ 이다.

$\boldsymbol{\beta}$ 를 최소제곱법에 의하여 추정하면 식 (6・14)와 같이 나타내진다.

$$\boldsymbol{b} = \begin{bmatrix} b_0 \\ b_1 \\ b_2 \\ \vdots \\ b_k \end{bmatrix} = (X'X)^{-1}X'\boldsymbol{y} \tag{6・21}$$

6・4 분 산 분 석

회귀모형에 대한 분산분석은 총변동(總變動, total variation)을 회귀방정식에 의하여 설명되어지는 변동(variation due to regression equation)과 설명되어지지 않는 잔차에 의한 변동(variation due to residuals)으로 나누는 것으로부터 시작된다. 독립변수가 k 개 있는 일반적인 경우에 이들 변동이 어떻게 행렬로 표시되는가를 살펴보자.

총변동은 총제곱합(total sum of squares(SST))이라고 흔히 부르며, 이것은

$$SST = \Sigma(y_j - \bar{y})^2 = \Sigma y_j^2 - n(\bar{y})^2 = \boldsymbol{y}'\boldsymbol{y} - n(\bar{y})^2 \tag{6・22}$$

이 된다. 식 (5・35)에서 본 바와 같이 수정항(修正項, correction term)도

$$n(\bar{y})^2 = \frac{1}{n}(\Sigma y_j)^2 = \boldsymbol{y}'\boldsymbol{1}\boldsymbol{1}'\boldsymbol{y}/n = \boldsymbol{y}'\left(\frac{J}{n}\right)\boldsymbol{y} \tag{6・23}$$

와 같이 행렬표현을 사용할 수 있으나, $n(\bar{y})^2$ 의 표현이 더 간명한 표현이므로 SST 의 행렬표현으로 식 (6・22)를 쓰도록 하겠다.

여기서 잠깐 자유도(自由度, degree of freedom)의 개념을 고찰하여 보자. 하나의 독립된 관찰치가 생성되었을 때 자유도 하나를 부여하자. n 개의 독립된 관찰치가 얻어졌다면 n 개의 자유도가 부여된다. 따라서, 회귀분석에서 쓰여지는 $\boldsymbol{y}'\boldsymbol{y}$ 는 n 개의 독립된 y_j 들의 관찰값들을 모아서 이루어 놓은 것이므로 자유도 n 을 갖는다. 그런데, y_j 들간에 서로 종

속관계(dependency)가 존재하여 하나의 y_i의 값은 나머지 $n-1$개의 y_j값들이 알려지면, 자동적으로 알 수 있게 될 때, n개의 y_j들은 자유도를 하나 상실하고 $n-1$개의 자유도를 갖는다.

총제곱합 SST를 보자. $\sum(y_j-\bar{y})=0$이며, 이것은 y_j들간에 하나의 선형식이 존재한다는 말이며 종속관계가 있다. 따라서, n개의 y_j들을 모아서 이루어 놓은

$$SST=\sum(y_j-\bar{y})^2$$

은 자유도 $n-1$을 갖는다.

다음으로 회귀방정식에 의하여 설명되지 않는 변동을 잔차제곱합(sum of squares due to residual errors(SSE))이라고 부르며,

$$\hat{y}_j=b_0+\sum_{i=1}^{k}b_ix_{ij},\quad j=1,2,\cdots,n$$

을 한데 묶어서 $\hat{\boldsymbol{y}}'=(\hat{y}_1,\hat{y}_2,\cdots,\hat{y}_n)$라고 쓰면 SSE는 다음과 같다.

$$SSE=\sum(y_j-\hat{y}_j)^2=(\boldsymbol{y}-\hat{\boldsymbol{y}})'(\boldsymbol{y}-\hat{\boldsymbol{y}})$$

그런데,

$$\hat{\boldsymbol{y}}=\begin{bmatrix} b_0+b_1x_{11}+b_2x_{21}+\cdots+b_kx_{k1} \\ b_0+b_1x_{12}+b_2x_{22}+\cdots+b_kx_{k2} \\ \vdots \\ b_0+b_1x_{1n}+b_2x_{2n}+\cdots+b_kx_{kn} \end{bmatrix}$$

$$=\begin{bmatrix} 1 & x_{11} & x_{21} & \cdots & x_{k1} \\ 1 & x_{12} & x_{22} & \cdots & x_{k2} \\ \vdots & \vdots & \vdots & \vdots & \vdots \\ 1 & x_{1n} & x_{2n} & \cdots & x_{kn} \end{bmatrix}\begin{bmatrix} b_0 \\ b_1 \\ b_2 \\ \vdots \\ b_k \end{bmatrix}=X\boldsymbol{b} \qquad (6\cdot 24)$$

이므로,

$$
\begin{aligned}
SSE &= (\boldsymbol{y}-\hat{\boldsymbol{y}})'(\boldsymbol{y}-\hat{\boldsymbol{y}}) \\
&= (\boldsymbol{y}-X\boldsymbol{b})'(\boldsymbol{y}-X\boldsymbol{b}) \\
&= \boldsymbol{y}'\boldsymbol{y}-2\boldsymbol{b}'X'\boldsymbol{y}+\boldsymbol{b}'X'X\boldsymbol{b}
\end{aligned}
$$

여기에 $\boldsymbol{b}=(X'X)^{-1}X'\boldsymbol{y}$ 를 대입시키면

$$
\begin{aligned}
SSE &= \boldsymbol{y}'\boldsymbol{y}-\boldsymbol{y}'X(X'X)^{-1}X'\boldsymbol{y} \\
&= \boldsymbol{y}'[I-X(X'X)^{-1}X']\boldsymbol{y} \qquad (6 \cdot 25)
\end{aligned}
$$

또는

$$SSE = \boldsymbol{y}'\boldsymbol{y}-\boldsymbol{b}'X'\boldsymbol{y} \qquad (6 \cdot 26)$$

를 얻는다. 이 제곱합이 가지는 자유도는 $\boldsymbol{y}'\boldsymbol{y}$ 가 가지는 자유도 n 에서 $\boldsymbol{b}'X'\boldsymbol{y}$ 가 가지는 자유도 $k+1$ 을 빼서 $n-k-1$ 이 된다. $\boldsymbol{b}'X'\boldsymbol{y}$ 의 자유도가 $k+1$ 이 되는 것은 벡터 $\boldsymbol{b}'=(b_0, b_1, b_2, \cdots, b_k)$ 의 구성원(component)이 $k+1$ 개 있으며, 각각 y_j 들의 일차선형식으로 추정되면서 자유도 하나씩을 빼앗아가기 때문이라고 생각하면 좋을 것이다.

마지막으로 회귀방정식에 의하여 설명되는 변동을 구하여 보자. 이를 회귀제곱합(sum of squares due to regression(SSR))이라고 부르며, 다음의 두 가지 방법에 의하여 얻어질 수 있다.

첫째로, $SST=SSE+SSR$ 이므로 식 (6・22)와 (6・26)으로부터

$$
\begin{aligned}
SSR &= SST-SSE \\
&= [\boldsymbol{y}'\boldsymbol{y}-n(\bar{y})^2]-[\boldsymbol{y}'\boldsymbol{y}-\boldsymbol{b}'X'\boldsymbol{y}] \\
&= \boldsymbol{b}'X'\boldsymbol{y}-n(\bar{y})^2 \qquad (6 \cdot 27) \\
&= \boldsymbol{y}'X(X'X)^{-1}X'\boldsymbol{y}-n(\bar{y})^2 \qquad (6 \cdot 28)
\end{aligned}
$$

임을 알 수 있다. 이 변동이 가지는 자유도는 SST 가 $n-1$, SSE 가 $n-k-1$ 이므로, 그 차이 $(n-1)-(n-k-1)=k$ 가 된다.

두번째 방법은 SSR 의 정의로부터

$$SSR = \sum(\hat{y}_j-\bar{y})^2 = \sum\hat{y}_j^2-n(\bar{y})^2 = \hat{\boldsymbol{y}}'\hat{\boldsymbol{y}}-n(\bar{y})^2$$

그런데 $\hat{\boldsymbol{y}}=X\boldsymbol{b}$ 이므로

$$SSR = \boldsymbol{b}'X'\boldsymbol{y}-n(\bar{y})^2 = \boldsymbol{y}'X(X'X)^{-1}X'\boldsymbol{y}-n(\bar{y})^2$$

이 되며, 이는 물론 식 (6・27), (6・28)과 동일한 것이다. 위에서 얻어진 제곱합과 자유도로부터 중회귀분석의 분산분석표를 만들면 다음과 같다.

〈표 6・2〉 중회귀의 분산분석표

요 인	제곱합	자유도	평균제곱	F_0	$F(\alpha)$
회 귀	SSR	k	MSR	$\frac{MSR}{MSE}$	$F(k, n-k-1\,;\,\alpha)$
잔 차	SSE	$n-k-1$	MSE		
계	SST	$n-1$			

〈표 6・2〉에서 MSR 은 회귀방정식에 의하여 얻어지는 평균제곱(mean of squares due to regression)이며, SSR 을 자유도 k 로 나누어서 얻어지는 값이다. MSE 는 잔차로 인한 평균제곱(mean of squares due to residual errors)이며, SSE 를 자유도 $n-k-1$ 으로 나누어서 얻어지는 값이다. $F_0=\frac{MSR}{MSE}$ 는 F-검정을 위한 검정통계량으로 회귀방정식이 데이터의 성질을 설명하는 데 유의한가 아닌가를 검정한다. 유의수준 α 에서 만약 F_0 의 값이 $F_0>F(k,\ n-k-1\,;\,\alpha)$ 이면 회귀방정식이 유의한 것이며, 회귀변동(SSR)이 상대적으로 잔차변동(SSE)보다 유의하게 크다. 회귀변동이 유의한 경우에는 F_0 의 값 오른쪽 위에 *표시를 하면 식별하기가 용이하다. $\alpha=0.05$ 에서 유의하면 *를 하나 붙이고 $\alpha=0.01$ 에서 유의하면 **로써 구별하는 것이 통례이다. 이 F-검정의 통계적 의미를 고찰하기 위하여 MSR 과 MSE 의 기대값을 계산하여 보자. 먼저 SSR 과 SSE 의 기대값을 구해 보자.

식 (6・19)로부터

$$E(\boldsymbol{y}) = X\boldsymbol{\beta} \tag{6・29}$$

$$Var(\boldsymbol{y}) = Var(\boldsymbol{\epsilon}) = I\sigma^2 \tag{6・30}$$

이 되며, 식 (6・23)과 (6・28)로부터

$$
\begin{aligned}
E(SSR) &= E[\boldsymbol{y}'X(X'X)^{-1}X'\boldsymbol{y}-n(\bar{y})^2] \\
&= E\left[\boldsymbol{y}'X(X'X)^{-1}X'\boldsymbol{y}-\boldsymbol{y}'\left(\frac{J}{n}\right)\boldsymbol{y}\right] \\
&= E\left\{\boldsymbol{y}'\left[X(X'X)^{-1}X'-\frac{J}{n}\right]\boldsymbol{y}\right\} \qquad (6 \cdot 31)
\end{aligned}
$$

여기에서 $X(X'X)^{-1}X'-\frac{J}{n}=A$ 로 놓고 《정리 5・1》을 사용하면

$$
\begin{aligned}
E(SSR) = E(\boldsymbol{y}'A\boldsymbol{y}) &= \mathrm{tr}\{A[Var(\boldsymbol{y})]\}+[E(\boldsymbol{y})]'A[E(\boldsymbol{y})] \\
&= \mathrm{tr}(AI\sigma^2)+(X\boldsymbol{\beta})'A(X\boldsymbol{\beta}) \\
&= \sigma^2\mathrm{tr}(A)+\boldsymbol{\beta}'X'AX\boldsymbol{\beta}
\end{aligned}
$$

그런데,

$$
\begin{aligned}
\mathrm{tr}(A) &= \mathrm{tr}\left[X(X'X)^{-1}X'-\frac{J}{n}\right] \\
&= \mathrm{tr}[X(X'X)^{-1}X']-\mathrm{tr}\left(\frac{J}{n}\right) \\
&= \mathrm{tr}[(X'X)^{-1}X'X]-\mathrm{tr}\left(\frac{J}{n}\right) \\
&= (k+1)-1 = k
\end{aligned}
$$

이므로

$$
\begin{aligned}
E(SSR) &= k\sigma^2+\boldsymbol{\beta}'X'\left[X(X'X)^{-1}X'-\frac{J}{n}\right]X\boldsymbol{\beta} \\
&= k\sigma^2+\boldsymbol{\beta}'X'\left(I-\frac{J}{n}\right)X\boldsymbol{\beta} \qquad (6 \cdot 32)
\end{aligned}
$$

따라서, MSR 의 기대값은

$$
E(MSR) = \frac{E(SSR)}{k} = \sigma^2+\boldsymbol{\beta}'X'\left(I-\frac{J}{n}\right)X\boldsymbol{\beta}/k
$$

다음으로 SSE 의 기대값을 구해 보자. 식 (6・25)의 표현을 사용하면

$$E(SSE) = E\{\boldsymbol{y}'[I-X(X'X)^{-1}X']\boldsymbol{y}\}$$

인데, $I-X(X'X)^{-1}X' = B$로 놓고 《정리 5・1》을 사용하면

$$E(SSE) = E(\boldsymbol{y}'B\boldsymbol{y}) = \sigma^2 \text{tr}(B) + \boldsymbol{\beta}'X'BX\boldsymbol{\beta}$$

그런데,

$$\begin{aligned} \text{tr}(B) &= \text{tr}[I-X(X'X)^{-1}X'] \\ &= \text{tr}(I) - \text{tr}[X(X'X)^{-1}X'] \\ &= n-(k+1) = n-k-1 \end{aligned}$$

이고,

$$X'BX = X'[I-X(X'X)^{-1}X']X = O$$

이므로,

$$E(SSE) = (n-k-1)\sigma^2 \tag{6・33}$$

이고,

$$E(MSE) = \frac{E(SSE)}{n-k-1} = \sigma^2 \tag{6・34}$$

앞의 결과를 이용하여 MSR 과 MSE 의 기대값의 비를 보면

$$\frac{E(MSR)}{E(MSE)} = 1 + \frac{1}{k\sigma^2}\boldsymbol{\beta}'X'\left(I-\frac{J}{n}\right)X\boldsymbol{\beta} \tag{6・35}$$

인데, $X'\left(I-\frac{J}{n}\right)X$ 가 양반정치행렬(陽半定置行列, positive semi-definite matrix)이므로 모든 $\boldsymbol{\beta}$ 에 대하여

$$\boldsymbol{\beta}'X'\left(I-\frac{J}{n}\right)X\boldsymbol{\beta} \geq 0 \tag{6・36}$$

이며, 등호(equality)가 성립하는 경우는 β_0의 값은 무엇을 취하든 관계없고

$$\beta_1 = \beta_2 = \cdots = \beta_k = 0$$

이 되어야 한다. 다시 말하여, 만약 β_1, β_2, …, β_k 중 하나만이라도 0이 아니면 식 (6・36)의 왼쪽 항의 값은 양이 된다. 따라서, 〈표 6・2〉에 있는 분산분석표의 F-검정은 다음과 같은 가설을 가지고 있다고 보아도 좋을 것이다.

$$H_0 : \beta_1 = \beta_2 = \cdots = \beta_k = 0$$
$$H_1 : \text{최소한 하나의 } \beta_i \text{는 } \beta_i \neq 0, \quad i = 1, 2, \cdots, k$$

독립변수가 하나뿐인 단순회귀에서는

$$k = 1$$
$$\boldsymbol{\beta}' = (\beta_0, \ \beta_1)$$
$$X' = \begin{bmatrix} 1 & 1 & 1 & \cdots & 1 \\ x_1 & x_2 & x_3 & \cdots & x_n \end{bmatrix}$$

이므로, 식 (6・35)의 표현은

$$X'\left(I-\frac{J}{n}\right)X = X'X - X'\left(\frac{J}{n}\right)X$$
$$= \begin{bmatrix} n & \sum x_j \\ \sum x_j & \sum x_j^2 \end{bmatrix} - \begin{bmatrix} n & \sum x_j \\ \sum x_j & \frac{(\sum x_j)^2}{n} \end{bmatrix}$$
$$= \begin{bmatrix} 0 & 0 \\ 0 & \sum (x_j - \bar{x})^2 \end{bmatrix} \tag{6・37}$$

이므로,

$$\frac{E(MSR)}{E(MSE)} = 1 + \frac{1}{\sigma^2}\beta_1^2 \sum (x_j - \bar{x})^2$$

이것은 우리가 식 (5·55)에서 구한 것과 동일하다.

〔예 6·1〕 〈표 6·1〉에 있는 데이터에 대하여 중회귀모형, $y_j = \beta_0 + \beta_1 x_{1j} + \beta_2 x_{2j} + \epsilon_j$를 적합시키고 분산분석표를 작성하여 유의수준 $\alpha = 0.05$로 F-검정하라.

풀이

$$SST = \boldsymbol{y}'\boldsymbol{y} - n(\bar{y})^2$$
$$= 9^2 + 20^2 + \cdots + 20^2 - 10(18.6)^2$$
$$= 368.40$$
$$SSR = \boldsymbol{b}'X'\boldsymbol{y} - n(\bar{y})^2$$
$$= (-0.651,\ 1.551,\ 0.760)\begin{bmatrix} 186 \\ 1608 \\ 1866 \end{bmatrix} - 10(18.6)^2$$
$$= 332.12$$
$$SSE = SST - SSR = 36.28$$

따라서 분산분석표는 다음과 같다.

〈표 6·3〉 예제의 분산분석표

요 인	제곱합	자유도	평균제곱	F_0	$F(0.05)$
회 귀	332.12	2	166.06	32.04**	4.74
잔 차	36.28	7	5.18		
계	368.40	9			

그런데, F-검정의 기각치(critical value)는 $F(2, 7; 0.05) = 4.74$이므로, $F_0 = 32.04 > 4.74$가 성립되어 회귀변동이 유의하게 되며, 가정된 중회귀방정식이 데이터를 설명하는 데 유의함을 알 수 있다. 이것은 또한 귀무가설 $H_0: \beta_1 = \beta_2 = 0$이 기각되므로 β_1과 β_2가 동시에 0이 되지는 않을 것이라는 의미가 된다.

6·5 회귀방정식의 정도

추정된 회귀방정식이 어느 정도 믿을 만한 것이며, 주어진 자료들을 어느 정도 잘 설명하여 주고 있고, 또한 추정된 회귀방정식을 사용하여 x 들의 값에서 $E(y)$를 예측할 때 어느 정도 정확할 수 있는가를 검토하여 보자. 먼저 회귀방정식에 의하여 추정되는 $\hat{y}_j = b_0 + \sum_{i=1}^{k} b_i x_{ij}$ 의 값과 관찰값 $y_j = \beta_0 + \sum_{i=1}^{k} \beta_i x_{ij} + \epsilon_j$ 사이에는 어느 정도 차이가 있는가를 측정하는 방법으로 쓰여지는 것은 앞 절의 분산분석에서 논의되었던 MSE 로 이는 잔차로 인한 평균제곱이라고 부르나 간략히 줄여서 잔차평균제곱(殘差平均제곱, residual mean square)이라고 부르기도 한다. 이것은

$$MSE = \frac{\sum(y_j - \hat{y}_j)^2}{n-k-1} = \frac{\boldsymbol{y}'\boldsymbol{y} - \boldsymbol{b}'X'\boldsymbol{y}}{n-k-1} = \frac{\boldsymbol{y}'[I - X(X'X)^{-1}X']\boldsymbol{y}}{n-k-1}$$

임을 앞 절에서 밝혔으며, 만약 $k=1$ 로 독립변수가 하나이면 $MSE = s_{y\cdot x}^2$ 으로 추정값의 표준오차(식 (3·28)에서 정의되었음)의 제곱과 같다.

식 (6·19)에서 기술한 바와 같이 중회귀모형의 오차 ϵ_j 는 분산 σ^2 을 갖는다고 가정하는데, 이 σ^2 은 모수(parameter)로서 일반적으로 모르는 값이다. MSE 는 σ^2 의 불편추정량(不偏推定量, unbiased estimator)이며, MSE 의 값이 작으면 관찰값 y_j 들이 추정된 회귀방정식 주위에 가까이 밀집되어 있다는 의미가 된다. MSE 가 σ^2 의 불편추정량이라는 사실은 이미 식 (6·34)에 의하여 증명되었다.

두번째로, 추정된 회귀방정식이 관찰점들을 어느 정도 잘 설명하여 주고 있는가에 대한 측도로서 분산분석에 의한 F-검정을 들 수 있다. 검정통계량 $F_0 = MSR/MSE$ 의 값이 커야만 추정된 회귀식이 유의하며, 유의여부를 판정하는 기준으로 F-분포의 기각치 $F(k, n-k-1\,;\,\alpha)$가 쓰여진다.

세번째로, 추정된 회귀방정식의 정도를 측정하는 방법으로 흔히 쓰는 것은 결정계수(決定係數, coefficient of determination) R^2 이다. 단순회귀에서는 결정계수를 r^2(식 (3·32))으로 표시하였다. R^2 은 회귀방정식에 의하여 설명되는 변동 SSR 이, 총변동 SST

에 비하여 어느 정도인가를 나타내 주는 값으로

$$R^2 = \frac{SSR}{SST} = \frac{\sum(\hat{y}_j - \bar{y})^2}{\sum(y_j - \bar{y})^2} = \frac{\boldsymbol{b}'X'\boldsymbol{y} - n(\bar{y})^2}{\boldsymbol{y}'\boldsymbol{y} - n(\bar{y})^2} \qquad (6 \cdot 38)$$

이다. 또한 $SSR = SST - SSE$ 이므로

$$R^2 = 1 - \frac{SSE}{SST} = 1 - \frac{\boldsymbol{y}'\boldsymbol{y} - \boldsymbol{b}'X'\boldsymbol{y}}{\boldsymbol{y}'\boldsymbol{y} - n(\bar{y})^2} \qquad (6 \cdot 39)$$

로 표현될 수도 있으며, 만약 모든 측정값 y_j 가 회귀식에 의한 추정값 y_j 와 일치한다면 $SSE = 0$ 이 되며 $R^2 = 1$ 이다. 실제로 $R^2 = 1$ 이 되는 경우는 거의 없으며 R^2 의 값이 1 에 가까운 값을 가지면 추정된 회귀식이 관찰점들을 잘 설명해 주고 있으며, R^2 의 값이 0 에 가까운 작은 값을 갖게 되면 그와 같은 회귀식을 추정하게 되는 의의는 거의 없다고 보아야 할 것이다.

네번째로, 회귀계수 $\boldsymbol{\beta}' = (\beta_0,\ \beta_1,\ \beta_2,\ \cdots,\ \beta_k)$의 정확한 추정이 무엇보다 중요한 경우가 있다. $\boldsymbol{\beta}$ 의 추정량 $\boldsymbol{b}$ 에 대하여 알아보자.

$$\begin{aligned} E(\boldsymbol{b}) &= E[(X'X)^{-1}X'\boldsymbol{y}] \\ &= (X'X)^{-1}X'E(\boldsymbol{y}) \\ &= (X'X)^{-1}X'X\boldsymbol{\beta} = \boldsymbol{\beta} \end{aligned} \qquad (6 \cdot 40)$$

이므로 $\boldsymbol{b}$ 는 $\boldsymbol{\beta}$ 의 불편추정량이며, $\boldsymbol{b}$ 의 분산-공분산행렬은

$$\begin{aligned} Var(\boldsymbol{b}) &= Var[(X'X)^{-1}X'\boldsymbol{y}] \\ &= (X'X)^{-1}X'[Var(\boldsymbol{y})]X(X'X)^{-1} \\ &= (X'X)^{-1}X'(I\sigma^2)X(X'X)^{-1} \\ &= (X'X)^{-1}\sigma^2 \end{aligned} \qquad (6 \cdot 41)$$

이다. 그런데, $Var(\boldsymbol{b})$는 벡터 $\boldsymbol{b}$ 의 구성원들간에 분산과 공분산을 나타내는 행렬

$$Var(\boldsymbol{b}) = Var\begin{bmatrix} b_0 \\ b_1 \\ b_2 \\ \vdots \\ b_k \end{bmatrix} = \begin{bmatrix} Var(b_0) & Cov(b_0, b_1) & Cov(b_0, b_2) & \cdots & Cov(b_0, b_k) \\ & Var(b_1) & Cov(b_1, b_2) & \cdots & Cov(b_1, b_k) \\ & & Var(b_2) & \cdots & Cov(b_2, b_k) \\ & \text{(대칭)} & & & \vdots \\ & & & & Var(b_k) \end{bmatrix} \quad (6 \cdot 42)$$

이므로, 식 (6・41)의 $(X'X)^{-1}$ 행렬의 구성원을 $c_{ij}(i, j=0, 1, 2, \cdots, k)$라 하면 다음과 같이 쓸 수 있다.

$$\begin{aligned} Var(b_i) &= c_{ii}\sigma^2, \quad i=0, 1, 2, \cdots, k \\ Cov(b_i, b_j) &= c_{ii}\sigma^2, \quad i \neq j \\ & \qquad i, j=0, 1, 2, \cdots, k \end{aligned} \quad (6 \cdot 43)$$

만약, 우리가 특별히 관심있는 독립변수가 x_i 라면 b_i 의 분산이 작게 되는 회귀방정식이 요구될 것이며, c_{ii} 의 값이 크지 않도록 계획행렬(計劃行列, design matrix) X 를 설계해 줄 필요가 있을 것이다. X 행렬의 설계에 따라서 $Var(\boldsymbol{b})$가 크게 달라지기 때문이다.

독립변수가 하나뿐인 단순회귀에서 $Var(\boldsymbol{b})$를 알아보자. 식 (6・15)에서 얻은 결과를 사용하면

$$\begin{aligned} Var(\boldsymbol{b}) &= \begin{bmatrix} Var(b_0) & Cov(b_0, b_1) \\ Cov(b_0, b_1) & Var(b_1) \end{bmatrix} \\ &= (X'X)^{-1}\sigma^2 \\ &= \begin{bmatrix} \dfrac{\sum x_j^2}{n\sum x_j^2 - (\sum x_j)^2} & \dfrac{-\sum x_j}{n\sum x_j^2 - (\sum x_j)^2} \\ \dfrac{-\sum x_j}{n\sum x_j^2 - (\sum x_j)^2} & \dfrac{n}{n\sum x_j^2 - (\sum x_j)^2} \end{bmatrix}\sigma^2 \end{aligned} \quad (6 \cdot 44)$$

이 된다. 이렇게 행렬을 사용하여 구간 b_0와 b_1의 분산과 제 4 장에서 행렬을 사용하지 않고 구한 것과 일치하는가를 살펴보자. 먼저

$$Var(b_0) = \frac{\sum x_j^2}{n\sum x_j^2 - (\sum x_j)^2} \cdot \sigma^2$$

$$=\frac{\frac{1}{n}[n\sum x_j^2-(\sum x_j)^2]+\frac{(\sum x_j)^2}{n}}{n\sum x_j^2-(\sum x_j)^2}\cdot\sigma^2$$

$$=\left[\frac{1}{n}+\frac{n(\bar{x})^2}{n\sum x_j^2-(\sum x_j)^2}\right]\sigma^2$$

$$=\left[\frac{1}{n}+\frac{(\bar{x})^2}{\sum(x_j-\bar{x})^2}\right]\sigma^2$$

이 되고, 이것은 식 (4・10)의 $Var(b_0)$와 일치한다.

다음으로

$$Var(b_1)=\frac{n}{n\sum x_j^2-(\sum x_j)^2}\cdot\sigma^2=\frac{\sigma^2}{\sum(x_j-\bar{x})^2}$$

이 되어 식 (4・2)와 동일하다. 식 (6・44)에서 한 가지 더 얻을 수 있는 정보는 b_0와 b_1의 공분산이다.

$$Cov(b_0,b_1)=\frac{-\sum x_j}{n\sum x_j^2-(\sum x_j)^2}\cdot\sigma^2$$

$$=\frac{-\bar{x}}{\sum(x_j-\bar{x})^2}\cdot\sigma^2 \qquad (6\cdot 45)$$

이므로 $\bar{x}=0$ 이면 b_0와 b_1 사이에 공분산이 존재하지 않는다.

마지막으로, 식 (6・18)의 중회귀모형에서 최소제곱법에 의하여 β_i들을 추정한 후, 어떤 주어진 $(x_1, x_2, \cdots, x_k)$의 값에서 $E(y)$의 값을 예측하는 데 사용하는 추정량

$$\hat{y}=b_0+b_1x_1+\cdots+b_kx_k \qquad (6\cdot 46)$$

의 정도(情度)를 알아보자. 벡터 표현으로

$$\hat{y}=(1,x_1,x_2,\cdots,x_k)\begin{bmatrix}b_0\\b_1\\b_2\\\vdots\\b_k\end{bmatrix}=\boldsymbol{x}'\boldsymbol{b} \qquad (6\cdot 47)$$

라고 쓰기로 하면 $Var(\boldsymbol{b})=(X'X)^{-1}\sigma^2$ 이므로, $\hat{y}$ 의 분산은

$$Var(\hat{y}) = Var(\boldsymbol{x}'\boldsymbol{b}) = \boldsymbol{x}'Var(\boldsymbol{b})\boldsymbol{x}$$
$$= \boldsymbol{x}'(X'X)^{-1}\boldsymbol{x}\sigma^2 \qquad (6 \cdot 48)$$

이 된다. 따라서, $\hat{y}$ 의 분산은 주어진 $\boldsymbol{x}'=(1, x_1, x_2, \cdots, x_k)$ 벡터에 따라 달라진다.

독립변수가 하나밖에 없는 특수한 경우에는 $\boldsymbol{x}'=(1,\ x)$ 이며, $\hat{y}$ 의 분산은

$$Var(\hat{y}) = \boldsymbol{x}'(X'X)^{-1}\boldsymbol{x}\sigma^2$$
$$= (1,\ x)\begin{bmatrix} \dfrac{\sum x_j^2}{n\sum(x_j-\bar{x})^2} & \dfrac{-\sum x_j}{n\sum(x_j-\bar{x})^2} \\ \dfrac{-\sum x_j}{n\sum(x_j-\bar{x})^2} & \dfrac{n}{n\sum(x_j-\bar{x})^2} \end{bmatrix}\begin{bmatrix} 1 \\ x \end{bmatrix}\sigma^2$$
$$= \left[\frac{1}{n}+\frac{(x-\bar{x})^2}{\sum(x_j-\bar{x})^2}\right]\sigma^2$$

이 되며, 행렬을 사용하지 않고 구한 식 (4・13)과 일치한다. $Var(\hat{y})$은 x 의 함수이며, $x=\bar{x}$ 일 때 $Var(\hat{y})$이 최소값을 갖는다.

만약, 어떤 벡터 $\boldsymbol{x}'=(1, x_1, x_2, \cdots, x_k)$에서 $E(y)$의 추정이 아니라 하나의 y 값(이것을 y_s 라고 표기하자)의 추정이라면, y_s 는 $E(y)$로부터 표준편차 σ를 가지고 산포되어 있으므로 그의 추정량 $\hat{y}_s$ 의 분산은

$$Var(\hat{y}_s) = [1+\boldsymbol{x}'(X'X)^{-1}\boldsymbol{x}]\sigma^2 \qquad (6 \cdot 49)$$

이 된다. 독립변수가 하나인 경우에는 식 (4・17)에서 얻은 바와 같이

$$Var(\hat{y}_s) = \left[1+\frac{1}{n}+\frac{(x-\bar{x})^2}{\sum(x_j-\bar{x})^2}\right]\sigma^2$$

이 될 것이다.

〔예 6・2〕 〈표 6・1〉에 있는 데이터에 대하여 중회귀모형을 적합시켰을 때 얻어지는 표본회귀계수 b_0, b_1과 b_2의 분산-공분산행렬을 구하고, $x_1 = x_2 = 10$ 에서 $\hat{y}$ 의 분산을 구하라.

풀이

$(X'X)^{-1}$의 행렬은 앞의 6·3절에서 구했으며, 따라서

$$Var\begin{bmatrix} b_0 \\ b_1 \\ b_2 \end{bmatrix} = (X'X)^{-1}\sigma^2$$

$$= \begin{bmatrix} 1.62902 & -0.26385 & 0.06464 \\ -0.26385 & 0.08047 & -0.04222 \\ 0.06464 & -0.04222 & 0.03034 \end{bmatrix}\sigma^2$$

$$= \begin{bmatrix} Var(b_0) & Cov(b_0, b_1) & Cov(b_0, b_2) \\ Cov(b_0, b_1) & Var(b_1) & Cov(b_1, b_2) \\ Cov(b_0, b_2) & Cov(b_1, b_2) & Var(b_2) \end{bmatrix}$$

즉, $Var(b_1)=0.08047\sigma^2$, $Cov(b_1, b_2)=-0.04222\sigma^2$ 등이 된다. 그런데, σ^2의 불편추정값이 평균제곱오차(MSE)이므로, σ^2 대신에 MSE를 쓰면 분산 및 공분산의 추정값들을 구할 수 있을 것이다. $x_1=x_2=10$에서의 $Var(\hat{y})$은

$$Var(\hat{y}) = \boldsymbol{x}'(X'X)^{-1}\boldsymbol{x}\sigma^2$$

$$= (1, 10, 10)\begin{bmatrix} 1.62902 & -0.26385 & 0.06464 \\ -0.26385 & 0.08047 & -0.04222 \\ 0.06464 & -0.04222 & 0.03034 \end{bmatrix}\begin{bmatrix} 1 \\ 10 \\ 10 \end{bmatrix}\sigma^2$$

$$= 0.28182\sigma^2$$

이 된다. 여기서도 마찬가지로 σ^2이 미지(未知)인 경우에는 σ^2 대신에 MSE를 사용하여 $Var(\hat{y})$의 추정값을 구하게 된다.

6·6 절편 없는 중회귀모형

일반적으로 중회귀모형은 절편항(intercept term)을 가지고 있으며, 이를 β_0로 표시하였고 최소제곱법에 의한 추정값을 b_0로 나타내었다. 만약, 독립변수의 값들이 0일 때에 종속변수의 값이 반드시 0이어야 한다는 제약조건이 있다면 절편항은 사용할 수 없으며,

식 (6・18)의 중회귀모형은 j 번째 관찰점에 대하여

$$y_j = \beta_1 x_{1j} + \beta_2 x_{2j} + \cdots + \beta_k x_{kj} + \epsilon_j, \quad j=1, 2, \cdots, n$$

라고 표현된다. 이 때에 X 행렬은 다음과 같다.

$$X = \begin{pmatrix} x_{11} & x_{21} & \cdots & x_{k1} \\ x_{12} & x_{22} & \cdots & x_{k2} \\ \vdots & \vdots & & \vdots \\ x_{1n} & x_{2n} & \cdots & x_{kn} \end{pmatrix}$$

즉, 이제까지 사용하던 X 행렬과의 차이점은 첫 열(first column)에 (1, 1, …, 1)이 없다는 것이다.

절편이 없는 경우에는 분산분석하는 방법도 약간의 차이점이 생기게 된다. 총변동은

$$SST = \sum y_j^2 = \boldsymbol{y}'\boldsymbol{y}$$

으로 수정항 $n(\bar{y})^2$ 을 빼지 않으며 자유도는 관찰점의 수 n 이 된다. 잔차에 의한 변동은 식 (6・26)과 같이

$$SSE = \sum (y_j - \hat{y}_j)^2 = \boldsymbol{y}'\boldsymbol{y} - \boldsymbol{b}'X'\boldsymbol{y}$$

이며, 자유도는 $n-k$ 이다. 여기서 $\boldsymbol{b}$ 는 k 개의 회귀계수 β_i 들의 추정치

$$\boldsymbol{b}' = (b_1, \ b_2, \ \cdots, \ b_k)$$

이다. 그리고, 회귀에 의하여 설명되는 변동은

$$SSR = \sum \hat{y}_j^2 = \boldsymbol{b}'X'\boldsymbol{y}$$

이며, 자유도는 k 를 갖는다. 이를 종합하여 분산분석표를 만들어 보자.

〈표 6·4〉 절편 없는 회귀의 분산분석표

요인	제곱합	자유도	평균제곱	F_0	$F(\alpha)$
회귀	$SSR = \boldsymbol{b}'X'\boldsymbol{y}$	k	MSR	$\frac{MSR}{MSE}$	$F(k, n-k\,;\,\alpha)$
잔차	$SSE = \boldsymbol{y}'\boldsymbol{y} - \boldsymbol{b}'X'\boldsymbol{y}$	$n-k$	MSE		
계	$SST = \boldsymbol{y}'\boldsymbol{y}$	n			

절편이 없는 경우에도 회귀방정식의 정도(情度)를 나타내는 측도들은 절편이 있는 경우와 똑같이 유효하며, 잔차평균제곱 MSE 는

$$MSE = \frac{SSE}{n-k} = \frac{\boldsymbol{y}'\boldsymbol{y} - \boldsymbol{b}'X'\boldsymbol{y}}{n-k}$$

이며, $E(MSE) = \sigma^2$ 이 성립한다. 결정계수 R^2 은

$$R^2 = \frac{\boldsymbol{b}'X'\boldsymbol{y}}{\boldsymbol{y}'\boldsymbol{y}}$$

로 될 것이며, $F_0 = MSR/MSE$ 의 자유도는 회귀와 잔차의 자유도인 k 와 $n-k$ 가 쓰여질 것이다.

그리고, $\hat{y}$ 의 분산은 식 (6·48)과 똑같은 표현

$$Var(\hat{y}) = \boldsymbol{x}'(X'X)^{-1}\boldsymbol{x}\sigma^2$$

을 가지나 여기서는 $\boldsymbol{x}' = (x_1,\ x_2,\ \cdots,\ x_k)$이며, $X'X$ 행렬의 크기가 $(k+1)\times(k+1)$이 아니고 β_0 을 위한 열이 제외된 관계로 $k\times k$ 인 크기를 갖게 된다.

6·7 제곱합의 분포

이 절에서는 분산분석표에 나타나는 제곱합(SST, SSR 과 SSE)의 확률분포를 알아보고, 어째서 $F_0 = \frac{MSR}{MSE}$ 가 F-분포에 따르는가를 밝히고자 한다. 식 (6·19)로부터 중회귀

모형은

$$\boldsymbol{y} = X\boldsymbol{\beta} + \boldsymbol{\epsilon}, \quad \boldsymbol{\epsilon} \sim N(\boldsymbol{0}, I\sigma^2)$$

이며, 총제곱합(SST)은 식 (6・22)와 (6・23)으로부터

$$SST = \sum_{j=1}^{n}(y_j - \bar{y})^2 = \boldsymbol{y}'\boldsymbol{y} - n(\bar{y})^2 = \boldsymbol{y}'\left[I - \frac{J}{n}\right]\boldsymbol{y}$$

이며, $\boldsymbol{y} \sim N(X\boldsymbol{\beta},\ I\sigma^2)$이므로 《정리 5・3》을 이용하여, $\left[\frac{1}{\sigma^2}\left(I - \frac{J}{n}\right)\right][I\sigma^2] = I - \frac{J}{n}$는 멱등행렬(idempotent matrix)이며, $I - \frac{J}{n}$의 계수(rank)는 $n-1$이므로,

$$\frac{SST}{\sigma^2} \sim \chi^{2\prime}\left\{n-1,\ \boldsymbol{\beta}'X'\left(I - \frac{J}{n}\right)X\boldsymbol{\beta}/2\sigma^2\right\} \tag{6・50}$$

임을 알 수 있다.

다음으로 회귀제곱합(SSR)을 살펴보자. 식 (6・28)로부터

$$SSR = \boldsymbol{y}'X(X'X)^{-1}X'\boldsymbol{y} - n(\bar{y})^2 = \boldsymbol{y}'\left[X(X'X)^{-1}X' - \frac{J}{n}\right]\boldsymbol{y}$$

이며, $X(X'X)^{-1}X'\boldsymbol{1} = \boldsymbol{1}$(연습문제 1・12 참조)이므로 $X(X'X)^{-1}X'J = J$, $JX(X'X)^{-1}X' = J$로 $JJ = nJ$가 또한 성립하므로

$$\begin{aligned}
&\left[X(X'X)^{-1}X' - \frac{J}{n}\right]\left[X(X'X)^{-1}X' - \frac{J}{n}\right] \\
&= X(X'X)^{-1}X'X(X'X)^{-1}X' - JX(X'X)^{-1}X'/n - X(X'X)^{-1}X'J/n + JJ/n^2 \\
&= X(X'X)^{-1}X' - \frac{J}{n} - \frac{J}{n} + \frac{J}{n} \\
&= X(X'X)^{-1}X' - \frac{J}{n}
\end{aligned}$$

가 되며, $X(X'X)^{-1}X' - \frac{J}{n}$는 멱등행렬이다. 이 행렬의 계수는 k가 됨을 알 수 있다.

따라서, 《정리 5·3》을 이용하여 다음의 결과를 얻는다.

$$\frac{SSR}{\sigma^2} \sim \chi^{2\prime}\left\{k,\ \boldsymbol{\beta}' X'\left(I-\frac{J}{n}\right)X\boldsymbol{\beta}/2\sigma^2\right\} \tag{6·51}$$

마지막으로, 잔차제곱합(SSE)은 식 (6·25)에서

$$SSE = \boldsymbol{y}'[I-X(X'X)^{-1}X']\boldsymbol{y}$$

이며, $I-X(X'X)^{-1}X'$ 은 멱등행렬이 되고 계수는 $n-k-1$ 이 된다. 또한 $(X\boldsymbol{\beta})'[I-X(X'X)^{-1}X'](X\boldsymbol{\beta})=0$ 이 되므로, 《정리 5·3》을 이용하여 우리는 쉽게

$$\frac{SSE}{\sigma^2} \sim \chi^2(n-k-1) \tag{6·52}$$

임을 얻을 수 있다.

다음으로 두 개의 $\boldsymbol{y}$ 의 이차형식인 $\frac{SSR}{\sigma^2}$ 과 $\frac{SSE}{\sigma^2}$ 가 서로 독립적으로 분포되어 있는가를 알아보자. 《정리 5·6》을 이용하기 위하여

$$\boldsymbol{y} \sim N(X\boldsymbol{\beta},\ I\sigma^2),\quad V = I\sigma^2$$

$$\boldsymbol{y}'A\boldsymbol{y} = \boldsymbol{y}'\left[\frac{X(X'X)^{-1}X'-J/n}{\sigma^2}\right]\boldsymbol{y}$$

$$\boldsymbol{y}'B\boldsymbol{y} = \boldsymbol{y}'\left[\frac{I-X(X'X)^{-1}X'}{\sigma^2}\right]\boldsymbol{y}$$

라 놓으면 필요충분조건

$$AVB = \left[\frac{X(X'X)^{-1}X'-J/n}{\sigma^2}\right][I\sigma^2]\left[\frac{I-X(X'X)^{-1}X'}{\sigma^2}\right] = 0$$

이 만족된다. 따라서, SSR 과 SSE 는 서로 독립적으로 분포하고 있다. 이제 식 (5·42)의 비중심 F-분포(noncentral F distribution) 이론에서 논의된 바와 같이 $\frac{SSR}{\sigma^2} \sim \chi^{2\prime}(k, \lambda)$ 이고 $\frac{SSE}{\sigma^2} \sim \chi^2(n-k-1)$ 이며, SSR 과 SSE 가 서로 독립이므로, 검정통계량

$$F_0 = \frac{MSR}{MSE} = \frac{\left(\frac{SSR}{\sigma^2}\right)/k}{\left(\frac{SSE}{\sigma^2}\right)/(n-k-1)} \tag{6・53}$$

는 비중심 F-분포 $F'(k,\ n-k-1,\ \lambda)$를 하며, 비중심모수는

$$\lambda = \boldsymbol{\beta}'X'\left(I-\frac{J}{n}\right)X\boldsymbol{\beta}/2\sigma^2 \tag{6・54}$$

이다. 그런데, 중회귀모형

$$y_j = \beta_0 + \sum_{i=1}^{k} \beta_i x_{ij} + \epsilon_j$$

의 분산분석표의 F-검정은 그 귀무가설을 "독립변수(x_1, x_2, …, x_k)들과 종속변수(y) 간의 관계를 설명하는데 중회귀모형이 의미가 없다."라고 말할 수 있으며, 이는

$$H_0 : \beta_1 = \beta_2 = \cdots = \beta_k = 0 \tag{6・55}$$

라고 표현할 수 있다. 만약, 귀무가설 식 (6・55)가 성립하면

$$F_0 = \frac{MSR}{MSE} \sim F(k,\ n-k-1) \tag{6・56}$$

과 같은 분포를 하여, 귀무가설이 유의수준 α에서 옳은 것인가 아닌가의 판단을 F-분포표로부터 기각치(critical value) $F(k,\ n-k-1\ ;\ \alpha)$를 찾아서 F_0의 값과 비교하여 결론을 낼 수 있을 것이다.

6・8 통계패키지에 의한 분석 사례

〈표 6・1〉의 데이터에 대하여 중회귀모형, $y_j = \beta_0 + \beta_1 x_{1j} + \beta_2 x_{2j} + \epsilon_j$를 적합시키고 분산분석표를 작성하여 보자. 그리고, 표본회귀계수 b_0, b_1과 b_2의 분산-공분산행렬 및 추정된 분산-공분산행렬을 구하여 보자.

6·8·1 SAS에 의한 분석 프로그램 및 결과

〈SAS 프로그램〉

```
DATA t6_1;
  INPUT x1 x2  y @@;
    CARDS;
      4   4   9   8  10  20
      9   8  22   8   5  15
      8  10  17  12  15  30
      6   8  18  10  13  25
      6   5  10   9  12  20
       ;
PROC REG;
/*중회귀모형의 적합*/
/*분산-공분산 행렬 및 추정 분산-공분산 행렬을 구하기*/
  MODEL y=x1 x2  / I COVB;
RUN;
```

〈SAS 결과〉

```
                         Analysis of Variance

                            Sum of          Mean
Source          DF         Squares        Square      F Value        Prob>F

Model            2      332.07388     166.03694        31.995        0.0003
Error            7       36.32612       5.18945
C Total          9      368.40000

    Root MSE        2.27804     R-square        0.9014
    Dep Mean       18.60000     Adj R-sq        0.8732
    C.V.           12.24750
--------------------------------------------------------------------------
                         Parameter Estimates

                      Parameter       Standard     T for H0:
    Variable  DF       Estimate          Error   Parameter=0     Prob > |T|

    INTERCEP   1      -0.650660     2.90752999        -0.224         0.8293
    X1         1       1.551451     0.64623550         2.401         0.0474
    X2         1       0.759894     0.39681658         1.915         0.0970
```

분산분석 결과 주어진 중회귀 모형은 p-값이 0.0003이므로 매우 유의하다. 또한 결정계수는 0.9014로 높은 편이다. 한편 추정된 회귀식은 $\hat{y}=-0.651+1.551x_1+0.760x_2$이다.

MODEL 문장에서 선택사항(options)으로 I를 지정하면 $Var(\boldsymbol{b})=(X'X)^{-1}\sigma^2$인 분산-공분산행렬에서 ① $(X'X)^{-1}$를 출력하며 ② COVB는 추정 분산-공분산행렬을 출력한다.

①	INTERCEP	X1	X2	Y
INTERCEP	1.6290237467	-0.263852243	0.0646437995	-0.650659631
X1	-0.263852243	0.080474934	-0.042216359	1.5514511873
X2	0.0646437995	-0.042216359	0.0303430079	0.7598944591
Y	-0.650659631	1.5514511873	0.7598944591	36.326121372

② Covariance of Estimates

COVB	INTERCEP	X1	X2
INTERCEP	8.4537306201	-1.369246942	0.3354655008
X1	-1.369246942	0.4176203173	-0.219079511
X2	0.3354655008	-0.219079511	0.1574633983

6·8·2 SPSS에 의한 분석 결과

Model Summary

Model	R	R Square	Adjusted R Square	Std. Error of the Estimate
1	.949[a]	.901	.873	2.28

a. Predictors: (Constant), x2 (상점의 크기), x1 (광고료)

ANOVA[b]

Model		Sum of Squares	df	Mean Square	F	Sig.
1	Regression	332.074	2	166.037	31.995	.000[a]
	Residual	36.326	7	5.189		
	Total	368.400	9			

a. Predictors: (Constant), x2 (상점의 크기), x1 (광고료)

b. Dependent Variable: y (총판매액)

Coefficients[a]

Model		Unstandardized Coefficients		Standardized Coefficients	t	Sig.
		B	Std. Error	Beta		
1	(Constant)	-.651	2.908		-.224	.829
	x1 (광고료)	1.551	.646	.548	2.401	.047
	x2 (상점의 크기)	.760	.397	.437	1.915	.097

a. Dependent Variable: y (총판매액)

Coefficient Correlations[a]

Model			x2 (상점의 크기)	x1 (광고료)
1	Correlations	x2 (상점의 크기)	1.000	-.854
		x1 (광고료)	-.854	1.000
	Covariances	x2 (상점의 크기)	.157	-.219
		x1 (광고료)	-.219	.418

a. Dependent Variable: y (총판매액)

▶ 참 고 문 헌 ◀

6·1. Clark, C. T. and Schkade, L. L. : *Statistical Analysis for Administrative Decisions*, Cincinnati, South-Western Publishing, 1974.

6·2. Daniel, C. and Wood, F. S. : *Fitting Equations to Data,* New York, Wiley-Interscience, 1971.

6·3. Draper, N. R. and Smith, H. : *Applied Regression Analysis*, New York, John Wiley & Sons, 1966.

6·4. 박성현 : 회귀분석강의, 통계, 제 4 권, 제 2 호, 대한통계협회, 1978.

6·5. Rao, C. R. : *Linear Statistical Inference and Its Applications*, New York, John Wiley & Sons, 1973.

6·6. Seber, G. A. F. : *Linear Regression Analysis*, New York, John Wiley & Sons, 1977.

▩ 연 습 문 제 ▩

6・1. 〈연습문제 3・1〉의 데이터에 대하여 회귀직선모형이 적용될 수 있다고 가정하고 행렬을 사용하여 데이터를 분석하고 싶다. 다음의 질문에 답하라.

(1) $X'X$, $X'\boldsymbol{y}$, $\boldsymbol{y}'\boldsymbol{y}$ 와 $(X'X)^{-1}$ 을 구하라.

(2) $\boldsymbol{b}=(X'X)^{-1}X'\boldsymbol{y}$ 를 구하고, 적합된 회귀직선을 써 보아라.

(3) σ^2 을 MSE 로 추정할 경우, $\boldsymbol{b}$ 의 분산-공분산행렬의 추정은

$$\widehat{Var}(\boldsymbol{b}) = (X'X)^{-1}(MSE)$$

이다. 먼저 분산분석하여 MSE 를 구하고 $\widehat{Var}(\boldsymbol{b})$을 구하라.

(4) 분산분석표를 작성하여 유의수준 $\alpha=0.05$ 에서 F-검정을 하라.

(5) 결정계수를 구하라.

6・2. 어떤 공정에서 나오는 제품의 강도(kg/cm²)가 그 공정의 온도와 압력에 어떠한 영향을 받는가를 조사하기 위하여 다음의 데이터를 얻었다.

공정온도 x_1 (단위 : ℃)	공정압력 x_2 (단위 : psi)	강도 y (단위 : kg/cm²)
195	57	81.4
179	61	122.2
205	60	101.7
204	62	175.6
201	61	150.3
184	54	64.8
210	58	92.1
209	61	113.8

(1) 선형회귀모형, $y_j=\beta_0+\beta_1x_{1j}+\beta_2x_{2j}+\epsilon_j$ 가 성립된다고 가정하고 데이터로부터 회귀모형을 추정하라.

(2) 오차분산이 $\sigma^2=3$ 이라 하면, $Var(b_0)$, $Var(b_1)$, $Var(b_2)$와 $Cov(b_1, b_2)$는 무엇인가?

(3) $x_1=200℃$ 이고 $x_2=59psi$ 에서 평균 제품의 강도의 추정값 $\hat{y}$ 는 얼마인가? 이의 분산을 $\sigma^2=3$ 이라 가정하고 구하라.

(4) 추정된 회귀계수 b_1, b_2 의 의미는 무엇인가?

(5) 분산분석표를 작성하고 $\alpha=0.05$ 로 F-검정을 행하라.

(6) 결정계수 R^2 을 구하라.

(7) σ^2 의 추정값 MSE 를 구하라.

(8) MSR 의 기대값을 σ^2 과 β_0, β_1, β_2 의 함수로 표시하여라.

6・3. 어떤 공장에서 물의 소비량을 조사하기 위하여 매달의 물소비량(y), 평균온도(x_1), 작업일수(x_2)와 작업량(x_3)에 관한 데이터를 얻었다.

물소비량 y (단위 : 1,000 톤)	평균온도 x_1 (단위 : ℃)	작업일수 x_2 (단위 : 일)	작 업 량 x_3 (단위 : 1,000 톤)
2.8	10	27	64
3.9	24	26	72
3.9	25	28	80
4.4	28	26	88
3.1	15	30	81
3.1	18	24	45
3.5	22	27	46
3.6	22	25	69
3.0	12	27	54
3.3	15	25	39

(1) 데이터로부터 회귀방정식, $\hat{y}=b_0+b_1x_1+b_2x_2+b_3x_3$ 을 구하여라. 그리고 어째서 이 모형이 선택되었는가에 대하여 토의하라.

(2) b_1, b_2 와 b_3 의 의미는 무엇인가?

(3) $Var(b_3)$을 구하라. σ^2 을 MSE 로 추정하면 $\widehat{Var}(b_3)$은 무엇인가?

(4) 분산분석표를 작성하고, 결정계수 R^2 을 구하라.

(5) $x_1=20$, $x_2=27$, $x_3=60$ 에서 평균 물소비량을 추정하라. 이 추정된 소비량의 표준편차의 추정값을 구하라.

(6) $x_1=20$, $x_2=27$, $x_3=60$ 에서 어느 한 달의 물소비량 y_s 를 예측하여라. 이 예측된 물소비량의 표준편차의 추정값을 구하라.

(7) $y_j=\beta_0+\beta_1x_{1j}+\beta_2x_{2j}+\epsilon_j$ 라 가정하고 회귀제곱합 SSR 의 기대값을 σ^2 과 β_i, $i=0,1,2,3$, 의 함수로 표시하여라.

6・4. 앞의 6・3 의 데이터에 대하여 물소비량(y)을 두 개만의 독립변수로 회귀방정식을 만들려고 한다. x_1, x_2 와 x_3 을 차례로 빼고 다음과 같이 선형회귀모형을 적합시켜라.

(1) $\hat{y} = b_0+b_1x_1+b_2x_2$ (2) $\hat{y} = b_0+b_1x_1+b_3x_3$ (3) $\hat{y} = b_0+b_2x_2+b_3x_3$

위의 각 모형에 대하여 R^2 을 구하고 R^2 을 가장 크게 하는 모형을 선택하라.

6・5. 앞의 6・3 의 데이터에 대하여 절편이 없는 회귀모형 $\hat{y}=b_1x_1+b_2x_2+b_3x_3$ 을 적합시키고 다음 물음에 답하라.

(1) 분산분석표를 작성하고 $\alpha=0.05$ 로 F-검정을 하여라.

(2) 결정계수를 구하라. 이 결정계수는 충분히 크다고 할 수 있는가?

(3) 회귀모형, $\hat{y}=b_1x_1+b_2x_2+b_3x_3$ 과 같이 절편 없는 회귀방정식을 이 물소비량 조사 문제에 적용시키는 것이 타당하다고 보아지는가? 토의하라.

6・6. 만약 $n\times1$ 벡터 $\boldsymbol{y}$ 가 $N(\mathbf{0},I)$ 의 분포를 한다면 다음의 이차형식은 어떤 분포를 하는가? X 는 $n\times(k+1)$ 행렬이다.

(1) $\boldsymbol{y}'X(X'X)^{-1}X'\boldsymbol{y}$ (2) $\boldsymbol{y}'[I-X(X'X)^{-1}X']\boldsymbol{y}$

6・7. 중회귀모형, $\boldsymbol{y}=X\boldsymbol{\beta}+\boldsymbol{\epsilon}$, $\boldsymbol{\epsilon}\sim N(\mathbf{0},\ I)$ 이 성립한다면 다음의 이차형식은 어떤 분포를 하는가? X는 $n\times(k+1)$ 행렬이다.

(1) $\boldsymbol{y}'X(X'X)^{-1}X'\boldsymbol{y}=Q_1$ (2) $\boldsymbol{y}'[I-X(X'X)^{-1}X']\boldsymbol{y}=Q_2$

(3) Q_1 과 Q_2 가 독립적으로 분포하고 있음을 보여라.

(4) $\dfrac{Q_1/(k+1)}{Q_2/(n-k-1)}$ 은 어떤 분포를 하는가?

6・8. 만약 $y_j\sim N(\mu_j, \sigma_j^2)$, $j=1,2,\cdots,n$ 이 서로 독립이라 하자.

(1) $\sum_{j=1}^{n} \frac{1}{\sigma_j^2}(y_j-y^*)^2 \sim \chi^{2\prime}(n-1,\ \lambda)$임을 증명하여라. 여기서 $y^* = \frac{\Sigma\left(\frac{y_j}{\sigma_j^2}\right)}{\Sigma\left(\frac{1}{\sigma_j^2}\right)}$이다.

(2) 만약 $\mu_1=\mu_2=\cdots=\mu_n$ 이면 $\lambda=0$ 임을 보여라.

6・9. 독립변수가 둘인 중회귀모형

$$y_j = \beta_0+\beta_1(x_{1j}-\bar{x}_1)+\beta_2(x_{2j}-\bar{x}_2)+\epsilon_j$$
$$j=1, 2, \cdots, n$$

에서 $\boldsymbol{\epsilon} \sim N(\mathbf{0}, I\sigma^2)$일 때에 β_1의 최소제곱추정량 b_1의 분산이 다음과 같음을 보여라.

$$Var(b_1) = \frac{\sigma^2}{\sum_{i=1}^{n}(x_{1i}-\bar{x}_1)^2(1-r^2)}$$

여기서 r은 독립변수 x_1과 x_2 간의 표본상관계수(sample coefficient of correlation)이다.

6・10. 중회귀모형, $\boldsymbol{y}=X\boldsymbol{\beta}+\boldsymbol{\epsilon}$, $\boldsymbol{\epsilon} \sim N(\mathbf{0},\ I\sigma^2)$에서 X가 $n\times(k+1)$행렬이고 계수가 $k+1$이라면 적합된 모형 $\hat{\boldsymbol{y}}=X\boldsymbol{b}$에 대하여

$$\sum_{j=1}^{n} Var(\hat{y}_j) = (k+1)\sigma^2$$

이 됨을 증명하여라.

6・11. 중회귀모형, $\boldsymbol{y}=X\boldsymbol{\beta}+\boldsymbol{\epsilon}$, $\boldsymbol{\epsilon} \sim N(\mathbf{0}, I\sigma^2)$에서 X가 $n\times(k+1)$행렬이고 계수가 $k+1$이라 하자. $X\boldsymbol{\beta}$를

$$X\boldsymbol{\beta} = (X_1, X_2)\begin{pmatrix}\boldsymbol{\beta}_1 \\ \boldsymbol{\beta}_2\end{pmatrix}$$

와 같이 나누어 쓸 때 $\boldsymbol{\beta}_2$의 최소제곱추정량 $\boldsymbol{b}_2$는 다음과 같음을 증명하여라.

$$\boldsymbol{b}_2 = [X_2'X_2-X_2'X_1(X_1'X_1)^{-1}X_1'X_2]^{-1}[X_2'\boldsymbol{y}-X_2'X_1(X_1'X_1)^{-1}X_1'\boldsymbol{y}]$$

또한 $Var(\boldsymbol{b}_2)$를 구하여라.

6・12. 양의 정수(positive integer)인 k_1과 k_2에 대하여

$$E(y_j) = \beta_0+\beta_1 \cos(2\pi k_1 j/n)+\beta_2 \sin(2\pi k_2 j/n)$$
$$j=1, 2, \cdots, n$$

이 성립할 때에 β_0, β_1과 β_2의 최소제곱추정량을 구하라.

6・13. 만약

$$E(y_j) = \beta_0+\beta_1(x_{2j}-\bar{x}_1)+\beta_2(x_{2j}-\bar{x}_2)$$
$$j=1, 2, \cdots, n$$

인 경우에 β_0, β_1과 β_2의 최소제곱추정량이 다음과 같이 이단계절차(two-stage procedure)에 의하여 구해질 수 있음을 보여라. (단, $\sum_{j=1}^{n}(x_{1j}-\bar{x}_1)(x_{2j}-\bar{x}_2)=0$)

(1) 모형 $E(y_j)=\beta_0+\beta_1(x_{1j}-\bar{x}_1)$를 적합시켜라.

(2) 위의 (1)에서 얻어진 잔차(residuals)를 종속변수로 하고 $(x_{2j}-\bar{x}_2)$를 독립변수로 한 회귀모형을 적합시켜라.

7

추정과 가설검정(Ⅰ)

앞 장에서는 중회귀분석의 기초적인 내용을 검토하였는데, 이 장과 다음 장에 걸쳐 중회귀와 관련된 추정과 검정에 대하여 상세히 알아보도록 하자. 우리가 다루고 있는 중회귀모형은

$$y_j = \beta_0 + \sum_{i=1}^{k} \beta_i x_{ij} + \epsilon_j, \quad j=1, 2, \cdots, n \tag{7・1}$$

으로, 이를 행렬기호를 사용하여 표현하면

$$\boldsymbol{y} = X\boldsymbol{\beta} + \boldsymbol{\epsilon} \tag{7・2}$$

으로, 여기서

$$\boldsymbol{y} = \begin{bmatrix} y_1 \\ y_2 \\ \vdots \\ \vdots \\ y_n \end{bmatrix}, \quad X = \begin{bmatrix} 1 & x_{11} & x_{21} & \cdots & x_{k1} \\ 1 & x_{12} & x_{22} & \cdots & x_{k2} \\ \vdots & \vdots & \vdots & & \vdots \\ \vdots & \vdots & \vdots & & \vdots \\ 1 & x_{1n} & x_{2n} & \cdots & x_{kn} \end{bmatrix}, \quad \boldsymbol{\beta} = \begin{bmatrix} \beta_0 \\ \beta_1 \\ \beta_2 \\ \vdots \\ \beta_k \end{bmatrix}, \quad \boldsymbol{\epsilon} = \begin{bmatrix} \epsilon_1 \\ \epsilon_2 \\ \vdots \\ \vdots \\ \epsilon_n \end{bmatrix} \tag{7・3}$$

이며, $\boldsymbol{\epsilon}$은 확률벡터(random vector)이고, $\boldsymbol{\beta}$는 미지의 모수(unknown parameters)이다. 행렬 X는 기지의 고정된 행렬(known fixed matrix)로서 독립변수 x_i들과, 측정된 수준의 값들이 모여 이루어진 행렬이며 $n>k$이고, 계수는 $r(X)=k+1$로 $X'X$ 행렬은 정칙(正

則, nonsingular)행렬로서 역행렬을 가지고 있다. 이와 같은 성질을 가진 모형을 완전계수의 중선형회귀모형(multiple linear regression model of full rank)이라 부르며, 간단히 중회귀모형하면 이러한 모형을 의미하는 것으로 한다.

확률벡터 $\boldsymbol{\epsilon}$의 분포에 따라서 두 가지 경우로 나누어 생각할 수 있다.

경우 A : $\boldsymbol{\epsilon} \sim N(\mathbf{0}, I\sigma^2)$

경우 B : $E(\boldsymbol{\epsilon}) = \mathbf{0}, \quad Var(\boldsymbol{\epsilon}) = I\sigma^2$

일반적으로 경우 A를 가정하고 또 이를 만족시켜 주는 실제의 경우가 많다. 그러나 정규성(正規性, normality)을 가정할 필요가 없을 때도 있으므로, 이를 분류하여 생각하여 보기로 한다. 모수의 점추정에서는 위의 두 가지 경우를 모두 검토하나, 구간추정과 가설검정에서는 경우 A만 다루기로 한다.

7·1 점 추 정

7·1·1 경우 A의 모수추정

오차들의 확률벡터 $\boldsymbol{\epsilon}$이 정규분포를 한다면 모수 β_0, β_1, β_2, …, β_k와 σ^2의 추정에 있어서 최대우도법(method of maximun likelihood)을 사용할 수 있다. 우도함수는

$$f(\boldsymbol{\epsilon}\,;\,\boldsymbol{\beta}, \sigma^2) = \frac{1}{(2\pi\sigma^2)^{n/2}} \exp(-\boldsymbol{\epsilon}'\boldsymbol{\epsilon}/2\sigma^2)$$

$$= \frac{1}{(2\pi\sigma^2)^{n/2}} \exp\left[-\frac{(\boldsymbol{y}-X\boldsymbol{\beta})'(\boldsymbol{y}-X\boldsymbol{\beta})}{2\sigma^2}\right] \qquad (7\cdot 4)$$

이며, 여기에 log를 취하면

$$\log f(\boldsymbol{\epsilon}\,;\,\boldsymbol{\beta}, \sigma^2) = -\frac{n}{2}\log 2\pi - \frac{n}{2}\log \sigma^2 - \frac{1}{2\sigma^2}(\boldsymbol{y}-X\boldsymbol{\beta})'(\boldsymbol{y}-X\boldsymbol{\beta})$$

이것을 $\boldsymbol{\beta}$와 σ^2에 대하여 편미분하여 각각 $\mathbf{0}$과 0으로 놓으면

$$\frac{\partial}{\partial \boldsymbol{\beta}}[\log f(\boldsymbol{\epsilon}\,;\,\boldsymbol{\beta}, \sigma^2)] = \frac{1}{\sigma^2}(X'\boldsymbol{y} - X'X\boldsymbol{\beta}) = \mathbf{0}$$

$$\frac{\partial}{\partial\sigma^2}[\log f(\boldsymbol{\epsilon}\,;\,\boldsymbol{\beta},\sigma^2)] = -\frac{n}{2\sigma^2}+\frac{(\boldsymbol{y}-X\boldsymbol{\beta})'(\boldsymbol{y}-X\boldsymbol{\beta})}{2\sigma^4}=0$$

만약 $\tilde{\boldsymbol{\beta}}$ 와 $\tilde{\sigma}^2$ 을 위의 방정식을 만족시켜 주는 해라 한다면, 다음의 식을 얻을 수 있다.

$$X'X\tilde{\boldsymbol{\beta}} = X'\boldsymbol{y} \qquad (7\cdot5)$$

$$\tilde{\sigma}^2 = \frac{1}{n}(\boldsymbol{y}-X\tilde{\boldsymbol{\beta}})'(\boldsymbol{y}-X\tilde{\boldsymbol{\beta}}) \qquad (7\cdot6)$$

식 (7·5)의 행렬방정식을 정규방정식(正規方程式, normal equations)이라 부르며, $X'X$ 행렬이 정칙이므로

$$\tilde{\boldsymbol{\beta}} = \begin{bmatrix} \tilde{\beta}_0 \\ \tilde{\beta}_1 \\ \vdots \\ \tilde{\beta}_k \end{bmatrix} = (X'X)^{-1}X'\boldsymbol{y}$$

가 된다. 그런데, 최대우도법에 의한 $\boldsymbol{\beta}$의 추정량 $\tilde{\boldsymbol{\beta}}$ 는 식 (6·21)의 최소제곱추정량 $\boldsymbol{b}$ 와 일치하며, 또한 식 (6·40)에서 본 바와 같이 불편(不偏, unbiased)이다.

다음으로 식 (7·6)의 σ^2 의 최대우도추정량 $\tilde{\sigma}^2$ 을 보자. $\tilde{\sigma}^2$ 의 기대값을 구해 보면

$$\begin{aligned} E(\tilde{\sigma}^2) &= \frac{1}{n}E[(\boldsymbol{y}-X\tilde{\boldsymbol{\beta}})'(\boldsymbol{y}-X\tilde{\boldsymbol{\beta}})] \\ &= \frac{1}{n}E[(\boldsymbol{y}-X\boldsymbol{b})'(\boldsymbol{y}-X\boldsymbol{b})] \\ &= \frac{1}{n}E(SSE) \end{aligned}$$

그런데, 식 (6·33)에서 $E(SSE)=(n-k-1)\sigma^2$ 이므로,

$$E(\tilde{\sigma}^2) = \frac{n-k-1}{n}\sigma^2$$

따라서, $\tilde{\sigma}^2$ 은 편의(biased)된 추정량이며, 불편이 되기 위해서는 추정량

$$\hat{\sigma}^2 = \frac{n}{n-k-1}\cdot\tilde{\sigma}^2$$

$$= \frac{1}{n-k-1}(\boldsymbol{y}-X\boldsymbol{b})'(\boldsymbol{y}-X\boldsymbol{b}) \tag{7·7}$$

을 사용하여야 하고, 이는 바로

$$\hat{\sigma}^2 = \frac{1}{n-k-1}(SSE) = MSE$$

가 된다.

7·1·2 경우 B의 모수추정

확률벡터 $\boldsymbol{\epsilon}$의 평균과 분산만이 알려져 있고, 확률분포를 모르는 경우에는 최대우도법을 사용할 수 없으며, 이 경우에는 최소제곱법(method of least squares)이 널리 사용된다. 앞 장에서도 간단히 언급한 바와 같이 오차제곱합

$$\sum_{j=1}^{n}\epsilon_j^2 = \boldsymbol{\epsilon}'\boldsymbol{\epsilon} = (\boldsymbol{y}-X\boldsymbol{\beta})'(\boldsymbol{y}-X\boldsymbol{\beta})$$
$$= \boldsymbol{y}'\boldsymbol{y}-2\boldsymbol{\beta}'X'\boldsymbol{y}+\boldsymbol{\beta}'X'X\boldsymbol{\beta}$$

를 $\boldsymbol{\beta}$로 미분하여 $\mathbf{0}$으로 놓으면

$$\frac{\partial(\boldsymbol{\epsilon}'\boldsymbol{\epsilon})}{\partial\boldsymbol{\beta}} = 2(X'\boldsymbol{y}-X'X\boldsymbol{\beta}) = \mathbf{0}$$

이 되며, 이를 만족시켜 주는 $\boldsymbol{\beta}$의 값을 $\boldsymbol{b}$로 하면 최소제곱추정량 $\boldsymbol{b}=(X'X)^{-1}X'\boldsymbol{y}$를 얻게 된다.

최소제곱추정량 $\boldsymbol{b}$에 바탕을 둔 σ^2의 불편추정량은

$$\hat{\sigma}^2 = \frac{1}{n-k-1}(\boldsymbol{y}-X\boldsymbol{b})'(\boldsymbol{y}-X\boldsymbol{b})$$

이며, 이를 MSE로 표현하였다. 단순회귀에서는 이를 $s_{y\cdot x}{}^2$으로 표시하기도 하였다.

다음으로 최소제곱추정량 $\boldsymbol{b}=(X'X)^{-1}X'\boldsymbol{y}$의 특수한 성질을 Gauss-Markov 정리에 의하여 알아보자.

《정리 7·1》 Gauss-Markov 정리

완전계수의 중선형회귀모형

$$\boldsymbol{y} = X\boldsymbol{\beta} + \boldsymbol{\epsilon}$$

에서 $E(\boldsymbol{\epsilon})=\mathbf{0}$, $Var(\boldsymbol{\epsilon})=I\sigma^2$ 이 성립한다면 $\boldsymbol{\beta}$ 의 최소분산 선형 불편추정량(最少分散線型 不偏推定量, minimum-variance linear unbiased estimator)은 $\boldsymbol{b}=(X'X)^{-1}X'\boldsymbol{y}$ 이다.

증명 이 정리의 내용은 $\boldsymbol{\beta}$ 의 모든 선형(linear)이고 불편(unbiased)인 추정량 중에서, 최소분산(minimum-variance)을 갖는 추정량이 $\boldsymbol{b}=(X'X)^{-1}X'\boldsymbol{y}$ 라는 뜻이다. 선형이란 y_j 들의 선형함수(linear function of the y_j)란 의미이므로 임의의 $(k+1)\times n$ 행렬 A 에 대하여 일반적인 $\boldsymbol{y}$ 의 선형함수

$$\boldsymbol{\beta}^* = A\boldsymbol{y}$$

를 고려하여 보자. 여기서 행렬 A 가 어떤 형태를 취할 때 $\boldsymbol{\beta}^*$ 가 불편이며, 최소분산을 갖는가를 보이고자 한다.

먼저 $A=(X'X)^{-1}X'+B$ 라 놓을 수 있으므로,

$$\begin{aligned} E(\boldsymbol{\beta}^*) = E(A\boldsymbol{y}) &= E[(X'X)^{-1}X'\boldsymbol{y}+B\boldsymbol{y}] \\ &= (X'X)^{-1}X'X\boldsymbol{\beta}+BX\boldsymbol{\beta} \\ &= \boldsymbol{\beta}+BX\boldsymbol{\beta} \end{aligned}$$

그런데, 불편이기 위해서는 $E(\boldsymbol{\beta}^*)=\boldsymbol{\beta}$ 이어야 하므로, 모든 $\boldsymbol{\beta}$ 에 대하여 $BX\boldsymbol{\beta}=\mathbf{0}$ 이며, 이것은 $BX=O$ 를 의미한다.

다음으로, 최소분산을 갖기 위해서는 $BX=O$ 라는 조건을 만족시키는 행렬 B 중에서 $Var(\beta_i^*)$, $i=0,1,2,\cdots,k$,를 최소로 하는 행렬 B 를 구해야 한다. 여기에서 $\boldsymbol{\beta}^*=(\beta_0^*, \beta_1^*,\cdots,\beta_k^*)'$라고 놓은 것이다. $\boldsymbol{\beta}^*$ 의 분산-공분산 행렬은 $BX=O$ 이므로

$$\begin{aligned} Var(\boldsymbol{\beta}^*) = Var(A\boldsymbol{y}) &= Var\{[(X'X)^{-1}X'+B]\boldsymbol{y}\} \\ &= [(X'X)^{-1}X'+B]Var(\boldsymbol{y})[(X'X)^{-1}X'+B]' \\ &= [(X'X)^{-1}X'+B]I\sigma^2[(X'X)^{-1}X'+B]' \\ &= [(X'X)^{-1}+BB']\sigma^2 \end{aligned}$$

여기에서 $BB'=G=(g_{ij})$라 하자. $Var(\boldsymbol{\beta}^*)$의 대각선상의 원소(diagonal elements)들이

$Var(\beta_i^*)$들이므로 $Var(\beta_i^*)$를 최소로 하기 위하여서는 대각선상의 원소들이 최소로 되어야 할 것이다. 그런데, $G=BB'$은 양반정치(positive semi-definite)행렬이므로 $Var(\boldsymbol{\beta}^*)$의 대각선상의 원소들이 최소로 되기 위하여 $g_{ii}=0$, $i=0,1,\cdots,k$, 이 되어야 한다. 그런데, $B=(b_{ij})$라 표시하면 $g_{ii}=\sum_{j=1}^{n} b_{ij}^2$이며, 모든 i에 대하여 $g_{ii}=0$이 되기 위해서는 모든 i와 j에 대하여 $b_{ij}=0$이 되어야 한다. 이것은 $B=O$을 의미한다. 이 조건은 또한 $BX=O$을 만족시켜 준다. 따라서, 선형, 불편과 최소분산을 주는 행렬 A는 $A=(X'X)^{-1}X'$이 된다. ■

위의 정리는 회귀분석에서 매우 중요한 정리이므로, 독자 여러분은 잘 음미하여 주기 바란다. 최소분산이란 용어 대신에 최량(最良, best)이라는 표현을 흔히 사용하여 $\boldsymbol{\beta}$의 최소분산 선형 불편추정량 $\boldsymbol{b}=(X'X)^{-1}X'\boldsymbol{y}$를 최량선형 불편추정량(best linear unbiased estimator($BLUE$))이라 부르기도 한다.

7·2 구 간 추 정

중회귀모형을

$$y=\beta_0+\sum_{i=1}^{k}\beta_i x_i+\epsilon \tag{7·8}$$

$$\epsilon \sim N(0,\ \sigma^2)$$

으로 표현하면

$$E(y)=\beta_0+\sum_{i=1}^{k}\beta_i x_i$$

이며, β_0, β_i와 $E(y)$의 신뢰구간을 추정하는 문제를 알아보자. 여기서는 오차항 ϵ의 정규성(normality)을 가정하였으므로, 앞 절의 경우 A에 해당하는 것이다.

먼저 주어진 독립변수들의 값(x_1, x_2, $\cdots$, x_k)에서 y의 기대값 $E(y)$에 대한 구간추정을 구해 보자. $E(y)$의 점추정량은 $\hat{y}$으로

$$\hat{y} = b_0 + \sum_{i=1}^{k} b_i x_i = (1, x_1, x_2, \cdots, x_k)\begin{pmatrix} b_0 \\ b_1 \\ b_2 \\ \vdots \\ b_k \end{pmatrix} = \boldsymbol{x}'\boldsymbol{b}$$

라고 표현하며, 이의 분산은 식 (6·48)에서

$$Var(\hat{y}) = \boldsymbol{x}'(X'X)^{-1}\boldsymbol{x}\sigma^2$$

으로 얻어진다. 따라서, σ^2이 기지인 경우에는 $E(y)$의 $100(1-\alpha)\%$ 신뢰구간은

$$\hat{y} \pm z_{\alpha/2}\sqrt{\boldsymbol{x}'(X'X)^{-1}\boldsymbol{x}\sigma^2} \tag{7·9}$$

이 되며, σ^2이 미지인 경우에 그 신뢰구간은 σ^2을 MSE로 추정하여 대입시켜서

$$\hat{y} \pm t\left(n-k-1\,;\frac{\alpha}{2}\right)\sqrt{\boldsymbol{x}'(X'X)^{-1}\boldsymbol{x}\cdot MSE} \tag{7·10}$$

가 된다. 여기서 $n-k-1$은 분산분석에서 잔차항의 자유도이다.

다음으로 주어진 $(x_1,\ x_2,\ \cdots,\ x_k)$에서 하나의 y값 y_s에 대한 예측인 경우에는 식 (6·49)에서 본 바와 같이 $Var(\hat{y}_s)=[1+\boldsymbol{x}'(X'X)^{-1}\boldsymbol{x}]\sigma^2$이므로, 이에 대한 $100(1-\alpha)\%$ 신뢰구간은 σ^2이 기지인 경우와 미지인 경우로 나누어서 각각

$$\hat{y} \pm z_{\alpha/2}\sqrt{[1+\boldsymbol{x}'(X'X)^{-1}\boldsymbol{x}]\sigma^2} \tag{7·11}$$

$$\hat{y} \pm t\left(n-k-1\,;\frac{\alpha}{2}\right)\sqrt{[1+\boldsymbol{x}'(X'X)^{-1}\boldsymbol{x}]\cdot MSE} \tag{7·12}$$

가 될 것이다.

다음으로 $\beta_i,\ i=0,1,2,\cdots,k,$의 구간추정을 알아보자. 식 (6·41), (6·42)와 (6·43)으로부터 $Var(\boldsymbol{b})=(X'X)^{-1}\sigma^2$이고 $Var(b_i)=c_{ii}\sigma^2,\ \ i=0,1,2,\ \cdots,k,$이며, c_{ii}는 $(X'X)^{-1}$의 $(i+1)$번째 대각선상의 값이다. 따라서, β_i의 $100(1-\alpha)\%$ 신뢰구간은

$$b_i \pm z_{\alpha/2}\sqrt{c_{ii}\sigma^2} \tag{7·13}$$

이거나

$$b_i \pm t\left(n-k-1\,;\,\frac{\alpha}{2}\right)\sqrt{c_{ii}MSE} \tag{7·14}$$

이다.

다음으로 β_i 들의 선형함수인 임의의

$$\boldsymbol{q}'\boldsymbol{\beta} = (q_0, q_1, q_2, \cdots, q_k)\begin{bmatrix}\beta_0\\ \beta_1\\ \beta_2\\ \vdots\\ \beta_k\end{bmatrix} = q_0\beta_0 + q_1\beta_1 + \cdots + q_k\beta_k$$

에 대한 신뢰구간을 알아보자. $\boldsymbol{q}'\boldsymbol{\beta}$ 의 불편추정량은 $\boldsymbol{q}'\boldsymbol{b}$ 이며, 이의 분산은

$$\begin{aligned} Var(\boldsymbol{q}'\boldsymbol{b}) &= \boldsymbol{q}'\,Var(\boldsymbol{b})\,\boldsymbol{q} \\ &= \boldsymbol{q}'(X'X)^{-1}\boldsymbol{q}\sigma^2 \end{aligned} \tag{7·15}$$

이므로, $\boldsymbol{q}'\boldsymbol{\beta}$ 의 $100(1-\alpha)\%$ 신뢰구간은

$$\boldsymbol{q}'\boldsymbol{b} \pm z_{\alpha/2}\sqrt{\boldsymbol{q}'(X'X)^{-1}\boldsymbol{q}\sigma^2} \tag{7·16}$$

이거나

$$\boldsymbol{q}'\boldsymbol{b} \pm t\left(n-k-1\,;\,\frac{\alpha}{2}\right)\sqrt{\boldsymbol{q}'(X'X)^{-1}\boldsymbol{q}\cdot MSE} \tag{7·17}$$

가 됨을 쉽게 알 수 있다.

예를 들어, $\beta_1-\beta_2$ 의 신뢰구간을 구하고 싶다하자. 그러면, $\boldsymbol{q}'=(0, 1, -1, 0, 0, \cdots, 0)$ 이 되며

$$\boldsymbol{q}'(X'X)^{-1}\boldsymbol{q} = c_{11} + c_{22} - 2c_{12}$$

가 되므로, σ^2 이 미지인 경우의 구간추정은

$$(b_1-b_2)\pm t\left(n-k-1\,;\,\frac{\alpha}{2}\right)\sqrt{(c_{11}+c_{22}-2c_{12})\cdot MSE}$$

가 될 것이다.

7·3 가 설 검 정

앞 절에서 $E(y)$, β_i 등의 구간추정을 하여 보았는데, 여기에서는 이들의 가설검정을 다루어 보자. 먼저 주어진 $(x_1, x_2, \cdots, x_k)$에서 $E(y)$의 추정량은 $\hat{y}=\boldsymbol{x}'\boldsymbol{b}$ 이며 $Var(\hat{y})=\boldsymbol{x}'(X'X)^{-1}\boldsymbol{x}\sigma^2$ 이므로 통계량

$$Z_0=\frac{\hat{y}-E(y)}{\sqrt{Var(\hat{y})}}=\frac{\hat{y}-E(y)}{\sqrt{\boldsymbol{x}'(X'X)^{-1}\boldsymbol{x}\sigma^2}} \qquad (7\cdot 18)$$

은 표준정규분포에 따르고, σ^2 이 미지인 경우에는 $Var(\hat{y})$을 추정하여 $\widehat{Var}(\hat{y})=\boldsymbol{x}'(X'X)^{-1}\boldsymbol{x}\cdot MSE$ 로 놓으면 통계량

$$t_0=\frac{\hat{y}-E(y)}{\sqrt{\widehat{Var}(\hat{y})}}=\frac{\hat{y}-E(y)}{\sqrt{\boldsymbol{x}'(X'X)^{-1}\boldsymbol{x}\cdot MSE}} \qquad (7\cdot 19)$$

는 자유도 $n-k-1$ 인 t-분포를 하게 된다. 따라서, 가설이

$$H_0 : E(y) = \eta$$
$$H_1 : E(y) \neq \eta$$

과 같은 경우의 검정절차는 다음과 같다.

(순서 1) 검정통계량의 값 z_0 또는 t_0 를 식 (7・18) 또는 (7・19)에 의하여 구한다.

(순서 2) 유의수준 α 를 정하고, 부록의 표준정규분포표와 t-분포표로부터 기각치 $z_{\alpha/2}$ 또는 $t\left(n-k-1\,;\,\frac{\alpha}{2}\right)$를 구한다.

(순서 3) 판정방법은 다음과 같다. σ^2 이 기지인 경우는 $|z_0|>z_{\alpha/2}$ 인가를 비교하여, 이것이 사실이면 귀무가설을 기각하고, 사실이 아니면 귀무가설을 채택한다. σ^2 이 미

지인 경우는 $|t_0|>t\left(n-k-1;\frac{\alpha}{2}\right)$와 비교하여, 이것이 사실이면 귀무가설을 기각하고 아니면 채택한다.

위와 같은 절차에 따라서 β_i와 이들의 선형조합 $\boldsymbol{q}'\boldsymbol{\beta}$의 가설검정을 할 수 있다. 가설과 검정통계량의 값에 대한 표현을 다음에 적어 본다.

〈표 7·1〉 가 설 검 정

가설(hypotheses)	검정통계량(test statistic)	
	σ^2이 기지인 경우	σ^2이 미지인 경우
$H_0: \beta_i=\beta_{i0}$ $H_1: \beta_i\neq\beta_{i0}$	$z_0=\frac{b_i-\beta_{i0}}{\sqrt{c_{ii}\sigma^2}}$	$t_0=\frac{b_i-\beta_{i0}}{\sqrt{c_{ii}\cdot MSE}}$
$H_0: \boldsymbol{q}'\boldsymbol{\beta}=c$ $H_1: \boldsymbol{q}'\boldsymbol{\beta}\neq c$	$z_0=\frac{\boldsymbol{q}'\boldsymbol{b}-c}{\sqrt{\boldsymbol{q}'(X'X)^{-1}\boldsymbol{q}\sigma^2}}$	$t_0=\frac{\boldsymbol{q}'\boldsymbol{b}-c}{\sqrt{\boldsymbol{q}'(X'X)^{-1}\boldsymbol{q}\cdot MSE}}$

〔예 7·1〕 〈표 6·1〉에 있는 데이터에 대하여 중회귀모형, $y=\beta_0+\beta_1x_1+\beta_2x_2+\epsilon$, $\epsilon\sim N(0,\sigma^2)$이 적절하다고 판단하고 이를 적합시켰을 때 다음의 질문에 답하라.

(1) $x_1=10$, $x_2=10$에서 $E(y)$를 95% 신뢰구간으로 추정하라.

(2) $x_1=10$, $x_2=10$에서 $E(y)=25$인가를 유의수준 $\alpha=0.05$로 가설검정하라.

(3) $\beta_1=\beta_0$인가를 유의수준 $\alpha=0.05$로 가설검정하라.

풀이 --

(1) 앞 장에서 구한 추정된 회귀방정식은

$$\begin{aligned}\hat{y} &= b_0+b_1x_1+b_2x_2\\ &= -0.651+1.551x_1+0.760x_2\end{aligned}$$

이며, $x_1=x_2=10$에서 $\hat{y}$은

$$\hat{y} = -0.651+(1.551)(10)+(0.760)(10) = 22.459$$

그런데

$$Var(\hat{y}) = \boldsymbol{x}'(X'X)^{-1}\boldsymbol{x}\sigma^2$$

$$= (1, 10, 10)\begin{bmatrix} 1.62902 & -0.26385 & 0.06464 \\ -0.26385 & 0.08047 & -0.04222 \\ 0.06464 & -0.04222 & 0.03034 \end{bmatrix}\begin{bmatrix} 1 \\ 10 \\ 10 \end{bmatrix}\sigma^2$$

$$= 0.28182\,\sigma^2$$

이며, 〈표 6・3〉으로부터 $\hat{\sigma}^2 = MSE = 5.18$ 이므로 95% $E(y)$의 신뢰구간은

$$\hat{y} \pm t\left(n-k-1\,;\frac{\alpha}{2}\right)\sqrt{\boldsymbol{x}'(X'X)^{-1}\boldsymbol{x}\cdot MSE}$$

$$\Rightarrow \hat{y} \pm t(7\,;0.025)\sqrt{(0.28182)(5.18)}$$

$$\Rightarrow 22.459 \pm (2.36)\sqrt{1.46}$$

$$\Rightarrow 22.459 \pm 2.852$$

$$\Rightarrow (19.607,\ 25.311)$$

(2) $H_0 : E(y) = 25$

$H_1 : E(y) \neq 25$

검정통계량의 값은

$$t_0 = \frac{\hat{y} - 25}{\sqrt{\boldsymbol{x}'(X'X)^{-1}\boldsymbol{x}\cdot MSE}} = \frac{22.459 - 25}{\sqrt{1.46}} = -2.103$$

그런데, $t\left(n-k-1\,;\frac{\alpha}{2}\right) = t(7\,;0.025) = 2.36$ 이므로 $|t_0| < 2.36$ 이며, 따라서 귀무가설을 기각할 수 없다.

(3) $\beta_1 = \beta_2$ 를 $\boldsymbol{q}'\boldsymbol{\beta} = c$ 의 형태로 바꾸면 $\boldsymbol{q}' = (0,\ 1,\ -1)$ 이고 $c = 0$ 이므로 $\boldsymbol{q}'\boldsymbol{\beta} = \beta_1 - \beta_2 = 0$ 이 된다. 따라서 가설은

$H_0 : \beta_1 - \beta_2 = 0$

$H_1 : \beta_1 - \beta_2 \neq 0$

이며, 이 경우의 검정통계량의 값은

$$t_0 = \frac{b_1 - b_2}{\sqrt{\boldsymbol{q}'(X'X)^{-1}\boldsymbol{q}\cdot MSE}} = \frac{b_1 - b_2}{\sqrt{(c_{11} + c_{22} - 2c_{12})(MSE)}}$$

이다. 〔예 6・2〕의 결과에서 $c_{11} = 0.08047$, $c_{22} = 0.03034$, $c_{12} = -0.04222$ 이며 또 $MSE = 5.18$ 이므로

$$t_0=\frac{(1.551-0.760)}{\sqrt{[0.08047+0.03034-2(-0.04222)](5.18)}}=\frac{0.791}{\sqrt{1.0114}}=0.787$$

그런데, $t(7\,;\,0.025)=2.36$ 이므로, 귀무가설을 기각할 수 없다.

7·4 가설 $C\boldsymbol{\beta}=\boldsymbol{m}$ 의 검정

앞 절에서 $\boldsymbol{q}'\boldsymbol{\beta}=c$ 처럼 β_i 들의 선형조합(線型組合, linear combination)에 대한 가설검정을 보았는데, p 개의 선형조합, $\boldsymbol{q}_i'\boldsymbol{\beta}=c_i$, $i=1, 2, \cdots, p$ 가 동시에 성립하는가를 검정하고 싶은 경우가 있다. 여기서

$$C=\begin{bmatrix}\boldsymbol{q}_1'\\ \boldsymbol{q}_2'\\ \vdots\\ \boldsymbol{q}_p'\end{bmatrix},\quad \boldsymbol{m}=\begin{bmatrix}c_1\\ c_2\\ \vdots\\ c_p\end{bmatrix} \tag{7・20}$$

라 놓으면 C 는 $p\times(k+1)$ 행렬이고, $\boldsymbol{m}$ 은 $p\times 1$ 벡터가 되며, 가설은

$$\begin{aligned}&H_0: C\boldsymbol{\beta}=\boldsymbol{m}\\ &H_1: C\boldsymbol{\beta}\neq\boldsymbol{m}\end{aligned} \tag{7・21}$$

라 쓸 수 있을 것이다. 행렬 C 의 계수(rank)는 p 라고 가정한다. 즉, p 개의 선형조합은 상호 독립관계가 있다.

예를 들어 보기로 하자. 회귀선형모형이 $E(y)=\beta_0+\beta_1x_1+\beta_2x_2+\beta_3x_3+\beta_4x_4$ 라 하자. 여기서 $\beta_1-\beta_2=0$ 과 $\beta_3-2\beta_4=0$ 이 성립하는가를 검정하고 싶다 하자. 그러면,

$$C\boldsymbol{\beta}=\begin{bmatrix}0&1&-1&0&0\\0&0&0&1&-2\end{bmatrix}\begin{bmatrix}\beta_0\\ \beta_1\\ \beta_2\\ \beta_3\\ \beta_4\end{bmatrix}=\begin{bmatrix}0\\0\end{bmatrix}=\boldsymbol{m} \tag{7・22}$$

과 같은 형태가 된다. 만약, $\beta_1=\beta_2=\beta_3=\beta_4$ 인가를 검정하고 싶다 하자. 그러면,

$$C\boldsymbol{\beta}=\begin{bmatrix}0 & 1 & -1 & 0 & 0\\ 0 & 0 & 1 & -1 & 0\\ 0 & 0 & 0 & 1 & -1\end{bmatrix}\begin{bmatrix}\beta_0\\ \beta_1\\ \beta_2\\ \beta_3\\ \beta_4\end{bmatrix}=\begin{bmatrix}0\\ 0\\ 0\end{bmatrix}=\boldsymbol{m} \tag{7・23}$$

이 될 것이다.

$C\boldsymbol{\beta}=\boldsymbol{m}$ 을 검정하는 방법을 두 가지로 나누어 생각할 수 있다. 첫번째 방법은 제한조건 $C\boldsymbol{\beta}=\boldsymbol{m}$ 을 만족시키는 $\boldsymbol{\beta}$ 중에서 오차제곱합 $(\boldsymbol{y}-X\boldsymbol{\beta})'(\boldsymbol{y}-X\boldsymbol{\beta})$를 최소로 하는 $\boldsymbol{\beta}$ 를 구한 후 잔차제곱합 SSE 가 제한조건이 없을 경우와 비교하여 어느 정도 증가하는가를 검토하는 절차이고, 두번째 방법은 $C\boldsymbol{\beta}=\boldsymbol{m}$ 조건을 만족시키는 축소된 모형(reduced model)을 만들어 SSE 가 어느 정도 증가하는가를 알아보는 방법이다. 이들 방법은 중회귀분석에서 매우 중요한 부분을 차지하므로 좀더 자세히 고찰하기로 하자.

7·4·1 방 법 Ⅰ

$C\boldsymbol{\beta}=\boldsymbol{m}$ 을 $\boldsymbol{\beta}$ 에 관한 제한조건(restriction)이라 간주하고, 이 조건을 만족시키는 $\tilde{\boldsymbol{\beta}}$ 중에서 오차제곱합 $(\boldsymbol{y}-X\tilde{\boldsymbol{\beta}})'(\boldsymbol{y}-X\tilde{\boldsymbol{\beta}})$를 최소로 하는 $\tilde{\boldsymbol{\beta}}$ 를 찾아 보자. 이를 다르게 표현하면

$$\min_{\tilde{\beta}}(\boldsymbol{y}-X\tilde{\boldsymbol{\beta}})'(\boldsymbol{y}-X\tilde{\boldsymbol{\beta}}) \tag{7・24}$$

$$\text{제한 조건}: C\tilde{\boldsymbol{\beta}}=\boldsymbol{m}$$

위에서 $\min_{\tilde{\beta}}$ 의 표현은 $\tilde{\boldsymbol{\beta}}$ 를 선택하여 $(\boldsymbol{y}-X\tilde{\boldsymbol{\beta}})'(\boldsymbol{y}-X\tilde{\boldsymbol{\beta}})$를 최소화시키라는 뜻이며, 이 $\tilde{\boldsymbol{\beta}}$ 의 선택은 제한조건을 만족시켜 주는 것 중에서 골라야 한다는 것이다.

식 (7・24)를 풀기 위하여 Lagrange 배수법(method of Lagrange multipliers)을 사용하기로 하자. 이 방법에 대한 자세한 이론적 배경은 참고문헌 (7・4), (7・6)에 상세히 나타나 있다. 먼저 Lagrangian 함수를 세우면

$$L = (\boldsymbol{y}-X\tilde{\boldsymbol{\beta}})'(\boldsymbol{y}-X\tilde{\boldsymbol{\beta}})+2\boldsymbol{\theta}'(C\tilde{\boldsymbol{\beta}}-\boldsymbol{m}) \qquad (7 \cdot 25)$$

이 되며, $\boldsymbol{\theta}$는 Lagrange 배수로서 $p\times 1$ 벡터이다. 함수 L을 $\tilde{\boldsymbol{\beta}}$와 $\boldsymbol{\theta}$에 대하여 편미분하여 $\mathbf{0}$으로 놓으면

$$\frac{\partial L}{\partial \tilde{\boldsymbol{\beta}}} = 2(X'X\tilde{\boldsymbol{\beta}}+C'\boldsymbol{\theta}-X'\boldsymbol{y}) = \mathbf{0}$$

$$\frac{\partial L}{\partial \boldsymbol{\theta}} = 2(C\tilde{\boldsymbol{\beta}}-\boldsymbol{m}) = \mathbf{0}$$

이 되며, 이를 정리하여 다음과 같이 $\tilde{\boldsymbol{\beta}}$와 $\boldsymbol{\theta}$에 관한 연립방정식을 얻는다.

$$X'X\tilde{\boldsymbol{\beta}}+C'\boldsymbol{\theta} = X'\boldsymbol{y} \qquad (7 \cdot 26)$$

$$C\tilde{\boldsymbol{\beta}} = \boldsymbol{m} \qquad (7 \cdot 27)$$

식 (7 · 26)에서 $\tilde{\boldsymbol{\beta}}=(X'X)^{-1}(X'\boldsymbol{y}-C'\boldsymbol{\theta})=\boldsymbol{b}-(X'X)^{-1}C'\boldsymbol{\theta}$이며 이를 식 (7 · 27)에 대입시키면

$$C\tilde{\boldsymbol{\beta}} = C[\boldsymbol{b}-(X'X)^{-1}C'\boldsymbol{\theta}] = C\boldsymbol{b}-C(X'X)^{-1}C'\boldsymbol{\theta} = \boldsymbol{m}$$

따라서

$$\boldsymbol{\theta} = [C(X'X)^{-1}C']^{-1}(C\boldsymbol{b}-\boldsymbol{m}) \qquad (7 \cdot 28)$$

이며, 이를 식 (7 · 26)에 대입시켜서 $\tilde{\boldsymbol{\beta}}$에 대하여 풀면

$$\begin{aligned}\tilde{\boldsymbol{\beta}} &= \boldsymbol{b}-(X'X)^{-1}C'[C(X'X)^{-1}C']^{-1}(C\boldsymbol{b}-\boldsymbol{m}) \\ &= \{I-(X'X)^{-1}C'[C(X'X)^{-1}C']^{-1}C\}\boldsymbol{b}+(X'X)^{-1}C'[C(X'X)^{-1}C']^{-1}\boldsymbol{m} \qquad (7 \cdot 29)\end{aligned}$$

이 된다. 즉, 식 (7 · 29)의 $\tilde{\boldsymbol{\beta}}$는 $C\tilde{\boldsymbol{\beta}}=\boldsymbol{m}$을 만족시키면서 $(\boldsymbol{y}-X\tilde{\boldsymbol{\beta}})'(\boldsymbol{y}-X\tilde{\boldsymbol{\beta}})$를 최소로 하여 주는 $\tilde{\boldsymbol{\beta}}$의 값이다.

다음으로 $\boldsymbol{\beta}$가 $\tilde{\boldsymbol{\beta}}$를 취할 때 잔차제곱합 $SSE(\tilde{\boldsymbol{\beta}})$를 구해 보자.

$$\begin{aligned}SSE(\tilde{\boldsymbol{\beta}}) &= (\boldsymbol{y}-X\tilde{\boldsymbol{\beta}})(\boldsymbol{y}-X\tilde{\boldsymbol{\beta}}) \\ &= [\boldsymbol{y}-X\boldsymbol{b}+X(\boldsymbol{b}-\tilde{\boldsymbol{\beta}})]'[\boldsymbol{y}-X\boldsymbol{b}+X(\boldsymbol{b}-\tilde{\boldsymbol{\beta}})]\end{aligned}$$

$$= (\boldsymbol{y}-X\boldsymbol{b})'(\boldsymbol{y}-X\boldsymbol{b}) + (\boldsymbol{b}-\tilde{\boldsymbol{\beta}})'X'X(\boldsymbol{b}-\tilde{\boldsymbol{\beta}}) + 2(\boldsymbol{b}-\tilde{\boldsymbol{\beta}})'X'(\boldsymbol{y}-X\boldsymbol{b}) \qquad (7\cdot 30)$$

그런데, 제한조건이 없는 경우의 정규방정식으로부터 $X'X\boldsymbol{b}=X'\boldsymbol{y}$ 이므로 $X'(\boldsymbol{y}-X\boldsymbol{b})=\boldsymbol{0}$ 이 되며, 식 (7·30)의 세번째 항은 0이다. 또한 $SSE=(\boldsymbol{y}-X\boldsymbol{b})'(\boldsymbol{y}-X\boldsymbol{b})$이며, 식 (7·29)에서 $\boldsymbol{b}-\tilde{\boldsymbol{\beta}} = (X'X)^{-1}C'[C(X'X)^{-1}C']^{-1}(C\boldsymbol{b}-\boldsymbol{m})$이므로, 이를 식 (7·30)에 대입시키면

$$SSE(\tilde{\boldsymbol{\beta}}) = SSE + (C\boldsymbol{b}-\boldsymbol{m})'[C(X'X)^{-1}C']^{-1}(C\boldsymbol{b}-\boldsymbol{m}) \qquad (7\cdot 31)$$

을 얻는다. $\boldsymbol{\beta}$에 제한조건을 가하여 얻은 것이 $SSE(\tilde{\boldsymbol{\beta}})$이므로 제한조건 없이 얻어진 SSE 보다 $SSE(\tilde{\boldsymbol{\beta}})$가 크거나 또는 같거나 할 것이며, 그 차이를 Q로 놓으면

$$\begin{aligned} Q &= SSE(\tilde{\boldsymbol{\beta}}) - SSE \\ &= (C\boldsymbol{b}-\boldsymbol{m})'[C(X'X)^{-1}C']^{-1}(C\boldsymbol{b}-\boldsymbol{m}) \end{aligned} \qquad (7\cdot 32)$$

이 된다. 이 Q에 대하여 알아보자.

중회귀모형 $\boldsymbol{y}=X\boldsymbol{\beta}+\boldsymbol{\epsilon}$, $\boldsymbol{\epsilon}\sim N(\boldsymbol{0}, I\sigma^2)$에서 출발하여 $\boldsymbol{y}$, $\boldsymbol{b}$와 $C\boldsymbol{b}-\boldsymbol{m}$은 다음의 확률분포를 한다.

$$\begin{aligned} &\boldsymbol{y}\sim N(X\boldsymbol{\beta},\ I\sigma^2) \\ &\boldsymbol{b}\sim N(\boldsymbol{\beta},\ (X'X)^{-1}\sigma^2) \\ &C\boldsymbol{b}-\boldsymbol{m}\sim N(C\boldsymbol{\beta}-\boldsymbol{m},\ C(X'X)^{-1}C'\sigma^2) \end{aligned}$$

여기에 《정리 5·3》을 이용하면

$$\frac{Q}{\sigma^2} = (C\boldsymbol{b}-\boldsymbol{m})'[\sigma^2 C(X'X)^{-1}C']^{-1}(C\boldsymbol{b}-\boldsymbol{m})$$

은 비중심 χ^2-분포(noncentral χ^2-distribution)를 하며, 자유도는 $[C(X'X)^{-1}C']^{-1}$의 계수로서

$$\begin{aligned} r\{[C(X'X)^{-1}C']^{-1}\} &= r\{[C(X'X)^{-1}C']\} \\ &= r(C) = p \end{aligned}$$

이며, 비중심모수(非中心母數, noncentrality parameter)는

$$\lambda = (C\boldsymbol{\beta}-\boldsymbol{m})'[C(X'X)^{-1}C']^{-1}(C\boldsymbol{\beta}-\boldsymbol{m})/2\sigma^2$$

이 된다. 즉

$$\frac{Q}{\sigma^2} \sim \chi^{2\prime}\{p, (C\boldsymbol{\beta}-\boldsymbol{m})'[C(X'X)^{-1}C']^{-1}(C\boldsymbol{\beta}-\boldsymbol{m})/2\sigma^2\} \tag{7·33}$$

SSE 의 분포는 식 (6·52)에서 이미 얻은 바와 같다.

$$\frac{SSE}{\sigma^2} \sim \chi^2(n-k-1)$$

다음으로 Q 와 SSE 가 서로 독립적으로 분포하고 있는가를 알아보자.

$$\begin{aligned} SSE &= \boldsymbol{y}'[I-X(X'X)^{-1}X']\boldsymbol{y} \\ Q &= (C\boldsymbol{b}-\boldsymbol{m})'[C(X'X)^{-1}C']^{-1}(C\boldsymbol{b}-\boldsymbol{m}) \\ &= \boldsymbol{y}'X(X'X)^{-1}C'[C(X'X)^{-1}C']^{-1}C(X'X)^{-1}X'\boldsymbol{y} \\ &\quad -2\boldsymbol{m}'[C(X'X)^{-1}C']^{-1}C(X'X)^{-1}X'\boldsymbol{y} \\ &\quad +\boldsymbol{m}'[C(X'X)^{-1}C']^{-1}\boldsymbol{m} \end{aligned}$$

이며, $[I-X(X'X)^{-1}X']X=O$ 이므로 《정리 5·5》와 《정리 5·6》을 이용하여 Q 와 SSE 가 독립적으로 분포하고 있음을 보일 수 있다. 따라서

$$F_0 = \frac{\dfrac{Q}{p\sigma^2}}{\dfrac{SSE}{(n-k-1)\sigma^2}} = \frac{Q/p}{SSE/(n-k-1)} \sim F'(p,\ n-k-1,\ \lambda) \tag{7·34}$$

이며, 비중심모수 λ 는

$$\lambda = (C\boldsymbol{\beta}-\boldsymbol{m})'[C(X'X)^{-1}C']^{-1}(C\boldsymbol{\beta}-\boldsymbol{m})/2\sigma^2$$

이다. 이 λ 의 값은 $H_0 : C\boldsymbol{\beta}=\boldsymbol{m}$ 이 성립되면 0 이 되므로 귀무가설이 옳은 경우의 F_0 의 분포는

$$F_0 = \frac{Q/p}{SSE/(n-k-1)} = \frac{Q}{(p)(MSE)} \sim F(p,\ n-k-1) \tag{7・35}$$

이 된다. 따라서, 유의수준 α에서 귀무가설의 검정은 기각치 $F(p,\ n-k-1\,;\,\alpha)$를 구하여 만약, $F_0 > F(p,\ n-k-1\,;\,\alpha)$이면 귀무가설을 기각하고, 아니면 귀무가설을 채택하게 된다.

7·4·2 방 법 Ⅱ

두번째 방법으로, 귀무가설 $C\boldsymbol{\beta}=\boldsymbol{m}$으로부터 β_i 간의 종속관계를 반영하여 모수의 재조정(再調整, reparametrization)을 하고 축소된 모형을 만든다. 예를 들어서 식 (7・22)와 같이 귀무가설이 $\beta_1=\beta_2$, $\beta_3=2\beta_4$이면 완전모형과 축소모형은 각각

$$y = \beta_0 + \beta_1 x_1 + \beta_2 x_2 + \beta_3 x_3 + \beta_4 x_4 + \epsilon \quad \text{(완전 모형)}$$

$$y = \beta_0 + \beta_1 (x_1 + x_2) + \beta_3 \left(x_3 + \frac{1}{2} x_4 \right) + \epsilon \quad \text{(축소모형)}$$

이 된다.

완전모형(full model)과 축소모형(reduced model)에서 얻어지는 잔차제곱합을 각각 $SSE(F)$, $SSE(R)$이라 하면 이와 관련된 자유도는 각각 $df_F=n-k-1$, $df_R=n-k-1+p$가 된다. $SSE(R)$은 $SSE(F)$보다 작지는 않을 것이며 그 차이인 $SSE(R)-SSE(F)$는 귀무가설이 옳을 경우에는 0에 가까우나 귀무가설이 맞지 않게 될수록 그 차이는 점점 커져갈 것이다.

다음의 검정통계량

$$\begin{aligned} F_0 &= \frac{SSE(R)-SSE(F)}{df_R - df_F} \div \frac{SSE(F)}{df_F} \\ &= \frac{SSE(R)-SSE(F)}{p \cdot MSE} \end{aligned} \tag{7・36}$$

를 만들면 귀무가설이 성립될 때 $F(p,\ n-k-1)$의 분포를 하게 된다. 따라서 $F_0 > F(p,\ n-k-1\,;\,\alpha)$이면 유의수준 α로 귀무가설을 기각하고, $F_0 \le F(p,\ n-k-1\,;\,\alpha)$이면 귀무

가설을 채택하게 된다.

식 (7・36)의 검정통계량에서 분자는 실제로

$$SSE(R) - SSE(F) = Q$$

가 된다. 왜냐하면 $SSE(F) = SSE$ 이며 $SSE(R)$은 $C\boldsymbol{\beta} = \boldsymbol{m}$ 이 성립되도록 β_i 들을 재조정한 후 얻어진 최소 잔차제곱합이므로

$$SSE(R) = \min_{\tilde{\beta}}(\boldsymbol{y} - X\tilde{\boldsymbol{\beta}})'(\boldsymbol{y} - X\tilde{\boldsymbol{\beta}}), \quad C\tilde{\boldsymbol{\beta}} = \boldsymbol{m} \text{ 조건에서}$$

이라 표현되며, 이는 식 (7・24)로부터 $SSE(\tilde{\boldsymbol{\beta}})$와 동일한 것이다. 따라서,

$$SSE(R) - SSE(F) = SSE(\tilde{\boldsymbol{\beta}}) - SSE = Q$$

가 성립한다.

결국, 식 (7・35)의 검정통계량 F_0와 식 (7・36)의 그것과는 동일한 것이다. 단지 방법 Ⅰ과 Ⅱ의 차이점은 Q를 구하는 계산방법의 차이에 있다.

지금까지 절편이 있는 중회귀모형만을 대상으로 귀무가설 $C\boldsymbol{\beta} = \boldsymbol{m}$을 검정하였으나 절편이 없는 모형

$$y_j = \sum_{i=1}^{k} \beta_i x_{ij} + \epsilon_j, \quad \epsilon_j \sim N(0, \sigma^2), \quad j = 1, 2, \cdots, n$$

을 생각하여 보자. X는 $n \times k$행렬이며, C는 $p \times k$ 행렬이 되고, $\boldsymbol{\beta}$는 $k \times 1$, $\boldsymbol{m}$은 $p \times 1$ 벡터가 된다. 방법 Ⅰ과 Ⅱ의 모든 절차는 절편이 있는 경우와 동일하나, 자유도에 특별히 유의하면 될 것이다. 식 (7・35)는

$$F_0 = \frac{Q/p}{SSE/(n-k)} = \frac{Q}{p \cdot MSE} \sim F(p, \ n-k) \tag{7・37}$$

이 되며, 식 (7・36)은

$$F_0 = \frac{SSE(R) - SSE(F)}{(n-k+p) - (n-k)} \div \frac{SSE(F)}{n-k}$$

$$= \frac{SSE(R) - SSE(F)}{p \cdot MSE} = \frac{Q}{p \cdot MSE} \sim F(p,\ n-k) \qquad (7 \cdot 38)$$

이고 F-검정의 기각치는 두 방법 모두 동일하게 $F(p,\ n-k\ ;\ \alpha)$가 된다.

〔예 7・2〕 다음의 데이터

y	x_1	x_2	x_3
8	2	1	4
10	−1	2	1
9	1	−3	4
6	2	1	2
12	1	4	6

에 절편 없는 중회귀모형, $y_j = \beta_1 x_{1j} + \beta_2 x_{2j} + \beta_3 x_{3j} + \epsilon_j$, 이 적절하다고 판단되어 이를 적합시켰다. $H_0 : \beta_1 = \beta_2 + 4$ 임을 두 가지 방법을 모두 사용하여 가설검정하라.

풀이

$$(X'X)^{-1} = \begin{bmatrix} 11 & 3 & 21 \\ 3 & 31 & 20 \\ 21 & 20 & 73 \end{bmatrix}^{-1} = \begin{bmatrix} 0.2145 & 0.0231 & -0.0680 \\ 0.0231 & 0.0417 & -0.0181 \\ -0.0680 & -0.0181 & 0.0382 \end{bmatrix}$$

$$\boldsymbol{y}'\boldsymbol{y} = 425, \quad X'\boldsymbol{y} = \begin{bmatrix} 39 \\ 55 \\ 162 \end{bmatrix}$$

따라서,

$$\boldsymbol{b} = \begin{bmatrix} b_1 \\ b_2 \\ b_3 \end{bmatrix} = (X'X)^{-1}X'\boldsymbol{y} = \begin{bmatrix} -1.39 \\ 0.27 \\ 2.54 \end{bmatrix}$$

분산분석표를 간략히 만들어 보면 다음과 같다.

요인	제곱합	자유도
회귀	$SSR = 372.9$	3
잔차	$SSE = 52.1$	2
계	$SST = 425.0$	5

방법 Ⅰ에 의하여 먼저 풀어 보자.

$$H_0 : C\boldsymbol{\beta} = \boldsymbol{m} \Rightarrow H_0 : (1,\ -1,\ 0)\begin{bmatrix} \beta_1 \\ \beta_2 \\ \beta_3 \end{bmatrix} = 4$$

이므로, Q 의 값은

$$\begin{aligned} Q &= (C\boldsymbol{b}-\boldsymbol{m})'[C(X'X)^{-1}C']^{-1}(C\boldsymbol{b}-\boldsymbol{m}) \\ &= (b_1-b_2-4)'\left[(1,\ -1,\ 0)(X'X)^{-1}\begin{bmatrix} 1 \\ -1 \\ 0 \end{bmatrix}\right]^{-1}(b_1-b_2-4) \\ &= \frac{(-1.39-0.27-4.0)^2}{0.2145+0.0417-2(0.0231)} = 152.2 \end{aligned}$$

따라서 검정통계량의 값은

$$F_0 = \frac{Q/p}{SSE/(n-k)} = \frac{152.2/1}{52.1/(5-3)} = 5.8$$

이 된다. $\alpha=0.05$ 에서 $F(p,\ n-k\ ;\ \alpha)=F(1,\ 2\ ;\ 0.05)=18.51$ 이며, $F_0=5.8<18.51$ 이므로 귀무가설은 채택될 것이다.

다음으로 방법 Ⅱ 에 의하여 풀어 보자. 귀무가설이 $\beta_1=\beta_2+4$ 이므로 축소모형은

$$y_j = (\beta_2+4)x_{1j}+\beta_2 x_{2j}+\beta_3 x_{3j}+\epsilon_j$$

이며, 이는

$$(y_j-4x_{1j}) = \beta_2(x_{1j}+x_{2j})+\beta_3 x_{3j}+\epsilon_j$$

과 같다. 따라서, 데이터를 다시 정리하면

$y-4x_1$	x_1+x_2	x_3
0	3	4
14	1	1
5	−2	4
−2	3	2
8	5	6

이 된다. 이 데이터에 대하여

$$(X'X)^{-1} = \begin{bmatrix} 48 & 41 \\ 41 & 73 \end{bmatrix}^{-1} = \frac{1}{1823}\begin{bmatrix} 73 & -41 \\ -41 & 48 \end{bmatrix}$$

$$X'\boldsymbol{y} = \begin{bmatrix} 38 \\ 78 \end{bmatrix}$$

$$\boldsymbol{b} = \begin{bmatrix} b_2 \\ b_3 \end{bmatrix} = (X'X)^{-1}X'\boldsymbol{y} = \begin{bmatrix} -0.23 \\ 1.20 \end{bmatrix}$$

따라서, 축소모형의 SST, SSR 과 SSE 는 각각

$$SST(R) = 0^2+14^2+5^2+(-2)^2+8^2 = 289$$

$$SSR(R) = \boldsymbol{b}'X'\boldsymbol{y} = (-0.23,\ 1.20)\begin{bmatrix} 38 \\ 78 \end{bmatrix} = 84.7$$

$$SSE(R) = SST(R)-SSR(R) = 204.3$$

또한 $SSE(F)=SSE=52.1$ 이므로, F-통계량의 값은

$$F_0 = \frac{SSE(R)-SSE(F)}{p} \div \frac{SSE(F)}{n-k}$$

$$= \frac{204.3-52.1}{1} \div \frac{52.1}{2} = 5.8$$

로 앞에서 얻은 검정통계량의 값과 일치한다.

7·5 적합결여검정

우리가 어떤 중회귀모형을 선택했을 때에 이 모형이 y 와 $(x_1,\ x_2,\ \cdots,\ x_k)$ 간의 회귀관계를 설명하는 데 적절한가를 검정할 필요가 있다. 앞의 제 4 장에서 단순회귀의 적합도(適合度, degree of fitness) 여부를 판정하는 적합결여검정을 알아보았는데, 이 절에서는 중회귀모형이 선택되었을 때 이 모형의 적합도를 검정하는 절차를 알아보자.

y 의 j 번째 측정값을 y_j 라 하고 $E(y_j)=\eta_j$ 라 하자. 최소제곱법에 의하여 얻어진 $\boldsymbol{\beta}$ 의 추정치 $\boldsymbol{b}$ 를 사용하여 적합된 η_j 의 추정값은

$$
\begin{aligned}
\hat{y}_j &= b_0+b_1x_{1j}+b_2x_{2j}+\cdots+b_kx_{kj}=(1,\ x_{1j},\ x_{2j},\ \cdots,\ x_{kj})\begin{bmatrix} b_0 \\ b_1 \\ b_2 \\ \vdots \\ b_k \end{bmatrix} \\
&= \boldsymbol{x}_j'\boldsymbol{b},\quad j=1,2,\cdots,n \qquad (7\cdot39)
\end{aligned}
$$

y_j 와 $\hat{y}_j$ 과의 차이를 잔차(residual) e_j 로 나타내면

$$e_j = y_j-\hat{y}_j = [y_j-E(y_j)]+[E(y_j)-\hat{y}_j] \qquad (7\cdot40)$$

으로 구분할 수 있으며, 만약 η_j 의 참된 값(true value)이 $\boldsymbol{x}_j'\boldsymbol{\beta}$ 가 아닐 경우에는 식 (7·40)의 둘째 항 $E(y_j)-\hat{y}_j$ 의 기대값이 0 이 아니며, 이 값을 모형의 부적합으로부터 발생되는 적합결여오차(適合缺如誤差, lack-of-fit error)라고 부른다. 식 (7·40)의 첫째 항은 순수하게 실험오차에서 발생되는 오차이므로 순오차(pure error)라고 부른다.

순오차를 데이터로부터 추정하기 위해서는 같은 $(x_1,\ x_2,\ \cdots,\ x_k)$의 위치에서 y 를 반복하여 측정할 필요가 있다. 편의상

$$
\begin{array}{ll}
(x_{11},\ x_{21},\ \cdots,\ x_{k1})\text{에서} & y_{11},\ y_{12},\ \cdots,\ y_{1n_1} \\
(x_{12},\ x_{22},\ \cdots,\ x_{k2})\text{에서} & y_{21},\ y_{22},\ \cdots,\ y_{2n_2} \\
\quad\vdots & \quad\vdots
\end{array}
$$

$(x_{1p},\ x_{2p},\ \cdots,\ x_{kp})$에서 $y_{p1},\ y_{p2},\ \cdots,\ y_{pn_p}$

같이 표시하기로 하자. 추정된 회귀방정식을

$$\hat{y}_j = b_0 + b_1 x_{1j} + b_2 x_{2j} + \cdots + b_k x_{kj}$$
$$j = 1, 2, \cdots, p$$

라 하면 잔차제곱합은

$$SSE = \sum_{j=1}^{p} \sum_{i=1}^{n_j} (y_{ji} - \hat{y}_j)^2 \tag{7・41}$$

이 되며, $\bar{y}_j = \sum_{i=1}^{n_j} y_{ji}/n_j$ 라 놓으면 SSE를 다음과 같이 둘로 분해할 수 있다.

$$SSE = \sum_{j=1}^{p} \sum_{i=1}^{n_j} [(y_{ji} - \bar{y}_j) + (\bar{y}_j - \hat{y}_j)]^2$$
$$= \sum_{j=1}^{p} \sum_{i=1}^{n_j} (y_{ji} - \bar{y}_j)^2 + \sum_{j=1}^{p} n_j (\bar{y}_j - \hat{y}_j)^2 \tag{7・42}$$

식 (7・42)에서 첫번째 항은 순오차제곱합(pure error sum of squares)

$$SSPE = \sum_{j=1}^{p} \sum_{i=1}^{n_j} (y_{ji} - \bar{y}_j)^2 = \sum_{j=1}^{p} \left[\sum_{i=1}^{n_j} y_{ji}^2 - n_j (\bar{y}_j)^2 \right] \tag{7・43}$$

이고, 두번째 항은 적합결여제곱합(lack-of-fit sum of squares)

$$SSLF = \sum_{j=1}^{p} n_j (\bar{y}_j - \hat{y}_j)^2 \tag{7・44}$$

으로 적합결여오차가 커지게 되면 $SSLF$도 커지게 되어 $SSE = SSPE + SSLF$의 관계에서 $SSLF$가 $SSPE$보다 상대적으로 SSE의 큰 비중을 차지하게 된다.

$SSPE$와 관련된 자유도는 $\sum_{j=1}^{p} n_j = n$이라 할 때에 $\sum_{j=1}^{p} (n_j - 1) = n - p$가 되며, $SSLF$의 자유도는 SSE의 자유도에서 $SSPE$의 자유도를 뺀 것이 되어야 하므로,

$$df(SSLF) = df(SSE) - df(SSPE)$$

$$= (n-k-1)-(n-p) = p-k-1$$

이 된다. 적합결여검정을 위한 분산분석표를 만들면 다음과 같다.

〈표 7・2〉 적합결여검정을 위한 분산분석표

요 인	제곱합	자유도	평균제곱	F_0
회 귀	SSR	k	MSR	
잔 차	$SSE \begin{cases} SSLF \\ SSPE \end{cases}$	$p-k-1$ $n-p$	$MSLF$ $MSPE$	$F_L = \dfrac{MSLF}{MSPE}$
계	SST	$n-1$		

가정된 회귀모형이 적합한가의 검정은 〈표 7・2〉의 분산분석표에서 F_L의 값과, F_L의 기각치 $F(p-k-1,\ n-p\ ;\ \alpha)$를 구하여 비교한다. 만약 $F_L > F(p-k-1,\ n-p\ ;\ \alpha)$이면 적합결여가 유의수준 α에서 유의하게 되며, 가정된 모형이 적절치 않음을 의미한다. 즉, 식 (7・40)에서 적합결여오차가 상대적으로 순오차에 비하여 무시할 수 없을 정도로 크다는 말이다. 또한 잔차제곱합 SSE에서 상대적으로 $SSLF$의 크기가 $SSPE$의 크기와 비교하여 무시할 수 없을 정도로 크다는 말도 될 수 있다.

7・6 잔차의 검토

중회귀모형을 데이터에 적합시켜서 얻은 추정된 회귀식의 값

$$\hat{y}_j = b_0 + \sum_{i=1}^{k} b_i x_{ij},\ \ j=1, 2, \cdots, n$$

과 y_j의 차이를 $e_j = y_j - \hat{y}_j$라 쓰고 이를 잔차라고 부르며, 잔차를 검토함으로써 여러 가지 유용한 정보를 얻을 수 있다. 먼저 잔차들의 성질을 알아보자.

(1) 잔차들의 합은 0이다. 즉

$$\sum e_j = 0 \tag{7·45}$$

이를 증명하기 위하여 정규방정식 $X'X\boldsymbol{b}=X'\boldsymbol{y}$ 를 먼저 검토하자.

$$\overset{X'X}{\begin{bmatrix} n & \sum x_{1j} & \sum x_{2j} & \cdots & \sum x_{kj} \\ & \sum x_{1j}^2 & \sum x_{1j}x_{2j} & \cdots & \sum x_{1j}x_{kj} \\ & & \sum x_{2j}^2 & \cdots & \sum x_{2j}x_{kj} \\ & (\text{대칭}) & & & \vdots \\ & & & & \sum x_{kj}^2 \end{bmatrix}} \overset{\boldsymbol{b}}{\begin{bmatrix} b_0 \\ b_1 \\ b_2 \\ \vdots \\ b_k \end{bmatrix}} = \overset{X'\boldsymbol{y}}{\begin{bmatrix} \sum y_j \\ \sum x_{1j}y_j \\ \sum x_{2j}y_j \\ \vdots \\ \sum x_{kj}y_j \end{bmatrix}}$$

$$\Rightarrow \quad nb_0+\sum_{i=1}^{k} b_i \sum_{j=1}^{n} x_{ij} = \sum_{k=1}^{n} y_j$$

$$b_0\sum_{j=1}^{n} x_{ij}+\sum_{p=1}^{k} b_p \sum_{j=1}^{n} x_{ij}x_{pj} = \sum_{j=1}^{n} x_{ij}y_j \tag{7·46}$$

$$i=1, 2, \cdots, k$$

잔차들의 합은

$$\begin{aligned} \sum e_j &= \sum (y_j-\hat{y}_j) \\ &= \sum \Big(y_j-b_0-\sum_i b_i x_{ij}\Big) \\ &= \sum y_j - b_0 n - \sum_i b_i \sum_j x_{ij} \end{aligned}$$

따라서, 정규방정식 (7·46)의 첫째 식으로부터 $\sum e_j=0$ 임을 쉽게 알 수 있다.

(2) 잔차들의 x_{ij} 에 의한 가중합(加重合, weighted sum)은 0 이다. 즉

$$\sum_j x_{ij}e_j=0, \quad i=1, 2, \cdots, k \tag{7·47}$$

왜냐하면,

$$\begin{aligned} \sum_j x_{ij}e_j &= \sum_j x_{ij}(y_j-\hat{y}_j) \\ &= \sum_j x_{ij}\left(y_j-b_0-\sum_{p=1}^{k} b_p x_{pj}\right) \end{aligned}$$

$$= \sum_j x_{ij}y_j - b_0\sum_j x_{ij} - \sum_{p=1}^{k} b_p \sum_j x_{ij}x_{pj}$$

인데, 이것은 식 (7・46)으로부터 모든 i에 대하여 0이 됨을 알 수 있다.

(3) 잔차들의 $\hat{y}_j$에 의한 가중합도 0이 된다. 즉

$$\sum \hat{y}_j e_j = 0 \tag{7・48}$$

그 이유는

$$\sum_j \hat{y}_j e_j = \sum_j (b_0 + \sum_i b_i x_{ij})(e_j) = b_0 \sum_j e_j + \sum_i b_i \sum_j x_{ij} e_j = 0$$

(4) 중회귀모형, $\boldsymbol{y}=X\boldsymbol{\beta}+\boldsymbol{\epsilon}$에서 오차항 $\boldsymbol{\epsilon}$은 $N(\boldsymbol{0}, I\sigma^2)$의 분포를 하며 ϵ_i들간에는 상관관계가 없이 서로 독립적이지만 잔차 e_j 간에는 상관관계가 일반적으로 존재한다. $\boldsymbol{e}'=(e_1, e_2, \cdots, e_n)$의 분포를 살펴보자.

$$\begin{aligned} \boldsymbol{e} &= \boldsymbol{y} - \hat{\boldsymbol{y}} = \boldsymbol{y} - X\boldsymbol{b} = \boldsymbol{y} - X(X'X)^{-1}X'\boldsymbol{y} \\ &= [I - X(X'X)^{-1}X']\boldsymbol{y} \end{aligned} \tag{7・49}$$

따라서, $\boldsymbol{e}$의 기대치벡터와 분산-공분산행렬은 $E(\boldsymbol{y})=X\boldsymbol{\beta}$이고 $Var(\boldsymbol{y})=I\sigma^2$이므로

$$\begin{aligned} E(\boldsymbol{e}) &= [I - X(X'X)^{-1}X']E(\boldsymbol{y}) \\ &= [I - X(X'X)^{-1}X'](X\boldsymbol{\beta}) = \boldsymbol{0} \end{aligned} \tag{7・50}$$

$$\begin{aligned} Var(\boldsymbol{e}) &= [I - X(X'X)^{-1}X']\,Var(\boldsymbol{y})\,[I - X(X'X)^{-1}X']' \\ &= [I - X(X'X)^{-1}X'][I - X(X'X)^{-1}X']\sigma^2 \\ &= [I - X(X'X)^{-1}X']\sigma^2 \end{aligned} \tag{7・51}$$

식 (7・51)에서 얻은 바와 같이 일반적으로 $Var(\boldsymbol{e})$는 대각선행렬은 아니며, e_i와 e_j 간에 공분산이 존재한다. 잔차 e_i와 e_j 간의 상관계수는

$$\rho_{ij} = \frac{Cov(e_i, e_j)}{\sqrt{Var(e_i)\,Var(e_j)}} \tag{7・52}$$

이며, $Var(e_i)$, $Var(e_j)$와 $Cov(e_i, e_j)$는 각각 식 (7·51)의 분산-공분산행렬에서 찾을 수 있다. 이 상관계수는 분자와 분모의 σ^2이 서로 지워지므로 σ^2의 함수는 아니며, 단지 계획행렬(計劃行列, design matrix) X에만 의존되어 있다.

다음으로 잔차의 산점도를 그려봄으로써 중회귀모형의 가정들이 옳았는가를 검토할 수 있다. 잔차의 산점도는 잔차를 종축으로 놓고 횡축으로는 다음과 같은 것들을 잡을 수 있다.

(1) $\hat{y}_j$에 대하여

(2) x_{ij}, $i=1, 2, \cdots, k$, 에 대하여

(3) y_j가 시계열(時系列, time-series) 데이터인 경우에 시간에 대하여

산점도를 그렸을 경우 나타나는 다음의 세 가지 형태를 분석하여 보자.

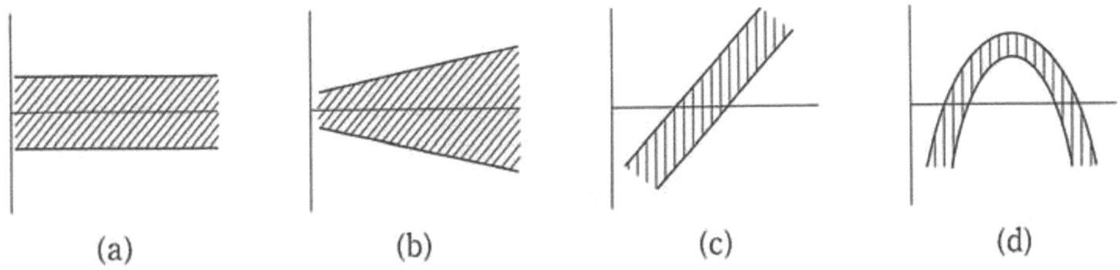

[그림 7·1] 잔차의 산점도

먼저 잔차(e_j)를 $\hat{y}_j$에 대해 그렸을 때 [그림 7·1]의 형태는 무엇을 의미하는 것인가?

(a) 가정에 아무런 모순이 없는 것으로 판정된다.

(b) 분산이 일정하지 않으며, 가중회귀(weighted regression)를 쓰거나 또는 y_j를 변환(transformation)시켜 회귀분석함이 바람직하다.

(c) 절편이 필요한 모형인데 절편을 사용하지 않았을 경우에 생길 수 있는 형태이다.

(d) 모형이 타당하지 않다. 추가적으로 독립변수의 제곱항(square terms) 등이 필요하다. 또는 y_j의 적절한 변환이 필요하다.

다음으로 잔차(e_j)를 x_{ij}, $i=1, 2, \cdots, k$에 대하여 산점도를 그렸을 경우에 [그림 7·1]의 형태는 무엇을 의미하는가?

(a) 가정의 모순점을 찾기 힘든 경우로 사용된 중회귀모형이 적절하다고 생각된다.

(b) 분산이 일정하지 않다. 앞의 경우와 마찬가지로 가중회귀를 쓰거나 y_j 에 변환을 취하여 시정함이 바람직하다.

(c) 중회귀분석 과정에서 계산상에 착오가 있는 경우이다. x_{ij} 의 선형효과(linear effect)가 적절히 취급되지 않았다. 즉, x_{ij} 항을 빠뜨려서 계산했거나 계산상에 실수가 있다.

(d) 필요한 독립변수의 항들이 포함되어 있지 않다. 특히 필요한 제곱항이 빠졌을 경우에 발생한다.

다음으로 시간에 따른 잔차를 그렸을 경우를 생각할 수 있는데, 위의 분석과 비슷한 내용을 가지며, 다만 시간상의 개념이 도입되면 될 것이다. 위의 내용에 대하여 더욱 상세한 이론적 배경을 원하는 독자는 다음 참고문헌 (7・1), (7・2), (7・3)을 참조하면 좋을 것이다.

7·7 통계패키지에 의한 분석 사례

〈표 6・1〉의 데이터에 대하여 중회귀모형, $y=\beta_0+\beta_1x_1+\beta_2x_2+\epsilon$, $\epsilon\sim N(0, \sigma^2)$을 가정하여 적합시켰을 때 다음의 가설들을 $\alpha=0.05$ 로 검정하여라.

(1) $H_0 : \beta_1 = \beta_2$, $H_1 : \beta_1 \neq \beta_2$

(2) $H_0 : \beta_1 = 1$, $H_1 : \beta_1 \neq 1$

(3) $H_0 : \beta_0 = 0$, $H_1 : \beta_0 < 0$

(4) $H_0 : \beta_1 = \beta_2+1$, $H_1 : \beta_1 \neq \beta_2+1$

7·7·1 SAS에 의한 분석 프로그램 및 결과

〈SAS 프로그램〉

```
PROC REG;
  MODEL y=x1 x2;
    x1eqx2: TEST x1=x2; /* (1) H0: β1=β2에 대한 검정실시*/
```

```
   x1eq1: TEST x1=1; /* (2) H0: β1=1에 대한 검정실시*/
   interc: TEST INTERCEPT=0; /* (3) H0: β0=0에 대한 검정실시*/
 x1eqx2P1: TEST x1=x2+1; /* (4) H0: β1=β2+1에 대한 검정실시*/
RUN;
```

검정결과는 다음과 같다.

```
Dependent Variable: Y  ------> (1)
Test: X1EQX2           Numerator:      3.2090  DF:   1   F value:   0.6184
                       Denominator:  5.189446  DF:   7   Prob>F:    0.4574

Dependent Variable: Y  ------> (2)
Test: X1EQ1            Numerator:      3.7788  DF:   1   F value:   0.7282
                       Denominator:  5.189446  DF:   7   Prob>F:    0.4217

Dependent Variable: Y  ------> (3)
Test: INTERC           Numerator:      0.2599  DF:   1   F value:   0.0501
                       Denominator:  5.189446  DF:   7   Prob>F:    0.8293

Dependent Variable: Y  ------> (4)
Test: X1EQX2P1         Numerator:      0.2225  DF:   1   F value:   0.0429
                       Denominator:  5.189446  DF:   7   Prob>F:    0.8418
```

위의 검정결과를 보면 네 가지 경우 모두 $\alpha=0.05$ 에서 유의하지 않음을 알 수 있다.

▶ 참 고 문 헌 ◀

7·1. Anscombe, F. J. : "Rejection of outliers," *Technometrics*, Vol. 2, pp. 123~147, 1960.

7·2. Anscombe, F. J. and Tukey, J. W. : "The examination and analysis of residuals," *Technometrics*, Vol. 5, pp. 141~160, 1963.

7·3. Draper, N. R. and Smith, H. : *Applied Regression Analysis*, New York, John Wiley & Sons, 1966.

7·4. Graybill, F. A. : *An Introduction to Linear Statistical Models*, New York, McGraw-Hill Book, 1961.

7·5. 박 성현 : 회귀분석강의, 통계, 제 4 권, 제 2 호, 대한통계협회, 1978.

7·6. Searle, S. R. : *Linear Models*, New York, John Wiley & Sons, 1971.

7·7. Seber, G. A. F. : *Linear Regression Analysis*, New York, John Wiley & Sons, 1977.

연 습 문 제

7・1. 다음의 데이터에 대하여 모형, $y_j=\beta_0+\beta_1 x_{1j}+\beta_2 x_{2j}+\epsilon_j$, $\epsilon_j \sim N(0,\ \sigma^2)$이 옳다고 가정하고 질문에 답하여라.

y	1	5	0	4	4	−1
x_1	1	2	1	3	3	3
x_2	1	1	2	1	2	3

(1) β_0, β_1, β_2 와 σ^2 을 추정하라.

(2) $x_1=x_2=2$ 에서 $E(y)$의 95% 신뢰구간을 구하라.

(3) β_1 의 90% 신뢰구간을 구하라.

(4) $\beta_1-\beta_2$ 의 99% 의 신뢰구간을 구하라.

(5) 가설 $H_0 : \beta_1=\beta_2$, $H_1 : \beta_1 \neq \beta_2$ 을 유의수준 $\alpha=0.05$ 로 검정하라.

(6) 가설 $H_0 : \beta_1=0$, $H_1 : \beta_1 \neq 0$ 을 유의수준 $\alpha=0.1$ 로 검정하라. 위 (3)의 질문의 결과와 어떠한 연관을 지을 수 있는가?

(7) $x_1=2$, $x_2=3$ 에서 가설 $H_0 : E(y)=4$, $H_1 : E(y) \neq 4$ 를 $\alpha=0.05$ 로 검정하라.

(8) 가설 $H_0 : \beta_2=0$, $H_1 : \beta_2<0$ 을 $\alpha=0.05$ 로 검정하라.

(9) 가설 $H_0 : \beta_1=2\beta_2$, $H_1 : \beta_1 \neq 2\beta_2$ 를 $\alpha=0.05$ 로 검정하라. 방법 Ⅰ과 Ⅱ를 모두 사용하여라.

7・2. 연습문제 6・3 의 데이터에 대하여 $y_j=\beta_0+\beta_1 x_{1j}+\beta_2 x_{2j}+\epsilon_j$ 를 가정하고 다음의 질문에 답하라.

(1) β_3 의 95% 신뢰구간을 구하라. 이 신뢰구간의 의미를 해석하라.

(2) β_1 의 99% 신뢰구간을 구하라. 이 신뢰구간의 의미를 해석하라.

(3) $x_1=20$, $x_2=27$, $x_3=60$ 에서 평균 물소비량, $E(y)$의 95% 신뢰구간을 구하라.

(4) 가설 $H_0 : \beta_1=0$, $H_1 : \beta_1>0$ 을 $\alpha=0.05$ 로 검정하라.

(5) 가설 $H_0 : \beta_1=\beta_2=\beta_3$ 을 $\alpha=0.05$ 로 검정하라.

(6) 가설 $H_0 : \beta_1=\beta_2+3$ 을 $\alpha=0.05$ 로 검정하라.

(7) $x_1=20$, $x_2=27$, $x_3=60$ 에서 $E(y)$에 관한 가설 $H_0 : E(y)=3.5$, $H_1 : E(y) \neq 3.5$ 를 $\alpha=0.05$ 로 검정하라.

(8) 가설 $H_0 : \beta_1=\beta_2=\beta_3$ 하에서 β_0, β_1, β_2 와 β_3 를 식 (7・29)를 사용하여 추정하라.

(9) 가설 $H_0 : \beta_1=\beta_2+3$ 하에서 β_0, β_1, β_2 와 β_3 를 식 (7・29)를 사용하여 추정하라.

7・3. 연습문제 6・5 에서 6・3 의 데이터를 사용하여 절편 없는 회귀모형, $y_j=\beta_1 x_{1j}+\beta_2 x_{2j}+\beta_3 x_{3j}+\epsilon_j$ 를 적합시켜 보았다. 이 경우에 대하여 다음 질문에 답하라.

(1) β_2 의 95% 신뢰구간을 구하라.

(2) 가설 $H_0 : \beta_2=0$, $H_1 : \beta_2 \neq 0$ 을 $\alpha=0.05$ 로 검정하라. 이 가설의 결과를 질문 (1)의 결과에서 유도해 낼 수 있는가?

(3) 가설 $H_0 : \beta_1=\beta_2=\beta_3$ 를 $\alpha=0.05$ 로 검정하라.

7・4. 다음의 데이터에 대하여 선형모형 $y_j=\beta_0+\beta_1 x_{1j}+\beta_2 x_{2j}$ 를 적합시킬 때,

y	2.0	2.3	5.7	4.8	4.5	4.2	5.3	5.5
x_1	−1	−1	1	1	−1	−1	1	1
x_2	−1	−1	−1	−1	1	1	1	1

(1) 유의수준 $\alpha=0.05$ 로 적합결여검정을 하여라.

(2) 잔차 $e_j=y_j-\hat{y}_j=y_j-b_0-b_1 x_{1j}-b_2 x_{2j}$ 를 종축으로 하고 다음을 횡축으로 하여 산점도를 그리고 특징이 있으면 이를 설명하라.

(a) $\hat{y}_j$ 에 대하여 (b) x_{1j} 에 대하여 (c) x_{2j} 에 대하여

(3) 다음의 결과를 수치로 구하여 밝혀라.

(a) $\sum e_j = 0$ (b) $\sum \hat{y}_j e_j = 0$ (c) $\sum x_{1j} e_j = 0$ (d) $\sum x_{2j} e_j = 0$

7・5. 연습문제 7・1 의 데이터에 대하여 이를 적합시키고 얻은 잔차들

$$e_j = y_j - \hat{y}_j = y_j - b_0 - b_1 x_{1j} - b_2 x_{2j}$$
$$j=1, 2, \cdots, 6$$

의 분산-공분산행렬, $Var(\boldsymbol{e})$를 구하라. 그리고 상관계수 ρ_{12} 를 구하라.

7・6. 중회귀모형에서 다음을 증명하라,

(1) $Cov(\boldsymbol{e}, \boldsymbol{y}) = [I-X(X'X)^{-1}X']\sigma^2$ (2) $Cov(\boldsymbol{e}, \hat{\boldsymbol{y}}) = 0$

(3) $Cov(\boldsymbol{e}, \boldsymbol{b}) = 0$ (4) $Cov(\boldsymbol{\epsilon}, \boldsymbol{b}) = X(X'X)^{-1}\sigma^2$

(5) $\sum_{j=1}^{n} e_j y_j = SSE$ (6) $\sum_{j=1}^{n} e_j \hat{y}_j = 0$

또한 절편 없는 중회귀모형에서는 어떻게 되는가에 대하여 연구하여라.

7・7. 오차의 제곱합이 다음과 같이 됨을 보이고 $\boldsymbol{\beta} = \boldsymbol{b}$ 에서 왼쪽의 오차제곱합이 최소가 됨을

말하라.

$$(\boldsymbol{y}-X\boldsymbol{\beta})'(\boldsymbol{y}-X\boldsymbol{\beta}) = (\boldsymbol{y}-X\boldsymbol{b})'(\boldsymbol{y}-X\boldsymbol{b})+(\boldsymbol{\beta}-\boldsymbol{b})'X'X(\boldsymbol{\beta}-\boldsymbol{b})$$

7・8. 어떤 알려진 상수 a_j, b_j 에 대하여

$$y_j = a_j\beta_1+b_j\beta_2+\epsilon_j, \quad j=1, 2, \cdots, n$$

이고 ϵ_j 는 서로 독립이며 $N(0, \sigma^2)$의 분포에 따른다고 하자. β_1 과 β_2 의 최소제곱추정량이 서로 독립일 필요충분조건을 찾아라.

7・9. 만약

$$y_1 = \beta_1+\epsilon_1 \qquad y_2 = 2\beta_1-\beta_2+\epsilon_2$$
$$y_3 = \beta_1+2\beta_2+\epsilon_3 \qquad \boldsymbol{\epsilon}\sim N(\boldsymbol{0},\ I\sigma^2)$$

이라고 하자. 가설 $H_0 : \beta_1=\beta_2$ 를 검정하기 위한 F-통계량을 구하라.

7・10. 선형회귀모형

$$y_j = \beta_0+\beta_1x_{1j}+\cdots+\beta_kx_{kj}+\epsilon_j$$
$$j=1, 2, \cdots, n$$

에서 가설 $H_0 : \beta_i=c$ 을 검정하기 위한 F-통계량을 구하라.

7・11. $\boldsymbol{y}=\boldsymbol{\theta}+\boldsymbol{\epsilon}$ 이고 $\boldsymbol{y}'=(y_1,\ y_2,\ y_3,\ y_4)$, $\boldsymbol{\theta}'=(\theta_1,\ \theta_2,\ \theta_3,\ \theta_4)$, $\boldsymbol{\epsilon}'=(\epsilon_1,\ \epsilon_2,\ \epsilon_3,\ \epsilon_4)$이며 $\boldsymbol{\epsilon}\sim N(\boldsymbol{0},\ I\sigma^2)$이다. 만약, $\theta_1+\theta_2+\theta_3+\theta_4=0$ 인 경우에 가설 $H_0 : \theta_1=\theta_3$ 을 검정하기 위한 F-통계량이

$$F_0 = \frac{2(y_1-y_3)^2}{(y_1+y_2+y_3+y_4)^2}$$

임을 증명하라.

8

추정과 가설검정(Ⅱ)

8·1 추가제곱합

중회귀분석을 취급하는 데 있어서 어떤 특정한 변수를 회귀모형에 포함시키는 것이 바람직한가를 결정하여 주고 싶은 경우가 있다. 이 때에 이 변수를 포함시키지 않고 구한 회귀제곱합(回歸제곱合, regression sum of squares)에서 이 변수를 포함시키고, 구한 회귀제곱합이 추가적으로 어느 정도 커졌는가를 검토하는 것이 좋을 것이다. 이와 같은 경우에 추가적으로 증가된 제곱합을 추가제곱합(追加제곱合, extra sum of squares)이라고 부른다. 실제로 이 추가제곱합을 오차분산 σ^2의 추정값과 비교하여 상대적으로 유의하게 커야만, 관련된 변수를 중회귀모형에 포함시키는 것이 필요하다고 판정한다.

다음의 중회귀모형이 고려되고 있다 하자.

$$y = \beta_0 + \beta_1 x_1 + \beta_2 x_2 + \cdots + \beta_k x_k + \epsilon, \quad \epsilon \sim N(0, \sigma^2)$$

최소제곱법에 의하여 모수들을 추정한 결과 $b_0, b_1, \cdots, b_k$와 $\hat{\sigma}^2$을 얻었다. $\hat{\sigma}^2$은 σ^2의 불편추정값으로 MSE에 의하여 구해진다. 이 모형의 적합으로부터 얻어지는 회귀제곱합을 $SS(b_1, b_2, \cdots, b_k/b_0)$으로 표현하자. 즉

$$SS(b_1, b_2, \cdots, b_k/b_0) = \sum_{j=1}^{n}(\hat{y}_j - \bar{y}^2) = \boldsymbol{b}'X'\boldsymbol{y} - n(\bar{y})^2 \qquad (8 \cdot 1)$$

앞에서 $n(\bar{y})^2$은 수정항으로 $y_j = \beta_0 + \epsilon_j$라는 회귀모형을 적합시켰을 때 얻어지는 회귀제

곱합에 해당한다. 이런 경우의 회귀제곱합을 $SS(b_0)=n(\bar{y})^2$(증명은 연습문제 8·1 참조)로 쓸 수 있으며, 하나의 자유도를 갖는다. 식 (8·1)의 $\boldsymbol{b}'X'\boldsymbol{y}$는

$$\begin{aligned}\boldsymbol{b}'X'\boldsymbol{y} &= b_0\sum y_j + b_1\sum x_{1j}y_j + \cdots + b_k\sum x_{kj}y_j \\ &= SS(b_0, b_1, b_2, \cdots, b_k)\end{aligned} \qquad (8\cdot 2)$$

라고 표현하며, 자유도 $k+1$을 갖는다. 따라서, 식 (8·1)을 다시 쓰면

$$\begin{aligned}SS(b_1, b_2, \cdots, b_k/b_0) &= SS(b_0, b_1, b_2, \cdots, b_k) - SS(b_0) \\ (df=k) &= (df=k+1) - (df=1)\end{aligned} \qquad (8\cdot 3)$$

다음으로 k개의 변수 중에서 q개만을 선택하고(편의상 이를 $x_1, x_2, \cdots, x_q$라 하자), 나머지 $k-q$개의 변수를 중회귀모형에 포함시킬 필요가 있는가를 검토하고자 한다. q개만의 변수를 가진 모형을

$$y = a_0 + a_1x_1 + a_2x_2 + \cdots + a_qx_q + \epsilon$$

라 하고 모수들의 최소제곱추정값을 $a_0, a_1, a_2, \cdots, a_q$라 하자. 이 때에 얻어지는 회귀제곱합을, 수정항을 뺀 경우와 안뺀 경우로 나누어서 각각

$$\begin{aligned}SS(a_1, a_2, \cdots, a_q/a_0) &= \boldsymbol{a}'X'\boldsymbol{y} - n(\bar{y})^2, \quad df=q \\ SS(a_0, a_1, a_2, \cdots, a_q) &= \boldsymbol{a}'X'\boldsymbol{y}, \quad df=q+1\end{aligned} \qquad (8\cdot 4)$$

위에서 $\boldsymbol{a}'=(a_0, a_1, a_2, \cdots, a_q)$이다. 그러면 $k-q$개의 변수를 모형에 추가함으로써 얻어지는 추가제곱합은

$$SS(b_1, b_2, \cdots, b_k/b_0) - SS(a_1, a_2, \cdots, a_q/a_0) \qquad (8\cdot 5)$$

가 되며, 이는 또한 다음에 의해서도 구해질 수 있다.

$$\begin{aligned}&SS(b_0, b_1, b_2, \cdots, b_k) - SS(a_0, a_1, a_2, \cdots, a_q) \\ &= SS(\boldsymbol{b}) - SS(\boldsymbol{a})\end{aligned} \qquad (8\cdot 6)$$

이 추가제곱합의 자유도는 $(k+1)-(q+1)=k-q$이다.

식 (8・5)나 (8・6)의 추가제곱합을 편의상

$$SS(b_{q+1}, b_{q+2}, \cdots, b_k/b_0, b_1, b_2, \cdots, b_q) \tag{8・7}$$

로 표현하기로 하자. 이러한 표현식의 의미는 $x_1, x_2, \cdots, x_q$ 의 변수들이 적합된 후에 변수 $x_{q+1}, \cdots, x_k$ 를 추가시킴으로써 증대되는 회귀제곱합을 나타내기 위한 방법이다. 만약 $\beta_{q+1} = \beta_{q+2} = \cdots = \beta_k = 0$ 이면

$$\frac{E\{SS(b_{q+1}, \cdots, b_k/b_0, b_1, \cdots, b_q)\}}{k-q} = \sigma^2$$

이며, 추가제곱합은 $\sigma^2\chi^2(k-q)$의 분포를 하고 $\hat{\sigma}^2 = MSE$ 와는 독립이다. 따라서, 다음의 가설검정

$$H_0 : \beta_{q+1} = \beta_{q+2} = \cdots = \beta_k = 0$$

은 검정통계량의 값

$$F_0 = \frac{SS(b_{q+1}, \cdots, b_k/b_0, b_1, \cdots, b_q)/(k-q)}{MSE} \tag{8・8}$$

이 $F(k-q,\ n-k-1\,;\,\alpha)$보다 작으면 귀무가설이 채택이 되어 $\beta_{q+1} = \beta_{q+2} = \cdots = \beta_k = 0$ 이 성립하며, 추가적으로 변수 $x_{q+1}, \cdots, x_k$ 를 모형에 포함시키는 것은 아무런 필요성이 없게 된다.

회귀분석의 분산분석에서 총제곱합과 회귀제곱합에서 수정항을 빼고 얻은 결과를 가지고 분산분석표를 작성하는 것이 보통이나 그렇지 않은 경우도 있다. 이 때에 회귀제곱합은

$$SSR = \boldsymbol{b}'X'\boldsymbol{y} = SS(b_0, b_1, b_2, \cdots, b_k)$$

이며, 총제곱합은

$$SST = \boldsymbol{y}'\boldsymbol{y} = \sum y_j^2$$

이다. 잔차제곱합은 변화가 없다. 이와 같은 경우의 분산분석표는 〈표 8・1〉과 같다.

〈표 8·1〉 수정항을 빼지 않는 분산분석표

요인	제곱합	자유도	평균제곱	F_0	$F(\alpha)$
회귀	$SSR = \mathbf{b}'X'\mathbf{y}$	$k+1$	MSR	$\dfrac{MSR}{MSE}$	$F(k+1,\ n-k-1\ ;\ \alpha)$
잔차	$SSE = \mathbf{y}'\mathbf{y} - \mathbf{b}'X'\mathbf{y}$	$n-k-1$	MSE		
계	$SST = \mathbf{y}'\mathbf{y}$	n			

추가제곱합에 관한 성질을 좀더 밝혀 보기로 하자. 세 개의 모수 β_0, β_1과 β_2가 관련된 회귀문제에서 각각 다음의 추가제곱합을 고려하여 보자.

$$y = \beta_1 x_1 + \epsilon \text{ 에서} \qquad SS(b_1)$$
$$y = \beta_0 + \beta_1 x_1 + \epsilon \text{ 에서} \qquad SS(b_1/b_0)$$
$$y = \beta_0 + \beta_1 x_1 + \beta_2 x_2 + \epsilon \text{ 에서} \qquad SS(b_1/b_0, b_2)$$

위의 세 개의 제곱합은 일반적으로 다른 값들을 갖게 된다. 그러나. X 행렬

$$X = \begin{array}{c} \begin{matrix} \beta_0 & \beta_1 & \beta_2 \end{matrix} \\ \begin{bmatrix} 1 & x_{11} & x_{21} \\ 1 & x_{12} & x_{22} \\ 1 & x_{13} & x_{23} \\ \vdots & \vdots & \vdots \\ 1 & x_{1n} & x_{2n} \end{bmatrix} \end{array}$$

에서 'β_0'열(X 행렬의 첫째 열)과 'β_1'열(X 행렬의 둘째 열)이 서로 직교(直交, orthogonal)한다면 $SS(b_1) = SS(b_1/b_0)$가 성립한다. 여기서 서로 직교하기 위해서는

$$(1, 1, \cdots, 1)\begin{bmatrix} x_{11} \\ x_{12} \\ \vdots \\ x_{1n} \end{bmatrix} = \Sigma x_{1j} = 0 \qquad (8 \cdot 9)$$

이 되어야 한다. 다음으로 'β_1'열과 'β_2'열(X 행렬의 세째 열)이 서로 직교하면, 즉

$$(x_{11}, x_{12}, \cdots, x_{1n})\begin{bmatrix} x_{21} \\ x_{22} \\ \vdots \\ x_{2n} \end{bmatrix} = \sum x_{1j}x_{2j} = 0 \tag{8 · 10}$$

이면, $SS(b_1/b_0, b_2) = SS(b_1/b_0)$가 성립한다.

식 (8 · 9)에서 만약 $\sum x_{1j}=0$ 이면 $SS(b_1)=SS(b_1/b_0)$임을 밝혀 보자. 모형 $y_j=\beta_1 x_{1j} + \epsilon_j$ 의 회귀제곱합은 절편 없는 회귀이므로

$$\begin{aligned} SSR = SS(b_1) &= \boldsymbol{b}'X'\boldsymbol{y} = b_1\sum x_{1j}y_j \\ &= \left(\frac{\sum x_{1j}y_j}{\sum x_{1j}^2}\right)(\sum x_{1j}y_j) \\ &= \frac{(\sum x_{1j}y_j)^2}{\sum x_{1j}^2} \end{aligned}$$

그런데, 절편 있는 모형 $y_j=\beta_0+\beta_1 x_{1j}+\epsilon_j$ 의 회귀제곱합은

$$\begin{aligned} SSR = SS(b_1/b_0) &= \boldsymbol{b}'X'\boldsymbol{y} - n(\bar{y})^2 \\ &= (b_0, b_1)\begin{pmatrix} \sum y_j \\ \sum x_{1j}y_j \end{pmatrix} - n(\bar{y})^2 \\ &= b_0\sum y_j + b_1\sum x_{1j}y_j - n(\bar{y})^2 \end{aligned} \tag{8 · 11}$$

만약, $\sum x_{1j}=0$ 이면 $\bar{x}_1=\sum x_{1j}/n=0$ 이므로,

$$b_1 = \frac{\sum(x_{1j}-\bar{x}_1)(y_j-\bar{y})}{\sum(x_{1j}-\bar{x}_1)^2} = \frac{\sum(x_{1j}-\bar{x}_1)y_j}{\sum(x_{1j}-\bar{x}_1)^2} = \frac{\sum x_{1j}y_j}{\sum x_{1j}^2}$$

$$b_0 = \bar{y} - b_1\bar{x}_1 = \bar{y}$$

이며, 식 (8 · 11)은

$$SS(b_1/b_0) = \bar{y}\sum y_j + \left(\frac{\sum x_{1j}y_j}{\sum x_{1j}^2}\right)(\sum x_{1j}y_j) - n(\bar{y})^2$$

$$= \frac{(\sum x_{1j} y_j)^2}{\sum x_{1j}^2}$$

가 되어 $SS(b_1)$과 일치한다.

같은 요령으로 식 (8・10)의 $\sum x_{1j}x_{2j}=0$ 이 성립하면 $SS(b_1/b_0)=SS(b_1/b_0, b_2)$이 됨을 증명할 수 있다(연습문제 8・3을 참조).

일반적으로 중회귀모형 $\boldsymbol{y}=X\boldsymbol{\beta}+\boldsymbol{\epsilon}$에서 행렬 X를 둘로 나누어 생각하여 보자.

$$X = \begin{bmatrix} 1 & x_{11} & \cdots & x_{q1} & \vdots & x_{q+1,1} & \cdots & x_{k1} \\ 1 & x_{12} & \cdots & x_{q2} & \vdots & x_{q+1,2} & \cdots & x_{k2} \\ 1 & x_{13} & \cdots & x_{q3} & \vdots & x_{q+1,3} & \cdots & x_{k3} \\ \vdots & \vdots & & \vdots & \vdots & \vdots & & \vdots \\ 1 & x_{1n} & \cdots & x_{qn} & \vdots & x_{q+1,n} & \cdots & x_{kn} \end{bmatrix} = (X_1 \vdots X_2)$$

$\boldsymbol{b}=(X'X)^{-1}X'\boldsymbol{y}$를 구하고 이를 분할하여 $\boldsymbol{b}'=(\boldsymbol{b}_1', \boldsymbol{b}_2')$라 하자. $\boldsymbol{b}_1'=(b_0, b_1, \cdots, b_q)$이고 $\boldsymbol{b}_2'=(b_{q+1}, \cdots, b_k)$이다. 여기서 우리가 보이고자 하는 것은 만약

$$X_1'X_2 = 0 \quad (\text{따라서 } X_2'X_1 = 0) \tag{8・12}$$

이면(즉, X_1의 모든 열과 X_2의 모든 열은 서로 직교한다), 다음이 성립한다는 것이다.

$$SS(\boldsymbol{b}_1, \boldsymbol{b}_2) = SS(\boldsymbol{b}_1) + SS(\boldsymbol{b}_2) \tag{8・13}$$

$$SS(\boldsymbol{b}_1/\boldsymbol{b}_2) = SS(\boldsymbol{b}_1) \tag{8・14}$$

$$SS(\boldsymbol{b}_2/\boldsymbol{b}_1) = SS(\boldsymbol{b}_2) \tag{8・15}$$

위의 식들을 증명하기 위하여 중회귀모형을

$$\boldsymbol{y} = X\boldsymbol{\beta}+\boldsymbol{\epsilon} = X_1\boldsymbol{\beta}_1+X_2\boldsymbol{\beta}_2+\boldsymbol{\epsilon}$$

로 표현하면 정규방정식, $X'X\boldsymbol{b}=X'\boldsymbol{y}$는

$$\begin{bmatrix} X_1'X_1 & X_1'X_2 \\ X_2'X_1 & X_2'X_2 \end{bmatrix} \begin{bmatrix} \boldsymbol{b}_1 \\ \boldsymbol{b}_2 \end{bmatrix} = \begin{bmatrix} X_1'\boldsymbol{y} \\ X_2'\boldsymbol{y} \end{bmatrix} \tag{8・16}$$

이 된다. 만약 $X_1'X_2=0$, $X_2'X_1=0$ 이면 $\boldsymbol{b}_1$ 과 $\boldsymbol{b}_2$ 는

$$\begin{bmatrix} \boldsymbol{b}_1 \\ \boldsymbol{b}_2 \end{bmatrix} = \begin{bmatrix} X_1'X_1 & 0 \\ 0 & X_2'X_2 \end{bmatrix}^{-1} \begin{bmatrix} X_1'\boldsymbol{y} \\ X_2'\boldsymbol{y} \end{bmatrix} = \begin{bmatrix} (X_1'X_1)^{-1}X_1'\boldsymbol{y} \\ (X_2'X_2)^{-1}X_2'\boldsymbol{y} \end{bmatrix} \tag{8・17}$$

이 되어 $\boldsymbol{b}_1=(X_1'X_1)^{-1}X_1'\boldsymbol{y}$, $\boldsymbol{b}_2=(X_2'X_2)^{-1}X_2'\boldsymbol{y}$ 이며, 이것은 회귀모형 $\boldsymbol{y}=X_1\boldsymbol{\beta}_1+\boldsymbol{\epsilon}$ 과 $\boldsymbol{y}=X_2\boldsymbol{\beta}_2+\boldsymbol{\epsilon}$ 을 개별적으로 적합시켜서 얻어지는 $\boldsymbol{\beta}_1$ 과 $\boldsymbol{\beta}_2$ 의 추정과 동일하다. 식 (8・17)의 결과로부터 $SS(\boldsymbol{b}_1)=\boldsymbol{b}_1'X_1'\boldsymbol{y}$ 이고 $SS(\boldsymbol{b}_2)=\boldsymbol{b}_2'X_2'\boldsymbol{y}$ 임을 알 수 있다. 따라서

$$\begin{aligned} SS(\boldsymbol{b}) &= SS(\boldsymbol{b}_1, \boldsymbol{b}_2) = \boldsymbol{b}'X'\boldsymbol{y} = (\boldsymbol{b}_1', \boldsymbol{b}_2')(X_1, X_2)'\boldsymbol{y} \\ &= (\boldsymbol{b}_1', \boldsymbol{b}_2')\begin{bmatrix} X_1'\boldsymbol{y} \\ X_2'\boldsymbol{y} \end{bmatrix} = \boldsymbol{b}_1'X_1'\boldsymbol{y}+\boldsymbol{b}_2'X_2'\boldsymbol{y} \\ &= SS(\boldsymbol{b}_1)+SS(\boldsymbol{b}_2) \end{aligned}$$

이 성립되어 식 (8・13)은 증명되었으며, 식 (8・14)와 (8・15)도 쉽게 성립됨을 보일 수 있다.

$$\begin{aligned} SS(\boldsymbol{b}_1/\boldsymbol{b}_2) &= SS(\boldsymbol{b}_1, \boldsymbol{b}_2)-SS(\boldsymbol{b}_2) = SS(\boldsymbol{b}_1) \\ SS(\boldsymbol{b}_2/\boldsymbol{b}_1) &= SS(\boldsymbol{b}_1, \boldsymbol{b}_2)-SS(\boldsymbol{b}_1) = SS(\boldsymbol{b}_2) \end{aligned}$$

위의 결과들은 X_1 과 X_2 가 서로 직교하기 때문에 이루어지는 결과이다. 여기서 유의하여야 할 사항은, X_1 과 X_2 가 직교하면 충분하지 X_1 내의 열(column)들끼리는 서로 직교할 필요가 없으며 X_2 의 열들끼리도 서로 직교할 필요는 없다.

위의 결과는 X 를 둘로 분할하였을 경우만이 아니라, q 개로 분할되었을 때에도 성립한다. 즉

$$\boldsymbol{y} = X\boldsymbol{\beta}+\boldsymbol{\epsilon} = X_1\boldsymbol{\beta}_1+X_2\boldsymbol{\beta}_2+\cdots+X_q\boldsymbol{\beta}_q+\boldsymbol{\epsilon}$$

여기에서 $X=(X_1, X_2, \cdots, X_q)$, $\boldsymbol{\beta}'=(\boldsymbol{\beta}_1', \boldsymbol{\beta}_2', \cdots, \boldsymbol{\beta}_q')$으로 분할된 것이다. $\boldsymbol{\beta}$ 를 추정하기 위한 정규방정식 $X'X\boldsymbol{b}=X'\boldsymbol{y}$ 로부터 얻어진 $\boldsymbol{b}$ 를

$$\boldsymbol{b} = \begin{bmatrix} \boldsymbol{b}_1 \\ \boldsymbol{b}_2 \\ \vdots \\ \boldsymbol{b}_q \end{bmatrix}$$

로 나타내기로 하자. $X'X\boldsymbol{b}=X'\boldsymbol{y}$ 를 다시 표현하면,

$$\begin{bmatrix} X_1'X_1 & X_1'X_2 & X_1'X_3 & \cdots & X_1'X_q \\ X_2'X_1 & X_2'X_2 & X_2'X_3 & \cdots & X_2'X_q \\ X_3'X_1 & X_3'X_2 & X_3'X_3 & \cdots & X_3'X_q \\ \vdots & \vdots & \vdots & & \vdots \\ X_q'X_1 & X_q'X_2 & X_q'X_3 & \cdots & X_q'X_q \end{bmatrix} \begin{bmatrix} \boldsymbol{b}_1 \\ \boldsymbol{b}_2 \\ \boldsymbol{b}_3 \\ \vdots \\ \boldsymbol{b}_q \end{bmatrix} = \begin{bmatrix} X_1'\boldsymbol{y} \\ X_2'\boldsymbol{y} \\ X_3'\boldsymbol{y} \\ \vdots \\ X_q'\boldsymbol{y} \end{bmatrix}$$

이 되며, 만약 $X_i'X_j=0$, $i \neq j$ 이면 우리는 쉽게

$$\boldsymbol{b}_i = (X_i'X_i)^{-1}X_i'\boldsymbol{y}$$
$$SS(\boldsymbol{b}_i) = \boldsymbol{b}_i'X_i'\boldsymbol{y}$$

임을 유도할 수 있으며, 또한

$$\begin{aligned} SS(\boldsymbol{b}) &= SS(\boldsymbol{b}_1) + SS(\boldsymbol{b}_2) + \cdots + SS(\boldsymbol{b}_q) \\ &= \boldsymbol{b}_1'X_1'\boldsymbol{y} + \boldsymbol{b}_2'X_2'\boldsymbol{y} + \cdots + \boldsymbol{b}_qX_q'\boldsymbol{y} \end{aligned}$$
$$SS(\boldsymbol{b}_i/\boldsymbol{b}_j \text{의 집합},\ j \neq i) = SS(\boldsymbol{b}_i)$$

이 성립함을 보일 수 있다. 따라서, $X_i'X_j=0$, $i \neq j$, 이면 $\boldsymbol{\beta}_i$ 의 추정은 $\boldsymbol{\beta}_j$, $j \neq i$, 의 항들이 모형에 같이 포함되어 있으나 없으나 아무런 영향을 받지 않는다.

〔예 8·1〕 다음과 같은 데이터가 있다.

중회귀모형, $y_j=\beta_0+\beta_1x_{1j}+\beta_2x_{2j}+\beta_3x_{3j}+\epsilon_j$ 가 고려되고 있다고 하자.

(1) 수정항을 빼지 않은 분산분석표를 작성하라 (〈표 8·1〉을 참조).

y	7	8	10	15	18	26
x_1	1	2	3	1	2	3
x_2	−1	−1	−1	1	1	1
x_3	−1	0	1	1	0	−1

(2) 추가제곱합 $SS(b_1/b_0, b_2, b_3)$을 구하고 $H_0 : \beta_1=0$을 식 (8·8)의 F-검정으로 가설검정하라.

(3) X 행렬을 다음과 같이 분할하고

$$X = \left[\begin{array}{cc:cc} 1 & 1 & -1 & -1 \\ 1 & 2 & -1 & 0 \\ 1 & 3 & -1 & 1 \\ 1 & 1 & 1 & 1 \\ 1 & 2 & 1 & 0 \\ 1 & 3 & 1 & -1 \end{array}\right] = (X_1, X_2)$$

중회귀모형을

$$\boldsymbol{y} = X\boldsymbol{\beta} + \boldsymbol{\epsilon} = X_1\boldsymbol{\beta}_1 + X_2\boldsymbol{\beta}_2 + \boldsymbol{\epsilon} = X_1\begin{bmatrix}\beta_0 \\ \beta_1\end{bmatrix} + X_2\begin{bmatrix}\beta_2 \\ \beta_3\end{bmatrix} + \boldsymbol{\epsilon}$$

으로 표현할 때 다음의 결과를 보여라.

$$SS(\boldsymbol{b}) = SS(\boldsymbol{b}_1) + SS(\boldsymbol{b}_2)$$
$$SS(\boldsymbol{b}_1/\boldsymbol{b}_2) = SS(\boldsymbol{b}_1)$$
$$SS(\boldsymbol{b}_2/\boldsymbol{b}_1) = SS(\boldsymbol{b}_2)$$

위에서 $\boldsymbol{b}'=(b_0, b_1, b_2, b_3)$, $\boldsymbol{b}_1'=(b_0, b_1)$이고 $\boldsymbol{b}_2'=(b_2, b_3)$이다.

풀이

$$X'X = \begin{bmatrix} 6 & 12 & 0 & 0 \\ 12 & 28 & 0 & 0 \\ 0 & 0 & 6 & 0 \\ 0 & 0 & 0 & 4 \end{bmatrix}$$

$$(X'X)^{-1} = \begin{bmatrix} 1.16667 & -0.5 & 0 & 0 \\ -0.5 & 0.25 & 0 & 0 \\ 0 & 0 & 0.16667 & 0 \\ 0 & 0 & 0 & 0.25 \end{bmatrix}$$

$$X'\boldsymbol{y} = \begin{bmatrix} 84 \\ 182 \\ 34 \\ -8 \end{bmatrix}, \quad \boldsymbol{b} = (X'X)^{-1}X'\boldsymbol{y} = \begin{bmatrix} 7.0 \\ 3.5 \\ 5.667 \\ -2.0 \end{bmatrix} = \begin{bmatrix} b_0 \\ b_1 \\ b_2 \\ b_3 \end{bmatrix}$$

따라서, 추정된 회귀방정식은

$$\hat{y} = 7.0+3.5x_1+5.667x_2-2.0x_3$$

(1) 수정항을 빼지 않고 관련된 제곱합을 구하여 분산분석표를 만들면 다음과 같다.

$$SST = \boldsymbol{y}'\boldsymbol{y} = 1438$$
$$SSR = \boldsymbol{b}'X'\boldsymbol{y} = 1433.678$$
$$SSE = \boldsymbol{y}'\boldsymbol{y} - \boldsymbol{b}'X'\boldsymbol{y} = 4.322$$

요인	제곱합	자유도	평균제곱	F_0	$F(0.05)$
회귀	1433.678	4	358.420	165.858	19.25
잔차	4.322	2	2.161		
계	1438	6			

그런데, $F(4,2;0.05)=19.25$ 이므로 회귀제곱합은 유의할 정도로 크다고 볼 수 있으며, 가정된 회귀모형은 적절하다고 판단할 수 있다.

(2) $SS(b_1/b_0, b_2, b_3)=SS(b_0, b_1, b_2, b_3)-SS(b_0, b_2, b_3)$ 이므로 $SS(b_0, b_1, b_2, b_3)=SS(\boldsymbol{b})=\boldsymbol{b}'X'\boldsymbol{y}=1433.678$ 은 이미 구했으나 $SS(b_0, b_2, b_3)$는 축소된 모형, $y_j=\beta_0+\beta_2x_{2j}+\beta_3x_{3j}+\epsilon_j$ 를 적합시켜 구하여야 한다.

$$X = \begin{bmatrix} 1 & -1 & -1 \\ 1 & -1 & 0 \\ 1 & -1 & 1 \\ 1 & 1 & 1 \\ 1 & 1 & 0 \\ 1 & 1 & -1 \end{bmatrix}, \qquad X'X = \begin{bmatrix} 6 & 0 & 0 \\ 0 & 6 & 0 \\ 0 & 0 & 4 \end{bmatrix}$$

$$(X'X)^{-1} = \begin{bmatrix} 0.16667 & 0 & 0 \\ 0 & 0.16667 & 0 \\ 0 & 0 & 0.25 \end{bmatrix}, \qquad X'\boldsymbol{y} = \begin{bmatrix} 84 \\ 34 \\ -8 \end{bmatrix}$$

$$\boldsymbol{b} = (X'X)^{-1}X'\boldsymbol{y} = \begin{bmatrix} 14 \\ 5.667 \\ -2 \end{bmatrix}$$

따라서,

$$\begin{aligned} SS(b_0, b_2, b_3) &= \boldsymbol{b}'X'\boldsymbol{y} = 1384.678 \\ SS(b_1/b_0, b_2, b_3) &= SS(b_0, b_1, b_2, b_3) - SS(b_0, b_2, b_3) \\ &= 1433.678 - 1384.678 = 49.0 \end{aligned}$$

가설,

$$H_0 : \beta_1 = 0$$
$$H_1 : \beta_1 \neq 0$$

의 검정은 검정통계량(식 (8・8))의 값이

$$F_0 = \frac{SS(b_1/b_0, b_2, b_3)}{MSE} = \frac{49.0}{2.161} = 22.67$$

이므로, 귀무가설을 기각할 수 있다.

(3)

$$X_1'X_2 = \begin{bmatrix} 1 & 1 & 1 & 1 & 1 & 1 \\ 1 & 2 & 3 & 1 & 2 & 3 \end{bmatrix} \begin{bmatrix} -1 & -1 \\ -1 & 0 \\ -1 & 1 \\ 1 & 1 \\ 1 & 0 \\ 1 & -1 \end{bmatrix} = \begin{bmatrix} 0 & 0 \\ 0 & 0 \end{bmatrix}$$

$$X_2'X_1 = (X_1'X_2)' = \begin{bmatrix} 0 & 0 \\ 0 & 0 \end{bmatrix}$$

이므로

$$\boldsymbol{b}_1 = \begin{bmatrix} b_0 \\ b_1 \end{bmatrix} = (X_1'X_1)^{-1}X_1'\boldsymbol{y} = \begin{bmatrix} 1.16667 & -0.5 \\ -0.5 & 0.25 \end{bmatrix} \begin{bmatrix} 84 \\ 182 \end{bmatrix} = \begin{bmatrix} 7.0 \\ 3.5 \end{bmatrix}$$

$$\boldsymbol{b}_2 = \begin{bmatrix} b_2 \\ b_3 \end{bmatrix} = (X_2'X_2)^{-1}X_2'\boldsymbol{y} = \begin{bmatrix} 0.16667 & 0 \\ 0 & 0.25 \end{bmatrix} \begin{bmatrix} 34 \\ -8 \end{bmatrix} = \begin{bmatrix} 5.667 \\ -2.0 \end{bmatrix}$$

으로 분할하지 않고 구한 b_0, b_1, b_2, b_3의 값과 동일하다. 또한

$$SS(b_0, b_1) = SS(\boldsymbol{b}_1) = \boldsymbol{b}_1'X_1'\boldsymbol{y} = 1225$$
$$SS(b_2, b_3) = SS(\boldsymbol{b}_2) = \boldsymbol{b}_2'X_2'\boldsymbol{y} = 208.678$$

이 되어

$$SS(\boldsymbol{b}) = SS(\boldsymbol{b}_1) + SS(\boldsymbol{b}_2)$$
$$SS(\boldsymbol{b}_1/\boldsymbol{b}_2) = SS(\boldsymbol{b}) - SS(\boldsymbol{b}_2) = SS(\boldsymbol{b}_1)$$
$$SS(\boldsymbol{b}_2/\boldsymbol{b}_1) = SS(\boldsymbol{b}) - SS(\boldsymbol{b}_1) = SS(\boldsymbol{b}_2)$$

임을 쉽게 보일 수 있다.

8·2 부분 F-검정과 축차 F-검정

식 (8・7)의 추가제곱합에서 x_i를 제외한 모든 변수들은 이미 모형에 포함되어 있고 x_i를 포함시킬 필요가 있는가 없는가를 검정하고 싶다 하자. 이 때, x_i를 추가함으로써 증가하는 추가제곱합은

$$SS(b_i/b_0, b_1, \cdots, b_{i-1}, b_{i+1}, \cdots, b_k) \tag{8・18}$$

이며 하나의 자유도를 갖는다. 이 가설검정의 가설은

$$H_0 : \beta_i = 0$$
$$H_1 : \beta_i \neq 0$$

이 되며, 검정통계량의 값은 식 (8・8)로부터

$$F_0 = \frac{SS(b_i/b_0, b_1, \cdots, b_{i-1}, b_{i+1}, \cdots, b_k)}{MSE} \tag{8・19}$$

이고, 만약 $F_0 > F(1,\ n-k-1\ ; \alpha)$이면 귀무가설은 기각되어 변수 x_i는 모형에 포함시켜야 할 것이다. 이와 같은 검정을 부분 F-검정(部分 F-檢定, partial F-test)이라고 부른다.

부분 F-검정은 중회귀분석에 포함된 변수의 수가 과다하게 많다고 생각될 때에 중요하지 않은 변수를 제거시키는 방법에 활용될 수 있다. 한 가지 방법으로 모든 i에 대하여 식 (8・19)의 F_0의 값을 구하고, 이 가운데 가장 작은 F_0의 값을 주는 i를 택하여 변수 x_i를 제거시킨다. 이 때 F-검정의 귀무가설 $H_0 : \beta_i = 0$이 채택되는 경우라야 한다. 똑같

은 방법으로 나머지 변수들 중에서 또 하나의 변수를 제거시키며, 이와 같은 방법을 계속 하다가 제거시키려고 택한 변수 x_i 에 대한 귀무가설 $H_0 : \beta_i=0$ 이 기각되게 되면, 이 변수는 제거시킬 수 없으며 남아 있는 변수들은 모두 중요한 변수들이 된다. 여기서 변수제거작업은 중단되는 것이다. 뒤에 변수선택(變數選擇, selection of variables)에 관하여 논의할 때에 다시 자세히 다루도록 하겠다.

부분 F-검정은 제 7 장의 가설검정 $H_0 : C\boldsymbol{\beta}=\boldsymbol{m}$ 의 특수한 경우라고 볼 수 있으며, 방법 Ⅰ과 Ⅱ에서 가설 $H_0 : \beta_i=0$ 을 어떻게 취급할 수 있는가를 살펴보자. 먼저, 방법 Ⅰ은 $C=(0, 0, \cdots, 1, 0, \cdots, 0)$으로서 $(i+1)$번째에 1을 쓰고 나머지는 모두 0인 벡터가 되며 $\boldsymbol{m}=\boldsymbol{0}$ 이 된다. 이 때 식 (7·32)의 Q 의 값이 바로 추가제곱합 $SS(b_i/b_0, b_1, \cdots, b_{i-1}, b_{i+1}, \cdots, b_k)$가 된다.

방법 Ⅱ를 사용하게 되면 완전모형과 축소모형으로

$$y = \beta_0+\sum_{i=1}^{k}\beta_i x_i+\epsilon \quad \text{(완전모형)}$$

$$y = \alpha_0+\sum_{j\neq i}^{k}\alpha_j x_j+\epsilon \quad \text{(축소모형)}$$

이 되며, $SST=SSR(F)+SSE(F)=SSR(R)+SSE(R)$이므로 식 (7·36)의 분자에 있는 잔차제곱합의 차이는

$$\begin{aligned} SSE(R)-SSE(F) &= SSR(F)-SSR(R) \\ &= SS(b_1, b_2, \cdots, b_k/b_0)-SS(a_1, a_2, \cdots, a_{i-1}, a_{i+1}, \cdots, a_k/a_0) \\ &= SS(b_0, b_1, b_2, \cdots, b_k)-SS(a_0, a_1, \cdots, a_{i-1}, a_{i+1}, \cdots, a_k) \\ &= SS(b_i/b_0, b_1, \cdots, b_{i-1}, b_{i+1}, \cdots, b_k) \end{aligned}$$

로서 추가제곱합과 일치한다.

다음으로, 우리가 적절한 회귀모형을 선택하려고 할 때 포함시킬 대상에 k 개의 독립변수가 있다 하자. 중요한 변수를 결정하여 하나씩 하나씩 모형에 추가하기로 하고, 먼저 $SS(b_i/b_0)$, $i=1, 2, \cdots, k$ 를 구한 후 부분 F-검정을 거쳐 유의한 것 중에서 가장 큰 추가제곱합을 갖는 변수를 선택한다. 이 선택된 변수를 x_1 이라 하자. 다음 단계로 $SS(b_i/b_0, b_1)$, $i=2, 3, \cdots, k$ 를 구하고 같은 방법으로 가장 큰 기여를 하는 변수를 선택한다. 이와

같은 방법으로 축차적(逐次的, sequentially)으로 F-검정을 거쳐서 변수를 차례로 선택하여 가는 방법이 흔히 쓰이며 여기에 사용되는 F-검정을 축차 F-검정(逐次 F-檢定, sequential F-test)이라고 부른다.

$SS(b_i/b_0, b_1)$의 F-검정에서는 추가제곱합은

$$SS(b_i/b_0, b_1) = SS(b_0, b_1, b_i) - SS(b_0, b_1)$$

에 의하여 구해지며, 자유도는 1이다. 이 때에 MSE로는 모형 $y_j = \beta_0 + \beta_1 x_{1j} + \beta_i x_{ij} + \epsilon_j$의 잔차제곱합($SSE$)을 자유도 $n-3$으로 나눈 것이다. 즉 검정통계량의 값은

$$F_0 = \frac{SS(b_i/b_0, b_1)}{MSE}$$

이며, F의 기각치는 $F(1, n-3; \alpha)$이다. 만약 'β_i'열과 'β_0', 'β_1'의 열들이 서로 직교한다면 $SS(b_i/b_0, b_1)$은 $SS(b_i)$와 같기 때문에 모형 $y_j = \beta_i x_{ij} + \epsilon_j$로부터 회귀제곱합($SSR$)을 구하면 $SS(b_i/b_0, b_1)$이 될 것이다.

축차 F-검정에서는 매 단계(each stage)마다 완전모형이 변하며 따라서 MSE의 값도 달라지게 된다. 그러나, 부분 F-검정에서는 언제나 같은 완전모형에 MSE의 값도 변함이 없다.

8·3 변수의 표준화

다음과 같이 중회귀분석을 위한 데이터가 마련되어 있고 각 변수의 평균이 구하여졌다 하자.

y	상수항	x_1	x_2	$\cdots$	x_k
y_1	1	x_{11}	x_{21}	$\cdots$	x_{k1}
y_2	1	x_{12}	x_{22}	$\cdots$	x_{k2}
$\vdots$	$\vdots$	$\vdots$	$\vdots$		$\vdots$
y_n	1	x_{1n}	x_{2n}	$\cdots$	x_{kn}
$\bar{y}$	1	$\bar{x}_1$	$\bar{x}_2$	$\cdots$	$\bar{x}_k$

우리가 이제까지 사용하여 온 회귀모형은

$$y = \beta_0 + \beta_1 x_1 + \beta_2 x_2 + \cdots + \beta_k x_k + \epsilon \tag{8·20}$$

이었다. 이 모형을 다음과 같이 바꿔 써 보자.

$$\begin{aligned} y = &(\beta_0 + \beta_1 \bar{x}_1 + \beta_2 \bar{x}_2 + \cdots + \beta_k \bar{x}_k) \\ &+ \beta_1(x_1 - \bar{x}_1) + \beta_2(x_2 - \bar{x}_2) + \cdots + \beta_k(x_k - \bar{x}_k) + \epsilon \end{aligned} \tag{8·21}$$

여기서 $\beta_0' = \beta_0 + \beta_1 \bar{x}_1 + \cdots + \beta_k \bar{x}_k$, $w_i = x_i - \bar{x}_i$ 로 각각 놓으면 식 (8·21)은

$$y = \beta_0' + \beta_1 w_1 + \beta_2 w_2 + \cdots + \beta_k w_k + \epsilon \tag{8·22}$$

이 된다. 식 (8·22)에 대하여 정규방정식을 만들어서 첫번째 방정식을 보면

$$nb_0' + b_1 \sum w_{1j} + b_2 \sum w_{2j} + \cdots + b_k \sum w_{kj} = \sum y_j$$

이며, n 으로 나누어서

$$b_0' + b_1 \bar{w}_1 + b_2 \bar{w}_2 + \cdots + b_k \bar{w}_k = \bar{y}$$

이 된다. 그런데,

$$\bar{w}_i = \sum_j w_{ij}/n = \sum_j (x_{ij} - \bar{x}_i)/n = 0$$

이므로

$$b_0' = \bar{y} \tag{8·23}$$

이 되며, 이것은 $b_1, b_2, \cdots, b_k$ 의 값이 무엇이 되든지 관계없이 β_0' 의 추정값은 $\bar{y}$ 라는 의미이다. 따라서, 식 (8·22)에서 β_0' 을 없애고 대신에

$$y - \bar{y} = \beta_1 w_1 + \beta_2 w_2 + \cdots + \beta_k w_k + \epsilon' \tag{8·24}$$

과 같은 중회귀모형을 사용할 수 있으며, 행렬 'X'의 크기가 $n \times (k+1)$ 에서 $n \times k$ 로 줄어들게 되어 '$X'X$'의 계수(rank)가 $k+1$ 이 아니라 k 가 되어, 계산상의 노력이 줄어들게

된다.

식 (8・22)는 단순회귀에서는

$$y=\beta_0'+\beta_1(x-\bar{x})+\epsilon$$

이 되어, 대체모형 식 (3・6)이 된다. 또한 식 (8・24)는 단순회귀의 추정에서는 식 (3・16)의 형태 $\hat{y}-\bar{y}=b_1(x-\bar{x})$를 갖게 된다.

식 (8・24)가 갖는 정규방정식의 '$X'X$'는

$$\begin{bmatrix} \sum W_{1j}^2 & \sum W_{1j}W_{2j} & \sum W_{1j}W_{3j} & \cdots & \sum W_{1j}W_{kj} \\ & \sum W_{2j}^2 & \sum W_{2j}W_{3j} & \cdots & \sum W_{2j}W_{kj} \\ & & \sum W_{3j}^2 & \cdots & \sum W_{3j}W_{kj} \\ & \text{(대칭)} & & & \vdots \\ & & & & \sum W_{kj}^2 \end{bmatrix} \tag{8・25}$$

이 되며,

$$\sum_j W_{ij}W_{pj}=\sum_j(x_{ij}-\bar{x}_i)(x_{pj}-\bar{x}_p)=S_{ip} \tag{8・26}$$

$$i, p=1, 2, \cdots, k$$

로 놓고 변수변환(變數變換, transformation of variables),

$$Z_{ij}=\frac{w_{ij}}{\sqrt{S_{ii}}}=\frac{x_{ij}-\bar{x}_i}{\sqrt{S_{ii}}},\quad i=1, 2, \cdots, k \tag{8・27}$$

$$y_j^*=\frac{y_j-\bar{y}}{\sqrt{S_{yy}}},\quad \text{여기서 } S_{yy}=\sum(y_j-\bar{y})^2 \tag{8・28}$$

을 하면, 식 (8・24)는

$$y_j-\bar{y}=\beta_1 w_{1j}+\beta_2 w_{2j}+\cdots+\beta_k w_{kj}+\epsilon_j'$$

$$\Rightarrow y_j^*\sqrt{S_{yy}}=\beta_1\sqrt{S_{11}}Z_{1j}+\beta_2\sqrt{S_{22}}Z_{2j}+\cdots+\beta_k\sqrt{S_{kk}}Z_{kj}+\epsilon_j'$$

$$\Rightarrow y_j^*=\beta_1\sqrt{\frac{S_{11}}{S_{yy}}}Z_{1j}+\beta_2\sqrt{\frac{S_{22}}{S_{yy}}}Z_{2j}+\cdots+\beta_k\sqrt{\frac{S_{kk}}{S_{yy}}}Z_{kj}+\epsilon_j''$$

가 되어, 이를 간편하게 첨자 j를 빼고

$$y^* = \alpha_1 Z_1 + \alpha_2 Z_2 + \cdots + \alpha_k Z_k + \epsilon'' \qquad (8 \cdot 29)$$

로 쓸 수 있다. 여기서 $\alpha_i = \beta_i \sqrt{\frac{S_{ii}}{S_{yy}}}$ 이다.

식 (8·27)과 (8·28)에서 정의된 변수 Z_i와 y^*를 표준화된 변수(標準化된 變數, standardized variables)라고 부르며 그 특색은

$$\sum_{j=1}^{n} Z_{ij}^2 = 1, \quad i=1, 2, \cdots, k$$

$$\sum_{j=1}^{n} (y_j^*)^2 = 1$$

이 된다는 것이며, 이 변수들을 사용하는 회귀모형은 흥미있는 성질을 가지고 있다. 예를 들어,

$$\sum_j Z_{1j} Z_{2j} = \sum_j \frac{(x_{1j} - \bar{x}_1)}{\sqrt{S_{11}}} \cdot \frac{(x_{2j} - \bar{x}_2)}{\sqrt{S_{22}}}$$

$$= \frac{\sum_j (x_{1j} - \bar{x}_1)(x_{2j} - \bar{x}_2)}{\sqrt{S_{11} \cdot S_{22}}} = r_{12}$$

가 되어, 변수 Z_1과 Z_2의 표본상관계수(標本相關係數, sample coefficient of correlation)가 되며, 정규방정식에서 나타나는 행렬 '$X'X$'는

$$\begin{pmatrix} \sum Z_{1j}^2 & \sum Z_{1j} Z_{2j} & \sum Z_{1j} Z_{3j} & \cdots & \sum Z_{1j} Z_{kj} \\ & \sum Z_{2j}^2 & \sum Z_{2j} Z_{3j} & \cdots & \sum Z_{2j} Z_{kj} \\ & & \sum Z_{3j}^2 & \cdots & \sum Z_{3j} Z_{kj} \\ & \text{(대칭)} & & & \vdots \\ & & & & \sum Z_{kj}^2 \end{pmatrix}$$

$$=\begin{bmatrix} 1 & r_{12} & r_{13} & \cdots & r_{1k} \\ & 1 & r_{23} & \cdots & r_{2k} \\ & & 1 & \cdots & r_{3k} \\ & (\text{대칭}) & & & \vdots \\ & & & & 1 \end{bmatrix} \tag{8・30}$$

이므로, 독립변수 x_1, x_2, …, x_k 간의 상관계수를 모두 알 수 있다. 이와 같은 '$X'X$'를 변수 Z 들의 상관행렬(相關行列, correlation matrix)이라고 부른다. 또 행렬 '$X'\boldsymbol{y}$'는

$$\begin{bmatrix} \sum Z_{1j}y_j^* \\ \sum Z_{2j}y_j^* \\ \vdots \\ \sum Z_{kj}y_j^* \end{bmatrix} = \begin{bmatrix} \dfrac{\sum(x_{1j}-\bar{x}_1)(y_j-\bar{y})}{\sqrt{S_{11}\cdot S_{yy}}} \\ \dfrac{\sum(x_{2j}-\bar{x}_2)(y_j-\bar{y})}{\sqrt{S_{22}\cdot S_{yy}}} \\ \vdots \\ \dfrac{\sum(x_{kj}-\bar{x}_k)(y_j-\bar{y})}{\sqrt{S_{kk}\cdot S_{yy}}} \end{bmatrix} = \begin{bmatrix} r_{1y} \\ r_{2y} \\ \vdots \\ r_{ky} \end{bmatrix} \tag{8・31}$$

으로 y 와 $x_1, x_2, \cdots, x_k$ 간의 상관계수를 나타내 준다.

식 (8・29)의 정규방정식은 α_i 의 추정값을 a_i 라 할 때

$$\begin{bmatrix} 1 & r_{12} & r_{13} & \cdots & r_{1k} \\ & 1 & r_{23} & \cdots & r_{2k} \\ & & 1 & \cdots & r_{3k} \\ & (\text{대칭}) & & & \vdots \\ & & & & 1 \end{bmatrix} \begin{bmatrix} a_1 \\ a_2 \\ a_3 \\ \vdots \\ a_k \end{bmatrix} = \begin{bmatrix} r_{1y} \\ r_{2y} \\ r_{3y} \\ \vdots \\ r_{ky} \end{bmatrix} \tag{8・32}$$

가 된다. 여기서 얻은 a_i 의 값으로부터 원래의 회귀모형의 계수인 식 (8・20)의 b_i(β_i 의 추정값)로 환원하고 싶으면

$$\alpha_i = \beta_i\sqrt{\frac{S_{ii}}{S_{yy}}}$$

의 관계로부터

$$b_i = a_i\sqrt{\frac{S_{yy}}{S_{ii}}},\ \ i=1,2,\cdots,k \tag{8·33}$$

에 의하여 구할 수 있다. 그리고 b_0는 $\beta_0'=\beta_0+\beta_1\bar{x}_1+\cdots+\beta_k\bar{x}_k$ 로부터

$$b_0 = \bar{y}-b_1\bar{x}_1-b_2\bar{x}_2-\cdots-b_k\bar{x}_k \tag{8·34}$$

독립변수의 수가 둘인 경우에 표준화된 변수를 사용한 모형을 생각하여 보자. 식 (8·29)에 따라서

$$y^* = \alpha_1Z_1+\alpha_2Z_2+\epsilon''$$

로 표현하기로 하고, 식 (8·32)의 정규방정식을 써 보면

$$\begin{bmatrix} 1 & r_{12} \\ r_{12} & 1 \end{bmatrix}\begin{bmatrix} a_1 \\ a_2 \end{bmatrix}=\begin{bmatrix} r_{1y} \\ r_{2y} \end{bmatrix}$$

이며, a_1과 a_2에 대하여 풀면

$$a_1 = \frac{r_{1y}-r_{12}r_{2y}}{D},\ \ a_2 = \frac{r_{2y}-r_{12}r_{1y}}{D}$$

이며, $D=1-r_{12}^2$으로 상관행렬의 행렬식(行列式, determinant)이다.

여기서 $Var(\epsilon'')=\sigma^2$이라 가정하고 a_1과 a_2의 분산을 살펴보자.

$$Var\begin{bmatrix} a_1 \\ a_2 \end{bmatrix}=\begin{bmatrix} 1 & r_{12} \\ r_{12} & 1 \end{bmatrix}^{-1}\sigma^2=\begin{bmatrix} \frac{1}{1-r_{12}^2} & \frac{-r_{12}}{1-r_{12}^2} \\ \frac{-r_{12}}{1-r_{12}^2} & \frac{1}{1-r_{12}^2} \end{bmatrix}\sigma^2$$

으로 $Var(a_1)=Var(a_2)=\frac{\sigma^2}{1-r_{12}^2}$이며, 만약 x_1과 x_2 간의 상관관계가 커서 $|r_{12}|=1$에 가까우면 $D=1-r_{12}^2$의 값이 0에 접근하게 되며, a_1과 a_2의 분산이 엄청나게 커져 α_1과 α_2의 추정값으로서의 a_1과 a_2는 정도가 매우 나쁘게 된다. 후에 다시 논의하겠지만, 독립변수간에 상관관계가 클 경우에는 일반적으로 사용하는 최소제곱추정법이 가장 좋은 방

법은 아니다.

독립변수의 수가 k개인 경우의 추정문제에서도 상관행렬 식 (8·30)의 행렬식은 중요한 의미를 가지며, 행렬식이 0에 가까우면 회귀계수의 추정에 특별히 유의하여야 할 것이다.

〔예 8·2〕 다음과 같은 데이터가 있다.

y	7	8	10	15	18	19	14
x_1	1	2	3	4	5	6	7
x_2	−1	−1	−1	1	1	1	0
x_3	−1	0	1	−1	0	1	0

표준화된 데이터를 만들고, 식 (8·29)와 같은 중회귀모형을 적합시키면서 변수간의 상관계수를 고찰하고 추정된 회귀계수의 정도를 검토하라.

풀이

$$S_{yy} = \sum(y_j - \bar{y})^2 = 136$$
$$S_{11} = \sum(x_{1j} - \bar{x}_1)^2 = 28$$
$$S_{22} = \sum(x_{2j} - \bar{x}_2)^2 = 6$$
$$S_{33} = \sum(x_{3j} - \bar{x}_3)^2 = 4$$

따라서

$$y_j{}^* = \frac{y_j - \bar{y}}{\sqrt{S_{yy}}},\quad Z_{ij} = \frac{x_{ij} - \bar{x}_i}{\sqrt{S_{ii}}},\quad i = 1, 2, 3$$

을 계산하여 정리하면 다음과 같다.

y^*	−0.514	−0.429	−0.257	0.171	0.429	0.514	0.086
Z_1	−0.567	−0.378	−0.189	0	0.189	0.378	0.567
Z_2	−0.408	−0.408	−0.408	0.408	0.408	0.408	0
Z_3	−0.5	0	0.5	−0.5	0	0.5	0

'$X'X$'행렬과 '$X'\mathbf{y}$'행렬은 각각 다음과 같다.

$$\begin{bmatrix} \sum Z_{1j}^2 & \sum Z_{1j}Z_{2j} & \sum Z_{1j}Z_{3j} \\ \sum Z_{2j}Z_{1j} & \sum Z_{2j}^2 & \sum Z_{2j}Z_{3j} \\ \sum Z_{3j}Z_{1j} & \sum Z_{3j}Z_{2j} & \sum Z_{3j}^2 \end{bmatrix} = \begin{bmatrix} 1 & r_{12} & r_{13} \\ r_{21} & 1 & r_{23} \\ r_{31} & r_{32} & 1 \end{bmatrix}$$

$$= \begin{bmatrix} 1 & 0.694 & 0.378 \\ 0.694 & 1 & 0 \\ 0.378 & 0 & 1 \end{bmatrix}$$

$$\begin{bmatrix} \sum Z_{1j}y_j^* \\ \sum Z_{2j}y_j^* \\ \sum Z_{3j}y_j^* \end{bmatrix} = \begin{bmatrix} r_{1y} \\ r_{2y} \\ r_{3y} \end{bmatrix} = \begin{bmatrix} 0.827 \\ 0.946 \\ 0.300 \end{bmatrix}$$

따라서, 독립변수간에는 x_1과 x_2의 상관관계가 제일 크고, x_2와 x_3는 상관관계가 없다. 또 y와 x_1, x_2, x_3의 상관관계 중에서 x_2가 제일 크고, x_3가 제일 작다. 또한 x_1, x_2, x_3는 모두 y에 양의 상관관계를 가지고 있다. 상관관계로부터 우리는 x_2가 y를 설명하는 데 가장 큰 기여를 할 수 있으리라고 짐작할 수 있다.

다음으로 회귀계수의 추정은

$$\begin{bmatrix} a_1 \\ a_2 \\ a_3 \end{bmatrix} = \begin{bmatrix} 1 & r_{12} & r_{13} \\ r_{21} & 1 & r_{23} \\ r_{31} & r_{32} & 1 \end{bmatrix}^{-1} \begin{bmatrix} r_{1y} \\ r_{2y} \\ r_{3y} \end{bmatrix}$$

$$= \begin{bmatrix} 1 & 0.694 & 0.378 \\ 0.694 & 1 & 0 \\ 0.378 & 0 & 1 \end{bmatrix}^{-1} \begin{bmatrix} 0.827 \\ 0.946 \\ 0.300 \end{bmatrix}$$

$$= \begin{bmatrix} 2.663 & -1.848 & -1.007 \\ -1.848 & 2.283 & 0.699 \\ -1.007 & 0.699 & 1.381 \end{bmatrix} \begin{bmatrix} 0.827 \\ 0.946 \\ 0.300 \end{bmatrix} = \begin{bmatrix} 0.152 \\ 0.841 \\ 0.243 \end{bmatrix}$$

따라서, 식 (8・29)의 추정식은

$$\hat{y}^* = 0.152Z_1 + 0.841Z_2 + 0.243Z_3$$

a_i, $i=1, 2, 3$, 으로부터 b_i를 구하려면 식 (8・33)으로부터

$$b_1 = a_1\sqrt{\frac{S_{yy}}{S_{11}}} = (0.152)\sqrt{\frac{136}{28}} = 0.335$$

$$b_2 = a_2\sqrt{\frac{S_{yy}}{S_{22}}} = (0.841)\sqrt{\frac{136}{6}} = 4.004$$

$$b_3 = a_3\sqrt{\frac{S_{yy}}{S_{33}}} = (0.243)\sqrt{\frac{136}{4}} = 1.417$$

그리고, b_0는 식 (8・34)로부터

$$\begin{aligned} b_0 &= \bar{y} - b_1\bar{x}_1 - b_2\bar{x}_2 - b_3\bar{x}_3 \\ &= 13 - (0.335)(4) - (4.004)(0) - (1.417)(0) \\ &= 11.66 \end{aligned}$$

따라서, 원래의 데이터에 대한 회귀모형, $y=\beta_0+\beta_1x_1+\beta_2x_2+\beta_3x_3+\epsilon$, 의 추정식은

$$\hat{y} = 11.66 + 0.335x_1 + 4.004x_2 + 1.417x_3$$

다음으로 a_1, a_2와 a_3의 분산을 살펴보자.

$$Var\begin{bmatrix} a_1 \\ a_2 \\ a_3 \end{bmatrix} = \begin{bmatrix} 1 & r_{12} & r_{13} \\ r_{21} & 1 & r_{23} \\ r_{31} & r_{32} & 1 \end{bmatrix}^{-1} \sigma^2 = \begin{bmatrix} 2.663 & -1.848 & -1.007 \\ -1.848 & 2.283 & 0.699 \\ 1.007 & 0.699 & 1.381 \end{bmatrix}\sigma^2$$

따라서, $Var(a_1)=2.663\sigma^2$, $Var(a_2)=2.283\sigma^2$이며, $Var(a_3)=1.381\sigma^2$으로 a_1의 분산이 가장 크고, a_3의 분산이 제일 작다.

8・4 공동신뢰영역

중회귀모형, $\boldsymbol{y}=X\boldsymbol{\beta}+\boldsymbol{\epsilon}$, $\boldsymbol{\epsilon}\sim N(\boldsymbol{0}, I\sigma^2)$에서 회귀계수 β_i, $i=0, 1, 2, \cdots, k$, 의 $100(1-\alpha)\%$ 신뢰구간은 식 (7・14)에서 논의된 바와 같이

$$b_i \pm t\left(n-k-1\,;\,\frac{\alpha}{2}\right)\sqrt{c_{ii}\cdot MSE}$$

로써 표현되었다. 여기에서는 β_i들의 개별적인 신뢰구간보다 β_i들의 공동신뢰영역(共同信賴領域, joint confidence region)을 구하여 보자. 즉, 이 영역이 R이라하면 벡터 $\boldsymbol{\beta}$가 R에 포함될 확률이 $(1-\alpha)$가 되는 공동신뢰영역을 찾고자 하는 것이다.

$\boldsymbol{b}=(X'X)^{-1}X'\boldsymbol{y}$는 $N(\boldsymbol{\beta},\ (X'X)^{-1}\sigma^2)$의 분포를 하며, $X\boldsymbol{b}$는 $N(X\boldsymbol{\beta},\ X(X'X)$

${}^{-1}X'\sigma^2)$의 분포를 하게 되므로

$$\frac{X(\boldsymbol{b}-\boldsymbol{\beta})}{\sigma}\sim N(\boldsymbol{0},\ X(X'X)^{-1}X')$$

이며, 《정리 5·3》에 의하여

$$\left[\frac{X(\boldsymbol{b}-\boldsymbol{\beta})}{\sigma}\right]'X(X'X)^{-1}X'\left[\frac{X(\boldsymbol{b}-\boldsymbol{\beta})}{\sigma}\right]$$
$$=\frac{1}{\sigma^2}(\boldsymbol{b}-\boldsymbol{\beta})'X'X(\boldsymbol{b}-\boldsymbol{\beta})$$

은 $\chi^2(k+1)$의 분포를 한다. 식 (6·52)에 의하여

$$\frac{SSE}{\sigma^2}\sim\chi^2(n-k-1)$$

임을 알고, 《정리 5·6》을 이용하여 $\frac{1}{\sigma^2}(\boldsymbol{b}-\boldsymbol{\beta})'X'X(\boldsymbol{b}-\boldsymbol{\beta})$와 $\frac{SSE}{\sigma^2}$이 서로 독립적으로 분포함을 보일 수 있으므로, 결국

$$\frac{\frac{1}{\sigma^2}(\boldsymbol{b}-\boldsymbol{\beta})'X'X(\boldsymbol{b}-\boldsymbol{\beta})/(k+1)}{\frac{1}{\sigma^2}SSE/(n-k-1)}$$
$$=\frac{(\boldsymbol{b}-\boldsymbol{\beta})'X'X(\boldsymbol{b}-\boldsymbol{\beta})}{(k+1)MSE}\sim F(k+1,n-k-1) \tag{8·35}$$

의 분포를 하게 되며, 이로부터 $\boldsymbol{\beta}$의 $100(1-\alpha)\%$ 공동신뢰영역은

$$(\boldsymbol{b}-\boldsymbol{\beta})'X'X(\boldsymbol{b}-\boldsymbol{\beta})\leq(k+1)\cdot MSE\cdot F(k+1,\ n-k-1\,;\alpha) \tag{8·36}$$

이다.

식 (8·36)을 알기 쉽게 설명하기 위하여 단순회귀모형에서

$$y_i=\beta_0+\beta_1x_i+\epsilon_i$$
$$\epsilon_i\sim N(0,\sigma^2),\quad i=1,2,\cdots,n,$$

β_0와 β_1의 공동신뢰영역을 찾아보자.

$\boldsymbol{b}'=(b_0, b_1)$, $\boldsymbol{\beta}'=(\beta_0, \beta_1)$, $k=1$ 이며

$$X'X=\begin{bmatrix} n & \sum x_i \\ \sum x_i & \sum x_i^2 \end{bmatrix}$$

이므로

$$\begin{aligned}(\boldsymbol{b}-\boldsymbol{\beta})'X'X(\boldsymbol{b}-\boldsymbol{\beta}) &= n(\beta_0-b_0)^2+(\sum x_i^2)(\beta_1-b_1)^2 \\ &\quad +2(\sum x_i)(\beta_0-b_0)(\beta_1-b_1)\end{aligned}$$

식 (8・36)은 β_0와 β_1에 대한 타원형방정식,

$$\begin{aligned}&n(\beta_0-b_0)^2+(\sum x_i^2)(\beta_1-b_1)^2+2(\sum x_i)(\beta_0-b_0)(\beta_1-b_1) \\ &\leq 2\cdot MSE\cdot F(2,\ n-2\ ;\ \alpha)\end{aligned} \tag{8・37}$$

이 되며, 이 타원형 속이 β_0와 β_1의 $100(1-\alpha)\%$ 신뢰영역이 된다. 재미있는 것은 식 (8・37)을 $D=n\sum x_i^2-(\sum x_i)^2$으로 나누면

$$\begin{aligned}&\frac{n}{D}(\beta_0-b_0)^2+\frac{\sum x_i^2}{D}(\beta_1-b_1)^2+\frac{2\sum x_i}{D}(\beta_0-b_0)(\beta_1-b_1) \\ &\leq \frac{2\cdot MSE\cdot F(2,\ n-2\ ;\ \alpha)}{D}\end{aligned}$$

인데,

$$Var\begin{bmatrix} b_0 \\ b_1 \end{bmatrix}=(X'X)^{-1}\sigma^2=\begin{bmatrix} \dfrac{\sum x_i^2}{D} & \dfrac{-\sum x_i}{D} \\ \dfrac{-\sum x_i}{D} & \dfrac{n}{D} \end{bmatrix}\sigma^2$$

이므로, 식 (8・37)은

$$Var(b_1)(\beta_0-b_0)^2+Var(b_0)(\beta_1-b_1)^2-2Cov(b_0, b_1)(\beta_0-b_0)(\beta_1-b_1)$$

$$\leq \frac{2 \cdot MSE \cdot F(2,\ n-2\ ;\ \alpha)}{D} \cdot \sigma^2$$

가 된다. 따라서, 다음과 같은 [그림 8·1]의 공동신뢰영역을 그릴 수 있다.

혹자는 β_0의 신뢰구간과 β_1의 신뢰구간을 점선으로 연결하여 공통되는 부분의 사각형이 공통신뢰영역이라고 생각할지 모르나 이것은 옳지 않으며, 일반적으로 타원형으로 얻어지는 신뢰영역이 사각형으로 얻어지는 그릇된 신뢰영역보다 더 많은 정보를 가지고 있다.

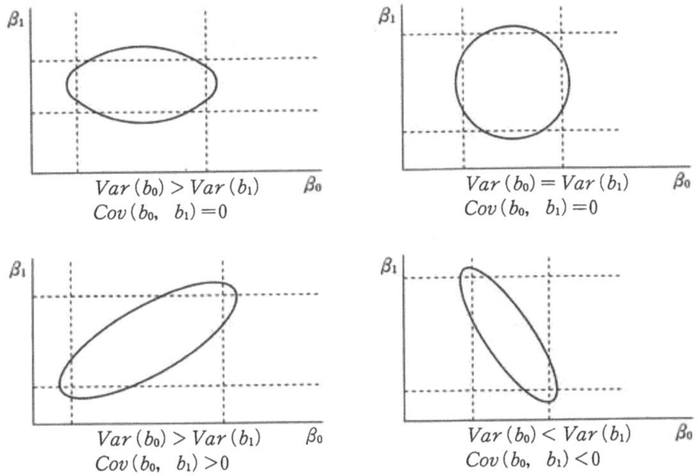

[그림 8·1] 공동신뢰영역

중회귀에서 $\beta_i,\ \ i=1, 2, \cdots, k$ 들만의 공동신뢰영역을 구하고 절편 β_0는 구하고 싶지 않으면 식 (8·24)처럼

$$y - \bar{y} = \beta_1(x_1 - \bar{x}_1) + \beta_2(x_2 - \bar{x}_2) + \cdots + \beta_k(x_k - \bar{x}_k) + \epsilon'$$

로 변환시켜 β_i 들의 공동신뢰영역을 구하면 될 것이다.

〔예 8·3〕 어떤 공장에서는 주문을 받아서 생산을 하여 주고 있다. 주문량을 x 라 하고 이 주문량을 완성하는 데 걸리는 시간을 y 로 하여 주문량과 소요시간 사이의 관계를 대략 파악하기 위하여 올해 초부터 받은 열번의 주문에 대한 데이터를 분석하여 보려 한다.

주문번호	1	2	3	4	5	6	7	8	9	10
주문량(x)	30	20	60	80	40	50	60	30	70	60
소요시간(y)	73	50	128	170	87	108	135	69	148	132

회귀모형, $y_i=\beta_0+\beta_1x_i+\epsilon_i,\ \epsilon_i\sim N(0,\sigma^2)$, 을 가정하고, 이를 적합시킨 후에 β_0와 β_1의 95% 공동신뢰영역을 구하라.

풀이

$$n=10,\ \sum x_i=500,\ \sum y_i=1{,}100$$
$$\sum x_iy_i=61{,}800,\ \sum x_i^2=28{,}400,\ \sum y_i^2=134{,}660$$
$$b_1=\frac{\sum x_iy_i-\frac{(\sum x_i)(\sum y_i)}{n}}{\sum x_i^2-\frac{(\sum x_i)^2}{n}}=\frac{61{,}800-\frac{(500)(1{,}100)}{10}}{28{,}400-\frac{(500)^2}{10}}=2.0$$
$$b_0=\bar{y}-b_1\bar{x}=110-(2.0)(50)=10.0$$
$$\begin{aligned}SSE&=\boldsymbol{y}'\boldsymbol{y}-\boldsymbol{b}'X'\boldsymbol{y}\\&=\sum y_i^2-b_0\sum y_i-b_1\sum x_iy_i\\&=134{,}660-(10.0)(1{,}100)-(2.0)(61{,}800)=60\end{aligned}$$
$$MSE=\frac{SSE}{n-2}=\frac{60}{8}=7.5$$

추정된 회귀직선은

$$\hat{y}=10.0+2.0x$$

이며, $F(2,\ 8\ ;\ 0.05)=4.46$이므로 식 (8·37)은

$$10(\beta_0-10)^2+28{,}400(\beta_1-2)^2+2(500)(\beta_0-10)(\beta_1-2)\le 2(7.5)(4.46)$$
$$\Rightarrow(\beta_0-10)^2+2{,}840(\beta_1-2)^2+100(\beta_0-10)(\beta_1-2)\le 6.69$$

위의 부등식을 만족시켜 주는 (β_0,β_1)의 값들은 [그림 8·2]의 타원형이고, 그 내부에 있는 영역이 공동신뢰영역이 된다.

참고로 $Var(b_0)$, $Var(b_1)$과 $Cov(b_0,b_1)$을 추정하여 보자.

$$D=n\sum x_i^2-(\sum x_i)^2=10(28{,}400)-(500)^2=34{,}000$$
$$\hat{\sigma}^2=MSE=7.5$$

이므로

$$\widehat{Var}(b_0) = \frac{(\sum x_i^2)\cdot MSE}{D} = \frac{(28,400)(7.5)}{34,000} = 6.2647$$

$$\widehat{Var}(b_1) = \frac{n\cdot MSE}{D} = \cdot\frac{(10)(7.5)}{34,000} = 0.0022$$

$$\widehat{Cov}(b_0, b_1) = \frac{(-\sum x_i)\cdot MSE}{D} = \frac{(-500)(7.5)}{34,000} = -0.1103$$

즉, $\widehat{Var}(b_0) > \widehat{Var}(b_1)$의 β_0축 쪽으로 타원형이 길어지며 $Cov(b_0, b_1)<0$ 이므로 [그림 8・2]와 같은 모양이 된다.

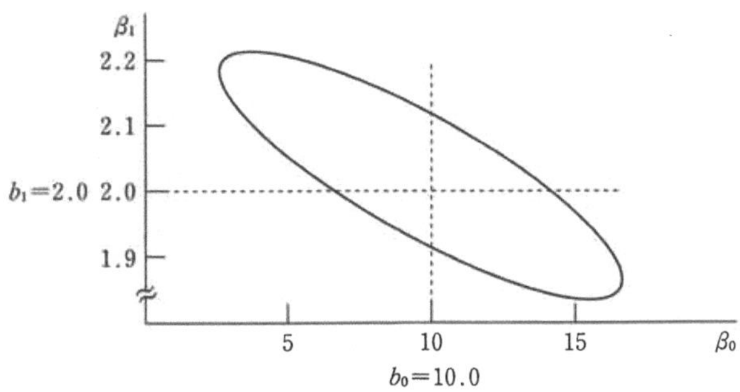

[그림 8・2] 예제의 공동신뢰영역

8・5 회귀모형의 비교검정

제 5 장에서 두 개의 회귀직선,

$$y_{1j} = \beta_{01} + \beta_{11}x_{1j}$$
$$y_{2j} = \beta_{02} + \beta_{12}x_{2j}$$

이 같은 절편과 기울기를 갖고 있는가를 검정하여 보았다. 이 절에서는 두 개 이상의 중회귀모형이 동일한 회귀계수(regression coefficients)를 가지고 있는가를 검정하는 방법을 알아보려 한다. 이와 같은 검정은 실제로 회귀분석을 하면서 가끔 당면하는 문제들이다. 예를 들어 보기로 하자. 종래에 사용하여 오던 공정을 약간 바꾸어 새로운 공정을 개발하였다고 하자. 종래의 공정에 의한 수율(yield) y_1이 공정조건 $x_1, x_2, \cdots, x_k$의 함수로서 다음의 회귀식

$$y_{1j} = \beta_{01}+\beta_{11}x_{1j}+\beta_{21}x_{2j}+\cdots+\beta_{k1}x_{kj}+\epsilon_{1j} \tag{8 · 38}$$

을 가졌다고 하자. 새로 개발된 공정도 같은 독립변수 $x_1, x_2, \cdots, x_k$에 대하여 식 (8 · 38)과 동일한 회귀식을 줄 것인가를 알고 싶을 경우가 많다. 새로운 공정의 수율 y_2에 대한 회귀식을

$$y_{2j} = \beta_{02}+\beta_{12}x_{1j}+\beta_{22}x_{2j}+\cdots+\beta_{k2}x_{kj}+\epsilon_{2j} \tag{8 · 39}$$

으로 표현하면, 우리가 검정하고 싶은 것은 $H_0 : \beta_{i1}=\beta_{i2},\ \ i=0, 1, 2, \cdots, k$가 될 것이다.

두 개의 회귀모형에 대한 비교검정을 먼저 알아보기로 하자. y_1에 대하여 n_1번 관찰을 하고, y_2를 n_2번 관찰하였다면 식 (8 · 38)과 (8 · 39)를 행렬로 나타내서

$$\boldsymbol{y}_1 = X_1\boldsymbol{\beta}_1+\boldsymbol{\epsilon}_1 \tag{8 · 40}$$

$$\boldsymbol{y}_2 = X_2\boldsymbol{\beta}_2+\boldsymbol{\epsilon}_2 \tag{8 · 41}$$

이며, $\boldsymbol{y}_1, \boldsymbol{\epsilon}_1$은 $n_1\times 1$ 벡터, $\boldsymbol{y}_2$, $\boldsymbol{\epsilon}_2$는 $n_2\times 1$ 벡터이고, X_1은 $n_1\times(k+1)$, X_2는 $n_2\times(k+1)$ 행렬이며, $\boldsymbol{\beta}_1$과 $\boldsymbol{\beta}_2$는 $(k+1)\times 1$ 벡터이다. 검정하고자 하는 귀무가설과 대립가설은 다음과 같다.

$$\begin{aligned} &H_0 : \boldsymbol{\beta}_1 = \boldsymbol{\beta}_2 \ (= \boldsymbol{\beta}_0) \\ &H_1 : \boldsymbol{\beta}_1 \neq \boldsymbol{\beta}_2 \end{aligned} \tag{8 · 42}$$

여기에서 $\boldsymbol{\beta}_0$는 $\boldsymbol{\beta}_1$과 $\boldsymbol{\beta}_2$가 동일할 때 취하게 되는 회귀계수의 벡터이다.

식 (8 · 40)과 (8 · 41)의 모형을 완전모형(full model)이라 하고, 축소모형(reduced model)을 $\boldsymbol{\beta}_1=\boldsymbol{\beta}_2=\boldsymbol{\beta}_0$일 때 써 보면

$$\begin{bmatrix} \boldsymbol{y}_1 \\ \boldsymbol{y}_2 \end{bmatrix} = \begin{bmatrix} X_1 \\ X_2 \end{bmatrix}\boldsymbol{\beta}_0+\begin{bmatrix} \boldsymbol{\epsilon}_1 \\ \boldsymbol{\epsilon}_2 \end{bmatrix} \tag{8 · 43}$$

이며, $\boldsymbol{y}=\begin{bmatrix}\boldsymbol{y}_1\\ \boldsymbol{y}_2\end{bmatrix}$, $X=\begin{bmatrix}X_1\\ X_2\end{bmatrix}$ 그리고 $\boldsymbol{\epsilon}=\begin{bmatrix}\boldsymbol{\epsilon}_1\\ \boldsymbol{\epsilon}_2\end{bmatrix}$라 놓으면, 식 (8·43)은

$$\boldsymbol{y} = X\boldsymbol{\beta}_0+\boldsymbol{\epsilon} \tag{8·44}$$

이 되며, $n=n_1+n_2$이다. 제 5장에서 사용된 검정절차를 따르게 되면 다음과 같다.

(순서 1) 완전모형을 적합시키고 잔차제곱합 $SSE(F)$를 구한다. 최소제곱법에 의한 회귀계수의 추정벡터를 $\boldsymbol{b}_1=(X_1'X_1)^{-1}X_1'\boldsymbol{y}_1$, $\boldsymbol{b}_2=(X_2'X_2)^{-1}X_2'\boldsymbol{y}_2$라 놓으면 다음과 같이 된다.

$$\begin{aligned} SSE(F) &= (\boldsymbol{y}_1-\hat{\boldsymbol{y}}_1)'(\boldsymbol{y}_1-\hat{\boldsymbol{y}}_1)+(\boldsymbol{y}_2-\hat{\boldsymbol{y}}_2)'(\boldsymbol{y}_2-\hat{\boldsymbol{y}}_2) \\ &= (\boldsymbol{y}_1-X_1\boldsymbol{b}_1)'(\boldsymbol{y}_1-X_1\boldsymbol{b}_1)+(\boldsymbol{y}_2-X_2\boldsymbol{b}_2)'(\boldsymbol{y}_2-X_2\boldsymbol{b}_2) \end{aligned} \tag{8·45}$$

(순서 2) 축소모형을 적합시키고, 그의 잔차제곱합 $SSE(R)$을 구한다.

$$SSE(R) = (\boldsymbol{y}-\hat{\boldsymbol{y}})'(\boldsymbol{y}-\hat{\boldsymbol{y}}) = (\boldsymbol{y}-X\boldsymbol{b}_0)'(\boldsymbol{y}-X\boldsymbol{b}_0) \tag{8·46}$$

여기에서 $\boldsymbol{b}_0$는 식 (8·44)로부터 구한 $\boldsymbol{b}_0=(X'X)^{-1}X'\boldsymbol{y}$이다.

(순서 3) 검정통계량을 만든다. 만약 오차벡터가 다변량정규분포

$$\boldsymbol{\epsilon}=\begin{bmatrix}\boldsymbol{\epsilon}_1\\ \boldsymbol{\epsilon}_2\end{bmatrix}\sim N(\boldsymbol{0}, I\sigma^2)$$

를 하면 $SSE(F)/\sigma^2$은 $\chi^2(n-2k-2)$의 분포를 하며, $SSE(R)/\sigma^2$은 귀무가설이 옳은 경우에는 $\chi^2(n-k-1)$의 분포를 한다. 따라서,

$$\frac{SSE(R)-SSE(F)}{\sigma^2}\sim\chi^2(k+1) \tag{8·47}$$

의 분포를 갖는다. 그런데, 귀무가설 하에서는 $SSE(R)-SSE(F)$와 $SSE(F)$는 서로 독립적으로 분포함을 보일 수 있으므로 구하려는 검정통계량은

$$F_0=\frac{[SSE(R)-SSE(F)]/(k+1)}{SSE(F)/(n-2k-2)} \tag{8·48}$$

이며, 이것은 $F(k+1,\ n-2k-2)$의 분포를 한다.

(순서 4) 가설의 검정. 만약 유의수준 α에서 검정통계량의 값이 $F_0 > F(k+1,\ n-2k-2\,;\ \alpha)$이면 귀무가설을 기각하고, 아니면 채택한다,

위에서 두 개의 표본(크기가 각각 n_1과 n_2)을 중회귀모형에 적합시켰을 때 회귀계수들이 같은가를 검정하여 보았는데, p개의 표본에 대한 검정도 동일한 방법으로 할 수 있다. 완전모형을

$$\begin{aligned} \boldsymbol{y}_1 &= X_1\boldsymbol{\beta}_1 + \boldsymbol{\epsilon}_1 \\ \boldsymbol{y}_2 &= X_2\boldsymbol{\beta}_2 + \boldsymbol{\epsilon}_2 \\ \vdots &\qquad \vdots \\ \boldsymbol{y}_p &= X_p\boldsymbol{\beta}_p + \boldsymbol{\epsilon}_p \end{aligned}$$

라 하고, $X_1,\ X_2,\ \cdots,\ X_p$를 각각 $n_1 \times (k+1),\ n_2 \times (k+1),\ \cdots,\ n_p \times (k+1)$ 행렬이라 하자. 가설은

$$H_0 : \boldsymbol{\beta}_1 = \boldsymbol{\beta}_2 = \cdots = \boldsymbol{\beta}_p (= \boldsymbol{\beta}_0)$$

$$H_1 : \boldsymbol{\beta}_i \neq \boldsymbol{\beta}_0,\ \text{최소한 하나의 } i \text{에 대하여},\ i = 1, 2, \cdots, p$$

가 된다. 이 경우의 잔차제곱합은 각각,

$$\begin{aligned} SSE(F) &= \sum_{i=1}^{p} (\boldsymbol{y}_i - X_i\boldsymbol{b}_i)'(\boldsymbol{y}_i - X_i\boldsymbol{b}_i) \\ &\qquad \boldsymbol{b}_i = (X_i'X_i)^{-1}X_i'\boldsymbol{y}_i \\ SSE(R) &= (\boldsymbol{y} - X\boldsymbol{b}_0)'(\boldsymbol{y} - X\boldsymbol{b}_0) \end{aligned}$$

$$\boldsymbol{y} = \begin{bmatrix} \boldsymbol{y}_1 \\ \boldsymbol{y}_2 \\ \vdots \\ \boldsymbol{y}_p \end{bmatrix},\ X = \begin{bmatrix} X_1 \\ X_2 \\ \vdots \\ X_p \end{bmatrix},\ \boldsymbol{b}_0 = (X'X)^{-1}X'\boldsymbol{y}$$

이 되며, 검정통계량은 $n = \sum_{i=1}^{p} n_i$ 일 때

$$F_0 = \frac{[SSE(R) - SSE(F)]/(p-1)(k+1)}{SSE(F)/[n-p(k+1)]} \tag{8·49}$$

이며, 이 통계량은 귀무가설이 성립될 때 $F((p-1)(k+1),\ n-p(k+1))$의 분포를 한다.

8·6 통계패키지에 의한 분석 사례

(1) 〔예 8·1〕의 데이터에 대해서 중회귀모형, $y_j = \beta_0 + \beta_1 x_{1j} + \beta_2 x_{2j} + \beta_3 x_{3j} + \epsilon_j$ 을 고려하고 수정항을 빼지 않은 분산분석표를 작성하여라. 그리고 $SS(b_1/b_0, b_2, b_3)$, $SS(b_2/b_0, b_1, b_3)$를 각각 구하여라.

(2) 〔예 8·2〕의 데이터에 대해서 표준화된 데이터를 만들고, 식 (8·29)와 같은 중회귀모형을 적합시켜서 변수간의 상관계수를 고찰해 보아라.

8·6·1 SAS에 의한 분석 프로그램 및 결과

(1) 〈SAS 프로그램〉

```
DATA ex8_1;
  INPUT y x0 x1 x2 x3;
    CARDS;
      7    1   1   -1   -1
      8    1   2   -1    0
     10    1   3   -1    1
     15    1   1    1    1
     18    1   2    1    0
     26    1   3    1   -1
      ;

PROC REG;
  MODEL y=x0 x1 x2 x3 /NOINT SS1 SS2;
RUN;
```

MODEL 문에서 사용자 선택 사항 중 SS1은 축차제곱합(sequential SS)을 SS2는 편제곱합(partial SS)을 각각 출력해 주며 Type Ⅰ SS와 Type Ⅱ SS가 그에 해당된다.

〈SAS 결과〉

```
                          Analysis of Variance

                           Sum of         Mean
      Source          DF   Squares        Square       F Value      Prob>F
      Model            4   1433.66667     358.41667    165.423      0.0060
      Error            2      4.33333       2.16667
      U Total          6   1438.00000

          Root MSE        1.47196     R-square        0.9970
          Dep Mean       14.00000     Adj R-sq        0.9910
          C.V.           10.51400
---------------------------------------------------------------------------
                         Parameter Estimates

                  Parameter     Standard    T for H0:
Variable  DF       Estimate        Error  Parameter=0   Prob > |T|   Type I SS

X0         1       7.000000   1.58989867        4.403       0.0479  1176.000000
X1         1       3.500000   0.73598007        4.756       0.0415    49.000000
X2         1       5.666667   0.60092521        9.430       0.0111   192.666667
X3         1      -2.000000   0.73598007       -2.717       0.1129    16.000000

Variable  DF    Type II SS

X0         1     42.000000
X1         1     49.000000
X2         1    192.66666
X3         1     16.000000
```

추정된 방정식은 $\hat{y}=7.0+3.5x_1+5.67x_2-2.0x_3$ 이고 유의확률은 0.006 이므로 가정된 회귀모형은 매우 적절하다고 볼 수 있다. $SS(b_1/b_0, b_2, b_3)$와 $SS(b_2/b_0, b_1, b_3)$는 x_1과 x_2의 Type Ⅱ SS 값이므로 $SS(b_1/b_0, b_2, b_3)=49$, $SS(b_2/b_0, b_1, b_3)=192.67$ 이다.

(2) 〈SAS 프로그램〉

```
DATA ex8_2;
  INPUT y x1 x2 x3;
    CARDS;
      7   1  -1  -1
      8   2  -1   0
     10   3  -1   1
     15   4   1  -1
     18   5   1   0
     19   6   1   1
     14   7   0   0
      ;
```

```
PROC STANDARD DATA=ex8_2     OUT=ex8_2st1
                    MEAN=0 STD=1;
   VAR x1-x3 y;

DATA ex8_2st2;
  SET ex8_2st1;
  y=y/SQRT(6);
  x1=x1/SQRT(6);
  x2=x2/SQRT(6);
  x3=x3/SQRT(6);

PROC REG DATA=ex8_2st2;
   MODEL y=x1 x2 x3 / NOINT XPX;
RUN;
```

PROC STANDARD는 DATA SET을 표준화시키는 데 사용하며 MEAN=0, STD=1인 경우 $x^*=\dfrac{x-\bar{x}}{\sqrt{S_{xx}/(n-1)}}$와 같이 표준화시킨다. 여기서 $S_{xx}=\sum_{i=1}^{n}(x_i-\bar{x})^2$이다.

〈SAS 결과〉

```
                    Model Crossproducts X'X X'Y Y'Y

X'X                  X1                X2                X3                Y

X1                    1      0.6943650748       0.377964473     0.8264597475
X2         0.6943650748                 1                 0     0.9451890567
X3          0.377964473                 0                 1      0.300122524
Y          0.8264597475      0.9451890567       0.300122524                1
---------------------------------------------------------------------------------
                         Analysis of Variance

                              Sum of         Mean
 Source            DF        Squares       Square        F Value          Prob>F

 Model              3        0.99203      0.33068        166.051          0.0001
 Error              4        0.00797      0.00199
 U Total            7        1.00000

     Root MSE          0.04463      R-square         0.9920
     Dep Mean          0.00000      Adj R-sq         0.9861
     C.V.         2.2509166E18
---------------------------------------------------------------------------------
```

Parameter Estimates

Variable	DF	Parameter Estimate	Standard Error	T for H0: Parameter=0	Prob > |T|
X1	1	0.151248	0.07287289	2.075	0.1066
X2	1	0.840168	0.06746718	12.453	0.0002
X3	1	0.242956	0.05244100	4.633	0.0098

▶ 참 고 문 헌 ◀

8・1. Cohen, J. and Cohen P. : *Applied Regression/Correlation Analysis for the Behavioral Sciences*, New Jersey, Lawrence Erlbaum Associates, 1975.

8・2. Daniel, C. and Wood, F. S. : *Fitting Equations to Data*, New York, Wiley-Interscience, 1971.

8・3. Draper, N. R. and Smith, H. : *Applied Regression Analysis*, New York, John Wiley & Sons, 1966.

8・4. Neter, J. and Wasserman, W. : *Applied Linear Statistical Models*, Homewood, Illinois, Richard D. Irwin, 1974.

▩ 연 습 문 제 ▩

8・1. 단순회귀모형

$$y_i = \beta_0 + \beta_1 x_i + \epsilon_i, \quad i=1, 2, \cdots, n$$

을 적합시키기 위하여 n개의 데이터가 있다.

(1) 데이터에 절편만 있는 모형

$$y_i = \beta_0 + \epsilon_i, \quad i=1, 2, \cdots, n$$

을 적합시킬 때 얻어지는 회귀제곱합을 $SS(b_0)$로 표시한다. 이 때

$$SS(b_0) = n(\bar{y})^2 \ (= \text{수정항})$$

임을 증명하라.

(2) 데이터에 절편이 없는 모형

$$y_i = \beta_1 x_i + \epsilon_i, \ \ i=1, 2, \cdots, n$$

을 적합시킬 때 얻어지는 회귀제곱합을 $SS(b_1)$으로 표시한다. $SS(b_1)$을 x_i와 y_i로 표현하여라.

(3) 단순회귀모형을 적합시켰을 때 얻어지는 수정항을 빼지 않은 회귀제곱합, $SS(b_0, b_1)$의 표현식을 구하라. 어떤 경우에

$$SS(b_0, b_1) = SS(b_0) + SS(b_1)$$

이 성립하는가? 이를 증명하라.

8・2. 연습문제 6・2의 데이터에 대하여 다음 질문에 답하라. 중회귀모형, $y_j = \beta_0 + \beta_1 x_{1j} + \beta_2 x_{2j} + \epsilon_j, \ \epsilon_j \sim N(0, \sigma^2)$이 적절하다고 가정한다.

(1) $SS(b_1)$, $SS(b_1/b_0)$와 $SS(b_1/b_0, b_2)$를 각각 구하여라.

(2) $H_0: \beta_1 = 0$

$H_1: \beta_1 \neq 0$

을 부분 F-검정으로 가설검정하라. 유의수준은 $\alpha=0.05$.

(3) x_1과 x_2 중 하나의 변수만을 선택하여 회귀식을 구한다면 어떤 변수를 택하겠는가? 어떤 기준에서 이 변수를 택하였는가?

8・3. 회귀모형, $y_j = \beta_0 + \beta_1 x_{1j} + \beta_2 x_{2j} + \epsilon_j, \ j=1, 2, \cdots, n$에서 만약 $\sum_{j=1}^{n} x_{1j} x_{2j} = 0$, $\bar{x}_1 = 0$ 또는 $\bar{x}_2 = 0$이면 $SS(b_1/b_0) = SS(b_1/b_0, b_2)$임을 증명하라.

8・4. 연습문제 6・3의 데이터에 대하여 회귀모형, $y_j = \beta_0 + \beta_1 x_{1j} + \beta_2 x_{2j} + \beta_3 x_{3j} + \epsilon_j, \ \epsilon_j \sim N(0, \sigma^2)$이 가정되었다.

(1) 변수의 표준화를 하고 식 (8・29)와 같은 회귀모형

$$y^* = \alpha_1 Z_1 + \alpha_2 Z_2 + \alpha_3 Z_3 + \epsilon$$

을 적합시켜라.

(2) x_1, x_2 와 x_3 간의 상호 표본상관계수를 구하라.

(3) 위의 (1)에서 구한 a_1, a_2 와 a_3 로부터 b_0, b_1, b_2 와 b_3 을 구하라.

8·5. 연습문제 3·1의 데이터에 대하여 단순회귀방정식을 적합시켰다. 단순회귀계수, β_0 와 β_1 의 95% 공동신뢰영역을 구하고 이를 그려 보아라.

8·6. 연습문제 6·2의 데이터에 대하여 절편 없는 중회귀모형

$$y_j = \beta_1 x_{1j} + \beta_2 x_{2j} + \epsilon_j, \quad \epsilon_j \sim N(0, \sigma^2)$$

을 가정하고, β_1 과 β_2 의 90% 공동신뢰영역을 구하고 이를 그려 보아라.

8·7. 제품 A 를 판매하고 있는 대리점을 상대로 표본조사한 〈표 6·1〉과 같은 데이터가 있다. 이 데이터는 총판매액(y)이 광고료(x_1)와 상점의 크기(x_2)에 어떤 관계를 가지고 있는가를 규명하기 위하여 구한 데이터이다. 이제 제품 B 를 판매하고 있는 대리점들을 상대로 같은 조사를 하여 다음의 데이터를 얻었다.

	상점 번호	광고료 (x_1) (단위 : 10 만원)	상점의 크기(x_2) (단위 : 평)	총판매액 (y) (단위 : 100 만원)
제품 A	1	4	4	9
	2	8	10	20
	3	9	8	22
	4	8	5	15
	5	8	10	17
	6	12	15	30
	7	6	8	18
	8	10	13	25
	9	6	5	10
	10	9	12	20
	1	13	12	25
	2	10	8	20
	3	9	8	18

제품 B	4	15	14	35
	5	12	13	30
	6	14	10	32
	7	10	8	27
	8	7	7	20
	9	8	10	20
	10	7	9	19

(1) 제품 A와 B에 대하여 각각

$$y_1 = \beta_{01}+\beta_{11}x_1+\beta_{21}x_2+\epsilon_1, \text{ 제품 } A$$
$$y_2 = \beta_{02}+\beta_{12}x_1+\beta_{22}x_2+\epsilon_2, \text{ 제품 } B$$
$$\epsilon_1 \sim N(0, \sigma^2), \quad \epsilon_2 \sim N(0, \sigma^2)$$

을 가정하고 $\beta_1'=(\beta_{01}, \beta_{11}, \beta_{21})$, $\beta_2'=(\beta_{02}, \beta_{12}, \beta_{22})$로 놓을 때

$$H_0 : \beta_1 = \beta_2$$
$$H_1 : \beta_1 \neq \beta_2$$

를 유의수준 $\alpha=0.05$에서 가설검정하라.

(2) 제품 B에 대하여 $SS(b_{12}/b_{02}, b_{22})$와 $SS(b_{22}/b_{02}, b_{12})$ 중에서 어느 쪽이 더 큰가? 어느 한 쪽의 추가제곱합이 더 크다는 것은 어떤 의미를 가지는가?

(3) $\beta_2'=(\beta_{02}, \beta_{12}, \beta_{22})$의 90% 공동신뢰영역을 구하라. $\beta_2'=(0, 2, 1)$은 이 영역 속에 포함되어 있느냐?

(4) 제품 A에 대한 회귀방정식의 R^2과 제품 B에 대한 회귀방정식의 R^2의 값을 구하라. 그 크기를 비교하여 의미하는 바를 설명하라.

8・8. 선형회귀모형 $\boldsymbol{y}=X\boldsymbol{\beta}+\boldsymbol{\epsilon}$에서 결정계수 R^2은 y_j나 x_{ij}의 단위가 바뀌어도 관계 없이 일정함을 증명하라. 즉 선형변환

$$z_j = cy_j, \quad w_{ij} = c_i x_{ij}$$
$$i=1, 2, \cdots, k, \quad j=1, 2, \cdots, n$$

을 시킨 후의 R^2과 시키기 전의 R^2이 같음을 증명하라.

8・9. 두 회귀선

$$y_{1j} = \beta_1 x_j + \epsilon_{1j}, \quad y_{2j} = \beta_2 x_j + \epsilon_{2j}$$
$$j=1, 2, \cdots, n$$

에서 가설 $H_0 : \beta_1 = \beta_2$ 를 검정하기 위한 F-통계량을 구하라.
다음을 가정하라.

$$\begin{pmatrix} \epsilon_1 \\ \epsilon_2 \end{pmatrix} \sim N(\mathbf{0}, I\sigma^2)$$

9

다항회귀

9·1 다항회귀모형

독립변수 x의 변화에 따라서 종속변수가 직선적인 관계를 가지고 변한다고 믿어질 때 우리는 단순회귀모형을 사용하였다. 만약 y의 변화가 x에 대하여 [그림 9·1]처럼 곡선관계(curvilinear relationship)를 보여 주고 있다면 단순회귀모형은 적당하지 않으며, x의 자승항(square term)이 들어 가는

$$y = \beta_0 + \beta_1 x + \beta_2 x^2 + \epsilon \qquad (9 \cdot 1)$$

과 같은 모형이 더 타당할 것이다. 식 (9·1)의 모형을 독립변수가 하나인 경우의 이차다항회귀모형(二次多項回歸模型, second-order polynomial regression model with one independent

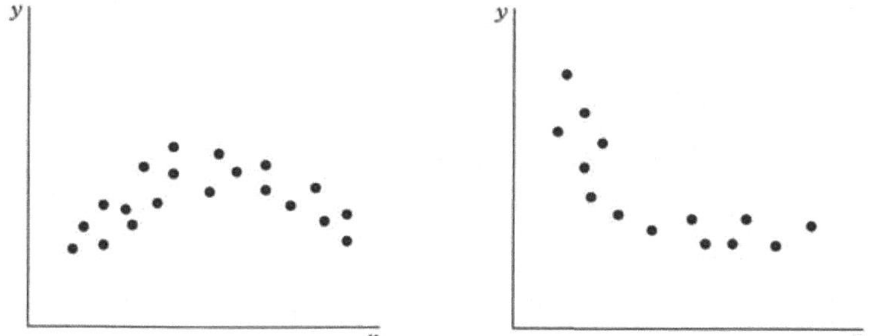

[그림 9·1] x와 y간의 곡선 관계

variable)이라고 부른다. 제 4 장의 잔차의 검토에서 만약 잔차의 산포가 [그림 4·5]의 (a)나 (b)에 해당하는 경우에는 단순회귀모형이 적합하지 않으며 이차다항회귀나 삼차다항회귀와 같이 x의 제곱항이나 삼승항(cubic term)이 들어가 있는 곡선회귀(曲線回歸, curvilinear regression)가 적절할 것이다. 독립변수가 하나인 경우의 삼차모형(third-order model)은 다음과 같다.

$$y = \beta_0 + \beta_1 x + \beta_2 x^2 + \beta_3 x^3 + \epsilon \tag{9·2}$$

따라서, 단순회귀모형을 일차다항회귀모형(一次多項回歸模型, first-order polynomial regression model)이라고도 부를 수 있을 것이다.

독립변수가 둘인 경우의 이차다항회귀모형은

$$y = \beta_0 + \beta_1 x_1 + \beta_2 x_2 + \beta_{11} x_1^2 + \beta_{22} x_2^2 + \beta_{12} x_1 x_2 + \epsilon \tag{9·3}$$

으로 표현되며, x_1과 x_2의 제곱항이 있고 x_1과 x_2가 곱해져 있는 교호작용항(交互作用項, interaction term) x_1x_2가 있다. 계수 β_{12}를 교호작용효과계수(coefficient of interaction effect)라고 부른다.

독립변수가 k개인 경우의 이차모형은

$$y = \beta_0 + \sum_{i=1}^{k} \beta_i x_i + \sum_{i \le j}^{k} \beta_{ij} x_i x_j + \epsilon \tag{9·4}$$

으로 표현할 수 있다. 만약 $k=3$이면 이차모형은

$$\begin{aligned} y = \beta_0 &+ \beta_1 x_1 + \beta_2 x_2 + \beta_3 x_3 + \beta_{11} x_1^2 + \beta_{22} x_2^2 + \beta_{33} x_3^2 \\ &+ \beta_{12} x_1 x_2 + \beta_{13} x_1 x_3 + \beta_{23} x_2 x_3 + \epsilon \end{aligned} \tag{9·5}$$

이 될 것이다.

독립변수가 하나인 경우 이차모형 식 (9·1)을 적합시키는 방법을 알아보자. n개의 데이터(x_j, y_j), $j=1, 2, \cdots, n$, 가 있으면 식 (9·1)은

$$y_j = \beta_0 + \beta_1 x_j + \beta_2 x_j^2 + \epsilon_j, \quad j=1, 2, \cdots, n$$

이 되며, $x_{1j}=x_j$, $x_{2j}=x_j^2$로 놓고 중회귀분석에서 사용하던 방법을 그대로 적용하면 된다. 따라서, X 행렬은

$$X=\begin{bmatrix} 1 & x_1 & x_1^2 \\ 1 & x_2 & x_2^2 \\ 1 & x_3 & x_3^2 \\ \vdots & \vdots & \vdots \\ 1 & x_n & x_n^2 \end{bmatrix}$$

이 되고, $X'X$와 $X'\boldsymbol{y}$는 각각

$$X'X=\begin{bmatrix} n & \sum x_j & \sum x_j^2 \\ \sum x_j & \sum x_j^2 & \sum x_j^3 \\ \sum x_j^2 & \sum x_j^3 & \sum x_j^4 \end{bmatrix}, \quad X'\boldsymbol{y}=\begin{bmatrix} \sum y_j \\ \sum x_j y_j \\ \sum x_j^2 y_j \end{bmatrix}$$

이며, β_0, β_1과 β_2의 **최소제곱추정값** b_0, b_1과 b_2는

$$\boldsymbol{b}=\begin{bmatrix} b_0 \\ b_1 \\ b_2 \end{bmatrix}=(X'X)^{-1}X'\boldsymbol{y}$$

로부터 구해진다.

일반적으로 k차다항회귀모형

$$y=\beta_0+\beta_1 x+\beta_2 x^2+\cdots+\beta_k x^k+\epsilon \qquad (9 \cdot 6)$$

에서 계수 β_i를 추정하려면 독립변수가 k개 있는 중회귀모형으로 다음과 같이 바꾸어 생각해 주면 간편하다. 즉

$$\begin{cases} x_1 = x \\ x_2 = x^2 \\ \vdots \\ x_k = x^k \end{cases}$$

그러면 n 개의 데이터를 가진 모형이

$$\begin{aligned} y_j &= \beta_0 + \beta_1 x_j + \beta_2 x_j^2 + \cdots + \beta_k x_j^k + \epsilon_j \\ &= \beta_0 + \beta_1 x_{1j} + \beta_2 x_{2j} + \cdots + \beta_k x_{kj} + \epsilon_j \qquad (9 \cdot 7) \\ & \quad j=1, 2, \cdots, n \end{aligned}$$

이 되어, 이제까지 사용하여 온 모든 중회귀분석방법을 그대로 적용할 수 있다.

〔예 9·1〕 어떤 특수분야만을 담당하는 건설회사가 과거 24번의 계약에서 계약규모(x)와 단위 계약금액(억 원)당 얻은 순이익(y) 간에 어떠한 회귀관계가 있는지를 알고 싶다. 계약금액 순서로 나열한 데이터는 다음과 같다.

계 약 번 호	x (단위 : 억 원)	y (단위 : 백만 원)	계 약 번 호	x (단위 : 억 원)	y (단위 : 백만 원)
1	1	5	13	5	10
2	1	6	14	6	8
3	2	6	15	6	9
4	2	7	16	6	10
5	2	8	17	7	8
6	3	7	18	7	9
7	3	8	19	8	7
8	4	7	20	8	8
9	4	8	21	8	9
10	4	9	22	9	7
11	5	8	23	9	8
12	5	9	24	10	7

먼저 단순회귀모형을 생각하고 추정식을 구하니

$$b = \frac{\sum x_i y_i - \frac{(\sum x_i)(\sum y_i)}{n}}{\sum x_i^2 - \frac{(\sum x_i)^2}{n}} = \frac{1007 - \frac{(125)(188)}{24}}{815 - \frac{(125)^2}{24}} = 0.17$$

$$a = \bar{y} - b\bar{x} = 7.83 - (0.17)(5.21) = 6.94$$

로

$$\hat{y} = 6.94 + 0.17x$$

가 된다. 이 회귀직선의 정도를 보기 위하여 분산분석하여 F-검정을 하여 보자.

요 인	제곱합	자유도	평균제곱	F_0	$F(0.05)$
회 귀	4.725	1	4.725	3.4	4.3
잔 차	30.608	22	1.391		
계	35.333	23			

$F_0 < F(0.05)$이므로 유의수준 $\alpha=0.05$에서 회귀직선은 유의하지 못하다. 위에서 얻은 회귀제곱합 4.725는 추가제곱합(extra sum of squares)의 표현을 빌리면 $SS(b_1/b_0)$라 쓸 수 있다. 다음으로 독립변수가 하나인 이차다항회귀모형

$$y_j = \beta_0 + \beta_1 x_j + \beta_2 x_j^2 + \epsilon_j$$

를 적합시켜 보자.

$$X = \begin{bmatrix} 1 & 1 & 1 \\ 1 & 1 & 1 \\ 1 & 2 & 4 \\ 1 & 2 & 4 \\ 1 & 2 & 4 \\ 1 & 3 & 9 \\ 1 & 3 & 9 \\ 1 & 4 & 16 \\ 1 & 4 & 16 \\ 1 & 4 & 16 \\ 1 & 5 & 25 \\ 1 & 5 & 25 \\ 1 & 5 & 25 \\ 1 & 6 & 36 \\ 1 & 6 & 36 \\ 1 & 6 & 36 \\ 1 & 7 & 49 \\ 1 & 7 & 49 \\ 1 & 8 & 64 \\ 1 & 8 & 64 \\ 1 & 8 & 64 \\ 1 & 9 & 81 \\ 1 & 9 & 81 \\ 1 & 10 & 100 \end{bmatrix} \quad (\text{columns: } 1,\ x,\ x^2)$$

$$X'X = \begin{bmatrix} 24 & 125 & 815 \\ 125 & 815 & 5975 \\ 815 & 5975 & 46955 \end{bmatrix}$$

$$X'\boldsymbol{y} = \begin{bmatrix} 188 \\ 1007 \\ 6545 \end{bmatrix}$$

$$(X'X)^{-1} = \begin{bmatrix} 0.6393996 & -0.2489542 & 0.0205812 \\ -0.2489542 & 0.1152191 & -0.0103404 \\ 0.0205812 & -0.0103404 & 0.0004799 \end{bmatrix}$$

따라서, β_0, β_1과 β_2의 최소제곱추정값은

$$\boldsymbol{b} = \begin{bmatrix} b_0 \\ b_1 \\ b_2 \end{bmatrix} = (X'X)^{-1}X'\boldsymbol{y} = \begin{bmatrix} 4.21 \\ 1.54 \\ -0.13 \end{bmatrix}$$

이며, 이차회귀추정식은

$$\hat{y} = 4.21 + 1.54x - 0.13x^2$$

이다. 분산분석표를 작성하여 보자.

$$SSR = \boldsymbol{b}'X'\boldsymbol{y} - n(\bar{y})^2 = (4.21,\ 1.54,\ -0.13)\begin{bmatrix} 188 \\ 1007 \\ 6545 \end{bmatrix} - 24(7.83)^2 = 19.996$$

$$SSE = \boldsymbol{y}'\boldsymbol{y} - \boldsymbol{b}'X'\boldsymbol{y} = 15.337$$

요 인	제곱합	자유도	평균제곱	F_0	$F(0.01)$
회 귀	19.996	2	9.998	13.7**	5.78
잔 차	15.337	21	0.730		
계	35.333	23			

따라서, 이차회귀곡선은 매우 유의하다. 회귀제곱합 19.996 은 $SS(b_1, b_2/b_0)$에 해당하며, 이는 $SS(b_1/b_0) = 4.725$ 와 $SS(b_2/b_0, b_1) = 15.271$ 의 합이다.

데이터의 산점도와 추정된 회귀직선과 곡선을 같이 그려 보면 [그림 9・2]와 같다. 재미있는 것은 이차회귀추정식을 x 로 미분하여 0 으로 놓고 풀면

$$\frac{d\hat{y}}{dx} = 1.54 - (2)(0.13)x = 0 \Rightarrow x^* = 5.923$$

으로 계약규모가 5.923 일 때에 가장 높은 이익률을 주는 사실을 발견할 수 있다.

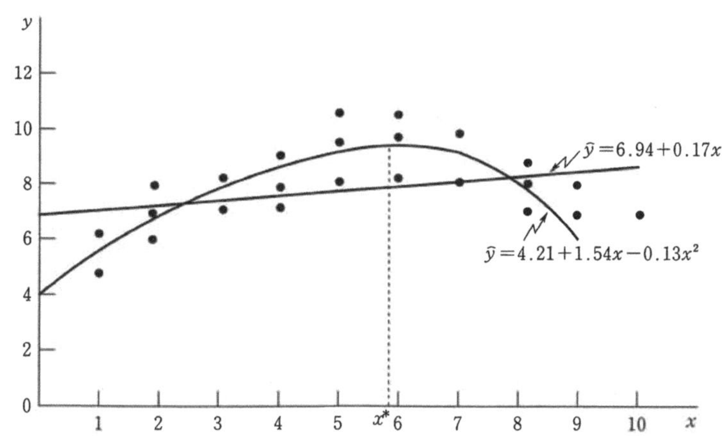

[그림 9・2] 일차 및 이차 회귀추정식

식 (9·3)과 같은 이차모형인 경우에는

$$\begin{cases} x_1 = x_1 \\ x_2 = x_2 \\ x_3 = x_1^2 \\ x_4 = x_2^2 \\ x_5 = x_1 x_2 \end{cases}$$

로 놓고 5개의 독립변수가 있다고 생각하고 중회귀모형 분석방법에 따라서 회귀분석하여 주면 좋을 것이다. 다음 예제를 통해 독립변수가 둘인 이차다항회귀모형을 적합시켜 보자.

〔예 9·2〕 어떤 화학공장에서 생산되고 있는 제품이 마지막 생산과정에서 두 개의 독립변수(압력과 온도)에 의하여 그 제품의 강도(grams/inch²)가 영향을 받는다고 하자. 이 실험은 압력과 온도가 강도에 어떻게 영향을 미치는가를 분석하기 위하여 시행된 것이다. 이차다항회귀모형이 적절하리라고 판단된다. 이를 적합시켜라. 계산의 편리를 위하여 독립변수의 값을 다음과 같이 선형변환시켰다.

$$x_1 = \frac{\text{압력}(psi) - 30}{20}, \quad x_2 = \frac{\text{온도}(℃) - 205}{10}$$

실험번호	실제의 독립변수		변환된 독립변수		y
	x_1	x_2	x_1	x_2	
1	10	205	−1	0	54.6
2	20	213.66	−0.5	0.866	71.7
3	20	196.34	−0.5	−0.866	59.8
4	40	213.66	0.5	0.866	78.7
5	40	196.34	0.5	−0.866	78.9
6	50	205	1	0	91.0
7	30	205	0	0	90.4
8	30	205	0	0	87.5
9	30	205	0	0	91.0
10	30	205	0	0	88.3

이차다항회귀모형, $y_j = \beta_0 + \beta_1 x_{1j} + \beta_2 x_{2j} + \beta_{11} x_{1j}^2 + \beta_{22} x_{2j}^2 + \beta_{12} x_{1j} x_{2j} + \epsilon_j$, $j = 1, 2, \cdots, n$ 을 데이터로부터 추정하라.

풀이 --

$$X = \begin{bmatrix} & x_1 & x_2 & x_1^2 & x_2^2 & x_1x_2 \\ 1 & -1 & 0 & 1 & 0 & 0 \\ 1 & -0.5 & 0.866 & 0.25 & 0.75 & -0.433 \\ 1 & -0.5 & -0.866 & 0.25 & 0.75 & 0.433 \\ 1 & 0.5 & 0.866 & 0.25 & 0.75 & 0.433 \\ 1 & 0.5 & -0.866 & 0.25 & 0.75 & -0.433 \\ 1 & 1 & 0 & 1 & 0 & 0 \\ 1 & 0 & 0 & 0 & 0 & 0 \\ 1 & 0 & 0 & 0 & 0 & 0 \\ 1 & 0 & 0 & 0 & 0 & 0 \\ 1 & 0 & 0 & 0 & 0 & 0 \end{bmatrix}, \quad \boldsymbol{y} = \begin{bmatrix} 54.6 \\ 71.7 \\ 59.8 \\ 78.7 \\ 78.9 \\ 91.0 \\ 90.4 \\ 87.5 \\ 91.0 \\ 88.3 \end{bmatrix}$$

$$X'X = \begin{bmatrix} 10 & 0 & 0 & 3 & 3 & 0 \\ 0 & 3 & 0 & 0 & 0 & 0 \\ 0 & 0 & 3 & 0 & 0 & 0 \\ 3 & 0 & 0 & 2.25 & 0.75 & 0 \\ 3 & 0 & 0 & 0.75 & 2.25 & 0 \\ 0 & 0 & 0 & 0 & 0 & 0.75 \end{bmatrix}, \quad X'\boldsymbol{y} = \begin{bmatrix} 791.90 \\ 49.45 \\ 10.13 \\ 217.88 \\ 216.83 \\ -5.24 \end{bmatrix}$$

$$(X'X)^{-1} = \begin{bmatrix} 0.25 & 0 & 0 & -0.25 & -0.25 & 0 \\ 0 & 0.333 & 0 & 0 & 0 & 0 \\ 0 & 0 & 0.333 & 0 & 0 & 0 \\ -0.25 & 0 & 0 & 0.75 & 0.0833 & 0 \\ -0.25 & 0 & 0 & 0.0833 & 0.75 & 0 \\ 0 & 0 & 0 & 0 & 0 & 1.333 \end{bmatrix}$$

따라서,

$$\boldsymbol{b} = \begin{pmatrix} b_0 \\ b_1 \\ b_2 \\ b_{11} \\ b_{22} \\ b_{12} \end{pmatrix} = (X'X)^{-1}X'\boldsymbol{y} = \begin{pmatrix} 89.30 \\ 16.48 \\ 3.38 \\ -16.50 \\ -17.20 \\ -6.99 \end{pmatrix}$$

이며, 추정된 이차다항회귀식은

$$\hat{y} = 89.30 + 16.48x_1 + 3.38x_2 - 16.50x_1^2 - 17.20x_2^2 - 6.99x_1x_2$$

분산분석을 하여 보면 다음 표와 같다.

$$SST = \boldsymbol{y}'\boldsymbol{y} - n(\bar{y})^2 = 64304.29 - 62710.56 = 1593.73$$
$$SSR = \boldsymbol{b}'X'\boldsymbol{y} - n(\bar{y})^2 = 64277.98 - 62710.56 = 1567.42$$
$$SSE = SST - SSR = 26.31$$

요 인	제곱합	자유도	평균제곱	F_0	$F(0.01)$
회 귀	1567.42	5	313.484	47.66**	15.52
잔 차	26.31	4	6.578		
계	1593.73	9			

그런데, $F(5,\ 4\ ;\ 0.01) = 15.52$ 이므로 이차다항회귀식은 매우 유의하다. 또한 어떠한 x_1 과 x_2 의 값에서 강도(y)가 최대가 되는가를 알기 위하여 추정된 이차다항회귀식을 각각 x_1 과 x_2 로 편미분하여 0 으로 놓으면

$$\frac{\partial \hat{y}}{\partial x_1} = 16.48 - (2)(16.50)x_1 - 6.99x_2 = 0$$

$$\frac{\partial \hat{y}}{\partial x_2} = 3.38 - (2)(17.20)x_2 - 6.99x_1 = 0$$

이 되고, 이를 풀면 $x_1^* = 0.5002$, $x_2^* = -0.0034$ 가 되며, 이 점에서 $\hat{y}$ 의 값은 $y^* = 93.417$ 이 된다. 원래의 독립변수의 단위로 환원시키면

$$0.5002 = \frac{\text{압력} - 30}{20}, \quad -0.0034 = \frac{\text{온도} - 205}{10}$$

으로부터 압력은 약 40 psi 이고 온도는 약 205℃가 강도를 가장 크게 하는 공정조건임을 알고, 이 조건에서 강도의 크기는 93.417 grams/inch^2 까지 도달될 수 있음을 예측할 수 있다. x_1과 x_2에 대한 $\hat{y}$의 등고선(等高線, contours)을 그리면 [그림 9·3]과 같다.

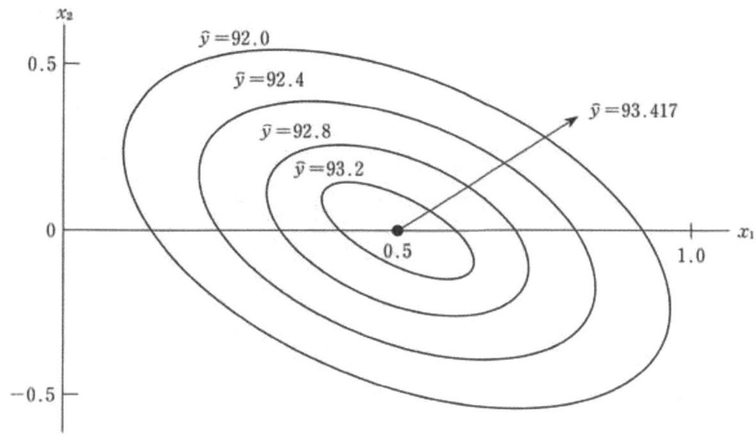

[그림 9·3] 등고선표

9·2 모형의 타당성

9·2·1 독립변수가 하나인 경우

독립변수가 하나인 k차 다항회귀모형은 식 (9·6)과 같이

$$y = \beta_0 + \sum_{i=1}^{k} \beta_i x^i + \epsilon$$

으로 표현되는데 여기에서 어떠한 k의 값이 가장 적절한 다항회귀모형을 줄 것인가를 모르는 경우가 있다. 이 때에는 n개의 데이터, (x_j, y_j), $j=1, 2, \cdots, n$의 산점도(散點圖, scatter diagram)를 먼저 그려 보면 대부분의 경우에 k의 값을 짐작할 수가 있다. 산점도로부터 어떤 k의 값이 타당할지 판단이 서지 않는 경우에는 일차식(k=1)으로 시작하여 회귀직선을 구한 후에 잔차(residuals)를 검토하여 보거나, 또는 축차 F-검정(sequential F-test)을 실시하여 적절한 k의 값을 정해 줄 수 있다. 이 F-검정에 대하여 자세히 알아

보자.

하나의 독립변수를 가지고 있는 다항회귀모형에서 적절한 차수(order) k를 결정하여 주는 축차 F-검정 방법은 다음과 같다. 먼저 1차모형 $y_j=\beta_0+\beta_1x_j+\epsilon_j$를 적합시키고 가설검정 $H_0:\beta_1=0$을 행한다. 이 검정은 5장 6절에 본 바와 같이 분산분석표에서 얻은 F-검정에 해당한다. 귀무가설이 기각되면 다음으로 2차모형 $y_j=\beta_0+\beta_1x_j+\beta_2x_j^2+\epsilon_j$를 적합시킨 후 가설검정 $H_0:\beta_2=0$을 행한다. 이 가설검정은 추가제곱합 $SS(b_2/b_0,\ b_1)$을 구하여, 이것이 유의하게 큰가를 F-검정하면 될 것이다. 만약 귀무가설이 채택되면 1차모형($k=1$)으로 만족하며, 귀무가설이 기각되면 다음 단계로 3차모형 $y_j=\beta_0+\beta_1x_j+\beta_2x_j^2+\beta_3x_j^3+\epsilon_j$를 적합시키고 추가제곱합 $SS(b_3/b_0, b_1, b_2)$의 유의성을 F-검정한다. 귀무가설 $H_0:\beta_3=0$이 채택되면 2차모형이 적절하다고 판정하고 기각되면 4차모형을 적합시키는 순서가 될 것이다. 이와 같은 방법으로 어느 단계에 가서 귀무가설 $H_0:\beta_r=0$이 채택되면 적절한 다항회귀모형의 차수는 $r-1$이 될 것이다.

9·2·2 독립변수가 둘 이상인 경우

독립변수가 둘 이상인 경우에 적절한 차수의 선정은 일반적으로 다음과 같은 방법을 따른다. 먼저 1차다항회귀모형

$$y=\beta_0+\sum_{i=1}^{k}\beta_ix_i+\epsilon$$

으로부터 출발하여 이 모형을 적합시키고 결정계수 R^2의 값이나, 분산분석의 F-검정, 잔차의 검토, 또는 적합결여검정 등을 통하여 1차모형의 타당성 여부를 판정한다. 만약 적절하지 않다고 판정되면 2차모형

$$y=\beta_0+\sum_{i=1}^{k}\beta_ix_i+\sum_{i\le j}^{k}\beta_{ij}x_ix_j+\epsilon$$

을 적합시키고 모형의 타당성을 확인하여 보아야 한다.

위와 같은 방법으로 적절한 차수를 선정하며 대체적으로 1차모형이나 2차모형을 많이 사용하고 3차모형 이상은 변수의 항의 수가 너무나 많아지므로 잘 사용되지 않는다. 또한 2차나 3차모형으로 결정이 났다고 해도 반드시 이들 모형에 포함된 모든 항을 포함

시키는 것이 가장 바람직한 것은 아니다. 이 중에서 필요한 항만을 선택하여 사용하는 것이 더 좋을 경우도 있다. 변수가 둘인($k=2$) 2차모형(식 (9・3))에서 부분 F-검정을 하여 보니 귀무가설 $H_0 : \beta_{12}=0$이 채택된다고 하자. 이런 경우에 x_1x_2항은 없어도 좋으며, 필요없는 항을 없애고 만든 다항회귀모형이 더욱 타당하다고 믿어질 때도 흔히 있다. 이에 대해서는 후에 변수의 선택(selection of variables)을 다룰 때 다시 논의하기로 하겠다.

9·3 직교다항회귀

독립변수가 하나인 경우의 다항회귀모형

$$y_j = \beta_0+\beta_1x_j+\beta_2x_j^2+\cdots+\beta_kx_j^k+\epsilon_j \qquad (9 \cdot 8)$$
$$j=1, 2, \cdots, n$$

은 앞에서 언급한 바와 같이 중회귀모형으로 취급하여 다룰 수 있다. 그러나, 독립변수 x의 수준(level)이 같은 간격으로 떨어져 있으면(equally spaced) 직교다항식(直交多項式, orthogonal polynomials)을 사용하여 계산을 간편하게 할 수 있다.

x의 각 수준간의 간격이 똑같은 거리를 가지고 있다 하자. 즉, $x_2 = x_1+d$, $x_3 = x_2+d, \cdots$, $x_n=x_{n-1}+d$라 하면, 식 (9・8)의 x_j^q항 대신에 x의 차수가 q인 다항식 $p_q(x_j)$를 사용하자. 그러면 식 (9・8)의 표현은 $k<n$에 대하여

$$y_j = \beta_0+\beta_1p_1(x_j)+\beta_2p_2(x_j)+\cdots+\beta_kp_k(x_j)+\epsilon_j \qquad (9 \cdot 9)$$
$$j=1, 2, \cdots, n$$

이 된다. 다항식 p_q의 선택조건은 다음을 만족시켜 주는 것을 택하여야 한다.

$$\sum_{j=1}^{n} p_q(x_j) = 0, \quad q=1, 2, \cdots, k$$
$$\sum_{j=1}^{n} p_q(x_j)p_r(x_j) = 0, \quad q \neq r, \quad q, r=1, 2, \cdots, k \qquad (9 \cdot 10)$$
$$\sum_{j=1}^{n} p_q^2(x_j) \neq 0, \quad q=1, 2, \cdots, k$$

위의 조건을 만족시켜 주는 다항식이 정해졌다면 식 (9・9)의 회귀계수 β_i 들을 구하는 것은 매우 간편해진다. 먼저 중회귀모형에서 사용하는 X 행렬은

$$X = \begin{bmatrix} 1 & p_1(x_1) & p_2(x_1) & \cdots & p_k(x_1) \\ 1 & p_1(x_2) & p_2(x_2) & \cdots & p_k(x_2) \\ 1 & p_1(x_3) & p_2(x_3) & \cdots & p_k(x_3) \\ \vdots & \vdots & \vdots & & \vdots \\ 1 & p_1(x_n) & p_2(x_n) & \cdots & p_k(x_n) \end{bmatrix}$$

이 되며, 식 (9・10)의 직교조건(orthogonality conditions)으로부터

$$X'X = \begin{bmatrix} n & 0 & 0 & \cdots & 0 \\ & \sum p_1^2(x_j) & 0 & \cdots & 0 \\ & & \sum p_2^2(x_j) & \cdots & 0 \\ & (\text{대칭}) & & & \vdots \\ & & & & \sum p_k^2(x_j) \end{bmatrix}$$

이 성립되고 정규방정식 $X'X\boldsymbol{b}=X'\boldsymbol{y}$ 의 오른쪽 벡터는

$$X'\boldsymbol{y} = \begin{bmatrix} \sum y_j \\ \sum p_1(x_j)\,y_j \\ \sum p_2(x_j)\,y_j \\ \vdots \\ \sum p_k(x_j)\,y_j \end{bmatrix} \tag{9・11}$$

이다. 따라서, β_i 들의 최소제곱추정값은

$$\boldsymbol{b} = \begin{bmatrix} b_0 \\ b_1 \\ b_2 \\ \vdots \\ b_k \end{bmatrix} = (X'X)^{-1}X'\boldsymbol{y} = \begin{bmatrix} \sum y_j/n \\ \sum p_1(x_j)\,y_j/\sum p_1^2(x_j) \\ \sum p_2(x_j)\,y_j/\sum p_2^2(x_j) \\ \vdots \\ \sum p_k(x_j)\,y_j/\sum p_k^2(x_j) \end{bmatrix} \tag{9・12}$$

로써 간단히 얻어진다. 이렇게 계산이 간편하게 나오는 것은 $X'X$ 행렬이 대각선행렬(diagonal matrix)이 되기 때문이다.

다음으로 직교다항식 $p_q(x)$가 어떤 형태를 갖게 되는가를 알아보자. $\bar{x}=\sum x_j/n$ 이고 d 를 x 의 수준간의 거리라고 하면 식 (9·10)의 조건을 만족시켜 주는 다음과 같은 식을 얻을 수 있다. 참고문헌(9·4), (9·8)은 여기에 대한 자세한 내용을 다루고 있다.

$$\begin{aligned} p_0(x) &= 1 \\ p_1(x) &= \frac{x-\bar{x}}{d} \\ p_2(x) &= \left(\frac{x-\bar{x}}{d}\right)^2 - \frac{n^2-1}{12} \\ p_3(x) &= \left(\frac{x-\bar{x}}{d}\right)^3 - \left(\frac{3n^2-7}{20}\right)\left(\frac{x-\bar{x}}{d}\right) \\ &\vdots \\ p_{r+1}(x) &= p_r(x)p_1(x) - \frac{r^2(n^2-r^2)}{4(4r^2-1)}p_{r-1}(x), \quad r\geq 1 \end{aligned} \tag{9·13}$$

식 (9·9)의 직교다항회귀식을 데이터를 사용하여 적합시킨 후에 분산분석표를 작성하여 보자. 총제곱합 SST 는

$$SST = \boldsymbol{y}'\boldsymbol{y} - n(\bar{y})^2 = \sum y_j^2 - n\left(\frac{\sum y_j}{n}\right)^2$$

이며, 회귀제곱합 SSR 은 식 (9·11)과 (9·12)를 사용하여 나타내 보면

$$SSR = \boldsymbol{b}'X'\boldsymbol{y} - n(\bar{y})^2 = \sum_{i=1}^{k}\left[\frac{\sum_{j=1}^{n} p_i(x_j)y_j}{\sum_{j=1}^{n} p_i^2(x_j)} \cdot \sum_{j=1}^{n} p_i(x_j)y_j\right] \tag{9·14}$$

이 되고, 잔차제곱합 SSE 는

$$SSE = SST - SSR = \boldsymbol{y}'\boldsymbol{y} - \boldsymbol{b}'X'\boldsymbol{y}$$

이다. 그런데, 특기할 만한 것은 $X'X$ 가 대각선행렬이므로 $X'X$ 의 각 열(column)간에는

직교하는 성질이 있으며, 따라서 추가제곱합(extra sum of squares)의 원칙에 따라 다음이 성립한다.

$$SS(b_i \mid b_0, b_1, \cdots, b_{i-1}, \; b_{i+1}, \cdots, b_k) = SS(b_i), \quad i=0,1,2,\cdots,k$$

또한 식 (9・11)과 (9・12)로부터

$$SS(b_0) = n(\bar{y})^2$$

$$SS(b_i) = \frac{\left[\sum_{j=1}^{n} p_i(x_j)\,y_j\right]\left[\sum_{j=1}^{n} p_i(x_j)\,y_j\right]}{\sum_{j=1}^{n} p_i^2(x_j)}, \quad i=1,2,\cdots,k \tag{9・15}$$

$$SSR = \sum_{i=1}^{k} SS(b_i)$$

지금까지 논의된 직교다항회귀모형의 분산분석표를 만들어 보면 다음과 같다.

〈표 9・1〉 직교다항회귀의 분산분석표

요인	제곱합	자유도	평균제곱	F_0	$F(\alpha)$
회귀	SSR	k	MSR	MSR/MSE	$F(k, n-k-1\,;\,\alpha)$
1 차	$SS(b_1)$	1	$MS(b_1)$	$MS(b_1)/MSE$	$F(1, n-k-1\,;\,\alpha)$
2 차	$SS(b_2)$	1	$MS(b_2)$	$MS(b_2)/MSE$	〃
⋮	⋮	⋮	⋮	⋮	⋮
k 차	$SS(b_k)$	1	$MS(b_k)$	$MS(b_k)/MSE$	〃
잔차	SSE	$n-k-1$	MSE		
계	SST	$n-1$			

위에서 $SS(b_i)$의 자유도는 1이므로 $SS(b_i)=MS(b_i)$이고 검정통계량의 값 $F_0=\frac{MS(b_i)}{MSE}$를 F-분포의 기각치 $F(1, \; n-k-1\,;\,\alpha)$와 비교하여 F_0의 값이 더 크면 차수 i의 직교다항식 $p_i(x)$는 회귀모형에 유의한 기여를 하며, 만약 F_0의 값이 기각치보다 작으면 $p_i(x)$를 모형에서 빼버려도 모형의 유용성에는 차이를 주지 않는다는 말이다. 따라

서, 처음에 직교다항회귀모형을 선택할 때에 어떤 차수 k를 쓰는 것이 적절한지 모를 경우에는 $k=1$에서 시작하여 하나씩 증가시켜 가면서 F-검정에서 처음으로 유의하게 되지 않는 $SS(b_q)$를 구하고, 적절한 차수를 $k=q-1$로 결정하면 좋을 것이다.

〔예 9·3〕 온도(x)를 다음과 같이 등간격으로 변화시켜 가며 반응량(y)를 재어 보니 다음의 데이터를 얻었다.

x	180	200	220	240	260	280	300
y	82.0	89.2	94.5	99.6	102.5	103.2	103.8

2차직교다항회귀모형

$$y_j = \beta_0+\beta_1 p_1(x_j)+\beta_2 p_2(x_j)+\epsilon_j$$

을 적합시키고 분산분석하여 보아라. 또한 3차항 $\beta_3 p_3(x_j)$가 필요한가를 검토하라.

풀이

$n=7$, $d=20$이고 $\bar{x}=240$이므로 $p_1(x)$와 $p_2(x)$는 각각 우측과 같다.

x	$p_1(x)$	$p_2(x)$
180	−3	5
200	−2	0
220	−1	−3
240	0	−4
260	1	−3
280	2	0
300	3	5

따라서, $X'X$와 $X'\boldsymbol{y}$는

$$X'X=\begin{bmatrix}7&0&0\\0&28&0\\0&0&84\end{bmatrix},\quad X'\boldsymbol{y}=\begin{bmatrix}674.8\\101.4\\-60.4\end{bmatrix}$$

이며, β_0, β_1과 β_2의 최소제곱추정값은

$$\boldsymbol{b}=\begin{bmatrix}b_0\\b_1\\b_2\end{bmatrix}=(X'X)^{-1}X'\boldsymbol{y}=\begin{bmatrix}96.4\\3.621\\-0.719\end{bmatrix}$$

이 된다. 그러므로, 구하려는 추정식은

$$\begin{aligned}\hat{y} &= b_0+b_1 p_1(x)+b_2 p_2(x)\\ &=96.4+3.621\left[\frac{x-240}{20}\right]-0.719\left[\left(\frac{x-240}{20}\right)^2-\frac{7^2-1}{12}\right]\end{aligned}$$

임을 알 수 있다.

$$SST=\boldsymbol{y}'\boldsymbol{y}-n(\bar{y})^2$$

$$= 65461.98 - 65050.72 = 411.26$$

$$SSR = SS(b_1) + SS(b_2)$$
$$= (3.621)(101.4) + (-0.719)(-60.4)$$
$$= 367.1694 + 43.4276 = 410.597$$
$$SSE = SST - SSR = 0.663$$

요 인	제곱합	자유도	평균제곱	F_0
회 귀	410.597	2	205.299	1238.6**
1 차	367.1694	1	367.1694	2215.2**
2 차	43.4276	1	43.4276	262.0**
잔 차	0.663	4	0.16575	
계	411.26	6		

회귀 및 1차와 2차항의 F_0의 값들이 매우 크므로 이들은 모두 유의하다. 만약 3차항 $p_3(x)$도 필요한가를 검정하여 보자. $p_3(x)$를 구하여 보면 우측과 같다. 계산의 편의상 x와 y도 같이 적어 본다.

x	$p_3(x)$	y
180	−1	82.0
200	1	89.2
220	1	94.5
240	0	99.6
260	−1	102.5
280	−1	103.2
300	1	103.8

식 (9・12)로부터

$$b_3 = \sum_{j=1}^{7} p_3(x_j)\, y_j \Big/ \sum_{j=1}^{7} p_3^2(x_j)$$

$$= \frac{(-1)(82.0) + (1)(89.2) + \cdots + (1)(103.8)}{(-1)^2 + (1)^2 + \cdots + (1)^2}$$

$$= \frac{0.2}{6} = \frac{1}{30}$$

그리고, 식 (9・15)에서 b_3의 추가로 얻어지는 추가제곱합은

$$SS(b_3) = b_3 \sum_{j=1}^{7} p_3(x_j)\, y_j = \left(\frac{1}{30}\right)(0.2) = 0.0067$$

이 된다. 따라서, 분산분석표를 다시 작성하여 보면 다음과 같다.

요 인	제곱합	자유도	평균제곱	F_0
회 귀	410.6037	3	136.8679	625.5**
1차	367.1694	1	367.1694	1678.1**
2차	43.4276	1	43.4276	198.5**
3차	0.0067	1	0.0067	0.03
잔 차	0.6563	3	0.2188	
계	411.260	6		

3차항의 F_0의 값이 매우 작으며, 3차항은 전혀 쓸모가 없다. 따라서, 주어진 데이터를 적합시키는 데에는 2차다항회귀모형이 적절하다는 결론을 얻을 수 있다.

만약, 어떤 x의 값에서 $\hat{y}$가 최대가 될 것인가를 예측하려면, $\hat{y}$를 x로 미분하여 0으로 놓고 풀면 된다.

$$\frac{d\hat{y}}{dx} = \frac{1}{dx}[b_0 + b_1 p_1(x) + b_2 p_2(x)]$$
$$= 3.621\left(\frac{1}{20}\right) - (2)(0.719)\left(\frac{x-240}{20}\right)\left(\frac{1}{20}\right) = 0$$

이것을 풀면

$$x^* = 290.4℃$$

가 되며, 이 때에 $\hat{y}$의 값은

$$\hat{y} = 96.4 + 3.621\left(\frac{290.4-240}{20}\right) - 0.719\left[\left(\frac{290.4-240}{20}\right)^2 - \frac{7^2-1}{12}\right]$$
$$= 103.84$$

정도가 된다.

마지막으로 추정된 회귀계수 β_i와 $\hat{y}$의 분산을 알아보자. 중회귀분석으로부터

$$Var(\boldsymbol{b}) = Var\begin{bmatrix} b_0 \\ b_1 \\ b_2 \\ \vdots \\ b_k \end{bmatrix} = (X'X)^{-1}\sigma^2$$

이므로 σ^2 을 MSE 로 추정하면 b_i 의 분산의 추정값은

$$\widehat{Var}(b_i) = \frac{MSE}{\sum_{j=1}^{n} p_i^2(x_j)}, \quad i=0, 1, 2, \cdots, k$$

임을 쉽게 구할 수 있다. $\hat{y}$ 의 분산은

$$\hat{y} = [p_0(x),\ p_1(x),\ \cdots,\ p_k(x)]\begin{bmatrix} b_0 \\ b_1 \\ \vdots \\ b_k \end{bmatrix} = [\boldsymbol{p}(x)]'\boldsymbol{b}$$

이므로

$$Var(\hat{y}) = [\boldsymbol{p}(x)]'(X'X)^{-1}\boldsymbol{p}(x)\sigma^2 = \sum_{i=0}^{k}\frac{p_i^2(x)}{\sum_{j=1}^{n} p_i^2(x_j)}\cdot\sigma^2$$

$$\widehat{Var}(\hat{y}) = \sum_{i=0}^{k}\frac{p_i^2(x)}{\sum_{j=1}^{n} p_i^2(x_j)}\cdot MSE$$

이 된다.

앞의 〔예 9·3〕에서 이차다항회귀를 적합시켰을 때에 b_2 의 분산을 추정하면

$$\widehat{Var}(b_2) = \frac{MSE}{\sum_{j=1}^{7} p_2^2(x_j)} = \frac{0.16575}{84} = 0.00197$$

이며, x=250℃ 에서 $\hat{y}$ 의 분산을 추정하여 보면 다음과 같다. x=250℃ 에서는 식 (9·

13)에서

$$p_0(x) = 1$$

$$p_1(x) = \frac{250-240}{20} = 0.5$$

$$p_2(x) = \left(\frac{250-240}{20}\right)^2 - \frac{7^2-1}{12} = -3.75$$

이므로,

$$\begin{aligned}\widehat{Var}(\hat{y}) &= \sum_{i=0}^{2}\left[\frac{p_i^2(x)}{\sum_{j=1}^{7} p_i^2(x_j)}\right]MSE \\ &= \left[\frac{(1)^2}{7} + \frac{(0.5)^2}{28} + \frac{(-3.75)^2}{84}\right](0.16575) \\ &= 0.0529\end{aligned}$$

앞의 예제에서 본 바와 같이, 직교다항회귀를 다루는 데에는 주어진 x의 값에 대하여 $p_i(x)$를 먼저 구해야 한다. 식 (9・13)에 의하여 일일이 구할 수 있으나, 부록의 〈표 A-7〉에는 x의 수준수 n에 따라서 얻을 수 있는 직교다항식 $p_i(x)$, $i=1, 2, \cdots, n-1$, 의 값들이 수록되어 있다. $p_0(x)=1$은 언제나 성립한다. 식 (9・13)의 공식을 그대로 사용하면 $p_i(x)$의 값이 분수가 될 수 있으므로, 이들의 값을 모두 정수(integer)로 하여 주기 위하여 부록 〈표 A-7〉의 값들은 다음의 직교다항식으로부터 작성되었다. 여기서 λ_i는 정수로 해주기 위해 필요한 값이다.

$$p_0(x) = 1$$

$$p_1(x) = \lambda_1\left[\frac{x-\bar{x}}{d}\right]$$

$$p_2(x) = \lambda_2\left[\left(\frac{x-\bar{x}}{d}\right)^2 - \frac{n^2-1}{12}\right]$$

$$p_3(x) = \lambda_3\left[\left(\frac{x-\bar{x}}{d}\right)^3 - \left(\frac{3n^2-7}{20}\right)\left(\frac{x-\bar{x}}{d}\right)\right]$$

$$p_4(x) = \lambda_4\left[\left(\frac{x-\bar{x}}{d}\right)^4 - \frac{1}{14}(3n^2-13)\left(\frac{x-\bar{x}}{d}\right) + \frac{3}{560}(n^2-1)(n^2-9)\right]$$

$$\vdots$$

9·4 접목된 다항회귀

독립변수 x의 변화에 따라서 반응변수 $y(x)$의 변화를 연구하는 데는 $E[y(x)]=\eta(x)$라 놓을 때 다항회귀모형

$$\eta(x)=\beta_0+\beta_1x+\beta_2x^2+\cdots+\beta_kx^k \qquad (9\cdot16)$$

이 많이 쓰인다. 이 모형의 장점은 x에 대하여 $\eta(x)$는 연속함수(continuous function)이고, 모수 β_i에 대하여 선형(linear)이며, 미분 $\dfrac{d\eta(x)}{dx}$도 x에 대하여 연속함수가 되기 때문이다. 그러나, 우리의 관심의 대상이 되는 전영역, $a\leq x\leq b$에서 식 (9·16)의 다항회귀모형이 언제나 적절한 모형을 제공하지는 못하며, 다음과 같이 접목된(segmented) 또는 여러 구간으로 나누어진(piecewise) 다항회귀모형

$$\begin{aligned}\eta(x)&=\beta_{10}+\beta_{11}x+\cdots+\beta_{1q_1}x^{q_1}, & a\leq x\leq\alpha_1\\ &=\beta_{20}+\beta_{21}x+\cdots+\beta_{2q_2}x^{q_2}, & \alpha_1<x\leq\alpha_2\\ &\quad\vdots \qquad\qquad\quad \vdots & \vdots\quad\\ &=\beta_{r0}+\beta_{r1}x+\cdots+\beta_{rq_r}x^{q_r}, & \alpha_{r-1}<x\leq b\end{aligned} \qquad (9\cdot17)$$

이 더 적절한 경우도 있다. 종속변수 y의 값은

$$y=\eta(x)+\epsilon,\quad \epsilon\sim N(0,\sigma^2)$$

의 분포를 따른다고 가정한다.

어떤 경우에 식 (9·17)과 같은 접목된 다항회귀모형이 쓰여지는지 예를 들어 보자. 〈표 9·2〉에 있는 데이터는 어떤 무역회사에서 과거 8년간 수출하여 온 수출실적이다.

〈표 9·2〉 수출액 데이터

연 도	1971	1972	1973	1974	1975	1976	1977	1978
x	0	1	2	3	4	5	6	7
y(단위 : 100 만 불)	1.0	1.2	1.3	1.5	1.7	2.5	3.4	4.2

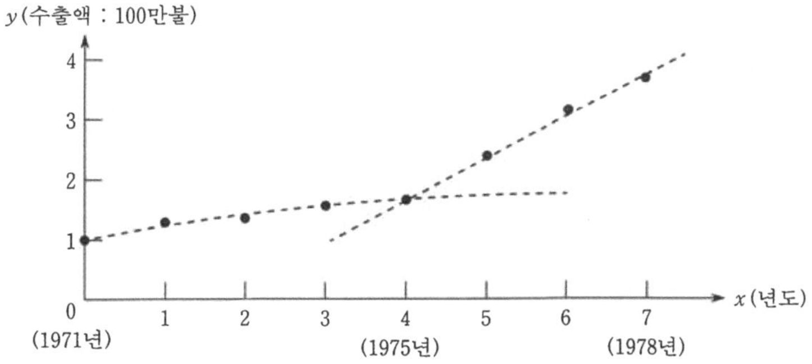

[그림 9·4] 수출액 데이터의 산점도

〈표 9·2〉의 데이터의 산점도(scatter diagram)를 그려보면 [그림 9·4]가 되는데, 이 그림에서 만약 이 회사의 수출실적이 $x=8$(1979 년)에서도 1975 년 이후와 같은 신장을 한다면 다음과 같은 접목된 1 차-1 차 다항회귀모형이 적절한 것이다.

$$\begin{aligned}\eta(x) &= \beta_{10}+\beta_{11}x,\quad 0\le x\le 4\\ &= \beta_{20}+\beta_{21}x,\quad 4< x\le 8\end{aligned}$$

이 때 $x=4$를 1 차모형 $\eta(x)=\beta_{10}+\beta_{11}x$와 1 차모형 $\eta(x)=\beta_{20}+\beta_{21}x$의 접목점(接木點 segmented point 또는 join point)이라고 부른다. 이 경우는 식 (9·17)의 가장 간단한 경우로 $q_1=q_2=1$이고 $r=2$이며, $a=0$, $\alpha_1=4$, $b=8$인 셈이다.

식 (9·17)에서 만약 $q_i=q$, $i=1,2,\cdots,r$이고 전구간 $a\le x\le b$에서 $\eta(x)$가 연속함수이며, 또한 $\frac{d\eta(x)}{dx}$, $\frac{d^2\eta(x)}{dx^2}$, $\cdots$, $\frac{d^{q-1}\eta(x)}{dx^{q-1}}$이 모두 연속함수이면 함수 $\eta(x)$를 스플라인함수(spline function)라고 부른다. 스플라인함수의 통계적 이용에 대해서는 참고문헌 (9·3), (9·7), (9·9)을 참조하고, 접목된 다항회귀모형에 대한 이론적인 연구는 참고문헌 (9·2), (9·6)을 보면 도움이 될 것이다.

식 (9·17)의 모형은 구간에 따라서 r개의 별개의 함수로 표현되지 않고 다음의 함수를 이용한다면 하나의 함수로 표현이 가능하다.

$$1,\ x,\ x^2,\ \cdots,\ x^q$$
$$T_0(x-\alpha_i),\ T_1(x-\alpha_i),\ \cdots,\ T_q(x-\alpha_i)$$

위에서

$$
\begin{aligned}
q &= \max\{q_i,\ \ i=1, 2, \cdots, r\} \\
T_j(x-\alpha_i) &= 0, \qquad\qquad x \le \alpha_i \\
&= (x-\alpha_i)^j, \ \ x > \alpha_i \\
&\qquad i=1, 2, \cdots, r-1, \ \ j=0, 1, 2, \cdots, q
\end{aligned}
\tag{9・18}
$$

예를 들어서, x 의 영역, $a \le x \le b$ 에서 접목점, $x=\alpha$ 를 중심으로 2 차-2 차다항회귀모형

$$
\begin{aligned}
\eta(x) &= \beta_{10}+\beta_{11}x+\beta_{12}x^2, \ \ a \le x \le \alpha \\
&= \beta_{20}+\beta_{21}x+\beta_{22}x^2, \ \ \alpha < x \le b
\end{aligned}
\tag{9・19}
$$

이 선택되었다고 하자. 이것을 하나의 방정식으로 만들면 다음과 같다.

$$
\eta(x) = \beta_0+\beta_1 x+\beta_2 x^2+\beta_3 T_0(x-\alpha)+\beta_4 T_1(x-\alpha)+\beta_5 T_2(x-\alpha) \tag{9・20}
$$

$$
\begin{aligned}
&\beta_0 = \beta_{10} \qquad \beta_1 = \beta_{11} \qquad \beta_2 = \beta_{12} \\
&\beta_3 = \alpha^2(\beta_{22}-\beta_{12})+\alpha(\beta_{21}-\beta_{11})+(\beta_{20}-\beta_{10}) \\
&\beta_4 = 2\alpha(\beta_{22}-\beta_{12})+(\beta_{21}-\beta_{11}) \\
&\beta_5 = (\beta_{22}-\beta_{12})
\end{aligned}
$$

만약, 식 (9・20)의 $\eta(x)$가 $x=\alpha$ 에서 연속이라면 식 (9・19)로부터

$$
\beta_{10}+\beta_{11}\alpha+\beta_{12}\alpha^2 = \beta_{20}+\beta_{21}\alpha+\beta_{22}\alpha^2
$$

또는

$$
\alpha^2(\beta_{22}-\beta_{12})+\alpha(\beta_{21}-\beta_{11})+(\beta_{20}-\beta_{10}) = 0
$$

의 관계식을 얻으며, 이는 식 (9・20)의 회귀계수 β_3 가 $0(\beta_3=0)$임을 말하여 준다. 따라서, 접목된 $x=\alpha$ 에서의 연속조건은 식 (9・20)의 모형이

$$
\eta(x) = \beta_0+\beta_1 x+\beta_2 x^2+\beta_4 T_1(x-\alpha)+\beta_5 T_2(x-\alpha)
$$

로 되게 한다. 추가적으로 $x=\alpha$ 에서 $\eta(x)$의 1 차미분함수 $\frac{d\eta(x)}{dx}$ 가 x 에 대하여 연속이

라는 조건을 붙이면 식 (9・19)로부터

$$2\alpha(\beta_{22}-\beta_{12})+(\beta_{21}-\beta_{11}) = 0$$

이 성립되며, 따라서 식 (9・20)의 β_4가 $0(\beta_4=0)$이 된다. 이 때 식 (9・20)의 모형은

$$\eta(x) = \beta_0+\beta_1 x+\beta_2 x^2+\beta_5 T_2(x-\alpha)$$

으로 간략화될 것이다.

일반적으로 식 (9・17)의 함수 $\eta(x)$를 식 (9・18)의 항들로 표현하면

$$\eta(x) = \sum_{i=0}^{q_1}\beta_{1i}x^i+\sum_{j=0}^{q_2}\beta_{2j}T_j(x-\alpha_1)+\cdots+\sum_{k=0}^{q_r}\beta_{rk}T_k(x-\alpha_{r-1}) \qquad (9\cdot21)$$

으로 되며, 연속조건은 $T_0(x-\alpha_i)$ 항을 필요 없게 만들고 1차미분조건은 $T_1(x-\alpha_i)$을, 2차미분조건은 $T_2(x-\alpha_i)$를 필요 없는 항으로 만들게 된다. 만약, 접목점 α_i들이 기지인 상수(known constants)라면 식 (9・21)은 β_{ij}에 대하여 선형함수이며, β_{ij}만이 유일한 미지의 모수(unknown parameters)이므로 데이터 (x_j, y_j), $j=1, 2, \cdots, n$,가 있다면 β_{ij}의 값들을 중회귀분석을 사용하여 구할 수 있을 것이다. 그러나, α_i의 값들이 미지라면 $\eta(x)$가 β_{ij}, α_i들에 대하여 선형이 아니므로 중회귀분석으로 구해지지 않으며, 뒤에서 다루게 될 비선형회귀(非線型回歸, nonlinear regression) 방법을 사용하여야 한다.

〔예 9・4〕 〈표 9・2〉의 데이터에 대하여 접목점을 $x=4$라 하고 1차-1차 다항회귀직선을 추정하라. $x = 4$에서 두 직선이 연속이라고 가정하라.

풀이

$x=4$에서 연속이므로 식 (9・21)은

$$\eta(x) = \beta_{10}+\beta_{11}x+\beta_{20}T_0(x-4)+\beta_{21}T_1(x-4)$$

에서 $T_0(x-4)$항은 필요 없으며, 따라서 다항회귀모형은

$$\eta(x) = \beta_0+\beta_1 x+\beta_2 T_1(x-4)$$

로 표현된다. 여기에서 $\beta_0=\beta_{10}$, $\beta_1=\beta_{11}$,

$$T_1(x-4) = 0, \quad x \leq 4$$
$$\qquad\qquad = (x-4), \quad x > 4$$

이다. 8개의 데이터 (x_j, y_j)에 대하여

$$y_j = \eta(x_j) + \epsilon_j, \quad j=1, 2, \cdots, 8$$

이라 놓고 중회귀분석으로 β_i의 값들을 추정하면 다음과 같다.

$$X = \begin{array}{c} \begin{array}{ccc} & x & T_1(x-4) \end{array} \\ \begin{bmatrix} 1 & 0 & 0 \\ 1 & 1 & 0 \\ 1 & 2 & 0 \\ 1 & 3 & 0 \\ 1 & 4 & 0 \\ 1 & 5 & 1 \\ 1 & 6 & 2 \\ 1 & 7 & 3 \end{bmatrix} \end{array} \qquad \boldsymbol{y} = \begin{bmatrix} 1.0 \\ 1.2 \\ 1.3 \\ 1.5 \\ 1.7 \\ 2.5 \\ 3.4 \\ 4.2 \end{bmatrix}$$

$$X'X = \begin{bmatrix} 8 & 28 & 6 \\ 28 & 140 & 38 \\ 6 & 38 & 14 \end{bmatrix} \quad (X'X)^{-1} = \begin{bmatrix} 0.58636 & -0.18636 & 0.25455 \\ -0.18636 & 0.08636 & -0.15455 \\ 0.25455 & -0.15455 & 0.38182 \end{bmatrix}$$

$$X'\boldsymbol{y} = \begin{bmatrix} 16.8 \\ 77.4 \\ 21.9 \end{bmatrix}$$

$$\boldsymbol{b} = \begin{bmatrix} b_0 \\ b_1 \\ b_2 \end{bmatrix} = (X'X)^{-1}X'\boldsymbol{y} = \begin{bmatrix} 1.001 \\ 0.169 \\ 0.676 \end{bmatrix}$$

따라서, 추정된 회귀식은

$$\hat{y} = 1.001 + 0.169x + 0.676\,T_1(x-4)$$

이다. 이 식은 $x \leq 4$에서 $\hat{y} = 1.001 + 0.169x$이고 $x > 4$에서는

$$\hat{y} = 1.001+0.169x+0.676(x-4)$$
$$= -1.703+0.845x$$

이 된다. $x=8$(1979년)에서 $\eta(x)$를 추정하여 보면

$$\hat{y} = -1.703+0.845(8) = 5.057(\text{백만 불})$$

의 값이 나온다. 참고로 결정계수 R^2의 값을 구해보면 다음과 같다.

$$\bar{y} = 2.1$$
$$\boldsymbol{y}'\boldsymbol{y} = (1.0)^2+(1.2)^2+\cdots+(4.2)^2 = 44.72$$
$$SST = \boldsymbol{y}'\boldsymbol{y}-n(\bar{y})^2 = 44.72-8(2.1)^2 = 9.4400$$
$$SSR = \boldsymbol{b}'X'\boldsymbol{y}-n(\bar{y})^2$$
$$= (1.001,\ 0.169,\ 0.676)\begin{pmatrix} 16.8 \\ 77.4 \\ 21.9 \end{pmatrix} - 8(2.1)^2$$
$$= 9.4218$$
$$R^2 = \frac{SSR}{SST} = \frac{9.4218}{9.4400} = 0.998$$

9·5 최적실험계획

우리는 이제까지 n개의 데이터(x_j, y_j), $j=1, 2, \cdots, n$, 가 있다고 가정하고, 이를 분석하는 것만 다루어 왔다. 독립변수 x의 흥미영역(region of interest)이 $a \le x \le b$일 때 x의 어떤 수준에서 y를 관찰하는 것이 좋을지에 대한 계획을 수립하는 것이 회귀분석을 위한 하나의 실험계획법(實驗計劃法, design of experiments)이라고 볼 수 있겠다. 한 가지 유의할 점은 데이터를 n개 측정할 수 있다고 하여 x의 수준을 n개 잡을 필요는 없다. k개$(k<n)$의 수준만을 잡고 각 수준에서 n_1, n_2, $\cdots$, n_k의 측정을 하여 $n=n_1+n_2+\cdots+n_k$를 만들어 주어도 좋을 것이다.

실험계획을 하기 위해서는 어떤 판정기준(判定基準, criterion)이 있어야 하며, 이 기준에 의하여 가장 좋은 계획은 이 기준에 대한 최적실험계획(optimal design of experiments)이 될 것이다. 중회귀모형은 다항회귀모형을 포함시키므로 중회귀모형에서 다루어지는 판정기준을 살펴보자.

중회귀모형

$$y_j = \beta_0+\beta_1 x_{1j}+\cdots+\beta_k x_{kj}+\epsilon_j$$
$$\epsilon_j \sim N(0, \sigma^2)$$

에서 $\boldsymbol{\beta}'=(\beta_0, \beta_1, \cdots, \beta_k)$의 최소제곱추정량은 $\boldsymbol{b}=(X'X)^{-1}X'\boldsymbol{y}$ 이며, $\boldsymbol{b}$의 분산-공분산행렬은

$$Var(\boldsymbol{b}) = (X'X)^{-1}\sigma^2$$

임을 식 (6・41)에서 이미 구하였다. 행렬 $Var(\boldsymbol{b})$의 행렬식(determinant)

$$|Var(\boldsymbol{b})| = |(X'X)^{-1}\sigma^2| \tag{9・22}$$

의 값을 $\boldsymbol{b}$의 일반화분산(一般化分散, generalized variance)이라고 부른다. 일반화분산을 작게 하기 위해서는 $|(X'X)^{-1}|$가 작아져야 하며, $|(X'X)^{-1}|=\frac{1}{|X'X|}$ 이므로 $|X'X|$을 크게 하여야 할 것이다. 그런데, $|X'X|$은 완전히 변수 x_1, x_2, $\cdots$, x_k의 수준에만 달려 있으므로 $|X'X|$을 크게 하여 주는 x의 수준을 선택하여 주어야 할 것이다.

$|(X'X)^{-1}|$을 최소로 하여 주는 실험계획을 D-최적계획(D-optimal design)이라고 부른다. D-최적계획은 일반화분산을 최소로 하여 주는 계획이다. D-최적계획에 대한 참고문헌은 (9・1), (9・5), (9・7)을 보면 좋을 것이다. D-최적계획에 의하여 얻어지는 실험계획은 다른 모든 실험계획에 비하여 $\boldsymbol{\beta}$의 공동신뢰영역이 작은 면적(또는 부피)을 가진다. 또한 $E(y)$의 추정량

$$\hat{y} = b_0+b_1x_1+\cdots+b_kx_k = \boldsymbol{x}'\boldsymbol{b}$$

는 분산 $Var(\hat{y})=\boldsymbol{x}'(X'X)^{-1}\boldsymbol{x}\sigma^2$을 갖는데, 이 분산의 최대값

$$\max_{\boldsymbol{x}} \boldsymbol{x}'(X'X)^{-1}\boldsymbol{x}\sigma^2 \tag{9・23}$$

은 D-최적계획에 의하여 최소가 된다. 즉, 다른 실험계획에 의하여 얻어지는 식 (9・23)의 최대값은 D-최적계획에 의하여 얻어지는 식 (9・23)의 최대값보다 작을 수는 없다.

식 (9・23)의 $\max_{\boldsymbol{x}} \boldsymbol{x}'(X'X)^{-1}\boldsymbol{x}\sigma^2$ 을 최소로 하는 실험계획을 처음에는 G-최적계획이라 불렀다. 그러나, 그 후 G-최적계획과 D-최적계획이 동일하다는 것이 발견된 이후로 G-최적계획이란 말은 잘 사용되지 않는다. G-최적계획과 D-최적계획이 동일하다는 증명은 참고문헌 (9・5), (9・7)을 보면 찾을 수 있다.

다음으로 행렬 $Var(\boldsymbol{b})=(X'X)^{-1}\sigma^2$ 의 대각선상에는 b_0, b_1, $\cdots$, b_k 의 분산들이 있으며 이들의 합은

$$\mathrm{tr}[(X'X)^{-1}\sigma^2] \tag{9・24}$$

으로 표현된다. 이 트레이스(trace)를 최소화시키는 실험계획을 A-최적계획이라 부른다. A-최적계획과 D-최적계획은 반드시 일치하지는 않는다. 이 외에도 여러 가지 형태의 실험계획이 연구되고 있으나, 이 책의 범위를 넘으므로 여기서 줄이기로 한다.

〔예 9・5〕 $n=3$ 인 실험에서 단순회귀모형

$$y=\beta_0+\beta_1 x+\epsilon,\ \ \epsilon \sim N(0,\sigma^2)$$

을 추정하기 위하여 x 의 수준을 정하려고 한다. x 의 실험영역을 간편하게 하기 위하여 $-1 \le x \le 1$ 이라고 하자. D-최적계획에 의하여 실험계획을 짜 보아라.

풀이

x 의 수준을 x_1, x_2, x_3 라 하고, 이들의 값을 구해보는 문제이다. X 행렬은

$$X=\begin{bmatrix} 1 & x_1 \\ 1 & x_2 \\ 1 & x_3 \end{bmatrix}$$

이므로

$$X'X=\begin{bmatrix} 3 & x_1+x_2+x_3 \\ x_1+x_2+x_3 & x_1^2+x_2^2+x_3^2 \end{bmatrix}$$

이며, 따라서 $|X'X|$ 은

$$|X'X| = 3(x_1^2+x_2^2+x_3^2)-(x_1+x_2+x_3)^2$$
$$= 2(x_1^2+x_2^2+x_3^2-x_1x_2-x_1x_3-x_2x_3)$$

이다. D-최적계획은 $|X'X|$을 최대로 (또는 $|(X'X)^{-1}| = \frac{1}{|X'X|}$을 최소로)하는 것이므로 이를 최대로 하는 x_1, x_2, x_3의 값을 구해 보면,

$$x_1 = x_2 = -1 \text{ 과 } x_3 = 1$$
$$\text{또는 } x_1 = -1 \text{ 과 } x_2 = x_3 = 1$$

으로 두 개의 D-최적계획을 얻는다. 참고로 A-최적계획을 구해보자.

$$(X'X)^{-1}\sigma^2 = \frac{\sigma^2}{3(x_1^2+x_2^2+x_3^2)-(x_1+x_2+x_3)^2}\begin{bmatrix} x_1^2+x_2^2+x_3^2 & -(x_1+x_2+x_3) \\ -(x_1+x_2+x_3) & 3 \end{bmatrix}$$

이므로, 식 (9・24)의 트레이스는

$$\mathrm{tr}[(X'X)^{-1}\sigma^2] = \frac{(3+x_1^2+x_2^2+x_3^2)\sigma^2}{(x_1-x_2)^2+(x_1-x_3)^2+(x_2-x_3)^2}$$

이 된다. 이를 최소로 하는 x_1, x_2, x_3의 값은 앞에서 얻은 D-최적계획과 동일한 것이다. 그러나, D-최적계획과 A-최적계획은 반드시 일치하는 것은 아니다.

접목된 다항회귀를 추정하기 위한 실험계획은 접목점(接木點, join point)이 알려져 있는 경우에 구할 수 있으며, D-최적계획에 대하여서는 참고문헌(9・1, 9・5)을 보면 도움이 될 것이다. 자세한 내용은 여기서는 다루지 않기로 한다.

9·6 통계패키지에 의한 분석 사례

〔예 9・2〕의 데이타를 이용하여 다음을 구하여 보아라.

(1) 2차다항회귀모형

$$y_j = \beta_0+\beta_1x_{1j}+\beta_2x_{2j}+\beta_{11}x_{1j}^2+\beta_{22}x_{2j}^2+\beta_{12}x_{1j}x_{2j}+\epsilon_j$$

을 적합시키고, 이 모형이 적합한지 검토하라.

(2) 2차다항회귀의 추정식

$$\hat{y} = b_0 + b_1x_1 + b_2x_2 + b_{11}x_1^2 + b_{22}x_2^2 + b_{12}x_1x_2$$

에 대하여 x_1과 x_2에 대한 $\hat{y}$의 등고선을 그려 보아라.

9·6·1 SAS에 의한 분석 프로그램 및 결과

〈SAS 프로그램〉

```
DATA ex9_2;
  INPUT x1 x2 y;
    CARDS;
      -1      0       54.6
      -0.5    0.866   71.7
      -0.5   -0.866   59.8
       0.5    0.866   78.7
       0.5   -0.866   78.9
       1      0       91.0
       0      0       90.4
       0      0       87.5
       0      0       91.0
       0      0       88.3
       ;

PROC GLM;
   MODEL y=x1 x2 x1*x1 x2*x2 x1*x2;
RUN;

DATA contours;
   FORMAT  z  5.1;
   DO x1=-1 TO 1 BY 0.05;
      DO x2=-1 TO 1 BY 0.05;
         z=89.30 + 16.48*x1 + 3.38*x2
           - 16.50*x1*x1 - 17.20*x2*x2 - 6.99*x1*x2;
         OUTPUT;
         END;
```

```
     END;

PROC GCONTOUR DATA=contours;
   PLOT x2*x1=z /PATTERN JOIN;
RUN;
```

PROC GLM에서는 다항회귀모형의 적합이 가능하며 GLM 문에 대한 자세한 사용법은 SAS 메뉴얼을 참조하기 바란다.

〈SAS 결과〉

```
                        General Linear Models Procedure

Source              DF   Sum of Squares      Mean Square  F Value     Pr > F

Model                5    1567.70733333     313.54146667    48.20     0.0011

Error                4      26.02166667       6.50541667

Corrected Total      9    1593.72900000

          R-Square             C.V.          Root MSE                Y Mean

          0.983672         3.220826        2.55057183           79.19000000
-----------------------------------------------------------------------------
Source            DF        Type I SS      Mean Square  F Value     Pr > F

X1                 1     815.10083333     815.10083333   125.30     0.0004
X2                 1      34.22250000      34.22250000     5.26     0.0835
X1*X1              1     287.32816667     287.32816667    44.17     0.0027
X2*X2              1     394.45333333     394.45333333    60.63     0.0015
X1*X2              1      36.60250000      36.60250000     5.63     0.0767

Source            DF      Type III SS      Mean Square  F Value     Pr > F

X1                 1     815.10083333     815.10083333   125.30     0.0004
X2                 1      34.22250000      34.22250000     5.26     0.0835
X1*X1              1     363.00000000     363.00000000    55.80     0.0017
X2*X2              1     394.45333333     394.45333333    60.63     0.0015
X1*X2              1      36.60250000      36.60250000     5.63     0.0767
-----------------------------------------------------------------------------
                                      T for H0:    Pr > |T|    Std Error of
Parameter                Estimate    Parameter=0                  Estimate

INTERCEPT             89.30000000          70.02     0.0001      1.27528592
X1                    16.48333333          11.19     0.0004      1.47257333
X2                     3.37759815           2.29     0.0835      1.47261653
X1*X1                -16.50000000          -7.47     0.0017      2.20886000
X2*X2                -17.20100913          -7.79     0.0015      2.20898959
X1*X2                 -6.98614319          -2.37     0.0767      2.94523306
```

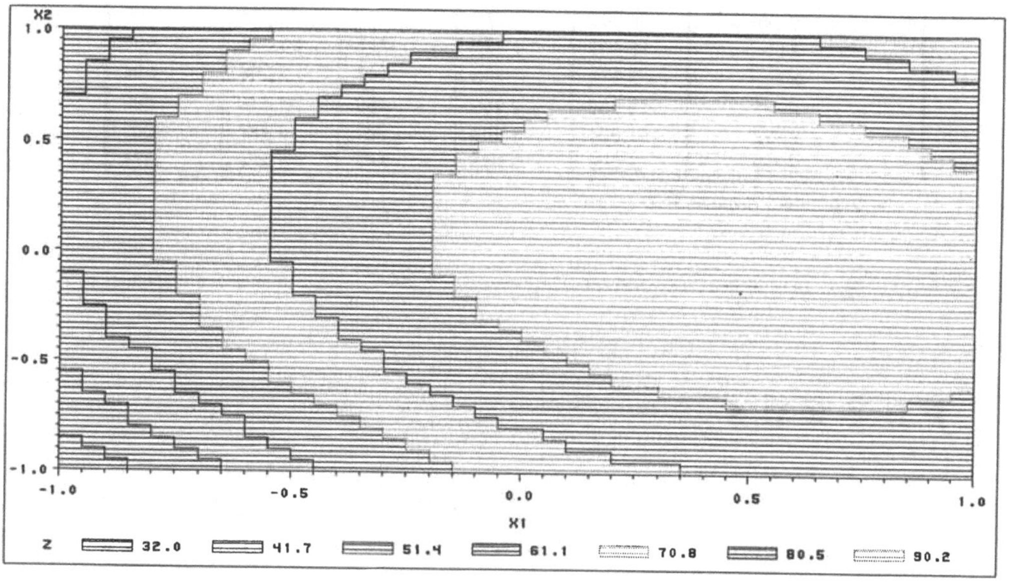

9·6·2 SPSS에 의한 분석 결과

Model Summary

Model	R	R Square	Adjusted R Square	Std. Error of the Estimate
1	.992[a]	.984	.963	2.550572

a. Predictors: (Constant), x1*x2, x2*x2, X2, X1, x1*x1

ANOVA[b]

Model		Sum of Squares	df	Mean Square	F	Sig.
1	Regression	1567.707	5	313.541	48.197	.001[a]
	Residual	26.022	4	6.505		
	Total	1593.729	9			

a. Predictors: (Constant), x1*x2, x2*x2, X2, X1, x1*x1

b. Dependent Variable: 강도

Coefficients[a]

Model	Unstandardized Coefficients		Standardized Coefficients	t	Sig.
	B	Std. Error	Beta		

1	(Constant)	89.300	1.275		70.024	.000
	X1	16.483	1.473	.715	11.194	.000
	X2	3.378	1.473	.147	2.294	.084
	x1*x1	-16.500	2.209	-.480	-7.470	.002
	x2*x2	-17.201	2.209	-.501	-7.787	.001
	x1*x2	-6.986	2.945	-.152	-2.372	.077

a. Dependent Variable: 강도

▶ 참 고 문 헌 ◀

9・1. Box, M. J. and Draper, N. R. : "Factorial designs, the $|X'X|$ criterion and some related matters," *Technometrics*, 13, pp. 731~742, 1971.

9・2. Gallant, A. R. and Fuller, W. A. : "Fitting segmented polynomial regression models whose join points have to to estimated," *J. Amer. Statist. Assoc.*, 68, pp. 144~147, 1973.

9・3. Greville, T. N. E. : *Theory and Applications of Spline Functions*, New York, Academic Press, 1969.

9・4. Johnson, N. L. and Leone, F. C. : *Statistics and Experimental Design in Engineering and the Physical Sciences*, New York, John Wiley & Sons, 1977.

9・5. Kiefer, J. and Wolfowitz, J. : "The equivalence of two extreme problems," *Canadian Journal of Mathematics*, 12, pp. 363~366, 1960.

9・6. Park, S. H. : "Experimental designs for fitting segmented polynomial regression models," *Technometrics*, 20, pp. 151~154, 1978.

9・7. Rustagi, J. S. : *Variational Methods in Statistics*, New York, Academic Press, 1976.

9・8. Seber, G. A. F. : *Linear Regression Analysis*, New York, John Wiley & Sons, 1977.

9・9. Wold, S. : "Spline function in data analysis," *Technometrics*, 16, pp. 1~12, 1974.

연 습 문 제

9·1. 연습문제 5·1의 데이터에 대하여 2차다항회귀모형

$$y_j = \beta_0 + \beta_1 x_j + \beta_2 x_j^2 + \epsilon_j$$

을 적합시켜라. 이 모형은 유의한가? 삼차항 $\beta_3 x_j^3$이 추가되는 것이 더 바람직한가를 결정하라. 산점도를 그리고 추정된 2차다항회귀식을 그려 넣어라.

9·2. 어떤 공정에서 생산되는 제품의 강도(kg/cm²)가 공정과정 중의 온도(x_1)와 압력(x_2)의 영향을 많이 받는 것으로 믿어진다. 데이터를 뽑아 보니 다음과 같다. x_1과 x_2의 값은 다음과 같이 선형변환시켰다.

$$x_1 = \frac{\text{온도} - 200℃}{10}, \quad x_2 = \frac{\text{압력} - 80\text{ psi}}{5}$$

데이터 번 호	실제의 값		변환된 값		강도(kg/cm²)
	온도(℃)	압력(psi)	x_1	x_2	y
1	190	75	−1	−1	13.9
2	190	85	−1	1	13.1
3	210	75	1	−1	12.9
4	210	85	1	1	13.6
5	200	80	0	0	15.7
6	185	80	−1.5	0	11.8
7	215	80	1.5	0	12.7
8	200	72.5	0	−1.5	12.0
9	200	87.5	0	1.5	12.4

(1) 1차다항회귀모형

$$y_j = \beta_0 + \beta_1 x_{1j} + \beta_2 x_{2j} + \epsilon_j$$

을 적합시키고, 이 모형이 적절한가를 검토하라.

(2) 2 차다항회귀모형

$$y_j = \beta_0 + \beta_1 x_{1j} + \beta_2 x_{2j} + \beta_{11} x_{1j}^2 + \beta_{22} x_{2j}^2 + \beta_{12} x_{1j} x_{2j} + \epsilon_j$$

을 적합시키고, 이 모형이 적절한가를 검토하라.

(3) 가설 $H_0: \beta_{12}=0$, $H_1: \beta_{12} \neq 0$ 을 유의수준 $\alpha=0.05$ 에서 검정하라.

(4) b_{11} 과 b_{22} 를 β_{11} 과 β_{22} 의 최소제곱추정량이라 하면 다음의 추정값을 숫자로 나타내어라.

a) $Var(b_{11})$ b) $Var(b_{22})$ c) $Cov(b_{11}, b_{22})$

(5) 이차다항회귀의 추정식

$$\hat{y} = b_0 + b_1 x_1 + b_2 x_2 + b_{11} x_1^2 + b_{22} x_2^2 + b_{12} x_1 x_2$$

에 대하여 x_1 과 x_2 에 대한 $\hat{y}$ 의 등고선을 그려 보아라.

9・3. 어떤 농작물이 비료의 양에 따라서 수확량의 변화하는 상태를 보기 위하여 비료의 양을 등간격이 되게 준 후에 수확량을 측정하여 보았다. 데이터는 다음과 같다.

x (비료의 양)	100	110	120	130	140	150	160	170
y (수확량)	20	24	27	28	29	29	28	27

(1) 2 차직교다항회귀모형

$$y_j = \beta_0 + \beta_1 p_1(x_j) + \beta_2 p_2(x_j) + \epsilon_j$$

을 적합시키고 분산분석표를 작성하여라. 회귀제곱합은 1 차와 2 차항으로 분류하여 보아라. 각 항의 유의검정을 실시하라.

(2) 3 차항이 필요한가를 검토하여라.

(3) 산점도를 그리고 여기에 추정된 2 차직교다항회귀식을 그려 넣어라. 어떤 x 의 값에서 $\hat{y}$ 가 최대가 되는가?

(4) $Var(b_1)$, $Var(b_2)$ 와 $Cov(b_1, b_2)$ 를 추정하라.

9・4. 10 살 이하의 어린 아이들의 나이와 키에 따른 몸무게의 증가비(kg/cm)를 20 명을 상대로 하여 얻은 데이터는 다음과 같다.

x(나이)	y(kg/cm)	x(나이)	y(kg/cm)
1	0.10	6	0.25
1	0.09	6	0.25
2	0.15	7	0.27
2	0.16	7	0.26
3	0.19	8	0.28
3	0.19	8	0.28
4	0.23	9	0.28
4	0.22	9	0.29
5	0.23	10	0.30
5	0.24	10	0.31

(1) 산점도를 그려라. 어떠한 다항회귀모형이 타당한 모형이라고 생각하는가?

(2) $x=4$ 를 접목점으로 하여 1차-1차 다항회귀모형을 추정하라. $x=4$ 에서 연속인 회귀식을 가정하라. 결정계수 R^2 을 구하라.

(3) $x=4$ 를 접목점으로 하여 1차-2차 다항회귀모형을 추정하라. $x=4$ 에서 연속이고 또 미분된 함수도 또한 연속이라고 가정하라(1차함수는 $x \le 4$ 에서, 2차는 $x \ge 4$ 에서라고 가정한다).

(4) 위의 (3)에서 구한 회귀식에 대한 분산분석표를 작성하라. 결정계수 R^2 의 값을 구하라.

(5) 2차다항회귀

$$y_j = \beta_0 + \beta_1 x_j + \beta_2 x_j^2 + \epsilon_j$$

를 가정하여 이를 추정하고 이의 결정계수 R^2 을 구하라. (2)와 (4)에서 구한 것과 비교하여 보아라.

(6) 산점도 위에 (2), (3)과 (5)에서 구한 회귀식을 그려 넣어라.

9·5. $n=4$ 인 실험에서 2차다항회귀

$$y = \beta_0 + \beta_1 x + \beta_2 x^2 + \epsilon, \quad \epsilon \sim N(0, \sigma^2)$$

가 적절하리라고 믿고 x 의 실험영역 $-1 \le x \le 1$ 에서 x 의 수준을 결정하는 실험계획을 짜고 싶다. 실험계획의 한 가지 조건으로는 $\sum_{j=1}^{4} x_j = 0$ 이다. 이 조건을 만족시켜 주는 실험계획 중에서 D-최적실험을 구하라. 또 A-최적실험계획도 구해보아라.

9・6. 앞 문제 9・5에서 $n=5$인 경우에 대한 최적실험계획을 구하여 보아라.

9・7. 회귀모형

$$y_j = \beta_0 + \beta_1 x_{1j} + \cdots + \beta_k x_{kj} + \epsilon_j$$
$$j=1, 2, \cdots, n$$

에서 독립변수들이 $\sum_{j=1}^{n} x_{ij}=0$, $\sum_{j=1}^{n} x_{ij}^2=c$, $i=1, 2, \cdots, k$와 같이 표준화(standardized)되어 있다고 하자. 그러면

$$\frac{1}{k+1}\sum_{i=0}^{k} Var(b_i)$$

는 행렬 X의 열들(columns)이 서로 직교(orthogonal)할 때 최소가 됨을 증명하여라.

9・8. 다음과 같은 회귀모형

$$E(y_j) = \beta_0 + \beta_1 x_j + \beta_2 \phi(x_j), \quad j = 1, 2, 3$$

을 적합시키려 한다. 여기서 $\phi(x)$는 x의 2차다항식(second order polynomial)이다. 만약 $x_1=-1$, $x_2=0$이고 $x_3=1$이라면 행렬 X가 서로 직교하는 열들로 구성되려면 ϕ는 어떤 2차다항식인가?

9・9. 다음의 다항회귀모형

$$E(y) = \beta_0 + \beta_1 x + \beta_2 x^2$$

이 $x=x^*$에서 최대가 된다고 가정하자. x^*는 미지의 값이나 원점 근처에 있다고 하자. n개의 데이터 (x_j, y_j), $j=1, 2, \cdots, n$, 로부터 x^*의 신뢰구간을 구하는 방법을 제시하여라. 편의상 $-a \le x_j \le a$ 안에 있다 하고 $\bar{x}=0$으로 가정하라.

제 IV 편

회귀분석의 확장

10. 일반화 회귀분석
11. 가 변 수
12. 분산분석에의 응용
13. 반응표면분석
14. 혼합물실험의 분석

10

일반화 회귀분석

10·1 일반화 최소제곱추정

이제까지 다루어 온 선형회귀모형은

$$\boldsymbol{y} = X\boldsymbol{\beta}+\boldsymbol{\epsilon}, \quad \boldsymbol{\epsilon}\sim N(\boldsymbol{0}, I\sigma^2)$$

과 같이 표현되었고, $Var(\boldsymbol{\epsilon})=I\sigma^2$ 으로 오차들은 각각 동일한 분산, $Var(\epsilon_i)=\sigma^2$ 을 갖고 오차들끼리는 서로 독립이었다고 가정하였다. 즉

$$\begin{aligned} Cov(\epsilon_i, \epsilon_j) &= 0, \quad i\neq j \\ &= \sigma^2, \quad i=j \end{aligned}$$

그러나, 실제의 문제를 다루는 데 있어서 이와 같은 오차의 가정이 옳지 않을 때가 많이 있으며, 다음과 같은 선형회귀모형을 갖는 경우가 있다.

$$\boldsymbol{y} = X\boldsymbol{\beta}+\boldsymbol{\epsilon}, \quad \boldsymbol{\epsilon}\sim N(\boldsymbol{0}, V\sigma^2) \tag{10・1}$$

즉, $Var(\boldsymbol{\epsilon})=V\sigma^2$ 으로 V 는 $n\times n$ 정칙행렬(nonsingular matrix)로서 $I\sigma^2$ 이 아니며, X 는 $n\times(k+1)$ 행렬로 계수는 $k+1$ 이고, $\boldsymbol{y}$ 는 $n\times 1$, $\boldsymbol{\beta}$ 는 $(k+1)\times 1$ 벡터이다.

식 (10・1)과 같은 모형을 일반화선형회귀모형이라고 부르며, 이 경우에는 $\boldsymbol{\beta}$ 의 최소제곱추정량 $\boldsymbol{b}=(X'X)^{-1}X'\boldsymbol{y}$ 는 $\boldsymbol{\beta}$ 의 최량선형불편추정량(最良線型不偏推定量, best linear unbiased estimator$(BLUE)$)이 되지는 않는다. ($Var(\boldsymbol{\epsilon})=I\sigma^2$인 경우에는 $\boldsymbol{b}=(X'X)^{-1}X'\boldsymbol{y}$는 $\boldsymbol{\beta}$의 $BLUE$임을 7장에서 증명하였다.) 그러면, 어떤 추정량이 $\boldsymbol{\beta}$의 $BLUE$인가?

V는 정칙행렬이며 또한 대칭이므로, 《정리 1·37》에서 의해 $C'VC=\Lambda$를 만족시키는 직교행렬 C가 존재하며, Λ는 V의 고유값들로 구성된 대각선행렬이다. 따라서,

$$V = C\Lambda C' = (C\Lambda^{\frac{1}{2}})(C\Lambda^{\frac{1}{2}})' = TT'$$

의 관계를 성립시키는 정칙행렬 T가 있다. 이 행렬의 역행렬 T^{-1}를 식 (10·1)의 좌변과 우변에 동시에 곱하여 선형회귀모형을 변환(transformation)시키면

$$T^{-1}\boldsymbol{y} = T^{-1}X\boldsymbol{\beta} + T^{-1}\boldsymbol{\epsilon} \tag{10·2}$$

이 된다. 간편하게

$$T^{-1}\boldsymbol{y} = \boldsymbol{z}$$
$$T^{-1}X = W$$
$$T^{-1}\boldsymbol{\epsilon} = \boldsymbol{v}$$

로 놓으면, 모형 (10·2)는

$$\boldsymbol{z} = W\boldsymbol{\beta} + \boldsymbol{v} \tag{10·3}$$

의 형태를 갖는다. 그러면, 벡터 $\boldsymbol{v}$의 분산-공분산행렬은

$$\begin{aligned} Var(\boldsymbol{v}) &= Var(T^{-1}\boldsymbol{\epsilon}) \\ &= T^{-1}Var(\boldsymbol{\epsilon})(T^{-1})' \\ &= T^{-1}V\sigma^2(T^{-1})' \\ &= T^{-1}TT'(T')^{-1}\sigma^2 \\ &= I\sigma^2 \end{aligned}$$

이 되어 $\boldsymbol{\beta}$를 추정하는데 $BLUE$인 최소제곱추정량을 사용할 수 있다. 식 (10·3)에 의하여 얻어지는 $\boldsymbol{\beta}$의 $BLUE$를 $\boldsymbol{b}^*$라 하자. 그러면 $V^{-1}=(T')^{-1}T^{-1}$이므로

$$\begin{aligned} \boldsymbol{b}^* &= (W'W)^{-1}W'\boldsymbol{z} \\ &= [X'(T')^{-1}T^{-1}X]^{-1}X'(T')^{-1}T^{-1}\boldsymbol{y} \\ &= (X'V^{-1}X)^{-1}X'V^{-1}\boldsymbol{y} \end{aligned} \tag{10・4}$$

가 된다. 이 $\boldsymbol{b}^*$ 를 $\boldsymbol{\beta}$ 의 일반화최소제곱추정량(generalized least squares estimator)이라고 부른다.

10·2 추정량의 특성

앞 절에서 구한 일반화최소제곱추정량 $\boldsymbol{b}^*$ 의 성질을 알아보기로 하자. 먼저 $\boldsymbol{b}^*$ 는 선형모형 (10・3)에 있는 $\boldsymbol{\beta}$ 의 *BLUE* 이므로 $\boldsymbol{\beta}$ 의 최량선형불편추정량이다. $\boldsymbol{b}=(X'X)^{-1}X'\boldsymbol{y}$ 와 $\boldsymbol{b}^*=(X'V^{-1}X)^{-1}X'V^{-1}\boldsymbol{y}$ 를 구별하기 위하여 $\boldsymbol{b}$ 를 보통최소제곱(ordinary least squares(*OLS*))추정량이라 부르고 $\boldsymbol{b}^*$ 를 일반최소제곱(generalized least squares(*GLS*))추정량이라고 부르기도 한다.

GLS 추정량인 $\boldsymbol{b}^*$ 의 기대값벡터와 분산-공분산행렬은

$$\begin{aligned} E(\boldsymbol{b}^*) &= (X'V^{-1}X)^{-1}X'V^{-1}X\boldsymbol{\beta} = \boldsymbol{\beta} \\ Var(\boldsymbol{b}^*) &= ((X'V^{-1}X)^{-1}X'V^{-1}V\sigma^2V^{-1}X(X'V^{-1}X)^{-1} \\ &= (X'V^{-1}X)^{-1}\sigma^2 \end{aligned} \tag{10・5}$$

이 된다. 만약, 식 (10・1)의 선형모형의 가정이 성립되는 경우에 *OLS* 추정량 $\boldsymbol{b}$ 를 그대로 사용한다면 다음과 같이 되어,

$$\begin{aligned} E(\boldsymbol{b}) &= (X'X)^{-1}X'X\boldsymbol{\beta} = \boldsymbol{\beta} \\ Var(\boldsymbol{b}) &= (X'X)^{-1}X'V\sigma^2X(X'X)^{-1} \\ &= (X'X)^{-1}X'VX(X'X)^{-1}\sigma^2 \end{aligned}$$

$\boldsymbol{b}$ 는 $\boldsymbol{\beta}$ 의 불편추정량이나 $V=I$ 가 아닌 경우에는 최량(最良, best)이 아니다.

GLS 추정방법을 사용하였을 때 잔차 벡터는

$$\begin{aligned} \boldsymbol{e}^* &= \boldsymbol{y}-X\boldsymbol{b}^* \\ &= \boldsymbol{y}-X(X'V^{-1}X)^{-1}X'V^{-1}\boldsymbol{y} \\ &= [I-X(X'V^{-1}X)^{-1}X'V^{-1}]\boldsymbol{y} \end{aligned} \qquad (10 \cdot 6)$$

로 $\boldsymbol{y} \sim N(X\boldsymbol{\beta},\ V\sigma^2)$이므로 $\boldsymbol{e}^*$의 기대값벡터와 분산-공분산행렬이 각각

$$\begin{aligned} E(\boldsymbol{e}^*) &= [I-X(X'V^{-1}X)^{-1}X'V^{-1}]X\boldsymbol{\beta} = \boldsymbol{0} \\ Var(\boldsymbol{e}^*) &= [I-X(X'V^{-1}X)^{-1}X'V^{-1}]V\sigma^2 \\ &= [I-X(X'V^{-1}X)^{-1}X'V^{-1}]' \\ &= [V-X(X'V^{-1}X)^{-1}X']\sigma^2 \end{aligned} \qquad (10 \cdot 7)$$

이 된다.

GLS 추정방법에 의하여 발생되는 잔차제곱합 $SSE(\boldsymbol{b}^*)$은 식 (10・3)으로부터

$$SSE(\boldsymbol{b}^*) = (\boldsymbol{z}-W\boldsymbol{b}^*)'(\boldsymbol{z}-W\boldsymbol{b}^*) \qquad (10 \cdot 8)$$

이며, $\boldsymbol{z}=T^{-1}\boldsymbol{y}$, $W=T^{-1}X$ 이므로

$$\begin{aligned} SSE(\boldsymbol{b}^*) &= (\boldsymbol{y}-X\boldsymbol{b}^*)'V^{-1}(\boldsymbol{y}-X\boldsymbol{b}^*) \\ &= (\boldsymbol{e}^*)'V^{-1}(\boldsymbol{e}^*) \end{aligned} \qquad (10 \cdot 9)$$

또는 식 (10・6)을 대입시켜서

$$SSE(\boldsymbol{b}^*) = \boldsymbol{y}'V^{-1}[I-X(X'V^{-1}X)^{-1}X'V^{-1}]\boldsymbol{y}$$

로 된다. 이 잔차제곱합의 기대값은 《정리 5・1》과 $\boldsymbol{e}^*$의 분포는 식 (10・7)과 같음을 이용하여

$$\begin{aligned} E[SSE(\boldsymbol{b}^*)] &= E[(\boldsymbol{e}^*)'V^{-1}(\boldsymbol{e}^*)] \\ &= \mathrm{tr}[V^{-1}(V-X(X'V^{-1}X)^{-1}X')\sigma^2] \\ &= \mathrm{tr}[I-V^{-1}X(X'V^{-1}X)^{-1}X']\sigma^2 \\ &= \sigma^2(n-k-1) \end{aligned} \qquad (10 \cdot 10)$$

이 된다. 따라서, σ^2의 불편추정량은

$$\tilde{\sigma}^2 = \frac{SSE(\boldsymbol{b}^*)}{n-k-1} \tag{10・11}$$

임이 명백하며, $Var(\boldsymbol{b}^*)$의 불편추정량은

$$\widehat{Var}(\boldsymbol{b}^*) = \tilde{\sigma}^2(X'V^{-1}X)^{-1} \tag{10・12}$$

임을 알 수 있다.

만약 $Var(\boldsymbol{b}^*)$의 추정량으로 식 (10・12)에서 $\tilde{\sigma}^2$ 대신에 OLS 추정에서 얻어진

$$\begin{aligned}\hat{\sigma}^2 = MSE &= \frac{(\boldsymbol{y}-X\boldsymbol{b})'(\boldsymbol{y}-X\boldsymbol{b})}{n-k-1}\\ &= \frac{\boldsymbol{y}'[I-X(X'X)^{-1}X']\boldsymbol{y}}{n-k-1}\end{aligned}$$

을 그대로 사용한다면 $\hat{\sigma}^2(X'V^{-1}X)^{-1}$은 $Var(\boldsymbol{b}^*)$의 불편추정량은 아닐 것이다. 왜냐하면, $\hat{\sigma}^2$의 기대값은 《정리 5・1》을 사용하여

$$\begin{aligned}E(\hat{\sigma}^2) &= \frac{1}{n-k-1}E\{\boldsymbol{y}'(I-X(X'X)^{-1}X')\boldsymbol{y}\}\\ &= \frac{1}{n-k-1}[\text{tr}\{[I-X(X'X)^{-1}X']V\sigma^2\}+(X\boldsymbol{\beta})'(I-X(X'X)^{-1}X')(X\boldsymbol{\beta})]\\ &= \frac{\sigma^2}{n-k-1}\{\text{tr}(V)-\text{tr}[(X'X)^{-1}X'VX]\}\end{aligned}$$

로 $E(\hat{\sigma}^2)\neq\sigma^2$ 임이 확실하기 때문이다.

V의 특수한 형태로서

$$V\sigma^2 = \begin{bmatrix} \sigma_1^2 & 0 & 0 & \cdots & 0 \\ 0 & \sigma_2^2 & 0 & \cdots & 0 \\ 0 & 0 & \sigma_3^2 & \cdots & 0 \\ \vdots & \vdots & \vdots & & \vdots \\ 0 & 0 & 0 & \cdots & \sigma_n^2 \end{bmatrix}$$

과 같이 대각선행렬이면 이는 3장 8절에서 다룬 가중회귀(weighted regression)의 경우로

되며, 이는 이미 상세히 다루었다. 만약 V가

$$V = c\begin{bmatrix} 1 & \rho & \rho^2 & \cdots & \rho^{n-1} \\ & 1 & \rho & \cdots & \rho^{n-2} \\ & & 1 & \cdots & \rho^{n-3} \\ & (\text{대칭}) & & & \vdots \\ & & & & 1 \end{bmatrix}$$

과 같은 모양이면(여기서 c는 상수) 오차 ϵ_i들간에 일차자기상관(first-order autocorrelation) 관계가 있는 경우로서 4장 5절에서 다룬 내용과 같다.

일반적으로 OLS 추정량인 $\boldsymbol{b}=(X'X)^{-1}X'\boldsymbol{y}$와 GLS 추정량인 $\boldsymbol{b}^*=(X'V^{-1}X)^{-1}X'V^{-1}\boldsymbol{y}$는 $V=I$인 경우가 아니면 서로 같지 않으나 McElroy(10 · 2)는

$$V = [(1-\rho)I+J\rho],\ \ 0\leq\rho<1 \tag{10 · 13}$$

인 경우에는 $\boldsymbol{b}=\boldsymbol{b}^*$임을 증명하였다. 관심있는 독자는 그의 논문을 참조하여 주기 바란다.

10·3 다변량회귀

지금까지 우리가 취급하여온 여러 가지의 회귀모형에서 공통적인 사항은 독립변수의 수는 하나 이상으로 제한은 없으나 종속변수의 수는 단 하나라는 점이다. 그러나, 실제 사회문제에서 회귀분석모형을 다룰 때에 종속변수의 수가 두 개 이상인 경우를 간혹 보게 되며, 이런 경우에는 어떤 방법으로 회귀분석을 하여 주는 것이 좋은가를 검토하여 보자.

독립변수의 수가 k개 있고, 종속변수의 수가 g개 있는 경우에 각각의 종속변수에 대한 선형회귀방정식을

$$y_h = \beta_{0h}+\beta_{1h}x_1+\beta_{2h}x_2+\cdots+\beta_{kh}x_k+\epsilon_h$$
$$h=1, 2, \cdots, g$$

과 같이 표현할 수 있고 $(x_1, x_2, \cdots, x_k, y_h)$에 대하여 표본의 크기 n인 데이터가 얻어지면

이를 행렬로 간편하게

$$\boldsymbol{y}_h = X\boldsymbol{\beta}_h + \boldsymbol{\epsilon}_h, \quad h=1,2,\cdots,g \tag{10·14}$$

으로 나타낼 수 있다. 이와 같은 회귀모형을 다변량선형회귀모형(多變量線型回歸模型, multivariate linear regression model)이라고 부른다. 여기서 물론 방정식 하나씩만을 고려하여 볼 때는 선형회귀모형과 동일한 것이 된다.

모형 (10·14)와 관련된 가정으로

$$\boldsymbol{\epsilon}_h \sim N(\mathbf{0}, I\sigma_h^2) \tag{10·15}$$

$$E(\boldsymbol{\epsilon}_h \boldsymbol{\epsilon}_q') = I\sigma_{hq} \tag{10·16}$$

이 성립된다고 하고 X는 $n\times(k+1)$ 행렬로서 주어진 계획행렬(design matrix)이고 계수는 $k+1$이라고 하자. 식 (10·16)의 가정에서 $h=q$이면

$$E(\boldsymbol{\epsilon}_h \boldsymbol{\epsilon}_h') = Var(\boldsymbol{\epsilon}_h) = I\sigma_{hh} = I\sigma_h^2$$

으로 식 (10·15)가 되며 $\sigma_h^2 = \sigma_{hh}$는 같은 것을 의미하는 것으로 한다.

가정 (10·16)의 의미는 두 오차벡터

$$\boldsymbol{\epsilon}_h' = (\epsilon_{h1}, \epsilon_{h2}, \cdots, \epsilon_{hn})$$
$$\boldsymbol{\epsilon}_q' = (\epsilon_{q1}, \epsilon_{q2}, \cdots, \epsilon_{qn})$$

사이에는

$$E(\epsilon_{hi}\epsilon_{qj}) = 0, \quad i \neq j \tag{10·17}$$
$$= \sigma_{hq}, \quad i=j$$

인 관계가 성립하여서 g개의 종속변수들을 n번 관찰할 때에 같은 j번째 관찰된 종속변수들의 값, $y_{1j}, y_{2j}, \cdots, y_{gj}$들 간에는 상관관계가 존재하며, 같이 관찰되지 않은 값들간에는 상관관계가 없다는 말이다. 이런 경우는 특히 계량경제(計量經濟, econometrics) 분야에서 많이 나타나는 것으로 참고문헌(10·1, 10·3, 10·5, 10·8)을 보면 상세히 다루고

있다. 일반적으로 계량경제모형에서 n개의 데이터가 시계열(時系列) 데이터(time series data)이므로 가정 (10·17)의 의미는 동시에 관찰된 종속변수들간에는 상관관계가 존재하며

$$E(\epsilon_{hj}\epsilon_{qj}) = \sigma_{hq}$$

을 오차 ϵ_{hj}와 ϵ_{qj} 간의 동시공분산(同時共分散, contemporaneous covariance)이라고 부른다. 또한 동시에 관찰되지 않은 종속변수들간에는 상관관계가 없다고 가정하는 것이다. 계량경제학에서는 독립변수를 흔히 내생변수(內生變數, endogenous variable)라고 부르고, 종속변수를 외생변수(外生變數, exogenous variable)라고 부른다.

식 (10・14)의 다변량회귀모형에서 $\boldsymbol{\beta}_h$를 추정하기 위하여 다음과 같이 g개의 방정식을 묶어 보자.

$$\begin{bmatrix} \mathbf{y}_1 \\ \mathbf{y}_2 \\ \vdots \\ \mathbf{y}_g \end{bmatrix} = \begin{bmatrix} X & 0 & \cdots & 0 & 0 \\ 0 & X & \cdots & 0 & 0 \\ \vdots & \vdots & & \vdots & \vdots \\ 0 & 0 & \cdots & X & 0 \\ 0 & 0 & \cdots & 0 & X \end{bmatrix} \begin{bmatrix} \boldsymbol{\beta}_1 \\ \boldsymbol{\beta}_2 \\ \vdots \\ \boldsymbol{\beta}_g \end{bmatrix} + \begin{bmatrix} \boldsymbol{\epsilon}_1 \\ \boldsymbol{\epsilon}_2 \\ \vdots \\ \boldsymbol{\epsilon}_g \end{bmatrix}$$

이를 간략하게

$$\mathbf{y} = Z\boldsymbol{\beta} + \boldsymbol{\epsilon} \qquad (10 \cdot 18)$$

으로 표현하자. 그러면 $\mathbf{y}$는 $gn \times 1$, $\boldsymbol{\beta}$는 $g(k+1) \times 1$, $\boldsymbol{\epsilon}$는 $gn \times 1$이고 Z는 $gn \times g(k+1)$ 행렬이 된다.

가정 (10・16)으로부터 벡터 $\boldsymbol{\epsilon}$의 분산-공분산행렬을 구하여 보면

$$Var(\boldsymbol{\epsilon}) = \begin{bmatrix} E(\boldsymbol{\epsilon}_1\boldsymbol{\epsilon}_1') & E(\boldsymbol{\epsilon}_1\boldsymbol{\epsilon}_2') & \cdots & E(\boldsymbol{\epsilon}_1\boldsymbol{\epsilon}_g') \\ & E(\boldsymbol{\epsilon}_2\boldsymbol{\epsilon}_2') & \cdots & E(\boldsymbol{\epsilon}_2\boldsymbol{\epsilon}_g') \\ (\text{대칭}) & & & \vdots \\ & & & E(\boldsymbol{\epsilon}_g\boldsymbol{\epsilon}_g') \end{bmatrix}$$

$$= \begin{bmatrix} I\sigma_1^2 & I\sigma_{12} & \cdots & I\sigma_{1g} \\ & I\sigma_2^2 & \cdots & I\sigma_{2g} \\ & (\text{대칭}) & & \vdots \\ & & & I\sigma_g^2 \end{bmatrix} = \begin{bmatrix} \sigma_1^2 & \sigma_{12} & \cdots & \sigma_{1g} \\ & \sigma_2^2 & \cdots & \sigma_{2g} \\ & (\text{대칭}) & & \vdots \\ & & & \sigma_g^2 \end{bmatrix} \otimes I$$

$$= \Sigma \otimes I = \Omega \qquad (10 \cdot 19)$$

이 된다. 여기서 사용된 $\otimes$는 크로넥카곱(Kronecker multiplication)을 나타내는 기호로 $A \otimes I = (a_{ij}) \otimes I = (a_{ij}I)$와 같은 기능을 가진다. 식 (10 · 19)에서 얻어진 행렬 Ω는 $gn \times gn$의 대칭행렬이다. 결과적으로

$$Var(\boldsymbol{\epsilon}) = \Omega \neq I\sigma^2$$

이므로, 모형 (10 · 18)의 $\boldsymbol{\beta}$ 추정에는 *GLS* 추정방법을 사용하여야 한다. 따라서. $\boldsymbol{\beta}$의 추정량은

$$\boldsymbol{b}^* = (Z'\Omega^{-1}Z)^{-1}Z'\Omega^{-1}\boldsymbol{y} = \begin{bmatrix} \boldsymbol{b}_1^* \\ \boldsymbol{b}_2^* \\ \vdots \\ \boldsymbol{b}_g^* \end{bmatrix} \qquad (10 \cdot 20)$$

로 표현된다.

식 (10 · 14)에 있는 g개의 방정식에 대하여 방정식별로 $\boldsymbol{\beta}_h$를 추정하게 되면 가정 (10 · 15)에 의하여 *OLS* 추정방법을 사용하며, 이를

$$\boldsymbol{b}_h = (X'X)^{-1}X'\boldsymbol{y}_h, \quad h=1, 2, \cdots, g$$

로 표현하고, g개의 추정벡터를 같이 합쳐서

$$\boldsymbol{b} = \begin{bmatrix} \boldsymbol{b}_1 \\ \boldsymbol{b}_2 \\ \vdots \\ \boldsymbol{b}_g \end{bmatrix} = \begin{bmatrix} (X'X)^{-1}X'\boldsymbol{y}_1 \\ (X'X)^{-1}X'\boldsymbol{y}_2 \\ \vdots \\ (X'X)^{-1}X'\boldsymbol{y}_g \end{bmatrix}$$

$$= \begin{bmatrix} X'X & 0 & \cdots & 0 \\ 0 & X'X & \cdots & 0 \\ \vdots & \vdots & & \vdots \\ 0 & 0 & \cdots & X'X \end{bmatrix}^{-1} \begin{bmatrix} X & 0 & \cdots & 0 \\ 0 & X & \cdots & 0 \\ \vdots & \vdots & & \vdots \\ 0 & 0 & \cdots & X \end{bmatrix}' \begin{bmatrix} \boldsymbol{y}_1 \\ \boldsymbol{y}_2 \\ \vdots \\ \boldsymbol{y}_g \end{bmatrix}$$

$$= (Z'Z)^{-1}Z'\boldsymbol{y} \tag{10・21}$$

이 된다. 그런데 재미있는 결과는 식 (10・14)의 다변량선형회귀모형에 대하여 위의 가정 (10・15), (10・16)이 성립되는 경우에는 *OLS* 추정과 *GLS* 추정이 동일하다는 것이다. 즉

$$\begin{aligned} \boldsymbol{b}^* &= (Z'\Omega^{-1}Z)^{-1}Z'\Omega^{-1}\boldsymbol{y} \\ &= (Z'Z)^{-1}Z'\boldsymbol{y} = \boldsymbol{b} \end{aligned}$$

가 된다. 이의 증명은 행렬의 이론으로부터

$$\begin{aligned} &(A\otimes B)(C\otimes D) = AC\otimes BD \\ &(A\otimes B)^{-1} = A^{-1}\otimes B^{-1} \\ &(A\otimes B)(A^{-1}\otimes B^{-1}) = AA^{-1}\otimes BB^{-1} = I \end{aligned} \tag{10・22}$$

의 결과를 이용하면 얻어진다. 즉

$$\begin{aligned} \boldsymbol{b}^* &= (Z'\Omega^{-1}Z)^{-1}(Z'\Omega^{-1}\boldsymbol{y}) \\ &= [Z'(\Sigma^{-1}\otimes I)Z]^{-1}[Z'(\Sigma^{-1}\otimes I)\boldsymbol{y}] \\ &= (Z'\Sigma^{-1}\otimes Z)^{-1}(Z'\Sigma^{-1}\otimes \boldsymbol{y}) \\ &= [\Sigma\otimes(Z'Z)^{-1}][\Sigma^{-1}\otimes Z'\boldsymbol{y}] \\ &= I\otimes(Z'Z)^{-1}Z'\boldsymbol{y} \\ &= (Z'Z)^{-1}Z'\boldsymbol{y} \\ &= \boldsymbol{b} \end{aligned}$$

따라서, 많은 계산이 요구되는 $\boldsymbol{b}^*$를 구할 필요가 없이 *OLS* 추정방법에 의하여 각 방정식으로부터 $\boldsymbol{b}$를 얻으면 좋은 것이다. 그러나, 가정 (10・15)와 (10・16)이 성립되지 않

는 경우에는 $\boldsymbol{b}^* = \boldsymbol{b}$ 라는 보장은 얻을 수 없다.

모형 (10・14)에서는 각 방정식마다 계획행렬 X 는 동일하다고 가정하였다. 그러나, 그렇지 않은 경우도 있으며, 다음과 같이 더욱 일반적인 다변량 선형회귀모형

$$\boldsymbol{y}_h = X_h \boldsymbol{\beta}_h + \boldsymbol{\epsilon}_h, \quad h=1, 2, \cdots, g \tag{10・23}$$

를 고려하여 보자. 오차벡터 $\boldsymbol{\epsilon}_h$ 에 대한 가정으로 식 (10・15)와 (10・16)이 그대로 성립된다고 하자. 그러면 회귀모형은 식 (10・18)과 같이 표현될 수 있으나 Z 는 다르게 된다. 이번에는

$$Z = \begin{bmatrix} X_1 & 0 & \cdots & 0 \\ 0 & X_2 & \cdots & 0 \\ \vdots & \vdots & & \vdots \\ 0 & 0 & \cdots & X_g \end{bmatrix}$$

의 되며, $\boldsymbol{\beta}$ 의 GLS 추정량은

$$\boldsymbol{b}^* = (Z'\Omega^{-1}Z)^{-1}Z'\Omega^{-1}\boldsymbol{y} \tag{10・24}$$

이나 $\boldsymbol{b} = (Z'Z)^{-1}Z'\boldsymbol{y}$ 와는 동일하지 않다. 이 경우는 $\boldsymbol{b}^*$ 는 $BLUE$ 이지만 $\boldsymbol{b}$ 는 아니다.

결론적으로, 모형 (10・14)의 $\boldsymbol{\beta}_h$ 추정은 그의 $BLUE$ 가 $\boldsymbol{b} = (Z'Z)^{-1}Z'\boldsymbol{y}$ 이므로, 각각의 방정식으로부터 $\boldsymbol{b}_h = (X'X)^{-1}X'\boldsymbol{y}_h$ 에 의하여 구할 수 있다. 모형 (10・23)인 경우에는 $BLUE$ 가 식 (10・24)의 $\boldsymbol{b}^*$ 이므로 GLS 추정방법을 사용하여야 한다. 만약, Ω 가 알려져 있지 않을 때에는 데이터로부터 먼저 Ω 를 추정하고, 이를 대입하여 구하여야 한다. 그 절차를 간략히 설명하면 다음과 같다.

식 (10・23)의 행렬 X_h 가 (k_h+1)개의 열을 가지고 있다고 하자. 먼저 OLS 추정방법에 의하여 $\boldsymbol{\beta}_h$ 를 $\boldsymbol{b}_h = (X_h'X_h)^{-1}X_h'\boldsymbol{y}_h$ 로 추정한 후 이로부터 얻어지는 잔차벡터

$$\boldsymbol{e}_h = \boldsymbol{y}_h - X_h\boldsymbol{b}_h, \quad h=1, 2, \cdots, g$$

를 구한다. 다음으로

$$\Sigma = \begin{bmatrix} \sigma_1^2 & \sigma_{12} & \sigma_{13} & \cdots & \sigma_{1g} \\ & \sigma_2^2 & \sigma_{23} & \cdots & \sigma_{2g} \\ & & \sigma_3^2 & \cdots & \sigma_{3g} \\ & \text{(대칭)} & & & \vdots \\ & & & & \sigma_g^2 \end{bmatrix}$$

의 추정을 $S=(S_{hq})$, $h, q=1, 2, \cdots, g$, 으로 한다. 여기서 S_{hq}은

$$S_{hq} = \frac{\boldsymbol{e}_h{}'\boldsymbol{e}_q}{n-k_h-1} \tag{10・25}$$

으로부터 얻는다. 그러면 *GLS* 추정은

$$\tilde{\boldsymbol{\beta}} = [Z'(S\otimes I)^{-1}Z]^{-1}[Z'(S\otimes I)^{-1}\boldsymbol{y}] \tag{10・26}$$

으로 표현된다. Zellner(10・6, 10・7)는 Ω가 미지일 때에 식 (10・26)의 $\tilde{\boldsymbol{\beta}}$는 식 (10・24)의 $\boldsymbol{b}^*$의 일치추정량(一致推定量, consistent estimator)이며 $\sqrt{n}(\boldsymbol{b}^*-\boldsymbol{\beta})$와 $\sqrt{n}(\tilde{\boldsymbol{\beta}}-\boldsymbol{\beta})$는 같은 점근분산-공분산행렬(漸近分散-共分散行列, asymptotic variance-covariance matrix)을 가지고 있음을 증명하였다.

10·4 자 기 상 관

10·4·1 자기상관모형의 *GLS* 추정

단순회귀모형

$$y_i = \beta_0 + \beta_1 x_i + \epsilon_i \tag{10・27}$$
$$i=1, 2, \cdots, n$$

에서 오차간 ϵ_i 간에

$$\epsilon_i = \rho\epsilon_{i-1} + \delta_i \tag{10・28}$$

$$\delta_i \sim N(0, \sigma_\delta^2)$$
$$Cov(\delta_i, \delta_j) = 0, \quad i \neq j$$
$$|\rho| < 1$$

인 관계가 성립할 때, 이 단순회귀모형을 일차자기상관회귀모형(一次自己相關回歸模型, first-order autocorrelation regression model)이라 부르고, ρ를 자기상관계수(autocorrelation coefficient)라고 부른다. 일차자기상관에 관한 기본적인 사항은 이미 4장의 5절에서 논의되었으므로, 여기에서는 주로 4장에서 다루지 않았던 모형 (10·27)의 β_0와 β_1을 추정하는 문제를 다루기로 한다.

오차항간에 일차자기상관이 있으면 $\boldsymbol{\epsilon}' = (\epsilon_1, \epsilon_2, \cdots, \epsilon_n)$의 분산-공분산행렬은 식 (4·42)에 의하여

$$Var(\boldsymbol{\epsilon}) = V\sigma_\delta^2 = \frac{\sigma_\delta^2}{1-\rho^2}\begin{bmatrix} 1 & \rho & \rho^2 \cdots & \rho^{n-1} \\ & 1 & \rho \cdots & \rho^{n-2} \\ & & 1 \cdots & \rho^{n-3} \\ & (\text{대칭}) & & \vdots \\ & & & 1 \end{bmatrix}$$

과 같다. 여기서 $Var(\epsilon_i) = \frac{\sigma_\delta^2}{1-\rho^2} = \sigma_\epsilon^2$임을 유의하시오. 따라서 식 (10·27)의 β_0와 β_1의 $BLUE$는 GLS 추정방법에 의하여

$$\boldsymbol{b}^* = \begin{bmatrix} b_0^* \\ b_1^* \end{bmatrix} = (X'V^{-1}X)^{-1}X'V^{-1}\boldsymbol{y} \tag{10·29}$$

이 된다. 여기서

$$X = \begin{bmatrix} 1 & x_1 \\ 1 & x_2 \\ \vdots & \vdots \\ 1 & x_n \end{bmatrix} \qquad \boldsymbol{y} = \begin{bmatrix} y_1 \\ y_2 \\ \vdots \\ y_n \end{bmatrix}$$

임은 이미 단순회귀모형에서 많이 다루었다. 그러나, 실제로 자기상관계수 ρ를 알고 있는 경우는 거의 없으며, 식 (10・29)에 의하여 *BLUE*인 $\boldsymbol{b}^*$를 구할 수 없다. 이 식을 그대로 사용하기 위하여 데이터로부터 ρ를 추정하고, 이 추정값을 V에 대입시키는 방법이 있으나, 일단 ρ를 그의 추정치로 바꾸어 놓으면 식 (10・29)의 $\boldsymbol{b}^*$는 *BLUE*라고 볼 수 없다.

자기상관계수 ρ를 추정하는 방법으로 먼저 모형 (10・27)을 *OLS* 추정방법에 의하여 β_0와 β_1을 추정한 후 얻게 되는 잔차 e_i를 사용하여 식 (10・28)에 준하여

$$e_i = \rho e_{i-1} + \delta_i \qquad i=2, 3, \cdots, n \tag{10・30}$$

의 모형으로부터 *OLS* 추정방법으로 ρ를 추정한다. 즉

$$\hat{\rho} = \frac{\sum_{i=2}^{n}(e_{i-1}-\bar{e}_1)(e_i-\bar{e}_2)}{\sum_{i=2}^{n}(e_{i-1}-\bar{e}_1)^2} \tag{10・31}$$

여기서

$$\bar{e}_1 = \frac{\sum_{i=2}^{n} e_{i-1}}{n-1}, \quad \bar{e}_2 = \frac{\sum_{i=2}^{n} e_i}{n-1}$$

이다. 그러나, $\bar{e}_1$과 $\bar{e}_2$는 거의 0에 가깝게 되므로, 이를 0으로 놓고 계산하는 것이 보통이다.

식 (10・31)에 의하여 $\hat{\rho}$를 구하고 이를 V에 대입시켜 $\hat{V}$을 구하면

$$\hat{V} = \begin{bmatrix} 1 & \hat{\rho} & \hat{\rho}^2 & \cdots & \hat{\rho}^{n-1} \\ & 1 & \hat{\rho} & \cdots & \hat{\rho}^{n-2} \\ & & 1 & \cdots & \hat{\rho}^{n-3} \\ & \text{(대칭)} & & & \vdots \\ & & & & 1 \end{bmatrix} \tag{10・32}$$

이다. 따라서 식 (10・29)의 $\boldsymbol{b}^*$ 는

$$\boldsymbol{b}^* = (X'\hat{V}^{-1}X)^{-1}X'\hat{V}^{-1}\boldsymbol{y} \tag{10・33}$$

이 된다. 이 공식을 사용할 때 한 가지 편리한 것은 $\hat{V}$ 의 역행렬은 간단한 모양을 갖는 것이다. 즉

$$\hat{V}^{-1} = \frac{1}{1-\hat{\rho}^2}\begin{bmatrix} 1 & -\hat{\rho} & 0 & \cdots & 0 & 0 \\ -\hat{\rho} & 1+\hat{\rho}^2 & -\hat{\rho} & \cdots & 0 & 0 \\ 0 & -\hat{\rho} & 1+\hat{\rho}^2 & \cdots & 0 & 0 \\ \vdots & \vdots & \vdots & & \vdots & \vdots \\ 0 & 0 & 0 & \cdots & -\hat{\rho} & 1 \end{bmatrix} \tag{10・34}$$

이 된다. 따라서, 식 (10・33)의 사용에 큰 어려움이 없다.

앞에서 지적한 바와 같이 식 (10・33)의 $\boldsymbol{b}^*$ 는 *BLUE* 는 아니며, 또한 표본의 크기 n 이 커지면 계산이 복잡하여지므로 이 공식을 사용하지 않고 데이터 변환을 통하여 *OLS* 추정을 하도록 하는 방법이 많이 쓰여지고 있다. 이를 다음에서 소개하기로 하자.

10·4·2 데이터변환에 의한 *OLS* 추정

식 (10・27)의 자기상관 회귀모형은 오차벡터 $\boldsymbol{\epsilon}$ 의 분산-공분산행렬이 $I\sigma^2$ 의 형태가 아니므로 *GLS* 추정방법을 앞에서 논의하였는데, 만약 x_i 와 y_i 의 적절한 데이터변환에 의하여 새로이 발생되는 오차벡터가 $I\sigma^2$ 의 분산-공분산행렬을 가지면 *OLS* 추정방법을 사용할 수 있을 것이다. 다음과 같이 데이터를 바꾸어 보자.

$$\begin{aligned} y_i' &= y_i - \rho y_{i-1} \\ x_i' &= x_i - \rho x_{i-1} \end{aligned} \tag{10・35}$$

그러면

$$\begin{aligned} y_i' &= y_i - \rho y_{i-1} \\ &= (\beta_0 + \beta_1 x_i + \epsilon_i) - \rho(\beta_0 + \beta_1 x_{i-1} + \epsilon_{i-1}) \end{aligned}$$

$$= \beta_0(1-\rho)+\beta_1(x_i-\rho x_{i-1})+(\epsilon_i-\rho\epsilon_{i-1})$$
$$= \beta_0'+\beta_1 x_i'+\epsilon_i' \qquad (10\cdot 36)$$

이 되며, 여기서

$$\beta_0' = \beta_0(1-\rho)$$
$$\epsilon_i' = \epsilon_i-\rho\epsilon_{i-1}$$

으로 놓은 것이다.

데이터변환을 통하여 얻어진 새로운 모형 (10・36)을 검토하여 보자.

$$\begin{aligned} Var(\epsilon_i') &= Var(\epsilon_i-\rho\epsilon_{i-1}) \\ &= Var(\delta_i) \\ &= (1-\rho^2)\sigma_\epsilon^2 \end{aligned}$$

$$\begin{aligned} Cov(\epsilon_i', \epsilon_{i-1}') &= E[(\epsilon_i-\rho\epsilon_{i-1})(\epsilon_{i-1}-\rho\epsilon_{i-2})] \\ &= E[\epsilon_i\epsilon_{i-1}-\rho\epsilon_i\epsilon_{i-2}-\rho\epsilon_{i-1}^2+\rho^2\epsilon_{i-1}\epsilon_{i-2}] \\ &= \rho\sigma_\epsilon^2-\rho(\rho^2\sigma_\epsilon^2)-\rho(\sigma_\epsilon^2)+\rho^2(\rho\sigma_\epsilon^2) = 0 \end{aligned}$$

이 되며 같은 방법으로

$$Cov(\epsilon_i', \epsilon_j') = 0, \quad i \neq j$$

임을 쉽게 증명할 수 있다. 따라서 오차벡터

$$\boldsymbol{\epsilon}' = \begin{bmatrix} \epsilon_1' \\ \epsilon_2' \\ \vdots \\ \epsilon_n' \end{bmatrix}$$

의 분산-공분산행렬은

$$Var(\boldsymbol{\epsilon}') = (1-\rho^2)I\sigma_\epsilon^2$$

으로 식 (10・36)의 β_0'와 β_1의 *BLUE*는 *OLS* 추정방법에 의하여 얻어지는 추정치가 된다. β_0'가 구해지면 β_0는 $\beta_0'=\beta_0(1-\rho)$의 관계식으로부터 곧 구해진다.

그러나, 자기상관계수 ρ가 미지인 경우에는 데이터변환, 식 (10・35)를 얻을 수 없으며 이 방법을 사용할 수 없다. 따라서, ρ의 추정값을 데이터로부터 구하여야 한다. ρ의 추정값 $\hat{\rho}$은 식 (10・31)에서처럼 구할 수 있으며, 더 간략히

$$\hat{\rho}=\frac{\sum_{i=2}^{n}e_{i-1}e_i}{\sum_{i=2}^{n}(e_{i-1})^2} \tag{10・37}$$

의 공식을 사용한다. 그러면 식 (10・35)의 데이터 변환은

$$\begin{aligned} y_i' &= y_i-\hat{\rho}y_{i-1} \\ x_i' &= x_i-\hat{\rho}x_{i-1} \end{aligned} \tag{10・38}$$

이 된다. 따라서, β_1과 β_0의 *OLS* 추정은

$$\begin{aligned} b_1 &= \frac{\sum_{i=1}^{n}(x_i'-\bar{x}')(y_i'-\bar{y}')}{\sum_{i=1}^{n}(x_i'-\bar{x}')^2} \\ b_0 &= \frac{b_0'}{1-\hat{\rho}}=\frac{1}{1-\hat{\rho}}[\bar{y}'-b_1\bar{x}'] \\ \bar{x}' &= \sum_{i=1}^{n}x_i'/n \\ \bar{y}' &= \sum_{i=1}^{n}y_i'/n \end{aligned} \tag{10・39}$$

으로 얻어진다.

〔예 10・1〕 어떤 큰 회사의 연구개발비와 총판매액에 대한 분기별 데이터가 〈표 10・1〉과 같다. 판매액(y_i)과 연구개발비(x_i) 간에 산포도를 그려 보니 연구개발비가 증가함에 따라 총판매액이 대체적으로 증가하는 현상을 나타내므로 단순회귀모형

$$y_i=\beta_0+\beta_1x_i+\epsilon_i,\quad i=1,2,\cdots,20$$

을 적합시켜 보려 한다. 일차자기상관관계가 있는가를 검토하고 β_0와 β_1을 추정하시오.

〈표 10·1〉 연구개발비와 총판매액 데이터

연도와 분기		i	y_i 총판매액(억원)	x_i 연구개발비(백만원)	e_i 잔차
1975	1	1	349.7	133.6	−9.9655
	2	2	353.5	135.4	−9.8090
	3	3	359.2	137.6	−8.5622
	4	4	366.4	140.0	−6.2203
1976	1	5	376.5	143.8	−3.8122
	2	6	385.7	147.1	−1.2920
	3	7	391.3	148.8	0.8669
	4	8	398.9	151.4	3.2040
1977	1	9	404.2	153.3	4.6580
	2	10	414.0	156.5	7.9806
	3	11	423.4	160.8	8.6766
	4	12	430.5	163.6	10.1089
1978	1	13	440.4	166.9	13.3291
	2	14	451.8	171.4	15.6202
	3	15	457.0	174.0	15.5573
	4	16	460.9	175.4	16.6235
1979	1	17	462.9	180.5	8.3001
	2	18	443.4	184.9	−20.1063
	3	19	445.0	187.1	−22.9595
	4	20	449.0	188.7	−22.1982

풀이

먼저 일차자기상관계수(first-order autocorrelation coefficient) $\rho \neq 0$가 있는가를 검정하여 보자. 경제 문제에서 취급되는 ρ는 일반적으로 양(positive)이므로 다음의 통계적

가설검정

$$H_0 : \rho = 0$$
$$H_1 : \rho > 0$$

을 실시하여 보자. 앞의 4장에서 다룬 Durbin-Watson d 통계량을 구하기 위하여 *OLS* 추정방법에 의하여 β_0와 β_1을 일단 추정하고 잔차 e_i를 구하여 보자. 그러면

$$b_0 = 89.2339$$
$$b_1 = 2.0242$$

가 되며, 잔차는

$$e_i = y_i - \hat{y}_i = y_i - (89.2339 + 2.0242x_i)$$

에 의하여 얻어진다. 그 결과는 〈표 10・1〉에 데이터와 같이 수록되어 있다. Durbin-Watson d 통계량의 값은 식 (4・43)을 사용하여

$$d = \frac{\sum_{i=2}^{20}(e_i - e_{i-1})^2}{\sum_{i=1}^{20}(e_i^2)} = \frac{946.71}{3030.69} = 0.312$$

가 얻어진다. 유의수준 $\alpha=0.01$을 사용하면 부록 〈표 A-6〉에서 $n=20$, $k=1$이므로 $d_L=0.95$, $d_U=1.15$가 된다. 그런데, $d=0.312$이므로 $d_L = 0.95$보다 작으며, 따라서 귀무가설은 기각되고 대립가설 $\rho>0$이 채택된다. 즉, 일차자기상관관계가 오차항 간에 존재하고 있음을 알 수 있다. 〈표 10・1〉의 잔차들을 검토하여 보면 처음 6분기의 잔차는 모두 음(negative)이고, 그 다음 11분기는 모두 양(positive)이며, 다시 음으로 되는 관계를 볼 때 오차항 ϵ_i 간에 어떤 관련성이 있음을 감지할 수 있다.

다음으로 β_0와 β_1을 추정하기 위하여 ρ를 식 (10・37)에 의하여 추정하고 식 (10・38)에 의하여 데이터변환을 시키면 다음과 같다.

$$\hat{\rho} = \frac{\sum_{i=2}^{20} e_{i-1}e_i}{\sum_{i=2}^{20}(e_{i-1})^2} = \frac{2261.300}{2537.930} = 0.891$$

〈표 10・2〉의 변환된 데이터에 대하여 식 (10・39)의 *OLS* 추정값을 구하면

$$b_0 = \frac{b_0'}{1-\hat{\rho}} = \frac{40.2457}{1-0.891} = 369.2266$$

$$b_1 = 0.4862$$

가 된다. 이 추정값들은 앞에서 구한 $b_0 = 89.2339$, $b_1 = 2.0242$ 와는 많은 차이가 있다. 앞의 추정값들은 자기상관을 무시하고 직접 구한 *OLS* 추정값이며, 뒤의 추정값들은 오차간에 자기상관을 데이터변환을 통하여 제거시킨 이후에 *OLS* 추정방법을 사용한 것이다.

〈표 10・2〉 변환된 데이터

i	$y_i' = y_i - 0.891y_{i-1}$	$x_i' = x_i - 0.891x_{i-1}$
1	×	×
2	41.917	16.362
3	44.232	16.959
4	46.353	17.398
5	50.038	19.060
6	50.238	18.974
7	47.641	17.734
8	50.252	18.819
9	48.780	18.403
10	53.858	19.910
11	54.526	21.358
12	53.251	20.327
13	56.824	21.132
14	59.404	22.692
15	54.446	21.283
16	53.713	20.366
17	52.238	24.219
18	30.956	24.074
19	49.931	22.354
20	52.505	21.994

▶ 참 고 문 헌 ◀

10・1. Huang, D. S. : *Regression and Econometric Methods*, New York, John Wiley & Sons, 1970.

10・2. McElroy, F. W. : "A necessary and sufficient condition that ordinary least squares estimator to be best linear unbiased," *J. Amer. Stat. Assoc.*, Vol. 62, pp. 1302~1304, 1967.

10・3. Maddala, G. S. : *Econometrics*, New York, McGraw-Hill, 1977.

10・4. Neter, J. and Wasserman, W. : *Applied Linear Statistical Models*, Homewood, Illinois, Richard D. Irwin, 1974.

10・5. Theil H. : *Principles of Econometrics*, New York, John Wiley & Sons, 1970.

10・6. Zellner, A. : "An efficient method of estimating seemingly unrelated regressions and tests for aggregation bias," *Jour. Amer. Stat. Assoc.*, Vol. 57, pp. 348~368, 1962.

10・7. Zellner, A. and Huang, D. S. : "Further properties of efficient estimators for seemingly unrelated regression equations," *International Economic Review*, Vol. 3, pp. 300~313, 1962.

10・8. 윤석범 : 계량경제학, 법문사, 1978.

▩ 연 습 문 제 ▩

10・1. 식 (10・13)에 있는 것과 같이 오차벡터의 분산-공분산행렬이

$$V = [(1-\rho)I + J\rho],\quad 0 \leq \rho < 1$$

인 경우에 *OLS* 추정값과 *GLS* 추정값이 같음을 증명하여라.

10・2. 선형회귀모형

$$y_i = \beta_0 + \beta_1 x_i + \epsilon_i,\quad i=1, 2, \cdots, n$$

에서 만약 오차벡터 $\boldsymbol{\epsilon}' = (\epsilon_1, \epsilon_2, \cdots, \epsilon_n)$의 분산-공분산행렬이

$$Var(\boldsymbol{\epsilon}) = \begin{bmatrix} \sigma_1^2 & 0 & \cdots & 0 \\ 0 & \sigma_2^2 & \cdots & 0 \\ \vdots & \vdots & & \vdots \\ 0 & 0 & \cdots & \sigma_n^2 \end{bmatrix}$$

인 경우 β_0 와 β_1 의 *GLS* 추정값을 구하라. 만약 회귀모형이

$$y_i = \beta_1 x_i + \epsilon_i$$

이면 β_1 의 *GLS* 추정값은 어떻게 되나?

10・3. 서로 독립인 변수 y_i 들이

$$y_i \sim N(i\theta,\ i^2\sigma^2),\quad i=1, 2, \cdots, n$$

의 분포를 한다면 θ 의 *GLS* 추정량은 무엇이며 그의 분산은 무엇인가를 구하라.

10・4. 선형회귀모형, $\boldsymbol{y}=X\boldsymbol{\beta}+\boldsymbol{\epsilon}$ 에서

$\boldsymbol{y} \sim N(X\boldsymbol{\beta},\ V\sigma^2)$
V : 알고 있는 $n \times n$ 양정치행렬
X : $n \times (k+1)$ 행렬로 계수는 $k+1$
$\boldsymbol{b}^* = (X'V^{-1}X)^{-1}X'V^{-1}\boldsymbol{y}$

인 경우에 다음을 증명하라.

(1) $\theta = (\boldsymbol{y}-X\boldsymbol{b}^*)'V^{-1}(\boldsymbol{y}-X\boldsymbol{b}^*)/\sigma^2 \sim \chi^2(n-k-1)$

(2) $\boldsymbol{y}^* = X\boldsymbol{b}^* = P\boldsymbol{y}$ 일 때에 P 는 멱등(idempotent)행렬이나, 일반적으로 대칭(symmetric)행렬은 아니다.

10・5. 선형회귀모형

$$\boldsymbol{y} = X\boldsymbol{\beta}+\boldsymbol{\epsilon},\quad Var(\boldsymbol{\epsilon}) = V\sigma^2$$

에서 $\boldsymbol{\beta}$ 의 *GLS* 추정량을 $\boldsymbol{b}^*$ 라 할 때 $\boldsymbol{p}'\boldsymbol{b}^*$ 와 $\boldsymbol{q}'\boldsymbol{b}^*$ 의 공분산을 구하라.

10・6. 다변량 선형회귀모형(식 (10・18)과 (10・19))에서

$$\begin{aligned} \boldsymbol{b}^* &= (Z'\Omega^{-1}Z)^{-1}Z'\Omega^{-1}\boldsymbol{y} \\ &= (Z'Z)^{-1}Z'\boldsymbol{y} = \boldsymbol{b} \end{aligned}$$

임이 밝혀져서, 방정식별로 *OLS* 추정을 하나 같이 묶어서 *GLS* 추정을 하나, 결과가 같은 것으로 판명되었다. 이 결과의 증명을 다음의 순서대로 밝힘으로써 증명하라. $\Sigma=(\sigma_{ij})$일 때 Σ^{-1}을 (σ^{ij})로 표시하자.

(1) $$Z'\Omega^{-1}Z=\begin{bmatrix}\sigma^{11}X'X & \sigma^{12}X'X & \cdots & \sigma^{1g}X'X\\ & \sigma^{22}X'X & \cdots & \sigma^{2g}X'X\\ (\text{대칭}) & & & \vdots\\ & & & \sigma^{gg}X'X\end{bmatrix}$$

(2) $$(Z'\Omega^{-1}Z)^{-1}=\begin{bmatrix}\sigma_{11}(X'X)^{-1} & \sigma_{12}(X'X)^{-1} & \cdots & \sigma_{1g}(X'X)^{-1}\\ & \sigma_{22}(X'X)^{-1} & \cdots & \sigma_{2g}(X'X)^{-1}\\ (\text{대칭}) & & & \vdots\\ & & & \sigma_{gg}(X'X)^{-1}\end{bmatrix}$$

(3) $$Z'\Omega^{-1}\boldsymbol{y}=\begin{bmatrix}\sum_{h=1}^{g}\sigma^{1h}X'\boldsymbol{y}_h\\ \vdots\\ \sum_{h=1}^{g}\sigma^{gh}X'\boldsymbol{y}_h\end{bmatrix}$$

(4) $$\sum_{h=1}^{g}\sigma_{ih}\sigma^{hj}=1,\ i=j$$
$$=0,\ i\neq j$$

(5) $$\boldsymbol{b}^*=\begin{bmatrix}\boldsymbol{b}_1^*\\ \boldsymbol{b}_2^*\\ \vdots\\ \boldsymbol{b}_g^*\end{bmatrix}=(Z'\Omega^{-1}Z)^{-1}Z'\Omega^{-1}\boldsymbol{y}\ \text{로부터}$$

$$\boldsymbol{b}_i^*=\sum_{h=1}^{g}\sigma_{ih}(X'X)^{-1}\sum_{j=1}^{g}\sigma^{hj}X'\boldsymbol{y}_j=(X'X)^{-1}X'\boldsymbol{y}_i$$

10・7. 다변량 선형회귀모형

$$\boldsymbol{y}_1=X_1\boldsymbol{\beta}_1+\boldsymbol{\epsilon}_1,\quad \boldsymbol{y}_2=X_2\boldsymbol{\beta}_2+\boldsymbol{\epsilon}_2$$
$$Var\begin{bmatrix}\boldsymbol{\epsilon}_1\\ \boldsymbol{\epsilon}_2\end{bmatrix}=\begin{bmatrix}\sigma_{11} & \sigma_{12}\\ \sigma_{12} & \sigma_{22}\end{bmatrix}\otimes I$$
$$\sigma_{12}=\rho\sqrt{\sigma_{11}\sigma_{22}}$$

에서 $\boldsymbol{b}^*=(Z'\Omega^{-1}Z)^{-1}Z'\Omega^{-1}\boldsymbol{y}$와 $Var(\boldsymbol{b}^*)$를 X_1, X_2, ρ, σ_{11}, σ_{22}와 $\boldsymbol{y}_1$, $\boldsymbol{y}_2$를 사용하여 표현하여라.

10・8. 연습문제 4・6의 데이터에 대하여 데이터변환

$$y_i' = y_i - \hat{\rho} y_{i-1}$$
$$x_i' = x_i - \hat{\rho} x_{i-1}$$

을 행한 후 회귀직선의 β_0와 β_1을 구하라.

10・9. 다음의 데이터는 과거 20분기에 걸쳐서 A전자공업주식회사에서 판매한 판매실적 y_i와 전체 전자회사에서 판매한 실적 x_i의 데이터다(단위 : 억원). 데이터는 계절변동지수(seasonal variation)에 의하여 조정된 값이다.

i	1	2	3	4	5	6	7	8	9	10
x_i	127.3	130.0	132.7	129.4	135.0	137.1	141.2	142.8	145.5	145.3
y_i	20.96	21.40	21.96	21.52	22.39	22.76	23.48	23.66	24.10	24.01
i	11	12	13	14	15	16	17	18	19	20
x_i	148.3	146.4	150.2	153.1	157.3	160.7	164.2	165.6	168.7	171.7
y_i	24.54	24.30	25.00	25.64	26.36	26.98	27.52	27.78	28.24	28.78

(1) 자기상관관계가 있는가를 검정하라.

$$H_0 : \rho = 0$$
$$H_1 : \rho > 0$$

(2) OLS 추정방법으로 $y_i = \beta_0 + \beta_1 x_i + \epsilon_i$의 모형을 적합시켜 β_0와 β_1을 추정하여 b_0와 b_1을 구하라. 잔차 e_i를 구하고 이를 시간 i에 대하여 산점도를 그려서 오차항간의 상관관계를 검토하여라.

(3) 위의 (1)에서 대립가설이 옳은 경우에 데이터변환 $y_i' = y_i - \hat{\rho} y_{i-1}$, $x_i' = x_i - \hat{\rho} x_{i-1}$을 통하여 β_0와 β_1을 추정하라. 이 추정값을 $\hat{\beta}_0$, $\hat{\beta}_1$으로 썼다 하자.

(4) 위의 (2)에서 구한 b_0와 b_1의 분산의 추정값을 구하라. 그리고 $\hat{\beta}_0$과 $\hat{\beta}_1$의 분산의 추정값을 구하여 이와 비교하여 보아라.

10・10. 직선회귀모형

$$y_i = \beta_0 + \beta_1 x_i + \epsilon_i, \quad x_i > 0, \quad i = 1, 2, \cdots, n$$

에서 $\epsilon_i = \rho \epsilon_{i-1} + \delta_i$, $\delta_i \sim N(0, \sigma_\delta^2)$이고 δ_i들은 서로 독립이라고 가정된다. 만약 b_1이 β_1의

OLS 추정량이라면 $\rho>0$ 일 때에 $Var(b_1)$은 $\rho=0$ 일 때의 $Var(b_1)$보다 더 큼을 증명하여라.

10 • 11. 만약

$$y_i = \beta_0+\beta_1 x_i+\epsilon_i, \quad i=1,2,3,$$
$$E(\epsilon_i) = 0$$
$$Var(\boldsymbol{\epsilon}) = V\sigma^2$$

으로

$$V = \begin{bmatrix} 1 & \rho a & \rho \\ \rho a & a^2 & \rho a \\ \rho & \rho a & 1 \end{bmatrix}, \quad 0<\rho<1$$

이며, ρ 와 a 는 미지의 상수라고 하자. x_i 의 값이 $x_1=-1$, $x_2=0$, $x_3=1$ 을 취할 때 β_0 와 β_1 의 *GLS* 추정값이 다음과 같음을 증명하라.

$$\begin{bmatrix} b_0{}^* \\ b_1{}^* \end{bmatrix} = \begin{bmatrix} \frac{1}{r}\{(a^2-a\rho)y_1+(1-2a\rho+\rho)y_2+(a^2-a\rho)y_3\} \\ -\frac{1}{2}y_1+\frac{1}{2}y_3 \end{bmatrix}$$

여기서 $r=1+\rho+2a^2-4a\rho$ 이다.

10 • 12. 만약 y_i, $i=1,2,\cdots,n$ 가 서로 독립인 확률변수로서 기대값 θ 와 분산 σ^2/w_i 를 갖는다고 하자. θ 의 *BLUE* 를 구하고, 그 최소분산(minimum variance)이 무엇인지를 밝혀라.

10 • 13. 만약 X 의 계수(rank)가 X 의 열의 수보다 작을 때 정규방정식

$$X'V^{-1}X\boldsymbol{\beta} = X'V^{-1}\boldsymbol{y}$$

의 $\boldsymbol{\beta}$ 에 대한 어떤 임의의 해(solution)도 $(\boldsymbol{y}-X\boldsymbol{\beta})'V^{-1}(\boldsymbol{y}-X\boldsymbol{\beta})$를 최소로 함을 보여라.

11

가 변 수

앞의 10장까지 다루어온 회귀분석에서는 모든 변수들이 양적변수(量的變數, quantitative variables)라고 가정한 후 회귀분석을 다루어 왔다. 양적변수란 어떤 구간에 속하는 모든 값을 취할 수 있는 변수로서 온도·압력·습도·무게 등과 같은 것이다. 이 양적변수의 값들은 양적으로 비교가 가능한 변수이다. 이와 반면에, 양적으로 비교가 안 되는 질적인 변수들이 있는 데 이 변수들을 질적변수(質的變數, qualitative variables)라고 부른다. 예로서 성별(남, 녀), 신용(상태 좋음, 나쁨), 보험의 종류(생명 보험, 손해 보험 등)와 같은 변수는 질적변수이다.

양적변수들만이 회귀분석에 사용되는 것이 아니라 질적변수들도 또한 회귀분석에 많이 사용될 수 있으며, 이 장에서는 질적변수의 사용을 논의하여 보겠다. 질적변수는 독립변수로서도 사용될 수 있으며, 또한 종속변수로서도 사용된다. 이 두 가지 경우에 대해서 모두 다루어 보기로 한다.

질적변수는 성질이 두 가지로 분류될 수 있을 때는 일반적으로 0과 1의 값을 갖도록 하는 것이 편리하며, 이처럼 0과 1을 취하는 변수를 가변수(假變數, dummy variable)라고 부르기도 하고 이진법변수(二進法變數, binary variable)라고도 부른다. 앞으로 가변수라는 이름으로 주로 사용하기로 한다. 먼저 독립변수가 가변수인 경우를 다루고, 뒤에 종속변수가 가변수인 경우를 다루기로 하자.

11·1 하나의 독립가변수

11·1·1 기본적인 모형

독립변수가 하나 있는 경우 회귀분석에 어떻게 사용되는가를 실제 예제를 통하여 설명하여 보겠다. 어떤 전자회사에서 전축을 만드는 새로운 기술을 도입하였다. 이 새로운 기술의 공정법을 직원들에게 교육을 실시하면서 다음과 같은 데이터를 얻었다. 종속변수는 이 공정법을 익히는 데 소요된 시간이고, x_1은 교육을 실시하기 직전에 실시한 적성검사시험의 점수(500점 만점 기준)이다. 그리고, 두번째 독립변수 x_2로서 성별(sex)을 생각하였다.

〈표 11·1〉 신공정법 훈련데이터

일련번호	y (총소요시간)	x_1 (적성검사점수)	x_2 (성 별)
1	17	151	남 자
2	26	92	〃
3	21	175	〃
4	30	31	〃
5	22	104	〃
6	1	277	〃
7	12	210	〃
8	19	120	〃
9	4	290	〃
10	16	238	〃
11	28	164	여 자
12	15	272	〃
13	11	295	〃
14	38	68	〃
15	31	85	〃
16	21	224	〃
17	20	166	〃
18	13	305	〃
19	30	124	〃
20	14	246	〃

교육을 받은 직원 중에서 10명의 여자직원과 10명의 남자직원을 표본으로 뽑아 보니, 다음의 데이터가 얻어졌다. 이 경우를 분석하기 위한 선형회귀모형은

$$y_i = \beta_0 + \beta_1 x_{1i} + \beta_2 x_{2i} + \epsilon_i \qquad (11 \cdot 1)$$
$$\epsilon_i \sim N(0,\ \sigma^2)$$
$$Cov(\epsilon_i,\ \epsilon_j) = 0,\ \ i \neq j$$

$x_{2i} = 0$ 남자인 경우
$\quad = 1$ 여자인 경우
$\quad i,\ j = 1, 2, \cdots, n$

과 같이 가정할 수 있다. 여기서 표본의 크기 n은 $n=20$이다. 이 모형의 반응함수(反應函數, response function)는

$$E(y) = \beta_0 + \beta_1 x_1 + \beta_2 x_2$$

가 된다.

위 모형에서 회귀계수의 의미를 확실히 파악하기 위하여 남자와 여자, 각각의 반응함수를 구해 보자.

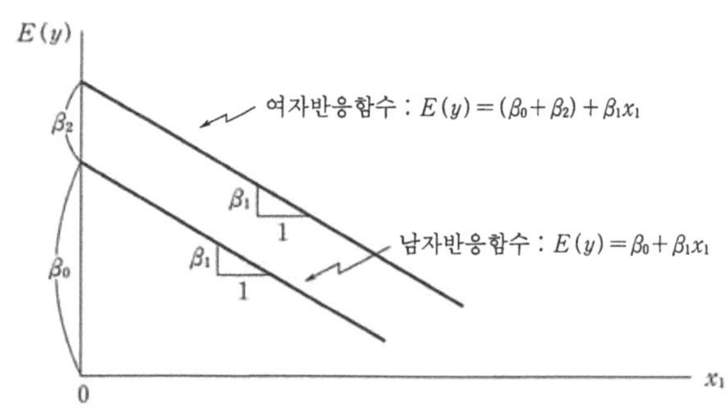

[그림 11·1] 반응함수의 비교

남자인 경우는 $x_2=0$이므로

$$E(y) = \beta_0 + \beta_1 x_1 : \text{남자}$$

이고, 여자인 경우는 $x_2=1$ 이므로

$$\begin{aligned} E(y) &= \beta_0+\beta_1x_1+\beta_2 : \text{여자} \\ &= (\beta_0+\beta_2)+\beta_1x_1 \end{aligned}$$

이다. 이 두 반응함수는 모두 직선이며, 기울기는 같은 β_1 이나 신정공법을 숙달하는 데 소요되는 평균시간은 남자와 여자의 차이가 β_2 로 나타난다. β_2 는 물론 양도 될 수 있고 음도 될 수 있다. [그림 11·1]에서는 β_2 가 양의 값을 가질 때 그려지는 경우이다.

신공정법 훈련데이터로부터 β_0, β_1 과 β_2 를 추정하기 위해서는 *OLS* 추정방법에 의하여 추정하면 될 것이다. 즉

$$\boldsymbol{y}=\begin{bmatrix}17\\26\\21\\30\\22\\1\\12\\19\\4\\16\\28\\15\\11\\38\\31\\21\\20\\13\\30\\14\end{bmatrix} \qquad X=\begin{bmatrix} & x_1 & x_2 \\ 1 & 151 & 0\\1 & 92 & 0\\1 & 175 & 0\\1 & 31 & 0\\1 & 104 & 0\\1 & 277 & 0\\1 & 210 & 0\\1 & 120 & 0\\1 & 290 & 0\\1 & 238 & 0\\1 & 164 & 1\\1 & 272 & 1\\1 & 295 & 1\\1 & 68 & 1\\1 & 85 & 1\\1 & 224 & 1\\1 & 166 & 1\\1 & 305 & 1\\1 & 124 & 1\\1 & 246 & 1\end{bmatrix}$$

으로 놓고 b_0, b_1 과 b_2 를 구하면

$$\begin{bmatrix} b_0 \\ b_1 \\ b_2 \end{bmatrix} = (X'X)^{-1}X'\boldsymbol{y} = \begin{bmatrix} 33.8741 \\ -0.1017 \\ 8.0555 \end{bmatrix}$$

이다. 따라서, 추정된 반응함수는

$$\hat{y} = 33.8741 - 0.1017x_1 + 8.0555x_2$$

이다.

기울기 β_1의 추정값이 $b_1 = -0.1017$이므로, 적성검사의 점수가 높은 직원이 짧은 시간 안에 신공정법을 숙달하는 것을 알며, 평균 100점이 더 높은 직원이 약 10시간 더 빨리 익히고 있음을 알 수 있다. β_2의 추정값이 $b_2 = 8.0555$인 양의 값을 취하므로 여자보다 남자가 평균으로 약 8시간 빨리 신공정법을 숙달하고 있음을 알 수 있다. 두 직선의 기울기가 같으므로 적성검사점수(x_1)에 관계 없이 남자와 여자의 차이는 일정하다. 실제의 데이터와 적합된 직선을 같이 그려 보면 [그림 11·2]와 같다. 적합된 직선은 남녀별로 각각 다음과 같다.

$$\begin{aligned} \hat{y} &= b_0 + b_1x_1 \\ &= 33.8741 - 0.1017x_1 : \text{남자} \\ \hat{y} &= (b_0 + b_2) + b_1x_1 = (33.8741 + 8.0555) - 0.1017x \\ &= 41.9296 - 0.1017x_1 : \text{여자} \end{aligned}$$

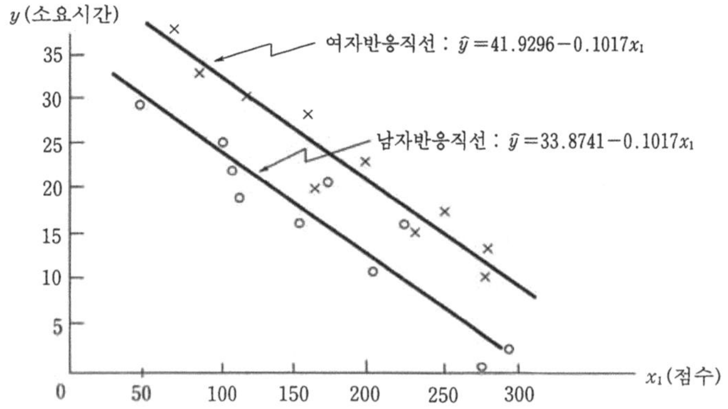

[그림 11·2] 적합된 반응직선

식 (11・1)의 회귀모형에 대한 분산분석이나 구간추정・가설검정 등은 이미 다루어 온 중회귀분석의 경우와 일치한다. 참고로 분산분석표를 작성해 보면 〈표 11・2〉와 같다.

〈표 11・2〉 신공정법 훈련데이터의 분산분석표

요인	제곱합	자유도	평균제곱	F_0	$F(0.05)$
회귀	$SSR = 1504.4$	2	$MSR = 752.2$	72.3*	3.59
잔차	$SSE = 176.4$	17	$MSE = 10.4$		
계	$SST = 1680.8$	19			

〈표 11・2〉의 결과로부터 앞에서 사용한 선형회귀모형 (11・1)은 x_1, x_2와 y 간의 관계를 설명하는 데 대단히 유의함을 알 수 있다.

11·1·2 상호작용효과를 포함한 모형

앞에서 기본적인 모형 (11・1)을 설정할 때에 x_1과 x_2 간에 교호작용(interaction)이 없다고 가정하였다. 만약, 적성검사의 점수(x_1)에 따라서 남녀(x_2)간의 차이가 달라진다면 두 변수 x_1과 x_2 간에 교호작용이 존재하는 것이며 식 (11・1)의 기본적인 모형은 다음과 같은 모형으로 바뀌게 된다.

$$y_i = \beta_0 + \beta_1 x_{1i} + \beta_2 x_{2i} + \beta_3 x_{1i} x_{2i} + \epsilon_i \qquad (11 \cdot 2)$$
$$i = 1, 2, \cdots, n$$

따라서 반응함수는

$$E(y) = \beta_0 + \beta_1 x_1 + \beta_2 x_2 + \beta_3 x_1 x_2$$

이며, 남녀별로 다음과 같다.

$$E(y) = \beta_0 + \beta_1 x_1 : \text{남자}$$
$$E(y) = \beta_0 + \beta_1 x_1 + \beta_2 + \beta_3 x_1$$
$$= (\beta_0 + \beta_2) + (\beta_1 + \beta_3) x_1 : \text{여자}$$

남녀별로 반응함수를 그려 보면 [그림 11・3]과 같다. 이 그림에서 보는 바와 같이 두 직선의 기울기의 차이는 β_3 이며, 절편의 차이는 β_2 이다. 따라서, 남녀간의 숙달소요시간이 적성검사점수에 따라 어떤 차이를 가지고 있는가를 데이터로 알아내기 위해서는 β_2 와 β_3 의 추정이 관심거리가 될 것이다.

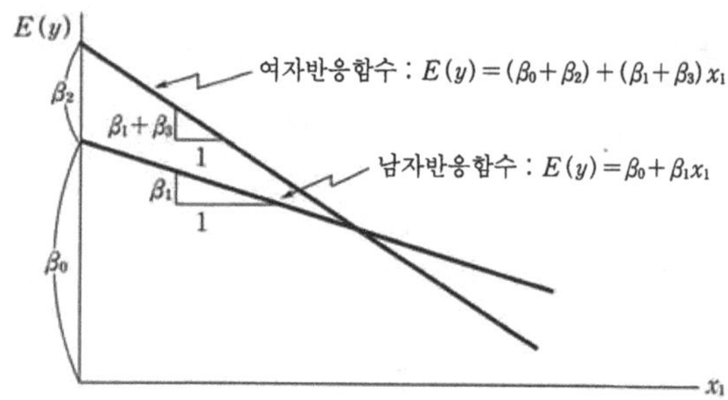

[그림 11·3] 교호작용이 있는 경우 반응함수의 비교

〈표 11·1〉의 데이터에 대하여 교호작용의 효과를 포함한 모형 (11·2)를 적합시켜 보자. X 행렬은 다음과 같이 변하게 된다.

$$X = \begin{array}{c} \\ \end{array} \begin{bmatrix} & x_1 & x_2 & x_1x_2 \\ 1 & 151 & 0 & 0 \\ 1 & 92 & 0 & 0 \\ 1 & 175 & 0 & 0 \\ 1 & 31 & 0 & 0 \\ 1 & 104 & 0 & 0 \\ 1 & 277 & 0 & 0 \\ 1 & 210 & 0 & 0 \\ 1 & 120 & 0 & 0 \\ 1 & 290 & 0 & 0 \\ 1 & 238 & 0 & 0 \\ 1 & 164 & 1 & 164 \\ 1 & 272 & 1 & 272 \\ 1 & 295 & 1 & 295 \\ 1 & 68 & 1 & 68 \\ 1 & 85 & 1 & 85 \\ 1 & 224 & 1 & 224 \\ 1 & 166 & 1 & 166 \\ 1 & 305 & 1 & 305 \\ 1 & 124 & 1 & 124 \\ 1 & 246 & 1 & 246 \end{bmatrix}$$

회귀계수 β_0, β_1, β_2와 β_3의 추정값은

$$\boldsymbol{b} = \begin{bmatrix} b_0 \\ b_1 \\ b_2 \\ b_3 \end{bmatrix} = (X'X)^{-1}X'\boldsymbol{y} = \begin{bmatrix} 33.8384 \\ -0.1015 \\ 8.1313 \\ -0.0004 \end{bmatrix}$$

이 되며, 적합된 반응함수는 다음과 같다.

$$\hat{y} = 33.8384 - 0.1015x_1 + 8.1313x_2 - 0.0004x_1x_2$$

〈표 11・2〉의 분산분석표와 비교하여 보기 위하여 모형 (11・2)에 대한 분산분석표를 작성하면 〈표 11・3〉과 같다.

〈표 11・3〉 교호작용을 포함한 모형의 분산분석표

요인	제곱합	자유도	평균제곱	F_0	$F(0.05)$
회귀	$SSR = 1504.5$	3	$MSR = 501.50$	45.51*	3.24
잔차	$SSE = 176.3$	16	$MSE = 11.02$		
계	$SST = 1680.8$	19			

〈표 11・3〉과 〈표 11・2〉를 비교하여 보면 교호작용항, x_1x_2를 모형에 추가시킴으로써 증가되는 회귀제곱합의 추가제곱합은 불과 $1504.5 - 1504.4 = 0.1$에 지나지 않으며 교호작용의 효과가 거의 존재하고 있지 않다는 의미가 될 것이다.

참고로 교호작용항의 회귀계수 β_3에 대한 가설검정

$$H_0 : \beta_3 = 0$$
$$H_1 : \beta_3 \neq 0$$

을 하여 보자. 유의수준(有意水準, level of significance) $\alpha = 0.05$에서 t-검정을 사용하기로 하고 검정통계량

$$t_0 = \frac{b_3}{\sqrt{\widehat{Var}(b_3)}}$$

을 구하여 보자.

$$(X'X)^{-1} = \begin{bmatrix} c_{00} & c_{01} & c_{02} & c_{03} \\ & c_{11} & c_{12} & c_{13} \\ & & c_{22} & c_{23} \\ & (\text{대칭}) & & c_{33} \end{bmatrix}$$

으로 놓으면 b_3의 분산은

$$Var(b_3) = c_{33}\sigma^2$$

이며, 이의 추정값은

$$\begin{aligned}\widehat{Var}(b_3) &= c_{33}\cdot MSE \\ &= (0.00003049)(11.02) \\ &= 0.000336\end{aligned}$$

이다. 따라서, 검정통계량의 값은

$$t_0 = \frac{-0.0004}{\sqrt{0.000336}} = -0.022$$

이다. 기각치는 $t(16,\ 0.025) = 2.120$이므로 $|t_0| < 2.120$이며, 따라서 귀무가설은 채택된다.

독립변수가 가변수인 경우에 대한 데이터의 분석에 대하여 참고문헌 (11・2), (11・4), (11・5) 등에 있는 내용을 읽어 보면 많은 도움이 될 것이다.

11·2 두 개 이상의 독립가변수

11·2·1 세 개 이상의 성질을 가진 질적변수

앞 절에서 가변수가 독립변수로서 하나밖에 없는 경우를 다루었는데, 여기서는 두 개 이상인 경우를 다룬다. 만약, 어떤 질적변수가 세 개 이상의 성질로서 분류될 때에는 가변수를 여러 개 사용함으로써 질적변수를 회귀분석에 도입시킬 수 있다.

앞에서 다룬 신기술 숙달훈련데이터를 분석하는 데 직원들의 학력이 중요한 요인이라고 판정하고, 이를 회귀분석에 포함시키고자 한다. 그런데, 이 회사의 직원들의 학력은 세 가지로 분류되는데, 그 구분은 초등학교 졸(E_1), 중학교 졸(E_2), 고등학교 졸(E_3)로 나누어진다. 학력이란 질적변수가 3개의 성질로 나누어지므로, 직감적으로 우리는 다음과 같이 세 개의 가변수를 도입하기 쉽다.

$$x_2 = \begin{cases} 1 & \text{학력이 } E_1 \text{인 경우} \\ 0 & \text{기타} \end{cases}$$

$$x_3 = \begin{cases} 1 & \text{학력이 } E_2 \text{인 경우} \\ 0 & \text{기타} \end{cases}$$

$$x_4 = \begin{cases} 1 & \text{학력이 } E_3 \text{인 경우} \\ 0 & \text{기타} \end{cases}$$

앞 절에서 취급된 성별 가변수를 빼고 적성검사점수(x_1)만을 학력과 같이 포함시켜 선형회귀모형을 만들면

$$y_i = \beta_0 + \beta_1 x_{1i} + \beta_2 x_{2i} + \beta_3 x_{3i} + \beta_4 x_{4i} + \epsilon_i \qquad (11 \cdot 3)$$
$$i = 1, 2, \cdots, n$$

이 된다. 이와 같은 직감적인 모형은 불행하게도 계산상에 어려운 점을 제시하여 준다. 그 이유를 보기 위하여 간단히 $n=5$라 하고, 처음 두 명은 E_1, 다음 두 명은 E_2, 마지막 한 명은 E_3라 하자. 이 경우 X 행렬은

$$\begin{array}{cc} & \begin{array}{ccccc} & x_1 & x_2 & x_3 & x_4 \end{array} \\ X = & \begin{bmatrix} 1 & x_{11} & 1 & 0 & 0 \\ 1 & x_{12} & 1 & 0 & 0 \\ 1 & x_{13} & 0 & 1 & 0 \\ 1 & x_{14} & 0 & 1 & 0 \\ 1 & x_{15} & 0 & 0 & 1 \end{bmatrix} \end{array}$$

인데, x_2, x_3, x_4의 열을 모두 합치면 첫번째 열이 되므로 열간에 완전한 하나의 종속관계가 존재하여 X의 계수(rank)는 5보다 작아진다. 따라서, $X'X$ 행렬은 정칙행렬(non-singular matrix)이 아니며, OLS 추정방법에 의한 $\boldsymbol{b}=(X'X)^{-1}X'\boldsymbol{y}$의 공식을 사용할 수 없다.

이와 같은 어려움을 극복하는 하나의 방법은 x_4를 제거하고 x_2와 x_3만을 사용하여 질적변수인 학력을 나타내게 하는 방법이다. 일반적으로 성질이 q개로 분류되는 질적변수는 $q-1$개의 가변수를 사용하여 나타내어진다. 가변수 x_4를 제거시킨 후 식 (11・3)을 다시 써 보면

$$y_i = \beta_0+\beta_1x_{1i}+\beta_2x_{2i}+\beta_3x_{3i}+\epsilon_i \qquad (11 \cdot 4)$$
$$i=1, 2, \cdots, n$$

이 되는데 이 모형에서 β_0, β_1, β_2와 β_3가 갖는 의미를 살펴보자.

모형 (11・4)의 반응함수는

$$E(y) = \beta_0+\beta_1x_1+\beta_2x_2+\beta_3x_3$$

이며, 초등학교졸(E_1), 중학교졸(E_2), 고등학교졸(E_3) 직원에 대한 반응함수를 구하면 다음과 같다. 먼저 E_1에 대해서는 $x_2=1$, $x_3=0$이고 E_2는 $x_2=0$, $x_3=1$이며, E_3는 $x_2=x_3=0$이므로

$$E(y) = \beta_0+\beta_1x_1+\beta_2 = (\beta_0+\beta_2)+\beta_1x_1 : E_1$$
$$E(y) = \beta_0+\beta_1x_1+\beta_3 = (\beta_0+\beta_3)+\beta_1x_1 : E_2$$
$$E(y) = \beta_0+\beta_1x_1 : E_3$$

이 된다. 이들 반응함수들을 살펴보면 $E(y)$가 모두 x_1에 대하여 같은 기울기를 가지고 있으며, E_1, E_2, E_3의 차이는 단지 절편 $(\beta_0+\beta_2)$, $(\beta_0+\beta_3)$, β_0에 있다. 만약, E_1과 E_3간의 평균숙련시간의 차이를 알려면 β_2만을 추정하면 충분할 것이며, E_2와 E_3간의 차이는 β_3를 추정하고, E_1과 E_2의 차이는 $\beta_3-\beta_2$를 추정하여야 할 것이다.

만약, 학력이란 질적변수와 적성검사점수(x_1)라는 양적변수간에 교호작용이 있으리라 가정하고, 이를 모형에 포함시키면

$$y_i = \beta_0+\beta_1x_{1i}+\beta_2x_{2i}+\beta_3x_{3i}+\beta_4x_{1i}x_{2i}+\beta_5x_{1i}x_{3i}+\epsilon_i$$

$$i=1,2,\cdots,n$$

과 같이 된다. 이 경우에는 E_1, E_2, E_3에 따른 반응함수는 다음과 같이 변한다.

$$E(y) = \beta_0+\beta_1x_1+\beta_2+\beta_4x_1 = (\beta_0+\beta_2)+(\beta_1+\beta_4)x_1 : E_1$$
$$E(y) = \beta_0+\beta_1x_1+\beta_3+\beta_5x_1 = (\beta_0+\beta_3)+(\beta_1+\beta_5)x_1 : E_2$$
$$E(y) = \beta_0+\beta_1x_1 : E_3$$

따라서, 교호작용이 포함되는 경우에는 E_1, E_2, E_3에 따라 절편과 기울기가 모두 다르게 된다.

11·2·2 두 개 이상의 질적변수

질적변수의 수가 두 개 이상인 경우에도 이 변수들을 모두 포함시키는 회귀모형을 만들 수 있다. 앞에서 다루었던 신공정법 훈련시간 데이터가 적성검사점수, 남녀별, 학력별로 얻어졌다면 다음과 같은 모형을 세 개의 가변수를 사용하여 만들 수 있다. 반응함수로 이를 적어 보자.

$$E(y) = \beta_0+\beta_1x_1+\beta_2x_2+\beta_3x_3+\beta_4x_4$$

$$x_1 = \text{적성검사점수} \qquad x_2 = \begin{cases} 1 : \text{여자} \\ 0 : \text{남자} \end{cases}$$

$$x_3 = \begin{cases} 1 : \text{학력이 초등학교졸}(E_1) \\ 0 : \text{기타} \end{cases} \qquad x_4 = \begin{cases} 1 : \text{학력이 중학교졸}(E_2) \\ 0 : \text{기타} \end{cases}$$

위에서 만약 학력이 고등학교졸(E_3)이면 $x_3=x_4=0$에 해당하게 된다. 만약 적성검사점수와 성별, 적성검사점수와 학력, 성별과 학력 간에 상호 교호작용의 효과가 존재하리라 예상된다면, 다음의 반응함수가 얻어질 것이다.

$$E(y)=\beta_0+\beta_1x_1+\beta_2x_2+\beta_3x_3+\beta_4x_4+\beta_5x_1x_2+\beta_6x_1x_3+\beta_7x_1x_4+\beta_8x_2x_3+\beta_9x_2x_4$$

지금까지 양적변수 x_1은 이미 모형에 포함되어 있다 하고 추가적으로 질적변수를 나타내주는 가변수들의 사용방법을 다루었다. 그러나, 독립변수가 모두 질적변수인 경우에도 회귀분석은 가능하며, 이와 같이 질적변수(따라서 가변수)들만이 독립변수로 되어 있는 회귀모형을 분산분석모형(分散分析模型, analysis of variance model)이라고 부른다. 이 모형에 대해서는 다음 장에서 상세히 다루기로 한다.

11·3 구간별 선형회귀

양적변수 x를 여러 구간으로 나누어서 각 구간별로 선형회귀모형을 적합시키는 것은 9장 4절에서 취급한 접목된 다항회귀(segmented polynomial regression)모형 식 (9·17)을 적합시키는 것과 같다. 단, 회귀모형이 1차(linear)라고 제한하면 식 (9·17)의 차수(q_1, $q_2, \cdots, q_r$)들은 모두 1이다. 따라서, 구간별 선형회귀모형을 적합시키는 방법은 이미 취급되었으나, 9장에서는 식 (9·18)의 특수함수 $T_j(x-\alpha_i)$를 사용하였고, 가변수를 사용하지는 않았다. 여기에서는 가변수를 사용하여 구간별 선형회귀모형을 적합시키는 방법을 알아보자.

장난감을 만드는 소기업체들을 대상으로 조사하여 본 결과 이들은 대부분 주문생산을 하고 있으며, 주문량(x)이 커지면 단가(y)를 싸게 하여 주고 있다. 주문량과 단가는 대략 선형관계를 가지고 있으나, 어떤 일정주문량(x_w) 이상이면 단가가 [그림 11·4]에서와 같이 급격히 작아진다고 한다.

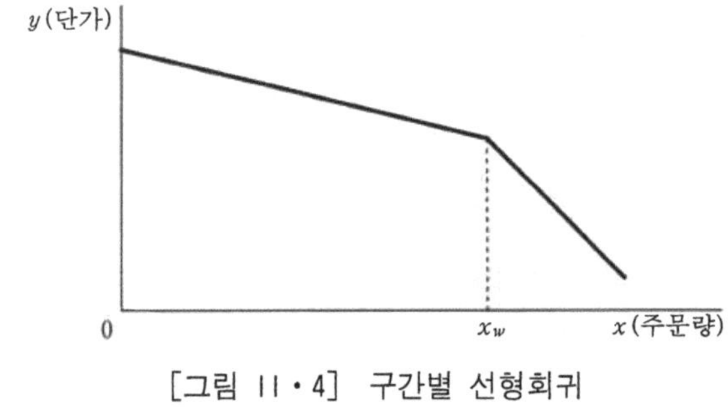

[그림 11·4] 구간별 선형회귀

만약 $x_w=700$이라면 [그림 11·4]와 같이 두 개의 구간을 가진 구간별 선형회귀모형은 다음과 같이 표현할 수 있다.

$$y_i = \beta_0+\beta_1 x_{1i}+\beta_2(x_{1i}-700)x_{2i}+\epsilon_i \tag{11·5}$$

$$x_{1i} = \text{주문량}$$

$$x_{2i} = \begin{cases} 1 & \text{만약 } x_{1i} > 700 \text{ 이면} \\ 0 & \text{만약 } x_{1i} \leq 700 \text{ 이면} \end{cases}$$

이를 반응함수로 표시하면

$$E(y) = \beta_0 + \beta_1 x_1 + \beta_2 (x_1 - 700) x_2$$

이 되는데, 두 구간에서 각각의 반응함수는

$$E(y) = \beta_0 + \beta_1 x_1, \quad x_1 \leq 700$$

$$\begin{aligned} E(y) &= \beta_0 + \beta_1 x_1 + \beta_2 (x_1 - 700) \\ &= (\beta_0 - 700\beta_2) + (\beta_1 + \beta_2) x_1, \quad x_1 > 700 \end{aligned}$$

이 된다. 이 반응함수들을 도시하면 [그림 11·5]와 같다. 즉, 절편의 차이는 $-700\beta_2$ 이고, 기울기의 차이는 β_2 가 된다. 실제로 $x_1=700$ 을 중심으로 $x_1 \leq 700$ 의 구간에서 하나의 직선이고 $x_1 > 700$ 의 구간에서 다른 직선이므로 두 개의 선형회귀를 적합시키는 문제처럼 보이나, 모형 (11·5)는 두 개의 선형회귀를 동시에 취급할 수 있으며, 또한 두 개의 회귀방정식이 하나의 모형으로부터 동시에 적합될 수 있다. 예를 들어 보자.

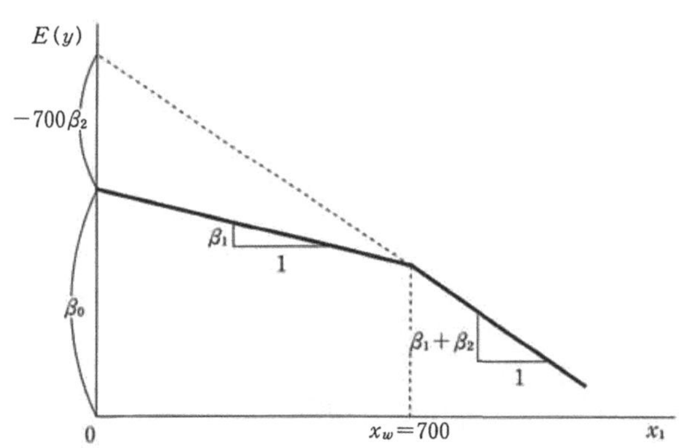

[그림 11·5] 반응함수의 비교

8개의 장난감 소기업체를 대상으로 단가와 주문량에 대한 데이터를 수집하여 본 결과 〈표 11·4〉의 데이터가 구해졌다.

〈표 11·4〉 장난감 주문량 데이터

기업체번호	주문량(x_1)	단가(y)
1	480	377
2	720	249
3	570	355
4	300	475
5	800	139
6	400	452
7	340	440
8	650	257

기울기가 변화하는 주문량을 x_w=500 이라 가정하고, 모형 (11·5)를 적합시켜 보자. 이 경우는

$$y_i = \beta_0 + \beta_1 x_{1i} + \beta_2 (x_{1i} - 500) x_{2i} + \epsilon_i$$

$$x_{2i} = \begin{cases} 1, & x_{1i} > 500 \\ 0, & x_{1i} \le 500 \end{cases}$$

$$i = 1, 2, \cdots, 8$$

이 된다. X 와 $\boldsymbol{y}$ 행렬은 각각

$$\boldsymbol{y} = \begin{bmatrix} 377 \\ 249 \\ 355 \\ 475 \\ 139 \\ 452 \\ 440 \\ 257 \end{bmatrix} \qquad X = \begin{bmatrix} 1 & 480 & 0 \\ 1 & 720 & 220 \\ 1 & 570 & 70 \\ 1 & 300 & 0 \\ 1 & 800 & 300 \\ 1 & 400 & 0 \\ 1 & 340 & 0 \\ 1 & 650 & 150 \end{bmatrix}$$

(열 머리: x_1, $(x_1 - 500)x_2$)

이다. 따라서, 회귀계수들의 추정값은

$$\boldsymbol{b} = \begin{bmatrix} b_0 \\ b_1 \\ b_2 \end{bmatrix} = (X'X)^{-1}X'\boldsymbol{y} = \begin{bmatrix} 5.8955 \\ -0.0039 \\ -0.0039 \end{bmatrix}$$

으로 추정방정식은

$$\hat{y} = 5.8955 - 0.0039x_1 - 0.0039(x_1 - 500)x_2$$

이다. 따라서, 주문량 $x_1 < 500$ 까지는 주문량이 하나 증가할 때 단가가 0.0039 원이 감소하며, 주문량이 $x_1 \geq 500$ 인 경우는 주문량이 하나 증가할 때 단가가 0.0078 원이 감소한다.

지금까지 구간이 둘인 경우를 살펴 보았는데 세 개 이상의 구간에서도 쉽게 구간별 선형회귀직선을 가질 수 있다. 예를 들어, 주문량에 대한 단가의 기울기가 $x_w = 500$ 에서 변하고, $x_w = 700$ 에서 또 변한다고 하면 다음과 같은 회귀모형이 된다.

$$y_i = \beta_0 + \beta_1 x_{1i} + \beta_2 (x_{1i} - 500) x_{2i} + \beta_3 (x_{1i} - 700) x_{3i} + \epsilon_i$$

$$x_{1i} = \text{주문량}$$

$$x_{2i} = \begin{cases} 1 & x_{1i} \geq 500 \\ 0 & x_{1i} < 500 \end{cases}$$

$$x_{3i} = \begin{cases} 1 & x_{1i} \geq 700 \\ 0 & x_{1i} < 700 \end{cases}$$

반응함수를 고찰하여 보면 다음과 같이 되어, 우리는 쉽게 세 구간에서의 반응함수들간의 관계를 비교할 수 있다.

$$\begin{aligned} E(y) &= \beta_0 + \beta_1 x_1, \quad x_1 < 500 \\ &= (\beta_0 - 500\beta_2) + (\beta_1 + \beta_2) x_1, \quad 500 \leq x_1 < 700 \\ &= (\beta_0 - 500\beta_2 - 700\beta_3) + (\beta_1 + \beta_2 + \beta_3) x_1, \quad x_1 \geq 700 \end{aligned}$$

11·4 종속가변수

앞에서는 독립변수가 가변수가 되는 경우를 알아보았는데, 종속변수가 가변수가 되는 경우에도 회귀분석을 할 수 있다. 종속변수가 가질 수 있는 결과가 단지 두 가지밖에 없는 경우가 있다. 예를 들어, 제조공장들을 분석할 때 이들 공장들이 품질관리분임조 (quality control circle) 활동을 하고 있는지 안하고 있는지의 여부를 회사의 매상고에 따라 관련지을 수 있는가를 알고 싶다 하자. 이 때에 독립변수 x를 매상고로 놓고 종속변수 y를 품질관리분임조 활동여부로 다음과 같이 놓을 수 있다.

$$y = \begin{cases} 1 : \text{활동을 하고 있을 때} \\ 0 : \text{활동을 안하고 있을 때} \end{cases}$$

또는 개인의 수입(x)에 따라 생명보험 가입여부(y)를 알고 싶은 회귀분석에서 y의 값을

$$y = \begin{cases} 1 : \text{생명보험에 가입했을 때} \\ 0 : \text{생명보험에 가입하지 않았을 때} \end{cases}$$

와 같이 놓고 분석할 수 있다.

11·4·1 반응함수의 의미

단순회귀모형에서 종속변수가 가변수라 하자. 그러면

$$y_i = \beta_0 + \beta_1 x_i + \epsilon_i, \quad y_i = 0, 1 \tag{11 · 6}$$

이 되는데, $E(\epsilon_i)=0$으로 하면 이 모형은

$$E(y_i) = \beta_0 + \beta_1 x_i$$

으로 표현되며, y_i는 0이나 1이므로 변수y_i는 다음과 같은 확률분포를 따르는 Bernoulli 확률변수이다.

y_i	확 률
0	$P(y_i=0) = 1-p_i = q_i$
1	$P(y_i=1) = p_i$
$E(y_i) = 0 \cdot P(y_i=0) + 1 \cdot P(y_i=1) = p_i$	

여기에서 p_i는 $y_i=1$이 되는 확률이고, q_i는 $y_i=0$가 되는 확률로서 $p_i+q_i=1$이다. 따라서

$$E(y_i) = \beta_0+\beta_1 x_i = p_i \tag{11・7}$$

이므로 독립변수가 x_i의 값을 취할 때 y_i의 기대반응(期待反應, expected response)은 단순히 $y_i=1$이 되는 확률이 된다. 이를 개인 수입 x와 생명보험 가입여부 y에 대하여 도시하여 보면 [그림 11・6]과 같다. 이처럼 반응함수는 확률을 나타내고 있음을 유의하여야 한다. [그림 11・6]은 개인 수입이 증가함에 따라 생명보험 가입여부의 확률이 어떻게 변하고 있는가를 보여주고 있다.

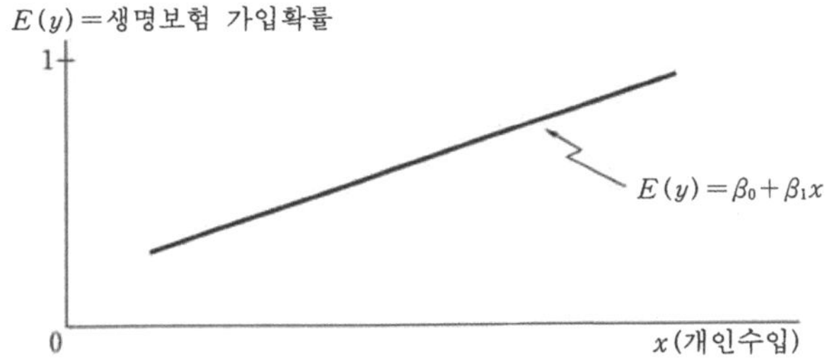

[그림 11・6] 종속가변수인 경우 반응함수

11·4·2 종속변수가 가변수인 경우의 문제점

종속변수가 0와 1만을 갖는 가변수인 경우에는 여러 가지 문제점이 발생하게 된다. 특히 다음의 세 가지 문제점은 통계적인 추정과 검정에 어려움을 가져다 주고 있다.

(1) 오차의 비정규성(non-normality of errors)

(2) 오차의 비등분산성(unequal variance of errors)

(3) 반응함수의 제약성(constraint on response function)

먼저 오차의 비정규성은 모형 (11・6)에서

$$\epsilon_i = y_i-(\beta_0+\beta_1 x_i)$$

는 단지 두 개의 값

$$\epsilon_i = 1-\beta_0-\beta_1 x_i, \quad y_i = 1 \text{ 에서}$$

$$= -\beta_0 - \beta_1 x_i, \quad y_i = 0 \text{ 에서}$$

밖에 취할 수 없으므로 오차항 ϵ_i가 정규분포를 하지 않고 있음은 명백하다. 따라서, 오차가 정규분포를 할 때에 가능하였던 회귀분석과 관련된 각종의 t-검정, F-검정 등이 성립되지 않는다는 의미가 된다.

두번째로 오차항 ϵ_i는 같은 분산을 갖고 있지 않다. 단순회귀모형인 경우를 살펴보면

$$\begin{aligned} Var(\epsilon_i) &= Var(y_i) \\ &= E[y_i - E(y_i)]^2 \\ &= (1-p_i)^2 p_i + (0-p_i)^2(1-p_i) \\ &= p_i(1-p_i) \end{aligned} \tag{11・8}$$

으로 $p_i \neq p_j$이면 $Var(\epsilon_i) \neq Var(\epsilon_j)$으로 오차항들이 일반적으로 등분산(等分散, equal variance)을 갖고 있지 않다. 이를 $p_i = \beta_0 + \beta_1 x_i$의 관계로부터 다르게 표현하면

$$Var(\epsilon_i) = (\beta_0 + \beta_1 x_i)(1 - \beta_0 - \beta_1 x_i) \tag{11・9}$$

가 되어, $Var(\epsilon_i)$는 x_i의 이차함수(quadratic function)이다. 따라서, 오차 벡터의 분산-공분산행렬은 $Var(\boldsymbol{\epsilon}) = I\sigma^2$의 형태가 아니며, 회귀계수의 추정에서 OLS 추정방법을 그대로 도입시키는 것은 적절하지 않다.

마지막으로, 반응함수 $E(y)$는 확률이므로 이 함수의 범위는

$$0 \leq E(y) = p \leq 1$$

이 되며, 회귀직선은 아무런 제약조건 없이 그대로 적합시키고 해석하는 것은 타당하지 않을 것이다.

위의 세 가지 문제점을 염두에 두고, 종속변수가 가변수인 경우에 회귀분석하는 방법을 고찰하여 보자.

11·4·3 추정방법

오차항이 정규분포를 하고 있지는 않으나 $\boldsymbol{b} = (X'X)^{-1}X'\boldsymbol{y}$의 OLS 추정량은 $\boldsymbol{\beta}$의 불

편(unbiased)성을 그대로 유지하며, 만약 데이터의 수가 대단히 많을 때에는 $\boldsymbol{b}$는 점근적으로(asymptotically) 정규분포를 하게 된다. 따라서, 표본의 수가 크면 회귀분석과 관련된 각종의 검사에서 오차항이 정규분포를 하고 있을 때처럼 하여도 크게 잘못을 범하지는 않는다.

오차항간에 상관관계가 없다면 식 (11・8)에서 구한 것과 같이

$$Var(\boldsymbol{\epsilon}) = \begin{bmatrix} p_1(1-p_1) & 0 & 0 & \cdots & 0 \\ & p_2(1-p_2) & 0 & \cdots & 0 \\ & & p_3(1-p_3) & \cdots & 0 \\ (\text{대칭}) & & & & \vdots \\ & & & & p_n(1-p_n) \end{bmatrix} = V \qquad (11 \cdot 10)$$

이므로, $\boldsymbol{\beta}$의 추정에는 이론적으로 GLS 추정방법

$$\boldsymbol{b}^* = (X'V^{-1}X)^{-1}X'V^{-1}\boldsymbol{y} \qquad (11 \cdot 11)$$

를 사용하여야 한다. 행렬 V가 대각선행렬이므로, 이는 가중회귀(weighted regression)의 방법으로도 추정이 가능하다. 그러나, 실제에 있어서 p_i들의 값은 모르고 있으므로 GLS 추정방법 또는 가중회귀 추정방법을 그대로 사용할 수가 없으며, 다음과 같은 절차를 일반적으로 따른다. 설명을 간단히 하기 위하여 단순회귀인 경우를 설명하겠다.

(1) OLS 추정방법에 의하여 β_0와 β_1을 추정하여 b_0와 b_1을 구한다.

(2) $p_i=\beta_0+\beta_1 x_i$의 관계식으로부터 p_i를

$$\hat{p}_i = b_0 + b_1 x_i$$

에 의하여 추정한다.

(3) $\hat{p}_i$를 사용하여 행렬 V를 추정하고 이를 $\hat{V}$라 한다.

(4) GLS 추정은

$$\boldsymbol{b}^* = (X'\hat{V}^{-1}X)^{-1}X'\hat{V}^{-1}\boldsymbol{y} \qquad (11 \cdot 12)$$

에 의하여 구한다.

위의 방법으로 $\boldsymbol{b}^*$ 를 구한 후에 $\boldsymbol{b}^*$ 의 분산-공분산행렬은

$$Var(\boldsymbol{b}^*) = (X'V^{-1}X)^{-1} \qquad (11 \cdot 13)$$

이므로 행렬 V 의 p_i 에 $\hat{p}_i = b_0 + b_1 x_i$ 를 대입시켜 $Var(\boldsymbol{b}^*)$를 다음과 같이 추정한다.

$$\widehat{Var}(\boldsymbol{b}^*) = (X'\hat{V}^{-1}X)^{-1} \qquad (11 \cdot 14)$$

가변수 데이터에 대한 분석방법으로 Cox(11·1)의 책을 보면 좋은 참고가 될 것이다.

〔예 11·1〕 다음의 데이터는 영등포 공업단지에서 임의로 선출된 25개의 기업에 대한 1988년도 연간 총 매상고(x)와 품질관리분임조 활동여부(y)에 대한 조사보고이다. 품질관리분임조 활동이 비교적 활발히 이루어지고 있는 기업은 $y=1$ 의 값을 부여하고 그렇지 않으면 $y=0$ 으로 하였다. 매상고 x 는 단위를 10억으로 잡아 숫자를 간편히 하였다.

〈표 11·5〉 총매상고와 품질관리분임조 활동여부 데이터

기 업	매상고 x_i (단위 : 10억)	활동여부 y_i	$\hat{p}_i$	$\frac{1}{\hat{p}_i(1-\hat{p}_i)}$
1	8	1	0.160	7.439
2	22	1	0.601	4.172
3	28	1	0.791	6.040
4	4	0	0.034	30.520
5	19	0	0.507	4.001
6	13	1	0.318	4.614
7	24	0	0.664	4.485
8	32	1	0.917	13.097
9	9	0	0.192	6.457
10	13	0	0.318	4.614
11	20	1	0.538	4.024
12	5	0	0.065	16.350
13	30	1	0.854	8.004
14	11	0	0.255	5.269
15	30	1	0.854	8.004
16	6	0	0.097	11.420
17	22	1	0.601	4.172
18	12	0	0.286	4.896
19	18	0	0.475	4.010
20	4	0	0.034	30.520
21	18	1	0.475	4.010
22	25	1	0.696	4.726
23	6	0	0.097	11.420
24	29	0	0.822	6.838
25	14	0	0.349	4.400

먼저 *OLS* 추정방법에 의하여 β_0와 β_1을 추정하면

$$\boldsymbol{b} = \begin{bmatrix} b_0 \\ b_1 \end{bmatrix} = (X'X)^{-1}X'\boldsymbol{y} = \begin{bmatrix} -0.0922 \\ 0.3153 \end{bmatrix}$$

이고 추정된 반응함수는

$$\hat{y} = -0.0922 + 0.0315x \qquad (11 \cdot 15)$$

가 된다. 식 (11·7)로부터 $\hat{y} = \hat{p}$로서 $\hat{y}$는 확률 p의 추정값이 된다. 예를 들어 총 매상고가 1979 년도에 100 억인 기업은 $x=10$이므로

$$\hat{y} = \hat{p} = -0.0922 + 0.0315(10) = 0.2228$$

이 되어, 이 기업이 품질관리분임조 활동을 하고 있으리라고 예상되는 확률은 0.2228 이다. 그리고, 추정된 직선의 기울기가 0.0315 이므로, 매상고 10 억 증가에 품질관리분임조 활동을 할 확률이 약 3% 증가한다.

반응함수의 제약성을 이 문제에서도 음미하여 볼 수 있다. 만약, 매상고가 400 억으로 $x=40$이면 확률 p의 추정값은

$$\begin{aligned} \hat{p} &= -0.0922 + 0.0315(40) \\ &= 1.1678 \end{aligned}$$

으로 1 을 넘게 되어 분명히 확률로서는 의미가 없다. 이런 문제점은 데이터에서 x의 범위가 $4 \le x \le 32$이며, 이 범위 안에서만 적합된 회귀직선이 의미가 있다고 보아야 하는데, 무리하게 $x=40$에서 확률 p를 추정하려고 하였기 때문이다.

각각의 x의 값에서 추정된 확률 $\hat{y}_i = \hat{p}_i$를 〈표 11·5〉에 참고로 수록하여 놓았다. 그리고, *GLS* 추정(또는 가중회귀추정)을 위한 $\dfrac{1}{\hat{p}_i(1-\hat{p}_i)}$의 값도 구해 놓았다. 공식 (11·12)에 의하여 β_0와 β_1의 *GLS* 추정을 하여 보면

$$\boldsymbol{b}^* = \begin{bmatrix} b_0{}^* \\ b_1{}^* \end{bmatrix} = (X'\hat{V}^{-1}X)^{-1}X'\hat{V}^{-1}\boldsymbol{y} = \begin{bmatrix} -0.1171 \\ 0.0327 \end{bmatrix}$$

로 확률의 추정방정식은

$$\hat{y} = \hat{p} = -0.1171 + 0.0327x$$

이다. 이 추정식은 *OLS* 추정식과 약간의 차이가 있음을 독자들은 음미하여 주기 바란

다. 마지막으로 *OLS* 추정량과 *GLS* 추정량들의 분산의 추정값을 비교하여 보면 다음 〈표 11・6〉과 같다. 이 표에서 보는 바와 같이 *GLS* 추정량의 분산이 *OLS* 추정량의 분산보다 약 두 배 정도 작게 나타나고 있다.

〈표 11・6〉 추정값과 분산의 추정값

OLS 추정	$b_0 = -0.0922$ $b_1 = 0.0315$	$\widehat{Var}(b_0) = 0.03360$ $\widehat{Var}(b_1) = 0.000092$
GLS 추정	$b_0^* = -0.1171$ $b_1^* = 0.0327$	$\widehat{Var}(b_0^*) = 0.01251$ $\widehat{Var}(b_1^*) = 0.000044$

11・5 로지스틱반응함수

종속변수가 가변수인 경우에 반응함수의 모양이 [그림 11・7]과 같이 *S* 형곡선을 그리는 경우가 실제로 많이 나타난다. 이 반응함수는 x가 증가함에 따라 $E(y)$의 값이 1로 서서히 수렴하는 양상을 보인다. 이런 모양의 반응함수는 반응함수의 제약성 $0 \leq E(y) \leq 1$이 저절로 만족된다. [그림 11・7]과 같은 함수를 로지스틱함수(logistic function)라 부르고

$$E(y) = \frac{\exp(\beta_0 + \beta_1 x)}{1 + \exp(\beta_0 + \beta_1 x)} \qquad (11 \cdot 16)$$

으로 표현된다. 이 함수의 모양은 물론 β_0와 β_1의 값에 따라 약간씩 차이가 있으나, 일반적으로 [그림 11・7]의 모양을 갖게 된다.

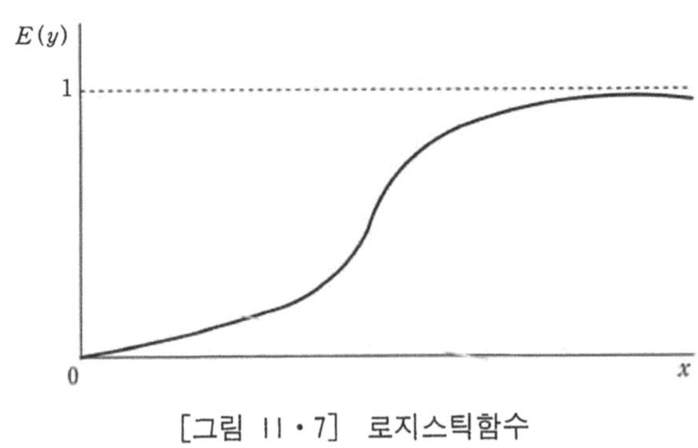

[그림 11・7] 로지스틱함수

식 (11・16)의 로지스틱반응함수는 β_0와 β_1에 대해서 비선형함수이나 이를 선형으로 변환시킬 수 있다. 기대반응 $E(y)$는 확률을 의미하므로

$$E(y) = p$$

로 놓자. 그러면 다음의 변환

$$p' = \ln\left(\frac{p}{1-p}\right) = \ln\left(\frac{E(y)}{1-E(y)}\right) \quad (11 \cdot 17)$$

을 이용하여, 식 (11・16)을 식 (11・17)에 대입시키면

$$p' = \beta_0 + \beta_1 x \quad (11 \cdot 18)$$

으로 됨을 쉽게 알 수 있다. 이와 같은 변환을 로지스틱변환(logistic transformation)이라고 부른다.

다음은 데이터로부터 로지스틱함수의 β_0와 β_1을 추정하는 방법을 알아보자. 관찰된 x의 수준(level)이 c개가 있다 하고 각 수준 x_1, x_2, …, x_c에서 y에 대한 n_1, n_2, …, n_c개의 관찰값이 각각 얻어졌다 하자. 여기서 n_1, n_2, …, n_c의 숫자들은 충분히 큰 값이라고 가정한다. 이 값들이 만약 매우 작거나 또는 1이라면 아래에서 설명되는 추정방법은 사용할 수 없다.

각 수준 x_j에서 n_j개의 관찰값이 있을 때 이 중에서 $r_j(1 \leq r_j < n_j)$개가 y의 값으로 1을 취하고 $n_j - r_j$개가 0을 취한다 하자. 그러면 x_j에서 y의 값으로 1을 갖는 확률이

$$\bar{p}_j = \frac{r_j}{n_j} \quad (11 \cdot 19)$$

가 된다. 다음은 식 (11・18)의 변환된 로지스틱반응함수를 적합시켜 보자. 종속변수에 해당하는 데이터로

$$\bar{p}_j' = \ln\left(\frac{\bar{p}_j}{1-\bar{p}_j}\right) \quad (11 \cdot 20)$$

을 구하고, 이 데이터를 이용하여 β_0와 β_1을 추정하게 된다.

새로운 종속변수의 값 $\bar{p}_j'$는 동등한 분산을 가지고 있지 않다. n_j가 충분히 클 때에는 $\bar{p}_j'$의 분산은

$$Var(\bar{p}_j') = \frac{1}{n_j p_j (1-p_j)} \quad (11 \cdot 21)$$

임이 알려져 있다. p_j는 모르는 값이므로 이를 $\bar{p}_j$로 추정하여 대입시키면

$$\widehat{Var}(\bar{p}_j') = \frac{1}{n_j\bar{p}_j(1-\bar{p}_j)} \tag{11・22}$$

이 된다. 따라서 *GLS* 추정방법을 사용할 때에 쓰이는 오차항의 분산-공분산행렬 $\hat{V}$는

$$\hat{V} = \begin{bmatrix} \frac{1}{n_1\bar{p}_1(1-\bar{p}_1)} & 0 & 0 & \cdots & 0 \\ & \frac{1}{n_2\bar{p}_2(1-\bar{p}_2)} & 0 & \cdots & 0 \\ & & \frac{1}{n_3\bar{p}_3(1-\bar{p}_3)} & \cdots & 0 \\ & \text{(대칭)} & & & \vdots \\ & & & & \frac{1}{n_c\bar{p}_c(1-\bar{p}_c)} \end{bmatrix} \tag{11・23}$$

이다.

식 (11・18)의 적합은

$$\begin{bmatrix} b_0^* \\ b_1^* \end{bmatrix} = (X'\hat{V}^{-1}X)^{-1}X'\hat{V}^{-1}\bar{\mathbf{p}}'$$

으로 얻어지는데 $\hat{V}$는 식 (11・23)이고 X와 $\bar{\mathbf{p}}'$는 각각

$$X = \begin{bmatrix} 1 & x_1 \\ 1 & x_2 \\ 1 & x_3 \\ \vdots & \vdots \\ 1 & x_c \end{bmatrix} \qquad \bar{\mathbf{p}}' = \begin{bmatrix} \bar{p}_1' \\ \bar{p}_2' \\ \bar{p}_3' \\ \vdots \\ \bar{p}_c' \end{bmatrix}$$

이다. 그리고, 식 (11・16)의 로지스틱함수의 추정식은

$$\hat{y} = \hat{p} = \frac{\exp(b_0^* + b_1^* x)}{1+\exp(b_0^* + b_1^* x)}$$

이 될 것이다. 로지스틱함수에 대한 자세한 논의는 참고문헌 (11・3)을 보면 많은 도움이 될 것이다.

〔예 11·2〕 정찰제를 엄격히 시행하여 오던 어떤 유명한 구둣방에서 불경기 기간에 매상고를 올리기 위하여 할인판매를 실시하였다. 첫 주에 정가의 5%를 할인하여 주었더니 구둣방에 찾아온 선착순 400명의 손님 중에서 64명이 구두를 샀고 두 번째 주일에 10%를 할인하였더니 찾아온 400명의 손님 중에서 102명이 구두를 샀다. 〈표 11·7〉에는 이렇게 하여 5주간에 걸쳐 점차적으로 할인율을 높여가며 할인판매한 결과가 나와 있다.

판매율에 대한 반응함수가 식 (11·16)의 로지스틱반응함수로 가정하고 데이터를 사용하여 이를 적합시켜 보아라.

〈표 11·7〉 할인판매 실적 데이터

주 j	할인율(%) x_j	손님수(선착순) n_j	구입한 손님수 r_j	구입한 손님비율 $\bar{p}_j$	변환비율 $\bar{p}_j'$
1	5	400	64	0.160	−1.658
2	10	400	102	0.255	−1.072
3	15	400	140	0.350	−0.619
4	20	400	206	0.515	0.060
5	30	400	296	0.740	1.046

풀이

독립변수 x의 수준은 다섯 개이며 각 수준에서 확률 p_j(방문한 손님이 구두를 사는 확률)의 추정값은 식 (11·19)에 의하여

$$\bar{p}_j = \frac{r_j}{n_j}$$

이며, 이 추정값도 〈표 11·7〉에 실려 있다. 다음으로 로지스틱변환을 통하여 식 (11·20)에 있는 바와 같이 $\bar{p}_j'$를 구하면 〈표 11·7〉의 마지막 열이 된다.

다음으로 GLS 추정(또는 가중회귀추정)을 위하여 식 (11·23)의 $\hat{V}$을 구해 보면 다음과 같다.

$$\hat{V} = \begin{bmatrix} 0.0186 & 0 & 0 & 0 & 0 \\ 0 & 0.0132 & 0 & 0 & 0 \\ 0 & 0 & 0.0110 & 0 & 0 \\ 0 & 0 & 0 & 0.0100 & 0 \\ 0 & 0 & 0 & 0 & 0.0130 \end{bmatrix}$$

로지스틱함수의 β_0와 β_1의 추정값은

$$\begin{bmatrix} b_0^* \\ b_1^* \end{bmatrix} = (X'\hat{V}^{-1}X)^{-1}X'\hat{V}^{-1}\bar{\boldsymbol{p}}' = \begin{bmatrix} -2.1851 \\ 0.1087 \end{bmatrix}$$

이 된다. 위에서 X 와 $\bar{\boldsymbol{p}}'$ 는 각각 다음과 같다.

$$X = \begin{bmatrix} 1 & 5 \\ 1 & 10 \\ 1 & 15 \\ 1 & 20 \\ 1 & 30 \end{bmatrix} \qquad \bar{\boldsymbol{p}}' = \begin{bmatrix} -1.658 \\ -1.072 \\ -0.619 \\ 0.060 \\ 1.046 \end{bmatrix}$$

따라서, 식 (11・18)의 추정식은

$$\begin{aligned} \hat{p}' &= b_0^* + b_1^* x \\ &= -2.1851 + 0.1087x \end{aligned} \qquad (11 \cdot 24)$$

이며 로지스틱함수의 추정식은

$$\hat{y} = \frac{\exp(-2.1851+0.1087x)}{1+\exp(-2.1851+0.1087x)} \qquad (11 \cdot 25)$$

이다.

위에서 로지스틱함수의 가정과 로지스틱변환에 의한 추정방법이 어느 정도 타당성을 가지고 있는가를 보기 위해 x_j 와 $\bar{p}_j'$ 에 대한 산점도를 그려 보고, 적합된 회귀직선 (11・24)를 이 산점도 위에 그려 보자. [그림 11・8]에서 보는 바와 같이 잘 적합된 회귀직선이며, 따라서 원래의 로지스틱함수의 가정도 적절한 가정이었음을 짐작할 수 있다.

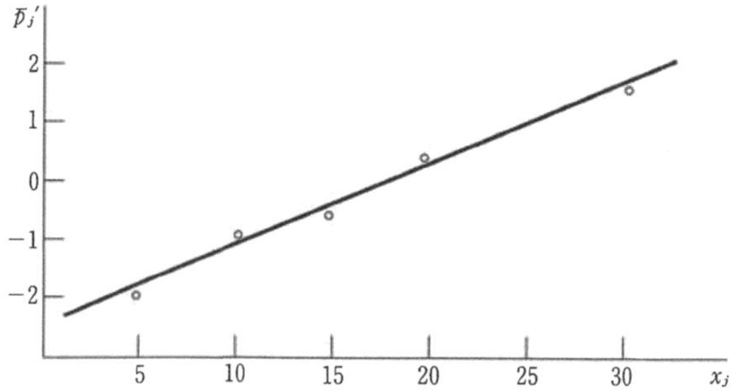

[그림 11・8] 로지스틱변환된 데이터의 산점도

참고로 할인율이 25% 일 때에 이 구둣방을 방문하는 손님이 구두를 사는 확률을 추정하여 보자. 로지스틱함수의 추정식 (11・25)에 x=25 를 대입시키면

$$\hat{y} = \frac{\exp[-2.1851 + (0.1087)(25)]}{1+\exp[-2.1851 + (0.1087)(25)]} = 0.630$$

이 된다.

11·6 통계패키지에 의한 분석 사례

(1) 〈표 11·5〉의 데이터에 대해서 β_0와 β_1의 *OLS* 및 *GLS* 추정량을 구하여 보고, 또한 분산의 추정값을 비교하여 보아라.

(2) 〈표 11·7〉의 데이터에 대해서 식 (11·16)의 로지스틱 반응함수를 가정하여 적합시켜 보아라.

11·6·1 SAS에 의한 분석 프로그램 및 결과

(1) 〈SAS 프로그램〉

```
DATA t11_5;
   INPUT x y;
      CARDS;
        8   1
       22   1
       28   1
          ⋮
       29   0
       14   0
        ;

PROC REG;
   MODEL y=x /COVB;
   OUTPUT OUT=t11_5out  PREDICTED=p;

DATA t11_5wls;
   SET t11_5out;
   wt=1/(p*(1-p));
```

```
PROC REG DATA=t11_5wls;
   MODEL y=x /COVB;
   WEIGHT wt;
RUN;
```

PROC REG 에서 WEIGHT 문은 GLS 추정방법을 이용하여 회귀계수를 추정하는 데 사용된다.

〈SAS 결과〉

```
                        Analysis of Variance

                               Sum of          Mean
Source            DF          Squares        Square       F Value        Prob>F

Model              1          1.96484       1.96484        10.772        0.0033
Error             23          4.19516       0.18240
C Total           24          6.16000

    Root MSE        0.42708     R-square          0.3190
    Dep Mean        0.44000     Adj R-sq          0.2894
    C.V.           97.06388
--------------------------------------------------------------------------------
                        Parameter Estimates

                    Parameter       Standard     T for H0:
Variable  DF         Estimate          Error   Parameter=0     Prob > |T|

INTERCEP   1        -0.092197     0.18327246        -0.503         0.6197
X          1         0.031528     0.00960609         3.282         0.0033
--------------------------------------------------------------------------------
                      Covariance of Estimates

            COVB                 INTERCEP                   X

            INTERCEP          0.0335887964         -0.001557634
            X                 -0.001557634         0.0000922769
--------------------------------------------------------------------------------
                        Analysis of Variance

                               Sum of          Mean
Source            DF          Squares        Square       F Value        Prob>F

Model              1         23.80859      23.80859        24.185        0.0001
Error             23         22.64247       0.98446
C Total           24         46.45105

    Root MSE        0.99220     R-square          0.5126
    Dep Mean        0.31991     Adj R-sq          0.4914
    C.V.          310.14461
--------------------------------------------------------------------------------
```

```
                         Parameter Estimates

                  Parameter      Standard    T for H0:
Variable  DF       Estimate         Error   Parameter=0    Prob > |T|

INTERCEP   1      -0.117113    0.11184076        -1.047        0.3059
X          1       0.032672    0.00664364         4.918        0.0001
------------------------------------------------------------------------
                       Covariance of Estimates

            COVB              INTERCEP                  X

            INTERCEP      0.0125083558         -0.0005904
            X               -0.0005904       0.0000441379
```

(2) 〈SAS 프로그램〉

```
DATA t11_7;
   INPUT x n r;
      y=0; count=r; OUTPUT;
      y=1; count=n-r; OUTPUT;
      CARDS;
        5    400    64
        10    400    102
        15    400    140
        20    400    206
        30    400    296
          ;

PROC CATMOD;
   DIRECT x;
   WEIGHT count;
   MODEL y=x /FREQ;
RUN;
```

PROC CATMOD는 범주형 자료의 분석에 사용되며 자세한 사용법은 SAS 메뉴얼을 이용하기 바란다.

〈SAS 결과〉

```
                         CATMOD PROCEDURE
Response: Y                                Response Levels (R)=     2
Weight Variable: COUNT                     Populations     (S)=     5
Data Set: T11_7                            Total Frequency (N)=  2000
Frequency Missing: 0                       Observations  (Obs)=    10

                        POPULATION PROFILES
                       Sample  X   Sample Size
                       -----------------------
                          1    5       400
                          2   10       400
                          3   15       400
                          4   20       400
                          5   30       400

                         RESPONSE PROFILES
                           Response  Y
                           -----------
                               1     0
                               2     1

                       RESPONSE FREQUENCIES
                            Response Number
                     Sample        1         2
                     ------------------------
                       1          64       336
                       2         102       298
                       3         140       260
                       4         206       194
                       5         296       104

                       MAXIMUM-LIKELIHOOD ANALYSIS
                Sub      -2 Log     Convergence    Parameter Estimates
Iteration  Iteration   Likelihood    Criterion         1            2
-----------------------------------------------------------------------
    0          0       2772.5887        1.0000          0            0
    1          0       2343.6167        0.1547     -1.9027       0.0949
    2          0       2337.5379      0.002594     -2.1730       0.1081
    3          0       2337.5263     4.9383E-6     -2.1855       0.1087

                       MAXIMUM-LIKELIHOOD ANALYSIS
                Sub      -2 Log     Convergence    Parameter Estimates
Iteration  Iteration   Likelihood    Criterion         1            2
-----------------------------------------------------------------------
    4          0       2337.5263     2.215E-11     -2.1855       0.1087

            MAXIMUM-LIKELIHOOD ANALYSIS-OF-VARIANCE TABLE
           Source                 DF   Chi-Square      Prob
           ------------------------------------------------
           INTERCEPT               1       352.31    0.0000
           X                       1       302.31    0.0000
           LIKELIHOOD RATIO        3         1.02    0.7963
```

```
ANALYSIS OF MAXIMUM-LIKELIHOOD ESTIMATES
                                         Standard    Chi-
Effect           Parameter   Estimate     Error     Square    Prob
-------------------------------------------------------------------
INTERCEPT            1       -2.1855     0.1164     352.31   0.0000
X                    2        0.1087     0.00625    302.31   0.0000
```

11·6·2 SPSS에 의한 분석 결과

Model Summary[b]

Model	R	R Square	Adjusted R Square	Std. Error of the Estimate
1	.565[a]	.319	.289	.43

a. Predictors: (Constant), x (매상고)

b. Dependent Variable: y (활동여부)

ANOVA[b]

Model		Sum of Squares	df	Mean Square	F	Sig.
1	Regression	1.965	1	1.965	10.772	.003[a]
	Residual	4.195	23	.182		
	Total	6.160	24			

a. Predictors: (Constant), x (매상고)

b. Dependent Variable: y (활동여부)

Coefficients[a]

Model		Unstandardized Coefficients		Standardized Coefficients	t	Sig.
		B	Std. Error	Beta		
1	(Constant)	-9.22E-02	.183		-.503	.620
	x (매상고)	3.153E-02	.010	.565	3.282	.003

a. Dependent Variable: y (활동여부)

Coefficient Correlations[a]

Model			x (매상고)
1	Correlations	x (매상고)	1.000
	Covariances	x (매상고)	9.228E-05

a. Dependent Variable: y (활동여부)

Model Summary[b,c]

Model	R	R Square	Adjusted R Square	Std. Error of the Estimate
1	.716[a]	.513	.491	.99

a. Predictors: (Constant), x (매상고)

b. Dependent Variable: y (활동여부)

c. Weighted Least Squares Regression - Weighted by WEIGHT

ANOVA[b,c]

Model		Sum of Squares	df	Mean Square	F	Sig.
1	Regression	23.809	1	23.809	24.185	.000[a]
	Residual	22.642	23	.984		
	Total	46.451	24			

Coefficients[a,b]

Model		Unstandardized Coefficients		Standardized Coefficients	t	Sig.
		B	Std. Error	Beta		
1	(Constant)	-.117	.112		-1.047	.306
	x (매상고)	3.267E-02	.007	.71	4.918	.000

Coefficient Correlations[a,b]

Model			x (매상고)
1	Correlations	x (매상고)	1.000
	Covariances	x (매상고)	4.414E-05

▶ 참 고 문 헌 ◀

11・1. Cox, D. R. : *The Analysis of Binary Data*, London, Methuen & Co. Ltd., 1970.

11・2. Draper, N. R. and Smith, H. : *Applied Regression Analysis*, New York, John Wiley & Sons, 1966.

11·3. Finney, D. J. : *Probit Analysis*, Cambridge University Press, Cambridge, 2nd Ed., 1952.

11·4. Neter, J. and Wasserman, W. : *Applied Linear Statistical Models*, Illinois: Homewood, Richard D. Irwin, 1974.

11·5. Searle, S. R. : *Linear Models*, New York, John Wiley & Sons, 1971.

연 습 문 제

11·1. 〈표 11·1〉에 있는 데이터에 대하여 x_1을 x로 놓고 남자만에 대한 회귀직선을 처음 열 개의 데이터를 사용하여 적합시켜라. 여자만에 대해서도 나중 열 개의 데이터를 사용하여 회귀직선을 적합시켜라. 위에서 얻은 두 회귀직선의 기울기가 같은지, 같지 않은지에 대한 가설검정을 행하라(5장 4절의 두 회귀선의 비교를 참조하시오).

11·2. 〈표 11·1〉의 데이터에 대하여 모형 (11·1)을 적합시켜서 얻어진 추정식은

$$\hat{y} = b_0 + b_1x_1 + b_2x_2$$
$$= 33.8741 - 0.1017x_1 + 8.0555x_2$$

이었다. β_1의 추정값 b_1이 갖는 분산을 추정하여라. β_1의 95% 신뢰구간을 구하라.

11·3. 〈표 11·1〉의 데이터에 대하여 모형 (11·2)를 적합시켜 다음의 추정식을 얻었다.

$$\hat{y} = b_0 + b_1x_1 + b_2x_2 + b_3x_1x_2$$
$$= 33.8384 - 0.1015x_1 + 8.1313x_2 - 0.0004x_1x_2$$

$\beta_1 = E(b_1)$에 대한 다음의 가설을 검정하라. 유의수준으로 $\alpha = 0.10$을 사용하라.

$$H_0 : \beta_1 = -0.3$$
$$H_1 : \beta_1 \neq -0.3$$

11·4. 〈표 5·2〉의 맥주 생산라인의 데이터에 대하여 생산라인을 가변수

$$x_2 = \begin{cases} 1 : \text{생산라인 I} \\ 0 : \text{생산라인 II} \end{cases}$$

로 놓고 라인속도를 x_1으로 하고 소모량을 y로 하여 각각 다음의 질문에 답하라.

(1) 선형회귀모형

$$y_i = \beta_0 + \beta_1 x_{1i} + \beta_2 x_{2i} + \epsilon_i$$

를 적합시키고 β_1과 β_2의 95% 신뢰구간을 구하라. 구하여진 신뢰구간이 무엇을 의미하는가를 이 문제의 입장에 맞추어서 구체적으로 해석하라.

(2) 교호작용이 있는 선형회귀모형

$$y_i = \beta_0 + \beta_1 x_{1i} + \beta_2 x_{2i} + \beta_3 x_{1i} x_{2i} + \epsilon_i$$

를 적합시켜라. β_2와 β_3에 대한 95% 신뢰구간을 구하고, 이를 구체적으로 해석하라.

11・5. 〈표 11・1〉의 신공정법 훈련 데이터에 추가적으로 각 직원의 학력을 조사하여 다음의 데이터를 얻었다.

일련번호	1	2	3	4	5	6	7	8	9	10	11	12	13	14	15	16	17	18	19	20
총소요시간 y	17	26	21	30	22	1	12	19	4	16	28	15	11	38	31	21	20	13	30	14
적성검사점수 x_1	151	92	175	31	104	277	210	120	290	238	164	272	295	68	85	224	166	305	124	246
성별 x_2	남	남	남	남	남	남	남	남	남	남	여	여	여	여	여	여	여	여	여	여
학력(졸)	중	초	중	초	초	고	고	중	고	고	고	고	고	초	중	고	중	고	중	고

(1) 다음의 모형을 적합시켜라.

$$y_i = \beta_0 + \beta_1 x_{1i} + \beta_2 x_{2i} + \beta_3 x_{3i} + \beta_4 x_{4i} + \epsilon_i$$

$$x_{3i} = \begin{cases} 1 : \text{학력이 초등학교졸} \\ 0 : \text{기타} \end{cases}$$

$$x_{4i} = \begin{cases} 1 : \text{학력이 중학교졸} \\ 0 : \text{기타} \end{cases}$$

(2) 위의 모형에서 β_3과 β_4가 갖는 의미를 해석하라.

(3) 위의 β_3과 β_4의 OLS 추정값 b_3과 b_4가 갖는 각각의 분산을 추정하라. β_3과 β_4의 95% 신뢰구간을 구하라.

(4) 만약 적성검사점수와 성별, 적성검사점수와 학력, 성별과 학력간에 교호작용이 있으리라고 예상하면, 다음의 반응함수를 얻는다.

$$E(y) = \beta_0 + \beta_1 x_1 + \beta_2 x_2 + \beta_3 x_3 + \beta_4 x_4 + \beta_5 x_1 x_2 + \beta_6 x_1 x_3 + \beta_7 x_1 x_4 + \beta_8 x_2 x_3 + \beta_9 x_2 x_4$$

위의 반응함수를 데이터로부터 적합시키고 다음 다섯 개의 가설검정

$$H_0 : \beta_i = 0$$
$$H_1 : \beta_i \neq 0 \ \ (i=5, 6, 7, 8, 9)$$

을 $\alpha=0.10$ 에서 각각 행하라.

(5) 위 (4)의 반응함수를 회귀분석에 의하여 적합시킬 때 얻어지는 분석분석표를 작성하고 회귀변동의 유의성을 F-검정하라. 이 F-검정의 귀무가설을 β_i 들로 표현하여 보아라.

11・6. 다음의 데이터가 있다.

(1) x 와 y 에 대한 산점도를 그려보고, 어떤 x 의 점(x_w)에서 x 를 두 구간으로 나누면 좋을지 말하라.

(2) 위의 (1)에서 얻은 점을 경계로 구간별 단순선형회귀선을 추정하라. 사용되는 모형은

$$y_i = \beta_0 + \beta_1 x_{1i} + \beta_2 (x_{1i} - x_w) x_{2i} + \epsilon_i$$

$$x_{2i} = \begin{cases} 1, & \text{만약 } x_{1i} > x_w \text{ 이면} \\ 0, & \text{만약 } x_{1i} \leq x_w \text{ 이면} \end{cases}$$

과 같다.

(3) 위의 (2)에 있는 모형에서 β_2 의 90% 신뢰구간을 구하고, 그 의미를 해석하라.

x	y
1	2.0
2	3.2
2	3.4
3	4.1
4	5.2
5	7.0
5	7.4
6	9.7
7	11.5

11・7. 어떤 심리학자가 10명의 환자를 대상으로 정신적인 안정성(x)과 추리를 요하는 질문에 대한 대답여부(y)에 대한 관계를 조사하였다. 정신적인 안정성은 필기시험에 의하여 점수로 측정하였고 질문에 대답여부를

$$y = \begin{cases} 1 : \text{답을 맞게 하였을 때} \\ 0 : \text{답을 틀리게 하였을 때} \end{cases}$$

으로 나타내었다. 그 결과는 다음과 같다.

환자	1	2	3	4	5	6	7	8	9	10
x_i	410	500	471	619	584	681	399	481	624	589
y_i	0	1	0	1	0	1	0	1	1	1

(1) *OLS* 추정방법에 의하여 단순회귀모형

$$y_i = \beta_0 + \beta_1 x_i + \epsilon_i$$

를 적합시켜라.

(2) *GLS* 추정방법에 의하여 위 (1)의 모형을 적합시켜라.

(3) 위의 두 추정방법에서 얻은 β_1의 추정값이 갖는 분산을 비교하여라.

(4) $x=550$ 일 때에 답을 맞게 할 확률을 추정하라.

11・8. 한국의 1974 년도 출산력조사(fertility survey)에서 피임을 한 적이 있는가 하는 질문에 대하여 다음의 결과를 얻었다. 면접한 여인들을 나이로 묶어서 x 의 값을 1 에서 6 까지 부여하였다. 결과에서 r_j 의 값은 면접한 n_j 의 여인 중에서 피임법을 한 번이라도 사용한 경험이 있는 여인의 수이다.

나이 구분	20~24 세	25~29 세	30~34 세	35~39 세	40~44 세	45~49 세
x_j	1	2	3	4	5	6
n_j	250	400	500	450	300	200
r_j	29	80	180	190	185	150

(1) 로지스틱 반응함수를 추정하라.

(2) 추정된 로지스틱 반응함수를 그래프(graph)에 대략 그려 보아라.

12

분산분석에의 응용

12·1 일원배치법

통계적 방법에는 여러 가지 분석방법들이 있는데, 회귀분석이 그 중에 하나라면 분산분석(分散分析, analysis of variance)도 하나의 방법으로 많이 사용되고 있다. 분산분석이란 관심이 있는 어떤 총변동(總變動, total variation)을 요인별로 분해(分解, decomposition)하여, 어떠한 변동의 요인(source of variation)이 총변동을 설명하는 데 중요한 몫을 차지하고 있는가를 분석하는 방법이다. 이 책에서는 분산분석을 자세히 설명하려고 시도하지는 않을 것이다.

분산분석은 회귀분석과는 완전히 별개의 분석방법이나 분산분석에서 얻어지는 분산분석표(分散分析表, analysis of variance table)는 회귀분석의 방법으로 얻어질 수 있다. 이런 의미로 볼 때 넓은 의미에서 분산분석은 회귀분석의 일부분이라고도 볼 수 있다. 그러나, 분산분석만이 요구되는 통계적 분석에서 회귀분석에 의한 분산분석방법을 사용할 필요는 없다. 이것은 일반적으로 고유의 분산분석에 의한 계산보다도 더 많은 계산을 요구하기 때문이다.

경우에 따라서 어떤 모형을 설정하여 회귀분석을 하는 도중 분산분석을 하여 보고 싶은 경우가 있는데, 이런 때에는 회귀분석방법을 사용한 분산분석을 하는 것이 오히려 비교가 간편하고 문제점을 발견하는데 편리한 경우도 있다. 다음에서 기초적인 분산분석방법이 어떻게 회귀분석의 입장에서 다루어질 수 있는가를 살펴보자.

12·1·1 하나의 인자에 대한 분산분석

어떤 하나의 인자 A가 있고 이 인자가 l개의 수준 A_1, A_2, …, A_l을 가지고 있다 하자. 이 인자의 각 수준이 주는 효과 t_i는 고정된 효과(fixed effect)라고 가정한다. 각 수준에서 m개의 데이터가 얻어졌다 하자. 그러면 데이터의 배열은 〈표 12·1〉과 같다. 이와 같은 데이터를 얻게 되는 실험계획법을 일원배치법(一元配置法, one factor design of experiment)이라고 한다.

〈표 12·1〉 일원배치법의 데이터의 배열

	$A_1 \quad A_2 \cdots A_l$	
	$y_{11} \quad y_{21} \cdots y_{l1}$ $y_{12} \quad y_{22} \cdots y_{l2}$ $\vdots \quad \vdots \quad \vdots$ $y_{1m} \quad y_{2m} \cdots y_{lm}$	
합	$T_{1.} \quad T_{2.} \cdots T_{l.}$	T
평 균	$\bar{y}_{1.} \quad \bar{y}_{2.} \cdots \bar{y}_{l.}$	$\bar{\bar{y}}$

〈표 12·1〉에서 $T_{i.}$는 A_i 수준에서 취해진 m개의 데이터의 합이며, $\bar{y}_{i.}$는 그 평균이다. 즉

$$T_{i.} = \sum_{j=1}^{m} y_{ij}$$

$$\bar{y}_{i.} = T_{i.}/m$$

이고 또한

$$T = \sum_{i=1}^{l} T_{i.} = \sum_{i=1}^{l}\sum_{j=1}^{m} y_{ij}$$

$$\bar{\bar{y}} = \sum_{i=1}^{l} \bar{y}_{i.}/l = \sum_{i=1}^{l}\sum_{j=1}^{m} y_{ij}/lm$$

을 의미한다. 이와 같이 하나의 인자밖에 없는 경우의 분산분석모형은

$$y_{ij} = \mu + t_i + \epsilon_{ij} \tag{12·1}$$
$$i=1, 2, \cdots, l$$
$$j=1, 2, \cdots, m$$
$$\epsilon_{ij} \sim N(0, \sigma^2)$$

으로 μ는 모든 수준에서 평균으로 쓰여지는 전반적인 평균(overall mean)으로 모르는 값이고, t_i는 인자 A의 i번째 수준이 주는 효과이며, y_{ij}는 A_i 수준에서 관찰된 j번째 관찰값으로 양적변동(quantitative variable)로 가정한다. 여기서 ϵ_{ij}는 물론 y_{ij}에 수반되는 오차항으로 $N(0, \sigma^2)$의 분포에 따르고 서로 독립이라고 가정한다.

분산분석방법에 의한 분산분석표의 작성은 다음 〈표 12·2〉의 방법에 따른다. 이와 같은 분산분석표가 회귀분석에 의해서도 쉽게 구하여질 수 있음을 고찰하여 보자.

〈표 12·2〉 일원배치법의 분산분석표

요인	제곱합	자유도	평균제곱	F_0
A(인자)	$S_A = m\sum_{i=1}^{l}(\bar{y}_{i.} - \bar{y})^2$	$l-1$	$V_A = S_A/(l-1)$	$F_0 = V_A/V_E$
E(잔차)	$S_E = S_T - S_A$	$l(m-1)$	$V_E = S_E/l(m-1)$	
T(계)	$S_T = \sum_{i=1}^{l}\sum_{j=1}^{m}(y_{ij} - \bar{y})^2$	$lm-1$		

인자의 효과가 고정(fixed)된 것이므로

$$\sum_{i=1}^{l} t_i = t_1 + t_2 + \cdots + t_l = 0 \tag{12·2}$$

으로 가정하면 각 수준을 비교하는 데 편리하다.

모형 (12·1)을 다음과 같이 선형회귀분석모형을 표현하자.

$$y_{ij} = \mu + t_1x_1 + t_2x_2 + \cdots + t_lx_l + \epsilon_{ij} \tag{12·3}$$

$$x_k = \begin{cases} 1 : k = i \text{ 이면} \\ 0 : k \neq i \text{ 이면,} \end{cases}$$

$$k, \quad i=1, 2, \cdots, l$$
$$j=1, 2, \cdots, m$$

즉, x_k, $k=1, 2, \cdots, l$, 는 가변수로서 데이터가 i 수준에서 얻어진 것이면 $x_k=1$ 이고 아니면 0 이다. 그러면, 모형 (12・3)은 다음과 같이 행렬로 나타낼 수 있다.

$$\boldsymbol{y} = X\boldsymbol{\beta}+\boldsymbol{\epsilon} \tag{12・4}$$

$$\boldsymbol{y} = \begin{bmatrix} y_{11} \\ y_{12} \\ \vdots \\ y_{1m} \\ y_{21} \\ y_{22} \\ \vdots \\ y_{2m} \\ \vdots \\ y_{lm} \end{bmatrix} \qquad \boldsymbol{\beta} = \begin{bmatrix} \mu \\ t_1 \\ t_2 \\ t_3 \\ \vdots \\ t_l \end{bmatrix} \qquad \boldsymbol{\epsilon} = \begin{bmatrix} \epsilon_{11} \\ \epsilon_{12} \\ \vdots \\ \epsilon_{1m} \\ \epsilon_{21} \\ \epsilon_{22} \\ \vdots \\ \epsilon_{2m} \\ \vdots \\ \epsilon_{lm} \end{bmatrix}$$

$$X = \begin{array}{c} \begin{array}{ccccc} & x_1 & x_2 & x_3 \cdots & x_l \end{array} \\ \left[\begin{array}{ccccc} 1 & 1 & 0 & 0 \cdots & 0 \\ 1 & 1 & 0 & 0 \cdots & 0 \\ \vdots & \vdots & \vdots & \vdots & \vdots \\ 1 & 1 & 0 & 0 \cdots & 0 \\ \hline 1 & 0 & 1 & 0 \cdots & 0 \\ 1 & 0 & 1 & 0 \cdots & 0 \\ \vdots & \vdots & \vdots & \vdots & \vdots \\ 1 & 0 & 1 & 0 \cdots & 0 \\ \hline \vdots & \vdots & \vdots & \vdots & \vdots \\ \hline 1 & 0 & 0 & 0 \cdots & 1 \\ 1 & 0 & 0 & 0 \cdots & 1 \\ \vdots & \vdots & \vdots & \vdots & \vdots \\ 1 & 0 & 0 & 0 \cdots & 1 \end{array}\right] \end{array}$$

정규방정식(normal equations)은

$$X'X\boldsymbol{\beta} = X'\boldsymbol{y} \tag{12・5}$$

로 $X'X$와 $X'\boldsymbol{y}$는 다음과 같다.

$$X'X = \begin{bmatrix} lm & m & m & \cdots & m \\ m & m & 0 & \cdots & 0 \\ m & 0 & m & \cdots & 0 \\ \vdots & \vdots & \vdots & & \vdots \\ m & 0 & 0 & \cdots & m \end{bmatrix} \qquad X'\boldsymbol{y} = \begin{bmatrix} lm\bar{\bar{y}} \\ m\bar{y}_{1.} \\ m\bar{y}_{2.} \\ \vdots \\ m\bar{y}_{l.} \end{bmatrix} = \begin{bmatrix} T \\ T_{1.} \\ T_{2.} \\ \vdots \\ T_{l.} \end{bmatrix} \tag{12・6}$$

따라서, 정규방정식을 풀어서 써 보면

$$lm\mu + m\sum_{i=1}^{l} t_i = T \tag{12・7}$$

$$m\mu + mt_i = T_{i.}, \quad i=1, 2, \cdots, l$$

이 되고, $X'X$는 (12・6)에서 보면 두번째부터 끝 열까지 모두 합하여 첫번째 열이 되므로 정칙(nonsingular)행렬이 아니며, 따라서 정규방정식 (12・7)의 μ, t_1, $\cdots$, t_l에 대한 해는 무한히 많다. 유일한 해를 구하기 위하여 가정 (12・2)를 도입하면 가능하다. 이 해를 $\hat{\mu}$, $\hat{t}_1$, $\cdots$, $\hat{t}_l$라고 쓰면 $\sum_{i=1}^{l} t_i = 0$이므로 연립방정식 (12・7)을 풀어서

$$\hat{\mu} = \frac{T}{lm} = \bar{\bar{y}}$$

$$\hat{t}_i = \frac{T_{i.} - m\bar{\bar{y}}}{m} = \bar{y}_{i.} - \bar{\bar{y}} \quad (i=1, 2, \cdots, l) \tag{12・8}$$

로 얻어진다.

회귀분석에 의한 총변동, 회귀변동과 잔차변동을 구하여 보면 흥미있는 결과를 얻을 수 있다. 이 변동들을 구하는 공식 (6・22), (6・27)에서 $\bar{y}$는 여기에서는 $\bar{\bar{y}}$에 해당하고 n은 lm과 같다.

$$
\begin{aligned}
SST &= \boldsymbol{y}'\boldsymbol{y} - n(\bar{y})^2 \\
&= \sum_{i=1}^{l}\sum_{j=1}^{m} y_{ij}^2 - lm(\bar{y})^2 \\
&= \sum_{i=1}^{l}\sum_{j=1}^{m} (y_{ij} - \bar{y})^2 \qquad (12 \cdot 9)
\end{aligned}
$$

이 총변동 SST 는 〈표 12・2〉의 총제곱합 S_T 와 동일하다. 또한 회귀변동은

$$
\begin{aligned}
SSR &= \boldsymbol{b}'X'\boldsymbol{y} - n(\bar{y})^2 \\
&= (\hat{\mu}, \hat{t}_1, \hat{t}_2, \cdots, \hat{t}_l)\begin{bmatrix} lm\bar{y} \\ m\bar{y}_{1.} \\ m\bar{y}_{2.} \\ \vdots \\ m\bar{y}_{l.} \end{bmatrix} - lm(\bar{y})^2 \\
&= lm(\bar{y})^2 + m\sum_{i=1}^{l}(\bar{y}_{i.} - \bar{y})\,\bar{y}_{i.} - lm(\bar{y})^2 \\
&= m\sum_{i=1}^{l}(\bar{y}_{i.} - \bar{y})^2 \qquad (12 \cdot 10)
\end{aligned}
$$

으로 〈표 12・2〉 A 의 변동 S_A 와 동일하다. 마찬가지로 $SSE = S_E$ 임도 보일 수 있다.

결론적으로, 분산분석표의 작성은 회귀분석에 취급된 변동의 계산방법에 의하여 그대로 구하여진다. 또한 분산분석에서 항상 쓰이는 가설검정,

H_0 : A 의 변동이 유의하지 않다 (12・11)

H_1 : A 의 변동이 유의하다

는 회귀분석에서는 회귀계수 $t_1, t_2, \cdots, t_l$ 이 모두 0 이라는 가설검정에 해당한다. 즉,

H_0 : $t_1 = t_2 = \cdots = t_l = 0$ (12・12)

H_1 : t_i 는 모두 0 은 아니다.

와 가설 (12・11)과는 실질적으로 동일한 것이다. 가설 (12・11)의 검정통계량은 〈표 12・2〉의

$$F_0 = \frac{V_A}{V_E} \qquad (12 \cdot 13)$$

이며, 검정의 기각치는 $F(l-1,\ l(m-1)\ ;\ \alpha)$가 된다. 그리고, 가설 (12・12)의 검정통계량은

$$F_0 = \frac{SSR/(l-1)}{SSE/l(m-1)} = \frac{MSR}{MSE}$$

로 식 (12・13)의 F_0와 동일한 것이며, 기각치도 $F(l-1,\ l(m-1)\ ;\ \alpha)$이다.

12·1·2 각 수준에서 반복수가 다른 경우

앞에서는 A의 각 수준에서 m개의 동일한 반복적인 관찰값이 얻어진 경우인데, 반복수가 같지 않은 경우에 대하여 알아보자. 수준 A_i에서 m_i개의 측정값이 있다면 데이터의 표현은 〈표 12・1〉의 표현과 모두 같으나, 다만 각 수준의 마지막 측정값이 각각 y_{1m_1}, y_{2m_2}, …, y_{lm_l}로 바뀌어야 하는 것만이 차이가 있다. 그리고, 분산분석모형과 회귀분석모형도 모형 (12・1)과 (12・3)의 것과 동일하나 $j=1, 2, \cdots, m$이 아니고 $j=1, 2, \cdots, m_i$가 되는 것만이 차이가 있다. 그리고, 가정 (12・2)는 다음과 같이 일반적으로 놓는다.

$$\sum_{i=1}^{l} m_i t_i = m_1 t_1 + m_2 t_2 + \cdots + m_l t_l = 0 \qquad (12 \cdot 14)$$

반복수가 다른 경우에 분산분석에 의하여 얻어지는 분산분석표는 다음과 같다. 제곱합과 자유도의 계산에서 〈표 12・2〉와 약간의 차이가 있음을 볼 수 있다.

〈표 12・3〉 반복수가 다른 경우의 분산분석표

요인	제곱합	자유도	평균제곱	F_0
A(인자)	$S_A = \sum_{i=1}^{l} m_i (\bar{y}_{i.} - \bar{\bar{y}})^2$	$l-1$	V_A	V_A/V_E
E(잔차)	$S_E = S_T - S_A$	$\sum_{i=1}^{l} m_i - l$	V_E	
T(계)	$S_T = \sum_{i=1}^{l} \sum_{j=1}^{m_i} (y_{ij} - \bar{\bar{y}})^2$	$\sum_{i=1}^{l} m_i - 1$		

회귀분석에 의하여 제곱합을 구하여 보자. 정규방정식 $X'X\boldsymbol{\beta}=X'\boldsymbol{y}$ 에서 $X'X$ 와 $X'\boldsymbol{y}$ 는 각각 다음과 같다. 독자들은 이를 식 (12・6)과 비교하여 주기 바란다.

$$X'X=\begin{bmatrix}\sum_{i=1}^{l}m_i & m_1 & m_2 & \cdots & m_l\\ m_1 & m_1 & 0 & \cdots & 0\\ m_2 & 0 & m_2 & \cdots & 0\\ \vdots & \vdots & \vdots & & \vdots\\ m_l & 0 & 0 & \cdots & m_l\end{bmatrix}\qquad X'\boldsymbol{y}=\begin{bmatrix}\bar{\bar{y}}\sum_{i=1}^{l}m_i\\ m_1\bar{y}_{1.}\\ m_2\bar{y}_{2.}\\ \vdots\\ m_l\bar{y}_{l.}\end{bmatrix}=\begin{bmatrix}T\\ T_{1.}\\ T_{2.}\\ \vdots\\ T_{l.}\end{bmatrix}$$

정규방정식을 풀어 써 보면

$$\mu\sum_{i=1}^{l}m_i+\sum_{i=1}^{l}m_it_i = T$$
$$m_i(\mu+t_i) = T_{i.},\ \ i=1,2,\cdots,l$$

인데, 가정 $\sum_{i=1}^{l}m_it_i=0$ 을 도입시켜서 해를 구하면

$$\hat{\mu} = \frac{T}{\sum_{i=1}^{l}m_i} = \bar{\bar{y}}$$
$$\hat{t}_i = \bar{y}_{i.}-\bar{\bar{y}},\ \ i=1,2,\cdots,l$$

로 해 (12・8)과 동일한 형태를 갖는다.

회귀분석에 의한 총변동(SST), 회귀변동(SSR)과 잔차변동(SSE)을 구하면 각각 다음과 같고, 이들은 〈표 12・3〉에 실려 있는 분산분석의 총제곱합(S_T), A 의 변동(S_A), 잔차제곱합(S_E)과 각각 같음을 알 수 있다.

$$SST = \boldsymbol{y}'\boldsymbol{y}-n(\bar{\bar{y}})^2$$
$$= \sum_{i=1}^{l}\sum_{j=1}^{m_i}y_{ij}^2-(\bar{\bar{y}})^2\sum_{i=1}^{l}m_i$$
$$= \sum_{i=1}^{l}\sum_{j=1}^{m_i}(y_{ij}-\bar{\bar{y}})^2 = S_T$$

$$SSR = \boldsymbol{b}'X'\boldsymbol{y} - n(\bar{y})^2$$

$$= (\hat{\mu}, \hat{t}_1, \hat{t}_2, \cdots, \hat{t}_l)\begin{pmatrix} \bar{\bar{y}}\sum_{i=1}^{l} m_i \\ m_1\bar{y}_{1.} \\ m_2\bar{y}_{2.} \\ \vdots \\ m_l\bar{y}_{l.} \end{pmatrix} - (\bar{\bar{y}})^2\sum_{i=1}^{l} m_i$$

$$= \sum_{i=1}^{l} m_i(\bar{y}_{i.} - \bar{\bar{y}})^2 = S_A$$

$$SSE = SST - SSR = S_T - S_A = S_E$$

〔예 12·1〕 어떤 벼품종 연구소에서 하나의 신품종의 벼가 개발과정에 있다. 이 신품종의 벼가 비료의 종류에 따라 수확량에 어떤 차이를 가져오는가를 검토하기 위하여 4종류의 비료(A_1, A_2, A_3, A_4)를 선택하여 농사실험을 하였다. 편의상 10개의 비슷한 지역을 선정하여 이중 랜덤으로 2지역을 골라 A_1을, 3지역을 골라 A_2를, 또 3지역을 골라 A_3를, 그리고 나머지 지역에 A_4를 사용하였다. 얻어진 수확량은 우측의 표와 같다.

벼품종 개발 데이터

	A_1	A_2	A_3	A_4	
수 확 량	12	14	19	24	
	18	12	17	30	
		13	21		
합	30	39	57	54	180
평 균	15	13	19	27	18

이 데이터에 대하여 회귀분석에 의한 분산분석표를 작성하고 비료의 종류가 수확량에 유의한 차이를 주는가를 가설검정하여라.

풀이

이 문제에 대한 회귀분석모형은

$$y_{ij} = \mu + t_1x_1 + t_2x_2 + t_3x_3 + t_4x_4 + \epsilon_{ij}$$

으로 t_k, $k=1, 2, 3, 4$,는 k수준(A_k)이 주는 효과로 $2t_1+3t_2+3t_3+2t_4=0$이라고 가정한다. x_k, $k=1, 2, 3, 4$,는 가변수로

$$x_k = 1, \ k = i$$
$$= 0, \ k \neq i$$

이 성립하는 변수이다. 회귀분석모형을 행렬로 표현하여 보면 다음과 같다.

$$\boldsymbol{y} = X\boldsymbol{\beta}+\boldsymbol{\epsilon}$$

$$\begin{bmatrix}12\\18\\14\\12\\13\\19\\17\\21\\24\\30\end{bmatrix} = \overset{\quad x_1\ x_2\ x_3\ x_4}{\begin{bmatrix}1&1&0&0&0\\1&1&0&0&0\\1&0&1&0&0\\1&0&1&0&0\\1&0&1&0&0\\1&0&0&1&0\\1&0&0&1&0\\1&0&0&1&0\\1&0&0&0&1\\1&0&0&0&1\end{bmatrix}} \begin{bmatrix}\mu\\t_1\\t_2\\t_3\\t_4\end{bmatrix} + \begin{bmatrix}\epsilon_{11}\\\epsilon_{12}\\\epsilon_{21}\\\epsilon_{22}\\\epsilon_{23}\\\epsilon_{31}\\\epsilon_{32}\\\epsilon_{33}\\\epsilon_{41}\\\epsilon_{42}\end{bmatrix}$$

$X'X$ 와 $X'\boldsymbol{y}$ 행렬은 쉽게 계산되고 정규방정식 $X'X\boldsymbol{\beta}=X'\boldsymbol{y}$ 를 풀어 써 보면

$$\begin{aligned}10\mu+2t_1+3t_2+3t_3+2t_4 &= 180\\ 2\mu+2t_1 &= 30\\ 3\mu+3t_2 &= 39\\ 3\mu+3t_3 &= 57\\ 2\mu+2t_4 &= 54\end{aligned}$$

인데, 가정에서 $2t_1+3t_2+3t_3+2t_4=0$ 로 놓고 위의 연립방정식의 해를 구하면

$$\begin{aligned}&\hat{\mu} = 18\\ &\hat{t}_1 = -3, \quad \hat{t}_2 = -5\\ &\hat{t}_3 = 1, \quad \hat{t}_4 = 9\end{aligned}$$

이 얻어진다. 공식에 의하여 변동을 각각 구하여 보면 $n = 10$, $\bar{y} = 18$ 이므로

$$\begin{aligned}SST &= \boldsymbol{y}'\boldsymbol{y}-n(\bar{y})^2\\ &= (12)^2+(18)^2+\cdots+(30)^2-10(18)^2\\ &= 304\\ SSR &= \boldsymbol{b}'X'\boldsymbol{y}-n(\bar{y})^2\end{aligned}$$

$$= (18)(180)+(-3)(30)+(-5)(39)+(1)(57)+(9)(54)-10(18)^2$$
$$= 258$$
$$SSE = SST - SSR = 46$$

이 되며, 분산분석표는 다음과 같다.

요 인	제곱합	자유도	평균제곱	F_0
A(인자)	258	3	86	11.21
E(잔차)	46	6	7.67	
T(계)	304	9		

귀무가설

$$H_0 : t_1 = t_2 = t_3 = t_4 = 0$$

에 대한 가설검정은 검정통계량의 값이 F_0=11.21이고, α=0.05에서 기각치가 $F(3, 6; 0.05)$=4.76이므로, F_0>4.76이 되어 귀무가설은 기각된다. 즉, 새로이 개발되고 있는 벼품종은 비료의 종류에 따라 수확량에 유의한 영향을 받고 있다.

12·2 반복이 없는 이원배치법

앞 절에서 인자가 하나인 경우에 대하여 회귀분석방법에 의한 분산분석표를 작성하여 보았는데 두 인자 A, B가 있는 이원배치법(二元配置法, two factor design of experiment)에 대하여 고찰하여 보자. 인자 A의 i수준(A_i)이 주는 효과를 t_i, 인자 B의 j수준(B_j)이 주는 효과를 β_j라고 나타내기로 하고, t_i와 β_j는 고정된 효과라고 하자. A_i와 B_j의 조건에서 측정값에 반복이 없다면 다음의 분산분석모형을 가지게 된다.

$$y_{ij} = \mu + t_i + \beta_j + \epsilon_{ij} \qquad (12 \cdot 15)$$
$$\epsilon_{ij} \sim N(0, \sigma^2)$$
$$i=1, 2, \cdots, l$$
$$j=1, 2, \cdots, m$$

오차항 ϵ_{ij} 간에는 서로 독립이라고 가정한다. 이 경우에 t_i와 β_j에 널리 쓰이는 가정은

$$\sum_{i=1}^{l} t_i = 0, \quad \sum_{j=1}^{m} \beta_j = 0 \tag{12・16}$$

모형 (12・15)를 선형회귀모형으로 바꾸어 보면

$$y_{ij} = \mu + \sum_{i=1}^{l} t_i x_i + \sum_{j=1}^{m} \beta_j x_{l+j} + \epsilon_{ij} \tag{12・17}$$

$$x_k = 1, \ k=i$$
$$\quad = 0, \ k \neq i, \ k=1,2,\cdots,l$$
$$x_{l+v} = 1, \ v=j$$
$$\quad = 0, \ v \neq j, \ v=1,2,\cdots,m$$

으로 표현된다. 데이터 y_{ij} 를 이원배치법의 배열표에 작성하면 다음 〈표 12・4〉와 같다.

〈표 12・4〉 반복이 없는 이원배치법의 데이터의 배열

	A_1	A_2	$\cdots$	A_l	합	평균
B_1	y_{11}	y_{21}	$\cdots$	y_{l1}	$T_{\cdot 1}$	$\bar{y}_{\cdot 1}$
B_2	y_{12}	y_{22}	$\cdots$	y_{l2}	$T_{\cdot 2}$	$\bar{y}_{\cdot 2}$
$\vdots$	$\vdots$	$\vdots$		$\vdots$	$\vdots$	$\vdots$
B_m	y_{1m}	y_{2m}	$\cdots$	y_{lm}	$T_{\cdot m}$	$\bar{y}_{\cdot m}$
합	$T_{1.}$	$T_{2.}$	$\cdots$	$T_{l.}$	T	
평 균	$\bar{y}_{1.}$	$\bar{y}_{2.}$	$\cdots$	$\bar{y}_{l.}$		$\bar{\bar{y}}$

분산분석에 의한 분산분석표의 작성요령은 다음의 〈표 12・5〉와 같게 된다.

〈표 12・5〉 이원배치법의 분산분석표

요인	제곱합	자유도	평균제곱	F_0
A(인자)	$S_A = m\sum_{i=1}^{l}(\bar{y}_{i.}-\bar{\bar{y}})^2$	$l-1$	$V_A = \frac{S_A}{l-1}$	V_A/V_E
B(인자)	$S_B = l\sum_{j=1}^{m}(\bar{y}_{.j}-\bar{\bar{y}})^2$	$m-1$	$V_B = \frac{S_B}{m-1}$	V_B/V_E
E(잔차)	$S_E = S_T - S_A - S_B$	$(l-1)(m-1)$	$V_E = \frac{S_E}{(l-1)(m-1)}$	
T(계)	$S_T = \sum_{i=1}^{l}\sum_{j=1}^{m}(y_{ij}-\bar{\bar{y}})^2$	$lm-1$		

〈표 12・5〉의 분산분석표의 제곱합을 회귀분석의 입장에서 구하여 보자. 만약, $l=2$, $m=3$이라면 모형 (12・17)은 행렬의 표현으로

$$\boldsymbol{y} = X\boldsymbol{\beta}+\boldsymbol{\epsilon}$$

$$\begin{matrix} & & & x_1 & x_2 & x_3 & x_4 & x_5 & & & \end{matrix}$$

$$\begin{bmatrix} y_{11} \\ y_{12} \\ y_{13} \\ y_{21} \\ y_{22} \\ y_{23} \end{bmatrix} = \begin{bmatrix} 1 & 1 & 0 & 1 & 0 & 0 \\ 1 & 1 & 0 & 0 & 1 & 0 \\ 1 & 1 & 0 & 0 & 0 & 1 \\ 1 & 0 & 1 & 1 & 0 & 0 \\ 1 & 0 & 1 & 0 & 1 & 0 \\ 1 & 0 & 1 & 0 & 0 & 1 \end{bmatrix} \begin{bmatrix} \mu \\ t_1 \\ t_2 \\ \beta_1 \\ \beta_2 \\ \beta_3 \end{bmatrix} + \begin{bmatrix} \epsilon_{11} \\ \epsilon_{12} \\ \epsilon_{13} \\ \epsilon_{21} \\ \epsilon_{22} \\ \epsilon_{23} \end{bmatrix}$$

이 되며, 정규방정식은

$$X'X\boldsymbol{\beta} = X'\boldsymbol{y}$$

$$\begin{bmatrix} 6 & 3 & 3 & 2 & 2 & 2 \\ 3 & 3 & 0 & 1 & 1 & 1 \\ 3 & 0 & 3 & 1 & 1 & 1 \\ 2 & 1 & 1 & 2 & 0 & 0 \\ 2 & 1 & 1 & 0 & 2 & 0 \\ 2 & 1 & 1 & 0 & 0 & 2 \end{bmatrix} \begin{bmatrix} \mu \\ t_1 \\ t_2 \\ \beta_1 \\ \beta_2 \\ \beta_3 \end{bmatrix} = \begin{bmatrix} T \\ T_{1\cdot} \\ T_{2\cdot} \\ T_{\cdot 1} \\ T_{\cdot 2} \\ T_{\cdot 3} \end{bmatrix}$$

으로 나타내진다. 이를 풀어 쓰면

$$
\begin{aligned}
6\mu+3(t_1+t_2)+2(\beta_1+\beta_2+\beta_3) &= T \\
3\mu+3t_1 \qquad + (\beta_1+\beta_2+\beta_3) &= T_{1\cdot} \\
3\mu \qquad +3t_2+ (\beta_1+\beta_2+\beta_3) &= T_{2\cdot} \\
2\mu+ (t_1+t_2)+2\beta_1 \qquad &= T_{\cdot 1} \\
2\mu+ (t_1+t_2) \quad +2\beta_2 \qquad &= T_{\cdot 2} \\
2\mu+ (t_1+t_2) \qquad +2\beta_3 &= T_{\cdot 3}
\end{aligned}
$$

와 같다. 이 연립방정식을 풀어서 t_i 와 β_j 의 추정값을 구하기 위하여 가정 (12・16)을 도입시켜서 풀면 다음의 추정값이 얻어진다.

$$
\begin{aligned}
\hat{\mu} &= \bar{y} \\
\hat{t}_i &= \bar{y}_{i\cdot}-\bar{y}, \quad i=1,2 \\
\hat{\beta}_j &= \bar{y}_{\cdot j}-\bar{y}, \quad j=1,2,3
\end{aligned}
\tag{12・18}
$$

위의 추정값의 공식은 가정 (12・16) 아래에서는 언제나 이렇게 되며, $\hat{t}_i$ 의 합과 $\hat{\beta}_j$ 의 합은 각각 0이 된다. 즉

$$
\sum_{i=1}^{l}\hat{t}_i = \sum_{i=1}^{l}(\bar{y}_{i\cdot}-\bar{y}) = 0
$$

$$
\sum_{j=1}^{m}\hat{\beta}_j = \sum_{j=1}^{m}(\bar{y}_{\cdot j}-\bar{y}) = 0
$$

회귀변동을 구하여 보면 회귀변동의 공식 (6・27)로부터

$$
SSR = \boldsymbol{b}'X'\boldsymbol{y}-n(\bar{y})^2
$$

$$
= [\hat{\mu}, \hat{t}_1, \cdots, \hat{t}_l, \hat{\beta}_1, \cdots, \hat{\beta}_m]\begin{bmatrix} T \\ T_{1\cdot} \\ \vdots \\ T_{l\cdot} \\ T_{\cdot 1} \\ \vdots \\ T_{\cdot m} \end{bmatrix} - lm(\bar{y})^2
$$

$$= \hat{\mu}T + \sum_{i=1}^{l} \hat{t}_i T_{i\cdot} + \sum_{j=1}^{m} \hat{\beta}_j T_{\cdot j} - lm(\bar{\bar{y}})^2$$

$$= \sum_{i=1}^{l} (\bar{y}_{i\cdot} - \bar{\bar{y}}) T_{i\cdot} + \sum_{j=1}^{m} (\bar{y}_{\cdot j} - \bar{\bar{y}}) T_{\cdot j}$$

$$= m\sum_{i=1}^{l} (\bar{y}_{i\cdot} - \bar{\bar{y}})^2 + l\sum_{j=1}^{m} (\bar{y}_{\cdot j} - \bar{\bar{y}})^2 = S_A + S_B$$

로 회귀변동을 계산하는 과정에서 S_A 와 S_B 가 그대로 얻어지게 된다.

A 의 변동 S_A 를 개별적으로 구하기 위해 또 하나의 다른 회귀분석방법은 모형 (12・15)에서 B 의 각 수준이 주는 효과 β_j 가 모두 없다고 한 후 축소모형(reduced model)

$$y_{ij} = \mu + \sum_{i=1}^{l} t_i x_i + \epsilon_{ij}$$

를 만들어서 회귀변동을 구하면 앞 절에서 고찰한 바와 같이 S_A 가 얻어진다. 이 축소모형은 모형 (12・3)과 동일한 것임을 유의하여 주기 바란다. 마찬가지로 S_B 를 구하기 위해서는 t_i 를 모두 0 으로 놓으면 축소모형은

$$y_{ij} = \mu + \sum_{j=1}^{m} \beta_j x_{l+j} + \epsilon_{ij}$$

이 되며, 회귀변동을 구하게 되면 S_B 만을 얻을 수 있다.

총변동과 잔차변동은 각각

$$SST = \boldsymbol{y}'\boldsymbol{y} - n(\bar{y})^2 = \sum_{i=1}^{l} \sum_{j=1}^{m} y_{ij}^2 - lm(\bar{y})^2$$

$$= \sum_{i=1}^{l} \sum_{j=1}^{m} (y_{ij} - \bar{\bar{y}})^2 = S_T$$

$$SSE = SST - SSR = S_E$$

이 됨은 쉽게 알 수 있다. 따라서, 이원배치법의 분산분석표도 회귀분석의 입장에서 구해질 수 있다.

12·3 반복이 있는 이원배치법

인자가 둘인 이원배치법에서는 A_i 와 B_j 의 수준의 조합에서 여러 번 반복하여 측정

값을 구하는 경우가 흔히 있다. 이 반복수를 r 이라고 하자. 반복이 있는 이원배치법에서는 두 인자 A, B 간에 교호작용(interaction)의 효과를 측정할 수 있으므로, 분산분석의 모형은 일반적으로 다음과 같이 표현한다.

$$y_{ijk}=\mu+t_i+\beta_j+(t\beta)_{ij}+\epsilon_{ijk} \qquad (12\cdot 19)$$

$$\epsilon_{ijk}\sim N(0,\sigma^2)$$

$$i=1,2,\cdots,l$$

$$j=1,2,\cdots,m$$

$$k=1,2,\cdots,r$$

여기에서 $(t\beta)_{ij}$ 는 A_i 수준과 B_j 수준에서 발생되는 두 인자 A, B 간의 교호작용의 효과이다. 데이터의 합과 평균은 앞에서 취급된 원리를 그대로 적용하여

$$T_{i\cdot\cdot}=\sum_{j=1}^{m}\sum_{k=1}^{r}y_{ijk},\quad T_{\cdot j\cdot}=\sum_{i=1}^{l}\sum_{k=1}^{r}y_{ijk}$$

$$T_{ij\cdot}=\sum_{k=1}^{r}y_{ijk},\qquad \bar{y}_{i\cdot\cdot}=T_{i\cdot\cdot}/mr$$

$$\bar{y}_{\cdot j\cdot}=T_{\cdot j\cdot}/lr,\qquad \bar{y}_{ij\cdot}=T_{ij\cdot}/r$$

으로 표현하자. 모형 (12·19)와 관련하여 많이 사용되는 가정은 다음과 같다. t_i 와 β_j 는 각각 고정된 효과라고 간주한다.

$$\sum_{i=1}^{l}t_i=0,\quad \sum_{j=1}^{m}\beta_j=0 \qquad (12\cdot 20)$$

$$\sum_{i=1}^{l}(t\beta)_{ij}=0,\quad j=1,2,\cdots,m$$

$$\sum_{j=1}^{m}(t\beta)_{ij}=0,\quad i=1,2,\cdots,l$$

분산분석모형 (12·19)를 가변수의 사용을 도입하여 회귀분석모형으로 바꾸면 다음과 같이 표현할 수 있다.

$$y_{ijk}=\mu+\sum_{i=1}^{l}t_ix_i+\sum_{j=1}^{m}\beta_jx_{l+j}+\sum_{i=1}^{l}\sum_{j=1}^{m}(t\beta)_{ij}x_ix_{l+j}+\epsilon_{ijk} \qquad (12\cdot 21)$$

$$
\begin{aligned}
x_u &= 1, \quad u=i \\
&= 0, \quad u \neq i, \quad u=1,2,\cdots,l \\
x_{l+v} &= 1, \quad v=j \\
&= 0, \quad v \neq j, \quad v=1,2,\cdots,m
\end{aligned}
$$

반복이 있는 이와 같은 이원배치법에 대하여 분산분석에서 얻어지는 분산분석표는 다음과 같다.

〈표 12·6〉 반복이 있는 이원배치법의 분산분석표

요 인	제 곱 합	자유도	평균제곱	F_0
A(인자)	$S_A = mr\sum_{i=1}^{l}(\bar{y}_{i\cdot\cdot}-\bar{\bar{y}})^2$	$l-1$	V_A	V_A/V_E
B(인자)	$S_B = lr\sum_{j=1}^{m}(\bar{y}_{\cdot j\cdot}-\bar{\bar{y}})^2$	$m-1$	V_B	V_B/V_E
$A\times B$ (교호작용)	$S_{A\times B} = r\sum_{i=1}^{l}\sum_{j=1}^{m}(\bar{y}_{ij\cdot}-\bar{y}_{i\cdot\cdot}-\bar{y}_{\cdot j\cdot}+\bar{\bar{y}})^2$	$(l-1)(m-1)$	$V_{A\times B}$	$V_{A\times B}/V_E$
E(잔차)	$S_E = S_T - S_A - S_B - S_{A\times B}$	$lm(r-1)$	V_E	
T(계)	$S_T = \sum_{i=1}^{l}\sum_{j=1}^{m}\sum_{k=1}^{r}(y_{ijk}-\bar{\bar{y}})^2$	$lmr-1$		

다음으로 회귀분석에 의하여 〈표 12·6〉의 제곱합들을 구하여 보자. 간편히 설명하기 위하여 만약 $l=2$, $m=2$, $r=2$ 이면 회귀분석모형은 다음과 같이 표현된다.

$$\boldsymbol{y} = X\boldsymbol{\beta}+\boldsymbol{\epsilon}$$

$$
\begin{pmatrix} y_{111} \\ y_{112} \\ y_{121} \\ y_{122} \\ y_{211} \\ y_{212} \\ y_{221} \\ y_{222} \end{pmatrix}
=
\overset{\begin{matrix} x_1 & x_2 & x_3 & x_4 & x_5 & x_6 & x_7 & x_8 \end{matrix}}{\begin{pmatrix}
1 & 1 & 0 & 1 & 0 & 1 & 0 & 0 & 0 \\
1 & 1 & 0 & 1 & 0 & 1 & 0 & 0 & 0 \\
1 & 1 & 0 & 0 & 1 & 0 & 1 & 0 & 0 \\
1 & 1 & 0 & 0 & 1 & 0 & 1 & 0 & 0 \\
1 & 0 & 1 & 1 & 0 & 0 & 0 & 1 & 0 \\
1 & 0 & 1 & 1 & 0 & 0 & 0 & 1 & 0 \\
1 & 0 & 1 & 0 & 1 & 0 & 0 & 0 & 1 \\
1 & 0 & 1 & 0 & 1 & 0 & 0 & 0 & 1
\end{pmatrix}}
\begin{pmatrix} \mu \\ t_1 \\ t_2 \\ \beta_1 \\ \beta_2 \\ (t\beta)_{11} \\ (t\beta)_{12} \\ (t\beta)_{21} \\ (t\beta)_{22} \end{pmatrix}
+
\begin{pmatrix} \epsilon_{111} \\ \epsilon_{112} \\ \epsilon_{121} \\ \epsilon_{122} \\ \epsilon_{211} \\ \epsilon_{212} \\ \epsilon_{221} \\ \epsilon_{222} \end{pmatrix}
$$

정규방정식 $X'X\boldsymbol{\beta}=X'\boldsymbol{y}$ 를 만들고, 가정 (12・20)을 대입하여 μ, t_i, β_j 와 $(t\beta)_{ij}$ 를 추정하면 다음의 결과를 얻는다.

$$\begin{aligned}\hat{\mu} &= \bar{\bar{y}}\\ \hat{t}_i &= \bar{y}_{i\cdot\cdot}-\bar{\bar{y}}, \quad \hat{\beta}_j = \bar{y}_{\cdot j\cdot}-\bar{\bar{y}}\\ (\widehat{t\beta})_{ij} &= \bar{y}_{ij\cdot}-\bar{y}_{i\cdot\cdot}-\bar{y}_{\cdot j\cdot}+\bar{\bar{y}}\end{aligned} \tag{12・22}$$

회귀변동을 구하면 다음과 같이 되어

$$\begin{aligned}SSR &= \boldsymbol{b}'X'\boldsymbol{y}-n(\bar{\bar{y}})^2\\ &= [\hat{\mu}, \hat{t}_1, \cdots, \hat{t}_l, \hat{\beta}_1, \cdots, \hat{\beta}_m, (\widehat{t\beta})_{11}, \cdots, (\widehat{t\beta})_{lm}]\begin{bmatrix} T \\ T_{1\cdot\cdot} \\ \vdots \\ T_{l\cdot\cdot} \\ T_{\cdot 1\cdot} \\ \vdots \\ T_{\cdot m\cdot} \\ T_{11\cdot} \\ \vdots \\ T_{lm\cdot}\end{bmatrix}-lmr(\bar{\bar{y}})^2\\ &= lmr(\bar{\bar{y}})^2+\sum_{i=1}^{l}\hat{t}_iT_{i\cdot\cdot}+\sum_{j=1}^{m}\hat{\beta}_jT_{\cdot j\cdot}+\sum_{i=1}^{l}\sum_{j=1}^{m}(\widehat{t\beta})_{ij}T_{ij\cdot}-lmr(\bar{\bar{y}})^2\\ &= mr\sum_{i=1}^{l}(\bar{y}_{i\cdot\cdot}-\bar{\bar{y}})^2+lr\sum_{j=1}^{m}(\bar{y}_{\cdot j\cdot}-\bar{\bar{y}})^2+r\sum_{i=1}^{l}\sum_{j=1}^{m}(\bar{y}_{ij\cdot}-\bar{y}_{i\cdot\cdot}-\bar{y}_{\cdot j\cdot}+\bar{\bar{y}})^2\\ &= S_A+S_B+S_{A\times B}\end{aligned}$$

회귀변동 SSR 은 그 계산과정 중에서 S_A, S_B 와 $S_{A\times B}$ 로 분리되어 동시에 얻어진다. 따라서, 회귀변동은 〈표 12・6〉의 세 가지 제곱합을 합한 것과 같아진다.

S_A, S_B 와 $S_{A\times B}$ 를 하나하나 개별적으로 회귀분석에 의하여 구할 수 있는 또 하나의 다른 방법은 모형 (12・21)에서 먼저 $\beta_j=0$, $(t\beta)_{ij}=0$ 으로 놓고 축소모형

$$y_{ijk} = \mu+\sum_{i=1}^{l}t_ix_i+\epsilon_{ijk} \tag{12・23}$$

를 만들어 회귀변동을 구하면 S_A를 얻을 수 있다. 또한 $t_i=0$, $(t\beta)_{ij}=0$으로 놓고

$$y_{ijk}=\mu+\sum_{j=1}^{m}\beta_j x_{l+j}+\epsilon_{ijk} \tag{12・24}$$

의 축소모형에 대한 회귀변동을 구하여 S_B를 얻는다. 같은 방법으로 $t_i=0$, $\beta_j=0$으로 놓고 축소모형

$$y_{ijk}=\mu+\sum_{i=1}^{l}\sum_{j=1}^{m}(t\beta)_{ij}x_i x_{l+j}+\epsilon_{ijk} \tag{12・25}$$

을 만들어 회귀변동을 구하면 $r\sum_{i=1}^{l}\sum_{j=1}^{m}(\bar{y}_{ij\cdot}-\bar{\bar{y}})^2$이 되는데 여기에서 S_A와 S_B를 빼면 $S_{A\times B}$를 얻을 수 있다.

총변동은 회귀분석에서 구한 공식 (6・22)로부터

$$\begin{aligned}SST &= \boldsymbol{y}'\boldsymbol{y}-n(\bar{y})^2\\ &=\sum_{i=1}^{l}\sum_{j=1}^{m}\sum_{k=1}^{r}y_{ijk}^2-lmr(\bar{\bar{y}})^2\\ &=\sum_{i=1}^{l}\sum_{j=1}^{m}\sum_{k=1}^{r}(y_{ijk}-\bar{\bar{y}})^2=S_T\end{aligned}$$

가 됨을 쉽게 보일 수 있고 잔차변동은

$$\begin{aligned}SSE &= SST-SSR\\ &= S_T-(S_A+S_B+S_{A\times B})=S_E\end{aligned}$$

임이 명백하다.

〔예 12・2〕 어떤 카메라 제조 회사에서 카메라에 필름을 감을 때 손가락에 걸리는 하중(荷重)을 작게 하기 위한 실험을 하였다. 하중은 필름을 감을 때 걸리는 힘으로 단위는 kg・cm이며, 작을 수록 좋은 것이다. 이 하중에 미치는 중요한 인자로서 필름의 축마찰(axial friction)과 기아의 톱니바퀴모양을 선택하여 다음과 같이 인자의 수준을 선택하고 반복 2회의 데이터를 얻었다.

인 자 \ 수 준	1	2	3	4
A (필림의 축마찰)	100	120	140	160(kg·cm)
B (기아의 톱니바퀴모양)	현행형	개량형 Ⅰ	개량형 Ⅱ	

〈표 12·7〉 카메라 하중데이터

	A_1	A_2	A_3	A_4	합	평균
B_1	2.5 3.3	2.6 3.0	2.9 3.2	3.0 3.4	23.9	2.99
B_2	2.6 3.2	2.5 3.1	3.1 2.8	2.9 3.5	23.7	2.96
B_3	1.9 2.1	2.0 2.3	2.7 3.2	4.2 4.0	22.4	2.80
합 평균	15.6 2.60	15.5 2.58	17.9 2.98	21.0 3.50	70.0	 2.92

이와 같이 반복이 있는 이원배치법의 데이터로부터 회귀분석방법을 사용하여 분산분석표를 작성하고 인자 A, B 또는 교호작용 $A\times B$가 하중에 유의한 영향을 미치는가의 여부를 검정하라. 또한 하중을 가장 작게 하여 주는 A와 B인자 수준의 최적조합(optimal combination) 조건을 찾아라.

풀이

회귀분석모형을 만들어 보면 다음과 같다.

$$y_{ijk}=\mu+\sum_{i=1}^{4}t_i x_i+\sum_{j=1}^{3}\beta_j x_{4+j}+\sum_{i=1}^{4}\sum_{j=1}^{3}(t\beta)_{ij}x_i x_{4+j}+\epsilon_{ijk}$$

$$\begin{aligned} x_u &= 1,\ \ u=i \\ &= 0,\ \ u\neq i,\quad u,\ i=1,2,3,4 \\ x_{4+v} &= 1,\ \ v=j \\ &= 0,\ \ v\neq j,\quad v,\ j=1,2,3 \end{aligned}$$

이 모형에 부수되는 가정으로

$$\sum_{i=1}^{4} t_i = 0, \quad \sum_{j=1}^{3} \beta_j = 0$$

$$\sum_{i=1}^{4} (t\beta)_{ij} = 0, \quad j=1, 2, 3 \tag{12・26}$$

$$\sum_{j=1}^{3} (t\beta)_{ij} = 0, \quad i=1, 2, 3, 4$$

를 잡아 주기로 한다.

이 문제에 대하여 행렬로 표현되는 선형회귀모형 $\boldsymbol{y}=X\boldsymbol{\beta}+\boldsymbol{\epsilon}$을 만들어 보면 다음 페이지에 있는 것과 같다.

정규방정식, $X'X\boldsymbol{\beta}=X'\boldsymbol{y}$를 만들고, 이를 풀기 위하여 가정 (12・26)을 도입하여 정규방정식의 해를 구하면 다음과 같다.

$$\hat{\mu} = \bar{\bar{y}} = 2.92$$

$$\hat{t}_1 = \bar{y}_{1..} - \bar{\bar{y}} = 2.60-2.92 = -0.32$$

$$\hat{t}_2 = \bar{y}_{2..} - \bar{\bar{y}} = 2.58-2.92 = -0.34$$

$x \quad x_2 \quad x_3 \quad x_4 \quad x_5 \quad x_6 \quad x_7 \quad x_8 \quad x_9 \quad x_{10} \quad x_{11} \quad x_{12} \quad x_{13} \quad x_{14} \quad x_{15} \quad x_{16} \quad x_{17} \quad x_{18} \quad x_{19}$

$$\begin{bmatrix} 2.5 \\ 3.3 \\ 2.6 \\ 3.2 \\ 1.9 \\ 2.1 \\ 2.6 \\ 3.0 \\ 2.5 \\ 3.1 \\ 2.0 \\ 2.3 \\ 2.9 \\ 3.2 \\ 3.1 \\ 2.8 \\ 2.7 \\ 3.2 \\ 3.0 \\ 3.4 \\ 2.9 \\ 3.5 \\ 4.2 \\ 4.0 \end{bmatrix} = \begin{bmatrix} 1&1&0&0&0&1&0&0&1&0&0&0&0&0&0&0&0&0&0&0 \\ 1&1&0&0&0&1&0&0&1&0&0&0&0&0&0&0&0&0&0&0 \\ 1&1&0&0&0&0&1&0&0&1&0&0&0&0&0&0&0&0&0&0 \\ 1&1&0&0&0&0&1&0&0&1&0&0&0&0&0&0&0&0&0&0 \\ 1&1&0&0&0&0&0&1&0&0&1&0&0&0&0&0&0&0&0&0 \\ 1&1&0&0&0&0&0&1&0&0&1&0&0&0&0&0&0&0&0&0 \\ 1&0&1&0&0&1&0&0&0&0&0&1&0&0&0&0&0&0&0&0 \\ 1&0&1&0&0&1&0&0&0&0&0&1&0&0&0&0&0&0&0&0 \\ 1&0&1&0&0&0&1&0&0&0&0&0&1&0&0&0&0&0&0&0 \\ 1&0&1&0&0&0&1&0&0&0&0&0&1&0&0&0&0&0&0&0 \\ 1&0&1&0&0&0&0&1&0&0&0&0&0&1&0&0&0&0&0&0 \\ 1&0&1&0&0&0&0&1&0&0&0&0&0&1&0&0&0&0&0&0 \\ 1&0&0&1&0&1&0&0&0&0&0&0&0&0&1&0&0&0&0&0 \\ 1&0&0&1&0&1&0&0&0&0&0&0&0&0&1&0&0&0&0&0 \\ 1&0&0&1&0&0&1&0&0&0&0&0&0&0&0&1&0&0&0&0 \\ 1&0&0&1&0&0&1&0&0&0&0&0&0&0&0&1&0&0&0&0 \\ 1&0&0&1&0&0&0&1&0&0&0&0&0&0&0&0&1&0&0&0 \\ 1&0&0&1&0&0&0&1&0&0&0&0&0&0&0&0&1&0&0&0 \\ 1&0&0&0&1&1&0&0&0&0&0&0&0&0&0&0&0&1&0&0 \\ 1&0&0&0&1&1&0&0&0&0&0&0&0&0&0&0&0&1&0&0 \\ 1&0&0&0&1&0&1&0&0&0&0&0&0&0&0&0&0&0&1&0 \\ 1&0&0&0&1&0&1&0&0&0&0&0&0&0&0&0&0&0&1&0 \\ 1&0&0&0&1&0&0&1&0&0&0&0&0&0&0&0&0&0&0&1 \\ 1&0&0&0&1&0&0&1&0&0&0&0&0&0&0&0&0&0&0&1 \end{bmatrix} \begin{bmatrix} \mu \\ t_1 \\ t_2 \\ t_3 \\ t_4 \\ \beta_1 \\ \beta_2 \\ \beta_3 \\ (t\beta)_{11} \\ (t\beta)_{12} \\ (t\beta)_{13} \\ (t\beta)_{21} \\ (t\beta)_{22} \\ (t\beta)_{23} \\ (t\beta)_{31} \\ (t\beta)_{32} \\ (t\beta)_{33} \\ (t\beta)_{41} \\ (t\beta)_{42} \\ (t\beta)_{43} \end{bmatrix} + \begin{bmatrix} \epsilon_{111} \\ \epsilon_{112} \\ \epsilon_{121} \\ \epsilon_{122} \\ \epsilon_{131} \\ \epsilon_{132} \\ \epsilon_{211} \\ \epsilon_{212} \\ \epsilon_{221} \\ \epsilon_{222} \\ \epsilon_{231} \\ \epsilon_{232} \\ \epsilon_{311} \\ \epsilon_{312} \\ \epsilon_{321} \\ \epsilon_{322} \\ \epsilon_{331} \\ \epsilon_{332} \\ \epsilon_{411} \\ \epsilon_{412} \\ \epsilon_{421} \\ \epsilon_{422} \\ \epsilon_{431} \\ \epsilon_{432} \end{bmatrix}$$

$$\hat{t}_3 = \bar{y}_{3\cdot\cdot} - \bar{y} = 2.98 - 2.92 = 0.06$$

$$\hat{t}_4 = \bar{y}_{4\cdot\cdot} - \bar{y} = 3.50 - 2.92 = 0.58$$

$$\hat{\beta}_1 = \bar{y}_{\cdot 1\cdot} - \bar{y} = 2.99 - 2.92 = 0.07$$

$$\hat{\beta}_2 = \bar{y}_{\cdot 2\cdot} - \bar{y} = 2.96 - 2.92 = 0.04$$

$$\hat{\beta}_3 = \bar{y}_{\cdot 3\cdot} - \bar{y} = 2.80 - 2.92 = -0.12$$

$$\begin{aligned}(\widehat{t\beta})_{11} &= \bar{y}_{11\cdot} - \bar{y}_{1\cdot\cdot} - \bar{y}_{\cdot 1\cdot} + \bar{y} \\ &= (2.5+3.3)/2 - 2.60 - 2.99 + 2.92 = 0.23\end{aligned}$$

$$\begin{aligned}(\widehat{t\beta})_{12} &= \bar{y}_{12\cdot} - \bar{y}_{1\cdot\cdot} - \bar{y}_{\cdot 2\cdot} + \bar{y} \\ &= (2.6+3.2)/2 - 2.60 - 2.96 + 2.92 = 0.26\end{aligned}$$

$$\begin{aligned}(\widehat{t\beta})_{13} &= \bar{y}_{13\cdot} - \bar{y}_{1\cdot\cdot} - \bar{y}_{\cdot 3\cdot} + \bar{y} \\ &= (1.9+2.1)/2 - 2.60 - 2.80 + 2.92 = -0.48\end{aligned}$$

$$\begin{aligned}(\widehat{t\beta})_{21} &= \bar{y}_{21\cdot} - \bar{y}_{2\cdot\cdot} - \bar{y}_{\cdot 1\cdot} + \bar{y} \\ &= (2.6+3.0)/2 - 2.58 - 2.99 + 2.92 = 0.15\end{aligned}$$

$$\begin{aligned}(\widehat{t\beta})_{22} &= \bar{y}_{22\cdot} - \bar{y}_{2\cdot\cdot} - \bar{y}_{\cdot 2\cdot} + \bar{y} \\ &= (2.5+3.1)/2 - 2.58 - 2.96 + 2.92 = 0.18\end{aligned}$$

$$\begin{aligned}(\widehat{t\beta})_{23} &= \bar{y}_{23\cdot} - \bar{y}_{2\cdot\cdot} - \bar{y}_{\cdot 3\cdot} + \bar{y} \\ &= (2.0+2.3)/2 - 2.58 - 2.80 + 2.92 = -0.31\end{aligned}$$

$$\begin{aligned}(\widehat{t\beta})_{31} &= \bar{y}_{31\cdot} - \bar{y}_{3\cdot\cdot} - \bar{y}_{\cdot 1\cdot} + \bar{y} \\ &= (2.9+3.2)/2 - 2.98 - 2.99 + 2.92 = 0\end{aligned}$$

$$\begin{aligned}(\widehat{t\beta})_{32} &= \bar{y}_{32\cdot} - \bar{y}_{3\cdot\cdot} - \bar{y}_{\cdot 2\cdot} + \bar{y} \\ &= (3.1+2.8)/2 - 2.98 - 2.96 + 2.92 = -0.07\end{aligned}$$

$$\begin{aligned}(\widehat{t\beta})_{33} &= \bar{y}_{33\cdot} - \bar{y}_{3\cdot\cdot} - \bar{y}_{\cdot 3\cdot} + \bar{y} \\ &= (2.7+3.2)/2 - 2.98 - 2.80 + 2.92 = 0.09\end{aligned}$$

$$\begin{aligned}(\widehat{t\beta})_{41} &= \bar{y}_{41\cdot} - \bar{y}_{4\cdot\cdot} - \bar{y}_{\cdot 1\cdot} + \bar{y} \\ &= (3.0+3.4)/2 - 3.50 - 2.99 + 2.92 = -0.37\end{aligned}$$

$$\begin{aligned}(\widehat{t\beta})_{42} &= \bar{y}_{42\cdot} - \bar{y}_{4\cdot\cdot} - \bar{y}_{\cdot 2\cdot} + \bar{y} \\ &= (2.9+3.5)/2 - 3.50 - 2.96 + 2.92 = -0.34\end{aligned}$$

$$\begin{aligned}(\widehat{t\beta})_{43} &= \bar{y}_{43\cdot} - \bar{y}_{4\cdot\cdot} - \bar{y}_{\cdot 3\cdot} + \bar{y} \\ &= (4.2+4.0)/2 - 3.50 - 2.80 + 2.92 = 0.72\end{aligned}$$

위의 추정값들을 이용하여 회귀변동을 구하면

$$SSR = \mathbf{b}'X'\mathbf{y} - n(\bar{y})^2$$

$$= \sum_{i=1}^{4} \hat{t}_i T_{i\cdot\cdot} + \sum_{j=1}^{3} \hat{\beta}_j T_{\cdot j\cdot} + \sum_{i=1}^{4} \sum_{j=1}^{3} (\widehat{t\beta})_{ij} T_{ij\cdot}$$

$$= \{(-0.32)(15.6) + (-0.34)(15.5) + (0.06)(17.9) + (0.58)(21.0)\}$$

$$+ \{(0.07)(23.9) + 0.04(23.7) + (-0.12)(22.4)\}$$

$$+ \{(0.23)(2.5+3.3) + \cdots + (0.72)(4.2+4.0)\}$$

$$= 3.33 + 0.16 + 2.53$$

$$= S_A + S_B + S_{A\times B} = 6.07$$

이 되어 $S_A=3.33$, $S_B=0.16$, $S_{A\times B}=2.58$ 이 각각 얻어진다. 위의 계산은 소숫점의 반올림으로 계산결과가 정확하지 않으니 독자들은 유의하여 주기 바란다.

다음으로 총변동을 구하면

$$SST = \boldsymbol{y}'\boldsymbol{y} - n(\bar{y})^2$$

$$= \sum_{i=1}^{4} \sum_{j=1}^{3} \sum_{k=1}^{2} y_{ijk}{}^2 - 24(\bar{y})^2$$

$$= (2.5)^2 + (3.3)^2 + \cdots + (4.2)^2 + (4.0)^2 - 24(2.92)^2 = 7.39$$

이 되고, 따라서 잔차변동은

$$SSE = SST - SSR$$

$$= 7.39 - 6.07 = 1.32$$

이다. 이를 종합하여 분산분석표를 만들면 다음과 같다.

〈표 12·8〉 〔예 12·2〕의 분산분석표

요 인	제곱합	자유도	평균제곱	F_0	$F(0.05)$
A	3.33	3	1.11	10.09*	3.49
B	0.16	2	0.08	0.73	3.89
$A\times B$	2.58	6	0.43	3.91*	3.00
E	1.32	12	0.11		
T	7.39	23			

각 요인의 변동이 유의한가의 F-검정을 하여 보면 A 와 $A\times B$ 는 유의하고 B 는 유의하지 않다. 즉, 필름 축마찰은 하중에 유의한 영향을 미치며 필름 축마찰과 기아의

톱니바퀴모양은 하중에 유의한 교호작용의 효과를 주고 있다. 그러나, 기아의 톱니바퀴모양은 그 형태가 바뀌어도 하중에 유의한 차이를 준다고 볼 수 없다.

마지막으로, 어떤 A 인자의 수준과 B 인자의 수준의 조합에서 가장 작은 하중을 주는가를 알아보자. A_i 와 B_j 수준에서 하중의 모평균을 $\mu(A_iB_j)$라고 하면, 이는 식 (12・19)로부터

$$\begin{aligned}\mu(A_iB_j) &= E(\bar{y}_{ij\cdot}) \\ &= \mu+t_i+\beta_j+(t\beta)_{ij}\end{aligned}$$

가 된다. 그런데, B 의 변동이 유의하지 않다는 결론이 나왔으므로 $\beta_j=0$, $j=1,2,3$, 으로 가정하고, 모평균 $\mu(A_iB_j)$의 추정값을 구하면

$$\begin{aligned}\hat{\mu}(A_iB_j) &= \widehat{\mu+t_i+(t\beta)_{ij}} \\ &= \hat{\mu}+\hat{t}_i+(\widehat{t\beta})_{ij} \\ &= \bar{\bar{y}}+(\bar{y}_{i\cdot\cdot}-\bar{\bar{y}})+(\bar{y}_{ij\cdot}-\bar{y}_{i\cdot\cdot}-\bar{y}_{\cdot j\cdot}+\bar{\bar{y}}) \\ &= \bar{y}_{ij\cdot}-\bar{y}_{\cdot j\cdot}+\bar{\bar{y}}\end{aligned}$$

가 된다. 이 모평균의 점추정값을 모든 i 와 j 에 대하여 구하면 우측의 결과가 얻어진다.

〈표 12・9〉 $\mu(A_iB_j)$의 점추정치

	A_1	A_2	A_3	A_4
B_1	2.83	2.73	2.98	3.13
B_2	2.86	2.76	2.91	3.16
B_3	2.12	2.27	3.07	4.22

따라서, 가장 작은 하중은 A_1B_3 에서 얻어지며, 이 조건이 최적조건이 된다. 즉, 필름 축마찰은 100 kg・cm 로 하고 기아의 톱니바퀴모양은 개량형 Ⅱ가 하중을 가장 작게 하여 주는 조건이 된다.

12・4 모수의 재조정법

앞에서 기본적인 몇 가지의 실험계획법에 의하여 얻어진 데이터를 분석하는 방법으로 회귀분석의 적용을 검토하여 보았다. 이 때에 공통적인 것은 $X'X$ 는 비정칙행렬(非正則行列, singular matrix)이 되어 $X'X$ 행렬의 역행렬을 구할 수 없으며, 따라서 OLS 추정

공식인 $\boldsymbol{b}=(X'X)^{-1}X'\boldsymbol{y}$ 를 그대로 사용할 수 없었다. 이런 문제를 극복하기 위하여 모수들간에 가정을 도입하여 정규방정식을 풀어서 해를 얻었다. 여기서 모수들이란 회귀계수가 되는 μ, t_i, β_j 등을 말한다. 이 모수들을 추정하는데 위의 방법을 사용하지 않고 모수들간의 가정을 직접 회귀모형에 도입시켜서 모수의 재조정(reparametrization of parameters)을 통하여 $X'X$ 행렬을 정칙행렬(non-singular matrix)로 만들어 모수들을 추정하는 방법이 있다. 이 재조정법은 7장의 4절에서 가정 $C\boldsymbol{\beta}=\boldsymbol{m}$ 의 검정에서 간단히 논의된 적이 있다. 이 방법에 상세히 살펴보기로 하자.

12·4·1 일원배치법(방법 I)

먼저 일원배치법에 대한 회귀모형 (12·3)을 살펴보자. 가정 $m_1t_1+m_2t_2+\cdots+m_lt_l=0$ 을 모형에 직접 대입시키면

$$t_l=-\frac{1}{m_l}(m_1t_1+m_2t_2+\cdots+m_{l-1}t_{l-1}) \qquad (12\cdot27)$$

이므로

$$\begin{aligned} y_{ij}&=\mu+t_1x_1+t_2x_2+\cdots+t_lx_l+\epsilon_{ij}\\ &=\mu+t_1x_1+t_2x_2+\cdots+\frac{1}{m_l}(-m_1t_1-\cdots-m_{l-1}t_{l-1})x_l+\epsilon_{ij}\\ &=\mu+t_1\left(x_1-\frac{m_1}{m_l}x_l\right)+\cdots+t_{l-1}\left(x_{l-1}-\frac{m_{l-1}}{m_l}x_l\right)+\epsilon_{ij}\\ &=\mu+t_1w_1+\cdots+t_{l-1}w_{l-1}+\epsilon_{ij} \qquad (12\cdot28)\end{aligned}$$

가 되어, 독립변수의 수가 하나 줄어들게 된다. 여기서

$$w_i=x_i-\frac{m_i}{m_l}x_l,\quad i=1,2,\cdots,l-1 \qquad (12\cdot29)$$

로서 A_i 수준의 데이터에 대해서는 $x_i=1$ 이고 $x_l=0$ 이므로 $w_i=1$ 이고, A_l 수준의 데이터에 대해서는 $x_i=0$ 이고 $x_l=1$ 이므로 $w_i=-\dfrac{m_i}{m_l}$ 이며, 그 이외의 수준에 대해서는 $w_i=0$ 의 값을 갖는다. 만약, A_i 의 각 수준에서 같은 반복수를 갖는다면

$$m_1 = m_2 = \cdots = m_l = m$$

으로 w_i 는 -1, 0 또는 1 의 값을 갖게 된다.

〔예 12・1〕에 대하여 모수 재조정법에 의한 모형을 써 보면

$$y_{ij} = \mu + t_1 w_1 + t_2 w_2 + t_3 w_3 + \epsilon_{ij}$$

인데 $m_1 = m_4 = 2$, $m_2 = m_3 = 3$ 이므로

$$w_1 = x_1 - \frac{2}{2} x_4 = x_1 - x_4$$

$$w_2 = x_2 - \frac{3}{2} x_4$$

$$w_3 = x_3 - \frac{3}{2} x_4$$

이며, 선형회귀모형의 행렬표현은 다음과 같다.

$$\boldsymbol{y} = X\boldsymbol{\beta} + \boldsymbol{\epsilon}$$

$$\begin{pmatrix} 12 \\ 18 \\ 14 \\ 12 \\ 13 \\ 19 \\ 17 \\ 21 \\ 24 \\ 30 \end{pmatrix} = \begin{pmatrix} & w_1 & w_2 & w_3 \\ 1 & 1 & 0 & 0 \\ 1 & 1 & 0 & 0 \\ 1 & 0 & 1 & 0 \\ 1 & 0 & 1 & 0 \\ 1 & 0 & 1 & 0 \\ 1 & 0 & 0 & 1 \\ 1 & 0 & 0 & 1 \\ 1 & 0 & 0 & 1 \\ 1 & -1 & -1.5 & -1.5 \\ 1 & -1 & -1.5 & -1.5 \end{pmatrix} \begin{pmatrix} \mu \\ t_1 \\ t_2 \\ t_3 \end{pmatrix} + \boldsymbol{\epsilon}$$

여기서 얻어지는 행렬 X 는 정칙행렬로서 μ, t_1, t_2 와 t_3 의 추정이 공식 $\boldsymbol{b} = (X'X)^{-1} X'\boldsymbol{y}$ 로부터 직접 얻어진다.

$$b = \begin{bmatrix} \hat{\mu} \\ \hat{t}_1 \\ \hat{t}_2 \\ \hat{t}_3 \end{bmatrix} = (X'X)^{-1}X'\boldsymbol{y}$$

$$= \begin{bmatrix} 10 & 0 & 0 & 0 \\ 0 & 4 & 3 & 3 \\ 0 & 3 & 7.5 & 4.5 \\ 0 & 3 & 4.5 & 7.5 \end{bmatrix}^{-1} \begin{bmatrix} 12+18+\cdots+30 \\ 12+18-24-30 \\ 14+12+13-1.5(24+30) \\ 19+17+21-1.5(24+30) \end{bmatrix}$$

$$= \begin{bmatrix} 0.1 & 0 & 0 & 0 \\ 0 & 0.4 & -0.1 & -0.1 \\ 0 & -0.1 & 0.2333 & -0.1 \\ 0 & -0.1 & -0.1 & 0.2333 \end{bmatrix} \begin{bmatrix} 180 \\ -24 \\ -42 \\ -24 \end{bmatrix} = \begin{bmatrix} 18 \\ -3 \\ -5 \\ 1 \end{bmatrix}$$

그리고, t_4의 추정은 식 (12・27)로부터

$$\hat{t}_4 = -\frac{1}{2}(2\hat{t}_1+3\hat{t}_2+3\hat{t}_3) = -\frac{1}{2}(2(-3)+3(-5)+3(1)) = 9$$

가 되어 μ, t_1, t_2, t_3와 t_4의 추정값이 모두 〔예 12・1〕에서 구한 결과와 동일하다.

12·4·2 일원배치법(방법 II)

앞의 방법 I에서는 가정 $t_l = -\frac{1}{m_l}\sum_{i=1}^{l-1} m_i t_i$를 회귀모형에 대입시켜서 변수를 하나 줄이는 방법을 선택했다. 이 방법 외에 다음과 같은 모수의 재조정법을 사용할 수도 있다.

회귀모형 (12・3)에서 마지막 변수 x_l을 제거시켜 버린다. 그리고, 새로운 모수들로 표현하면

$$y_{ij} = \alpha_0 + \alpha_1 x_1 + \alpha_2 x_2 + \cdots + \alpha_{l-1} x_{l-1} + \epsilon_{ij} \tag{12・30}$$

이 된다. 새로운 모수 α_i와 t_i들간의 관계를 살펴보자. A_l 수준의 데이터에 대해서는 원래의 모형 (12・3)은

$$y_{lj} = \mu + t_l + \epsilon_{lj}$$

이나, 새로운 모형 (12・30)은

$$y_{lj} = \alpha_0 + \epsilon_{lj}$$

이므로, α_0 는

$$\alpha_0 = \mu + t_l \qquad (12 \cdot 31)$$

의 관계가 성립한다. 다음으로 A_1 수준의 데이터에 대해서는 모형 (12・3)은

$$y_{1j} = \mu + t_1 + \epsilon_{1j}$$

이고, 모형 (12・30)은

$$y_{1j} = \alpha_0 + \alpha_1 + \epsilon_{1j} = \mu + t_l + \alpha_1 + \epsilon_{1j}$$

이므로, 이 두 모형의 비교로부터

$$\alpha_1 = t_1 - t_l$$

의 결론을 얻는다. 일반적으로

$$\alpha_i = t_i - t_l, \quad i=1, 2, \cdots, l-1 \qquad (12 \cdot 32)$$

의 관계가 성립한다.

〔예 12・1〕에 대하여 이 방법에 따라 회귀분석모형을 적어 보면

$$y_{ij} = \alpha_0 + \alpha_1 x_1 + \alpha_2 x_2 + \alpha_3 x_3 + \epsilon_{ij}$$

이 되며, 행렬표현으로 나타내면 다음과 같다.

$$\boldsymbol{y} = X\boldsymbol{\beta} + \boldsymbol{\epsilon}$$

$$\begin{bmatrix} 12 \\ 18 \\ 14 \\ 12 \\ 13 \\ 19 \\ 17 \\ 21 \\ 24 \\ 30 \end{bmatrix} = \begin{bmatrix} & x_1 & x_2 & x_3 \\ 1 & 1 & 0 & 0 \\ 1 & 1 & 0 & 0 \\ 1 & 0 & 1 & 0 \\ 1 & 0 & 1 & 0 \\ 1 & 0 & 1 & 0 \\ 1 & 0 & 0 & 1 \\ 1 & 0 & 0 & 1 \\ 1 & 0 & 0 & 1 \\ 1 & 0 & 0 & 0 \\ 1 & 0 & 0 & 0 \end{bmatrix} \begin{bmatrix} \alpha_0 \\ \alpha_1 \\ \alpha_2 \\ \alpha_3 \end{bmatrix} + \boldsymbol{\epsilon}$$

공식을 사용하여 α_i 들의 추정값을 구하면

$$\boldsymbol{b} = \begin{bmatrix} \hat{\alpha}_0 \\ \hat{\alpha}_1 \\ \hat{\alpha}_2 \\ \hat{\alpha}_3 \end{bmatrix} = (X'X)^{-1}X'\boldsymbol{y}$$

$$= \begin{bmatrix} 10 & 2 & 3 & 3 \\ 2 & 2 & 0 & 0 \\ 3 & 0 & 3 & 0 \\ 3 & 0 & 0 & 3 \end{bmatrix}^{-1} \begin{bmatrix} 12+18+\cdots+24+30 \\ 12+18 \\ 14+12+13 \\ 19+17+21 \end{bmatrix}$$

$$= \begin{bmatrix} 0.5 & -0.5 & -0.5 & -0.5 \\ -0.5 & 1 & 0.5 & 0.5 \\ -0.5 & 0.5 & 0.8333 & 0.5 \\ -0.5 & 0.5 & 0.5 & 0.8333 \end{bmatrix} \begin{bmatrix} 180 \\ 30 \\ 39 \\ 57 \end{bmatrix}$$

$$= \begin{bmatrix} 27 \\ -12 \\ -14 \\ -8 \end{bmatrix}$$

이 얻어진다. 이 추정값들을 검토하여 보면 다음과 같은 것임을 알 수 있다.

$$\hat{\alpha}_0 = \hat{\mu} + \hat{t}_4 = \bar{\bar{y}} + (\bar{y}_{4\cdot} - \bar{\bar{y}}) = \bar{y}_{4\cdot}$$

$$\hat{\alpha}_i = \hat{t}_i - \hat{t}_4 = (\bar{y}_{i\cdot} - \bar{\bar{y}}) - (\bar{y}_{4\cdot} - \bar{\bar{y}}) = \bar{y}_{i\cdot} - \bar{y}_{4\cdot}$$

$$i = 1, 2, 3$$

모형이 재조정되어 회귀계수들이 다른 의미를 갖더라도 얻어지는 회귀변동은 변함이 없다. 적합된 모형

$$\hat{y} = \hat{\alpha}_0 + \sum_{i=1}^{3} \hat{\alpha}_i x_i$$

에 대한 회귀변동은

$$SSR = \boldsymbol{b}'X'\boldsymbol{y} - n(\bar{y})^2 = (\hat{\alpha}_0, \hat{\alpha}_1, \hat{\alpha}_2, \hat{\alpha}_3)\begin{bmatrix} 180 \\ 30 \\ 39 \\ 57 \end{bmatrix} - 10(\bar{\bar{y}})^2$$

$$= (27)(180) + (-12)(30) + (-14)(39) + (-8)(57) - 10(18)^2$$

$$= 258$$

로 〔예 12・1〕에서 얻은 회귀변동과 동일하다. 따라서, 분산분석표를 작성하는 데는 재조정(再調整, reparametrized)된 모형을 쓰거나 원래의 모형을 그대로 쓰거나 아무런 차이가 없다.

12·4·3 반복이 없는 이원배치법

앞에서 검토된 두 가지의 재조정법을 이원배치법에서도 그대로 적용될 수 있다. 먼저 반복이 없는 이원배치법에 대하여 재조정방법 Ⅰ을 알아보자.

가정이

$$t_l = -(t_1 + t_2 + \cdots + t_{l-1})$$

$$\beta_m = -(\beta_1 + \beta_2 + \cdots + \beta_{m-1}) \qquad (12 \cdot 33)$$

이므로, 이를 모형 (12・17)에 대입시키면

$$
\begin{aligned}
y_{ij} &= \mu + t_1(x_1 - x_l) + t_2(x_2 - x_l) + \cdots + t_{l-1}(x_{l-1} - x_l) \\
&\quad + \beta_1(x_{l+1} - x_{l+m}) + \cdots + \beta_{m-1}(x_{l+m-1} - x_{l+m}) + \epsilon_{ij} \\
&= \mu + \sum_{i=1}^{l-1} t_i w_i + \sum_{j=1}^{m-1} \beta_j w_{l+j-1} + \epsilon_{ij} \qquad (12 \cdot 34)
\end{aligned}
$$

으로 표현되며, 변수 w_k, $k=1,2,\cdots,l+m-2$,는 -1, 0과 1의 값을 갖는다. 예를 들어, $l=2$, $m=3$이라면

$$
\begin{aligned}
y_{ij} &= \mu + t_1(x_1 - x_2) + \beta_1(x_3 - x_5) + \beta_2(x_4 - x_5) + \epsilon_{ij} \\
&= \mu + t_1 w_1 + \beta_1 w_2 + \beta_2 w_3 + \epsilon_{ij}
\end{aligned}
$$

이 되어, 회귀분석모형은 다음과 같이 나타내진다.

$$\boldsymbol{y} = X\boldsymbol{\beta} + \boldsymbol{\epsilon}$$

$$
\begin{bmatrix} y_{11} \\ y_{12} \\ y_{13} \\ y_{21} \\ y_{22} \\ y_{23} \end{bmatrix}
=
\begin{bmatrix} 1 & 1 & 1 & 0 \\ 1 & 1 & 0 & 1 \\ 1 & 1 & -1 & -1 \\ 1 & -1 & 1 & 0 \\ 1 & -1 & 0 & 1 \\ 1 & -1 & -1 & -1 \end{bmatrix}
\begin{bmatrix} \mu \\ t_1 \\ \beta_1 \\ \beta_2 \end{bmatrix}
+ \boldsymbol{\epsilon}
$$

(열 표시: 둘째 열 w_1, 셋째 열 w_2, 넷째 열 w_3)

이 모형의 X 행렬은 물론 정칙행렬이 된다. μ, t_1, β_1과 β_2는

$$
\boldsymbol{b} = \begin{bmatrix} \hat{\mu} \\ \hat{t}_1 \\ \hat{\beta}_1 \\ \hat{\beta}_2 \end{bmatrix} = (X'X)^{-1}X'\boldsymbol{y}
$$

에 의하여 추정되고, t_2와 β_3은

$$\hat{t}_2 = -\hat{t}_1$$

$$\hat{\beta}_3 = -(\hat{\beta}_1 + \hat{\beta}_2)$$

과 같이 추정된다.

방법 Ⅱ에 의한 재조정법을 사용하게 되면 이원배치법의 선형모형 (12・17),

$$y_{ij} = \mu + \sum_{i=1}^{l} t_i x_i + \sum_{j=1}^{m} \beta_j x_{l+j} + \epsilon_{ij}$$

에서 x_l과 x_{l+m}을 제거시킨 축소모형이 되며, 이를

$$y_{ij} = \alpha_0 + \sum_{i=1}^{l-1} \alpha_i x_i + \sum_{j=1}^{m-1} r_j x_{l+j-1} + \epsilon_{ij}$$

으로 나타내자. 그러면 모수들간의 관계는

$$\alpha_0 = \mu + t_l + \beta_m$$
$$\alpha_i = t_i - t_l, \quad i = 1, 2, \cdots, l-1$$
$$r_j = \beta_j - \beta_m, \quad j = 1, 2, \cdots, m-1$$

과 같아진다.

12・4・4 반복이 있는 이원배치법

A_i 수준과 B_j 수준에서 데이터의 반복측정이 있고, 그 반복수가 일정한 이원배치법의 경우를 살펴보자. 먼저 방법 I을 보면 가정 (12・20)으로부터

$$t_l = -\sum_{i=1}^{l-1} t_i$$
$$\beta_m = -\sum_{j=1}^{m-1} \beta_j \qquad (12 \cdot 35)$$
$$(t\beta)_{lj} = -\sum_{i=1}^{l-1} (t\beta)_{ij}, \quad j=1, 2, \cdots, m$$
$$(t\beta)_{im} = -\sum_{j=1}^{m-1} (t\beta)_{ij}, \quad i=1, 2, \cdots, l$$

이므로, 이를 모형 (12・21)에 대입시키면

$$y_{ijk} = \mu + \sum_{i=1}^{l-1} t_i (x_i - x_l) + \sum_{j=1}^{m-1} \beta_j (x_{l+j} - x_{l+m}) + \sum_{i=1}^{l-1} \sum_{j=1}^{m-1} (t\beta)_{ij} (x_i - x_l)(x_{l+j} - x_{l+m}) + \epsilon_{ijk}$$

$$= \mu + \sum_{i=1}^{l-1} t_i w_i + \sum_{j=1}^{m-1} \beta_j w_{l+j-1} + \sum_{i=1}^{l-1} \sum_{j=1}^{m-j} (t\beta)_{ij} w_i w_{l+j-1} + \epsilon_{ijk} \qquad (12 \cdot 36)$$

와 같이 된다.

〔예 12・2〕의 데이터에서는 $l=4$, $m=3$, $r=2$ 이므로, 모형은

$$y_{ijk} = \mu + \sum_{i=1}^{3} t_i w_i + \sum_{j=1}^{2} \beta_j w_{3+j} + \sum_{i=1}^{3} \sum_{j=1}^{2} (t\beta)_{ij} w_i w_{3+j} + \epsilon_{ijk}$$

가 되며, X 와 $\boldsymbol{\beta}$ 행렬을 만들어 보면 각각 다음 페이지에 있는 것과 같다.

이 X 행렬은 정칙행렬이므로 μ, t_i, β_j, $(t\beta)_{ij}$ 의 추정은 $(X'X)^{-1}X'\boldsymbol{y}$ 에 의하여 얻어지며, 모형 (12・36)에 나타나 있지 않는 t_l, β_m, $(t\beta)_{lj}$, $(t\beta)_{im}$ 등은 가정 (12・35)의 관계로부터 얻어진다.

방법 Ⅱ에 의한 방법으로는 모형 (12・21)에서 변수 x_l, x_{l+m}, $x_l x_{l+j}$, $j=1, 2, \cdots, m$, $x_i x_{l+m}$, $i=1, 2, \cdots, l$, 을 모두 제거시켜 버리고, 축소된 모형

$$y_{ijk} = \alpha_0 + \sum_{i=1}^{l-1} \alpha_i x_i + \sum_{j=1}^{m-1} r_j x_{l+j-1} + \sum_{i=1}^{l-1} \sum_{j=1}^{m-1} (\alpha r)_{ij} x_i x_{l+j-1} + \epsilon_{ijk} \qquad (12 \cdot 37)$$

을 만들어 분석하면 될 것이다. 상세한 내용은 생략하기로 하고, 독자들은 연습문제를 통하여 연습하여 주기 바란다.

$$
X=\begin{array}{c}
\begin{array}{cccccccccccc}
 & w_1 & w_2 & w_3 & w_4 & w_5 & w_6 & w_7 & w_8 & w_9 & w_{10} & w_{11}
\end{array}\\
\begin{bmatrix}
1 & 1 & 0 & 0 & 1 & 0 & 1 & 0 & 0 & 0 & 0 & 0\\
1 & 1 & 0 & 0 & 1 & 0 & 1 & 0 & 0 & 0 & 0 & 0\\
1 & 1 & 0 & 0 & 0 & 1 & 0 & 1 & 0 & 0 & 0 & 0\\
1 & 1 & 0 & 0 & 0 & 1 & 0 & 1 & 0 & 0 & 0 & 0\\
1 & 1 & 0 & 0 & -1 & -1 & -1 & -1 & 0 & 0 & 0 & 0\\
1 & 1 & 0 & 0 & -1 & -1 & -1 & -1 & 0 & 0 & 0 & 0\\
1 & 0 & 1 & 0 & 1 & 0 & 0 & 0 & 1 & 0 & 0 & 0\\
1 & 0 & 1 & 0 & 1 & 0 & 0 & 0 & 1 & 0 & 0 & 0\\
1 & 0 & 1 & 0 & 0 & 1 & 0 & 0 & 0 & 1 & 0 & 0\\
1 & 0 & 1 & 0 & 0 & 1 & 0 & 0 & 0 & 1 & 0 & 0\\
1 & 0 & 1 & 0 & -1 & -1 & 0 & 0 & -1 & -1 & 0 & 0\\
1 & 0 & 1 & 0 & -1 & -1 & 0 & 0 & -1 & -1 & 0 & 0\\
1 & 0 & 0 & 1 & 1 & 0 & 0 & 0 & 0 & 0 & 1 & 0\\
1 & 0 & 0 & 1 & 1 & 0 & 0 & 0 & 0 & 0 & 1 & 0\\
1 & 0 & 0 & 1 & 0 & 1 & 0 & 0 & 0 & 0 & 0 & 1\\
1 & 0 & 0 & 1 & 0 & 1 & 0 & 0 & 0 & 0 & 0 & 1\\
1 & 0 & 0 & 1 & -1 & -1 & 0 & 0 & 0 & 0 & -1 & -1\\
1 & 0 & 0 & 1 & -1 & -1 & 0 & 0 & 0 & 0 & -1 & -1\\
1 & -1 & -1 & -1 & 1 & 0 & -1 & 0 & -1 & 0 & -1 & 0\\
1 & -1 & -1 & -1 & 1 & 0 & -1 & 0 & -1 & 0 & -1 & 0\\
1 & -1 & -1 & -1 & 0 & 1 & 0 & -1 & 0 & -1 & 0 & -1\\
1 & -1 & -1 & -1 & 0 & 1 & 0 & -1 & 0 & -1 & 0 & -1\\
1 & -1 & -1 & -1 & -1 & -1 & 1 & 1 & 1 & 1 & 1 & 1\\
1 & -1 & -1 & -1 & -1 & -1 & 1 & 1 & 1 & 1 & 1 & 1
\end{bmatrix}
\end{array}
\qquad
\beta=\begin{bmatrix}
\mu\\ t_1\\ t_2\\ t_3\\ \beta_1\\ \beta_2\\ (t\beta)_{11}\\ (t\beta)_{12}\\ (t\beta)_{21}\\ (t\beta)_{22}\\ (t\beta)_{31}\\ (t\beta)_{32}
\end{bmatrix}
$$

12·5 통계패키지에 의한 분석 사례

〈표 12·7〉의 데이터를 이용하여 분산분석표를 작성하고, 인자 A, B 또는 $A\times B$ 의

유의성 여부를 검정하여라. 그리고 하중을 가장 작게 하여 주는 A와 B인자 수준의 최적조합조건을 찾아보아라.

12·5·1 SAS에 의한 분석 프로그램 및 결과

〈SAS 프로그램〉

```
DATA t12_7;
   INPUT a $ b $ strength @@;
      CARDS;
         A1   B1   2.5   A1   B1   3.3
         A1   B2   2.6   A1   B2   3.2
         A1   B3   1.9   A1   B3   2.1
         A2   B1   2.6   A2   B1   3.0
         A2   B2   2.5   A2   B2   3.1
         A2   B3   2.0   A2   B3   2.3
         A3   B1   2.9   A3   B1   3.2
         A3   B2   3.1   A3   B2   2.8
         A3   B3   2.7   A3   B3   3.2
         A4   B1   3.0   A4   B1   3.4
         A4   B2   2.9   A4   B2   3.5
         A4   B3   4.2   A4   B3   4.0
         ;

PROC ANOVA;
   CLASS a b;
   MODEL strength=a b a*b;
   MEANS a b a*b;
RUN;
```

위의 프로그램은 이원배치 모형에 대한 분산분석을 실시해 준다. CLASS문에서는 분류변수를 지정해 주며 MEANS 문에서는 지정된 변수들의 평균을 출력해 준다.

〈SAS 결과〉

```
                         Analysis of Variance Procedure

Source            DF     Sum of Squares        Mean Square  F Value    Pr > F
Model             11       6.07333333          0.55212121     5.02     0.0049
Error             12       1.32000000          0.11000000
Corrected Total   23       7.39333333
```

```
                R-Square      C.V.       Root MSE     STRENGTH Mean
                0.821461    11.37128    0.33166248     2.91666667

Source            DF     Sum of Squares        Mean Square  F Value    Pr > F
A                  3       3.33666667          1.11222222    10.11     0.0013
B                  2       0.16583333          0.08291667     0.75     0.4916
A*B                6       2.57083333          0.42847222     3.90     0.0215
--------------------------------------------------------------------------------
        Level of         -----------STRENGTH----------
        A          N        Mean               SD

        A1         6     2.60000000        0.56568542
        A2         6     2.58333333        0.41673333
        A3         6     2.98333333        0.21369761
        A4         6     3.50000000        0.52153619

        Level of         -----------STRENGTH----------
        B          N        Mean               SD

        B1         8     2.98750000        0.31819805
        B2         8     2.96250000        0.32923071
        B3         8     2.80000000        0.90711474

    Level of   Level of         -----------STRENGTH----------
    A          B          N        Mean               SD

    A1         B1         2     2.90000000        0.56568542
    A1         B2         2     2.90000000        0.42426407
    A1         B3         2     2.00000000        0.14142136
    A2         B1         2     2.80000000        0.28284271
    A2         B2         2     2.80000000        0.42426407
    A2         B3         2     2.15000000        0.21213203
    A3         B1         2     3.05000000        0.21213203
    A3         B2         2     2.95000000        0.21213203
    A3         B3         2     2.95000000        0.35355339
    A4         B1         2     3.20000000        0.28284271
    A4         B2         2     3.20000000        0.42426407
    A4         B3         2     4.10000000        0.14142136
```

12·5·2 SPSS에 의한 분석 결과

ANOVA[a,b]

			Unique Method				
			Sum of Squares	df	Mean Square	F	Sig.
y (필름을 감을 때 걸리는 힘)	Main Effects	(Combined)	3.503	5	.701	6.368	.004
		A (필름의 축마찰)	3.337	3	1.112	10.111	.001

	B (기아의 톱니바퀴모양)	.166	2	8.292E-02	.754	.492
2-Way Interactions	A (필름의 축마찰) * B (기아의 톱니바퀴모양)	2.571	6	.428	3.895	.022
Model		6.073	11	.552	5.019	.005
Residual		1.320	12	.110		
Total		7.393	23	.321		

▶ 참 고 문 헌 ◀

12・1. Draper, N. R. and Smith, H. : *Applied Regression Analysis*, New York, John Wiley & Sons, 1966.

12・2. Duncan, A. J. : *Quality Control and Industrial Statistics*, Illinois, Richard D. Irwin, 1974.

12・3. Hicks, C. R. : *Fundamental Concepts in the Design of Experiments*, New York, Holt, Rinehart and Winston, 1964.

12・4. Neter, J. and Wasserman W. : *Applied Linear Statistical Models*, Illinois, Richard D. Irwin, 1974.

12・5. Scheffe, H. : *The Analysis of Variance*, New York, John Wiley & Sons, 1959.

12・6. Searle, S. R. : *Linear Models*, New York, John Wiley & Sons, 1971.

▩ 연 습 문 제 ▩

12・1. 인자 A의 각 수준에서 반복수가 같은 일원배치법의 분산분석모형 (12・1)에 대하여 〈표 12・2〉의 분산분석표에 있는 제곱합(S_A, S_E, S_T)들을 다음의 순서에 의하여 구하여라.

$(y_{ij}-\bar{y}) = (y_{ij}-\bar{y}_{i\cdot})+(\bar{y}_{i\cdot}-\bar{y})$의 관계로부터 좌변과 우변을 제곱하고 모든 i와 j에 대한 제곱합을 구하여라. 즉,

$$\sum_{i=1}^{l}\sum_{j=1}^{m}(y_{ij}-\bar{\bar{y}})^2=\sum_{i=1}^{l}\sum_{j=1}^{m}(y_{ij}-\bar{y}_{i\cdot})^2+\sum_{i=1}^{l}\sum_{j=1}^{m}(\bar{y}_{i\cdot}-\bar{\bar{y}})^2+2\sum_{i=1}^{l}\sum_{j=1}^{m}(y_{ij}-\bar{y}_{i\cdot})(\bar{y}_{i\cdot}-\bar{\bar{y}})$$

좌변은 총변동(S_T)이라고 정의하고 우변의 세번째 항은 0임을 증명하여라. 우변의 첫번째 항은 오차변동(S_E)이라고 하고, 두번째 항은 A의 변동(S_A)이라고 한다.

12·2. 어떤 화학약품의 합성공정이 있다. 반응온도 4수준($A_1=80$℃, $A_2=90$℃, $A_3=100$℃, $A_4=110$℃)을 취하여 수율(yield)을 높이기 위한 실험을 하였다. 그 결과, 우측의 데이터를 얻었다. 회귀분석에 의하여 분산분석표를 작성하고 수율이 반응온도의 변화에 따라 유의한 영향을 받는가를 분산분석표에서 F-검정하라. 이 F-검정의 귀무가설은 무엇인가?

수율의 데이터(단위 : %)

A_1	A_2	A_3	A_4
90.1	89.8	91.6	91.3
90.0	90.5	91.4	90.0
89.5	90.8	91.1	90.6

12·3. 어떤 8 mm 카메라에 쓰이는 건전지는 현재 3개의 회사($A_1=M$사, $A_2=N$사, $A_3=O$사)로부터 제조 판매되고 있다. 제조회사에 따라 수명의 차이를 조사하기 위하여 실험을 한 결과 다음의 데이터를 얻었다. 실험은 랜덤한 순서로 하였지만 표본수가 사정상 일정하지가 않아서 A_1사의 건전지가 6개, A_2사의 건전지는 4개이고 A_3사는 5개가 되었다.

A_1	A_2	A_3
1.02	1.28	0.94
0.86	1.72	0.86
1.00	1.60	0.90
1.22	1.60	1.26
1.33	—	1.04
1.10	—	—

(1) 회귀분석모형 $\boldsymbol{y}=X\boldsymbol{\beta}+\boldsymbol{\epsilon}$를 작성하고 이와 수반된 $\boldsymbol{\beta}$간의 가정을 밝혀라.

(2) 정규방정식 $X'X\boldsymbol{\beta}=X'\boldsymbol{y}$를 풀어서 써 보아라.

(3) 회귀변동(SSR), 총변동(SST), 잔차변동(SSE)을 구하고, 분산분석표를 작성하여라.

(4) 제조회사의 차이에 따라 건전지의 수명이 달라지는가를 검정하여라.

(5) 제조방법 중에서 방법 Ⅰ에 의하여, 회귀분석에 의한 분산분석표를 작성하여라.

(6) 제조방법 중에서 방법 Ⅱ에 의하여, 회귀분석에 의한 분산분석표를 작성하여라.

12·4. 어떤 금속회사에서 강철의 재료로서 4개의 회사(P사, Q사, R사, S사)로부터 납품을 받고 있다. 담금질에 의한 강철재료의 구부러짐 발생이 강철재료 제조회사에 따라 차이가 있는가를 보기 위하여 다음과 같이 반복이 없는 이원배치법 실험을 하였다. 실험은 모두 랜덤한 순

서로 행하였고 특성치로서 담금질 후에 발생되는 구부러짐의 정도를 단위 0.01 mm의 값으로 측정하여라.

단위 : 0.01 mm

인자 \ 수준	1	2	3	4	5
A (담금질온도)	900	920	940	960	980(℃)
B (강철재료 제조회사)	P 사	Q 사	R 사	S 사	

제조회사 \ 온도(℃)	A_1(900)	A_2(920)	A_3(940)	A_4(960)	A_5(980)
B_1 (P 사)	5.2	5.0	5.5	6.9	8.3
B_2 (Q 사)	4.4	5.3	5.8	6.6	8.4
B_3 (R 사)	4.3	5.1	4.8	6.6	8.5
B_4 (S 사)	4.9	4.7	4.9	7.3	7.9

(1) 회귀분석방법을 사용하여 분산분석표를 작성하여라. 담금질온도에 따라 구부러짐의 정도에 차이가 있는가를 F-검정하라.

(2) 강철재료 제조회사의 차에 따라 구부러짐에 차이가 있는가를 F-검정하라.

(3) A_iB_j 에서의 모평균 $\mu(A_iB_j)$의 추정은

$$\begin{aligned}\hat{\mu}(A_iB_j) &= \widehat{\mu+t_i+\beta_j} = \widehat{\mu+t_i} + \widehat{\mu+\beta_j} - \hat{\mu} \\ &= \bar{y}_{i\cdot} + \bar{y}_{\cdot j} - \bar{\bar{y}}\end{aligned}$$

에 의하여 이루어진다. 모든 i와 j에 대하여 $\mu(A_iB_j)$를 점추정하고 가장 작은 추정치를 주는 A의 수준과 B의 수준을 선택하여라.

(4) 재조정법 중에서 방법 Ⅰ에 의하여 회귀변동을 구하라. 그리고, 이 회귀변동을 S_A와 S_B로 분류하여라.

(5) 재조정법 중에서 방법 Ⅱ에 의하여 회귀변동을 구하라. 그리고, 이 회귀변동을 S_A와 S_B로 분류하여라.

12・5. 반복이 있는 이원배치법의 데이터에 대하여 선형모형 (12・21)에 있는 모수 μ, t_i, β_j, $(t\beta)_{ij}$의 OLS 추정치가 가정 (12・20) 아래에서는 다음과 같이 됨을 증명하여라.

$$\mu = \bar{y}$$
$$\hat{t}_i = \bar{y}_{i..} - \bar{y}, \quad i = 1, 2, \cdots, l$$
$$\hat{\beta}_j = \bar{y}_{.j.} - \bar{y}, \quad j = 1, 2, \cdots, m$$
$$(\widehat{t\beta})_{ij} = \bar{y}_{ij.} - \bar{y}_{i..} - \bar{y}_{.j.} + \bar{y}, \quad i=1, 2, \cdots, l \quad j=1, 2, \cdots, m$$

12・6. 반복이 있는 이원배치법에서 축소모형 (12・25)의 회귀변동을 구하라.

12・7. 어떤 중간원료로부터 제품이 되는 공정에 있어서 제품의 수율에 관한 영향을 조사할 목적으로 가열온도 A를 A_1=100℃, A_2=120℃, A_3=140℃ 3수준으로 변화시켜 주고 공정압력 B를 B_1=50 *psi*, B_2=60 *psi*, B_3=70 *psi*로 변화시켜 가며 반복 2회의 3×3×2=18회의 실험 전체를 랜덤화하여 실험한 결과 다음과 같은 데이터를 얻었다.

(단위 : %)

공정압력 \ 가열온도	A_1	A_2	A_3
B_1	61.0 60.2	64.1 63.2	65.2 66.1
B_2	63.3 62.7	66.2 65.4	66.6 67.2
B_3	61.3 61.9	63.2 64.2	66.0 66.4

(1) 회귀분석 방법을 사용하여 분산분석표를 작성하여라. 가열온도(A)나 공정압력(B)이 수율에 유의한 영향을 미치고 있는가?

(2) 수율을 가장 크게 하는 A, B 인자의 수준의 최적합조건을 구하라.

참조 : 만약 $A \times B$의 교호작용이 유의하지 않으면

$$\hat{\mu}(A_iB_j) = \widehat{\mu + t_i + \beta_j}$$

$$= \widehat{\mu + t_i} + \widehat{\mu + \beta_j} - \hat{\mu}$$

$$= \bar{y}_{i..} + \bar{y}_{.j.} - \bar{\bar{y}}$$

을 사용하고, 만약 $A \times B$ 의 교호작용이 유의하면 다음의 점추정방법을 사용하여라.

$$\hat{\mu}(A_iB_j) = \mu + t_i + \beta_j + (t\beta)_{ij} = \bar{y}_{ij}.$$

(3) 방법 Ⅰ에 의하여 회귀변동을 구하고, 이를 S_A, S_B, $S_{A \times B}$ 로 분류하여라.

(4) 방법 Ⅱ에 의하여 회귀변동을 구하고, 이를 S_A, S_B, $S_{A \times B}$ 로 분류하여라.

12・8. 〔예 12・2〕에 있는 데이터에 대하여 재조정법의 방법 Ⅱ에 의하여 모수 μ, t_i 들을 추정하고자 한다. 마지막 변수 $x_l = x_4$ 를 제거시키지 않고 첫번째 변수 x_1 을 제거시킨 후에 회귀분석모형을 만들어 분산분석표를 작성하여라.

12・9. 방법 Ⅰ에 의한 일원배치법의 재조정법에서 식 (12・27)

$$t_l = -\frac{1}{m_l}(m_1 t_1 + \cdots + m_{l-1} t_{l-1})$$

을 대입시켜, 모수 t_l 을 제거시키지 말고

$$t_1 = -\frac{1}{m_1}(m_2 t_2 + \cdots + m_l t_l)$$

을 대입시켜 t_1 을 제거시킨 후 모수 μ, t_i 들의 추정값을 구하여라.

12・10. 반복이 없는 이원배치실험의 모형

$$y_{ij} = \mu + \alpha_i + \beta_j + \epsilon_{ij} \qquad i = 1, 2, \cdots, l$$
$$j = 1, 2, \cdots, m$$

에서 ϵ_{ij} 는 서로 독립이고 $N(0, \sigma^2)$의 분포에 따른다고 가정하자.

(1) $\bar{\epsilon}_{i.} = \sum_{j=1}^{m} \epsilon_{ij}/m$, $\bar{\epsilon}_{.j} = \sum_{i=1}^{l} \epsilon_{ij}/l$, $\bar{\bar{\epsilon}} = \sum_{i=1}^{l}\sum_{j=1}^{m} \epsilon_{ij}/lm$ 을 나타낼 때

$$\sum_{i=1}^{l}\sum_{j=1}^{m}(\bar{\epsilon}_{i.} - \bar{\bar{\epsilon}})^2 \text{ 과 } \sum_{i=1}^{l}\sum_{j=1}^{m}(\epsilon_{ij} - \bar{\epsilon}_{i.} - \bar{\epsilon}_{.j} + \bar{\bar{\epsilon}})^2$$

이 서로 독립임을 증명하라.

(2) 만약 $l=4$ 일 때 귀무가설

$$H_0 : \alpha_1 = 2\alpha_2 = 3\alpha_3$$

을 검정하는 F-통계량을 구하라.

12 • 11. 반복이 있는 이원배치실험의 모형

$$y_{ijk} = \mu + \alpha_i + \beta_j + (\alpha\beta)_{ij} + \epsilon_{ijk}$$
$$i=1, 2, \cdots, l$$
$$j=1, 2, \cdots, m$$
$$k=1, 2, \cdots, r$$

에서 ϵ_{ijk} 는 서로 독립이고 $N(0, \sigma^2)$의 분포를 따른다고 한다.

(1) α_i 와 β_j 의 최소제곱추정량은 서로 독립임을 증명하여라.

(2) 만약 $m=3$ 일 때에 귀무가설

$$H_0 : \beta_1 = \beta_2$$

을 F-검정하는 통계량을 구하라.

13

반응표면분석

13·1 기본적인 개념

반응표면분석(反應表面分析, response surface analysis)은 여러 개의 설명변수(독립변수)가 복합적인 작용을 함으로써 어떤 반응변수(종속변수)에 변화를 주고 있을 때, 이러한 반응의 변화가 이루는 반응표면에 대한 통계적인 분석방법을 말한다. 여기서 독립변수는 어떤 반응에 영향을 미치는 여러 가지 인자(factor)를 말하며, 일반적으로 이 독립변수들은 실험자에 의하여 임의로 조절될 수 있는 양적변수(quantitative variable)들이다.

예를 들면, 어떤 화학반응에 있어서 화학반응량이 온도, 습도 및 압력의 변화에 따라서 달라진다고 하자. 그러면 여기에서는 온도, 습도 및 압력이 독립변수가 되고, 이들의 변화에 따라서 영향을 받는 반응량이 종속변수가 될 것이다. 반응표면분석은 특히 공업적 처리과정에서 발생되는 문제를 주로 취급하고 있었으나, 최근에는 그 응용범위가 넓어져서 반응관계를 갖는 모든 분야에 적용되고 있다. 반응표면분석을 통하여 주로 얻고자 하는 것들은 대략 다음과 같은 것이다.

(1) 독립변수들과 종속변수 간의 함수관계를 데이터로부터 추정하여 독립변수들의 값의 변화에 따라서 반응량(종속변수의 값)이 어떻게 달라지는가를 예측한다.
(2) 어떠한 독립변수의 값들이 반응량을 최적화(optimize)시킬 수 있는가를 찾아낸다.
(3) 종속변수와 독립변수 간의 관계를 가장 잘 표현하여 주는 회귀모형을 찾아낸다.

그리고, 이 관계를 규명하고자 할 때에 어떠한 실험계획법을 쓰는 것이 좋은가를 알고 싶다.

위의 세 가지 내용은 반응표면분석 연구를 통하여 성취할 수 있으며, 이는 통계학의 응용범위를 넓히는 데 큰 기여를 하였다. 특히 공업생산품의 생산공정에서 최적공정조건(最適工程條件, optimum operating condition)을 찾는 데 효과적으로 사용됨으로써 품질관리에 유용하게 응용되고 있다. 반응표면분석에 관한 연구는 1951년 Box와 Wilson(13・3)에 의하여 시작되어 최근에 많은 학자들(13・1, 13・2, 13・5, 13・6, 13・7, 13・8, 13・9, 13・11)에 의하여 활발히 연구가 진행되고 있다.

다음으로 반응표면분석에서 하고 있는 일반적인 가정에 대하여 알아보고, 어떠한 기본적인 통계개념이 다루어지고 있는가를 고찰하여 보자. 실험자가 독립변수인 ξ_1, ξ_2, …, ξ_k의 변화에 영향을 받는 반응변수인 η에 관하여 규명하기를 희망하고 있다고 하자. 그 관계를 함수 f로 표시하면

$$\eta = f(\xi_1, \xi_2, \cdots, \xi_k) \tag{13・1}$$

으로 쓰여질 것이다. 실제로 이 함수 f는 잘 알려져 있지 않은 경우가 대부분이며, 부분적으로 알고 있다 하더라도 어쩌면 매우 복잡한 함수의 형태를 하고 있어서 실용성이 적을는지도 모른다.

반응표면의 통계적 분석과정에 있어서 제일 먼저 하게 되는 가정은 독립변수들의 변화에 따라 함수 f가 그리는 곡면이 다항회귀곡면(多項回歸曲面, polynomial regression surface)으로 어림잡아서(approximately) 나타낼 수 있다는 것이다. 이 가정은 독립변수들의 모든 값에서 만족할 필요는 없으며, 단지 실험자가 흥미를 가지고 있는 독립변수들의 어떤 영역(region)에서만 만족하면 충분할 것이다. 독립변수 ξ_i를 선형변환(線型變換, linear transformation)시켜서 새로이 정의되는 독립변수 x_i의 중앙 $\mathbf{x}'=(x_1, x_2, \cdots, x_k)=(0, 0, \cdots, 0)$이 실험자가 생각하는 흥미영역(region of interest)의 한 가운데 위치한다고 하자. 그러면, 이 새로운 독립변수들로 쓰여지는 일차다항회귀모형(first order polynomial regression model)은

$$\eta = \beta_0+\beta_1x_1+\beta_2x_2+\cdots+\beta_kx_k \tag{13・2}$$

가 될 것이다. 이와 같은 일차모형은 실험자가 좁은 범위의 흥미영역에서 종속변수 η가 x_i들의 선형으로 근사하게 표현될 수 있다고 믿을 때에 사용될 수 있다.

만약, x_i들의 흥미영역에서 η와 x_1, x_2, …, x_k간에 어떤 함수관계

$$\eta = g(x_1, x_2, \cdots, x_k) \tag{13・3}$$

가 있고, 함수 g의 반응표면이 곡면으로 표현될 것이라고 믿어진다면, 이차다항회귀모형(second order polynomial regression model)을 사용하는 것이 바람직하고, 그 표면은

$$\eta = \beta_0 + \sum_{i=1}^{k} \beta_i x_i + \sum_{i \le j}^{k} \beta_{ij} x_i x_j \tag{13・4}$$

으로 쓰여진다. 삼차다항회귀모형도 고려될 수 있으나, 실제적으로 거의 쓰여지지는 않고 있다.

이와 같은 다항회귀모형의 가정은 Taylor 급수전개(series expansion)의 측면에서 볼 때에도 근거가 있는 것이다. 만약, 식 (13・3)의 함수 g를 $x_1 = x_2 = \cdots = x_k = 0$을 기점으로 일차 Taylor 급수전개를 하면

$$g(\mathbf{x}) = g(\mathbf{0}) + \left(\frac{\partial g}{\partial x_1}\right)_{x=0} x_1 + \left(\frac{\partial g}{\partial x_2}\right)_{x=0} x_2 + \cdots + \left(\frac{\partial g}{\partial x_k}\right)_{x=0} x_k + (\text{나머지}) \tag{13・5}$$

으로 표현되는데, 함수 g는 알려져 있지 않으므로, $g(\mathbf{0})$를 β_0로 놓고, $\left(\frac{\partial g}{\partial x_i}\right)_{x=0}$는 미지의 상수이며, 이를 β_i로 놓고 나머지를 ϵ으로 표시하기로 하면, 위의 급수전개는

$$\begin{aligned}\eta &= g(x_1, x_2, \cdots, x_k) \\ &= \beta_0 + \beta_1 x_1 + \beta_2 x_2 + \cdots + \beta_k x_k + \epsilon\end{aligned}$$

으로 되어, 오차항을 제외하면 식 (13・2)의 일차다항회귀모형과 동일하다.

만약 함수 g를 $\mathbf{x} = \mathbf{0}$을 중심으로 이차 Taylor 급수전개를 하면

$$g(\mathbf{x}) = g(\mathbf{0}) + \sum_{i=1}^{k}\left(\frac{\partial g}{\partial x_i}\right)_{x=0} x_i + \sum_{i=1}^{k}\left(\frac{\partial^2 g}{\partial x_i^2}\right)_{x=0} x_i^2/2! + \sum_{i<j}^{k}\left(\frac{\partial^2 g}{\partial x_i \partial x_j}\right)_{x=0} x_i x_j + (\text{나머지}) \tag{13・6}$$

가 되며, $\left(\frac{\partial^2 g}{\partial x_i^2}\right)_{x=0}/2!$ 을 β_{ii} 로 놓고, $\left(\frac{\partial^2 g}{\partial x_i \partial x_j}\right)_{x=0}$ 을 β_{ij} 로 놓으면, 이 급수전개는

$$\eta = g(x_1, x_2, \cdots, x_k)$$
$$= \beta_0 + \sum_{i=1}^{k} \beta_i x_i + \sum_{i \le j}^{k} \beta_{ij} x_i x_j + \epsilon$$

으로 표현되어, 식 (13·4)의 이차다항회귀모형과 사실상 동일한 것이 된다.

마지막으로, 반응표면의 통계적인 연구 및 분석에서 일반적으로 요구되는 가정을 종합적으로 정리하여 보면 다음과 같다.

(1) 종속변수 η 와 선형변환된 독립변수 x_1, x_2, $\cdots$, x_k 간의 함수관계 g 는 실험자가 정한 흥미영역에서 저차(일차 또는 이차)의 다항회귀모형으로 근사하게 적합될 수 있다.

(2) 독립변수 x_1, x_2, $\cdots$, x_k 는 양적변수(quantitative variable)들이며, 실험자가 그 수준을 임의로 정할 수 있으며, 거의 무시할 수 있는 실험오차를 갖는다.

(3) 종속변수 y 도 양적변수이며 실험오차를 가지며 실험자가 그 값을 임의로 정할 수 없는 반응변수이다.

최근에는 위의 세 가지 가정에서 일부가 맞지 않는 경우에 대하여 많은 연구가 이루어지고 있으나, 이 책의 수준을 넘는 것들이므로 생략하기로 한다.

13·2 최적반응조건의 결정

만약, 종속변수인 η 가 우리가 얻고자 하는 어떤 화학반응량이라 한다면 이를 최대화시키는 독립변수들의 값을 결정하는 데 우리는 흥미가 있을 것이다. 또, η 가 어떤 생산과정에서 발생되는 불순도(不純度, degree of impurity)를 나타낸다면, 우리는 η 를 최소화시키는 독립변수의 공정조건(工程條件, operating condition)에 흥미가 있을 것이다. 이와 같이 η 를 최적화시키는 독립변수들의 값을 최적반응조건(optimal response conditon)이라고 한다. 이 절에서는 반응표면이 회귀분석방법에 의하여 추정되었을 때 이 추정된 반응표면

으로부터 독립변수들의 최적반응조건을 결정하는 방법에 대하여 알아보기로 하자.

어떤 실험계획법에 의하여 실험이 실시되어 n개의 실험자료를 얻었다고 하자. 원래의 독립변수 ξ_1, ξ_2, $\cdots$, ξ_k를 다음과 같이 선형변환시키면

$$x_i = \frac{\xi_i - \xi_{0i}}{c_i} \qquad i=1, 2, \cdots, k \tag{13·7}$$

새로운 변수 x_i는 다루기에 매우 간편한 변수가 된다. 여기에서 ξ_{0i}는 일반적으로 측정된 ξ_i의 수준의 평균이고, c_i는 x_i의 값을 간단하게 해주기 위한 상수이다.

실험자가 어떤 흥미영역 R에서 이차다항회귀모형이 적절한 것이라고 생각하여 η의 측정값을 y로 놓으면, 그 모형은

$$y = \beta_0 + \sum_{i=1}^{k} \beta_i x_i + \sum_{i \le j}^{k} \beta_{ij} x_i x_j + \epsilon$$

$$\epsilon \sim N(0, \sigma^2)$$

으로 가정되며, 최소제곱법에 의하여 적합된 반응표면(適合된 反應表面, fitted response surface)은

$$\hat{y} = b_0 + \sum_{i=1}^{k} b_i x_i + \sum_{i \le j}^{k} b_{ij} x_i x_j \tag{13·8}$$

으로 표현된다. 여기에서 $\hat{y}$은 η의 추정량이고 b_0, b_i 및 b_{ij}는 각각 β_0, β_i 및 β_{ij}의 최소제곱추정량으로 행렬을 사용하여 표현하면 다음과 같다.

$$\hat{y} = b_0 + \boldsymbol{x}'\boldsymbol{p} + \boldsymbol{x}'B\boldsymbol{x} \tag{13·9}$$

$$\boldsymbol{b} = \begin{bmatrix} b_0 \\ b_1 \\ b_2 \\ \vdots \\ b_k \\ b_{11} \\ b_{22} \\ \vdots \\ b_{kk} \\ b_{12} \\ \vdots \\ b_{k-1,k} \end{bmatrix} = (X'X)^{-1}X'\boldsymbol{y} \tag{13·10}$$

이며, 여기에서 각각

$$\boldsymbol{x}=\begin{bmatrix} x_1 \\ x_2 \\ \vdots \\ x_k \end{bmatrix} \quad \boldsymbol{p}=\begin{bmatrix} b_1 \\ b_2 \\ \vdots \\ b_k \end{bmatrix} \quad B=\begin{bmatrix} b_{11} & b_{12}/2 & b_{13}/2 \cdots b_{1k}/2 \\ & b_{22} & b_{23}/2 \cdots b_{2k}/2 \\ & & b_{33} \cdots b_{3k}/2 \\ & (\text{대칭}) & \vdots \\ & & b_{kk} \end{bmatrix}$$

$$X=\begin{bmatrix} 1 & x_{11} \cdots x_{k1} & x_{11}^2 \cdots x_{k1}^2 & x_{11}x_{21} \cdots x_{k-1,1}x_{k1} \\ 1 & x_{12} \cdots x_{k2} & x_{12}^2 \cdots x_{k2}^2 & x_{12}x_{22} \cdots x_{k-1,2}x_{k2} \\ 1 & x_{13} \cdots x_{k3} & x_{13}^2 \cdots x_{k3}^2 & x_{13}x_{23} \cdots x_{k-1,3}x_{k3} \\ \vdots & \vdots \quad \vdots & \vdots \quad \vdots & \vdots \quad \vdots \\ 1 & x_{1n} \cdots x_{kn} & x_{1n}^2 \cdots x_{kn}^2 & x_{1n}x_{2n} \cdots x_{k-1,n}x_{kn} \end{bmatrix}$$

을 나타낸다.

일반적으로 반응표면은 일차다항회귀보다는 식 (13·8)과 같은 이차다항회귀를 적합시키는데 유용한 경우가 많으며, 일차다항회귀모형은 중선형회귀에서 많이 취급되었으므로, 여기에서는 이차다항회귀모형을 중점적으로 다루기로 한다. 모형 (13·8)에서 $\hat{y}$ 은 $\boldsymbol{x}'=(x_1, x_2, \cdots, x_k)$의 함수이며 $\hat{y}$ 을 최대 또는 최소화시키는 $\boldsymbol{x}$의 값을 구하기 위하여 $\hat{y}$ 을 $\boldsymbol{x}$로 미분하면

$$\begin{aligned} \frac{\partial \hat{y}}{\partial \boldsymbol{x}} &= \frac{\partial}{\partial \boldsymbol{x}}(b_0+\boldsymbol{x}'\boldsymbol{p}+\boldsymbol{x}'B\boldsymbol{x}) \\ &= \boldsymbol{p}+2B\boldsymbol{x} \end{aligned} \tag{13·11}$$

가 된다. 만약 어떤 점 $\boldsymbol{x}_0$가 식 (13·11)의 $\boldsymbol{x}$에 대입시켜서 $\boldsymbol{p}+2B\boldsymbol{x}_0=\boldsymbol{0}$을 만족시킨다면, 이 점 $\boldsymbol{x}_0$를 정상점(定常點, stationary point)이라고 부르며, 이 점은

$$\boldsymbol{x}_0 = -B^{-1}\boldsymbol{p}/2 \tag{13·12}$$

의 공식에 의하여 구해진다. 이 정상점은 적합된 이차반응표면에서 다음의 세 가지 중 하나가 된다.

(1) $\hat{y}$ 이 최대가 되는 $\boldsymbol{x}$ 의 점

(2) $\hat{y}$ 이 최소가 되는 $\boldsymbol{x}$ 의 점

(3) $\hat{y}$ 이 최대도 아니고 최소도 아닌 $\boldsymbol{x}$ 의 안부점(鞍部點, saddle point)

위의 세 가지 경우를 두 개의 독립변수인 경우에 대하여 $\hat{y}$ 의 등고선표(等高線表, contour chart)로 그려 보면 다음의 각 경우에 해당한다.

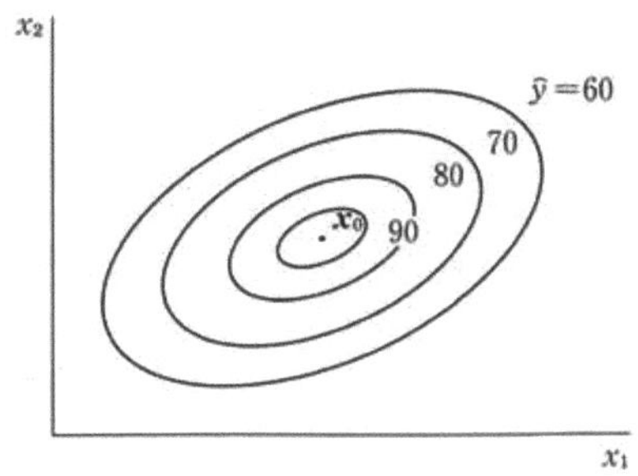

[그림 13·1] 최대점

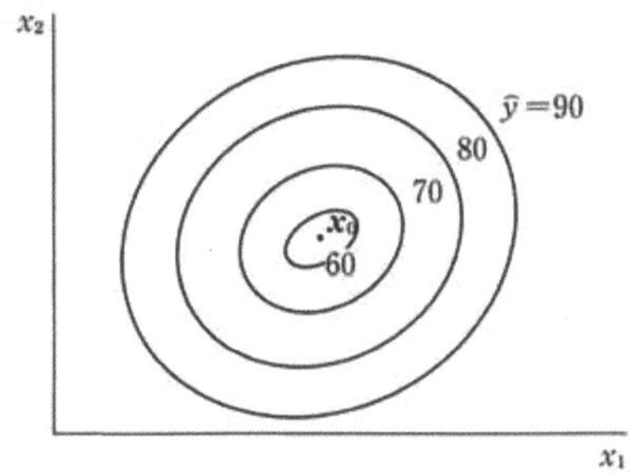

[그림 13·2] 최소점

[그림 3·1]에서 보는 바와 같이, 만일 $\boldsymbol{x}_0$ 가 최대점이면 $\boldsymbol{x}$ 가 $\boldsymbol{x}_0$ 에서 멀어질수록 $\hat{y}$ 의 값이 작아지고, 반대로 $\boldsymbol{x}_0$ 가 최소점이면 [그림 13·2]에서와 같이 $\boldsymbol{x}$ 가 $\boldsymbol{x}_0$ 에서 멀어지면 $\hat{y}$ 의 값이 커지게 된다. 그러나, 만약 $\boldsymbol{x}_0$ 가 안부점이면 $\boldsymbol{x}$ 가 $\boldsymbol{x}_0$ 에서 멀어질 때에 방향에 따라서 $\hat{y}$ 이 증가되는 쪽이 있고, $\hat{y}$ 이 감소되는 쪽도 같이 존재하게 되어 [그림 13·3]에서 보는 바와 같게 된다.

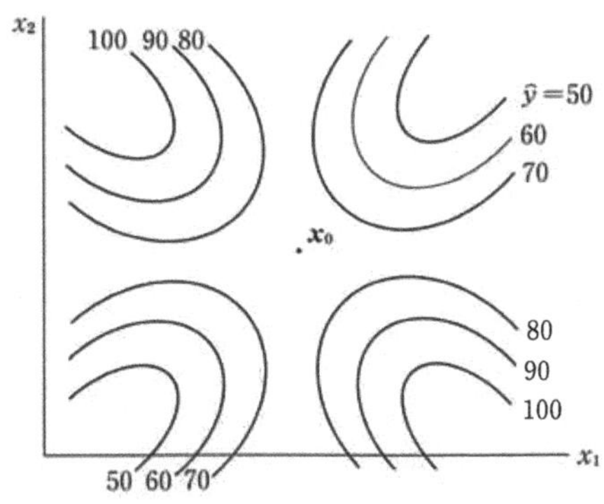

[그림 13·3] 안부점

만약, 어떤 흥미영역 R 안에 $\boldsymbol{x}_0$가 들어 있지 않다면 이 흥미영역 안에서의 $\hat{y}$의 등고선표는 위의 그림들과는 상이한 모양이 될 것이다. 그러나, 이차다항회귀곡면이 그리는 형태는 위의 세 가지 그림으로 구별하여 식별할 수 있을 것이다. 일반적으로 흥미영역 R로 널리 쓰이는 것은

$$R=\{\boldsymbol{x} : -1 \le x_i \le 1, \quad i=1, 2, \cdots, k\} \tag{13·13}$$

이거나

$$R=\{\boldsymbol{x} : \boldsymbol{x}'\boldsymbol{x} \le 1\} \tag{13·14}$$

로 $k=2$인 경우에는 각각 [그림 13·4]와 [그림 13·5]와 같다.

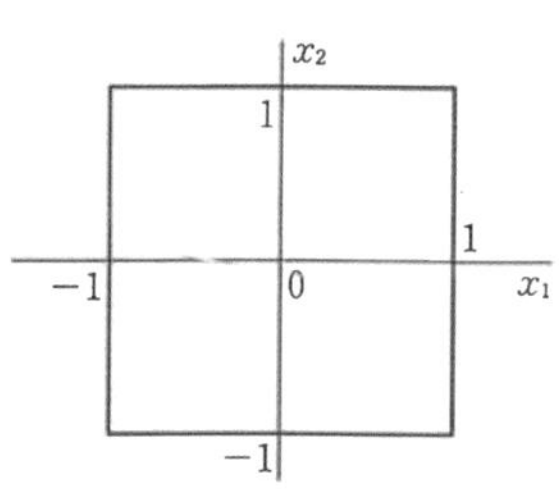

[그림 13·4] 흥미영역

$R=\{(x_1, x_2) : -1 \le x_i \le 1, \quad i=1, 2\}$

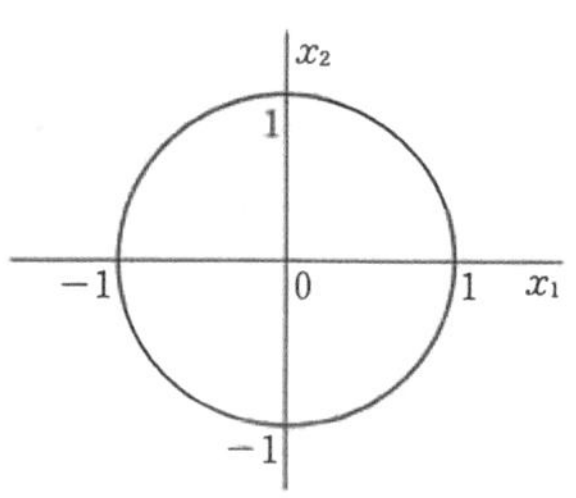

[그림 13·5] 흥미영역

$R=\{(x_1, x_2) : x_1^2+x_2^2 \le 1\}$

만약, 실험자가 실험에 관한 상당한 지식이 있고, 정상점 $\boldsymbol{x}_0$가 있을 만한 영역이 그의 흥미영역이라면 [그림 13·1], [그림 13·2]와 [그림 13·3]에 있는 세 가지 형태의 등고선그림이 [그림 13·4]와 [그림 13·5]에 그려진 흥미영역 속에 그려지게 될 것이다.

13·3 정 준 분 석

앞에서 $\hat{y}$의 값을 최적화시킬 수 있는 $\boldsymbol{x}_0$의 값을 찾는 방법을 연구하고 $\hat{y}$의 값을 나타내는 등고선표를 그려 보았다. 실제로 정상점 $\boldsymbol{x}_0$를 식 (13·12)에 의하여 구하는 것은 쉬우나 정상점 주위에서 반응표면의 모양이 [그림 13·1], [그림 13·2], [그림 13·

3] 중에서 어디에 해당하는지 알아내는 것은 용이한 일이 아니며, 더구나 등고선을 그리는 것은 더욱 힘든 일이다. 이러한 문제를 비교적 용이하게 해결할 수 있고, 따라서 반응표면의 성질을 분석하는 데 크게 도움을 줄 수 있는 통계적 분석방법을 정준분석(正準分析, canonical analysis)이라고 부른다.

정상점 $\boldsymbol{x}_0$에서 η의 추정값을 $\hat{y}_0$라고 하자. 그러면 식 (13・9)로부터

$$\hat{y}_0 = b_0 + \boldsymbol{x}_0'\boldsymbol{p} + \boldsymbol{x}_0'B\boldsymbol{x}_0$$

이 된다. $\boldsymbol{x}$ 좌표의 원점을 $\boldsymbol{0}$에서 $\boldsymbol{x}_0$로 옮기기 위하여 선형좌표변환

$$\boldsymbol{z} = \boldsymbol{x} - \boldsymbol{x}_0$$

을 시켜 보자. 그러면 식 (13・9)는

$$\begin{aligned}\hat{y} &= b_0 + \boldsymbol{x}'\boldsymbol{p} + \boldsymbol{x}'B\boldsymbol{x}\\ &= b_0 + (\boldsymbol{z}' + \boldsymbol{x}_0')\boldsymbol{p} + (\boldsymbol{z}' + \boldsymbol{x}_0')B(\boldsymbol{z} + \boldsymbol{x}_0)\\ &= (b_0 + \boldsymbol{x}_0'\boldsymbol{p} + \boldsymbol{x}_0'B\boldsymbol{x}_0) + \boldsymbol{z}'\boldsymbol{p} + 2\boldsymbol{z}'B\boldsymbol{x}_0 + \boldsymbol{z}'B\boldsymbol{z}\\ &= \hat{y}_0 + \boldsymbol{z}'(\boldsymbol{p} + 2B\boldsymbol{x}_0) + \boldsymbol{z}'B\boldsymbol{z}\\ &= \hat{y}_0 + \boldsymbol{z}'[\boldsymbol{p} - 2B(B^{-1}\boldsymbol{p}/2)] + \boldsymbol{z}'B\boldsymbol{z}\\ &= \hat{y}_0 + \boldsymbol{z}'B\boldsymbol{z}\end{aligned} \qquad (13 \cdot 15)$$

가 된다.

《정리 1・38》에 의하여 만약 $\lambda_1, \lambda_2, \cdots, \lambda_k$가 대칭행렬 B의 고유값(固有값, eigenvalues)이라고 하면, 직교변환(直交變換, orthogonal transformation)

$$\boldsymbol{z} = P\boldsymbol{w} \qquad (13 \cdot 16)$$

가 존재해서 식 (13・15)의 이차형식 $\boldsymbol{z}'B\boldsymbol{z}$는

$$\begin{aligned}\boldsymbol{z}'B\boldsymbol{z} &= \boldsymbol{w}'P'BP\boldsymbol{w} = \boldsymbol{w}'\Lambda\boldsymbol{w}\\ &= \lambda_1 w_1^2 + \lambda_2 w_2^2 + \cdots + \lambda_k w_k^2\end{aligned} \qquad (13 \cdot 17)$$

이 된다. 여기에서 행렬 P의 i번째 열벡터 $\boldsymbol{p}_i$는 고유값 λ_i에 대응하는 행렬 B의 고유

벡터(eigenvector)이고, P는 직교행렬이다. 즉, $P'P=PP'=I$가 성립되는 행렬이다.

직교행렬 P는 중요한 의미를 갖게 된다. 식 (13·16)에 P'를 곱하면

$$\boldsymbol{w} = P'\boldsymbol{z} \tag{13·18}$$

이 되어, 새로이 직교변환으로 얻어진 독립변수 $\boldsymbol{w}$가 어떻게 $\boldsymbol{z}$와 관련되어 있는가를 설명하여 주고 있다. 행렬 P는 k개의 벡터로 구성되어 있고,

$$P = (\boldsymbol{p}_1, \boldsymbol{p}_2, \cdots, \boldsymbol{p}_k)$$

$\boldsymbol{p}_i$를 구하기 위해서 다음 두 개의 방정식을 풀면 될 것이다.

$$(B-\lambda_i I)\boldsymbol{p}_i = \boldsymbol{0} \tag{13·19}$$
$$\boldsymbol{p}_i'\boldsymbol{p}_i = 1$$

식 (13·17)의 결과를 식 (13·15)에 대입시키면

$$\hat{y} = \hat{y}_0 + \sum_{i=1}^{k}\lambda_i w_i^2 \tag{13·20}$$

으로 표현된다. 만약 행렬 B가 양정치(positive definite)행렬이면 《정리 1·42》에 의하여 고유값 λ_i들은 모두 양수이며, $\hat{y}$이 가질 수 있는 최소의 값은 $\hat{y}_0$이 된다. 따라서, $\hat{y}_0$을 주는 정상점 $\boldsymbol{x}_0$는 $\hat{y}$을 최소로 하는 최소점(minimum point)이다. 이와 반대로, 만약 행렬 B가 음정치(negative definite) 행렬이면 λ_i들이 모두 음수이고 $\hat{y}$이 가질 수 있는 최대값은 $\hat{y}_0$이며, 따라서 $\boldsymbol{x}_0$는 최대점(maximum point)이 된다. 만약 행렬 B가 비정치(indefinite) 행렬이면 λ_i는 양수도 있고 음수도 섞여 있으며 $\hat{y}$는 $\hat{y}_0$보다 클 수도 있고 작을 수도 있어서 $\boldsymbol{x}_0$는 안부점(saddle point)이다.

이처럼 행렬 B가 어떤 성질의 행렬인가를 밝히는 것은 반응표면의 성질을 분석하는데 중요한 역할을 한다. 또 식 (13·20)은 반응표면을 나타내주는 $\hat{y}$의 등고선을 그리는데도 도움을 준다. 예로서 [그림 13·6]을 살펴보자. 이 경우는 독립변수가 둘(k=2)만이 있는 간단한 경우이다. 만약 B가 양정치행렬로서 $\lambda_2>\lambda_1>0$이면 $\boldsymbol{x}_0$는 최소점이며, 이 점을 중심으로 w_2축 쪽으로 $\hat{y}$의 값이 빨리 변하며, 그 빠름의 정도는 λ_2가 상대적으로

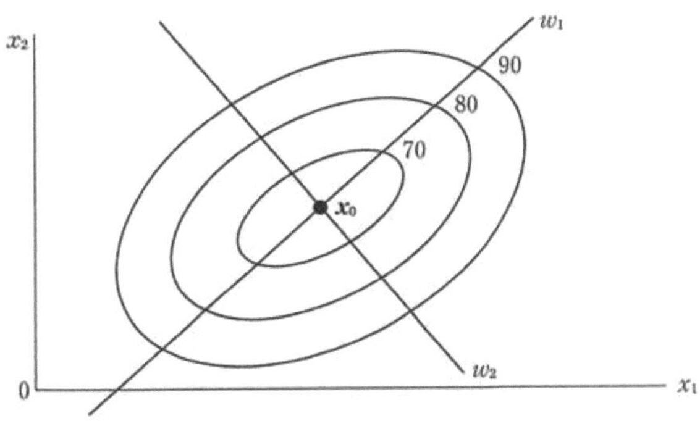

[그림 13・6] $\lambda_2 > \lambda_1 > 0$ 인 경우의 등고선표

λ_1 보다 얼마나 크냐에 달려있다. 여기에서 w_1 축과 w_2 축의 결정은 식 (13・18)에서

$$\begin{pmatrix} w_1 \\ w_2 \end{pmatrix} = P' \begin{bmatrix} x_1 - x_{10} \\ x_2 - x_{20} \end{bmatrix}$$

로서 $\mathbf{x}_0' = (x_{10}, x_{20})$으로 표현한 것이다. 그리고,

$$P = [\mathbf{p}_1, \mathbf{p}_2] = \begin{bmatrix} p_{11} & p_{21} \\ p_{12} & p_{22} \end{bmatrix}$$

로 놓으면 w_1 과 w_2 는

$$w_1 = p_{11}(x_1 - x_{10}) + p_{12}(x_2 - x_{20})$$
$$w_2 = p_{21}(x_1 - x_{10}) + p_{22}(x_2 - x_{20})$$

과 같이 x_1 축과 x_2 축과 관련지어진다.

만약, 행렬 B가 비정치행렬로서 $\lambda_1 > 0$ 이고 $\lambda_2 < 0$ 이면 w_1축으로는 $\hat{y}$ 의 값이 증가하게 되고, w_2 축으로는 $\hat{y}$ 의 값이 감소하게 되어 [그림 13・7]과 같은 등고선표를 갖는다.

위와 같은 반응표면의 분석을 통칭하여 정준분석이라고 부르며, 반응표면의 분석에 매우 유용하게 쓰여진다.

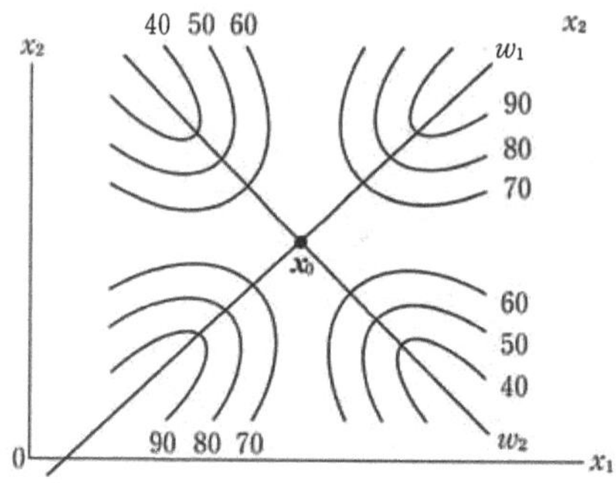

[그림 13·7] $\lambda_1>0$, $\lambda_2<0$ 인 경우의 등고선표

〔예 13·1〕 어떤 화학공장에서 생산되고 있는 제품의 마지막 생산과정에서 두 개의 독립변수(ξ_1=압력, ξ_2=온도)에 의하여 그 제품의 강도(단위 : kg/cm²)가 영향을 받는다고 한다. 이 실험은 어떤 압력과 온도에 맞추어 제품을 생산하는 것이, 이 제품의 강도를 세게 할 것인가를 찾는 실험이다. 계산을 간편히 하기 위하여 다음과 같이 선형변환하여 새로운 변수 x_1과 x_2를 만들어 주었다.

$$x_1=\frac{\text{압력}-30}{20},\quad x_2=\frac{\text{온도}-205}{10}$$

〈표 13·1〉 예제의 데이터

실험번호	실제의 독립변수, $\xi_1(psi)$	ξ_2(℃)	변환된 독립변수, x_1	x_2	실제의 반응량, y(kg/cm²)	추정된 반응량, $\hat{y}$
1	10	205	−1	0	54.6	56.3
2	20	213.66	−0.5	$\sqrt{0.75}$	71.7	70.0
3	20	196.34	−0.5	$-\sqrt{0.75}$	59.8	58.1
4	40	213.66	0.5	$\sqrt{0.75}$	78.7	80.4
5	40	196.34	0.5	$-\sqrt{0.75}$	78.9	80.6
6	50	205	1	0	91.0	89.3
7	30	205	0	0	90.4	89.3
8	30	205	0	0	87.5	89.3
9	30	205	0	0	91.0	89.3
10	30	205	0	0	88.3	89.3

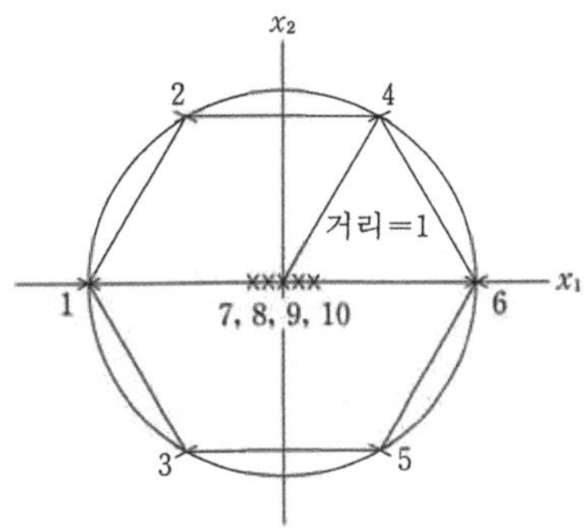

[그림 13・8] 6각형 실험계획법

〈표 13・1〉에 실려 있는 자료는 6각형 실험계획법(hexagonal design of experiments)에 의하여 얻어진 것이며, 이를 그림으로 그려 보면 [그림 13・8]과 같다. 여기에서 별표는 자료점(data point)을 표시한 것이다. 이 실험에서 변환된 독립변수 x_1과 x_2의 원점을 중심으로 한 부분이 흥미영역이라 하고, 이 영역근처에서 이차회귀모형이 반응관계를 나타내는 데 적합하다고 생각하면 우리는 다음의 모형을 생각하게 된다.

$$y = \beta_0 + \beta_1 x_1 + \beta_2 x_2 + \beta_{11} x_1^2 + \beta_{22} x_2^2 + \beta_{12} x_1 x_2 + \epsilon \qquad (13 \cdot 21)$$

이 모형을 최소자승법에 의하여 추정하면 계획행렬 X와 반응을 나타내는 벡터 $\boldsymbol{y}$는 다음과 같으므로

$$\begin{array}{c} \\ X = \end{array} \begin{array}{c} \begin{array}{cccccc} & x_1 & x_2 & x_1^2 & x_2^2 & x_1x_2 \end{array} \\ \left[\begin{array}{cccccc} 1 & -1 & 0 & 1 & 0 & 0 \\ 1 & -0.5 & \sqrt{0.75} & 0.25 & 0.75 & -\frac{1}{2}\sqrt{0.75} \\ 1 & -0.5 & -\sqrt{0.75} & 0.25 & 0.75 & \frac{1}{2}\sqrt{0.75} \\ 1 & 0.5 & \sqrt{0.75} & 0.25 & 0.75 & \frac{1}{2}\sqrt{0.75} \\ 1 & 0.5 & -\sqrt{0.75} & 0.25 & 0.75 & -\frac{1}{2}\sqrt{0,75} \\ 1 & 1 & 0 & 1 & 0 & 0 \\ 1 & 0 & 0 & 0 & 0 & 0 \\ 1 & 0 & 0 & 0 & 0 & 0 \\ 1 & 0 & 0 & 0 & 0 & 0 \\ 1 & 0 & 0 & 0 & 0 & 0 \end{array}\right] \end{array} \qquad \boldsymbol{y} = \left[\begin{array}{c} 54.6 \\ 71.7 \\ 59.8 \\ 78.7 \\ 78.9 \\ 91.0 \\ 90.4 \\ 87.5 \\ 91.0 \\ 88.3 \end{array}\right]$$

회귀계수들의 추정치들은 다음과 같다.

$$\boldsymbol{b} = \begin{bmatrix} b_0 \\ b_1 \\ b_2 \\ b_{11} \\ b_{22} \\ b_{12} \end{bmatrix} = (X'X)^{-1}X'\boldsymbol{y} = \begin{bmatrix} 89.300 \\ 16.483 \\ 3.378 \\ -16.500 \\ -17.200 \\ -6.986 \end{bmatrix}$$

따라서, 모형 (13・21)의 추정식은

$$\hat{y} = 89.300+16.483x_1+3.378x_2-16.500x_1^2-17.200x_2^2-6.986x_1x_2$$

이 된다.

식 (13・9)에서 사용된 벡터 $\boldsymbol{p}$와 행렬 B는

$$\boldsymbol{p} = \begin{bmatrix} 16.483 \\ 3.378 \end{bmatrix} \qquad B = \begin{bmatrix} -16.500 & -3.493 \\ -3.493 & -17.200 \end{bmatrix}$$

이고, 행렬 B의 역행렬은

$$B^{-1} = \begin{bmatrix} -0.06333 & 0.01286 \\ 0.01286 & -0.06075 \end{bmatrix}$$

이므로, 정상점 $\boldsymbol{x}_0$는 공식 (13・12)로부터

$$\boldsymbol{x}_0 = -B^{-1}\boldsymbol{p}/2 = \begin{bmatrix} 0.5002 \\ -0.0034 \end{bmatrix}$$

가 얻어진다. 이 정상점이 최대점인지 최소점인지 또는 안부점인지를 알아보기 위하여 정준분석을 하여 보자.

행렬 B의 고유값을 구하면

$$|B-\lambda I| = \begin{vmatrix} -16.500-\lambda & -3.493 \\ -3.493 & -17.200-\lambda \end{vmatrix} = 0$$

으로부터 $\lambda_1=-13.34$와 $\lambda_2=-20.36$을 얻게 된다. 또 위의 정상점 $\boldsymbol{x}_0$에서 반응량을 계산하여 보면 $\hat{y}_0=93.417$이므로, 식 (13・20)의 표현은

$$\hat{y} = \hat{y}_0 + \sum_{i=1}^{k} \lambda_i w_i^2$$
$$= 93.417 - 13.34 w_1^2 - 20.36 w_2^2 \qquad (13 \cdot 22)$$

이 된다. 두 고유값이 모두 음수이므로 우리는 정상점 $\boldsymbol{x}_0' = (0.5002, \ -0.0034)$가 최대점이라는 것을 알 수 있으며, 새로이 얻어진 독립변수 w_1과 w_2가 변함에 따라서 $\hat{y}$의 값이 감소되는 것을 알 수 있다.

선형변환의 관계로부터 강도를 최대로 하는 실제 독립변수 ξ_1과 ξ_2의 값은

$$0.5002 = \frac{\text{압력} - 30}{20}, \quad -0.0034 = \frac{\text{온도} - 205}{10}$$

의 관계식으로부터 압력은 약 40*psi* 에서, 온도는 약 205℃에서, 강도는 93.417 kg/cm²까지 도달하리라고 예상된다. 이 압력과 온도의 조건을 최적반응조건이라고 불렀다.

다음으로 w_1, w_2와 x_1, x_2와의 관계를 규명하여 보자. 식 (13・19)를 풀어 써 보면 $i=1$에 대하여 $\boldsymbol{p}_1' = (p_{11}, \ p_{12})$로 놓으면

$$\begin{aligned} 3.16 p_{11} + 3.493 p_{12} &= 0 \\ 3.493 p_{11} + 3.86 p_{12} &= 0 \\ p_{11}^2 + p_{12}^2 &= 1 \end{aligned} \qquad (13 \cdot 23)$$

이 얻어지며, 이를 풀면

$$\boldsymbol{p}_1 = \begin{pmatrix} p_{11} \\ p_{12} \end{pmatrix} = \begin{pmatrix} 0.74152 \\ -0.67093 \end{pmatrix}$$

이 된다. $i=2$에 대하여 $\boldsymbol{p}_2' = (p_{21}, p_{22})$로 놓고 연립방정식을 만들면

$$\begin{aligned} 3.86 p_{21} - 3.493 p_{22} &= 0 \\ -3.493 p_{21} + 3.16 p_{22} &= 0 \\ p_{21}^2 + p_{22}^2 &= 1 \end{aligned} \qquad (13 \cdot 24)$$

이 되며, 이를 풀면

$$\boldsymbol{p}_2 = \begin{pmatrix} p_{21} \\ p_{22} \end{pmatrix} = \begin{pmatrix} 0.67093 \\ 0.74152 \end{pmatrix}$$

가 된다. 연립방정식 (13・23)과 (13・24)를 풀 때에 한 가지 유의할 점은 두 연립방정식의

첫번째 식과 두번째 식은 사실상 같은 것이며, 둘 중에 하나를 임의로 제거시키고 연립방정식을 풀어 주면 된다.

위에서 얻은 두 벡터 $\boldsymbol{p}_1$ 과 $\boldsymbol{p}_2$ 를 합하여 얻어지는 직교행렬 P 는

$$P=\begin{bmatrix} 0.74152 & 0.67093 \\ -0.67093 & 0.74152 \end{bmatrix}$$

이다. $\boldsymbol{w}$ 와 $\boldsymbol{x}$ 와의 관계는 식 (13・18)로부터

$$\begin{aligned}\boldsymbol{w}&=\begin{bmatrix} w_1 \\ w_2 \end{bmatrix}=P'\boldsymbol{z}\\ &=\begin{bmatrix} 0.74152 & -0.67093 \\ 0.67093 & 0.74152 \end{bmatrix}\begin{bmatrix} x_1-0.5002 \\ x_2+0.0034 \end{bmatrix}\\ &=\begin{bmatrix} 0.74152(x_1-0.5002)-0.67093(x_2+0.0034) \\ 0.67093(x_1-0.5002)+0.74152(x_2+0.0034) \end{bmatrix}\end{aligned}$$

이거나 또는

$$\boldsymbol{z}=P\boldsymbol{w}$$

으로부터

$$\begin{bmatrix} x_1-0.5002 \\ x_2+0.0034 \end{bmatrix}=\begin{bmatrix} 0.74152w_1+0.67093w_2 \\ -0.67093w_1+0.74152w_2 \end{bmatrix} \tag{13・25}$$

가 된다.

이들 변수들간의 관계로부터 $\hat{y}$ 의 등고선표를 그려 보자. 최대점은 $\boldsymbol{x}_0'=(0.5002,\ -0.0034)$이므로, 이 점이 $\boldsymbol{w}$ 좌표의 원점, $\boldsymbol{w}'=(0,0)$이며 $\boldsymbol{w}'=(1,0)$의 좌표인 $w_1=1$, $w_2=0$ 의 값을 식 (13・25)에 대입하여 보면 $\boldsymbol{x}'=(1.2417,\ -0.6743)$에 해당한다. 이 점과 $\boldsymbol{x}_0'$ 의 점을 직선으로 연결하면 w_1 축이 된다. w_2 축은 w_1 축과 원점에서 직교하므로 쉽게 구할 수 있다. 다음으로 $\boldsymbol{w}'=(1,0)$이나 $\boldsymbol{w}'=(-1,0)$에서 $\hat{y}$ 의 값은 식 (13・22)로부터

$$\begin{aligned}\hat{y}&=93.417-13.34(1)^2-20.36(0)^2\\ &=80.077\end{aligned}$$

이며, $\hat{y}=80.077$ 을 갖는 w_2 축상의 좌표는 식 (13・22)로부터

$$80.077 = 93.417 - 13.34(0)^2 - 20.36w_2^2$$

을 풀어서 $w_2 = \pm 0.8094$를 얻는다. 따라서, 좌표 $\boldsymbol{w}' = (0, 0.8094)$와 $\boldsymbol{w}' = (0, -0.8094)$에서 $\hat{y}$의 값은 80.077이 된다. 그리고, 같은 방법으로 $\boldsymbol{w}' = (\pm 0.5, 0)$에서 $\hat{y} = 90.082$가 되고, 이를 식 (13.22)에 역으로 대입시켜 $\boldsymbol{w}' = (0, \pm 0.4047)$에서 $\hat{y} = 90.082$를 얻는다. 이들 같은 $\hat{y}$의 좌표를 타원으로 대략 연결시키면 원하는 $\hat{y}$의 등고선표를 얻을 수 있다. [그림 13・9]를 보면 이와 같은 내용을 쉽게 이해할 수 있을 것이다.

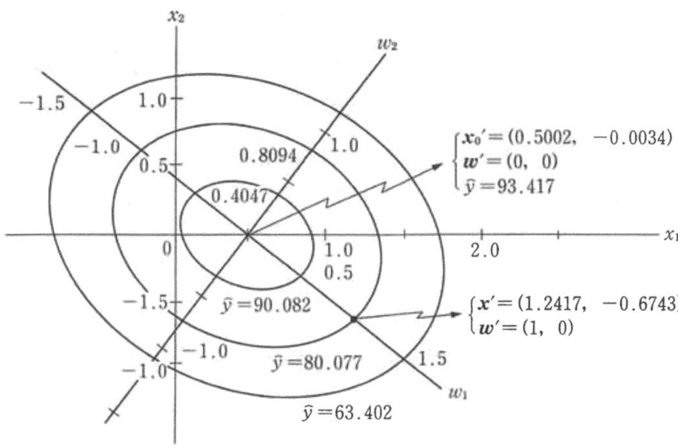

[그림 13・9] 예제의 등고선표의 작성

[그림 13・9]를 자세히 관찰하여 보면 $\boldsymbol{w}$축의 원점에서 $\hat{y}$의 최대가 되며, 원점에서 점점 멀어짐에 따라 $\hat{y}$의 값이 감소하며, 그 감소의 정도는 w_2축 방향이 더 빠르다는 것을 볼 수 있다. 이는 $|\lambda_2|$가 $|\lambda_1|$보다 더 크기 때문에 생기는 현상이다.

지금까지 주어진 실험계획법에 의하여 얻어진 자료를 바탕으로 어떻게 최적반응조건을 구하고 반응표면의 변화상태를 쉽게 알아낼 수 있는가를 연구하였다. 유능한 실험자라면 실험하기에 앞서 자기 실험에 적절한 실험계획법을 선택할 줄 알아야 할 것이다. 이는 얻어지는 결과의 정도가 선택된 실험계획법에 따라 다르며, 경우에 따라서는 실험자가 의도하는 소기의 목적을 달성하지 못할 때가 있기 때문이다. 다음 절에서는 반응표면분석을 위한 실험계획법의 몇 가지를 들어 보기로 하자. 여기에서는 주로 이차다항회귀모형을 위한 실험계획법을 얘기하기로 하겠다.

13·4 실험계획법

반응표면분석을 용이하게 하기 위한 실험계획법들을 알아보기로 하자. 반응표면이 식 (13・2)와 같이 일차다항회귀모형으로 적절하다고 판단될 때에는 일반적으로 2^k 요인실험계획법(2^k 要因實驗計劃法, 2^k factorial experimental design)을 많이 사용한다. 만약 2^k의 실험횟수가 너무 많으면 일부요인실험(一部要因實驗, fractional experiments)을 계획하는 것이 좋을 것이다. 요인실험에 대한 상세한 내용은 이 책에서는 생략하기로 한다.

반응표면이 식 (13・4)와 같이 이차다항회귀모형을 사용하여 적합될 때에는 2^k 요인실험계획법을 사용할 수 없다. 이 경우를 위하여 특별히 고안된 실험계획법들이 있으며, 이들을 살펴보기로 하자.

13·4·1 중심합성계획

2^k 요인실험은 각 변수의 두 수준에서만 실험이 되므로 변수의 수준변화에 따라서 발생되는 반응량의 곡면적인 변화를 감지할 수 없으며 이차다항회귀모형에서 제곱항 x_i^2의 계수 β_{ii} 등을 추정할 수 없다. 이런 단점을 보완하고 적은 회수의 실험으로 곡면을 추정하기 위하여 다음과 같이($k=3$, 변수가 셋인 경우) 중심점(中心點, center points)과 축점(軸點, axial points)을 2^k 요인실험에 추가시킨 실험계획을 중심합성계획이(中心合成計劃, central composite design)라고 부른다.

x_1	x_2	x_3	
-1	-1	-1	2^3 요인실험점
-1	-1	1	
-1	1	-1	
-1	1	1	
1	-1	-1	
1	-1	1	
1	1	-1	
1	1	1	
0	0	0	중심점
0	0	0	
$-\alpha$	0	0	축점
α	0	0	
0	$-\alpha$	0	
0	α	0	
0	0	$-\alpha$	
0	0	α	

중심합성계획에서는 중심점의 수는 제한이 없이 하나 이상이면 되며, 축점의 수는 $2k$개가 된다. 여기서 α의 값은 0이 아닌 양수($\alpha>0$)이면 된다. 예로서 $k=2$인 경우에 실험점을 그려 보면 [그림 13·10]과 같다. 2^2 요인실험점으로 네 개의 점 $(1,1)$, $(1,-1)$, $(-1,1)$, $(-1,-1)$이 있고, $2k=4$개의 축점으로 $(\alpha,0)$, $(-\alpha,0)$, $(0,\alpha)$, $(0,-\alpha)$가 있으며, 중심점으로 $(0,0)$이 하나 이상 있다. 따라서, $k=2$인 경우에는 이차다항회귀모형은

$$y=\beta_0+\beta_1x_1+\beta_2x_2+\beta_{11}x_1^2+\beta_{22}x_2^2+\beta_{12}x_1x_2+\epsilon$$

으로 모수는 모두 6개이며, 중심합성계획이 갖는 최소의 실험점은 9개가 된다.

[그림 13·10]에서 관찰되는 중요한 사항은 만약 $\alpha=1$이고 중심점이 하나라면 이것은 바로 3^2 요인실험법이 된다. 그리고, 만약 $\alpha=\sqrt{2}$라면 중심점을 제외한 8개의 점이 모두 반지름이 $\sqrt{2}$인 원상에 위치하게 된다. 또한 $\alpha\neq1$이면 각 독립변수는 5개의 다른 수준($-\alpha$, -1, 0, 1, α)에서 관찰된 결과가 된다. 그러므로, 이차반응곡면을 추정하기

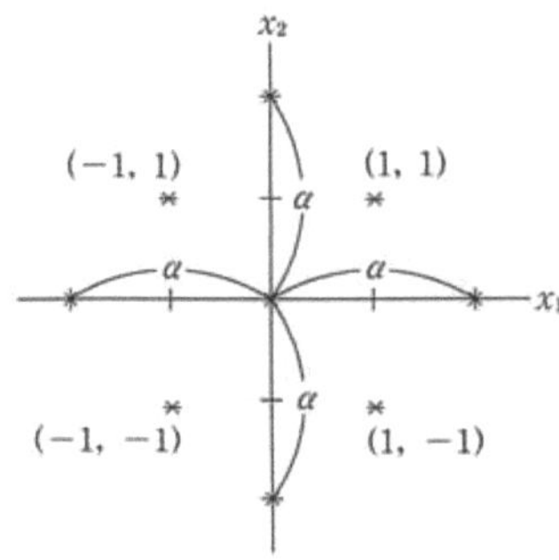

[그림 13·10] $k=2$ 인 경우의 중심합성계획

에 충분한 경우가 될 것이다.

만약, 중심점의 수를 n_0 로 나타내면 중심합성계획의 실험횟수는 모두

$$N=2^k+2k+n_0$$

가 되며, 이 숫자는 $k>2$ 인 경우에는 3^k 요인실험계획법보다 훨씬 적은 양의 실험횟수를 가지고 있다. 이와 같이 적은 수의 실험횟수는 실험 자체가 비용이 많이 드는 경우에는 대단히 유리한 장점이 될 것이다. 이 중심합성계획이 갖는 또 하나의 다른 장점은 축차실험(逐次實驗, sequential experiments)이 가능하다는 것이다. 예를 들면, 실험자가 2^k요인실험계획에 의하여 실험을 한 후에 반응표면에 관한 연구를 일차선형회귀모형을 사용하여 진행하다가 나중에 이 모형이 적당하지 않은 것을 발견하였다 하자. 그러면 처음부터 새로이 이차회귀모형을 추정하기 위하여 다른 실험계획법을 사용할 필요없이 지금까지 얻은 2^k 요인실험에 추가하여 중심과 축에 새로운 자료점(資料點, data points)을 증가시키면 간단히 우리가 쉽게 이용할 수 있는 중심합성계획이 된다.

중심합성계획이 갖는 특성으로 다음과 같은 것도 있다. 이차회귀모형의 회귀계수 β_0, β_i 및 β_{ij} 의 최소제곱추정값들을 각각 b_0, b_i 및 b_{ij} 라고 쓰고 이차다항회귀모형을

$$y_\mu=\beta_0'+\sum_{i=1}^{k}\beta_i x_{i\mu}+\sum_{i=1}^{k}\beta_{ii}(x_{i\mu}^2-\bar{x}_i^2)+\sum_{i<j}^{k}\beta_{ij}x_{i\mu}x_{j\mu}+\epsilon_\mu,$$

$$\mu=1,2,\cdots,n \qquad (13\cdot26)$$

으로 표현하자. 여기서 $\bar{x}_i^2=\sum_{\mu=1}^{n}x_{i\mu}^2/n$ 이다. 그러면 중심합성계획은 b_{ii} 와 b_{jj} 간의 공분산

$$Cov(b_{ii}, b_{jj}) \tag{13·27}$$

만을 제외한 모든 공분산이 0이 된다. 그런데, 이 0이 아닌 공분산도 0이 되는 중심합성계획이 α의 특수한 값에서 생기게 된다. 이런 계획을 직교중심합성계획(直交中心合成計劃, orthogonal central composite design)이라고 부른다. 독립변수의 수 k와 중심점의 수 n_0에 따라서 어떤 α의 값에서 직교중심합성계획이 되는지 〈표 13·2〉에 밝혀 놓았다. 자세한 이론적인 유도는 참고문헌(13·2, 13·8)에서 상세히 다루고 있다.

〈표 13·2〉 직교중심합성계획을 만드는 α의 값

k	$n_0=1$	$n_0=2$	$n_0=3$	$n_0=4$	$n_0=5$
2	1.000	1.078	1.147	1.210	1.267
3	1.216	1.287	1.353	1.414	1.471
4	1.414	1.482	1.547	1.607	1.664
5	1.596	1.662	1.724	1.784	1.841
6	1.761	1.824	1.885	1.943	2.000

13·4·2 회전계획

중심합성계획과 더불어 반응표면실험에서 많인 쓰여지는 것으로 회전계획(回轉計劃, rotatable design)이라는 것이 있다. 회전성(回轉性, rotatability)의 개념은 이차회귀모형에만 적용되는 것은 아니지만, 이 경우를 중심으로 많이 응용되므로 여기에서는 이차회귀모형에 국한시켜 설명하고자 한다.

일반 선형회귀모형에서 유도된 바와 같이 추정된 반응 $\hat{y}$의 분산은

$$Var(\hat{y}) = \boldsymbol{x}_f'(X'X)^{-1}\boldsymbol{x}_f\sigma^2$$

이며, 이것은 $\boldsymbol{x}_f'=(1, x_1, x_2, \cdots, x_k, x_1^2, x_2^2, \cdots, x_1x_2, \cdots)$의 함수이며, 따라서 좌표 $\boldsymbol{x}'=(x_1, x_2, \cdots, x_k)$에 따라서 $\hat{y}$의 분산은 달라진다. 여기에서 만약 $Var(\hat{y})$이 중심점$(0, 0, \cdots, 0)$로부터의 거리

$$\rho = \sqrt{x_1^2+x_2^2+\cdots+x_k^2}$$

만의 함수라면, 이와 같은 결과를 주는 실험계획을 회전계획이라고 한다.

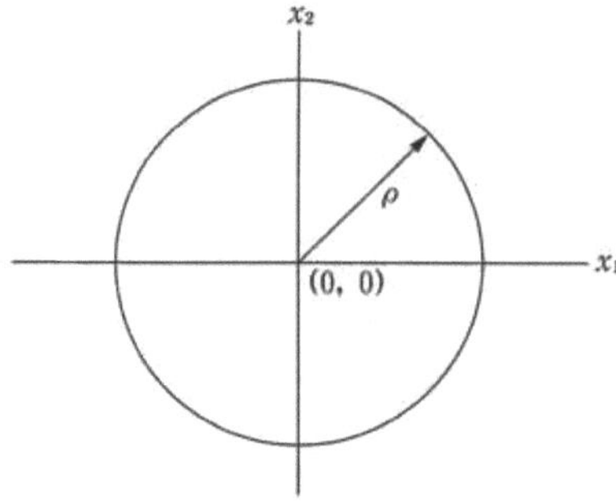

[그림 13·11] 동거리상의 점들 $\boldsymbol{x}$

구체적으로 두 개의 독립변수가 있고 중심점 $(x_1, x_2)=(0, 0)$으로부터 거리가 ρ만큼 떨어진 곳의 모든 $\boldsymbol{x}'=(x_1, x_2)$ 좌표들을 고려하여 보자. 만약, [그림 13·11]에서 보는 바와 같이 원상의 모든 점 $\boldsymbol{x}'=(x_1, x_2)$에서 $\hat{y}$가 같은 분산을 갖는다면, 이런 결과를 주는 계획을 회전성을 가진 계획이라고 부른다. Box와 Hunter(13·2)는 회전성을 갖기 위한 필요충분조건은 다음과 같음을 증명하였다.

(1) 모든 기수차적률(奇數次積率, odd order moment)은 0이어야 한다. 즉, l 또는 m이 기수일 때

$$\sum_{\mu=1}^{n} x_{i\mu}{}^{l} x_{j\mu}{}^{m}=0, \quad i \neq j \tag{13·28}$$

(2) 우수차적률(偶數次積率, even order moment)간에는 다음의 관계식이 성립되어야 한다.

$$\sum_{\mu=1}^{n} x_{i\mu}{}^{4} = 3\sum_{\mu=1}^{n} x_{i\mu}{}^{2} x_{j\mu}{}^{2}, \quad i \neq j \tag{13·29}$$

따라서, 위의 두 조건을 만족시키는 모든 실험계획을 회전계획이라고 부른다.

독립변수가 둘인 경우에 만약 6개의 점을 거리반지름이 ρ인 원상에 균등하게 배치하고 중심점에 $n_0=2$를 배치한다면 $n=8$개의 좌표를 나타내는 계획행렬(計劃行列, design matrix)은

$$
D = \begin{bmatrix} \rho\cos\theta & \rho\sin\theta \\ \rho\cos\left(\theta+\frac{\pi}{3}\right) & \rho\sin\left(\theta+\frac{\pi}{3}\right) \\ \rho\cos\left(\theta+\frac{2}{3}\pi\right) & \rho\sin\left(\theta+\frac{2}{3}\pi\right) \\ \rho\cos(\theta+\pi) & \rho\sin(\theta+\pi) \\ \rho\cos\left(\theta+\frac{4}{3}\pi\right) & \rho\sin\left(\theta+\frac{4}{3}\pi\right) \\ \rho\cos\left(\theta+\frac{5}{3}\pi\right) & \rho\sin\left(\theta+\frac{5}{3}\pi\right) \\ 0 & 0 \\ 0 & 0 \end{bmatrix}
$$

(열: x_1, x_2)

이다. 여기서 θ 는 원상의 하나의 점이 x_1 축과 이루는 각도를 말한다. 〔예 13・1〕의 실험계획법은 바로 $\theta=0$ 이고 $n_0=4$ 인 경우이다. 이러한 실험계획을 6각형실험계획(hexagonal design)이라 하는데, Myers(13・8)는 이 계획에 대하여 다음의 성질이 있음을 밝혔다.

$$
\begin{aligned}
&\sum_{\mu=1}^{n} x_{i\mu} = \sum_{\mu=1}^{n} x_{i\mu}^3 = 0, \quad i=1,2 \\
&\sum_{\mu=1}^{n} x_{1\mu}x_{2\mu} = \sum_{\mu=1}^{n} x_{1\mu}^2 x_{2\mu} = \sum_{\mu=1}^{n} x_{1\mu}x_{2\mu}^2 \\
&\qquad = \sum_{\mu=1}^{n} x_{1\mu}^3 x_{2\mu} = \sum_{\mu=1}^{n} x_{1\mu}x_{2\mu}^3 = 0 \qquad (13 \cdot 30)
\end{aligned}
$$

$$
\sum_{\mu=1}^{n} x_{i\mu}^4 = \frac{9}{4}\rho^4, \quad i=1,2
$$

$$
\sum_{\mu=1}^{n} x_{1\mu}^2 x_{2\mu}^2 = \frac{3}{4}\rho^4
$$

따라서, 모든 기수차적률은 0이며, 우수차적률간의 관계는

$$
\sum_{\mu=1}^{n} x_{i\mu}^4 = 3\sum_{\mu=1}^{n} x_{1\mu}^2 x_{2\mu}^2, \quad i=1,2
$$

가 성립하므로, 6각형실험계획은 회전계획이다.

실제로 원상에 5개 이상의 점이 균등하게 배치되어 있고 중심점에 하나 이상의 점이

있는 실험계획은 모두 회전계획이 된다.

13·4·3 회전중심합성계획

지금까지 반응표면분석을 위한 실험계획으로 중심합성계획과 회전계획을 논의하였다. 각 계획마다 장점을 가지고 있으며, 널리 이용되고 있다고 하겠다. 그런데, 재미있는 사실은 중심합성계획이 어떤 특정한 α의 값에 대해서는 회전성을 갖는다는 것이다. 이처럼 회전성을 갖는 중심합성계획을 회전중심합성계획(回轉中心合成計劃, rotatable central composite design)이라고 부른다.

중심합성계획의 행렬 X 중에서 이차항 $x_1^2, x_2^2, \cdots, x_k^2$에 해당하는 열은

$$
\begin{array}{c}
\begin{array}{ccc} x_1^2 & x_2^2 \;\cdots & x_k^2 \end{array} \\
\left[\begin{array}{ccc}
1 & 1 & 1 \\
1 & 1 & 1 \\
\vdots & \vdots & \vdots \\
1 & 1 & 1 \\
\hline
0 & 0 & 0 \\
\vdots & \vdots & \vdots \\
0 & 0 & 0 \\
\hline
\alpha^2 & 0 & 0 \\
\alpha^2 & 0 & 0 \\
0 & \alpha^2 & 0 \\
0 & \alpha^2 & 0 \\
\vdots & \vdots & \vdots \\
0 & 0 & \alpha^2 \\
0 & 0 & \alpha^2
\end{array}\right]
\begin{array}{l}
\left.\begin{array}{l} \\ \\ \\ \\ \end{array}\right\} \text{요인계획부분}(2^k) \\
\left.\begin{array}{l} \\ \\ \\ \end{array}\right\} \text{중심점부분}(n_0) \\
\left.\begin{array}{l} \\ \\ \\ \\ \\ \\ \\ \end{array}\right\} \text{축점부분}(2k)
\end{array}
\end{array}
$$

과 같으므로, 우리는 쉽게

$$\sum_{\mu=1}^{n} x_{i\mu}^4 = 2^k + 2\alpha^4$$

$$\sum_{\mu=1}^{n} x_{i\mu}^2 x_{j\mu}^2 = 2^k \quad (i \neq j)$$

을 알 수 있다. 회전성을 갖기 위해서는 식 (13・28)과 (13・29)의 두 조건을 만족시켜야 하는데 기수차적률이 모두 0이 됨은 쉽게 얻을 수 있으며, 우수차적률간의 관계식을 만족시키기 위해서는

$$2^k + 2\alpha^4 = 3(2^k)$$

이 성립되어야 한다. 그러므로, 회전성을 갖게 되는 중심합성계획의 α의 값은

$$\alpha = (2^k)^{\frac{1}{4}}$$

이다. 즉, $k=2$이면 $\alpha=\sqrt{2}$로 이 경우는 8개의 점이 모두 거리반지름 $\rho=\sqrt{2}$의 원상에 균등하게 배치되어 있는 8각형실험계획이며, 회전중심합성계획이다. 만약 $k=3$이면 $\alpha=(8)^{\frac{1}{4}}=1.682$이고 $k=4$이면 $\alpha=(16)^{\frac{1}{4}}=2$가 된다.

필자는 반응표면분석과 그의 실험계획법에 대하여 많은 관심을 가져왔으며, 그간 다수의 논문(13・9, 13・10, 13・11, 13・12, 13・13)을 발표한 바 있다. 그 자세한 내용은 이 책의 범위를 넘으므로 생략하기로 한다.

13·5 공정최적화 응용 예제

앞에서 다룬 최적반응조건의 결정과 정준분석 등은 공정관리를 통한 품질개선에 유용하게 사용될 수 있으며 통계적인 공정최적화수법으로 최근에 그 응용범위를 넓혀가고 있다. 독립변수가 세 개 있는 경우에 회전중심합성계획을 사용하여 공정최적화를 통한 품질향상의 실제 예제를 다루어 보기로 한다. 이 예제는 Brown, Turner와 Smith(13・4)의 논문에서 발췌한 것이다.

〔예 13・2〕 어떤 공장에서 식빵을 포장하는 비닐포장지를 만드는데 이 포장지의 포장력(seal strength, grams/inch)은 세 개의 공정조건에 의하여 주로 영향을 받는 것으로 알려져 있다. 첫째 포장기계의 온도(sealing temperature, °F), 열냉각장치의 온도(cooling bar temperature, °F), 그리고 원료에 첨가하여 배합시켜 주는 폴리에틸렌의 양(polyethylene additive, %)이다. 이 변수들의 값을 다음과 같은 변환에 의하여 간략화하였다.

$$x_1 = \frac{\text{포장기계의 온도} - 255°F}{30}$$

$$x_2 = \frac{\text{냉각온도} - 55°F}{9} \tag{13·31}$$

$$x_3 = \frac{\text{폴리에칠렌\%} - 1.1\%}{0.6}$$

각 독립변수는 5개의 수준에서 각각 관찰되는데, 이들의 값과 실제의 값과의 관계는 다음과 같다.

계 획 수 준		−1.682	−1.0	0	1.0	1.682
실제의 값	x_1(°F)	204.5	225	255	285	305.1
	x_2(°F)	39.9	46	55	64	70.1
	x_3(%)	0.09	0.5	1.1	1.7	2.11

이 실험에서 사용된 회전중심합성계획의 계획행렬과 그의 관찰치벡터를 표시하면 다음과 같다.

$$
\begin{array}{c} \\ D = \end{array}
\begin{array}{c}
\begin{array}{ccc} x_1 & x_2 & x_3 \end{array} \\
\begin{bmatrix}
-1 & -1 & -1 \\
1 & -1 & -1 \\
-1 & 1 & -1 \\
1 & 1 & -1 \\
-1 & -1 & 1 \\
1 & -1 & 1 \\
-1 & 1 & 1 \\
1 & 1 & 1 \\
0 & 0 & 0 \\
0 & 0 & 0 \\
0 & 0 & 0 \\
0 & 0 & 0 \\
0 & 0 & 0 \\
0 & 0 & 0 \\
-1.682 & 0 & 0 \\
1.682 & 0 & 0 \\
0 & -1.682 & 0 \\
0 & 1.682 & 0 \\
0 & 0 & -1.682 \\
0 & 0 & 1.682
\end{bmatrix}
\end{array}
\qquad
\boldsymbol{y} = \begin{bmatrix}
6.6 \\ 6.9 \\ 7.9 \\ 6.1 \\ 9.2 \\ 6.8 \\ 10.4 \\ 7.3 \\ 10.1 \\ 9.9 \\ 12.2 \\ 9.7 \\ 9.7 \\ 9.6 \\ 9.8 \\ 5.0 \\ 6.9 \\ 6.3 \\ 4.0 \\ 8.6
\end{bmatrix}
$$

따라서, 이차다항회귀모형의 회귀계수를 추정하기 위하여 X 행렬을 구해 보면

$$
\begin{array}{c} \\ \\ \\ \\ \\ \\ \\ \\ \\ \\ X = \\ \\ \\ \\ \\ \\ \\ \\ \\ \\ \end{array}
\begin{array}{c}
\quad x_1 \quad x_2 \quad x_3 \quad x_1^2 \quad x_2^2 \quad x_3^3 \quad x_1x_2 \quad x_1x_3 \quad x_2x_3 \\
\left[\begin{array}{c:ccc:cccccc}
1 & & & & 1 & 1 & 1 & 1 & 1 & 1 \\
1 & & & & 1 & 1 & 1 & -1 & -1 & 1 \\
1 & & & & 1 & 1 & 1 & -1 & 1 & -1 \\
1 & & & & 1 & 1 & 1 & 1 & -1 & -1 \\
1 & & & & 1 & 1 & 1 & 1 & -1 & -1 \\
1 & & & & 1 & 1 & 1 & -1 & 1 & -1 \\
1 & & & & 1 & 1 & 1 & -1 & -1 & 1 \\
1 & & & & 1 & 1 & 1 & 1 & 1 & 1 \\
1 & & & & 0 & 0 & 0 & 0 & 0 & 0 \\
1 & & \mathrm{D} & & 0 & 0 & 0 & 0 & 0 & 0 \\
1 & & & & 0 & 0 & 0 & 0 & 0 & 0 \\
1 & & & & 0 & 0 & 0 & 0 & 0 & 0 \\
1 & & & & 0 & 0 & 0 & 0 & 0 & 0 \\
1 & & & & 0 & 0 & 0 & 0 & 0 & 0 \\
1 & & & & 2.829 & 0 & 0 & 0 & 0 & 0 \\
1 & & & & 2.829 & 0 & 0 & 0 & 0 & 0 \\
1 & & & & 0 & 2.829 & 0 & 0 & 0 & 0 \\
1 & & & & 0 & 2.829 & 0 & 0 & 0 & 0 \\
1 & & & & 0 & 0 & 2.829 & 0 & 0 & 0 \\
1 & & & & 0 & 0 & 2.829 & 0 & 0 & 0
\end{array}\right]
\end{array}
$$

이며, 회귀계수의 추정치는

$$
\begin{bmatrix} b_0 \\ b_1 \\ b_2 \\ b_3 \\ b_{11} \\ b_{22} \\ b_{33} \\ b_{12} \\ b_{13} \\ b_{23} \end{bmatrix} = (X'X)^{-1}X'\boldsymbol{y} = \begin{bmatrix} 10.1657 \\ -1.1038 \\ 0.0872 \\ 1.0260 \\ -0.7602 \\ -1.0430 \\ -1.1491 \\ -0.3500 \\ -0.5000 \\ 0.1500 \end{bmatrix}
$$

이다. 따라서, 이차다항회귀방정식은

$$\hat{y} = 10.1657 - 1.1038x_1 + 0.0872x_2 + 1.0260x_3 - 0.7602x_1^2 - 1.0430x_2^2 - 1.1491x_3^2 - 0.3500x_1x_2 - 0.5000x_1x_3 + 0.1500x_2x_3$$

이 된다.

정상점(stationary point)은 공식 (13・12)에 의하여

$$\begin{aligned} \boldsymbol{x}_0 &= -B^{-1}\boldsymbol{p}/2 \\ &= -\frac{1}{2}\begin{bmatrix} -0.7602 & -0.1750 & -0.2500 \\ -0.1750 & -1.0430 & 0.0750 \\ -0.2500 & 0.0750 & -1.1491 \end{bmatrix}^{-1}\begin{bmatrix} -1.1038 \\ 0.0872 \\ 1.0260 \end{bmatrix} \\ &= \begin{bmatrix} -1.0098 \\ 0.2602 \\ 0.6808 \end{bmatrix} \end{aligned}$$

이 되며, 이 점에서 $\hat{y}_0 = 11.08$ 이 된다. 행렬 B 의 고유값을 구하여 보면 $\lambda_1 = -0.5630$, $\lambda_2 = -1.2712$, $\lambda_3 = -1.1172$ 이므로 반응표면의 정준분석은 식 (13・20)으로부터

$$\hat{y} = 11.08 - 0.5630w_1^2 - 1.2712w_2^2 - 1.1172w_3^2$$

의 방정식을 얻는다. 모든 고유값이 0 보다 작으므로 $\hat{y}_0 = 11.08$ 이 최대값이며, 앞에서 구한 정상점에서 이 최대값이 얻어진다. 따라서, 포장력을 가장 크게 하는 최적공정조건은 실제 독립변수의 값이 변환공식 (13・31)로부터 얻어지며, 이 값들은 포장기계의 온도가 약 224.7°F 이고 냉각온도가 약 57.3°F 가 되며, 폴리에틸렌의 %는 약 1.5%가 된다.

13·6 통계패키지의 의한 분석 사례

〈표 13・1〉의 데이터에 대하여 이차회귀모형,

$$y = \beta_0 + \beta_1 x_1 + \beta_2 x_2 + \beta_{11} x_1^2 + \beta_{22} x_2^2 + \beta_{12} x_1 x_2 + \epsilon$$

을 적합시키고 정준분석을 실시하여라.

13·6·1 SAS에 의한 분석 프로그램 및 결과

〈SAS 프로그램〉

```
DATA t13_1;
   INPUT x1 x2 y @@;
      CARDS;
         10    205       54.6   20   213.66     71.7
         20    196.34    59.8   40   213.66     78.7
         40    196.34    78.9   50   205        91.0
         30    205       90.4   30   205        87.5
         30    205       91.0   30   205        88.3
         ;

DATA t13_1std;
   SET t13_1;
   x1_t=(x1-30)/20;
   x2_t=(x2-205)/10;

PROC RSREG DATA=t13_1std;
   MODEL y=x1_t x2_t /NOCODE;
RUN;
```

PROC RSREG는 이차 다항회귀 모형을 분석하는 데 사용되며 정준분석 결과를 출력해 준다.

〈SAS 결과〉

```
                           Response Surface for Variable Y

                          Response Mean              79.190000
                          Root MSE                    2.550572
                          R-Square                      0.9837
                          Coef. of Variation            3.2208

                      Degrees
                        of        Type I Sum
        Regression    Freedom    of Squares      R-Square    F-Ratio    Prob > F

        Linear            2       849.323333      0.5329      65.278     0.0009
        Quadratic         2       681.781500      0.4278      52.401     0.0014
        Crossproduct      1        36.602500      0.0230       5.626     0.0767
        Total Regress     5      1567.707333      0.9837      48.197     0.0011
------------------------------------------------------------------------------------
                                  Degrees
                                    of         Sum of
                  Residual        Freedom      Squares        Mean Square

                  Total Error        4        26.021667        6.505417

                    Degrees
                      of        Parameter      Standard      T for H0:
Parameter           Freedom     Estimate        Error       Parameter=0    Prob > |T|

INTERCEPT              1        89.300000      1.275286        70.024        0.0000
X1_T                   1        16.483333      1.472573        11.194        0.0004
X2_T                   1         3.377598      1.472617         2.294        0.0835
```

```
X1_T*X1_T              1         -16.500000       2.208860       -7.470        0.0017
X2_T*X1_T              1          -6.986143       2.945233       -2.372        0.0767
X2_T*X2_T              1         -17.201009       2.208990       -7.787        0.0015

                    Degrees
                      of           Sum of
       Factor       Freedom        Squares        Mean Square    F-Ratio    Prob > F

       X1_T            3         1214.703333      404.901111     62.241      0.0008
       X2_T            3          465.278333      155.092778     23.841      0.0052
----------------------------------------------------------------------------------------
                      Canonical Analysis of Response Surface

                                          Critical
                            Factor          Value

                            X1_T           0.500215
                            X2_T          -0.003400

                    Predicted value at stationary point      93.416861

                                         Eigenvectors
                       Eigenvalues       X1_T             X2_T

                       -13.339892      0.741566        -0.670879
                       -20.361117      0.670879         0.741566

                              Stationary point is a maximum.
```

13·6·2 SPSS에 의한 분석 결과

Model Summary

Model	R	R Square	Adjusted R Square	Std. Error of the Estimate
1	.992[a]	.984	.963	2.5506

a. Predictors: (Constant), x1*x2, x2*x2, x2 (온도), x1 (압력), x1*x1

ANOVA[b]

Model		Sum of Squares	df	Mean Square	F	Sig.
1	Regression	1567.707	5	313.541	48.197	.001[a]
	Residual	26.022	4	6.505		
	Total	1593.729	9			

Coefficients[a]

Model	Unstandardized Coefficients		Standardized Coefficients	t	Sig.
	B	Std. Error	Beta		

1	(Constant)	89.300	1.275		70.024	.000
	x1 (압력)	16.483	1.473	.715	11.194	.000
	x2 (온도)	3.378	1.473	.147	2.294	.084
	x1*x1	-16.500	2.209	-.480	-7.470	.002
	x2*x2	-17.201	2.209	-.501	-7.787	.001
	x1*x2	-6.986	2.945	-.152	-2.372	.077

▶ 참 고 문 헌 ◀

13 • 1. Box, G.E.P. : "Evolutionary operation : A method for increasing industrial productivity," *Applied Statistics*, Vol. 6, pp. 81～101, 1957.

13 • 2. Box, G.E.P. and Hunter, J.S. : "Multifactor experimental designs for exploring response surfaces," *Annals of Mathematical Statistics*, Vol. 28, pp. 195～242, 1957.

13 • 3. Box, G. E. P. and Wilaon, K. B., "On the experimental attainment of optimum condition," *Journal of Royal Statistical Society*, Series B13, pp. 1～45, 1951.

13 • 4. Brown, D.W., Turner, J. and Smith A. : "Sealing strength of waxpolyethylene blends," *Tappi*, Vol. 41, pp. 295～300, 1958.

13 • 5. Cornell, J.A. : "Experiments with mixtures : An update and bibliography," *Technometrics*, Vol. 21, pp. 95～106, 1979.

13 • 6. Draper, N.R. : "Ridge analysis of response surfaces," *Technometrics*, Vol. 5, pp. 469～479, 1963.

13 • 7. Hill, W. J. and Hunter, W. G. : "A review of response surface methodology : a literature survey," *Technometrics*, Vol. 8, pp. 571～590, 1966.

13 • 8. Myers, R.H. : *Response Surface Methodology*, Boston, Allyn and Bacon, 1971.

13 • 9. Park, S.H. : "Selection of polynomial terms for response surface experiments," *Biometrics*, Vol. 33, pp. 225～229, 1977.

13 • 10. Park, S.H. : "Selecting contrasts among parameters in Scheffe's mixture models : screening components and model reduction," *Technometrics*, Vol. 20, pp. 273～279, 1978.

13・11. Park, S.H. and Hader, R.J. : "Slope-rotatable central composite designs." *Technometrics*. Vol. 20, pp. 413~417, 1978.

13・12. Park, S.H. : "An application of response surface experiments to control the quality of industrial products : model fitting and prediction of responses," *Proceedings of International Conference on Quality Control*, Tokyo, 1978.

13・13. Park S.H. : "Designs for estimating the derivatives on response surfaces," *Journal of the Korean Statistical Society*, Vol. 8, 1979.

13・14. Park, S.H. and Choi, B.C. : "On determining experimental points in central composite designs," *Journal of the Korean Statistical Society*. Vol. 15, No. 2, pp. 131~142, 1986.

13・15. Park, S.H. : "A class of multifactor designs for estimating the slope of response surfaces," *Technometrics*, Vol. 29, No. 4, pp. 449~453, 1987.

13・16. Park, S.H. and Kim H.J. : "A measure of slope-rotatability for second order response surface experimental design," *Journal of Applied Statistics*, Vol. 19, No. 3, pp. 391~404, 1992.

13・17. Park, S.H. and Jang, D.H. : "A measure and a graphical method for evaluating slope rotatability in response surface designs," *Communications of Statistics ; Theory and Method*, Vol. 22, No. 7, pp. 1849~1863, 1993.

13・18. Park, S.H., Lim, H.H. and Baba, Y. : "A measure of rotatability for second order response surface designs," *Annals of Institute of Statistical Mathematics*, Vol. 45, pp. 655~664, 1993.

13・19. Park, S.H. and Lee, M.S. : "Slope-rotatability over all directions in third order response surface models," *Journal of the Korean Statistical Society*, Vol. 24, No. 2, pp. 519~536, 1995.

연 습 문 제

13・1. 종속변수 y가 세 개의 독립변수 x_1, x_2, x_3에 따라서 어떤 반응관계를 갖는가를 알아보

기 위하여 다음과 같은 데이터가 얻어졌다.

x_1	−1	1	−1	1	−1	1	−1	1	−2	2	0	0	0	0	0
x_2	−1	−1	1	1	−1	−1	1	1	0	0	−2	2	0	0	0
x_3	−1	−1	−1	−1	1	1	1	1	0	0	0	0	−2	2	0
y	57	40	19	40	54	41	21	43	28	11	2	18	56	46	63

(1) 이 데이터는 어떠한 실험계획법에 의하여 얻어졌는가?

(2) 이차다항회귀모형을 적합시키고 정상점을 구하라.

(3) 정준분석에 필요한 고유값 λ_1, λ_2, λ_3을 구하고 반응함수의 정준형태(canonical form)를 써 보아라. 그리고, 반응표면의 성격을 간단히 기술하라. 정상점은 최대점인가, 최소점인가, 안부점인가?

13・2. 어떤 공정에서 수율(yield)이 공정시간(ξ_1)과 공정온도(ξ_2)에 큰 영향을 받는 것으로 알려져 있다. 다음의 데이터는 ξ_1과 ξ_2의 변화에 따른 수율(y)에 관한 실험자료이다.

실 험 번 호	실제의 실험조건		선형변환된 조건		y(%)
	ξ_1(시간)	ξ_2(온도℃)	x_1	x_2	
1	4	250	−1	0	83.8
2	20	250	1	0	81.7
3	12	250	0	0	82.4
4	12	250	0	0	82.9
5	12	220	0	−1	84.7
6	12	280	0	1	57.9
7	12	250	0	0	81.2
8	6.3	229	$-\sqrt{2}/2$	$-\sqrt{2}/2$	81.3
9	6.3	271	$-\sqrt{2}/2$	$\sqrt{2}/2$	83.1
10	17.7	229	$\sqrt{2}/2$	$-\sqrt{2}/2$	85.3
11	17.7	271	$\sqrt{2}/2$	$\sqrt{2}/2$	72.7

(1) 어떤 실험계획법이 사용되었는가?

(2) 독립변수의 선형변환은 어떤 공식에 의하여 이루어졌나?

(3) 이차다항회귀모형을 적합시켜라.

(4) 정준분석을 행하여 정준형태를 써 보아라.

(5) 정상점은 최대점인가, 최소점인가, 안부점인가?

(6) 정상점 근처에서 반응표면의 등고선표를 간략히 그려 보아라.

13・3. 독립변수가 둘인 경우의 중심합성계획의 계획행렬은 중심점이 둘인 경우는 다음과 같다.

$$\underset{\sim}{D} = \begin{array}{c} \begin{matrix} x_1 & x_2 \end{matrix} \\ \begin{bmatrix} -1 & -1 \\ -1 & 1 \\ 1 & -1 \\ 1 & 1 \\ 0 & 0 \\ 0 & 0 \\ -\alpha & 0 \\ \alpha & 0 \\ 0 & -\alpha \\ 0 & \alpha \end{bmatrix} \end{array}$$

(1) 식 (13・26)과 같은 형태로 이차다항회귀모형을 독립변수가 둘인 경우에 나타내 보아라.

(2) 직교중심합성계획이 되기 위해서는 〈표 13・2〉에 $\alpha=1.078$이 되어야 한다고 되어 있다. 이를 증명하여라.

(3) 〈표 13・2〉에 보면 중심점의 수 n_0가 증가하면 직교중심합성계획이 되기 위해서는 α의 값이 증가하는 것으로 나타나 있다. 그 이유를 밝혀 보아라.

(4) 회전중심합성계획이 되기 위하여 α는 어떤 값을 가져야 하는가? 이 α의 값은 중심점의 수 n_0에 영향을 받는가? 안 받는가? 그 이유는 무엇인가?

13·4. 변수변환된 두 개의 독립변수 x_1과 x_2가 수율 y에 미치는 영향을 조사하기 위하여 우측의 데이터를 얻었다.

x_1	x_2	$y(\%)$
1.0	0	95.6
0.5	0.866	77.9
−0.5	0.866	76.2
−1.0	0	54.5
−0.5	−0.866	63.9
0.5	−0.866	79.1
0	0	96.8
0	0	94.8
0	0	94.4

(1) 어떤 실험계획법을 사용하였는가?

(2) 일차다항회귀모형

$$y = \beta_0 + \beta_1 x_1 + \beta_2 x_2 + \epsilon$$

을 적합시켜 보아라. 이 모형이 y와 x_1, x_2와의 관계를 설명하는 데 충분한 역할을 하고 있는가? 결정계수 R^2의 값은 얼마인가?

(3) 이차다항회귀모형

$$y = \beta_0 + \beta_1 x_1 + \beta_2 x_2 + \beta_{11} x_1^2 + \beta_{22} x_2^2 + \beta_{12} x_1 x_2 + \epsilon$$

을 적합시키고, R^2의 값을 구하여라.

(4) 정상점을 구하여라. 이 정상점을 중심으로 하여 추정된 반응량 $\hat{y}$의 등고선표를 그려라.

13·5. 일차다항회귀모형

$$y_j = \beta_0 + \sum_{i=1}^{k} \beta_{ij} x_{ij} + \epsilon_j, \quad i=1, 2, \cdots, n$$

$$\sum_{j=1}^{n} x_{ij} = 0$$

$$\sum_{j=1}^{n} x_{ij}^2 = b, \quad i=1, 2, \cdots, k$$

에서 추정된 회귀계수들의 분산의 평균

$$\bar{v} = \frac{1}{k+1}\left[Var(b_0) + \sum_{i=1}^{k} Var(b_i) \right]$$

을 최소로 하는 실험계획은 직교계획(orthogonal design)임을 증명하라. (직교계획에서는 $X'X$ 행렬이 대각선행렬이 된다.)

13·6. 만약 이차다항회귀모형

$$y_\mu = \beta_0 + \sum_{i=1}^{k}\beta_i x_{i\mu} + \sum_{i=1}^{k}\beta_{ii}x_{i\mu}^2 + \sum_{i<j}^{k}\beta_{ij}x_{i\mu}x_{j\mu} + \epsilon_\mu$$

$$\epsilon_\mu \sim N(0, \sigma^2), \quad \mu=1, 2, \cdots, n$$

을 추정하기 위하여 얻은 데이터가 모든 기수차적률이 0이고 우수차적률은 다음을 만족시킨다고 하자.

$$\sum_{\mu=1}^{n} x_{i\mu}^2/n = 1$$

$$\sum_{\mu=1}^{n} x_{i\mu}^2 x_{j\mu}^2/n = \lambda_4 \quad (i \neq j)$$

$$\sum_{\mu=1}^{n} x_{i\mu}^4/n = 3\lambda_4$$

따라서, 이 데이터는 회전계획에 의하여 얻어진 것이다. 다음의 물음에 답하라.

(1) $\frac{1}{n}X'X$ 행렬을 구하라.

(2) $A = \frac{1}{2\lambda_4[(k+2)\lambda_4 - k]}$ 이라 놓을 때 다음이 성립함을 증명하여라.

a) $nVar(b_0)/\sigma^2 = 2\lambda_4^2(k+2)A$

b) $nVar(b_i)/\sigma^2 = 1, \quad i=1, 2, \cdots, k$

c) $nVar(b_{ij})/\sigma^2 = \frac{1}{\lambda_4}, \quad i \neq j$

d) $nCov(b_0, b_{ii})/\sigma^2 = 2\lambda_4 A, \quad i=1, 2, \cdots, k$

e) $nCov(b_{ii}, b_{jj})/\sigma^2 = (1-\lambda_4)A, \quad i \neq j$

f) $Cov(b_0, b_{ij}) = Cov(b_i, \ b_{ii}) = Cov(b_i, \ b_{ij}) = Cov(b_{ii}, \ b_{ij}) = 0, \quad i \neq j$

(3) λ_4가 어떤 값($\lambda_4 = 0$는 제외)을 가질 때 $|X'X|$가 0이 되는가? 이 경우는 쓸모없는 회전계획임을 유의하라.

(4) $nVar(\hat{y})/\sigma^2 = \frac{n}{\sigma^2}\left[Var\left(b_0 + \sum_{i=1}^{k} b_i x_i + \sum_{i=1}^{k} b_{ii}x_i^2 + \sum_{i<j}^{k} b_{ij}x_i x_j\right)\right]$

를 k, λ_4와 $\rho^2 = \sum_{\mu=1}^{n} x_{i\mu}^2$ 민의 함수로 나타내어라.

(5) $k=2$, $\lambda_4=1$일 때 $nVar(\hat{y})/\sigma^2$을 ρ의 함수만으로 나타내어 ρ를 x 좌표로 하고 $nVar(\hat{y})/\sigma^2$을 y 좌표로 하여, 그 함수관계를 그려 보아라.

13・7. 독립변수의 수가 $k=2$ 이고 실험이 각 변수의 $(-1, 0, 1)$에서 이루어지는 3^2 요인실험(3^2 factorial experiment)에서 이차다항회귀모형을 적합시켰을 때 $\hat{y}$ 의 분산의 등고선표를 $(x_1,\ x_2)$ 좌표상에 그려 보아라. 3^2 요인계획은 회전계획인가?

13・8. 독립변수의 수가 $k=3$ 이고, 실험이 각 변수의 $(-1, 0, 1)$에서 이루어지는 3^3 요인실험에서 이차다항회귀모형을 적합시켰을 때 $\hat{y}$ 의 분산은

$$x_1^2 = x_2^2 = x_3^2 = \frac{1}{3}$$

을 만족시키는 점에서 최소가 됨을 증명하여라.

14

혼합물실험의 분석

14·1 기본적인 개념

대부분의 실험은 하나 또는 두 개 이상의 독립변수($x_1, x_2, \cdots, x_k$)가 관심이 있는 종속변수(반응변수) y에 어떠한 영향을 주고 있는가를 찾아 보거나, 또는 더 나아가서 y를 최대 또는 최소화시키는 x_i들의 최적조건을 찾는데 그 목적이 있다. 회귀분석, 반응표면분석 등이 여기에 속하며, 이러한 분석방법들은 독립변수들이 취할 수 있는 상호간의 비율이나 그 합 $\sum_{i=1}^{k} x_i$에는 제약조건이 붙지 않는다. 그러나 잉크, 타이어, 페인트 등과 같이 제품이 여러 개의 성분(components)의 혼합으로 이루어져 있고, 각 성분의 혼합량이 문제가 아니라 각 성분의 혼합비율(mixing proportion)만이 문제가 되는 경우가 있다. 이처럼 몇 개 성분의 혼합물(mixture)에 관한 실험에서 어떠한 성분이 관심이 있는 종속변수에 유의한 영향을 미치며, 종속변수의 반응량을 최대 또는 최소로 만드는 최적혼합비율을 찾고자 하는 실험을 혼합물실험(混合物實驗, mixture experiments)이라고 부른다.

k개의 성분의 혼합에 있어서 x_i를 i번 성분의 혼합비율이라고 하면 다음과 같은 관계식을 만족시켜야 한다.

$$x_1+x_2+\cdots+x_k=1, \quad x_i \geq 0, \quad i=1,2,\cdots,k \tag{14·1}$$

예를 들어서 타이어의 원료를 배합할 때에 들어가는 성분으로 생고무(x_1), 합성고무(x_2), 카본블랙(x_3), 약품 $A(x_4)$, 약품 $B(x_5)$가 있고 이들을 어떤 비율로 배합하는 것이 가장 좋

은가를 찾는 실험은 위의 조건

$$x_1+x_2+x_3+x_4+x_5 = 1,\ \ x_i \geq 0,\ \ i=1,2,\cdots,5$$

을 만족시키는 혼합물의 혼합비율에 관한 실험이 되는 것이다.

수학자들은 위의 식 (14·1)과 같은 관계식을 만족시키는 점$(x_1, x_2, \cdots, x_k)$의 혼합을 $(k-1)$차원 심플렉스(simplex)라고 부른다. $k=3$인 경우는 [그림 14·1]에서 보는 바와 같이 삼각형이 되고, $k=4$인 경우는 사면체가 된다.

2차원 심플렉스는 삼각좌표를 형성하며 [그림 14·1]에서 보는 바와 같이 임의의 좌표 (x_1, x_2, x_3)는 항상 $x_1+x_2+x_3=1$을 만들며 $x_1=1$이 되는 꼭지점의 좌표는 $(1,0,0)$이고, 꼭지점 $x_2=1$과 $x_3=1$을 연결하는 직선상에서는 x_1의 값은 0이다. $x_1=1$에서 밑변으로 그어진 직선 x_2와 x_3의 꼭지점을 연결하는 직선과 만나는 점의 좌표는 $\left(0,\ \frac{1}{2},\ \frac{1}{2}\right)$이 되고, 이 점에서 x_1의 꼭지점으로 이동함에 따라서 x_1의 값은 0에서 1로 변하고 x_2와 x_3의 값은

$$x_2 = x_3 = \frac{1}{2}(1-x_1)$$

을 취하게 된다. 삼각형의 중심점의 좌표는 $\left(\frac{1}{3},\ \frac{1}{3},\ \frac{1}{3}\right)$이 된다. 이와 같은 요령으로 이 삼각좌표를 읽으면 될 것이다.

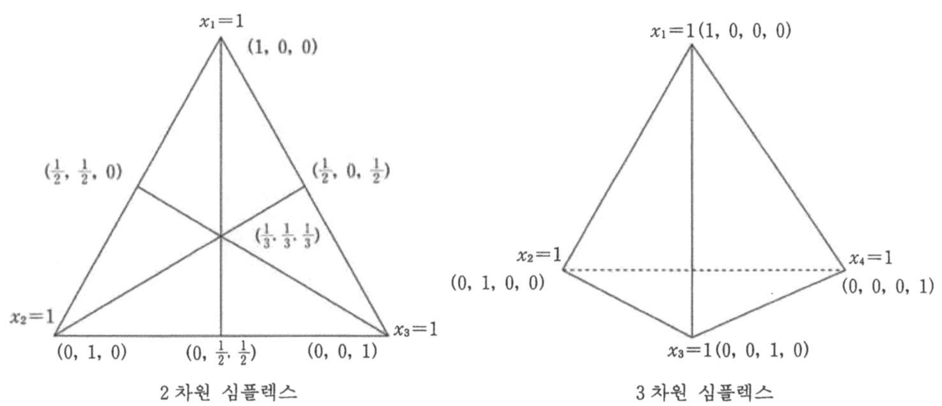

[그림 14·1] 2차원 및 3차원 심플렉스

혼합물에 관한 실험을 처음으로 체계적으로 연구한 사람은 Scheffe(14・11, 14・12)이며 그 후 많은 통계학자들이 이 분야에 관한 연구결과를 발표하였다. 이들 중에서 특기할 만한 논문은 Draper 와 Lawrence(14・3, 14・4), McLean 과 Anderson(14・7), Murty 와 Das(14・8), Snee 와 Marquardt(14・16, 14・17), Park(14・9, 14・10) 등이 있으며 종합 요약논문으로 Cornell(14・1, 14・2)이 쓴 것이 있다. 관심있는 독자는 참고하여 주기 바란다.

14・2 혼합물의 구조모형

혼합물실험에 대한 통계적인 구조모형을 생각하여 보자. 예로서 3 성분에 대한 2 차식 반응표면에 관한 일반적인 2 차 회귀모형은 다음과 같다.

$$E(y) = \beta_0+\beta_1x_1+\beta_2x_2+\beta_3x_3+\beta_{11}x_1^2+\beta_{22}x_2^2 \\ +\beta_{33}x_3^2+\beta_{12}x_1x_2+\beta_{13}x_1x_3+\beta_{23}x_2x_3$$

그러나 식 (14・1)의 제약조건 $\sum_{i=1}^{3} x_i=1$ 을 생각하면

$$\beta_0 = \beta_0(x_1+x_2+x_3)$$
$$x_1^2 = x_1(1-x_2-x_3) = x_1-x_1x_2-x_1x_3$$
$$x_2^2 = x_2-x_1x_2-x_2x_3$$
$$x_3^2 = x_3-x_1x_3-x_2x_3$$

의 관계식으로부터 절편항 β_0 가 필요없으며 x_i^2 항들도 필요없게 된다. 따라서 혼합물의 2 차모형은 k 개의 성분에 대하여

$$E(y) = \sum_{i=1}^{k}\beta_ix_i+\sum_{i<j}^{k}\beta_{ij}x_ix_j \tag{14・2}$$

와 같이 표현되며 일차모형은 단순히

$$E(y) = \sum_{i=1}^{k}\beta_ix_i \tag{14・3}$$

로 나타내진다. 위의 식 (14・2)와 (14・3)과 같은 표현을 Scheffe의 정준형태(正準形態, canonical form)라고 부른다.

얻어진 데이터로부터 식 (14・3)의 1차모형을 적합시키는 방법과 분산분석표를 작성하는 요령을 간단히 살펴보자. n개의 데이터가 있고 그 구조모형이

$$y_i = \beta_1 x_{1i} + \beta_2 x_{2i} + \cdots + \beta_k x_{ki} + \epsilon_i \tag{14・4}$$

$$\epsilon_i \sim N(0, \sigma^2)$$

$$Cov(\epsilon_i, \epsilon_j) = 0, \quad i \neq j$$

$$i, j = 1, 2, \cdots, n$$

라고 한다면 중회귀분석의 최소제곱법에 의하여 β_i들의 최소제곱추정값 b_i는 다음에 의하여 얻어진다.

$$\boldsymbol{b} = \begin{bmatrix} b_1 \\ b_2 \\ \vdots \\ b_k \end{bmatrix} = (X'X)^{-1}X'\boldsymbol{y}$$

여기에서 X와 $\boldsymbol{y}$는 각각

$$X = \begin{bmatrix} x_{11} & x_{21} & \cdots & x_{k1} \\ x_{12} & x_{22} & \cdots & x_{k2} \\ \vdots & \vdots & & \vdots \\ x_{1n} & x_{2n} & \cdots & x_{kn} \end{bmatrix} \qquad \boldsymbol{y} = \begin{bmatrix} y_1 \\ y_2 \\ \vdots \\ y_n \end{bmatrix}$$

이다. i번째 데이터점$(x_{1i}, x_{2i}, \cdots, x_{ki})$에서 $E(y)$의 추정값을

$$\hat{y}_i = b_1 x_{1i} + b_2 x_{2i} + \cdots + b_k x_{ki}$$

라고 표현한다면 중회귀분석에 의한 총제곱합(SST), 회귀제곱합(SSR), 잔차제곱합(SSE)은 다음과 같이 얻어진다.

$$SST = \sum_{i=1}^{n}(y_i - \bar{y})^2 = \boldsymbol{y}'\boldsymbol{y} - n(\bar{y})^2$$

$$SSR = \sum_{i=1}^{n}(\hat{y}_i - \bar{y})^2 = \boldsymbol{b}'X'\boldsymbol{y} - n(\bar{y})^2$$

$$SSE = SST - SSR$$

이 제곱합들과 관련된 자유도는 각각 SST가 $n-1$, SSR이 $k-1$, SSE가 $n-k$가 된다. 여기서 유의하여야 할 것은 회귀제곱합의 자유도는 k가 아니고 $k-1$이 된다는 것이다. 왜냐하면, 식 (14·4)의 일차모형에서는 k개의 독립변수가 있는 것처럼 보이나 $\sum_{i=1}^{k} x_i = 1$이라는 제약조건 때문에 $k-1$개의 x_i들이 확정되면 나머지 변수는 자동적으로 결정되므로, 서로 독립적이 아니며 자유도는 $k-1$이 된다. 따라서 분산분석표는 다음과 같다.

〈표 14·1〉 혼합물 1차모형의 분산분석표

요인	제곱합	자유도	평균제곱	F_0	$F(\alpha)$
회귀	SSR	$k-1$	MSR	$\frac{MSR}{MSE}$	$F(k-1, n-k\,;\,\alpha)$
잔차	SSE	$n-k$	MSE		
계	SST	$n-1$			

가설검정

$$H_0 : \beta_1 = \beta_2 = \cdots = \beta_k$$
H_1 : 모든 β_i가 같지는 않다.

에 대한 검정방법은 분산분석표의 검정통계량

$$F_0 = \frac{MSR}{MSE}$$

의 값이 그의 기각치 $F(k-1, n-k\,;\,\alpha)$보다 크면 귀무가설을 기각하고, 아니면 채택하게 되는 것이다.

2차모형에 대한 분산분석도 같은 요령으로 이루어진다. 예를 들어 $k=3$이면 β_i와 β_{ij}들의 추정값은

$$\boldsymbol{b} = \begin{bmatrix} b_1 \\ b_2 \\ b_3 \\ b_{12} \\ b_{13} \\ b_{23} \end{bmatrix} = (X'X)^{-1}X'\boldsymbol{y}$$

이며, 여기서 행렬 X는

$$X = \begin{bmatrix} x_{11} & x_{21} & x_{31} & x_{11}x_{21} & x_{11}x_{31} & x_{21}x_{31} \\ x_{12} & x_{22} & x_{32} & x_{12}x_{22} & x_{12}x_{32} & x_{22}x_{32} \\ \vdots & \vdots & \vdots & \vdots & \vdots & \vdots \\ x_{1n} & x_{2n} & x_{3n} & x_{1n}x_{2n} & x_{1n}x_{3n} & x_{2n}x_{3n} \end{bmatrix}$$

이 된다. 이 경우의 분산분석표는 다음과 같이 될 것이다.

〈표 14·2〉 혼합물 2차모형의 분산분석표

요인	제곱합	자유도	평균제곱	F_0	$F(\alpha)$
회귀	$SSR = \boldsymbol{b}'X'\boldsymbol{y} - n(\bar{y})^2$	5	MSR	$\frac{MSR}{MSE}$	$F(5, n-6\,;\,\alpha)$
잔차	$SSE = SST - SSR$	$n-6$	MSE		
계	$SST = \boldsymbol{y}'\boldsymbol{y} - n(\bar{y})^2$	$n-1$			

가설검정은 귀무가설이

$$H_0: \beta_1 = \beta_2 = \beta_3$$
$$\beta_{12} = \beta_{13} = \beta_{23} = 0$$

이 되며 만약 $F_0 = \frac{MSR}{MSE} > F(5,\ n-6\,;\,\alpha)$이면 귀무가설을 기각하게 된다.

일반적으로 성분의 수가 k개일 경우에는 회귀변동의 자유도는

$$(k-1)+\binom{k}{2}=(k-1)+\frac{k(k-1)}{2}=\frac{1}{2}(k-1)(k+2)$$

이 되고, 잔차변동의 자유도는 $n-1$ 에서 회귀변동의 자유도를 뺀 것이 된다.

성분의 수가 k 개일 때에 1차 및 2차의 혼합물의 구조모형을 일반적인 회귀분석모형으로 표현할 수도 있다. $\sum_{i=1}^{k}x_i=1$ 이라는 제약조건으로부터 $x_k=1-x_1-x_2\cdots-x_{k-1}$ 이라고 놓으면 1차모형은

$$\begin{aligned}
y &= \beta_1x_1+\beta_2x_2+\cdots+\beta_kx_k+\epsilon \\
&= \beta_1x_1+\beta_2x_2+\cdots+\beta_k(1-x_1-x_2-\cdots-x_{k-1})+\epsilon \\
&= \beta_k+(\beta_1-\beta_k)x_1+\cdots+(\beta_{k-1}-\beta_k)x_{k-1}+\epsilon \\
&= \alpha_0+\alpha_1x_1+\alpha_2x_2+\cdots+\alpha_{k-1}x_{k-1}+\epsilon \qquad (14\cdot5)
\end{aligned}$$

으로 표현할 수 있다. 단, 계약조건으로

$$x_i\geq0,\quad i=1,2,\cdots,k-1$$
$$x_1+x_2+\cdots+x_{k-1}\leq1$$

이 성립되어야 한다.

동일한 요령으로 $x_k=1-x_1-x_2-\cdots-x_{k-1}$ 을 대입시키면 2차모형은

$$\begin{aligned}
y &= \sum_{i=1}^{k}\beta_ix_i+\sum_{i<j}^{k}\beta_{ij}x_ix_j+\epsilon \\
&= \alpha_0+\sum_{i=1}^{k-1}\alpha_ix_i+\sum_{i\leq j}^{k-1}\alpha_{ij}x_ix_j+\epsilon \qquad (14\cdot6)
\end{aligned}$$

으로 표현되며, 제약조건은 1차모형 때와 동일하다.

14·3 혼합물실험에 관한 실험계획

혼합물에 관한 실험계획법으로 여러 가지 방법이 제안되어 있으나, 그 중에서 중요한 것만을 간추려서 다음에 소개하고자 한다.

14·3·1 심플렉스 격자형배열법

이 실험계획법은 Scheffe(14 · 14)에 의하여 제안된 것으로 심플렉스의 모든 영역에 실험점(experimental point)을 균일하게 배치하는 방법이다. 각 인자 x_i, $i=1, 2, \cdots, k$,를 $m+1$개의 동등한 간격으로 나누어 x_i의 수준이

$$x_i = 0,\ 1/m,\ 2/m,\ \cdots,\ (m-1)/m,\ 1$$

이 되도록 모든 가능한 혼합비율에 관한 실험을 하는 계획을 Scheffe는 $\{k,\ m\}$ 심플렉스 격자형배열법(格子形配列法, simplex lattice design)이라고 불렀다. 이를 간단히 줄여서 $\{k,\ m\}$ 격자라고도 부른다. $\{k,\ m\}$ 격자에 대한 몇 가지가 [그림 14 · 2]에 실려 있다. 이 실험계획법에 의하여 얻어지는 실험점의 수는

$$\binom{m+k-1}{m} = \frac{(m+k-1)\,!}{(k-1)\,!\,m\,!}$$

이 됨을 Scheffe(14 · 14)는 밝히고 있다.

참고로 {3, 3} 격자의 실험점을 적어보면 〈표 14 · 3〉과 같다.

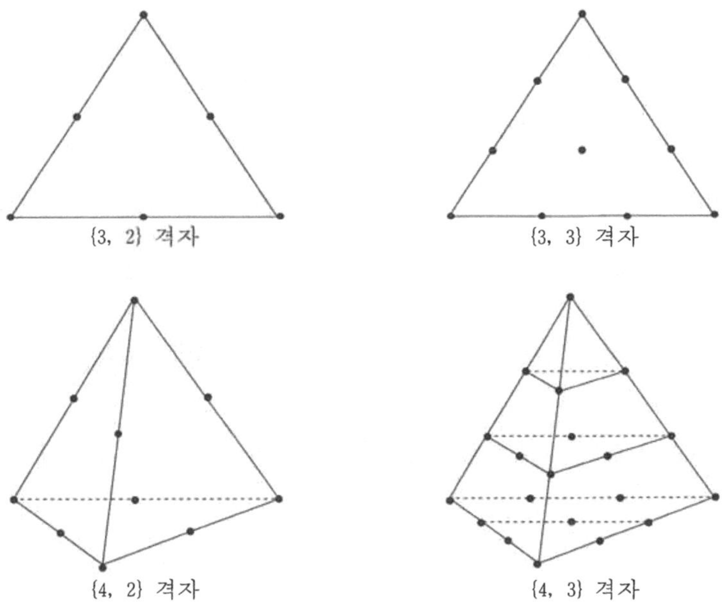

[그림 14 · 2] 몇 가지 $\{k,\ m\}$ 심플렉스 격자형배열법

〈표 14·3〉 {3, 3} 심플렉스 격자형배열법의 실험점

x_1	x_2	x_3	x_1	x_2	x_3
1	0	0	$\frac{1}{3}$	0	$\frac{2}{3}$
0	1	0	$\frac{1}{3}$	$\frac{2}{3}$	0
0	0	1	$\frac{2}{3}$	0	$\frac{1}{3}$
0	$\frac{1}{3}$	$\frac{2}{3}$	$\frac{2}{3}$	$\frac{1}{3}$	0
0	$\frac{2}{3}$	$\frac{1}{3}$	$\frac{1}{3}$	$\frac{1}{3}$	$\frac{1}{3}$

14·3·2 심플렉스 중심배열법

이 실험계획법도 Scheffe(14·15)가 제안한 것으로 심플렉스 격자형배열법을 보완하여 만들어진 것이다. 인자의 수가 k개 있을 때, 이 실험계획법은 2^k-1개의 실험점을 가지게 된다. k개의 실플렉스의 꼭지점, $(1, 0, 0, \cdots, 0)$, $(0, 1, 0, \cdots, 0)$, $\cdots$, $(0, 0, 0, \cdots, 1)$들과 $\binom{k}{2}$개의 두 성분이 반반씩 이루어진 것, $\left(\frac{1}{2}, \frac{1}{2}, 0, \cdots, 0\right)$, $\left(\frac{1}{2}, 0, \frac{1}{2}, \cdots, 0\right)$들과 $\binom{k}{3}$개의 세 성분이 $\frac{1}{3}$씩 이루어진 것과, 이와 같은 방법으로 $\binom{k}{4}$, $\binom{k}{5}$ 개의 성분이 $\frac{1}{4}$, $\frac{1}{5}$씩 이루어진 것들과, 마지막으로 k개의 성분이 동등하게 비율을 갖는 $\binom{k}{k}$의 한 개의 $\left(\frac{1}{k}, \frac{1}{k}, \cdots, \frac{1}{k}\right)$점으로 이루어진 실험계획을 심플렉스 중심배열법(中心配列法, simplex centroid design)이라고 부른다. 이 계획에서는 언제나 중심점, $\left(\frac{1}{k}, \frac{1}{k}, \cdots, \frac{1}{k}\right)$이 포함된다.

예로서 $k=3$이면 $2^3-1=7$개의 실험점이 있으며 그 좌표는 다음과 같이 표현될 수 있다.

〈표 14·4〉 3인자 심플렉스 중심배열법의 실험점

x_1	x_2	x_3
1	0	0
0	1	0
0	0	1
$\frac{1}{2}$	$\frac{1}{2}$	0
$\frac{1}{2}$	0	$\frac{1}{2}$
0	$\frac{1}{2}$	$\frac{1}{2}$
$\frac{1}{3}$	$\frac{1}{3}$	$\frac{1}{3}$

14·3·3 심플렉스 선별계획법

관련되어 있는 인자의 수가 과다하게 많다고 판단될 때에는 실험을 통하여 중요한 인자들만을 선별(screening)하여 내고 싶은 경우가 있다. 이런 경우에 사용하도록 Snee와 Marquardt(14·17)에 의하여 제안된 실험계획법이 심플렉스 선별계획법(選別計劃法, simplex screening design)이다. 이 계획법은 k개의 인자가 있을 때 다음과 같이 $3k+1$개의 실험점으로 이루어져 있다.

분 류	갯 수	좌 표
꼭 지 점	k	$x_i=1,\ x_j=0,\ j\neq i$
내 부 점	k	$\begin{cases} x_i=\dfrac{k+1}{2k} \\ x_j=\dfrac{1}{2k},\ j\neq i \end{cases}$
중 심 점	1	$x_i=\dfrac{1}{k},\ i=1,2,\cdots,k$
변 점	k	$\begin{cases} x_i=0 \\ x_j=\dfrac{1}{k-1},\ j\neq i \end{cases}$

예를 들어 $k=3$인 경우에는 심플렉스 선별계획법은 다음과 같다.

〈표 14·5〉 3인자의 심플렉스 선별계획법의 실험점

	x_1	x_2	x_3
꼭지점	1	0	0
	0	1	0
	0	0	1
내부점	$\frac{2}{3}$	$\frac{1}{6}$	$\frac{1}{6}$
	$\frac{1}{6}$	$\frac{2}{3}$	$\frac{1}{6}$
	$\frac{1}{6}$	$\frac{1}{6}$	$\frac{2}{3}$
중심점	$\frac{1}{3}$	$\frac{1}{3}$	$\frac{1}{3}$
변 점	0	$\frac{1}{2}$	$\frac{1}{2}$
	$\frac{1}{2}$	0	$\frac{1}{2}$
	$\frac{1}{2}$	$\frac{1}{2}$	0

〔예 14·1〕 어떤 음료회사의 연구소에서 새로운 청량음료를 개발하기 위한 실험을 실시하고 있다. 1차적인 실험으로 수박(x_1), 오렌지(x_2), 포도(x_3)의 즙을 어떤 비율로 섞으면 가장 맛이 좋은 음료가 될 것인가를 실험하기 위해 심플렉스 선별계획법을 사용하여 위의 세 성분을 섞어서 시료를 만든 후에 종업원 10명에게 맛을 보게 한 후 10점 만점으로 점수를 주어 평균점수(y)를 구하였다. 그 데이터는 다음과 같다.

x_1	x_2	x_3	y	x_1	x_2	x_3	y
1	0	0	8.0	$\frac{1}{6}$	$\frac{1}{6}$	$\frac{2}{3}$	7.5
0	1	0	7.0	$\frac{1}{3}$	$\frac{1}{3}$	$\frac{1}{3}$	8.4
0	0	1	6.2	0	$\frac{1}{2}$	$\frac{1}{2}$	6.8
$\frac{2}{3}$	$\frac{1}{6}$	$\frac{1}{6}$	8.3	$\frac{1}{2}$	0	$\frac{1}{2}$	8.2
$\frac{1}{6}$	$\frac{2}{3}$	$\frac{1}{6}$	7.5	$\frac{1}{2}$	$\frac{1}{2}$	0	7.2

(1) 2차 혼합물모형을 적합시키고 분산분석표를 작성하라.

(2) 2차 혼합물모형을 적합시키지 않고 식 (14・6)의 일반회귀모형을 적합시키면 어떻게 되는가? 이 모형을 적합시켜 검토하여 보아라.

(3) 위의 1)에서 적합시킨 모형을 사용하여 $\hat{y}$ 의 값에 대한 등고선표를 작성하여라. 어떤 (x_1, x_2, x_3)의 점 근처에서 맛이 좋은 청량음료가 될 것이라고 추측되는가?

풀이

(1) 2차모형을 행렬로 사용하여 적합시키면 다음과 같다.

$$\boldsymbol{b} = \begin{bmatrix} b_1 \\ b_2 \\ b_3 \\ b_{12} \\ b_{13} \\ b_{23} \end{bmatrix} = (X'X)^{-1}X'\boldsymbol{y} = \begin{bmatrix} 7.951 \\ 6.951 \\ 6.133 \\ 0.199 \\ 5.761 \\ 2.162 \end{bmatrix}$$

여기에서 X와 $\boldsymbol{y}$는 각각

$$X = \begin{bmatrix} x_1 & x_2 & x_3 & x_1x_2 & x_1x_3 & x_2x_3 \\ 1 & 0 & 0 & 0 & 0 & 0 \\ 0 & 1 & 0 & 0 & 0 & 0 \\ 0 & 0 & 1 & 0 & 0 & 0 \\ \frac{2}{3} & \frac{1}{6} & \frac{1}{6} & \frac{1}{9} & \frac{1}{9} & \frac{1}{36} \\ \frac{1}{6} & \frac{2}{3} & \frac{1}{6} & \frac{1}{9} & \frac{1}{36} & \frac{1}{9} \\ \frac{1}{6} & \frac{1}{6} & \frac{2}{3} & \frac{1}{36} & \frac{1}{9} & \frac{1}{9} \\ \frac{1}{3} & \frac{1}{3} & \frac{1}{3} & \frac{1}{9} & \frac{1}{9} & \frac{1}{9} \\ 0 & \frac{1}{2} & \frac{1}{2} & 0 & 0 & \frac{1}{4} \\ \frac{1}{2} & 0 & \frac{1}{2} & 0 & \frac{1}{4} & 0 \\ \frac{1}{2} & \frac{1}{2} & 0 & \frac{1}{4} & 0 & 0 \end{bmatrix} \qquad \boldsymbol{y} = \begin{bmatrix} 8.0 \\ 7.0 \\ 6.2 \\ 8.3 \\ 7.5 \\ 7.5 \\ 8.4 \\ 6.8 \\ 8.2 \\ 7.2 \end{bmatrix}$$

와 같다. 따라서 임의의 점 (x_1, x_2, x_3)에서 $E(y)$의 추정식은

$$\hat{y} = 7.951x_1 + 6.951x_2 + 6.133x_3 + 0.199x_1x_2 + 5.761x_1x_3 + 2.162x_2x_3$$

와 같이 된다. 분산분석표를 작성하여 보면 다음과 같다.

요인	제곱합	자유도	평균제곱	F_0
회귀	4.189	5	0.838	6.439
잔차	0.520	4	0.130	
계	4.709	9		

귀무가설

$$H_0 : \beta_1 = \beta_2 = \beta_3,\ \ \beta_{12} = \beta_{13} = \beta_{23} = 0$$

에 대한 F 검정은

$$F_0 = 6.439 > F(5, 4\,;\,0.05) = 6.260$$

이 성립하므로 2차회귀모형은 유의하다.

(2) x_3를 $x_3 = 1 - x_1 - x_2$로 놓고 2차회귀모형을 만들어 보면

$$\begin{aligned} y &= \beta_1x_1 + \beta_2x_2 + \beta_3(1 - x_1 - x_2) \\ &\quad + \beta_{12}x_1x_2 + \beta_{13}x_1(1 - x_1 - x_2) + \beta_{23}x_2(1 - x_1 - x_2) + \epsilon \\ &= \alpha_0 + \alpha_1x_1 + \alpha_2x_2 + \alpha_{11}x_1^2 + \alpha_{22}x_2^2 + \alpha_{12}x_1x_2 + \epsilon \end{aligned} \tag{14・7}$$

의 형태가 된다. 여기에서

$$\left.\begin{aligned} &\alpha_0 = \beta_3, & &\alpha_1 = \beta_1 - \beta_3 + \beta_{13} \\ &\alpha_2 = \beta_2 - \beta_3 + \beta_{23}, & &\alpha_{11} = -\beta_{13} \\ &\alpha_{22} = -\beta_{23}, & &\alpha_{12} = \beta_{12} - \beta_{13} - \beta_{23} \end{aligned}\right\} \tag{14・8}$$

의 관계를 가지고 있다.

식 (14・7)을 최소제곱법에 의하여 적합시키면 α_i의 추정값을 a_i로 표현할 때

$$\boldsymbol{a} = \begin{pmatrix} a_0 \\ a_1 \\ a_2 \\ a_{11} \\ a_{22} \\ a_{12} \end{pmatrix} = \begin{pmatrix} 6.133 \\ 7.579 \\ 2.980 \\ -5.761 \\ -7.724 \\ -2.162 \end{pmatrix}$$

을 얻게 되며, 따라서 방정식은

$$\hat{y} = 6.133 + 7.579x_1 + 2.980x_2 - 5.761x_1^2 - 7.724x_2^2 - 2.162x_1x_2$$

가 된다. 단, 이 방정식이 성립되는 영역은 다음과 같다.

$$x_1 + x_2 \leq 1, \quad x_1 \geq 0, \quad x_2 \geq 0$$

식 (14·8)의 관계에서 우리는

$$a_0 = b_3 = 6.133$$
$$a_1 = b_1 - b_3 + b_{13} = 7.579$$
$$\vdots$$
$$a_{12} = b_{12} - b_{13} - b_{23} = -2.162$$

가 성립함을 쉽게 알 수 있다.

이와 같은 2차회귀모형의 분산분석표는 (1)에서 얻은 분산분석표와 동일하다.

(3) 위의 (1)에서 얻은 2차방정식을 삼각좌표 위에 그려보면 다음 그림과 같다. 이 그림은 "품질박사" 프로그램을 이용하여 얻었다. 이 그래프를 살펴보면 맛이 좋다고 평가되는 영역은 그림에서 밝게 표시된 영역으로 대체적으로 $x_2=0$에 가깝고, x_1은 0.5 이상, x_3은 0.5 이하가 되는 곳이라고 말할 수 있다.

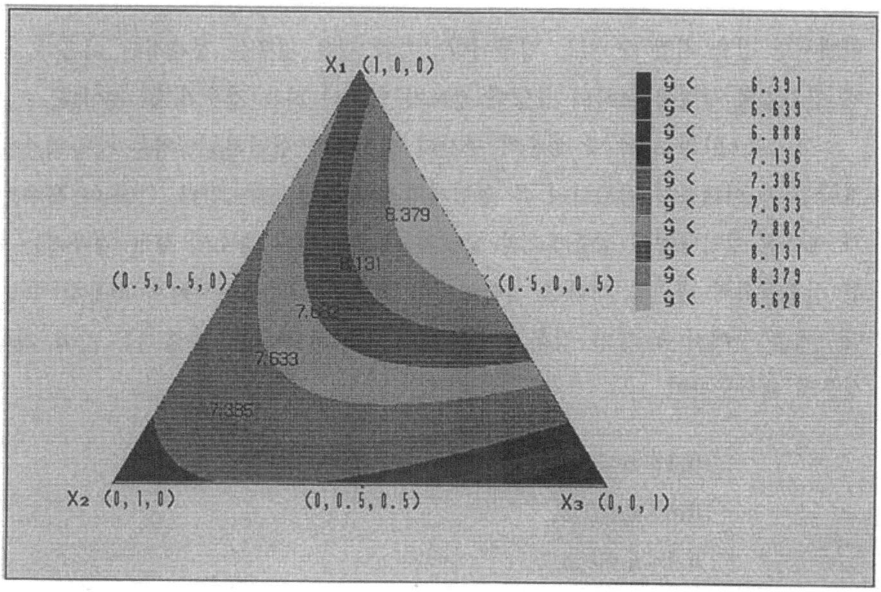

위의 (1) 또는 (2)에서 얻은 2차회귀방정식으로부터 $x_1+x_2+x_3=1$과 $0 \leq x_i \leq 1$, $i=1,2,3$의 영역에서 $\hat{y}$을 최대로 하는 (x_1, x_2, x_3)의 점을 구하여 보면

$$x_1=0.658, \quad x_2=0, \quad x_3=0.342$$

이고, 이 점에서 $\hat{y}$의 값은 8.625가 된다. 즉, 이 실험데이터로 판단해 볼 때 수박즙을 65.8%, 포도즙을 34.2% 섞어서 청량음료를 만들어 보는 것이 바람직하다고 생각된다.

14·4 제한된 영역에서의 실험계획

이제까지 검토된 실험계획들은 심플렉스의 모든 영역에 실험점이 배치될 수 있는 경우에 쓰이는 것들이다. 그러나 실제에 있어서 심플렉스의 전 영역이 아니고 제한된 영역에서만 실험을 하고 싶은 경우가 많다. 즉, 각 성분이 $0 \leq x_i \leq 1$의 모든 값을 취할 수 있는 것이 아니라 제한된 구간

$$0 \leq a_i \leq x_i \leq b_i \leq 1 \tag{14·9}$$

안에서만 값을 취할 수 있는 경우이다. 이와 같은 경우는 경제적인 이유나, 또는 실험전에 인자들의 성질에 대하여 상당한 정보가 있거나 하는 경우가 될 것이다.

식 (14·9)와 같이 각 성분의 구간이 설정되면 실험가능영역은 심플렉스상의 좁은 영역이 되며 이제까지 검토하여 온 실험계획을 사용할 수가 없다. 그러나 특수한 경우로 만약 제한된 실험영역이 심플렉스의 모양과 똑같고 단지 축소된 형일 경우에는 앞에서 사용된 실험계획의 배치를 제한된 실험영역에 위치하도록 축소시켜서 사용할 수도 있을 것이다. 예를 들어서 $k=3$인 경우의 심플렉스 선별계획법은 [그림 14·3]와 같다. 만약 각 성분의 제한구간이

$$0.1 \leq x_1 \leq 0.4$$
$$0.5 \leq x_2 \leq 0.8$$
$$0.1 \leq x_3 \leq 0.4$$

라고 하면, 이 영역은 [그림 14·4]와 같이 작은 삼각형이 된다. 따라서 [그림 14·3]의 실험계획을 축소시키면 하나의 실험계획을 만들어 낼 수 있다.

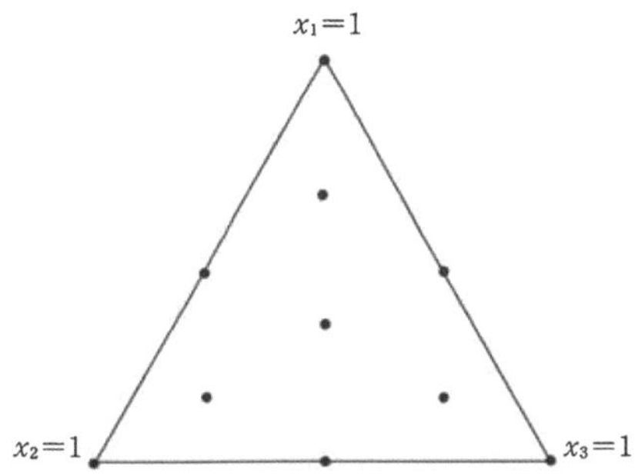

[그림 14·3] 심플렉스 선별계획법 ($k=3$ 인 경우)

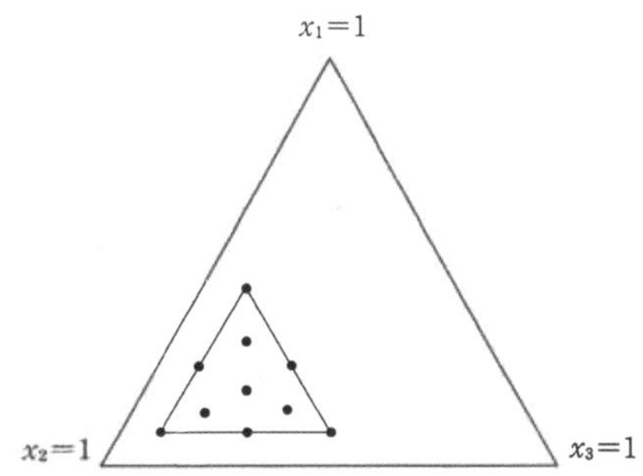

[그림 14·4] 제한된 영역속에서의 심플렉스 선별계획법($k=3$ 인 경우)

일반적으로 제한된 실험영역을 그리면 $k=3$ 인 경우에 삼각형이 되지 않으며, $k=4$ 인 경우에 사면체가 되지 않는다. $k=3$ 인 경우에는 제한된 실험영역의 모양은 삼각형, 사각형, 오각형, 육각형 중의 하나가 된다. 간단히 예를 들어서 3개의 성분에 대하여

$$0.1 \le x_1 \le 0.6$$
$$0.2 \le x_2 \le 0.8$$
$$0 \le x_3 \le 1.0$$

과 같이 실험영역이 주어졌다 하자. 이를 도시하면 [그림 14·5]와 같이 5각형이 된다.

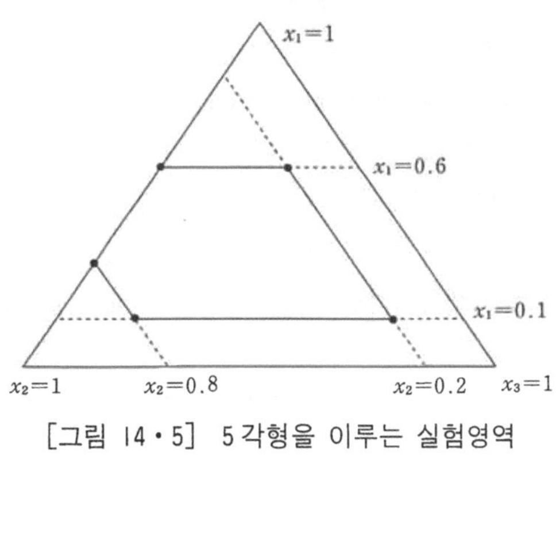

[그림 14·5] 5각형을 이루는 실험영역

이런 경우에는 앞에서 설명된 실험계획(심플렉스 격자형배열법, 심플렉스 중심배열법, 심플렉스 선별계획법)들이 그대로 적용될 수 없다. [그림 14·5]는 5개의 꼭지점을 가지고 있다. Mclean과 Anderson(14·7)은 제한된 실험영역에 대한 실험계획으로 꼭지점계획(extreme vertices design)을 제안하였다. 이 계획은 제한된 영역이 가지는 모든 꼭지점과 이 꼭지점들의 선형조합으로 이루어지는 몇 개의 점을 적절히 선택하는 실험계획이다. Mclean 과 Anderson(14·7)이 제안한 꼭지점계획의 내용을 다음 예를 통하여 상세히 설명하기로 한다.

〔예 14·2〕 한 타이어회사의 연구소에서는 어떤 특수한 종류의 타이어를 만들어내기 위하여 다음과 같은 4개의 혼합성분에 대한 최적혼합비율을 찾는 실험을 실시하려고 한다.

x_1 : 카본블랙(carbon black)

x_2 : 생고무(natural rubber)

x_3 : 합성고무 A(synthetic rubber A)

x_4 : 합성고무 B((synthetic rubber B)

이 연구소에서는 과거의 자료를 바탕으로 다음의 영역만이 실험상 흥미가 있는 영역이다.

$$0.40 \leq x_1 \leq 0.80$$
$$0.10 \leq x_2 \leq 1.00$$
$$0.05 \leq x_3 \leq 0.30$$
$$0.05 \leq x_4 \leq 0.30$$

이 흥미영역을 x_1, x_2, x_3, x_4로 구성되는 3차원 심플렉스에 도시할 때 생기는 볼록다면체(convex polyhedron)의 꼭지점들(extreme vertices)의 좌표를 모두 구하고, 이들 꼭지점들로 이루어지는 여러 개의 2차원면(two-dimensional faces)의 중심점들의 좌표도 모두 구하라. 또 이 때 생기는 볼록다면체의 중심점(centroid)의 좌표도 구하라. (실제로 타이어를 만들 때에는 이 네 가지 성분으로만 이루어지는 것은 아니나 기타 소량으로 들어가는 성분을 무시하고 $x_1+x_2+x_3+x_4=1$로 생각하여 실험계획을 고려하기로 한다.)

풀이

각 성분의 제한조건을 만족시키는 실험영역을 도시하면 [그림 14·6]과 같이 3차원 심플렉스(4면체)속에 위치하는 6면체가 된다. 이 6면체는 8개의 꼭지점(그림에서 (1)에서 (8)까지)을 가지고 있으며 일반적으로 k개의 성분이 있는 경우에 그 좌표를 구하는 방법은 다음과 같다.

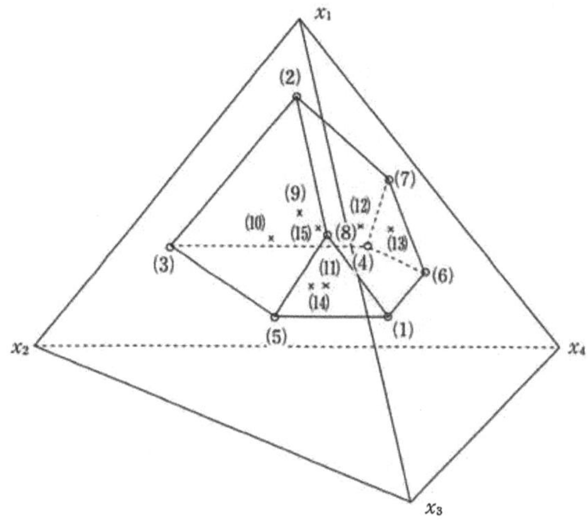

[그림 14·6] 4면체 속에 실험영역을 만족시키는 6면체

(1) 각 성분의 제한된 구간이

$$0 \leq a_i \leq x_i \leq b_i \leq 1, \quad i=1, 2, \cdots, k$$

라고 하자. 이 때 하나의 성분을 제외하고 나머지 $k-1$개 성분에 대하여 그 하한과 상한으로 이루어질 수 있는 2^{k-1}개의 점을 적는다. 이 때 제외된 성분은 빈칸으로 남겨둔다. 예를 들어 $k=3$일 때 x_3를 제외시킨다면 $2^{3-1}=4$개의 점을 x_3을 빈칸으로 하여 우측과 같이 적는다. 이와 같은 방법으로 성분을 하나씩 제거시켜 가면서 $k\times2^{k-1}$개의 점을 모두 적는다.

x_1	x_2	x_3
a_1	a_2	—
a_1	b_2	—
b_1	a_2	—
b_1	b_2	—

(2) $\sum_{i=1}^{k} x_i=1$이 되도록 빈칸을 메우되 제한된 구간을 만족시키지 못하는 점을 제외시키고 남는 점들이 꼭지점이 된다.

이 문제에서 꼭지점들을 구하여 보면 다음의 8개가 된다. 여기서 빈칸으로 남겨져 있는 곳은 제한된 구간을 만족시키지 못하는 점들이다.

〈표 14·6〉 꼭지점으로 가능성이 있는 $4\times2^{4-1}=32$ 개의 점

꼭지점번호	x_1	x_2	x_3	x_4	꼭지점번호	x_1	x_2	x_3	x_4
	0.40	0.10	0.05	____	(3)	0.40	0.50	0.05	0.05
(1)	0.40	0.10	0.30	0.20	(4)	0.40	0.25	0.05	0.30
	0.40	1.00	0.05	____	(5)	0.40	0.25	0.30	0.05
	0.40	1.00	0.30	____		0.40	____	0.30	0.30
(2)	0.80	0.10	0.05	0.05	(2)	0.80	0.10	0.05	0.05
	0.80	0.10	0.30	____		0.80	____	0.05	0.30
	0.80	1.00	0.05	____		0.80	____	0.30	0.05
	0.80	1.00	0.30	____		0.80	____	0.30	0.30
	0.40	0.10	____	0.05	(2)	0.80	0.10	0.05	0.05
(6)	0.40	0.10	0.20	0.30	(7)	0.55	0.10	0.05	0.30
	0.40	1.00	____	0.05	(8)	0.55	0.10	0.30	0.05
	0.40	1.00	____	0.30		____	0.10	0.30	0.30
	0.80	0.10	0.05	0.05		____	1.00	0.05	0.05
	0.80	0.10	____	0.30		____	1.00	0.05	0.30
	0.80	1.00	____	0.05		____	1.00	0.30	0.05
	0.80	1.00	____	0.30		____	1.00	0.30	0.30

꼭지점번호	x_1	x_2	x_3	x_4
(2)	0.80	0.10	0.05	0.05
(3)	0.40	0.50	0.05	0.05
(4)	0.40	0.25	0.05	0.30
(7)	0.55	0.10	0.05	0.30
평균	0.58	0.24	0.05	0.13

다음으로 이 6면체는 6개의 2차원면을 가지고 있는데, 각 면의 중심점의 좌표는, 그 면을 이루고 있는 꼭지점들의 좌표의 평균으로 만들어진다. 예를 들면 꼭지점 (2), (3), (4), (7)로 만들어지는 면의 중심점의 좌표는 (0.58, 0.24, 0.05, 0.13)이 된다.

〈표 14·6〉에 나열되어 있는 8개의 꼭지점들로부터 어떤 꼭지점들이 하나의 2차원면을 만들 것인가를 알려면, 한 성분의 값이 동일한 꼭지점들을 모으면 된다. 위의 예에서는 x_3의 값이 0.05로 동일하다. 또 하나의 예를 들면 $x_4=0.05$로 동일한 꼭지점은 (2), (3), (5), (8)이고 이 네 개의 꼭지

점은 하나의 2차원면을 형성한다. 일반적으로 k개의 성분이 있는 실험에서는 $k-3$개의 성분의 값이 동일한 꼭지점들을 모으면, 이 꼭지점들은 하나의 2차원면을 구성하고 있음을 알 수 있다.

마지막으로 이 6면체의 중심점의 좌표는 8개의 꼭지점들의 좌표의 평균으로 얻을 수 있다. 이 결과를 요약하면 다음과 같다.

〈표 14·7〉 15개 실험점의 좌표

실험점 번 호	종 류	성분의 비율				꼭지점의 조합
		x_1	x_2	x_3	x_4	
1	꼭지점	0.40	0.10	0.30	0.20	
2	〃	0.80	0.10	0.05	0.05	
3	〃	0.40	0.50	0.05	0.05	
4	〃	0.40	0.25	0.05	0.30	
5	〃	0.40	0.25	0.30	0.05	
6	〃	0.40	0.10	0.20	0.30	
7	〃	0.55	0.10	0.05	0.30	
8	〃	0.55	0.10	0.30	0.05	
9	2차원면의 중심점	0.58	0.24	0.05	0.13	2, 3, 4, 7
10	〃	0.54	0.24	0.17	0.05	2, 3, 5, 8
11	〃	0.40	0.24	0.18	0.18	1, 3, 4, 5, 6
12	〃	0.54	0.10	0.18	0.18	1, 2, 6, 7, 8
13	〃	0.45	0.15	0.10	0.30	4, 6, 7
14	〃	0.45	0.15	0.30	0.10	1, 5, 8
15	6면체의 중심점	0.49	0.19	0.16	0.16	1, 2, 3, 4, 5, 6, 7, 8

〔예 14·3〕 앞의 〈표 14·7〉에서 얻은 15개의 실험점에서 실험을 실시하였다. 성분의 비율대로 4가지 성분을 배합시켜 타이어를 만든 후에 그 인장강도(단위 : kg/cm²)를 측정하여 다음의 데이터를 얻었다.

실험점번호	1	2	3	4	5	6	7	8	9	10	11	12	13	14	15
인장강도	208	237	218	213	214	210	223	225	244	228	211	223	217	218	219

(1) 1 차모형을 적합시키고, 결정계수(R^2)를 구하고 분산분석표를 작성하라.

(2) 2 차모형을 적합시키고, 결정계수(R^2)를 구하고 분산분석표를 작성하라.

(3) 위의 (1), (2)의 결과를 검토할 때, 어느 모형이 좋다고 판단되는가?

(4) x_3의 값을 0.05 로 고정시키고, x_1, x_2, x_4 를 삼각좌표로 하여 실험영역 안에서 위의 (3)에서 구한 모형의 $\hat{y}$의 값을 등고선표를 그려보아라.

풀이

(1) 1 차모형을 적합시키면 회귀방정식은

$$\hat{y}=259.19x_1+201.32x_2+172.48x_3+173.49x_4$$

가 얻어지며, 결정계수는 $R^2=0.78$ 이 된다. 분산분석표는

요인	제곱합	자유도	평균제곱	F_0
회귀	1,087.4	3	362.5	12.93
잔차	308.3	11	28.0	
계	1,395.7	14		

으로, 유의수준 $\alpha=0.05$ 에서 1 차모형을 유의하다.

(2) 2 차모형을 적합시키면 회귀방정식은

$$\begin{aligned}\hat{y} &= 212.94x_1+14.12x_2+310.84x_3+148.90x_4\\ &+539.07x_1x_2-114.81x_1x_3+135.59x_1x_4\\ &-233.46x_2x_3+36.78x_2x_4-180.16x_3x_4\end{aligned}$$

가 된다. 결정계수는 $R^2=0.96$ 이고, 분산분석표는 다음과 같다.

요인	제곱합	자유도	평균제곱	F_0
회귀	1,340.2	9	148.9	13.40
잔차	55.5	5	11.1	
계	1,395.7	14		

따라서 유의수준 $\alpha=0.05$ 에서 2 차모형도 유의하다.

(3) 1 차모형과 2 차모형을 비교하여 볼 때, 두 모형 모두 F 검정에서 유의하게 나타

난다. 그러나 1차모형의 R^2값이 0.78임에 비하여 2차모형의 R^2값이 0.96으로 유의한 차이가 있다고 판단할 수 있으므로 2차모형이 더 좋다고 판단된다.

(4) "품질박사" 프로그램에 의하여 2차 모형의 등고선표를 그려보면 다음과 같다. 이 그림에서 보면 $x_3=0.05$로 고정시킬 때 x_1, x_2, x_4가 이루는 홍미영역은 4각형을 이루며, $\hat{y}$의 값이 커지는 영역은 x_4의 값이 0.05쪽으로 작아지고, x_1의 값은 비교적 큰 쪽이라는 것을 알 수 있다. 그림에서 보면 $\hat{y}$의 값이 243 이상인 영역은 그림에서 밝게 표시된 영역으로 x_1과 x_2를 연결하는 변에 가까운 곳이다.

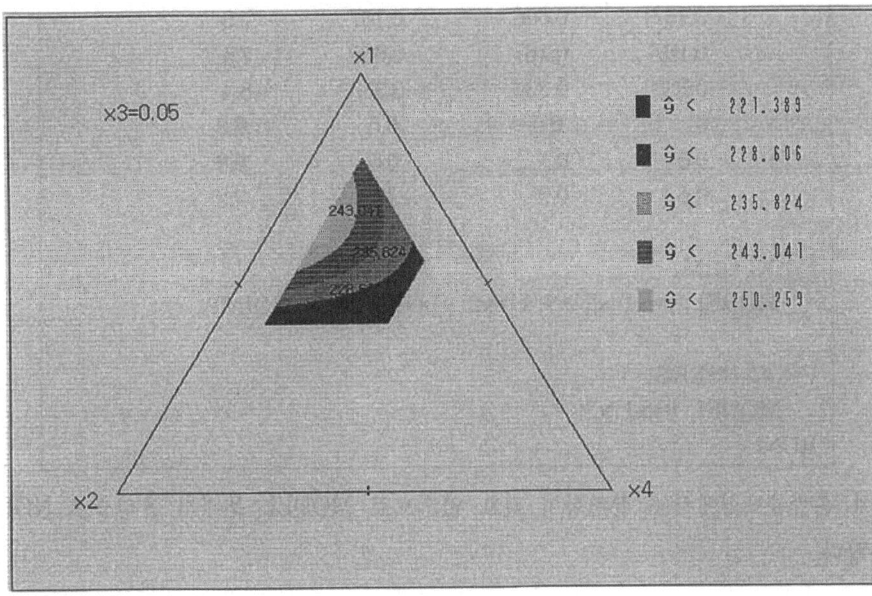

14·5 통계패키지에 의한 분석 사례

〔예 14·1〕의 데이터에 대해서 2차 혼합물모형을 적합시키고 분산분석을 실시하여라. 또한 식 (14·6)의 일반회귀모형을 적합시켜서 비교하여 보아라.

14·5·1 SAS에 의한 분석 프로그램 및 결과

〈SAS 프로그램〉

```
DATA ex14_1;
   INPUT x1 x2 x3 y;
      CARDS;
        1        0        0        8.0
        0        1        0        7.0
        0        0        1        6.2
        0.666    0.167    0.167    8.3
        0.167    0.666    0.167    7.5
        0.167    0.167    0.666    7.5
        0.333    0.334    0.333    8.4
        0        0.5      0.5      6.8
        0.5      0        0.5      8.2
        0.5      0.5      0        7.2
        ;
PROC GLM;
   MODEL y=x1 x2 x3 x1*x2 x1*x3 x2*x3 /NOINT;

PROC RSREG;
   MODEL y=x1 x2;
RUN;
```

2차 혼합물모형에서는 절편항이 필요 없으므로 MODEL 문에서 옵션으로 NOINT를 사용한다.

〈SAS 결과〉

General Linear Models Procedure

Source	DF	Sum of Squares	Mean Square	F Value	Pr > F
Model	6	568.19369591	94.69894932	733.67	0.0001
Error	4	0.51630409	0.12907602		
Uncorrected Total	10	568.71000000			

R-Square	C.V.	Root MSE	Y Mean
0.999092	4.783908	0.35927152	7.51000000

Source	DF	Type I SS	Mean Square	F Value	Pr > F
X1	1	333.53863549	333.53863549	2584.05	0.0001
X2	1	145.10545419	145.10545419	1124.19	0.0001
X3	1	87.63611708	87.63611708	678.95	0.0001
X1*X2	1	0.00125176	0.00125176	0.01	0.9263
X1*X3	1	1.67461672	1.67461672	12.97	0.0227
X2*X3	1	0.23762068	0.23762068	1.84	0.2464

Source	DF	Type III SS	Mean Square	F Value	Pr > F
X1	1	67.96309844	67.96309844	526.54	0.0001
X2	1	51.94073160	51.94073160	402.40	0.0001
X3	1	40.43245075	40.43245075	313.25	0.0001
X1*X2	1	0.00210036	0.00210036	0.02	0.9047
X1*X3	1	1.68207341	1.68207341	13.03	0.0226
X2*X3	1	0.23762068	0.23762068	1.84	0.2464

Parameter	Estimate	T for H0: Parameter=0	Pr > |T|	Std Error of Estimate
X1	7.952334855	22.95	0.0001	0.34656193
X2	6.952151141	20.06	0.0001	0.34656760
X3	6.133708138	17.70	0.0001	0.34656193
X1*X2	0.203657211	0.13	0.9047	1.59652315
X1*X3	5.764617413	3.61	0.0226	1.59687456
X2*X3	2.166180033	1.36	0.2464	1.59652315

Coding Coefficients for the Independent Variables

Factor	Subtracted off	Divided by
X1	0.500000	0.500000
X2	0.500000	0.500000

Response Surface for Variable Y

Response Mean	7.510000
Root MSE	0.359272
R-Square	0.8904
Coef. of Variation	4.7839

Regression	Degrees of Freedom	Type I Sum of Squares	R-Square	F-Ratio	Prob > F
Linear	2	2.279207	0.4840	8.829	0.0341
Quadratic	2	0.901886	0.1915	3.494	0.1325
Crossproduct	1	1.011603	0.2148	7.837	0.0488
Total Regress	5	4.192696	0.8904	6.496	0.0469

Residual	Degrees of Freedom	Sum of Squares	Mean Square
Total Error	4	0.516304	0.129076

Parameter	Degrees of Freedom	Parameter Estimate	Standard Error	T for H0: Parameter=0	Prob > ¦T¦	Parameter Estimate from Coded Data
INTERCEPT	1	6.133708	0.346562	17.699	0.0001	7.503157
X1	1	7.583244	1.668778	4.544	0.0105	-1.022472
X2	1	2.984623	1.668428	1.789	0.1481	-1.522564
X1*X1	1	-5.764617	1.596875	-3.610	0.0226	-1.441154
X2*X1	1	-7.727140	2.760174	-2.800	0.0488	-1.931785
X2*X2	1	-2.166180	1.596523	-1.357	0.2464	-0.541545

Factor	Degrees of Freedom	Sum of Squares	Mean Square	F-Ratio	Prob > F
X1	3	3.700155	1.233385	9.555	0.0269
X2	3	1.055144	0.351715	2.725	0.1787

Canonical Analysis of Response Surface
(based on coded data)

Factor	Critical Value Coded	Uncoded
X1	-3.006320	-1.003160
X2	3.956275	2.478137

Predicted value at stationary point 6.028256

Eigenvalues	Eigenvectors X1	X2
0.074142	-0.537514	0.843255
-2.056841	0.843255	0.537514

Stationary point is a saddle point.

14·5·2 SPSS에 의한 분석 결과

Model Summary

Model	R	R Square[a]	Adjusted R Square	Std. Error of the Estimate
1	1.000[b]	.999	.998	.3590

a. For regression through the origin (the no-intercept model), R Square measures the proportion of the variability in the dependent variable about the origin explained by regression. This CANNOT be compared to R Square for models which include an intercept.

b. Predictors: x2*x3, x1 (수박), x3 (포도), x2 (오렌지), x1*x3, x1*x2

ANOVA[c,d]

Model		Sum of Squares	df	Mean Square	F	Sig.
1	Regression	568.194	6	94.699	734.606	.000[a]
	Residual	.516	4	.129		
	Total	568.710[b]	10			

Coefficients[a,b]

Model		Unstandardized Coefficients		Standardized Coefficients	t	Sig.
		B	Std. Error	Beta		
1	x1 (수박)	7.952	.346	.485	22.965	.000
	x2 (오렌지)	6.952	.346	.424	20.077	.000
	x3 (포도)	6.134	.346	.374	17.714	.000
	x1*x2	.202	1.596	.003	.127	.905
	x1*x3	5.766	1.596	.077	3.613	.023
	x2*x3	2.166	1.596	.029	1.357	.246

Model Summary

Model	R	R Square	Adjusted R Square	Std. Error of the Estimate
1	.944[a]	.890	.754	.3590

a. Predictors: (Constant), x1*x2, x2*x2, x1*x1, x2 (오렌지), x1 (수박)

ANOVA[b]

Model		Sum of Squares	df	Mean Square	F	Sig.
1	Regression	4.193	5	.839	6.506	.047[a]
	Residual	.516	4	.129		
	Total	4.709	9			

Coefficients[a]

Model		Unstandardized Coefficients		Standardized Coefficients	t	Sig.
		B	Std. Error	Beta		
1	(Constant)	6.134	.346		17.714	.000
	x1 (수박)	7.584	1.668	3.495	4.547	.010
	x2 (오렌지)	2.984	1.668	1.375	1.789	.148
	x1*x1	-5.766	1.596	-2.508	-3.613	.023
	x2*x2	-2.166	1.596	-.942	-1.357	.246
	x1*x2	-7.729	2.759	-.894	-2.802	.049

▶ 참 고 문 헌 ◀

14 · 1. Cornell, J.A.: "Experiments with mixtures: A review," *Technometrics*, 15, pp.437~455, 1973.

14 · 2. Cornell, J.A.: "Experiments with mixtures: An update and bibliography," *Technometrics*, 21, pp.95~106, 1979.

14 · 3. Draper, N.R. and Lawrence, W.E.: "Mixture designs for three factors," *J. Roy. Statist. Soc.*, B, 27, pp.450~465, 1965.

14 · 4. Draper, N.R. and Lawrence, W.E.: "Mixture designs for four factors," *J. Roy. Statist. Soc.*, B, 27, pp.473~478, 1965.

14 · 5. Kurotori, I.S.: "Experiments with mixtures of components having lower bounds," *Industrial Quality Control*, pp.592~596, 1966.

14 · 6. Lambrakis, D.P.: "Experiments with mixtures: An alternative to the simplex lattice design," *J. Roy. Statist. Soc.*, B, 31, pp.234~245, 1969.

14 · 7. Mclean, R.A. and Anderson, V.L.: "Extreme vertices design of mixture experiments," *Technometrics*, 8, pp.447~454, 1966.

14 · 8. Murty, J.S. and Das, M.N.: "Design and analysis of experiments with mixtures," *Ann. Math. Statist.*, 39, pp.1517~1539, 1968.

14 · 9. Park, S.H.: "Selecting contrasts among parameters in Scheffe's mixture models: Screening components and model reduction," *Technometrics*, 20, pp.273~279, 1978.

14 · 10. Park, S.H. and Sung N.K.: "Restricted mixture designs for three factors," *Journal of the Korean Statistical Society*, Vol. IX, No. 2, 1980.

14 · 11. Park, S.H.: "Restricted mixture designs for three factors," *Journal of the Korean Statistical Society*, Vol. 9, No. 2, pp.145~172, 1980.

14 · 12. Park, S.H. and Kim, J.H.: "Axis-slope-rotatable designs for experiments with mixtures," *Journal of the Korean Statistical Society*, Vol. 11, No. 1, pp.59~68, 1982.

14 · 13. Park, S.H. and Kim, J.I.: "Slope-rotatable designs for estimating the slope of response surfaces in experiments with mixtures," *Journal of the Korean Statistical Society*, Vol. 17, No. 2, pp.121~133, 1988.

14・14. Scheffe, H.: "Experiments with mixtures," *J. Roy. Statist, Soc.*, B, 20, pp.344~360, 1958.

14・15. Scheffe, H.: "The simplex-centroid design for experiments with mixtures," *J. Roy. Statist. Soc.*, B, 25, pp.235~263, 1963.

14・16. Snee, R.D. and Marquardt, D.W.: "Extreme vertices designs for linear mixture models," *Technometrics*, 16, pp.399~408, 1974.

14・17. Snee, R.D. and Marquardt, D.W.: "Screening concepts and designs for experiments with mixtures," *Technometrics*, 18, pp.19~30, 1976.

연 습 문 제

14・1. {4, 3} 격자에는 몇 개의 실험점이 있는가? 이들의 좌표를 말하여 보아라.

14・2. 성분의 수가 k 인 혼합물의 2 차모형에는 추정되어야 할 모수의 수가 $\frac{(k+1)!}{2!(k-1)!}$ 개 있음을 밝혀라.

14・3. $k=4$ 인 경우에 심플렉스 중심배열법을 사용하려고 한다. 실험점은 모두 몇 개인가? 이들의 좌표를 모두 말하여라.

14・4. $k=4$ 인 경우에 심플렉스 선별계획법을 짜보아라. 전부 몇 개의 실험점이 되는가?

14・5. [그림 14・4]는 [그림 14・3]의 심플렉스 선형계획을 제한영역 $0.1 \leq x_1 \leq 0.4$, $0.5 \leq x_2 \leq 0.8$, $0.1 \leq x_3 \leq 0.4$ 로 축소시킨 것이다. 이 제한된 영역에 있는 10 개의 점의 좌표를 구하라.

14・6. $k=3$ 인 혼합물의 실험에서 각 성분의 제한조건으로

$$0.40 \leq x_1 \leq 0.60$$
$$0.10 \leq x_2 \leq 0.50$$
$$0.10 \leq x_3 \leq 0.50$$

이 있다.

(1) 제한조건을 만족시키는 실험영역을 도시하여라.

(2) 위의 (1)에서 구한 실험영역에서 꼭지점계획법을 짜보고 싶다. 모든 꼭지점과, 꼭지점과

꼭지점을 연결하는 모든 변상의 중심점과, 그리고 실험영역의 중심점(이 점은 모든 꼭지점 좌표들의 평균으로 구하라)으로 구성된 실험계획을 작성하여라.

14・7. {3, 3} 심플렉스 격자형배열법을 사용하여 다음의 데이터를 얻었다.

x_1	1	0	0	0	0	$\frac{1}{3}$	$\frac{1}{3}$	$\frac{2}{3}$	$\frac{2}{3}$	$\frac{1}{3}$
x_2	0	1	0	$\frac{1}{3}$	$\frac{2}{3}$	0	$\frac{2}{3}$	0	$\frac{1}{3}$	$\frac{1}{3}$
x_3	0	0	1	$\frac{2}{3}$	$\frac{1}{3}$	$\frac{2}{3}$	0	$\frac{1}{3}$	0	$\frac{1}{3}$
y	85	70	60	65	68	72	76	80	82	75

(1) 1차모형을 적합시키고 결정계수(R^2)와 분산분석표를 작성하라. 유의수준 $\alpha=0.05$에서 1차모형은 유의한가?

(2) 2차모형을 적합시키고 결정계수(R^2)와 분산분석표를 작성하여라. 유의수준 $\alpha=0.05$에서 2차모형은 유의한가?

(3) 위의 (1), (2)에서 판단할 때 1차와 2차모형 중에서 어느 것이 적절한가?

(4) 위의 (3)에서 구한 적절한 모형을 사용하여 $\hat{y}$의 등고선표를 작성하여라. 어느 영역에서 $\hat{y}$의 값이 큰가?

14・8. {3, 2} 심플렉스 중심배열법을 사용하여 우측과 같은 데이터를 얻었다. 측정값이 2개 있는 것은 2회 반복데이터이고, 3개 있는 것은 3회 반복데이터이다.

성 분			측 정 값
x_1	x_2	x_3	y
1	0	0	11.0, 12.4
0	1	0	8.8, 10.0
0	0	1	16.8, 16.0
0.5	0.5	0	15.0, 14.8, 16.1
0.5	0	0.5	17.7, 16.4, 16.6
0	0.5	0.5	10.0, 9.7, 11.8
$\frac{1}{3}$	$\frac{1}{3}$	$\frac{1}{3}$	10.5, 11.2, 10.8

(1) 2차모형을 사용하는 것이 타당한가에 대한 적합결여검정을 실시하여라. 2차모형이 타당하다면

$$\hat{y} = b_1x_1 + b_2x_2 + b_3x_3 + b_{12}x_1x_2 + b_{13}x_1x_3 + b_{23}x_2x_3$$

을 구하고, 분산분석표를 작성하여라.

(2) 일반적인 2차회귀모형

$$\hat{y} = a_0 + a_1x_1 + a_2x_2 + a_{11}x_1^2 + a_{22}x_2^2 + a_{12}x_1x_2$$

를 적합시키고, 분산분석표를 작성하라. 분산분석 결과를 위의 (1)의 결과와 비교하여 보아라.

(3) 2 차원 심플렉스(정 3 각형) 상에 $\hat{y}$ 의 등고선표를 작성하여라.

14・9. 어떤 특수한 폭약을 만드는 데 네 가지 성분이 사용된다. 이 성분들은

x_1 : 마그네슘(magnesium)
x_2 : 초산나트륨(sodium nitrate)
x_3 : 스트론튬나트륨(strontium nitrate)
x_4 : 접합체(binder)

이다. 이 폭약을 만드는 회사에서는 과거의 자료를 바탕으로 다음의 영역만이 실험상 흥미가 있는 영역이다.

$$0.40 \leq x_1 \leq 0.70$$
$$0.10 \leq x_2 \leq 0.60$$
$$0.10 \leq x_3 \leq 0.60$$
$$0.05 \leq x_4 \leq 0.15$$

3 차원 심플렉스(4 면체) 상에 이 흥미영역을 도시할 때 생기는 볼록다면체의 모든 꼭지점을 구하라. 그리고 이 다면체가 가지는 모든 2 차원면(two dimensional face)의 중심점을 구하고, 또한 이 다면체의 중심점도 구하라.

제 V 편
최적회귀방정식의 선택

15. 변수의 선택
16. 회 귀 진 단
17. 편 의 추 정
18. 비선형회귀

15

변수의 선택

반응변수 y와 이 변수에 영향을 미칠 수 있는 가능한 모든 설명변수 x_1, x_2, …, x_k를 알고 있다고 하자. y의 변화를 회귀방정식으로 표현하여 설명해 주기 위하여 필요한 설명변수들을 어떻게 선택하여 줄 것인가 하는 것이 이 장에서 다루는 문제이다. 변수를 선택하여 회귀모형을 설정하여 주는 데는 다음의 두 가지 원칙에 따른다.

(1) y에 영향을 미칠 수 있는 모든 설명변수 x를 동원하여 y의 값을 예측하는 데 참여시켜야 한다.

(2) 너무 많은 설명변수가 관련되어 있으면 데이터를 획득, 분석하고 변수들의 변화를 탐지, 관리하는 데 많은 노력이 요구되므로, 가능한 범위 내에서 적은 수의 설명변수를 포함시켜야 한다.

위의 두 가지 원칙은 서로 이율배반적이므로 타협이 이루어져야 하며, 적절한 판정기준(criterion)을 택하여 설명변수를 선택함으로써 '최적'회귀방정식('最適'回歸方程式, 'best' regression equation)을 만들어 주어야 할 것이다. '최적'이란 표현은 상대적인 것으로, 판정기준이 바뀌면 최적회귀방정식도 달라질 수 있을 것이다.

변수의 선택방법에 대하여 논의하기 전에 모든 변수를 포함시키지 않고 일부만 선택하여 모형을 만들어 줌으로써 생기는 회귀분석의 이론적 결과에 대해 먼저 논의하여 보자.

15·1 변수제거의 결과

k개의 설명변수에 대하여 n개$(k<n)$의 데이터가 있고 중회귀모형

$$y_j = \beta_0 + \beta_1 x_{1j} + \cdots + \beta_k x_{kj} + \epsilon_j, \quad j=1, 2, \cdots, n \tag{15・1}$$

으로 반응변수의 값 y_j가 얻어졌다고 하자. 여기서 오차항 ϵ_j들은 서로 독립적으로 $N(0, \sigma^2)$의 분포에 따른다고 가정한다. 이 중회귀모형을, 행렬을 사용하여 표현하면,

$$\boldsymbol{y} = X\boldsymbol{\beta} + \boldsymbol{\epsilon}, \quad \boldsymbol{\epsilon} \sim N(\boldsymbol{0}, I\sigma^2) \tag{15・2}$$

으로 X는 $n\times(k+1)$행렬, $\boldsymbol{\beta}$는 $(k+1)\times 1$, $\boldsymbol{y}$와 $\boldsymbol{\epsilon}$은 $n\times 1$ 벡터가 된다.

모형 (15・2)에서 X 행렬을 나누어서 $X=(X_p, X_r)$로 하고 다시 표현하면

$$\boldsymbol{y} = X_p\boldsymbol{\beta}_p + X_r\boldsymbol{\beta}_r + \boldsymbol{\epsilon} \tag{15・3}$$

이 되는데, 여기서 X_p는 절편(intercept)과 p개의 독립변수를 포함하고 X_r은 $k-p$개의 독립변수를 포함하고 있다. $\boldsymbol{\beta}_p$와 $\boldsymbol{\beta}_r$도 X_p와 X_r에 따라서 나눠져 있다. $\boldsymbol{\beta}$의 최소제곱추정값을 $\boldsymbol{b}$라 하고, 이를 나눠서 $\boldsymbol{b}_p$와 $\boldsymbol{b}_r$로 표현하자. 즉,

$$\boldsymbol{b} = \begin{bmatrix} \boldsymbol{b}_p \\ \boldsymbol{b}_r \end{bmatrix} = (X'X)^{-1}X'\boldsymbol{y} \tag{15・4}$$

그리고, 모형 (15・3)에서 X_r을 떼어 버리고 $\boldsymbol{y}=X_p\boldsymbol{\beta}_p+\boldsymbol{\epsilon}$만을 적합시켜서 얻은 $\boldsymbol{\beta}_p$의 최소제곱추정량을

$$\tilde{\boldsymbol{\beta}}_p = (X_p'X_p)^{-1}X_p'\boldsymbol{y} \tag{15・5}$$

라 하고, 또한 $\hat{\sigma}^2$과 $\tilde{\sigma}^2$을 각각 두 경우에 대한 잔차평균제곱(residual mean square)이라고 하자.

$$\hat{\sigma}^2 = \boldsymbol{y}'[I-X(X'X)^{-1}X']\boldsymbol{y}/(n-k-1) \tag{15・6}$$

$$\tilde{\sigma}^2 = \boldsymbol{y}'[I - X_p(X_p'X_p)^{-1}X_p']\boldsymbol{y}/(n-p-1) \tag{15・7}$$

$\hat{\sigma}^2$은 중회귀분석에서 사용되었던 MSE에 해당하며 $\tilde{\sigma}^2$은 모형 $\boldsymbol{y}=X_p\boldsymbol{\beta}_p+\boldsymbol{\epsilon}$에 대한 MSE가 된다.

식 (15・4)와 (15・6)의 $\boldsymbol{b}$와 $\hat{\sigma}^2$의 통계적인 성질에 대해서는 이미 논의되었고, $\tilde{\boldsymbol{\beta}}_p$와 $\tilde{\sigma}^2$의 성질에 대해서는 여러 학자들(15・5, 15・14, 15・18)이 연구결과를 발표하였다. 몇 가지 중요한 결과를 알아보기로 하자.

우선 $\tilde{\beta}_p$의 기대값은

$$\begin{aligned} E(\tilde{\boldsymbol{\beta}}_p) &= E[(X_p'X_p)^{-1}X_p'\boldsymbol{y}] \\ &= (X_p'X_p)^{-1}X_p'X\boldsymbol{\beta} \\ &= (X_p'X_p)^{-1}X_p'[X_p\boldsymbol{\beta}_p + X_r\boldsymbol{\beta}_r] \\ &= \boldsymbol{\beta}_p + (X_p'X_p)^{-1}X_p'X_r\boldsymbol{\beta}_r \end{aligned}$$

이며, $A=(X_p'X_p)^{-1}X_p'X_r$로 놓으면

$$E(\tilde{\boldsymbol{\beta}}_p) = \boldsymbol{\beta}_p + A\boldsymbol{\beta}_r \tag{15・8}$$

이 된다. 분산은

$$\begin{aligned} Var(\tilde{\boldsymbol{\beta}}_p) &= Var[(X_p'X_p)^{-1}X_p'\boldsymbol{y}] \\ &= (X_p'X_p)^{-1}X_p'I\sigma^2(X_p'X_p)^{-1} \\ &= (X_p'X_p)^{-1}\sigma^2 \end{aligned} \tag{15・9}$$

임을 쉽게 알 수 있다. 다음으로 $(\tilde{\boldsymbol{\beta}}_p-\boldsymbol{\beta}_p)(\tilde{\boldsymbol{\beta}}_p-\boldsymbol{\beta}_p)'$의 기대값을 $\tilde{\boldsymbol{\beta}}_p$의 평균제곱오차(mean square error, MSE)라고 정의하면, 이는

$$\begin{aligned} MSE(\tilde{\boldsymbol{\beta}}_p) &= E(\tilde{\boldsymbol{\beta}}_p-\boldsymbol{\beta}_p)(\tilde{\boldsymbol{\beta}}_p-\boldsymbol{\beta}_p)' \\ &= E\{[\tilde{\boldsymbol{\beta}}_p - E(\tilde{\boldsymbol{\beta}}_p) + E(\tilde{\boldsymbol{\beta}}_p) - \boldsymbol{\beta}_p][\tilde{\boldsymbol{\beta}}_p - E(\tilde{\boldsymbol{\beta}}_p) + E(\tilde{\boldsymbol{\beta}}_p) - \boldsymbol{\beta}_p]'\} \\ &= E\{[\tilde{\boldsymbol{\beta}}_p - E(\tilde{\boldsymbol{\beta}}_p)][\tilde{\boldsymbol{\beta}}_p - E(\tilde{\boldsymbol{\beta}}_p)]'\} + [E(\tilde{\boldsymbol{\beta}}_p) - \boldsymbol{\beta}_p][E(\tilde{\boldsymbol{\beta}}_p) - \boldsymbol{\beta}_p]' \\ &= Var(\tilde{\boldsymbol{\beta}}_p) + [E(\tilde{\boldsymbol{\beta}}_p) - \boldsymbol{\beta}_p][E(\tilde{\boldsymbol{\beta}}_p) - \boldsymbol{\beta}_p]' \end{aligned}$$

이 되는데, 식 (15・8)과 (15・9)를 이용하면

$$MSE(\tilde{\boldsymbol{\beta}}_p) = (X_p'X_p)^{-1}\sigma^2 + A\boldsymbol{\beta}_r\boldsymbol{\beta}_r'A' \qquad (15 \cdot 10)$$

이 된다. 또한 $\tilde{\sigma}^2$의 기대값은 《정리 5·1》에 의하여

$$E(\tilde{\sigma}^2) = \sigma^2 + \boldsymbol{\beta}_r'X_r'[I - X_p(X_p'X_p)^{-1}X_p']X_r\boldsymbol{\beta}_r/(n-p-1) \qquad (15 \cdot 11)$$

여기서 사용되는 평균제곱오차를 상징하는 MSE는 분산분석표에서 사용되는 잔차평균제곱(mean square due to the residual errors 또는 residual mean square)을 나타내는 MSE와 다른 것이다. 잔차평균제곱은 MSE를 그대로 쓰고, 평균제곱오차는 괄호를 반드시 동반하여 $MSE(\ \ )$의 형태로 쓰니 유의하여 주기 바란다.

다음으로 고려되고 있는 중회귀모형을

$$E(y) = \beta_0 + \beta_1 x_1 + \cdots + \beta_k x_k = \boldsymbol{x}'\boldsymbol{\beta}$$

으로 표현하고 $\boldsymbol{x}$를 $\boldsymbol{x}_p$와 $\boldsymbol{x}_r$로 나누면

$$E(y) = \boldsymbol{x}_p'\boldsymbol{\beta}_p + \boldsymbol{x}_r'\boldsymbol{\beta}_r$$

이 된다. $E(y)$의 추정량을 각각

$$\hat{y} = \boldsymbol{x}'\boldsymbol{b} = \boldsymbol{x}_p'\boldsymbol{b}_p + \boldsymbol{x}_r'\boldsymbol{b}_r \qquad (15 \cdot 12)$$
$$\tilde{y}_p = \boldsymbol{x}_p'\tilde{\boldsymbol{\beta}}_p$$

으로 나타내면 이들의 기대값과 분산은 다음과 같다.

$$E(\hat{y}) = \boldsymbol{x}'\boldsymbol{\beta}$$
$$Var(\hat{y}) = \boldsymbol{x}'(X'X)^{-1}\boldsymbol{x}\sigma^2$$
$$E(\tilde{y}_p) = \boldsymbol{x}_p'\boldsymbol{\beta}_p + \boldsymbol{x}_p'A\boldsymbol{\beta}_r \qquad (15 \cdot 13)$$
$$Var(\tilde{y}_p) = \boldsymbol{x}_p'(X_p'X_p)^{-1}\boldsymbol{x}_p\sigma^2$$

그리고, $\tilde{y}_p$의 평균제곱오차는

$$\begin{aligned} MSE(\tilde{y}_p) &= E(\tilde{y}_p - \boldsymbol{x}'\boldsymbol{\beta})^2 \\ &= E\{[\tilde{y}_p - E(\tilde{y}_p)]^2 + [E(\tilde{y}_p) - \boldsymbol{x}'\boldsymbol{\beta}]^2\} \end{aligned}$$

$$= Var(\tilde{y}_p) + [(\boldsymbol{x}_p'\boldsymbol{\beta}_p + \boldsymbol{x}_p'A\boldsymbol{\beta}_r) - (\boldsymbol{x}_p'\boldsymbol{\beta}_p + \boldsymbol{x}_r'\boldsymbol{\beta}_r)]^2$$
$$= \boldsymbol{x}_p'(X_p'X_p)^{-1}\boldsymbol{x}_p\sigma^2 + (\boldsymbol{x}_p'A\boldsymbol{\beta}_r - \boldsymbol{x}_r'\boldsymbol{\beta}_r)^2 \qquad (15 \cdot 14)$$

위에서 얻은 결과를 사용하여 다음과 같은 정리를 얻을 수 있다. 이 정리들에 대한 자세한 이론적 연구는 참고문헌(15·6, 15·16)을 보면 도움이 될 것이다.

《정리 15·1》 행렬 $Var(\boldsymbol{b}_p) - Var(\tilde{\boldsymbol{\beta}}_p)$은 양반정치행렬(positive semi-definite matrix)이다.

《정리 15·2》 $Var(\hat{y}) \geq Var(\tilde{y}_p)$

《정리 15·3》 만약 행렬 $Var(\boldsymbol{b}_r) - \boldsymbol{\beta}_r\boldsymbol{\beta}_r'$ 이 양반정치행렬이면
$Var(\boldsymbol{b}_p) - MSE(\tilde{\boldsymbol{\beta}}_p)$도 양반정치행렬이며,
또한 $Var(\hat{y}) \geq MSE(\tilde{y}_p)$이 성립한다.

위에서 《정리 15·1》의 의미는 완전모형(full model)에서 추정된 $\boldsymbol{b}_p$의 구성원(components)은 축소된 모형(reduced model)에서 추정된 $\tilde{\boldsymbol{\beta}}_p$의 구성원보다 일반적으로 더 큰 분산을 가지고 있다. 따라서, 모수 $\boldsymbol{\beta}_p$의 추정값을 구하는 데 있어서 추정값의 분산이 판정기준이 된다면 완전모형, $y = \boldsymbol{x}_p'\boldsymbol{\beta}_p + \boldsymbol{x}_r'\boldsymbol{\beta}_r + \epsilon$ 보다 축소된 모형, $y = \boldsymbol{x}_p'\boldsymbol{\beta}_p + \epsilon$ 이 더 바람직한 $\boldsymbol{\beta}_p$의 추정값을 줄 것이다. 《정리 15·2》가 주는 의미도 명백하게 $\hat{y} = \boldsymbol{x}_p'\boldsymbol{b}_p + \boldsymbol{x}_r'\boldsymbol{b}_r$에 의한 $E(y)$의 추정이 $\tilde{y}_p = \boldsymbol{x}_p'\tilde{\boldsymbol{\beta}}_p$에 의한 추정보다 더 큰 분산을 가지고 있다는 뜻이다. 축소된 모형이 작은 분산을 주므로 장점을 가지고 있으나, $\tilde{\boldsymbol{\beta}}_p$와 $\tilde{y}_p$는 각각 $\boldsymbol{\beta}_p$와 $E(y)$의 불편추정값(unbiased estimates)이 아니라는 단점을 가지고 있다. 따라서, 편의된(biased) 양이 작은 범위 내에서 분산의 축소가 크게 이루어질 수 있다면 변수를 제거시켜 축소된 모형을 사용하는 것이 더 좋을 것이다. 여기에 사용될 수 있는 적절한 판정기준은 평균제곱오차로 이는 분산과 편의의 제곱(squared bias)의 합이기 때문이다. 즉, $\tilde{y}_p$의 평균제곱오차를 예로 들면 식 (15·4)에서 본 바와 같이

$$MSE(\tilde{y}_p) = Var(\tilde{y}_p) + [\text{bias}(\tilde{y}_p)]^2$$

으로 표현되며

$$\mathrm{bias}(\tilde{y}_p) = E(\tilde{y}_p) - E(y) = E(\tilde{y}_p) - \boldsymbol{x}'\boldsymbol{\beta} \qquad (15 \cdot 15)$$

를 의미한다.

《정리 15·3》은 변수제거의 이론적 근거를 제시하는 중요한 정리로서, 행렬 $Var(\boldsymbol{b}_r) - \boldsymbol{\beta}_r\boldsymbol{\beta}_r'$ 이 양반정치(positive semi-definite)가 되는 경우에는 완전모형보다 축소모형이 분산과 편의를 동시에 고려하는 평균제곱오차의 기준으로 볼 때에도 더 바람직하다는 것이다. 이 정리들의 증명은 생략하겠으나, 대단히 어려운 증명은 아니므로 연습문제에서 각자가 증명하여 주기 바라며, $\boldsymbol{b}_p$ 와 $\hat{y}$ 은 불편추정값들이므로

$$Var(\boldsymbol{b}_p) = MSE(\boldsymbol{b}_p) \qquad (15 \cdot 16)$$
$$Var(\hat{y}) = MSE(\hat{y})$$

이 성립됨을 유의하여 주기 바란다.

15·2 변수선택의 방법

반응변수 y 를 설명하는 데 있어서 k 개의 설명변수 x_1, x_2, $\cdots$, x_k 중에서 일부를 선택하여 회귀방정식을 만들어 주는데, k 개의 변수 중에서 하나만 선택하여 주는 방법에는 $\binom{k}{1}$ 개가 있고, 두 개를 택하면 $\binom{k}{2}$ 가 되며, 이와 같은 방법으로 가능한 모든 수의 선택방법을 합치면

$$\sum_{t=0}^{k}\binom{k}{t} = 2^k \qquad (15 \cdot 17)$$

가 된다. $t=0$ 인 경우는 모든 변수를 빼어 버리고 절편만을 사용하는 경우이다. k 의 값이 작으면 2^k 개의 회귀방정식을 적합시키는 것은 용이하나 k 의 값이 크면 2^k 개의 회귀식을 다루는 것은 거의 불가능한 일이다. 이 절에서는 변수를 선택하여 주는 계산절차(computational procedures)에 대하여 주로 다루기로 하고, 다음 절에서 변수선택의 판정기준을 논의하여 보겠다. 계산절차로는 다음과 같은 것들이 있다.

(1) 모든 가능한 회귀(all possible regressions)

(2) 뒤로부터 제거(backward elimination)

(3) 앞으로부터 선택(forward selection)

(4) 단계별 회귀(stepwise regression)

이들에 대하여 하나씩 검토하여 보자.

15·2·1 모든 가능한 회귀(all possible regressions)

이 방법은 모든 가능한 변수들의 조합(전부 2^k 개가 있음)을 회귀분석하여 보는 것이다. 만약 $k=10$ 이라면 $2^{10}=1024$ 이므로 1024 개의 회귀방정식을 적합시켜 보는 것이다. 이와 같은 것은 방대한 계산을 요구하므로 컴퓨터의 도움 없이는 불가능하다고 보겠다. k 개의 변수 중에서 p 개를 뽑겠다고 미리 정한 다음 "최적"모형을 선택하는 기준은 일반적으로 결정계수 R^2 이나 잔차평균제곱 MSE 를 사용한다. 이외에도 뒤에서 소개하는 판정기준들을 사용할 수도 있다. 앞으로 p 개의 변수로서 이루어진 모형의 R^2 과 MSE 를 R_p^2, MSE_p 로 표현하기로 한다. k 에서 p 를 뽑는 방법의 수는 $\binom{k}{p}=\frac{k!}{(k-p)!p!}$ 개가 있으며, 이 중에서 R_p^2 을 가장 크게 하는 모형이나, MSE_p 를 가장 작게 하는 모형을 뽑으면 된다. p 가 정해지면 R_p^2 기준이나 MSE_p 기준은 같은 모형을 최적모형(best model)으로 뽑는다. 왜냐하면,

$$R_p^2 = 1-\frac{SSE_p}{SST} = 1-\left(\frac{n-p-1}{SST}\right)\cdot MSE_p \tag{15 · 18}$$

로 R_p^2 을 최대로 하는 모형은 MSE_p 를 최소로 만든다.

그러나, $p=1, 2, \cdots, k$ 를 1 에서 k 로 변화시켜 가며, 각 p 에서 최적모형을 뽑고, 이들 중에서 가장 좋은 것을 뽑을 때에는 차이가 있을 수 있다. R^2 의 값은 언제나 p 의 값이 증가할수록 증가하는 것이므로 R_p^2 을 기준으로 보면 p 가 클수록 좋을 것이다. 그러나, 경제적인 면에서 볼 때 변수의 수가 너무 많으면 좋지 않으므로 R_p^2 의 증가가 갑자기 둔화되어 큰 차이가 나지 않으면 이 시점에서 끊어서 p 의 값을 결정하여 주는 것이 타당할 것이다. 예제를 통하여, 이와 같은 방법을 설명하도록 하겠다. 다음으로 MSE_p 를 사용하게 되면

$$MSE_p = \frac{SSE_p}{n-p-1} = \frac{SST}{n-p-1}(1-R_p{}^2)$$

으로 p가 증가함에 따라 $1-R_p{}^2$도 감소하고 $n-p$도 감소하므로, 어떤 p의 값에서 MSE_p가 최소로 되었다가 다시 증가하는 경우도 있을 수 있다. 이와 같은 경우에는 p의 값을 선택하여 주는 것에도 논란의 여지가 없을 것이다.

〔예 15·1〕 이 예제의 데이터는 참고문헌 (15·3)에서 발췌한 것으로, 자세한 내용은 생략하고 수치만을 적으면 〈표 15·1〉과 같다. 모든 가능한 회귀를 검토하고 최적회귀방정식을 선택하라.

〈표 15·1〉 Hald 데이터

데이터 번호	x_1	x_2	x_3	x_4	y
1	7	26	6	60	78.5
2	1	29	15	52	74.3
3	11	56	8	20	104.3
4	11	31	8	47	87.6
5	7	52	6	33	95.9
6	11	55	9	22	109.2
7	3	71	17	6	102.7
8	1	31	22	44	72.5
9	2	54	18	22	93.1
10	21	47	4	26	115.9
11	1	40	23	34	83.8
12	11	66	9	12	113.3
13	10	68	8	12	109.4

풀이

독립변수 4개($k=4$) 있으므로 모든 가능한 회귀방정식의 수는 $2^4=16$이며 〈표 15·2〉에서 보는 바와 같이 p의 값이 0, 1, 2, 3, 4로 변화시켜 가면서 얻을 수 있다. 회귀방정식에서 $\hat{y}=f(1)$은 절편(intercept)만을 가진 $\hat{y}=b_0$를 의미하며, $\hat{y}=f(x_1)$은 변수 x_1만을 적합시킨 $\hat{y}=b_0+b_1x_1$을 의미한다.

p=0, 1, 2, 3, 4 에 따라 $R_p{}^2$ 의 값을 가장 크게 하는(따라서, MSE_p 를 작게하는) 회귀방정식을 골라서 써 보면 〈표 15·3〉과 같다.

〈표 15·2〉 모든 가능한 회귀

p	회귀방정식	$R_p{}^2$	MSE_p
0	$\hat{y} = f(1)$	0	226.31
1	$\hat{y} = f(x_1)$	0.5339	115.06
	$\hat{y} = f(x_2)$	0.6663	82.39
	$\hat{y} = f(x_3)$	0.2859	176.31
	$\hat{y} = f(x_4)$	0.6745	80.35
2	$\hat{y} = f(x_1, x_2)$	0.9787	5.79
	$\hat{y} = f(x_1, x_3)$	0.5482	122.71
	$\hat{y} = f(x_1, x_4)$	0.9725	7.48
	$\hat{y} = f(x_2, x_3)$	0.8470	41.54
	$\hat{y} = f(x_2, x_4)$	0.6801	86.89
	$\hat{y} = f(x_3, x_4)$	0.9353	17.57
3	$\hat{y} = f(x_1, x_2, x_3)$	0.9823	5.35
	$\hat{y} = f(x_1, x_2, x_4)$	0.9823	5.33
	$\hat{y} = f(x_1, x_3, x_4)$	0.9813	5.65
	$\hat{y} = f(x_2, x_3, x_4)$	0.9728	8.20
4	$\hat{y} = f(x_1, x_2, x_3, x_4)$	0.9824	5.98

〈표 15·3〉에 따르면 p=2 가 될 때까지 $R_p{}^2$ 의 값은 급격히 증가하다가 p=3 과 4 에서는 큰 증가가 없다. 따라서, 표본결정계수(sample coefficient of determination)를 판정기준으로 생각한 경우에는 p=2 인 경우의 $\hat{y}=b_0+b_1x_1+b_2x_2$ 를 선택하여 주는 것이 최적회귀방정식으로 적합할 것이다. 그러나, p=3 인 경우에도 변수의 수가 많지 않고 R^2 의 값이 약간이나마 증가하므로 회귀방정식, $\hat{y}=b_0+b_1x_1+b_2x_2+b_4x_4$ 를 택하여 주어도 무리는 없을 것이다. p=4 인 경우는 $R_p{}^2$ 의 값이 거의 증가하지 않으므로 $\hat{y}=b_0+b_1x_1+b_2x_2+b_3x_3+b_4x_4$ 를 선택하여 주는 것은 옳지 않다.

〈표 15・3〉 p에 따른 최적회귀

p	회귀방정식	R_p^2	MSE_p
0	$\hat{y} = f(1)$	0	266.31
1	$\hat{y} = f(x_4)$	0.6745	80.35
2	$\hat{y} = f(x_1, x_2)$	0.9787	5.79
3	$\hat{y} = f(x_1, x_2, x_4)$	0.9823	5.33
4	$\hat{y} = f(x_1, x_2, x_3, x_4)$	0.9824	5.98

잔차평균제곱인 MSE_p를 기준으로 볼 때에는 $p=3$에서 명백히 MSE_p의 값이 최소를 이루므로, 최적회귀방정식은 $\hat{y}=b_0+b_1x_1+b_2x_2+b_4x_4$이 됨을 알 수 있다.

변수간의 상관분석(correlation analysis)을 하여 보면 재미있는 결과를 얻을 수 있다. 〈표 15・4〉는 변수간의 표본상관계수(sample coefficient of correlation)를 나타낸다.

〈표 15・4〉 표본상관계수

	x_1	x_2	x_3	x_4	y
x_1	1	0.2286	−0.8241	−0.2454	0.7307
x_2	0.2286	1	−0.1392	−0.9730	0.8163
x_3	−0.8241	−0.1392	1	0.0295	−0.5347
x_4	−0.2454	−0.9730	0.0295	1	−0.8213
y	0.7307	0.8163	−0.5347	−0.8213	1

여기에서 한 가지 유의하여야 할 사항은 〈표 15・2〉, 〈표 15・3〉과 〈표 15・4〉에 있는 R_p^2, MSE_p와 표본상관계수 r은 모두 표본에 대한 것이므로, 표본이 달라지면 이들 값도 달라지게 될 것이다. 이들의 값은 주어진 13개의 표본데이터에 대한 값들이다. 〈표 15・4〉의 상관계수의 표현을 r_{ij}로 나타내서 i번째 변수와 j번째 변수의 상관계수라고 하자. 즉, r_{12}는 x_1과 x_2의 상관계수이다. 또 r_{1y}를 x_1과 y의 상관계수를 의미한다고 하자. 그러면

$$r_{1y} = 0.7307$$
$$r_{2y} = 0.8163$$

$$r_{3y} = -0.5347$$
$$r_{4y} = -0.8213 \qquad (15 \cdot 19)$$

이며, x_4와 y간에 가장 큰 상관관계가 있다. 따라서, 독립변수 하나만을 선택한다면 y와 상관관계가 제일 많은 x_4를 택하게 되며, 다른 어떤 변수보다도 x_4를 택하여 회귀방정식을 만들 때 가장 큰 R_p^2의 값을 줄 것이다. 실제로 〈표 15・2〉에서 $\hat{y}=f(x_4)=b_0+b_4x_4$가 가장 큰 R_p^2의 값을 주고 있다. 또한 $p=1$인 경우는 단순회귀가 되므로, 결정계수는 상관계수의 자승과 같으며(식 (13・37)을 참조) $r_{4y}=-0.8213$의 자승은 $\hat{y}=f(x_4)$의 $R_p^2=0.6745$와 같게 된다.

〈표 15・4〉를 검토하여 보면 상관관계가 가장 큰 경우는 $r_{24}=-0.9730$과 $r_{13}=-0.8241$로서 x_2와 x_4, x_1과 x_3은 서로 의존관계가 크다. 따라서, 두 개의 변수를 선택할 경우에 (x_1, x_3)나 (x_2, x_4)를 뽑는 것보다는 (x_1, x_2)나 (x_3, x_4)를 뽑는 것이 더 바람직하다. 이와 같은 사실은 〈표 15・2〉에서 $\hat{y}=f(x_1, x_3)$와 $\hat{y}=f(x_2, x_4)$의 R_p^2의 값들은 크지 않으나, $\hat{y}=f(x_1, x_2)$와 $\hat{y}=(x_3, x_4)$의 R_p^2의 값들은 큰 것을 보아도 알 수 있다.

15・2・2 뒤로부터 제거하는 방법(backward elimination method)

뒤로부터 변수를 제거하는 방법은 모든 가능한 회귀방정식을 비교하지 않고, 다음과 같은 절차에 따라 변수를 선택하여 주는 방법이다.

(1) 모든 변수를 포함한 회귀방정식을 적합시킨다.

(2) 변수 하나하나씩에 대한 부분 F-검정치(partial F-test value) F_0를 구한다.

(3) 가장 작은 부분 F-검정치 F_L과 F-분포표로부터의 기각치 F_C를 비교한다.

(4) 만약 $F_L < F_C$이면 F_L의 값을 준 변수 x_L을 제거시키고 나머지 변수들만을 가지고 회귀방정식을 적합시킨다. 그리고, 위의 순서 (2)로 돌아간다. 만약 $F_L \geq F_C$이면 제거시킬 변수는 없으며, 현재 사용하고 있는 변수들을 선택한다.

이 방법은 독립변수가 k개 있을 때 계산해야 할 회귀방정식의 최대수가 k로, 모든 가능한 회귀에서의 2^k에 비교하면 훨씬 작은 수이다. 일반적으로 k개의 회귀방정식을 전부 고려하여야 될 경우는 적으며, 중간과정에서 $F_L \geq F_C$가 성립되어 제거작업을 중단하게 되면 k보다 작은 수의 회귀방정식만이 검토되게 되는 것이다.

이 방법은 계산량이 작은 장점은 있으나 '최적' 모형이 뽑히리라는 보장은 없으며, '좋은' 모형을 선택하는 것으로 만족할 경우에는 이 방법은 바람직한 방법이라 하겠다.

〔예 15·2〕 〈표 15·1〉의 Hald 데이터에 대한 적절한 회귀방정식을 구하려고 한다. 뒤로부터 제거하는 방법을 사용하여 변수를 선택하여라.

풀이

먼저 모든 독립변수 4개를 사용하여 회귀방정식을 만들어 보면

$$\begin{aligned}\hat{y} &= f(x_1, x_2, x_3, x_4)\\ &= b_0 + b_1x_1 + b_2x_2 + b_3x_3 + b_4x_4\\ &= 62.4052 + 1.5511x_1 + 0.5102x_2 + 0.1019x_3 - 0.1441x_4\end{aligned}$$

이며, 결정계수(R^2)은 0.9824이고 잔차평균제곱(MSE)은 5.9829이다. $\widehat{Var}(\boldsymbol{b}) = (X'X)^{-1}MSE$로부터 b_1, b_2, b_3과 b_4의 분산을 구하여 보면, $\widehat{Var}(b_1) = 0.5547$, $\widehat{Var}(b_2) = 0.5239$, $\widehat{Var}(b_3) = 0.5696$과 $\widehat{Var}(b_4) = 0.5027$이 된다. 따라서, 부분 F-검정치는 다음과 같다.

$$x_1 : F_0 = \frac{b_1^2}{\widehat{Var}(b_1)} = 4.3376$$

$$x_2 : F_0 = \frac{b_2^2}{\widehat{Var}(b_2)} = 0.4968$$

$$x_3 : F_0 = \frac{b_3^2}{\widehat{Var}(b_3)} = 0.0182$$

$$x_4 : F_0 = \frac{b_4^2}{\widehat{Var}(b_4)} = 0.0413$$

따라서, 가장 작은 값은 x_3의 부분 F-검정치로 $F_L = 0.0182$이다. 유의수준 $\alpha = 0.05$에서 F-검정의 기각치는 $F_C = F(1, 8\,;\,0.05) = 5.32$로서 $F_L < F_C$이므로 독립변수 x_3를 제거시킨다.

다음으로 나머지 독립변수 x_1, x_2와 x_4에 대하여 y를 회귀하여 보면

$$\begin{aligned}\hat{y} &= f(x_1, x_2, x_4)\\ &= b_0 + b_1x_1 + b_2x_2 + b_4x_4\\ &= 71.6482 + 1.4519x_1 + 0.4161x_2 - 0.2365x_4\end{aligned}$$

이며, $MSE = 5.3303$이다. x_1, x_2와 x_4에 대한 부분 F-검정치를 구하면

$$x_1 = F_0 = \frac{b_1^2}{\hat{V}ar(b_1)} = 154.0080$$

$$x_2 = F_0 = \frac{b_2^2}{\hat{V}ar(b_2)} = 5.0259$$

$$x_4 = F_0 = \frac{b_4^2}{\hat{V}ar(b_4)} = 1.8633$$

이며, $F_L=1.8633$ 으로 이것은 x_4 의 F-검정치이다. 기각치로는 $F_C=F(1, 9\ ;\ 0.05)=5.12$ 이므로 $F_L<F_C$ 로 독립변수 x_4 도 제거된다.

다음으로 나머지 두 변수에 대한 y 의 회귀방정식은

$$\begin{aligned} \hat{y} &= f(x_1, x_2) \\ &= 52.5773+1.4683x_1+0.6623x_2 \end{aligned} \qquad (15 \cdot 20)$$

이 되며, $R^2=0.9787$, $MSE=5.7904$ 이다. x_1 과 x_2 에 대한 부분 F-검정치는

$$x_1 : F_0 = 146.5229$$

$$x_2 : F_0 = 208.5823$$

으로 기각치 $F_C=F(1, 10\ ;\ 0.05)=4.96$ 보다 모두 크며, 제거시킬 변수는 없다. 따라서, 뒤로부터 제거하는 방법에 의한 변수선택에는 x_1 과 x_2 가 선택되며, 회귀방정식은 식 (15・20)이 사용된다.

위의 방법에서 부분 F-검정치를 구하여 F-검정하지 않고 t-검정을 하여도 좋다. 이때에 t-검정치는 변수 x_i 에 대해서는

$$t = \frac{b_i}{\sqrt{\hat{V}ar(b_i)}}$$

이 되며, 기각치는 $t_C=t\left(\phi_E\ ;\ \frac{\alpha}{2}\right)$이 된다. 여기서 ϕ_E 는 잔차항의 자유도이다. 이와 같은 것이 성립하는 이유는 식 (2・34)에서 본 바와 같이

$$F(1, \phi_E\ ;\ \alpha) = \left[t\left(\phi_E\ ;\ \frac{\alpha}{2}\right)\right]^2$$

이 성립되기 때문이다.

부분 F-검정치를 계산할 때 다음과 같은 방법을 써도 좋다. 남아 있는 모든 변수에 대한 회귀모형으로 MSE를 구하고, 이것을 완전모형(full model)으로 간주하고 회귀제곱합 $SSR(F)$를 구한다. 그리고, 변수 x_i를 빼고 만든 축소모형(reduced model)의 회귀제곱합 $SSR(R)$을 구한다. 그러면 부분 F-검정치는

$$F_0 = \frac{SSR(F) - SSR(R)}{MSE}$$

이 된다. 이것은 7장 4절의 방법 Ⅱ에서 논의된 내용으로 이 F-검정의 귀무가설은 $H_0 : \beta_i = 0$으로 생각할 수 있다.

15·2·3 앞으로부터 선택하는 방법(forward selection method)

뒤로부터 제거하는 방법은 모든 변수를 포함시켜 규모가 큰 회귀방정식으로부터 출발하여 중요하지 않다고 판단되는 변수를 하나씩 제거하여 나가면서, 더 이상 제거시킬 변수가 없을 때에 중단하고, 남아 있는 변수들을 중요한 변수로 선택하여 주었다. 앞으로부터 선택하는 방법은 이와는 반대로 가장 중요하다고 생각되는 변수부터 하나씩 골라주어 가면서 더 이상 중요한 변수가 없다고 판정될 때에 중단하여 주고, 이미 선택된 변수들만을 중요한 변수들로 간주하여 주는 방법이다. 이 방법은 다음의 절차를 따르면 좋을 것이다.

(1) 모든 독립변수 중에서 종속변수 y와 가장 상관관계가 높은 변수를 선택한다. 이 독립변수를 x_p라고 하자. x_p를 선택하여 주기 위하여 각각의 단순회귀 $\hat{y} = f(x_i)$, $i = 1, 2, \cdots, k$를 구하고 결정계수(R^2)를 가장 크게 하여 주는 독립변수를 골라 주어도 좋다. 단순회귀에서는 식 (3·37)에서 지적한 바와 같이 상관계수의 제곱은 결정계수이다. 회귀방정식 $\hat{y} = f(x_p)$가 유의한가를 F-검정한다. 유의하지 않으면 x_p를 버리고 선택하여 줄 독립변수는 없다. 유의할 경우 순서 (2)로 넘어간다.

(2) $\hat{y} = f(x_p, x_i)$, $i \neq p$,을 각각 적합시키고 R^2을 구한다. R^2을 가장 크게 하여 주는 독립변수 x_i를 선택한다. 이를 x_q라 하자. x_q에 대한 부분 F-검정(partial F-test)을 행한다. 유의하면 다음 변수를 선택하여 주기 의하여 순서 (3)으로 가고 유의하지 않으면 버리고 $\hat{y} = f(x_p)$를 만족한 회귀방정식으로 보고 선택된 변수는 x_p만이 된다.

(3) $\hat{y} = f(x_p, x_q, x_i)$, $i \neq p, q$,을 적합시키고 각각의 R^2을 구한 후 이 R^2의 값을 가

장 크게 하여 주는 변수 x_i를 구한다. 이를 x_r이라 하자. x_i에 대한 부분 F-검정을 하여 유의하면 똑같은 방법을 사용하여 또 하나의 변수를 선택하여 주도록 하고 x_r이 유의하지 않으면 선택된 변수는 x_p와 x_q만으로 한다.

앞으로부터 선택하여 주는 방법도 뒤로부터 제거해 주는 방법과 같이 최대로 $k+(k-1)+\cdots+2+1=\frac{k(k+1)}{2}$개의 회귀방정식을 적합시키게 된다. 이 수는 모든 가능한 회귀에서 2^k개의 회귀방정식에 비교하면 적은 숫자이다. 그러나, 이 방법에 의하여 얻은 회귀방정식이 '최적'이라는 보장은 없다. 예를 들어, 회귀방정식 $\hat{y}=f(x_p, x_q, x_r)$이 선택되었다고 하자. 이 때에 세 개의 독립변수를 뽑는 모든 회귀($\binom{k}{3}$개의 회귀방정식이 있음)을 검토하여 보면 $\hat{y}=f(x_p, x_q, x_r)$보다 R^2의 값을 더 크게 하여 주는 세 개의 변수를 사용한 회귀방정식이 있을 수 있다. 이런 경우가 생기는 이유는 처음에 들어간 변수 x_p는 다음에 어떤 변수가 선택되든지간에 다시 나오지는 않기 때문이다. 이와 같은 점을 보완하기 위하여 고안된 방법이 다음에 논의하게 될 단계별 회귀(段階別 回歸, stepwise regression)이다.

위의 순서 (2)에서 $\hat{y}=f(x_p, x_i)$, $i\neq p$,를 적합시켜 R^2의 값을 가장 크게 하는 변수를 선택하였는데, 이 방법에 의하지 않고 x_p가 선택된 후에 나머지 변수 $x_i(i\neq p)$들과 y간의 부분상관계수(部分相關係數, partial coefficient of correlation)들을 구하고, $|r_{iy.p}|$를 가장 크게 하는 변수 x_i를 선택하여 주는 방법을 사용하여도 좋다.

부분상관계수 $r_{iy.p}$는 x_p에 의하여 설명되지 않은 y의 부분(즉, $y-\hat{y}=y-f(x_p)$)과 x_i의 부분(즉, $x_i-\hat{x}_i=x_i-f_i(x_p)$)간의 상관계수를 말한다. 여기에서 $\hat{x}_i=f_i(x_p)$는 x_i를 x_p에 대하여 회귀하였을 때 얻어지는 회귀방정식이다. 따라서 $r_{iy.p}$는 잔차들, $y_j-f(x_{pj})$과 $x_{ij}-f_i(x_{pj})$, $j=1,2,\cdots,n$이 갖는 표본상관계수로서 다음과 같이 얻어진다.

$$r_{iy.p}=\frac{\sum_{j=1}^{n}(y_j-f(x_{pj}))(x_{ij}-f_i(x_{pj}))}{\sqrt{\sum_{j=1}^{n}(y_j-f(x_{pj}))^2\sum_{j=1}^{n}(x_{ij}-f_i(x_{pj}))^2}}$$

〔예 15・3〕 〈표 15・1〉의 데이터에 대하여 앞으로부터 선택하는 방법에 의하여 독립변수들을 선택하여라.

풀이

〈표 15·2〉에는 하나의 변수만을 사용하였을 때 회귀방정식의 R_p^2의 값들이 실려 있다. 이 표로부터 $y=f(x_4)$가 가장 큰 R_p^2의 값을 가지며, 이 단순회귀에 대한 분산분석표를 만들어 보면 다음과 같다.

요 인	제곱합	자유도	평균제곱	F_0	$F(0.05)$
회 귀	1831.8968	1	1831.8968	22.7985	4.84
잔 차	883.8668	11	80.3515		
계	2715.7636	12			

따라서, 회귀방정식 $\hat{y}=f(x_4)$은 유의하며 x_4가 첫번째로 선택된다. R_p^2을 비교하지 않고 각 변수 x_i와 y 간의 상관관계를 〈표 15·4〉로부터 비교하여 x_4를 선택할 수도 있다. 다음으로 $\hat{y}=f(x_4, x_i)$, $i \neq 4$, 을 적합시키고 R^2을 구해 보면

$$\hat{y}=f(x_1, x_4) : R^2=0.9725$$
$$\hat{y}=f(x_2, x_4) : R^2=0.6801$$
$$\hat{y}=f(x_3, x_4) : R^2=0.9353$$

으로 $\hat{y}=f(x_1, x_4)=103.09738+1.43996x_1-0.61395x_4$가 가장 큰 R^2의 값을 가지며, 변수 x_1이 선택된다. 변수 x_1에 대한 부분 F-검정을 하여 보면 F-검정치가

$$F_0=\frac{b_1^2}{\widehat{Var}(b_1)}=\frac{(1.43996)^2}{0.019159}=108.225$$

이며, 기각치가 $F(1,10\,;0.05)=4.96$이므로 x_1의 선택은 유의하다.

다음으로 x_4와 x_1이 들어간 후에 추가될 수 있는 변수는, x_2와 x_3로 R^2의 값을 구해 보면

$$\hat{y}=f(x_4, x_1, x_2) : R^2=0.9823$$
$$\hat{y}=f(x_4, x_1, x_3) : R^2=0.9813$$

으로 x_2를 선택하는 것이 바람직하다. 따라서, 선택한 회귀방정식을 써 보면 $\hat{y}=71.6482+1.4519x_1+0.4161x_2-0.2365x_4$가 된다. 변수 x_2에 대한 부분 F-검정을 하여 보면

$$F_0 = \frac{b_2^2}{\widehat{Var}(b_2)} = \frac{(0.4161)^2}{0.03445} = 5.0258$$

$$F(1, 9\ ;\ 0.05) = 5.12$$

으로 $F_0 < F(1, 9\ ;\ 0.05)$이므로 x_2의 추가선택은 유의수준 $\alpha=0.05$에서 유의하지 않으므로 선택하여 주지 않는다. 따라서, 선택절차는 여기서 끝나며 선택된 변수는 x_1과 x_4이며, 회귀방정식은

$$\hat{y} = 103.09738 + 1.43996x_1 - 0.61395x_4$$

이 채택된다.

위의 예제에서 본 바와 같이, 뒤로부터 제거하는 방법으로는 x_1과 x_2가 선택되었고, 앞으로부터 선택하는 방법으로는 x_1과 x_4가 선택되어 똑같은 변수들이 선택되지 않은 결과를 보게 되었다. 이와 같은 현상은 종종 일어나며 결과를 해석하는 데 주의가 요망된다.

15·2·4 단계별 회귀방법

이 방법은 앞으로부터 선택하는 방법을 개선한 것으로, 중요한 변수를 하나씩 추가선택하여 나가면서 미리 들어간 변수가, 새로운 변수가 들어가면서 중요성을 상실하여 밖으로 나오게 되는가를 매 단계별로 검토하는 선택방법이다. 이 방법의 절차는 다음과 같다.

(1) (앞으로부터 선택하는 방법의 순서 (1) 과 동일)

(2) $\hat{y}=f(x_p, x_i)$, $i \neq p$, 을 각각 적합시키고 R^2을 가장 크게 하여 주는 x_i를 선택하고, 부분 F-검정으로 이 변수의 추가선택이 유의한가 검정한다. 유의하지 않으면 $\hat{y}=f(x_p)$를 만족한 회귀방정식으로 하고 x_p만을 선택한다. 선택된 변수 x_i(이 변수를 x_q라 하자)가 유의한 경우 이미 들어간 변수 x_p에 대한 부분 F-검정을 행하여 유의하면 계속 남겨 놓고, 유의하지 않으면 제거시킨다.

(3) x_p와 x_q가 모두 유의하여 남아 있는 경우에 다음으로 들어올 변수를 선택해 주기 위하여 $\hat{y}=f(x_p, x_q, x_i)$, $i \neq p, q$를 적합시키고 R^2의 값을 가장 크게 하는 변수 x_i를 구한다. 이를 x_r이라 하자. x_r에 대한 부분 F-검정을 하여 유의하지 않으면 이것으로 변수선택절차를 중단하고 x_p와 x_q만을 뽑아 준다. x_r이 유의한 경우 x_p와 x_q에 대한

부분 F-검정을 각각 하여 유의하지 않은 변수가 있으면 제거시키고 다음 순서로 넘어간다. 앞의 순서 (2)에서 x_p가 유의하지 않아서 제거시키고 x_q만이 남아 있는 경우에는 다음으로 어떤 변수가 들어갈지를 선택하기 위하여 $\hat{y}=f(x_q, x_i)$, $i \neq q$,을 각각 적합시키고 R^2을 가장 크게 하는 변수 x_i를 선택한다.

위와 같은 절차를 계속 밟아가며 새로이 선택된 변수가 유의하지 않을 때까지 선택절차가 계속되며, 새로이 들어온 변수가 유의한 경우에 앞에서 들어온 변수들이 계속 유의하게 남아 있는가를 검토하여 주는 것이 특색이라고 하겠다. 이 방법은 앞으로부터 선택하는 방법(forward selection method)을 보완한 방법이라고 볼 수 있으며, 구해야 할 회귀방정식의 수도 모든 가능한 회귀(all possible regressions)에서 계산해야 할 회귀방정식의 수보다 적으므로 바람직한 변수선택절차라고 생각된다.

〔예 15·4〕 〈표 15·1〉의 데이터에 대하여 단계별 회귀방법에 의하여 독립변수들을 선택하여 주어라.

풀이

앞의 〔예 15·3〕에서 본 바와 같이 처음에는 x_4가 선택되고, 다음으로 x_1이 선택되며 변수 x_1의 선택은 유의하다. 따라서, 미리 들어가 있는 변수 x_4가 x_1이 들어간 후에도 계속하여 유의하게 남아 있는가를 부분 F-검정한다. 이 때, 회귀방정식은 $\hat{y}=f(x_1, x_4)=103.09738+1.43996x_1-0.61395x_4$이며, 잔차평균제곱은 $MSE=7.47621$이다. F-검정치는

$$F_0=\frac{b_4^2}{\hat{V}ar(b_4)}=\frac{(-0.61395)^2}{0.002366}=159.31$$

으로 기각치 $F(1, 10\,;\,0.05)=4.96$보다 크므로 변수 x_4도 유의하게 남아 있다.

다음으로 $\hat{y}=f(x_4, x_1, x_i)$, $i \neq 1, 4$,에서 R^2을 더 크게 하는 x_i, $i \neq 1, 4$,를 구한다. 〈표 15·2〉로부터 변수 x_2가 선택되고 회귀방정식은

$$\hat{y}=f(x_4, x_1, x_2)=71.6482+1.4519x_1+0.4161x_2-0.2365x_4$$

이 되고 $MSE=5.33029$가 얻어진다. 변수 x_2에 대한 부분 F-검정은 앞의 예제에서 본 바와 같이 $\alpha=0.05$에서 유의하지 않으므로, 구하는 변수는 x_1과 x_4만이라고 할 수 있다.

만약 유의수준을 $\alpha=0.10$ 으로 한다면 전혀 다른 결과를 얻게 된다. x_1의 부분 F-검정치는

$$F_0 = \frac{b_2^2}{\widehat{Var}(b_2)} = 5.0258$$

이고, 기각치는 $F(1,9\,;0.10) = 3.36$ 이므로 x_2의 추가선택은 유의하다. 따라서, 이미 들어가 있는 x_4와 x_1에 대한 부분 F-검정을 한다. 먼저 x_4를 하여 보면

$$F_0 = \frac{b_4^2}{\widehat{Var}(b_4)} = \frac{(-0.2365)^2}{0.03003} = 1.86$$

으로 유의하지 않아서 제거시키게 되며, x_1에 대한 부분 F-검정은

$$F_0 = \frac{b_1^2}{\widehat{Var}(b_1)} = \frac{(1.4519)^2}{0.01369} = 153.98$$

으로 매우 큰 값이므로 유의하다. 따라서, 현재 남아 있는 변수는 x_1과 x_2만이 된다. 다음으로 추가될 변수를 구해 보면 x_4가 들어오는데 이 변수의 추가는 유의하지 않으므로 선택절차는 여기에서 중단되고 결국 선택된 변수는 x_1과 x_2이며, 회귀방정식은 다음과 같이 된다.

$$\hat{y} = f(x_1, x_2) = 52.5773 + 1.4683x_1 + 0.6623x_2$$

15·3 변수선택의 판정기준

앞 절에서는 변수선택의 계산방법으로 4가지를 검토하였는데 주로 계산절차에 관하여 논의하였고, 결정계수(R^2)를 판정기준(判定基準, criterion)으로 사용하여 변수를 선택하여 주었다. 그러나, 변수의 선택에 있어서 판정기준으로 쓰여지는 것은 R^2 뿐만은 아니며, 최근에 여러 가지 판정기준이 제시되고 있다. 이들을 열거하여 보면 다음과 같다.

(1) 잔차평균제곱(residual mean square)

$$MSE_p = \frac{SSE_p}{n-p-1} \tag{15・21}$$

(2) 결정계수(coefficient of determination)

$$R_p^2 = 1 - \frac{SSE_p}{SST} \tag{15・22}$$

(3) 수정결정계수(adjustred coefficient of determination)

$$R_{ap}^2 = 1-(n-1)(1-R_p^2)/(n-p-1) \tag{15・23}$$

(4) 총제곱오차(total squared error)

$$C_p = \frac{SSE_p}{\hat{\sigma}^2} + 2(p+1) - n \tag{15・24}$$

(5) $$Q = \int_R [Var(\hat{y}) - MSE(\hat{y}_p)]dW(x) \tag{15・25}$$

여기에서 MSE_p, SSE_p와 R_p^2은 p개의 독립변수를 선택하여 회귀방정식을 만들 때의 MSE, SSE와 R^2을 의미하며, $W(x)$는 가중분포함수(加重分布函數, weighting distribution function)이고, R은 실험자가 느끼고 있는 독립변수들의 흥미영역(region of interest)을 말한다.

위에 열거된 다섯 개의 판정기준 중에서 무엇을 골라 사용할 것인가는 순전히 사용자가 선택할 문제이며, 각기 특유한 성질을 가지고 있다. 이들을 하나씩 검토하여 보자.

15·3·1 MSE_p, R_p^2과 R_{ap}^2

k개의 독립변수들 중에서 p개를 선택하여 종속변수 y의 변화를 설명하고자 할 때에, 결정계수 R_p^2를 크게 하여 주는 p개의 변수들을 골라 주어야 하는 것은 당연하다 하겠다. 왜냐하면, 결정계수는 총변동(SST) 중에서 회귀방정식에 의하여 설명되는 변동(SSR)의 비율을 의미하여 이 변동이 크면 클수록 좋다. SSR을 크게 하는 것은 회귀방정식에 의하여 설명되지 않는 변동(SSE)을 작게 하여 주는 것을 말한다.

잔차평균제곱, MSE_p는 SSE_p의 간단한 함수로서 $MSE_p = \frac{SSE_p}{n-p-1}$이므로 SSE_p를 작게 하여 주는 것은 MSE_p를 작게 하여 준다. 그러나, R_p^2과 MSE_p의 차이점은, R_p^2은 p가 증가함에 따라서 커지는 증가함수이나, MSE_p는 p가 증가될 때 SSE_p는 감소하나 $n-p-1$도 또한 감소하므로 MSE_p는 증가함수도 아니고 감수함수도 아니며, MSE_p를 최소로 하는 p의 값$(1 \leq p \leq k)$이 흔히 존재한다. 따라서, MSE_p의 판정기준에서는 이를 최소로 하는 p를 선택하면 되며, R_p^2을 판정기준으로 할 경우에는 R_p^2의 증가가 둔화되는 시점에서 p를 선택하여 주는 것이 좋을 것이다. 따라서 R_p^2에 의한 변수선택에는 다분히 실험자의 주관이 개입되기 쉬우며, 이런 의미에서 객관성이 결여될 소지가 있다.

수정결정계수(adjusted R_p^2), R_{ap}^2은 R_p^2이 갖는 단점을 보강하기 위하여 흔히 쓰이며, R_{ap}^2은 p의 증가함수는 아니다. 이를 검토하여 보면, 식 (15・23)은

$$
\begin{aligned}
R_{ap}^2 &= 1-\frac{(n-1)(1-R_p^2)}{n-p-1} \\
&= 1-\frac{(n-1)\left(\frac{SSE_p}{SST}\right)}{n-p-1} \\
&= 1-(n-1)\frac{MSE_p}{SST} \qquad (15 \cdot 26)
\end{aligned}
$$

로 되어, MSE_p를 최소로 하는 p의 값은 R_{ap}^2을 또한 최대로 만든다.

15・3・2 C_p

식 (15・24)에서 보는 바와 같이, C_p 판정기준도 SSE_p의 함수로 표현되나 앞서 논의된 세 개의 판정기준(MSE_p, R_p^2, R_{ap}^2)들과는 다른 의미를 가지고 있다. 이 판정기준에 대한 자세한 이론적인 고찰은 참고문헌(15・6, 15・7)을 보면 좋을 것이다.

식 (15・2)로부터 $E(y)=\boldsymbol{x}'\boldsymbol{\beta}$의 추정을 p개의 독립변수로 할 때의 추정량을

$$\tilde{y}_p = \boldsymbol{x}_p'\tilde{\boldsymbol{\beta}}_p$$

로 표현하였다. 그런데, $\tilde{y}_p$는 편의된 추정량이므로 $E(y)$를 얼마나 잘 추정하고 있는가를 보려면 $\tilde{y}_p$의 평균제곱오차(mean square error)를 보면 좋을 것이다. 식 (15・14)에서

$$MSE(\tilde{y}_p) = \boldsymbol{x}_p'(X_p'X_p)^{-1}\boldsymbol{x}_p\sigma^2 + (\boldsymbol{x}_p'A\boldsymbol{\beta}_r - \boldsymbol{x}_r'\boldsymbol{\beta}_r)^2 \qquad (15 \cdot 27)$$

이며, n개의 자료점(data points)에서 $MSE(\tilde{y}_p)$를 구하고, 그 합이 최소가 되는 p개의 변수들을 선택하면 $E(y)$를 추정하는 데는 평균제곱오차의 면에서 최적의 회귀방정식을 구할 수 있을 것이다.

$MSE(\tilde{y}_{pj})$, $j=1, 2, \cdots, n$의 합을 σ^2으로 나눈 것을 Γ_p로 놓으면

$$\begin{aligned}\Gamma_p &= \frac{1}{\sigma^2}\sum_{j=1}^{n} MSE(\tilde{y}_{pj}) \\ &= \frac{1}{\sigma^2}\sum_{j=1}^{n}[\boldsymbol{x}_{pj}'(X_p'X_p)^{-1}\boldsymbol{x}_{pj}\sigma^2 + (\boldsymbol{x}_{pj}' - A\boldsymbol{\beta}_r - \boldsymbol{x}_{rj}'\boldsymbol{\beta}_r)^2]\end{aligned}$$

이 되는데, 여기에서

$$\begin{aligned}\sum_{j=1}^{n}\boldsymbol{x}_{pj}'(X_p'X_p)^{-1}\boldsymbol{x}_{pj} &= \sum_{j=1}^{n} tr[\boldsymbol{x}_{pj}'(X_p'X_p)^{-1}\boldsymbol{x}_{pj}] \\ &= \sum_{j=1}^{n} tr[(X_p'X_p)^{-1}\boldsymbol{x}_{pj}\boldsymbol{x}_{pj}'] \\ &= tr[(X_p'X_p)^{-1}\sum_{j=1}^{n}\boldsymbol{x}_{pj}\boldsymbol{x}_{pj}'] \\ &= tr[(X_p'X_p)^{-1}(X_p'X_p)] = p+1 \qquad (15 \cdot 28)\end{aligned}$$

이며,

$$\begin{aligned}&\sum_{j=1}^{n}(\boldsymbol{x}_{pj}'A\boldsymbol{\beta}_r - \boldsymbol{x}_{rj}'\boldsymbol{\beta}_r)'(\boldsymbol{x}_{pj}'A\boldsymbol{\beta}_r - \boldsymbol{x}_{rj}'\boldsymbol{\beta}_r) \\ &= \sum_{j=1}^{n}[\boldsymbol{\beta}_r'A'\boldsymbol{x}_{pj}\boldsymbol{x}_{pj}'A\boldsymbol{\beta}_r - 2\boldsymbol{\beta}_r'\boldsymbol{x}_{rj}\boldsymbol{x}_{pj}'A\boldsymbol{\beta}_r + \boldsymbol{\beta}_r'\boldsymbol{x}_{rj}\boldsymbol{x}_{rj}'\boldsymbol{\beta}_r] \qquad (15 \cdot 29)\end{aligned}$$

인데,

$$\begin{aligned}&A = (X_p'X_p)^{-1}X_p'X_r \\ &\sum_{j=1}^{n}\boldsymbol{x}_{rj}\boldsymbol{x}_{pj}' = X_r'X_p \\ &\sum_{j=1}^{n}\boldsymbol{x}_{rj}\boldsymbol{x}_{rj}' = X_r'X_r\end{aligned}$$

이므로, 식 (15・29)는 $\boldsymbol{\beta}'_r X_r'X_r\boldsymbol{\beta}_r - \boldsymbol{\beta}_r'X_r'X_p(X_p'X_p)^{-1}X_p'X_r\boldsymbol{\beta}_r$ 이 된다. 따라서, Γ_p는

$$\Gamma_p = (p+1) + \boldsymbol{\beta}_r' X_r' [I - X_p (X_p' X_p)^{-1} X_p'] X_r \boldsymbol{\beta}_r / \sigma^2 \qquad (15 \cdot 30)$$

이 된다. 그런데 식 (15・11)로부터

$$\begin{aligned} E[(n-p-1)\,\hat{\sigma}^2] &= E(SSE_p) \\ &= (n-p-1)\,\sigma^2 + \boldsymbol{\beta}_r' X_r' [I - X_p (X_p' X_p)^{-1} X_p'] X_r \boldsymbol{\beta}_r \end{aligned}$$

이므로, 다음이 성립하게 된다.

$$\Gamma_p = \frac{E(SSE_p)}{\sigma^2} + 2(p+1) - n \qquad (15 \cdot 31)$$

여기에서 σ^2 대신에 이의 불편추정값 $\hat{\sigma}^2$ 을 대입시키고 $E(SSE_p)$의 자리에 SSE_p 를 사용하여 Γ_p 의 추정값을 C_p 로 한다면

$$C_p = \frac{SSE_p}{\hat{\sigma}^2} + 2(p+1) - n$$

이 되어, 총제곱오차(total squared error) C_p 가 유도된다.

만약, $X_p' X_r = O$ 이거나 $\boldsymbol{\beta}_r = \mathbf{0}$ 의 가정이 성립한다면 $E(SSE_p) = (n-p-1)\,\sigma^2$ 이 되며, 이 경우에는 C_p 의 기대값이 근사적으로

$$\begin{aligned} E(C_p \mid X_p' X_r = O \text{ 또는 } \boldsymbol{\beta}_r = \mathbf{0}) &= \frac{(n-p-1)\,\sigma^2}{\sigma^2} + 2(p+1) - n \\ &= p+1 \end{aligned}$$

이 된다. 따라서, k 개의 변수 중에서 p 개를 선택하고 r 개를 버릴 때 버리게 될 변수들을 적절히 잘 선택하여 $\boldsymbol{\beta}_r = \mathbf{0}$ 이 거의 성립할 때에는 C_p 의 값이 $p+1$ 에 가까운 값을 갖게 된다. 이 판정 기준은 C_p 의 값을 최소화시키는 p 를 찾는 것이며, 계산방법으로는 앞에서 사용한 네 가지 방법(모든 가능한 회귀, 뒤로부터 제거, 앞으로부터 선택, 단계별 회귀)을 모두 사용할 수 있으나, 일반적으로 모든 가능한 회귀(all possible regressions)방법을 사용한다.

15·3·3 Q

앞에서 논의된 네 개의 판정기준들이 모두 자료점(data point), $\boldsymbol{x}_j$, $j=1, 2, \cdots, n$ 에서 실제의 측정값 y_j 와 회귀방정식에 의한 추정값 $\hat{y}_{pj}$ 간에 어느 정도의 차이가 있는가를 나

타내는 잔차제곱합

$$SSE_p = \sum_{j=1}^{n}(y_j - \tilde{y}_{pj})^2$$

의 간단한 선형함수로서 작성되었는 데 비하여, 이 판정기준은 독립변수들의 어떤 흥미영역(region of interest) R 에서 $\tilde{y}_p = \boldsymbol{x}_p'\tilde{\boldsymbol{\beta}}_p$ 가 어느 정도 $E(y)$를 잘 추정하여 주고 있는가를 평가하려는 데 바탕을 두었다. 흥미영역 R 은 실험자에 따라서 무엇이든지 가능하나, 일반적으로 많이 쓰이는 것은 $R=\{(x_1, x_2, \cdots, x_k) : a \le x_i \le b, \quad i=1, 2, \cdots, k\}$ 이거나 $R=\{(x_1, x_2, \cdots, x_k) : x_1^2 + x_2^2 + \cdots + x_k^2 \le c\}$ 이다.

$E(y)$의 추정은 데이터가 얻어진 $\boldsymbol{x}_j$, $j=1, 2, \cdots, n$ 에서만 중요한 것이 아니라, 흥미영역 안에 있는 모든 임의의 점 $\boldsymbol{r}=(x_1, x_2, \cdots, x_k)' \epsilon R$ 에서도 중요한 경우가 허다하다. k 개의 변수를 모두 사용하였을 때에는 $\hat{y}=\boldsymbol{x}'\boldsymbol{b}$ 가 $E(y)$의 불편추정량이며 $\hat{y}$의 평균제곱오차는

$$MSE(\hat{y}) = Var(\hat{y}) = \boldsymbol{x}'(X'X)^{-1}\boldsymbol{x} \cdot \sigma^2$$

이 된다. 만약 p 개의 변수만을 사용하였을 때에는 $\tilde{y}_p = \boldsymbol{x}_p'\tilde{\boldsymbol{\beta}}_p$ 가 $E(y)$의 추정량이며, 그 평균제곱오차는

$$MSE(\tilde{y}_p) = \boldsymbol{x}_p'(X_p'X_p)^{-1}\boldsymbol{x}_p\sigma^2 + (\boldsymbol{x}_p'A\boldsymbol{\beta}_r - \boldsymbol{x}_r'\boldsymbol{\beta}_r)^2$$

이다. 따라서, p 개의 변수를 선택할 때에 $Var(\hat{y}) - MSE(\tilde{y}_p)$이 모든 $\boldsymbol{r} \epsilon R$ 에 대하여 양(positive)의 값을 가질 수 있는 변수들을 선택하여 주면 좋을 것이다.

〔정리 15·3〕에 의하여 만약 행렬 $Var(\boldsymbol{b}_r) - \boldsymbol{\beta}_r\boldsymbol{\beta}_r'$ 이 양반정치행렬이면 $Var(\hat{y}) \ge MSE(\tilde{y}_p)$가 성립한다고 하였다. 변수를 선택하는 데 있어서 모든 점 $\boldsymbol{r} \epsilon R$ 에서 반드시 $Var(\hat{y}) \ge MSE(\tilde{y}_p)$가 성립할 필요는 없으며, 흥미영역 전체에서

$$Q = \int_R [Var(\hat{y}) - MSE(\tilde{y}_p)] dW(\boldsymbol{r})$$

의 값이 양이면 p 개의 변수를 선택하는 것이 모든 k 개의 변수를 사용하는 것보다는 이로울 것이다. 여기에서 $W(\boldsymbol{r})$는 흥미영역 내에서 점 $\boldsymbol{r}$ 의 상대적 중요성을 나타내 주는 가중분포함수(weighting distribution function)로서

$$\int_R dW(\boldsymbol{r}) = 1$$

이 성립하도록 잡아 준다. 그런데,

$$Var(\hat{y}) - MSE(\tilde{y}_p) = \boldsymbol{x}'(X'X)^{-1}\boldsymbol{x}\sigma^2 - \boldsymbol{x}_p'(X_p'X_p)^{-1}\boldsymbol{x}_p\sigma^2 \\ -\boldsymbol{\beta}_r'[(\boldsymbol{x}_p'A - \boldsymbol{x}_r')(\boldsymbol{x}_p'A - \boldsymbol{x}_r')]\boldsymbol{\beta}$$

이므로,

$$M = \int_R \boldsymbol{x}\boldsymbol{x}' dW(\boldsymbol{r}) \qquad (15 \cdot 32)$$

$$M_{ij} = \int_R \boldsymbol{x}_i \boldsymbol{x}_j' dW(\boldsymbol{r})$$

이라 놓으면, 이 판정기준은

$$Q = \sigma^2\{tr[(X'X)^{-1}M] - tr[(X_p'X_p)^{-1}M_{pp}]\} - \boldsymbol{\beta}_r'[A'M_{pp}A - 2A'M_{pr} + M_{rr}]\boldsymbol{\beta}_r$$

이 되며, 실제로 σ^2 과 $\boldsymbol{\beta}_r$ 을 모르므로 추정값 $\hat{\sigma}^2$ 과 $\boldsymbol{b}_r$ 로 대체시키면 다음의 판정기준을 얻는다.

$$\hat{Q} = \hat{\sigma}^2\{tr[(X'X)^{-1}M] - tr[(X_p'X_p)^{-1}M_{pp}]\} \\ -\boldsymbol{b}_r'[A'M_{pp}A - 2A'M_{pr} + M_{rr}]\boldsymbol{b}_r \qquad (15 \cdot 33)$$

즉, $\hat{Q}$ 을 최대로 하는 p 개의 변수를 선택하되, 만약 $\hat{Q}$ 의 최대값이 음(negative)이면 변수를 선택하는 것은 좋지 않으며, 모든 변수를 그대로 사용하는 것이 바람직하다. 이 판정기준은 참고문헌 (15 • 9)을 보면 자세히 기술되어 있으며, 흥미영역에 대해서는 참고문헌 (15 • 4), (15 • 10), (15 • 11)에서도 찾아볼 수 있다.

만약, $W(\boldsymbol{r})$가 $\boldsymbol{r} \epsilon R$ 에서 연속함수(continuous function)가 아니고 이산함수(discrete function)로 n개의 자료점에서 각각 $W(\boldsymbol{r}) = \frac{1}{n}$ 이고, 그 외의 모든 점에서 $W(\boldsymbol{r}) = 0$ 이라면,

$$M = \int_R \boldsymbol{x}\boldsymbol{x}' dW(\boldsymbol{r}) = X'X/n \qquad (15 \cdot 34)$$

이 되며, 또한 Q 는 다음과 같이 된다.

$$Q = \int_R [Var(\hat{y}) - MSE(\tilde{y}_p)] dW(\boldsymbol{r}) \\ = \frac{1}{n}\sum_{j=1}^{n}[Var(\hat{y}_j) - MSE(\tilde{y}_{pj})] \qquad (15 \cdot 35)$$

만약, $Var(\boldsymbol{b}_r)=B\sigma^2$ 이라 놓으면, 식 (15・35)는 다음과 같이 된다(이를 연습문제 (15・8)에서 증명하여 보시오).

$$\frac{1}{n}\sum_{j=1}^{n}[Var(\hat{y}_j)-MSE(\tilde{y}_{pj})]=\frac{r}{n}\sigma^2\left(1-\frac{\boldsymbol{\beta}_r'B^{-1}\boldsymbol{\beta}_r}{r\sigma^2}\right) \tag{15・36}$$

따라서, $\hat{Q}$ 은 다음과 같다.

$$\hat{Q}=\frac{r}{n}\hat{\sigma}^2\left(1-\frac{\boldsymbol{b}_r'B^{-1}\boldsymbol{b}_r}{r\hat{\sigma}^2}\right)$$

그런데, 가설검정

$$H_0:\boldsymbol{\beta}_r=\mathbf{0}$$
$$H_1:\boldsymbol{\beta}_r\neq\mathbf{0}$$

에 대한 F-검정치가

$$F=\frac{\boldsymbol{b}_r'B^{-1}\boldsymbol{b}_r}{r\hat{\sigma}^2} \tag{15・37}$$

이므로

$$\hat{Q}=\frac{r}{n}\hat{\sigma}^2(1-F)$$

임을 보일 수 있으며, $\hat{Q}$ 의 값이 양이 되기 위해서는 $F<1$ 이어야 한다는 의미가 된다. 또한 참고문헌 (15・6)에서 밝힌 바와 같이

$$C_p-(p+1)=r(F-1) \tag{15・38}$$

이며, 참고문헌 (15・7)에서 지적한 바와 같이

$$C_p=2(p+1)-n+\frac{(n-p-1)MSE_p}{\hat{\sigma}^2} \tag{15・39}$$

이므로, $\hat{Q}$ 과의 관계는 다음과 같다.

$$\hat{Q}=\frac{\hat{\sigma}^2}{n}(p+1-C_p) \tag{15・40}$$

$$=\frac{(n-p-1)\hat{\sigma}^2}{n}\left(1-\frac{MSE_p}{\hat{\sigma}^2}\right) \tag{15・41}$$

만약, $W(\boldsymbol{r})$가 모든 $\boldsymbol{r}\epsilon R$ 에서 동일하다면 식 (15・32)의 M 은

$$M = \int_R \boldsymbol{x}\boldsymbol{x}' dW(\boldsymbol{r}) = \frac{\int_R \boldsymbol{x}\boldsymbol{x}' d\boldsymbol{r}}{\int_R d\boldsymbol{r}} \tag{15・42}$$

과 같은 형태를 갖게 되며, 이러한 행렬 M 이 많이 쓰여진다. 예를 들어 보자. 독립변수가 4 개이고 모두 표준화된 변수(標準化된 變數, standardized variables)로서 $-1 \leq x_i \leq 1\,(i=1, 2, 3, 4)$이 홍미영역이라고 하자. 추정된 회귀방정식은

$$\hat{y} = \boldsymbol{x}'\boldsymbol{b} = (1, x_1, x_2, x_3, x_4)\begin{bmatrix} b_0 \\ b_1 \\ b_2 \\ b_3 \\ b_4 \end{bmatrix}$$

이 되며,

$$\int_R d\boldsymbol{r} = \int_{-1}^{1}\int_{-1}^{1}\int_{-1}^{1}\int_{-1}^{1} dx_1 dx_2 dx_3 dx_4 = 16$$

이므로, 식 (15・24)는

$$M = \frac{1}{16}\int_{-1}^{1}\int_{-1}^{1}\int_{-1}^{1}\int_{-1}^{1}\begin{bmatrix} 1 \\ x_1 \\ x_2 \\ x_3 \\ x_4 \end{bmatrix}[1 \;\; x_1 \;\; x_2 \;\; x_3 \;\; x_4]\,dx_1 dx_2 dx_3 dx_4$$

$$= \begin{bmatrix} 1 & 0 & 0 & 0 & 0 \\ 0 & \frac{1}{3} & 0 & 0 & 0 \\ 0 & 0 & \frac{1}{3} & 0 & 0 \\ 0 & 0 & 0 & \frac{1}{3} & 0 \\ 0 & 0 & 0 & 0 & \frac{1}{3} \end{bmatrix}$$

이 됨을 보일 수 있다.

$\hat{Q}$ 판정기준은 독립변수 x_i 들이 연속변수인 경우에 사용하는 것이 바람직하며, 특히 다항회귀모형(多項回歸模型, polynomial regression model) 등에 많이 쓰여진다.

15·4 가스 마일수(gas mileage) 자료의 분석

〈표 15·5〉에 있는 데이터는 참고문헌 (15·6)에서 인용된 것으로 1973~1974 형 자동차들이 한 갤론(gallon)당 몇 마일이나 가는가를 알아 보기 위하여 10 개의 변수를 택하여 실험한 결과이다. 먼저 10 개의 독립변수와 하나의 종속변수는 다음과 같이 잡아 주었다. 번역하지 않고 영어를 그대로 적어 주기로 한다.

변 수	내 용
x_1	Engine Shape [Straight(1), V(0)]
x_2	Number of Cylinders
x_3	Transmission Type [manual(1), Auto(0)]
x_4	Number of Transmission Speeds
x_5	Engine Size (Cubic Inches)
x_6	Horsepower
x_7	Number of Carburetor Barrels
x_8	Final Drive Ratio
x_9	Weight(pounds)
x_{10}	Quarter Mile Time (Seconds)
y	Gasoline Mileage (MPG)

이 실험의 목적은 $y(MPG)$를 잘 설명하여 주고 예측도 가능한 회귀방정식을 만드는 것이며, 독립변수 10 개가 모두 필요하지 않을지도 모르므로 변수선택방법을 사용해 보는 것이다. 데이터의 수는 모두 32 개이다.

편의상 데이터를 각 변수별로 표준화(standardize)시킨 후에 분석하도록 한다. 즉, 모든 변수들을

$$\sum_{j=1}^{32} x_{ij} = 0, \quad \sum_{j=1}^{32} x_{ij}^2 = 1 \quad (i = 1, 2, \cdots, 10)$$

$$\sum_{j=1}^{32} y_j = 0, \quad \sum_{j=1}^{32} y_j^2 = 1$$

〈표 15・5〉 가스 마일수 데이터(gas mileage data)

x_1	x_2	x_3	x_4	x_5	x_6	x_7	x_8	x_9	x_{10}	y
0	6	1	4	160.0	110.0	4	3.90	2620	16.46	21.00
0	6	1	4	160.0	110.0	4	3.90	2875	17.02	21.00
1	4	1	4	108.0	93.0	1	3.85	2320	18.61	22.80
1	6	0	3	258.0	110.0	1	3.08	3215	19.44	21.40
0	8	0	3	360.0	175.0	2	3.15	3440	17.02	18.70
1	6	0	3	225.0	105.0	1	2.76	3460	20.22	18.10
0	8	0	3	360.0	245.0	4	3.21	3570	15.84	14.30
1	4	0	4	146.7	62.0	2	3.69	3190	20.00	24.40
1	4	0	4	140.8	95.0	2	3.92	3150	22.90	22.80
1	6	0	4	167.6	123.0	4	3.92	3440	18.30	19.20
1	6	0	4	167.6	123.0	4	3.92	3440	18.90	17.80
0	8	0	3	275.8	180.0	3	3.07	4070	17.40	16.40
0	8	0	3	275.8	180.0	3	3.07	3730	17.60	17.30
0	8	0	3	275.8	180.0	3	3.07	3780	18.00	15.20
0	8	0	3	472.0	205.0	4	2.93	5250	17.98	10.40
0	8	0	3	460.0	215.0	4	3.00	5424	17.82	10.40
0	8	0	3	440.0	230.0	4	3.23	5345	17.42	14.70
1	4	1	4	78.7	66.0	1	4.08	2200	19.47	32.40
1	4	1	4	75.7	52.0	2	4.93	1615	18.52	30.40
1	4	1	4	71.1	65.0	1	4.22	1835	19.90	33.90
1	4	0	3	120.1	97.0	1	3.70	2465	20.01	21.50
0	8	0	3	318.0	150.0	2	2.76	3520	16.87	15.50
0	8	0	3	304.0	150.0	2	3.15	3435	17.30	15.20
0	8	0	3	350.0	245.0	4	3.73	3840	15.41	13.30
0	8	0	3	400.0	175.0	2	3.08	3845	17.05	19.20
1	4	1	4	79.0	66.0	1	4.08	1935	18.90	27.30

0	4	1	5	120.3	91.0	2	4.43	2140	16.70	26.00
1	4	1	5	95.1	113.0	2	3.77	1513	16.90	30.40
0	8	1	5	351.0	264.0	4	4.22	3170	14.50	15.80
0	6	1	5	145.0	175.0	6	3.62	2770	15.50	19.70
0	8	1	5	301.0	335.0	8	3.54	3570	14.60	15.00
1	4	1	4	121.0	109.0	2	4.11	2780	18.60	21.40

이 되도록 선형변환(linear transformation)시킨다. 이 데이터의 분석은 서울대학교 전자계산소의 IBM 370/125에 의하여 SELECT라는 FORTRAN 프로그램을 사용하여 얻어진 결과이다.

먼저 행렬 $X'X$를 얻으면 이는 상관행렬(相關行列, correlation matrix)이 되며 〈표 15·6〉과 같다. 참고로 x_i와 y간의 상관계수도 같이 〈표 15·6〉에 수록하기로 한다.

〈표 15·6〉에서 보는 바와 같이 x_i들간에는 상관관계가 큰 것들이 많으며, 특히 x_2와 x_5는 상관계수가 0.902이고 x_5와 x_9는 상관계수가 0.888로 상당히 높은 상관관계를 가지고 있다. 또한 모든 x_i와 y간에는 무시할 수 없는 상관관계가 있는 것 같으며, y를 x_i들의 회귀관계로 나타내 주는 데 있어서 어떠한 변수들이 선택될 것인가를, 위에서 제안된 4개의 판정기준(MSE_p, R_p^2, C_p, $\hat{Q}$)에 의하여 독립변수들을 선택해 보기로 하자. 상세한 계산은 생략하고 그 결과를 간추려 적어 보면 〈표 15·7〉과 같다. 이 표에는 주어진 p의 값(선택되는 변수의 수)에 대하여 4개의 가장 좋은 선택방법들이 적혀 있다.

주어진 p의 값에 대하여 세 개의 판정기준(MSE_p, R_p^2, C_p)는 똑같은 변수들을 선택하여 준다. 왜냐하면, 식 (15·21), (15·22), (15·24)로부터

$$MSE_p = \frac{SSE_p}{n-p-1}$$

$$R_p^2 = 1 - \frac{SSE_p}{SST}$$

$$C_p = \frac{SSE_p}{\hat{\sigma}^2} + 2(p+1) - n$$

으로 모두 SSE_p의 선형함수이며, 정하여진 p의 값에서는 SSE_p를 최소로 하는 변수들이 MSE_p, C_p를 최소로 하고 R_p^2을 최대로 한다.

판정기준 $\hat{Q}$은 앞의 3개의 판정기준에 비하여 상당히 다른 결과를 주고 있다. 이 $\hat{Q}$의 값들은 변수들의 흥미영역을

$$R = \{(x_1, x_2, \cdots, x_{10}) : -1 \le x_i \le 1,\ \ i = 1, 2, \cdots, 10\}$$

으로 하고 가중분포함수 $W(\boldsymbol{r})$는 흥미영역에서 균등분포(uniform distribution)를 한다고 가정하고 얻은 값들이다. 〈표 15·7〉에서는 $\hat{Q}$의 값의 오른쪽 괄호 속에 있는 숫자가 선택된 변수의 번호이다.

〈표 15·6〉 가스 마일수 데이터의 상관계수들

	x_1	x_2	x_3	x_4	x_5	x_6	x_7	x_8	x_9	x_{10}	y
x_1	1.000	−0.811	0.168	0.206	−0.710	−0.713	−0.570	0.440	−0.555	0.745	0.664
x_2		1.000	−0.523	−0.493	0.902	0.832	0.527	−0.700	0.782	−0.591	−0.852
x_3			1.000	0.794	−0.591	−0.243	0.058	0.713	−0.692	−0.230	0.600
x_4				1.000	−0.566	−0.126	0.274	0.700	−0.583	−0.213	0.480
x_5					1.000	0.791	0.395	−0.710	0.888	−0.434	−0.848
x_6						1.000	0.750	−0.449	0.659	−0.708	−0.776
x_7							1.000	−0.091	0.428	−0.656	−0.551
x_8								1.000	−0.712	0.091	0.681
x_9									1.000	−0.175	−0.868
x_{10}										1.000	0.419

〈표 15·7〉 변수선택에 관한 통계자료

선택되는 변수의 수 (p)	선택되는 변수의 번호	MSE_p	R_p^2	C_p	$\hat{Q}$(변수번호) ($\times 10^3$)
1	(9)	0.00824	0.753	11.6	91.3(9)
	(2)	0.00913	0.726	15.9	0.746(10)
	(5)	0.00939	0.718	17.2	−46.4(3)
	(6)	0.01330	0.602	35.7	−61.4(4)

2	(2,9)	0.00585	0.830	1.22	125(6,9)
	(6,9)	0.00597	0.827	1.77	117(9,10)
	(9,10)	0.00599	0.826	1.83	98.9(8,9)
	(1,9)	0.00686	0.801	5.91	93.7(7,9)
3	(3,9,10)	0.00537	0.850	0.10	133(3,9,10)
	(2,6,9)	0.00560	0.843	1.15	129(6,9,10)
	(2,7,9)	0.00563	0.842	1.26	122(8,9,10)
	(3,6,9)	0.00572	0.840	1.67	121(4,9,10)
4	(3,6,9,10)	0.00526	0.858	0.79	139(3,6,9,10)
	(3,7,9,10)	0.00530	0.857	0.96	128(3,8,9,10)
	(3,5,9,10)	0.00546	0.853	1.64	128(4,6,9,10)
	(2,3,9,10)	0.00552	0.851	1.89	126(6,8,9,10)
5	(3,5,6,9,10)	0.00524	0.864	1.85	134(3,5,6,9,10)
	(3,7,8,9,10)	0.00535	0.861	2.32	132(3,6,8,9,10)
	(3,6,7,9,10)	0.00536	0.861	2.33	129(3,4,6,9,10)
	(3,4,7,9,10)	0.00541	0.859	2.55	125(3,6,7,9,10)
6	(3,5,6,8,9,10)	0.00533	0.867	3.37	130(3,5,6,8,9,10)
	(3,4,5,6,9,10)	0.00534	0.866	3.42	121(3,4,5,6,9,10)
	(2,3,5,6,9,10)	0.00536	0.866	3.50	120(1,3,5,6,9,10)
	(1,3,5,6,9,10)	0.00541	0.865	3.69	119(3,4,6,8,9,10)
7	(3,4,5,6,8,9,10)	0.00550	0.868	5.15	115(1,3,5,6,8,9,10)
	(2,3,5,6,8,9,10)	0.00552	0.868	5.23	114(3,4,5,6,8,9,10)
	(1,3,5,6,8,9,10)	0.00553	0.867	5.28	105(1,3,4,5,6,9,10)
	(2,3,4,5,6,9,10)	0.00553	0.867	5.28	103(1,3,4,6,8,9,10)
8	(3,4,5,6,7,8,9,10)	0.00571	0.869	7.05	99.1(1,3,4,5,6,8,9,10)
	(2,3,4,5,6,8,9,10)	0.00572	0.868	7.09	79.0(2,3,4,5,6,8,9,10)
	(1,3,4,5,6,8,9,10)	0.00572	0.868	7.09	79.0(1,2,3,5,6,8,9,10)
	(1,2,3,5,6,8,9,10)	0.00575	0.868	7.20	75.5(1,3,4,6,7,8,9,10)
9	(1,3,4,5,6,7,8,9,10)	0.00596	0.869	9.01	60.8(1,2,3,4,5,6,8,9,10)
	(2,3,4,5,6,7,8,9,10)	0.00599	0.869	9.02	42.4(1,3,4,5,6,7,8,9,10)
	(1,2,3,4,5,6,8,9,10)	0.00597	0.869	9.06	36.5(1,2,3,4,6,7,8,9,10)
	(1,2,3,5,6,7,8,9,10)	0.00601	0.868	9.19	18.5(2,3,4,5,6,7,8,9,10)

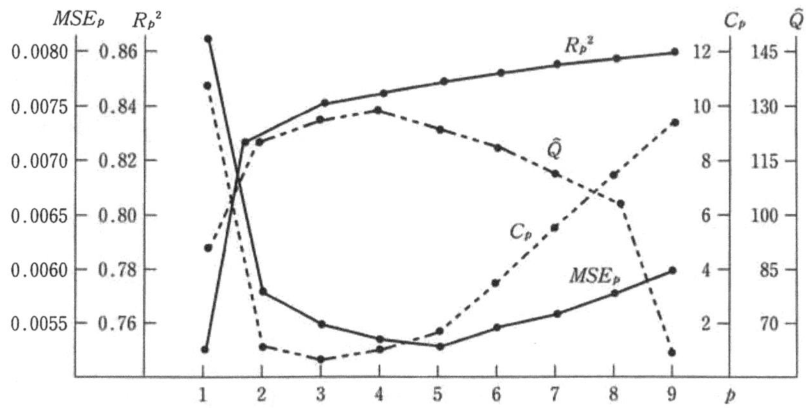

[그림 15·1] 가스 마일수 데이터의 MSE_p, R_p^2, $\hat{Q}$

각각의 p에 대하여 가장 좋은 변수선택방법에 대한 MSE_p, R_p^2, C_p, $\hat{Q}$의 값들을 그림으로 그려 보면 [그림 15·1]과 같다. 이 그림에서 쉽게 알수 있듯이 MSE_p는 $p=5$에서 최소가 되며, C_p는 $p=3$에서, $\hat{Q}$은 $p=4$에서 최대가 되어 최적(optimum)인 p의 값이 각각 달라진다. R_p^2은 p에 따른 증가함수이므로 $p=9$에서 최대값을 가지나 $p=5$ 정도에서 R_p^2의 증가가 현저하게 둔화되므로 $p=5$ 정도에서 끊어주는 것이 좋을 것이다. 결론적으로, p의 값이 3, 4, 5의 근처가 좋아 보이며, $p=4$에서는 4개의 판정기준이 똑같은 변수들(x_3, x_6, x_9, x_{10})을 선택하여 주고 있다. 따라서, 이 4개의 변수들을 선택하여 주는 것이 현명한 것 같으며, 판정기준의 값들은 각각 $MSE_p=0.00526$, $R_p^2=0.858$, $C_p^2=0.79$, $\hat{Q}=139$으로 만족할 만한 값들이다.

15·5 혼합모형에서의 변수 선택

혼합모형(混合模型, mixture model)이란 k개의 독립변수들간에

$$x_1+x_2+\cdots+x_k=1 \qquad (15\cdot43)$$

$$x_i\geq0, \quad i=1,2,\cdots,k$$

라는 제한조건(constraints)이 가해져 있는 회귀모형을 말한다.

선형혼합모형

$$E(y) = \beta_1 x_1 + \beta_2 x_2 + \cdots + \beta_k x_k$$

에서 k 개의 성분 중 중요한 성분들(essential components)이 무엇인가를 선택해 내는 방법은 중선형회귀의 일반적인 변수선택방법이 적용될 수 있으나, 이에 첨가하여 식 (15・43)의 제한조건 때문에 혼합모형에서만 사용이 가능한 특수한 변수선택방법이 알려져 있다. 다음에 Snee 와 Marquardt(15・15)가 제안한 방법을 간략히 소개하고자 한다.

Snee 와 Marquart(15・17)는 선형혼합모형에서 변수의 수를 줄이는 방법으로 다음의 두 가지 기준을 제시하였다.

(1) β_i 의 추정값 b_i 의 값이 나머지 회귀계수들의 추정값 b_j 들의 평균과 같을 때, 즉

$$E_i = b_i - \frac{\sum_{j \neq i}^{k} b_j}{k-1}$$

이 0 일 때 변수 x_i 는 모형으로부터 제거시킨다. 이 E_i 를 변수 x_i 의 선형효과(linear effect)라고 부르기도 하며, 만약 $E_i=0$ 이면 심플렉스에서 $x_i=0$ 이 되는 선에 수직을 이루는 직선상에 있는 모든 점에서 $\hat{y}$ 의 값은 변함이 없다. 이 때 변수 x_i 는 효과를 주지 못한다고 얘기하고 이 변수를 제거시켜도 무방하다.

(2) 만약 2 개 이상의 b_i 의 값들이 같다면 그에 해당되는 변수들은 동등한 효과(equal effects)를 갖는다고 말하고, 이 변수들을 한데 묶어서 하나의 새로운 변수로 만듦으로써 변수의 수를 줄인다.

위의 두 가지 기준을 구체적으로 설명하기 위하여 예를 들어 보자. 만약 추정된 방정식이 $\hat{y}=80x_1+90x_2+100x_3$ 이라고 하자. x_2 의 선형효과는

$$E_2 = b_2 - \frac{b_1+b_3}{2} = 90 - \frac{80+100}{2} = 0$$

이므로 변수 x_2 는 제거시킬 수 있다. $\hat{y}=80x_1+90x_2+100x_3$ 의 등고선표를 그려 보면 [그림 15・2]와 같다. 이 그림에서 보듯이 $x_2=0$ 을 주는 직선(x_1 의 꼭지점과 x_3 의 꼭지점을 연결한 선)에 수직을 이루는 선상에서는 $\hat{y}$ 이 일정한 값을 갖는다. 예를 들어, $\hat{y}=90$ 을 주는 직선상에서의 좌표는 x_2 가 0 에서 1 까지 변할때 x_1 과 x_3 는 똑같이

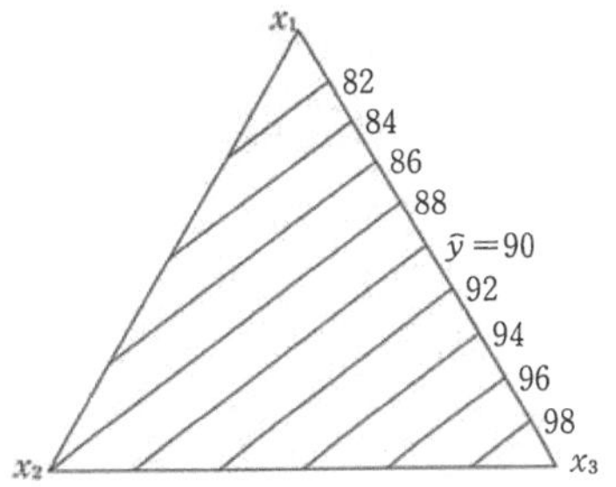

[그림 15·2] $\hat{y}=80x_1+90x_2+100x_3$ 의 등고선표

$$x_1=x_3=\frac{1-x_2}{2}$$

의 좌표를 갖는다. x_2의 값이 0에서 1까지 변하여도 이 직선상에서는 $\hat{y}$의 값이 90을 계속 유지하며 변하지 않는다. 즉, x_2의 효과는 없다.

다음으로 만약 추정된 회귀모형이 $\hat{y}=90x_1+80x_2+80x_3$이라고 하자. 그러면, $b_2=b_3=80$으로 x_2와 x_3은 동등한 효과를 가지며, $x_2'=x_2+x_3$으로 나타내면 추정식은 $\hat{y}=90x_1+80x_2'$이 된다. 즉, x_2와 x_3은 어떤 비율로 섞어도 무방하며, 그 합을 x_2'이라 하면 $\hat{y}$은 두 개의 변수 x_1과 x_2'에 의하여 표현된다. 물론 $x_1+x_2'=1$이어야 한다. $\hat{y}=90x_1+80x_2+80x_3$의 등고선표를 그려 보면 [그림 15·3]과 같다. 예를 들어, $\hat{y}=85$를 갖는 선상에서는 $x_1=0.5$이고 $x_2+x_3=0.5$로서 $x_2+x_3=0.5$를 유지하는 한 x_2와 x_3의 자체값이 아무리 변화하여도 $\hat{y}$에는 영향을 못 미친다. 즉, x_2+x_3는 하나의 변수로서 행동한다고 볼 수 있다.

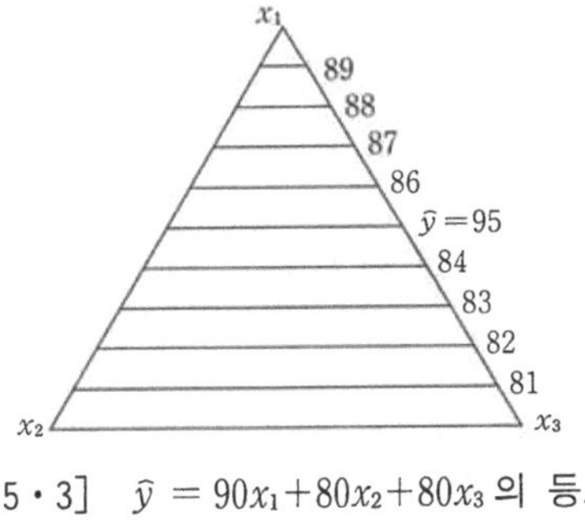

[그림 15·3] $\hat{y}=90x_1+80x_2+80x_3$ 의 등고선표

실제의 문제를 다루는 데 있어서 β_i 들의 추정값 b_i 들이 위의 두 가지 기준을 정확히 만족시켜 주는 경우는 찾기 힘들므로 우리는 다음의 가설검정을 통하여 변수제거를 할 수 있다. 먼저

$$H_0 : \beta_i - \frac{\sum_{j \neq i}^{k} \beta_j}{k-1} = 0$$

의 검정이다. 이는 7 장에서 다룬 가설검정 $C\boldsymbol{\beta}=\mathbf{0}$ 의 형태이므로 어렵지 않게 검정을 실시할 수 있다. 만약 귀무가설이 채택되면 x_i 는 제거될 수 있는 것이다. 다음으로

$$H_0 : \beta_i - \beta_j = 0, \quad i \neq j$$

이나

$$H_0 : \beta_i = \beta_j = \beta_m, \quad i \neq j \neq m$$

의 검정도 같은 요령으로 행할 수 있다. 첫번째 귀무가설이 채택되면 x_i 와 x_j 를 한데 묶어 하나의 변수로 취급할 수 있으며, 두번째 가설이 채택되면 x_i, x_j 와 x_m 을 합해서 하나의 변수로 취급할 수 있다.

Snee 와 Marquardt (15 · 17) 가 제안한 위의 방법의 단점을 보완하고 추정된 $\hat{y}$ 의 평균제곱오차(mean square error)를 최소로 하는 것이 바람직하다는 기준에서 필자가 제안한 변수선택방법이 있다. 그 내용이 이 책의 수준을 넘으므로 소개하지 않기로 한다. 관심 있는 독자는 참고문헌 (14 · 10)을 참조하여 주기 바란다. 혼합모형에 대해서는 Cornell (15 · 1, 15 · 2)이 상세히 문헌 조사를 하였으므로, 혼합모형을 공부하려는 독자에게 많은 도움이 될 것이다.

15·6 통계 패키지에 의한 분석사례

〈표 15 · 1〉의 데이터에 대하여 앞에서 배운 4 가지 계산방법(모든 가능한 회귀, 뒤로부터 제거하는 방법, 앞으로부터 선택하는 방법, 단계별 회귀방법)에 의하여 각각 독립변수들을

선택하여라.

또한, 판정기준으로써 R_{ap}^2, C_p를 사용하여 독립변수들을 선택하여라.

15·6·1 SAS에 의한 분석 프로그램 및 결과

〈SAS 프로그램〉

```
DATA t15_1;
   INPUT x1-x4 y;
      CARDS;
         7     26     6     60     78.5
         1     29    15     52     74.3
        11     56     8     20    104.3
        11     31     8     47     87.6
         7     52     6     33     95.9
        11     55     9     22    109.2
         3     71    17      6    102.7
         1     31    22     44     72.5
         2     54    18     22     93.1
        21     47     4     26    115.9
         1     40    23     34     83.8
        11     66     9     12    113.3
        10     68     8     12    109.4;
PROC REG;
   MODEL y=x1-x4 /SELECTION=RSQUARE;
   MODEL y=x1-x4 /SELECTION=BACKWARD;
   MODEL y=x1-x4 /SELECTION=FORWARD;
   MODEL y=x1-x4 /SELECTION=STEPWISE;
   MODEL y=x1-x4 /SELECTION=ADJRSQ;
   MODEL y=x1-x4 /SELECTION=CP;
RUN;
```

PROC REG에서 MODEL문은 옵션으로써 SELECTION = '변수선택 방법'은 지정된 변수선택 방법을 이용하여 최적 회귀방정식을 출력해 준다.

〈SAS 결과〉

```
              Number in     R-square    Variables in Model
                Model

                  1        0.67454196    X4
                  1        0.66626826    X2
                  1        0.53394802    X1
                  1        0.28587273    X3
              --------------------------------
                  2        0.97867837    X1 X2
                  2        0.97247105    X1 X4
                  2        0.93528964    X3 X4
                  2        0.84702542    X2 X3
                  2        0.68006041    X2 X4
                  2        0.54816675    X1 X3
              -----------------------------------
                  3        0.98233545    X1 X2 X4
                  3        0.98228468    X1 X2 X3
                  3        0.98128109    X1 X3 X4
                  3        0.97281996    X2 X3 X4
              --------------------------------------
                  4        0.98237562    X1 X2 X3 X4
              -----------------------------------------
     Backward Elimination Procedure for Dependent Variable Y

Step 0    All Variables Entered      R-square = 0.98237562    C(p) =   5.00000000

                    DF       Sum of Squares     Mean Square          F     Prob>F
    Regression       4        2667.89943757    666.97485939     111.48     0.0001
    Error            8          47.86363935      5.98295492
    Total           12        2715.76307692

                  Parameter        Standard         Type II
    Variable       Estimate           Error    Sum of Squares          F   Prob>F
    INTERCEP    62.40536930     70.07095921       4.74551686       0.79   0.3991
    X1           1.55110265      0.74476987      25.95091138       4.34   0.0708
    X2           0.51016758      0.72378800       2.97247824       0.50   0.5009
    X3           0.10190940      0.75470905       0.10909005       0.02   0.8959
    X4          -0.14406103      0.70905206       0.24697472       0.04   0.8441

Bounds on condition number:     282.5129,      2489.203
--------------------------------------------------------------------------------
Step 1   Variable X3 Removed         R-square = 0.98233545    C(p) =   3.01823347

                    DF       Sum of Squares     Mean Square          F     Prob>F
    Regression       3        2667.79034752    889.26344917     166.83     0.0001
    Error            9          47.97272940      5.33030327
    Total           12        2715.76307692

                  Parameter        Standard         Type II
    Variable       Estimate           Error    Sum of Squares          F   Prob>F
    INTERCEP    71.64830697     14.14239348     136.81003409      25.67   0.0007
    X1           1.45193796      0.11699759     820.90740153     154.01   0.0001
    X2           0.41610976      0.18561049      26.78938276       5.03   0.0517
    X4          -0.23654022      0.17328779       9.93175378       1.86   0.2054

Bounds on condition number:     18.94008,      116.3601
--------------------------------------------------------------------------------
```

```
Step 2   Variable X4 Removed         R-square = 0.97867837   C(p) =  2.67824160

                      DF        Sum of Squares      Mean Square          F    Prob>F
    Regression         2         2657.85859375    1328.92929687     229.50    0.0001
    Error             10           57.90448318       5.79044832
    Total             12         2715.76307692

                  Parameter          Standard          Type II
    Variable       Estimate             Error   Sum of Squares          F    Prob>F
    INTERCEP    52.57734888        2.28617433    3062.60415610     528.91    0.0001
    X1           1.46830574        0.12130092     848.43186034     146.52    0.0001
    X2           0.66225049        0.04585472    1207.78226562     208.58    0.0001

Bounds on condition number:       1.055129,       4.220516
------------------------------------------------------------------------------------
All variables left in the model are significant at the 0.1000 level.

       Summary of Backward Elimination Procedure for Dependent Variable Y

           Variable    Number    Partial      Model
    Step   Removed         In       R**2       R**2         C(p)            F    Prob>F
      1    X3               3     0.0000     0.9823       3.0182       0.0182    0.8959
      2    X4               2     0.0037     0.9787       2.6782       1.8633    0.2054

              Forward Selection Procedure for Dependent Variable Y

Step 1   Variable X4 Entered         R-square = 0.67454196   C(p) =138.73083349

                     DF       Sum of Squares      Mean Square          F    Prob>F
   Regression         1        1831.89616002    1831.89616002      22.80    0.0006
   Error             11         883.86691690      80.35153790
   Total             12        2715.76307692

                 Parameter          Standard          Type II
   Variable       Estimate             Error   Sum of Squares          F    Prob>F
   INTERCEP   117.56793118        5.26220651   40108.47690796     499.16    0.0001
   X4          -0.73816181        0.15459600    1831.89616002      22.80    0.0006

Bounds on condition number:              1,               1
------------------------------------------------------------------------------------
Step 2   Variable X1 Entered         R-square = 0.97247105   C(p) =  5.49585082

                      DF        Sum of Squares      Mean Square          F    Prob>F
    Regression         2         2641.00096477    1320.50048238     176.63    0.0001
    Error             10           74.76211216       7.47621122
    Total             12         2715.76307692

                  Parameter          Standard          Type II
    Variable       Estimate             Error   Sum of Squares          F    Prob>F
    INTERCEP   103.09738164        2.12398361   17614.67006622    2356.10    0.0001
    X1           1.43995828        0.13841664     809.10480474     108.22    0.0001
    X4          -0.61395363        0.04864455    1190.92463664     159.30    0.0001

Bounds on condition number:       1.064105,       4.256421
------------------------------------------------------------------------------------
```

```
Step 3   Variable X2 Entered        R-square = 0.98233545    C(p) =  3.01823347

                     DF         Sum of Squares       Mean Square          F     Prob>F
   Regression         3         2667.79034752       889.26344917      166.83    0.0001
   Error              9           47.97272940         5.33030327
   Total             12         2715.76307692

                   Parameter          Standard            Type II
   Variable         Estimate             Error     Sum of Squares          F    Prob>F
   INTERCEP      71.64830697       14.14239348       136.81003409      25.67    0.0007
   X1             1.45193796        0.11699759       820.90740153     154.01    0.0001
   X2             0.41610976        0.18561049        26.78938276       5.03    0.0517
   X4            -0.23654022        0.17328779         9.93175378       1.86    0.2054

Bounds on condition number:      18.94008,      116.3601
------------------------------------------------------------------------------------
No other variable met the 0.5000 significance level for entry into the model.

        Summary of Forward Selection Procedure for Dependent Variable Y

            Variable   Number    Partial     Model
    Step    Entered        In       R**2      R**2        C(p)           F     Prob>F
       1    X4              1     0.6745    0.6745    138.7308     22.7985     0.0006
       2    X1              2     0.2979    0.9725      5.4959    108.2239     0.0001
       3    X2              3     0.0099    0.9823      3.0182      5.0259     0.0517

                     Stepwise Procedure for Dependent Variable Y

Step 1   Variable X4 Entered        R-square = 0.67454196    C(p) =138.73083349

                     DF         Sum of Squares       Mean Square          F     Prob>F
   Regression         1         1831.89616002      1831.89616002      22.80    0.0006
   Error             11          883.86691690        80.35153790
   Total             12         2715.76307692

                   Parameter          Standard            Type II
   Variable         Estimate             Error     Sum of Squares          F    Prob>F
   INTERCEP     117.56793118        5.26220651     40108.47690796     499.16    0.0001
   X4            -0.73816181        0.15459600      1831.89616002      22.80    0.0006

Bounds on condition number:             1,             1
------------------------------------------------------------------------------------
Step 2   Variable X1 Entered        R-square = 0.97247105    C(p) =  5.49585082

                     DF         Sum of Squares       Mean Square          F     Prob>F
   Regression         2         2641.00096477      1320.50048238     176.63    0.0001
   Error             10           74.76211216         7.47621122
   Total             12         2715.76307692

                   Parameter          Standard            Type II
   Variable         Estimate             Error     Sum of Squares          F    Prob>F
   INTERCEP     103.09738164        2.12398361     17614.67006622    2356.10    0.0001
   X1             1.43995828        0.13841664       809.10480474     108.22    0.0001
   X4            -0.61395363        0.04864455      1190.92463664     159.30    0.0001

Bounds on condition number:      1.064105,      4.256421
------------------------------------------------------------------------------------
```

```
Step 3   Variable X2 Entered        R-square = 0.98233545   C(p) =  3.01823347

                  DF         Sum of Squares      Mean Square          F    Prob>F
  Regression       3          2667.79034752     889.26344917     166.83    0.0001
  Error            9            47.97272940       5.33030327
  Total           12          2715.76307692

                  Parameter       Standard          Type II
  Variable         Estimate          Error   Sum of Squares          F    Prob>F
  INTERCEP      71.64830697    14.14239348     136.81003409      25.67    0.0007
  X1             1.45193796     0.11699759     820.90740153     154.01    0.0001
  X2             0.41610976     0.18561049      26.78938276       5.03    0.0517
  X4            -0.23654022     0.17328779       9.93175378       1.86    0.2054

Bounds on condition number:      18.94008,      116.3601
-------------------------------------------------------------------------------
Step 4   Variable X4 Removed        R-square = 0.97867837   C(p) =  2.67824160

                  DF         Sum of Squares      Mean Square          F    Prob>F
  Regression       2          2657.85859375    1328.92929687     229.50    0.0001
  Error           10            57.90448318       5.79044832
  Total           12          2715.76307692

                  Parameter       Standard          Type II
  Variable         Estimate          Error   Sum of Squares          F    Prob>F
  INTERCEP      52.57734888     2.28617433    3062.60415609     528.91    0.0001
  X1             1.46830574     0.12130092     848.43186034     146.52    0.0001
  X2             0.66225049     0.04585472    1207.78226562     208.58    0.0001

Bounds on condition number:      1.055129,      4.220516
-------------------------------------------------------------------------------
All variables left in the model are significant at the 0.1500 level.
No other variable met the 0.1500 significance level for entry into the model.

        Summary of Stepwise Procedure for Dependent Variable Y

       Variable         Number    Partial     Model
  Step Entered Removed     In       R**2      R**2       C(p)          F    Prob>F
     1 X4                   1     0.6745    0.6745   138.7308    22.7985    0.0006
     2 X1                   2     0.2979    0.9725     5.4959   108.2239    0.0001
     3 X2                   3     0.0099    0.9823     3.0182     5.0259    0.0517
     4         X4           2     0.0037    0.9787     2.6782     1.8633    0.2054

             N = 13     Regression Models for Dependent Variable: Y

         Adjusted      R-square          Variables in Model
         R-square                 In
       0.97644727    0.98233545    3     X1 X2 X4
       0.97637957    0.98228468    3     X1 X2 X3
       0.97504146    0.98128109    3     X1 X3 X4
       0.97441405    0.97867837    2     X1 X2
       0.97356343    0.98237562    4     X1 X2 X3 X4
       0.96696526    0.97247105    2     X1 X4
       0.96375995    0.97281996    3     X2 X3 X4
       0.92234757    0.93528964    2     X3 X4
       0.81643050    0.84702542    2     X2 X3
       0.64495487    0.67454196    1     X4
       0.63592901    0.66626826    1     X2
       0.61607249    0.68006041    2     X2 X4
       0.49157966    0.53394802    1     X1
       0.45780010    0.54816675    2     X1 X3
       0.22095207    0.28587273    1     X3
       ----------------------------------

       N = 13      Regression Models for Dependent Variable: Y
```

C(p)	R-square	In	Variables in Model
2.67824	0.97867837	2	X1 X2
3.01823	0.98233545	3	X1 X2 X4
3.04128	0.98228468	3	X1 X2 X3
3.49682	0.98128109	3	X1 X3 X4
5.00000	0.98237562	4	X1 X2 X3 X4
5.49585	0.97247105	2	X1 X4
7.33747	0.97281996	3	X2 X3 X4
22.37311	0.93528964	2	X3 X4
62.43772	0.84702542	2	X2 X3
138.22592	0.68006041	2	X2 X4
138.73083	0.67454196	1	X4
142.48641	0.66626826	1	X2
198.09465	0.54816675	2	X1 X3
202.54877	0.53394802	1	X1
315.15428	0.28587273	1	X3

15·6·2 SPSS에 의한 분석 결과

(1) 뒤로부터 제거하는 방법

Variables Entered/Removed[b]

Model	Variables Entered	Variables Removed	Method
1	X4, X3, X1, X2[a]	.	Enter
2	.	X3	Backward (criterion: Probability of F-to-remove >= .100).
3	.	X4	Backward (criterion: Probability of F-to-remove >= .100).

a. All requested variables entered.

b. Dependent Variable: Y

Model Summary

Model	R	R Square	Adjusted R Square	Std. Error of the Estimate
1	.991[a]	.982	.974	2.4460
2	.991[b]	.982	.976	2.3087
3	.989[c]	.979	.974	2.4063

a. Predictors: (Constant), X4, X3, X1, X2

b. Predictors: (Constant), X4, X1, X2

c. Predictors: (Constant), X1, X2

ANOVA[d]

Model		Sum of Squares	df	Mean Square	F	Sig.
1	Regression	2667.899	4	666.975	111.479	.000[a]
	Residual	47.864	8	5.983		
	Total	2715.763	12			
2	Regression	2667.790	3	889.263	166.832	.000[b]
	Residual	47.973	9	5.330		
	Total	2715.763	12			
3	Regression	2657.859	2	1328.929	229.504	.000[c]
	Residual	57.904	10	5.790		
	Total	2715.763	12			

a. Predictors: (Constant), X4, X3, X1, X2

b. Predictors: (Constant), X4, X1, X2

c. Predictors: (Constant), X1, X2

d. Dependent Variable: Y

Coefficients[a]

Model		Unstandardized Coefficients		Standardized Coefficients	t	Sig.
		B	Std. Error	Beta		
1	(Constant)	62.405	70.071		.891	.399
	X1	1.551	.745	.607	2.083	.071
	X2	.510	.724	.528	.705	.501
	X3	.102	.755	.043	.135	.896
	X4	-.144	.709	-.160	-.203	.844
2	(Constant)	71.648	14.142		5.066	.001
	X1	1.452	.117	.568	12.410	.000
	X2	.416	.186	.430	2.242	.052
	X4	-.237	.173	-.263	-1.365	.205
3	(Constant)	52.577	2.286		22.998	.000
	X1	1.468	.121	.574	12.105	.000
	X2	.662	.046	.685	14.442	.000

Excluded Variables[c]

Model		Beta In	t	Sig.	Partial Correlation	Collinearity Statistics Tolerance
2	X3	.043[a]	.135	.896	.048	2.134E-02
3	X3	.106[b]	1.354	.209	.411	.318
	X4	-.263[b]	-1.365	.205	-.414	5.280E-02

a. Predictors in the Model: (Constant), X4, X1, X2

b. Predictors in the Model: (Constant), X1, X2

c. Dependent Variable: Y

(2) 앞으로부터 선택하는 방법

Variables Entered/Removed[a]

Model	Variables Entered	Variables Removed	Method
1	X4	.	Forward (Criterion: Probability-of-F-to-enter <= .050)
2	X1	.	Forward (Criterion: Probability-of-F-to-enter <= .050)

a. Dependent Variable: Y

Model Summary

Model	R	R Square	Adjusted R Square	Std. Error of the Estimate
1	.821[a]	.675	.645	8.9639
2	.986[b]	.972	.967	2.7343

a. Predictors: (Constant), X4

b. Predictors: (Constant), X4, X1

ANOVA[c]

Model		Sum of Squares	df	Mean Square	F	Sig.
1	Regression	1831.896	1	1831.896	22.799	.001[a]
	Residual	883.867	11	80.352		
	Total	2715.763	12			
2	Regression	2641.001	2	1320.500	176.627	.000[b]
	Residual	74.762	10	7.476		
	Total	2715.763	12			

a. Predictors: (Constant), X4

b. Predictors: (Constant), X4, X1

c. Dependent Variable: Y

Coefficients[a]

Model		Unstandardized Coefficients		Standardized Coefficients	t	Sig.
		B	Std. Error	Beta		
1	(Constant)	117.568	5.262		22.342	.000
	X4	-.738	.155	-.821	-4.775	.001
2	(Constant)	103.097	2.124		48.540	.000
	X4	-.614	.049	-.683	-12.621	.000
	X1	1.440	.138	.563	10.403	.000

Excluded Variables[c]

Model		Beta In	t	Sig.	Partial Correlation	Collinearity Statistics
						Tolerance
1	X1	.563[a]	10.403	.000	.957	.940
	X2	.322[a]	.415	.687	.130	5.336E-02
	X3	-.511[a]	-6.348	.000	-.895	.999
2	X2	.430[b]	2.242	.052	.599	5.325E-02
	X3	-.175[b]	-2.058	.070	-.566	.289

a. Predictors in the Model: (Constant), X4

b. Predictors in the Model: (Constant), X4, X1

c. Dependent Variable: Y

Model Summary

Model	R	R Square	Adjusted R Square	Std. Error of the Estimate
1	.821[a]	.675	.645	8.9639
2	.986[b]	.972	.967	2.7343

a. Predictors: (Constant), X4

b. Predictors: (Constant), X4, X1

Excluded Variables[c]

Model		Beta In	t	Sig.	Partial Correlation	Collinearity Statistics Tolerance
1	X1	.563[a]	10.403	.000	.957	.940
	X2	.322[a]	.415	.687	.130	5.336E-02
	X3	-.511[a]	-6.348	.000	-.895	.999
2	X2	.430[b]	2.242	.052	.599	5.325E-02
	X3	-.175[b]	-2.058	.070	-.566	.289

a. Predictors in the Model: (Constant), X4

b. Predictors in the Model: (Constant), X4, X1

c. Dependent Variable: Y

(3) 단계별 회귀방법

Variables Entered/Removed[a]

Model	Variables Entered	Variables Removed	Method
1	X4	.	Stepwise (Criteria: Probability-of-F-to-enter <= .050, Probability-of-F-to-remove >= .100).
2	X1	.	Stepwise (Criteria: Probability-of-F-to-enter <= .050, Probability-of-F-to-remove >= .100).

a. Dependent Variable: Y

Model Summary

Model	R	R Square	Adjusted R Square	Std. Error of the Estimate
1	.821[a]	.675	.645	8.9639
2	.986[b]	.972	.967	2.7343

a. Predictors: (Constant), X4

b. Predictors: (Constant), X4, X1

ANOVA[c]

Model		Sum of Squares	df	Mean Square	F	Sig.
1	Regression	1831.896	1	1831.896	22.799	.001[a]
	Residual	883.867	11	80.352		
	Total	2715.763	12			
2	Regression	2641.001	2	1320.500	176.627	.000[b]
	Residual	74.762	10	7.476		
	Total	2715.763	12			

a. Predictors: (Constant), X4

b. Predictors: (Constant), X4, X1

c. Dependent Variable: Y

Coefficients[a]

Model		Unstandardized Coefficients		Standardized Coefficients	t	Sig.
		B	Std. Error	Beta		
1	(Constant)	117.568	5.262		22.342	.000
	X4	-.738	.155	-.821	-4.775	.001
2	(Constant)	103.097	2.124		48.540	.000
	X4	-.614	.049	-.683	-12.621	.000
	X1	1.440	.138	.563	10.403	.000

Excluded Variables[c]

Model		Beta In	t	Sig.	Partial Correlation	Collinearity Statistics
						Tolerance
1	X1	.563[a]	10.403	.000	.957	.940
	X2	.322[a]	.415	.687	.130	5.336E-02
	X3	-.511[a]	-6.348	.000	-.895	.999
2	X2	.430[b]	2.242	.052	.599	5.325E-02
	X3	-.175[b]	-2.058	.070	-.566	.289

a. Predictors in the Model: (Constant), X4

b. Predictors in the Model: (Constant), X4, X1

c. Dependent Variable: Y

▶ 참 고 문 헌 ◀

15 · 1. Cornell, J.A. : "Experiments with mixtures : An update and bibiography," *Technometrics*, Vol. 21, pp. 95~106, 1979.

15 · 2. Cornell, J.A. : "Experiments with mixtures : A review," *Technometrics*, Vol. 15, pp. 437~455, 1973.

15 · 3. Hald, A. : *Statistical Theory and Engineering Applications*, New York, John Wiley & Sons, 1952.

15 · 4. Helms, R. : "The average estimated variance criterion for the selection of variable problem in genenal linear models," *Technometrics*, Vol. 16, pp. 261~274, 1974.

15 · 5. Hocking, R.R. : "Misspecification in regression," *The American Statistician,* Vol. 28, pp. 38~40, 1974.

15 · 6. Hocking, R.R. : "The analysis and selection of variables in linear regression," *Biometrics*, Vol. 32, pp. 1~49, 1976.

15 · 7. Mallows, C. : "Some comments on C_p," *Technometrics*, Vol. 15, pp. 661~675, 1973.

15 · 8. Marquardt, D.W. and Snee, R.D. : "Test statistics for mixture models," *Technometrics*, Vol. 16, pp. 533~538, 1974.

15 · 9. Park, S.H. : "Selection of polynomial terms for response surface experiments," *Biometrics*, Vol. 33, pp. 225~229, 1977.

15 · 10. Park, S.H. : "Selecting contrasts among parameters in Scheffes' mixture models : screening components and model reduction," *Technometrics*, Vol. 20, pp. 273~279, 1978.

15 · 11. Park, S.H. : "Designs for estimating the derivatives on response surfaces," *The Journal of the Korean Statistical Society*, Vol. 8, pp. 37~64, 1979.

15 · 12. Park, S.H. and Kim, S.S. : "Dynamic plots for displaying the roles of variables and observations in regression model," *Computational Statistics & Data Analysis*, Vol. 19, pp. 401~418, 1995.

15 · 13. Park, S.H. and Ahn, B.J. : "On simultaneous consideration of variable selection and detection of influential cases," *Journal of the Korean Statistical Society*, Vol. 16, No. 1, pp. 10~20, 1987.

15 • 14. Rao, P. : "Some notes on misspecification in multiple regressions," *The American Statistician*, Vol. 26, p. 42, 1971.

15 • 15. Scheffe, H. : "Experiments with mixtures," *Journal of Royal Statistical Society*, Series B, Vol. 20, pp. 344~360, 1958.

15 • 16. Seber, G.A.F. : *Linear Regression Analysis*, New York, John Wiley & Sons, 1977.

15 • 17. Snee, R.D. and Marquardt, D.W. : "Screening concepts and designs for experiments with mixtures," *Technometrics*, Vol. 18, pp. 19~30, 1976.

15 • 18. Walls, R. and Weeks, D. : "A note on the variance of a predicted response in regression," *The American Statistician*, Vol. 23, pp. 24~26, 1969.

연 습 문 제

15 • 1. 어떤 화학공장에서 NH_3를 HNO_3로 산화시키는 공정을 가지고 있다. 이 산화공정에 미치는 중요한 요인으로 생각되어지는 변수는

x_1 = 작업속도

x_2 = 냉각수의 온도

x_3 = 흡수액 속의 HNO_3의 농도

실험번호	1	2	3	4	5	6	7	8	9	10	11	12	13	14	15	16	17	18	19	20	21
x_1	80	80	75	62	62	62	62	62	58	58	58	58	58	58	50	50	50	50	50	56	70
x_2	27	27	25	24	22	23	24	24	23	18	18	17	18	19	18	18	19	19	20	20	20
x_3	89	88	90	87	87	87	93	93	87	90	89	88	82	93	89	86	72	79	80	82	91
y	42	37	37	28	18	18	19	20	15	14	14	13	11	12	8	7	8	8	9	15	15

이다. y는 NH_3를 HNO_3로 바꿀 때 손실되는 NH_3의 %로 잡아주었다. 21일간의 공정기간 중에 얻은 자료는 앞의 것과 같다. (이 자료는 Brownlee, K.A. : *Statistical Theory and Methodology in Science and Engineering*, John Wiley & Sons, p. 454, 1965에서 얻은 것이다.)

(1) 중선형회귀모형

$$y_j = \beta_0 + \beta_1 x_{1j} + \beta_2 x_{2j} + \beta_3 x_{3j} + \epsilon_j$$

$$j = 1, 2, \cdots, 21$$

$$\epsilon_j \sim N(0, \sigma_\epsilon^2)$$

이 데이터간의 관계를 설명하는 데 충분하다고 가정하고 다음의 물음에 답하라. 유의수준 $\alpha=0.05$ 를 사용하고 판정기준은 R^2 을 사용하라.

(a) 뒤로부터의 변수제거방법에 의하여 가장 적절한 회귀방정식을 구하라.

(b) 앞으로부터의 변수선택방법에 의하여 가장 적절한 회귀방정식을 구하라.

(c) 단계별 회귀에 의하여 가장 적절한 회귀방정식을 구하라.

(2) C_p 판정기준을 사용하여 변수선택의 수가 각각 $p=1$, $p=2$, $p=3$ 일 때 어떤 변수가 선택되는가를 구하여라.

(3) 선형항(linear terms)만으로는 충분하지 않다고 생각하고 이차다항회귀모형

$$y_j = \beta_0 + \sum_{i=1}^{3} \beta_j x_{ij} + \sum_{i=1}^{3} \beta_{ii} x_{ii}^2 + \sum_{i<k}^{3} \beta_{ik} x_{ij} x_{kj} + \epsilon_j$$

을 가정하였다. 회귀분석에 관한 컴퓨터 통계패키지(computer statistical package)가 있으면 이를 이용하여 다음에 답하라.

(a) 단계별 회귀에 의하여 최적방정식을 구하라.

(b) 이차다항회귀모형에는 x_i^2, $x_i x_k$ 항까지 합쳐서 9개의 변수가 있다고 볼 수 있다. 변수선택의 수를 $p=5$ 로 할 때 MSE_p 를 사용하여 어떤 변수들이 선택되는지 구하여라.

(참고자료)

		x_1	x_2	x_3	y
평균		60.428570	21.095237	86.285713	17.523809
표준편차		9.168267	3.160771	5.358671	10.171620
상관행렬	x_1	1.000000	0.781853	0.500143	0.919664
	x_2		1.000000	0.390940	0.875505
	x_3			1.000000	0.399830

$$\hat{y} = b_0 + b_1 x_1 + b_2 x_2 + b_3 x_3$$

$$= -39.919668 + 0.715640 x_1 + 1.295286 x_2 - 0.152123 x_3$$

이고, 이 완전모형(full model)에 대한 분산분석표는 다음과 같다.

요 인	제곱합	자유도	평균제곱
회 귀	1890.4071	3	630.1357
잔 차	178.8299	17	10.5194
계	2069.2370	20	

15・2. 〔예 13・1〕에서 이차다항회귀모형

$$y_j = \beta_0 + \beta_1 x_{1j} + \beta_2 x_{2j} + \beta_{11} x_{1j}^2 + \beta_{22} x_{2j}^2 + \beta_{12} x_{1j} x_{2j} + \epsilon_j$$

을 적합시키었다. 이는 2개의 독립변수를 가지고 있으나 변수선택의 입장에서 볼 때 5개의 변수 (x_1, x_2, x_1^2, x_2^2, $x_1 x_2$)로 간주할 수 있다.

(1) 판정기준을 C_p로 할 때 $p=3, 4$에서는 각각 어떤 변수들이 선택되는가?

(2) 홍미영역을

$$R = \{(x_1, x_2) : -1 \le x_1 \le 1, \ -1 \le x_2 \le 1\}$$

으로 하고, 이 영역에서 모든 점이 똑같은 비중을 갖는다고 가정할 때(즉 $W(\boldsymbol{x})$는 균등확률분포(uniform probability distribution)), $\hat{Q}$ 판정기준을 사용하여 $p=3, 4$인 경우에 어떤 변수들이 선택되는가를 구하라.

(3) 앞의 문제 (2)에서 홍미영역 R에서 모든 점이 똑같은 비중으로 중요한 것이 아니라 자료점(data points)만이 중요하고 데이터가 취해지지 않은 점은 중요하지 않을 때, 즉

$$W(\boldsymbol{r}) = \frac{1}{10} \quad (\text{만약 } \boldsymbol{r}\text{이 자료점이면})$$
$$= 0 \quad (\text{아닌 경우})$$

이라면, 어떤 변수들이 선택되어지는가?

15・3. 다음의 데이터는 Daniel, C. and Wood, F.S.: Fitting Equations to Data John Wiley & Sons, pp. 91~99, 1971에서 얻은 것이다. 관련된 변수는 다음과 같다.

y = change of rut depth in inches/million wheel passes

x_1 = viscosity of asphalt

x_2 = percentage of asphalt in surface course

x_3 = percentage of asphalt in base course

x_4 = indicator variable to separate two sets of runs

x_5 = percentage of fines in surface course

x_6 = percentage of voids in surface course

실험번호	x_1	x_2	x_3	x_4	x_5	x_6	y
1	2.80	4.68	4.87	−1	8.4	4.916	6.75
2	1.40	5.19	4.50	−1	6.5	4.563	13.00
3	1.40	4.82	4.73	−1	7.9	5.321	14.75
4	3.30	4.85	4.76	−1	8.3	4.865	12.60
5	1.70	4.86	4.95	−1	8.4	3.776	8.25
6	2.90	5.16	4.45	−1	7.4	4.397	10.67
7	3.70	4.82	5.05	−1	6.8	4.867	7.28
8	0.92	4.86	4.70	−1	8.6	4.828	12.67
9	0.68	4.78	4.84	−1	6.7	4.865	12.58
10	0.68	5.16	4.76	−1	7.7	4.034	20.60
11	6.00	4.57	4.82	−1	7.4	5.450	3.58
12	4.30	4.61	4.65	−1	6.7	4.853	7.00
13	0.60	5.07	5.10	−1	7.5	4.257	26.20
14	1.80	4.66	5.09	−1	8.2	5.144	11.67
15	6.00	5.42	4.41	−1	5.8	3.718	7.67
16	4.40	5.01	4.74	−1	7.1	4.715	12.25
17	88.00	4.97	4.66	1	6.5	4.625	0.76
18	62.00	5.01	4.72	1	8.0	4.977	1.35
19	50.00	4.96	4.90	1	6.8	4.322	1.44
20	58.00	5.20	4.70	1	8.2	5.087	1.60
21	90.00	4.80	4.60	1	6.6	5.971	1.10
22	66.00	4.98	4.69	1	6.4	4.647	0.85
23	140.00	5.35	4.76	1	7.3	5.115	1.20
24	240.00	5.04	4.80	1	7.8	5.939	0.56
25	420.00	4.80	4.80	1	7.4	5.916	0.72
26	500.00	4.83	4.60	1	6.7	5.471	0.47
27	180.00	4.66	4.72	1	7.2	4.602	0.33
28	270.00	4.67	4.50	1	6.3	5.043	0.26
29	170.00	4.72	4.70	1	6.8	5.075	0.76
30	98.00	5.00	5.07	1	7.2	4.334	0.80
31	35.00	4.70	4.80	1	7.7	5.705	2.00

네번째의 가변수는 다음에 실려 있는 31개의 데이터를 얻을 때 처음의 16개와 뒤의 15개가 시간상으로 차이를 두고 얻어졌으므로 이를 구분하기 위하여 나타낸 변수이다. 처음의 16개의 데이터는 $x_4=-1$로 하고 나중 15개는 $x_4=1$로 하여 주었다.

중선형회귀모형을 사용하여 $E(y)$의 추정식과 그와 관련된 정보를 얻어보니 다음과 같다(단, x_1과 y는 log를 취하여 계산하여 주시오).

$$\hat{y} = -2.64-0.51x_1+0.50x_2+0.10x_3-0.13x_4+0.02x_5+0.14x_6$$

$$R^2 = 0.972$$

$$SSE = 0.3070$$

$$SST = 11.0506$$

$$SSR = 10.7436$$

$$MSE = 0.01279$$

그리고, 표현을 간결하게 하기 위하여 $x_1=a$, $x_2=b$, $x_3=c$, $x_4=d$, $x_5=e$, $x_6=f$로 놓고 변수간의 상관계수를 구해 보니 다음과 같다.

	a	b	c	d	e	f	y
a	1.00	−0.06	−0.22	0.93	−0.30	0.46	−0.97
b		1.00	−0.26	0.01	−0.14	−0.43	0.15
c			1.00	−0.12	0.44	−0.03	0.19
d				1.00	−0.23	0.40	−0.93
e					1.00	0.12	0.32
f						1.00	−0.41

(1) 변수 6개를 모두 사용한 완전모형(full model)에 대한 분산분석표를 작성하고 $\alpha=0.05$에서 선형회귀모형의 유의성을 검정하라.

(2) 상관계수들을 보고 변수를 하나만 선택할 때에는 어떤 변수가 선택될 것인지 말하여라.

(3) 상관계수들을 보고 변수를 하나만 제거시키려고 할 때, 어떤 변수가 제거될 것인가를 말할 수 있는가?

(4) 변수들의 모든 조합에 대하여 판정기준인 C_p의 값을 구하였다. 그 결과를 정리하여 보면 다음 페이지에 있는 것과 같다.

(a) $p=1,2,3,4,5,6$ 인 각각의 경우에 대하여 어떤 변수들이 선택되는지 말하라.

(b) 위의 C_p 값들로부터 (a)에서 선택된 여섯 가지 경우에 대하여 MSE_p와 R_p^2을 구하라.

(c) C_p를 최소로 하는 p는 무엇인가? MSE_p를 최소로 하는 p는? R_p^2은 p를 증가시켜 나갈 때 p가 어떤 값에 이를 때에 증가가 둔화된다고 볼 수 있는가? [그림 15・1]과 같은 그림을 그려 판별하여 보아라.

(d) 위의 최적 C_p, MSE_p, R_p^2으로부터 가장 적절한 p의 값을 최종적으로 선택한 후, 이 경우에 어떤 변수들이 뽑혔는가를 말하고 최적회귀방정식을 구하라.

15・4. 식 (15・11)을 증명하라.

15・5. 정리 (15・1)을 증명하라.

15・6. 정리 (15・2)를 증명하라.

선택된 변 수	p	C_p	선택된 변 수	p	C_p	선택된 변 수	p	C_p	선택된 변 수	p	C_p
			e	1	748.8	*f*	1	692	*ef*	2	575.5
a	1	20.43	*ae*	2	21.68	*af*	2	20.00	*aef*	3	21.87
b	1	817.0	*be*	2	716.1	*bf*	2	693.7	*bef*	3	577.4
ab	2	13.98	*abe*	3	14.29	*abf*	3	5.67	*abef*	4	7.45
c	1	806.7	*ce*	2	748.3	*cf*	2	666.8	*cef*	3	577.3
ac	2	21.90	*ace*	3	22.53	*acf*	3	21.37	*acef*	4	22.84
bc	2	770.0	*bce*	3	709.0	*bcf*	3	668.0	*bcef*	4	579.1
abc	3	15.95	*abce*	4	16.17	*abcf*	4	7.56	*abcef*	5	9.43
d	1	92.0	*de*	2	84.2	*df*	2	92.8	*def*	3	82.7
ad	2	20.53	*ade*	3	21.46	*adf*	3	20.61	*adef*	4	22.24
bd	2	70.23	*bde*	3	57.56	*bdf*	3	70.21	*bdef*	4	59.09
abd	3	12.22	*abde*	4	11.32	*abdf*	4	4.26	*abdef*	5	5.51
cd	2	88.6	*cde*	3	85.1	*cdf*	3	89.36	*cdef*	4	83.9
acd	3	22.42	*acde*	4	22.86	*acdf*	4	22.36	*acdef*	5	23.65
bcd	3	58.38	*bdce*	4	53.92	*bcdf*	4	56.83	*bcdef*	5	54.38
abcd	4	13.51	*abcde*	5	13.24	*abcdf*	5	5.31	*abcdef*	6	7.00

15・7. 정리 (15・3)을 증명하라.

15・8. 식 (15・36)을 증명하라.

15・9. 다음을 유도하라.

$$Q = \int_R [Var(\hat{y}) - MSE(\tilde{y}_p)] dW(\mathbf{r})$$
$$= \sigma^2\{tr[(X'X)^{-1}M] - tr[(X_p'X_p)^{-1}M_{pp}]\} - \boldsymbol{\beta}_r'[A'M_{pp}A - 2A'M_{pr} + M_{rr}]\boldsymbol{\beta}_r$$

15・10. 뒤로부터 제거하는 방법에서 부분 F-검정치

$$F_0 = \frac{b_i^2}{\hat{V}ar(b_i)}$$

이 15・2・2 에 설명되어 있는 부분 F-검정치

$$F_0 = \frac{SSE(F) - SSR(R)}{MSE}$$

와 같음을 증명하라.

16

회 귀 진 단

16·1 기본적인 개념

종속변수 y와 독립변수 $x_1, x_2, \cdots, x_k$에 대하여 n개의 데이터 $(x_{1i}, x_{2i}, \cdots, x_{ki}, y_i)$, $i=1, 2, \cdots, n$이 있을 때, 일반적으로 우리는 다음의 중회귀모형

$$\boldsymbol{y} = X\boldsymbol{\beta}+\boldsymbol{\varepsilon}, \quad \boldsymbol{\varepsilon}\sim N(\boldsymbol{0}, I\sigma^2) \qquad (16 \cdot 1)$$

을 가정하고 최소제곱법에 의하여 $\boldsymbol{\beta}$를

$$\boldsymbol{b} = (X'X)^{-1}X'\boldsymbol{y} \qquad (16 \cdot 2)$$

로 추정한다. 여기서 행렬 X는 $n\times(k+1)$행렬로 계수(rank)는 $k+1$이라고 가정한다. 그러나 이와 같은 절차는 무리가 따를 때가 많으며, 주어진 데이타에서 좀더 유용한 정보를 얻기 위하여 여러 가지 진단이 필요하다.

회귀진단(回歸診斷, regression diagonistics)이란 회귀분석을 실시할 때 수행되는 각종의 진단방법을 말하며, 다음과 같은 내용들이 여기에 포함된다.

(1) 오차항의 가정의 검토 식 (16·1)에서 $\boldsymbol{\epsilon}\sim N(\boldsymbol{0}, I\sigma^2)$을 가정하였는데, 이 의미는 오차항이 정규성(normality), 독립성(independence), 등분산성(equal variance)을 가지고 있다는 뜻이다. 이와 같은 가정이 성립되어야만 식 (16·2)의 추정량 $\boldsymbol{b}$가 $\boldsymbol{\beta}$의 *BLUE* (best linear unbiased estimator)가 되며, 또한 분산분석표에서의 F-검정이 성립된다. 일

반적으로 잔차(residual)의 검토를 통하여 이와 같은 가정을 간단히 검토할 수 있다. 그 방법은 7장에 소개하였으므로 여기서는 생략하기로 한다.

(2) 적절한 모형의 선택　식 (16·1)의 모형은 1차선형모형이라고 볼 수 있다. y와 k개의 독립변수간에 이와 같은 모형이 가장 적절한가 아닌가를 검토하여 볼 필요가 있다. 경우에 따라서 변수변환(variable transformation)을 실시하여 i번째 변수 x_i를 $\sqrt{x_i}$, $\log x_i$, $\frac{1}{x_i}$ 등으로 변환시키는 것이 바람직한 경우도 있으며, 또는 x_i는 y에 전혀 영향을 못주고 있어서 모형에서 제거시키는 것이 좋은 경우도 있다. (변수변환은 5장에서 언급하였고, 변수선택문제는 15장에서 다루었다.)

(3) 독립변수들간의 상관관계의 검토　독립변수들간에 상관관계가 크다면 $X'X$ 행렬의 역행렬을 구하기가 매우 어렵거나 계산의 정확도가 나빠진다. 또한 추정되는 회귀계수 b_i들의 분산이 과다하게 커져서 회귀방정식의 의미가 저하된다. 독립변수들간의 상관관계를 검토하여 만약 상관관계가 크다면 독립변수를 일부 제거시키거나 또는 다음 장에서 설명되는 편의추정(偏倚推定, biased estimation) 방법을 사용하는 것이 바람직하다.

(4) 이상치(outlier)의 검출　n개의 데이터 y_1, y_2, $\cdots$, y_n 중에는 측정상의 과오, 또는 실험상의 과오로 인하여 과다하게 커지거나 작아져서 이상치가 되는 경우가 있다. 이상치는 대개 큰 잔차를 주게 되므로 식별이 용이하다. 이상치를 구별하는 방법에 대해서는 뒤에 다시 설명하기로 한다. 이와 같은 이상치가 발견되면 이에 대한 적절한 대응책이 필요하며, 경우에 따라서 다시 실험을 실시하거나 또는 제거시켜 버리거나 하게 된다.

(5) 영향을 크게 주는 측정값(influential observation)의 검출　회귀분석의 결과(회귀계수의 추정값, 결정계수의 값 등)가 몇 개의 측정값에 의해 크게 영향을 받는 경우가 있다. 이와 같은 경우 회귀분석의 결과에 크게 영향을 주는 측정값이 있다고 말한다. 예를 들어 i번째 측정값 y_i가 영향을 크게 주는 측정값이라 하자. 그러면 y_i를 포함시키고 회귀분석을 하는 경우와 y_i를 제외시키고 회귀분석을 한 결과는 큰 차이를 나타내게 된다.

영향을 크게 주는 측정값을 식별함으로써 데이터의 특성을 파악할 수 있으며 회귀분석 결과를 음미하는 데 도움을 얻을 수 있다. 이와 같은 측정값을 검출해내는 방법에 대해서는 뒤에서 다루기로 한다.

위에서 회귀진단에 필요한 다섯 가지를 언급하였는데 이 장에서는 이 중 (4)와 (5)에 대해서 하나의 이상치(異常值, single outlier), 또는 하나의 영향을 크게 주는 측정값(single influential observation)이 있는가를 진단하는 방법을 상세히 다루기로 한다. 나머지 부분에 대해서는 다른 장에서 조금씩 나누어서 다루었거나 다루기로 한다.

16·2 이상치의 검출

16·2·1 잔차 및 행렬 $X(X'X)^{-1}X'$의 성질

식 (16・1)과 (16・2)에서 $E(\boldsymbol{y})$의 추정벡터는 $\hat{\boldsymbol{y}}=X\boldsymbol{b}$이고, 따라서 잔차 벡터(residual vector)는

$$\begin{aligned} \boldsymbol{e} &= \boldsymbol{y}-\hat{\boldsymbol{y}} = \boldsymbol{y}-X\boldsymbol{b} \\ &= \boldsymbol{y}-X(X'X)^{-1}X'\boldsymbol{y} \\ &= [I-X(X'X)^{-1}X']\boldsymbol{y} \end{aligned} \tag{16・3}$$

으로 나타낼 수 있다. 7장에서 밝힌 바와 같이 $\boldsymbol{e}$의 기대값벡터와 분산-공분산 행렬은

$$\begin{aligned} E(\boldsymbol{e}) &= \boldsymbol{0} \\ Var(\boldsymbol{e}) &= [I-X(X'X)^{-1}X']\sigma^2 \end{aligned} \tag{16・4}$$

임을 쉽게 밝힐 수 있다.

식 (16・3)에 포함되어 있는 행렬 $X(X'X)^{-1}X'$는 "hat matrix"라고 부르며 회귀진단에서는 매우 중요한 행렬로서

$$H = X(X'X)^{-1}X' \tag{16・5}$$

로 정의하여 사용하기로 한다. 행렬 H는 $n\times n$ 행렬이고, i번째 대각선상의 값을 h_{ii}, (i,j)번째 값을 h_{ij}라고 한다면

$$\begin{aligned} h_{ij} &= \boldsymbol{x}_i'(X'X)^{-1}\boldsymbol{x}_j \\ h_{ii} &= \boldsymbol{x}_i'(X'X)^{-1}\boldsymbol{x}_i \end{aligned} \tag{16・6}$$

의 관계에 있다. 여기서 $\boldsymbol{x}_i$는 $\boldsymbol{x}_i'=(1, x_{1i}, x_{2i}, \cdots, x_{ki})$를 의미한다.

잔차 e_i의 기대값과 분산은 식 (16・4)로부터

$$E(e_i) = 0$$
$$Var(e_i) = (1-h_{ii})\sigma^2 \qquad (16 \cdot 7)$$

임을 알 수 있고, e_i와 e_j의 공분산은

$$Cov(e_i, e_j) = -h_{ij}\sigma^2$$

이 된다. 따라서 e_i와 e_j 간의 상관계수는

$$\rho_{ij} = \frac{-h_{ij}\sigma^2}{\sqrt{(1-h_{ii})(1-h_{jj})\sigma^4}} = \frac{-h_{ij}}{\sqrt{(1-h_{ii})(1-h_{jj})}}$$

이 된다.

행렬 H의 몇 가지 성질을 살펴보자.

(1) $HH=H$가 성립하므로 멱등행렬이고, H의 계수(rank)는

$$\text{rank}(H)=\text{rank}(X)=k+1$$

이다. 또한 행렬 H의 트레이스(trace)도 $k+1$이다. 즉,

$$tr(H) = \sum_{i=1}^{n} h_{ii}=k+1$$

(2) $HH=H$의 관계로부터 $\sum_j h_{ij}^2=h_{ii}$가 성립함을 알 수 있고, 행렬 X의 첫째 열이 상수항(constant term)일 때에는

$$\sum_i h_{ij} = \sum_j h_{ij}=1 \qquad (16 \cdot 8)$$

이 된다.

(3) 행렬 H는 양반정치 행렬이므로 $h_{ii}\geq 0$이고, 식 (16・7)에서 $(1-h_{ii})\sigma^2\geq 0$이어

야 하므로 $h_{ii} \le 1$ 이 되어야 한다. 따라서

$$0 \le h_{ii} \le 1 \tag{16·9}$$

의 관계에 있다.

참고로 단순회귀인 경우에 대하여 행렬 H를 살펴보자. 이 경우에 h_{ij} 와 h_{ii}는, $\sum_i (x_i - \bar{x})^2 = S(xx)$로 놓을 때,

$$h_{ij} = \boldsymbol{x}_i'(X'X)^{-1}\boldsymbol{x}_j$$

$$= (1 \ x_i)\begin{bmatrix} \dfrac{\sum x_i^2}{nS(xx)} & \dfrac{-\bar{x}}{S(xx)} \\ \dfrac{-\bar{x}}{S(xx)} & \dfrac{1}{S(xx)} \end{bmatrix}\begin{bmatrix} 1 \\ x_j \end{bmatrix} = \frac{1}{n} + \frac{(x_i - \bar{x})(x_j - \bar{x})}{S(xx)}$$

$$h_{ii} = \frac{1}{n} + \frac{(x_i - \bar{x})^2}{S(xx)} \tag{16·10}$$

이 된다. 따라서

$$\sum_{i=1}^{n} h_{ii} = 1 + \frac{\sum_i (x_i - \bar{x})^2}{S(xx)} = 2$$

이 되고, h_{ii} 의 최소값은 $x_i = \bar{x}$ 일 때 $\frac{1}{n}$, 최대값은 x_i 가 $\bar{x}$ 에서 가장 멀리 떨어져 있는 값일 때 생긴다. 즉, 중심 $\bar{x}$ 에서 멀리 떨어져 있는 x_i 는 1에 가까운 h_{ii} 의 값을 갖는다.

중회귀모형에서는

$$h_{ii} = \frac{1}{n} + (\boldsymbol{x}_i - \bar{\boldsymbol{x}})'(\mathcal{X}'\mathcal{X})^{-1}(\boldsymbol{x}_i - \bar{\boldsymbol{x}}) \tag{16·11}$$

으로 표현된다. 여기서 $\boldsymbol{x}_i' = (x_{1i}, x_{2i}, \cdots, x_{ki})$, $\bar{\boldsymbol{x}}' = (\bar{x}_1, \bar{x}_2, \cdots, \bar{x}_k)$, $\bar{x}_i = \sum_{j=1}^{n} x_{ij}/n$ 이고 $\mathcal{X}$ 는

$$\mathcal{X} = \begin{bmatrix} x_{11} - \bar{x}_1 & x_{21} - \bar{x}_2 & \cdots & x_{k1} - \bar{x}_k \\ x_{12} - \bar{x}_1 & x_{22} - \bar{x}_2 & \cdots & x_{k2} - \bar{x}_k \\ \vdots & \vdots & \vdots & \vdots \\ x_{1n} - \bar{x}_1 & x_{2n} - \bar{x}_2 & \cdots & x_{kn} - \bar{x}_k \end{bmatrix}$$

을 나타낸다.

16·2·2 이상치를 찾는 방법

(1) 표준화잔차

$\boldsymbol{y}$가 $N(X\boldsymbol{\beta},\ I\sigma^2)$의 분포에 따르므로 식 (16·4)로부터 $\boldsymbol{e}$는 $N(\boldsymbol{0},\ (I-H)\sigma^2)$의 분포에 따름을 알 수 있다. 또한 식 (16·7)로부터 i번째 잔차 e_i의 분포는

$$e_i \sim N(0,\ (1-h_{ii})\sigma^2) \qquad (16\cdot 12)$$

이 된다. 따라서

$$\frac{e_i}{\sigma\sqrt{1-h_{ii}}} \sim N(0,\ 1)$$

임을 쉽게 알 수 있다. 여기서 σ는 일반적으로 미지이므로 이를 그의 추정량

$$s=\sqrt{\boldsymbol{e}'\boldsymbol{e}/(n-k-1)}=\sqrt{\boldsymbol{y}'(I-H)\boldsymbol{y}/(n-k-1)}$$

으로 대치시키면 표준화잔차(standardized residual)

$$r_i=\frac{e_i}{s\sqrt{1-h_{ii}}} \qquad (16\cdot 13)$$

가 얻어진다. 이 r_i를 내적으로 스트던트화된 잔차(internally studentized residual)라고 부르기도 한다. 표준화잔차 r_i의 절대값 $|r_i|$가 과다하게 크면 이상치라고 생각할 수 있으며, Lund(16·9)는 가장 큰 $|r_i|$의 값이 어떤 기각치보다 크면 그 y_i를 하나의 이상치(a single outlier)로 볼 수 있다고 말하고, 그 기각치를 〈표 16·1〉과 같이 제시하였다.

〈표 16·1〉 유의수준 α=0.05 에서의 기각치

표본의 크기	독립변수의 수 k									
n	1	2	3	4	5	6	8	10	15	25
5	1.92									
6	2.07	1.93								
7	2.19	2.08	1.94							
8	2.28	2.20	2.10	1.94						
9	2.35	2.29	2.21	2.10	1.95					
10	2.42	2.37	2.31	2.22	2.11	1.95				
12	2.52	2.49	2.45	2.39	2.33	2.24	1.96			
14	2.61	2.58	2.55	2.51	2.47	2.41	2.25	1.96		
16	2.68	2.66	2.63	2.60	2.57	2.53	2.43	2.26		
18	2.73	2.72	2.70	2.68	2.65	2.62	2.55	2.44		
20	2.78	2.77	2.76	2.74	2.72	2.70	2.64	2.57	2.15	
25	2.89	2.88	2.87	2.86	2.84	2.83	2.80	2.76	2.60	
30	2.96	2.96	2.95	2.94	2.93	2.93	2.90	2.88	2.79	2.17
35	3.03	3.02	3.02	3.01	3.00	3.00	2.98	2.97	2.91	2.64
40	3.08	3.08	3.07	3.07	3.06	3.06	3.05	3.03	3.00	2.84
45	3.13	3.12	3.12	3.12	3.11	3.11	3.10	3.09	3.06	2.96
50	3.17	3.16	3.16	3.16	3.15	3.15	3.14	3.14	3.11	3.04
60	3.23	3.23	3.23	3.23	3.22	3.22	3.22	3.21	3.20	3.15
70	3.29	3.29	3.28	3.28	3.28	3.28	3.27	3.27	3.26	3.23
80	3.33	3.33	3.33	3.33	3.33	3.33	3.32	3.32	3.31	3.29
90	3.37	3.37	3.37	3.37	3.37	3.37	3.36	3.36	3.36	3.34
100	3.41	3.41	3.40	3.40	3.40	3.40	3.40	3.40	3.39	3.38

(2) 스트던트화잔차

이상치가 존재할 것인가를 알아내는 방법으로 제안된 것으로 Belsley, Kuh와 Welsch (16·3)의 스트던트화잔차(studentized residual)가 있다. 이것은 식 (16·13)의 표준화잔차에서 s 대신에 i 번째 측정값 y_i 를 제외시키고 $n-1$ 개 측정값으로부터 얻어지는 s(이것은 $s(i)$로 나타내자)를 사용하는 것이다. 이와 같은 잔차를 스트던트화잔차(studentized residual)라고 부르고

$$r_i^* = \frac{e_i}{s(i)\sqrt{1-h_{ii}}} \tag{16·14}$$

로 나타낸다. 이것을 r_i와 구별하여 외적으로 스트던트화된 잔차(externally studentized residual)라고 부르기도 한다.

실제로 r_i^*를 계산할 때에는 $s(i)$ 때문에 n개의 회귀모형을 적합시켜야 하는 것 같이 보이나 그럴 필요는 없다. 다음의 등식관계

$$s^2(i) = \left[(n-k-1)s^2 - \frac{e_i^2}{1-h_{ii}}\right] / (n-k-2) \tag{16·15}$$

가 성립하므로 회귀모형은 전체 데이터를 한 번만 적합시키면 충분하다.

$|r_i^*|$가 어느 정도 커야만 y_i를 이상치로 볼 수 있는가를 검정하는 문제를 생각하여 보자. 다음과 같은 이론적인 절차를 고려하여 보면 r_i^*의 확률분포를 알 수 있으며, 따라서 이상치인가 아닌가를 단정할 수 있는 기준을 설정할 수 있다.

(a) n개의 데이터로부터 y_i를 제거시킨다.

(b) $\boldsymbol{b}(i)$와 $s^2(i)$을 $n-1$개 데이터로부터 얻어진 $\boldsymbol{\beta}$와 σ^2의 추정값이라 하자.

(c) $E(y_i)$의 추정값을 $\tilde{y}_i = \boldsymbol{x}_i'\boldsymbol{b}(i)$로부터 구하자. 그러면 $\tilde{y}_i$의 분산은

$$Var(\tilde{y}_i) = \boldsymbol{x}_i'[X(i)'X(i)]^{-1}\boldsymbol{x}_i\sigma^2$$

이 된다. 여기서 $X(i)$는 X 행렬에서 i번째 행을 제외시킨 행렬이다.

이 때 σ^2는 $s^2(i)$로 추정하여 대입시키면 $Var(\tilde{y}_i)$의 추정치를 구할 수 있다.

(d) 만약 y_i가 이상치라면 $E(y_i - \tilde{y}_i) \neq 0$이 될 것이고, 이상치가 아니라면 $E(y_i - \tilde{y}_i) = 0$이 될 것이다. $\tilde{y}_i$을 구할 때에 y_i는 사용되지 않았으므로 y_i와 $\tilde{y}_i$은 서로 독립이며, 또한 y_i와 $s^2(i)$도 독립이다. 따라서 $y_i - \tilde{y}_i$의 분산은

$$Var(y_i - \tilde{y}_i) = \sigma^2\{1 + \boldsymbol{x}_i'[X(i)'X(i)]^{-1}\boldsymbol{x}_i\}$$

이 되고, 이 분산의 추정값은 σ^2 대신에 $s^2(i)$로 대입시켜 구할 수 있다. 따라서 y_i가 이상치가 아니라면

$$t_i = \frac{y_i - \tilde{y}_i}{s(i)\sqrt{1 + \boldsymbol{x}_i'[X(i)'X(i)]^{-1}\boldsymbol{x}_i}} \tag{16·16}$$

은 자유도 $n-k-2$ 인 t-분포에 따른다.

식 (16·16)으로부터 모든 t_i 를 구하는 것은 $s(i)$, $X(i)$, $\tilde{y}_i$ 때문에 계산상 매우 어려워 보이나 이 t_i 는 식 (16·13)의 r_i 와

$$t_i = r_i\left(\frac{n-k-2}{n-k-1-r_i^2}\right)^{\frac{1}{2}} \tag{16·17}$$

의 등식관계에 있음을 Weisberg(16·15)는 밝혔다. 따라서 전체 데이터를 한 번만 적합시키면 모든 t_i 를 구할 수 있다. 또한 우리는 쉽게 식 (16·13), (16·14), (16·15), (16·17)의 관계에서 이 t_i 가 스트던트화잔차 r_i^* 와 동일함을 보일 수 있다. 즉

$$\begin{aligned} r_i^* &= \frac{e_i}{s(i)\sqrt{1-h_{ii}}} \\ &= \frac{e_i}{\sqrt{1-h_{ii}}\left\{\left[(n-k-1)s^2-\frac{e_i^2}{1-h_{ii}}\right]/(n-k-2)\right\}^{\frac{1}{2}}} \\ &= \frac{e_i}{s\sqrt{1-h_{ii}}}\left[\frac{n-k-2}{n-k-1-\frac{e_i^2}{s^2(1-h_{ii})}}\right]^{\frac{1}{2}} \\ &= r_i\left[\frac{n-k-2}{n-k-1-r_i^2}\right]^{\frac{1}{2}} = t_i \end{aligned} \tag{16·18}$$

가 된다.

따라서 i 번째 측정값 y_i 가 이상치인가를 검정하는 방법은

$$|r_i^*| \geq t(n-k-2\,;\,\alpha/2)$$

이면, 유의수준 α 에서 y 를 이상치라고 판정할 수 있다.

〔예 16·1〕 두 변수 x, y 에 의하여 다음의 21 개 데이터가 얻어졌다 하자. 이 데이터는 Micky, Dunn과 Clark(16·10), John과 Draper(16·8), Andrews와 Pregibon(16·1) 등의 논문에서 사용된 것으로 회귀진단에서 애용되는 데이터이다.

실험번호	x	y	실험번호	x	y
1	15	95	12	9	96
2	26	71	13	10	83
3	10	83	14	11	84
4	9	91	15	11	102
5	15	102	16	10	100
6	20	87	17	12	105
7	18	93	18	42	57
8	11	100	19	17	121
9	8	104	20	11	86
10	20	94	21	10	100
11	7	113			

단순회귀모형을 적합시켜서 식 (16·13), (16·18)의 r_i와 r_i^*를 각각 구하여 이상치가 있는가를 판정하여라.

풀이

21개 데이터를 모두 사용하여 회귀직선을 구하면

$$\hat{y}_i = 109.874 - 1.127x_i$$

를 얻게 되고, 이 직선을 산점도 위에 그려보면 [그림 16·1]과 같다. 다음으로 잔차 e_i, 대각선원소 h_{ii}, 표준화잔차 r_i, 스트던트화잔차 r_i^*의 값을 구하면 〈표 16·2〉와 같다.

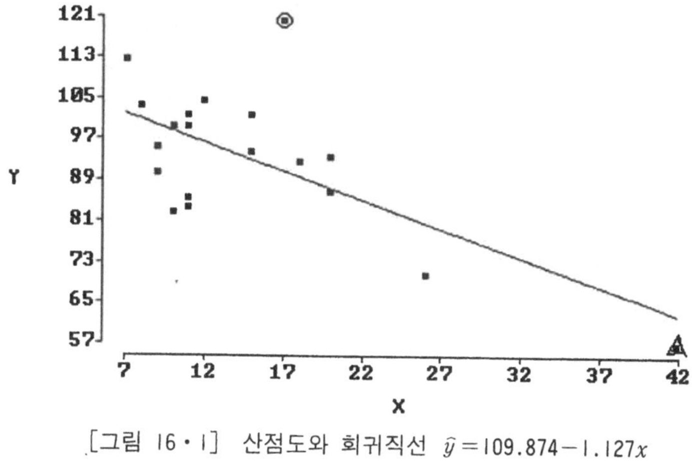

[그림 16·1] 산점도와 회귀직선 $\hat{y} = 109.874 - 1.127x$

이 단순회귀분석의 분산분석표를 참고로 적어보면 다음과 같다.

요인	제곱합	자유도	평균제곱	F_0
회귀	1,604.08	1	1,604.08	13.20
잔차	2,308.59	19	121.505	
계	3,912.67	20		

여기서 $F_0=13.20>F(1,\ 19\ ;\ 0.05)=4.38$ 이 성립하므로 회귀직선은 유의하다. 그리고 평균제곱이 121.505 이므로

$$s=\sqrt{MSE}=\sqrt{121,505}=11.0229$$

가 σ의 추정값임을 알 수 있다.

〈표 16·2〉 이상치를 찾는 측도 r_i와 r_i^*의 값

실험번호	e_i	h_{ii}	r_i	r_i^*
1	2.0310	0.0479	0.1888	0.1840
2	−9.5721	0.1545	−0.9444	−0.9416
3	−15.6040	0.0628	−1.4623	−1.5108
4	−8.7309	0.0705	−0.8216	−0.8143
5	9.0310	0.0479	0.8397	0.8329
6	−0.3741	0.0726	−0.0315	−0.0306
7	3.4120	0.0580	0.3189	0.3112
8	2.5230	0.0567	0.2357	0.2297
9	3.1421	0.0799	0.2972	0.2899
10	6.6666	0.0726	0.6280	0.6177
11	11.0151	0.0908	1.0480	1.0508
12	−3.7309	0.0705	−0.3511	−0.3428
13	−15.6040	0.0628	−1.4623	−1.5108
14	−13.4770	0.0567	−1.2588	−1.2798
15	4.5230	0.0567	0.4225	0.4132
16	1.3961	0.0628	0.1308	0.1274

17	8.6500	0.0521	0.8060	0.7983
18	−5.5403	0.6516	−0.8515	−0.8451
19	30.2850	0.0531	2.8234	3.6070
20	−11.4770	0.0567	−1.0720	−1.0765
21	1.3961	0.0628	0.1308	0.1274

먼저 r_i에 의하여 이상치를 찾아보자. 〈표 16·1〉에서 $k=1$이고 $n=21$에서는 기각치가 나와있지 않으므로 $n=20$과 $n=25$에서 보간법(interpolation)에 의하여 구하면 $n=21$에서는 기각치가 2.80이다. $|r_i|$의 값이 2.80을 넘는 것은 열아홉번째 데이터의 $r_i=2.8234$뿐이다. 따라서 r_i에 의해서 열아홉번째 데이터가 이상치임을 알 수 있다.

다음으로 r_i^*에 의하여 판정하여 보자. $t(n-k-2;0.025)=t(18;0.025)=2.101$이므로 $|r_i^*|$가 이 값보다 큰 것은 열아홉번째 데이터 뿐이다. 따라서 r_i^*에 의해서도 열아홉번째 데이터가 이상치임을 알 수 있다. 이 이상치는 [그림 16·1]에서 ⊛ 표시를 한 데이터이다.

16·3 영향을 크게 주는 측정값의 검출

영향을 크게 주는 측정값(influential observation)에 대해서는 이 장의 1절에서 간단히 설명하였는데, 여기에서는 이와 같은 측정값을 찾아내는 방법에 대하여 다루어 보기로 한다. 이 방면에 대한 연구가 최근에 매우 활발히 이루어지고 있으며 많은 방법들이 제안되고 있다. 그 중에서 몇 가지만 골라 소개하기로 한다.

(1) 행렬 H의 대각선원소

최소 제곱법에 의하여 중회귀모형을 적합시키면

$$\hat{\boldsymbol{y}}=\begin{bmatrix}\hat{y}_1\\ \hat{y}_2\\ \vdots\\ \hat{y}_n\end{bmatrix}=X\boldsymbol{b}=X(X'X)^{-1}X'\boldsymbol{y}=H\boldsymbol{y} \qquad (16\cdot19)$$

가 얻어진다. 여기서 예측값 $\hat{y}_i$를 y_i로 편미분하면

$$\frac{\partial \hat{y}_i}{\partial y_i}=h_{ii}$$

로 행렬 H의 i번째 대각선원소(diagonal element)가 된다. 따라서 h_{ii}의 값이 1에 가까울수록(h_{ii}는 (0, 1)사이에 있음을 식 (16・9)에서 밝혔음) y_i는 $\hat{y}_i$에 영향을 크게 준다고 판단할 수 있다.

식 (16・19)에서 $HH=H$이고 $Var(\boldsymbol{y})=I\sigma^2$이므로

$$Var(\hat{\boldsymbol{y}}) = H\sigma^2$$

이 성립한다. 따라서

$$Var(\hat{y}_i) = h_{ii}\sigma^2 \tag{16・20}$$

으로, h_{ii}가 크면 $\hat{y}_i$의 분산도 커진다.

행렬 H의 성질에서 밝힌 바와 같이 행렬 H의 트레이스는

$$tr(H) = \sum_{i=1}^{n} h_{ii} = k+1$$

이므로, h_{ii}의 평균은 $(k+1)/n$이다. Hoaglin과 Welsch(16・7)는

$$h_{ii} \geq 2(k+1)/n$$

이면, y_i가 영향을 크게 주는 측정값으로 판단할 수 있다고 말하고 있다.

(2) DFFITS

DFFITS는 Belsley, Kuh와 Welsch(16・3)에 의하여 제안된 것으로 $\boldsymbol{b}$와 $\boldsymbol{b}(i)$의 가장 큰 차이를 주는 y_i를 찾는 방법이다. 여기서 $\boldsymbol{b}(i)$는 y_i를 제외시키고 $n-1$개 데이터에서 구한 $\boldsymbol{\beta}$의 최소제곱추정벡터이다. i번째 데이터의 DFFITS는

$$\text{DFFITS}(i)=\text{sign}(e_i) \cdot \sup_{\lambda} \frac{|\boldsymbol{\lambda}'(\boldsymbol{b}-\boldsymbol{b}(i))|}{s(i)(\boldsymbol{\lambda}'(X'X)^{-1}\boldsymbol{\lambda})^{\frac{1}{2}}} \tag{16・21}$$

으로 정의되는 양으로, $\text{sign}(e_i)$는 $e_i>0$ 이면 +, $e_i<0$ 이면 −를 취한다. 식 (16・21)은

$$\text{DFFITS}(i)=\text{sign}(e_i)\frac{[(\boldsymbol{b}-\boldsymbol{b}(i))'X'X(\boldsymbol{b}-\boldsymbol{b}(i))]^{\frac{1}{2}}}{s(i)} \qquad (16\cdot 22)$$

이 됨을 밝힐 수 있다.

Belsley, Kuh와 Welsch는 식 (16・22)는 또한

$$\text{DFFITS}(i)=\frac{\hat{y}_i-\hat{y}_i(i)}{\sqrt{\text{Var}(\hat{y}_i)\text{의 추정값}}} \qquad (16\cdot 23)$$

으로 표현할 수 있으며, 이 값은 다음과 같이 계산의 편의상 간단히 표현될 수 있다. 여기서 $\hat{y}_i(i)$는 i 번째 데이터를 제외시키고 $n-1$ 개 데이터에서 얻은 예측값으로 $\hat{y}_i(i)=\boldsymbol{x}_i'\boldsymbol{b}(i)$에서 구한 것이다.

$$\text{DFFITS}(i)=\frac{\boldsymbol{x}_i'(\boldsymbol{b}-\boldsymbol{b}(i))}{s(i)\sqrt{h_{ii}}}=\left(\frac{h_{ii}}{1-h_{ii}}\right)^{\frac{1}{2}}\cdot\frac{e_i}{s(i)\sqrt{1-h_{ii}}}$$

$$=\left(\frac{h_{ii}}{1-h_{ii}}\right)^{\frac{1}{2}}r_i^* \qquad (16\cdot 24)$$

대략적으로 $|r_i^*|\geq 2$ 이고 $h_{ii}\geq(k+1)/n$ 이면, y_i 를 영향을 크게 주는 측정값으로 판단하기로 한다면

$$|\text{DFFITS}(i)|\geq\left[\frac{(k+1)/n}{1-(k+1)/n}\right]^{\frac{1}{2}}\cdot 2=2\left[\frac{k+1}{n-k-1}\right]^{\frac{1}{2}}$$

$$\geq 2\left[\frac{k+1}{n}\right]^{\frac{1}{2}} \qquad (16\cdot 25)$$

이 되는 y_i 를 영향을 크게 주는 측정값이라고 말할 수 있다.

(3) Cook의 통계량

Cook(16・4)는 식 (16・22)에서 $s(i)$대신에 s 를 대입시킨 후 이를 제곱하고 $k+1$ 로 나눈 양을 제안하였다. 즉,

$$D(i) = \frac{(\boldsymbol{b}-\boldsymbol{b}(i))'X'X(\boldsymbol{b}-\boldsymbol{b}(i))}{(k+1)s^2} \tag{16·26}$$

으로 이 값을 크게 하는 것을, 영향을 크게 주는 측정값으로 판정할 것을 제안하였다. 이것도 DFFITS(i)와 같이 $\boldsymbol{b}$와 $\boldsymbol{b}(i)$간에 차이가 크면 커지는 통계량이다.

$D(i)$를 계산의 편의상 간단히 하면

$$D(i) = \frac{1}{k+1} \cdot \frac{h_{ii}e_i^2}{s^2(1-h_{ii})^2} \tag{16·27}$$

이 된다. 이것은 표준화잔차 r_i와는

$$D(i) = \frac{h_{ii}}{(k+1)(1-h_{ii})} \cdot r_i^2 \tag{16·28}$$

의 관계에 있다. 이 관계에서 보면 알 수 있듯이 r_i^2값이 커지면 $D(i)$도 커지고, h_{ii}값이 커지면 $D(i)$의 값이 커짐을 판단할 수 있다.

8장에서 $\boldsymbol{\beta}$의 공동신뢰영역(joint confidence region)이

$$\frac{(\boldsymbol{b}-\boldsymbol{\beta})'X'X(\boldsymbol{b}-\boldsymbol{\beta})}{(k+1)s^2} \le F(k+1,\ n-k-1;\ \alpha)$$

로 주어짐을 공부하였다. 따라서 $\boldsymbol{\beta}$의 자리에 $\boldsymbol{b}(i)$를 대입시켜 생각하면

$$D(i) \ge F(k+1,\ n-k-1;\ \alpha)$$

이 되는 y_i는 영향을 크게 주는 측정값으로 판단할 수 있다. Cook(16·4)은 대략적으로

$$D(i) \ge F(k+1,\ n-k-1;\ 0.50)$$

이면 영향을 크게 주는 측정값으로 일단 의심하여도 좋다고 제안하고 있다.

(4) Mahalanobis의 거리

$\boldsymbol{x}_i' = (x_{1i}, x_{2i}, \cdots, x_{ki})$이 실험점들의 평균점 $\bar{\boldsymbol{x}}' = (\bar{x}_1, \bar{x}_2, \cdots, \bar{x}_k)$으로부터 어느 정도 멀리 떨어져 있는가를 측정하는 측도로서 다변량통계분석(多變量統計分析, multivariate statistical analysis)에서 많이 사용된다. 이 $M(i)$는

$$M(i) = (\boldsymbol{x}_i - \bar{\boldsymbol{x}})'\left[\frac{\mathcal{X}'\mathcal{X}}{n-1}\right]^{-1}(\boldsymbol{x}_i - \bar{\boldsymbol{x}}) \tag{16・29}$$

으로 정의된다. 식 (16・11)을 이용하면

$$M(i) = (n-1)\left(h_{ii} - \frac{1}{n}\right) \tag{16・30}$$

으로 간단히 표현되며, h_{ii}가 크면 $M(i)$도 비례하여 커진다.

$M(i)$의 값이 크면 i번째 실험점이 다른 $n-1$개의 실험점으로부터 멀리 떨어져 있다는 뜻이며, 따라서 y_i가 영향을 크게 주는 측정값이 될 가능성이 매우 커진다.

(5) Andrews-Pregibon의 통계량

Andrews와 Pregibon(16・1)은 행렬 X와 벡터 $\boldsymbol{y}$를 같이 고려하여 다음의 통계량

$$AP(i) = \frac{|X^*(i)'X^*(i)|}{|X^{*\prime}X^*|} \tag{16・31}$$

을 제안하였다. 여기서 $X^* = (X \vdots \boldsymbol{y})$, $X^*(i) = (X(i) \vdots \boldsymbol{y}(i))$를 의미한다. 즉, $X^*(i)$는 X^*행렬에서 i번째 행을 제거시킨 것이다.

John과 Draper(16・8)는 $AP(i)$가

$$AP(i) = \left[1 - \frac{e_i^2}{(1-h_{ii})SSE}\right](1-h_{ii}) = 1 - h_{ii} - \frac{e_i^2}{(n-k-1)s^2} \tag{16・32}$$

이 됨을 밝혔다. 이 등식관계로부터 $AP(i)$의 계산이 매우 수월하여 진다. h_{ii}가 크거나 또는 e_i^2이 크면 $AP(i)$가 작아지며, 가장 작은 $AP(i)$의 값을 영향을 크게 주는 측정값으로 간주할 수 있을 것이다.

(6) COVRATIO

회귀계수의 추정값의 분산-공분산행렬은

$$\mathrm{Var}(\boldsymbol{b}) = (X'X)^{-1}\sigma^2$$
$$\mathrm{Var}(\boldsymbol{b}(i)) = [X(i)'X(i)]^{-1}\sigma^2$$

이다. σ^2대신에 각각 s^2과 $s^2(i)$를 대입시킨 후 그 행렬식의 비율을 COVRATIO로 하고, 그 값은 일반화분산(一般化分散, generalized variance)의 비율로

$$\mathrm{COVRATIO}(i)=\frac{|s^2(i)[X(i)'X(i)]^{-1}|}{|s^2(X'X)^{-1}|} \tag{16・33}$$

이 된다. 이것을 좀더 간략화하면

$$\mathrm{COVRATIO}(i)=\frac{[s^2(i)]^{k+1}}{[s^2]^{k+1}}\cdot\frac{1}{1-h_{ii}}$$

이 되는데, 식 (16・14)와 (16・15)의 등식관계를 사용하여

$$\mathrm{COVRATIO}(i)=\frac{1}{\left[1+\frac{(r_i^*)^2-1}{n-k-1}\right]^{k+1}(1-h_{ii})} \tag{16・34}$$

이 됨을 밝힐 수 있다.

COVRATIO(i)의 값이 1에 가까우면 y_i는 별로 영향을 못주며, 1에서 멀어질수록 영향을 크게 주고 있다고 볼 수 있다. Belsley, Kuh와 Welsch(16・3)는

$$|\mathrm{COVRATIO}(i)-1|\geq 3(k+1)/n$$

이면 y_i를 영향을 크게 주는 측정값으로 볼 수 있다고 제의하였다.

(7) FVARATIO

$\hat{y}_i$와 $\hat{y}_i(i)$의 분산은

$$\mathrm{Var}(\hat{y}_i)=h_{ii}\sigma^2$$

$$\mathrm{Var}(\hat{y}_i(i))=\frac{h_{ii}}{1-h_{ii}}\sigma^2 \tag{16・35}$$

으로 주어진다. 여기서 σ^2을 각각 s^2과 $s^2(i)$로 대치시키고 그 비율을 구하면, 식 (16・14)의 정의를 사용하여,

$$\mathrm{FVARATIO}(i) = \frac{h_{ii}s^2(i)/(1-h_{ii})}{h_{ii}s^2} = \frac{s^2(i)}{s^2(1-h_{ii})}$$

$$= \frac{e_i^2}{(r_i^*)^2(1-h_{ii})^2 s^2} \qquad (16 \cdot 36)$$

을 얻게 된다.

Belsley, Kuh와 Welsch(16・3)는 FVARATIO(i)의 값이 FVARATIO$(i) \leq 1-\frac{3}{n}$이거나 FVARATIO$(i) \geq 1+\frac{2k+3}{n}$이면 y_i를 영향을 크게 주는 측정값으로 볼 수 있다고 말하고 있다.

16·4 이상치와 영향을 크게 주는 측정값의 측도의 비교

16·4·1 측도의 종합검토

앞에서 우리는 이상치(outlier)를 검출해내는 방법으로 두 가지를, 영향을 크게 주는 측정값(influential observation)을 검출해내는 방법으로 일곱 가지를 다루어 보았고, 이들 간에는 상호 연관성이 있음을 알 수 있다. 이들을 서로 비교하기 쉬운 형태로 써보면 다음과 같다.

〈표 16・3〉 이상치와 영향을 크게 주는 측정값을 찾는 데 사용되는 측도

이상치를 찾는 방법	영향을 크게 주는 측정값을 찾는 방법
1. 표준화잔차 $r_i = \frac{e_i}{s\sqrt{1-h_{ii}}}$ 2. 스트던트화잔차 $r_i^* = \frac{e_i}{s(i)\sqrt{1-h_{ii}}}$ $= r_i\left(\frac{n-k-2}{n-k-1-r_i^2}\right)^{\frac{1}{2}}$	1. 행렬 H의 대각선원소 h_{ii} 2. DFFITS$(i) = \left(\frac{h_{ii}}{1-h_{ii}}\right)^{\frac{1}{2}} r_i^*$ 3. Cook의 통계량 $D(i) = \frac{h_{ii}}{(k+1)(1-h_{ii})} \cdot r_i^2$ 4. Mahalanobis의 거리 $M(i) = (n-1)\left(h_{ii}-\frac{1}{n}\right)$

	5. Andrews-Pregibon의 통계량 $AP(i)=1-h_{ii}-\frac{e_i^2}{(n-k-1)s^2}$ 6. COVRATIO(i) $=\frac{1}{\left[1+\frac{(r_i^*)^2-1}{n-k-1}\right]^{k+1}\cdot(1-h_{ii})}$ 7. FVARATIO$(i)=\frac{e_i^2}{(r_i^*)^2(1-h_{ii})^2s^2}$

상당히 많은 경우에 하나의 측정값이 이상치이면 이것은 또한 영향을 크게 주는 측정값이 되고, 영향을 크게 주는 측정값이면 이상치가 된다. 이런 현상은 실질적인 대부분의 데이터에서 성립되나 반드시 그런 것은 아니다.

측정값이 이상치라고 해서, 이것이 반드시 영향을 크게 주는 측정값이라고 볼 수 없다고 John과 Draper(16·8)는 설명하고 있다. 어떤 경우에는 이상치를 제거시켜도 회귀분석의 결과(회귀계수, 결정계수 등)에는 큰 변화를 못주어서 영향을 크게 주는 측정값이라고는 볼 수 없음이 밝혀졌다. 이와 같은 사실은 뒤에 취급되는 〔예 16·2〕에서도 발견할 수 있다. 또한 어떤 경우에는 잔차가 작은 측정값이 잔차가 큰 측정값보다 회귀분석의 결과에 더 영향을 주고 있음이 밝혀졌다.

〈표 16·3〉에서 소개된 아홉 가지의 측도에 대하여 몇 가지 점을 고찰하여 보자.

(1) 영향을 크게 주는 측정값을 찾는 방법에서 소개된 첫번째의 h_{ii}값과 네번째의 $M(i)$는 종속변수 y 의 값과는 직접 관련이 없고 계획행렬(design matrix) X 에만 유관한 측도이다. h_{ii} 와 $M(i)$의 값이 크면 i 번째의 실험점 $\mathbf{x}_i$ 가 다른 실험점들로부터 멀리 떨어져 있다(remoteness of the ith experimental point from the others)고 해석할 수 있다. 따라서 h_{ii}와 $M(i)$의 값이 크면 거기서 측정된 y_i의 값이 영향을 크게 주는 측정값이 될 가능성이 높다.

(2) 이상치를 찾는 두 가지 방법은 모두 잔차 e_i의 함수이며 $|e_i|$가 커지면 이들 값들도 커진다. 일반적으로 잔차가 매우 크면 이상치라고 볼 수 있다. 또한 이들 측도들은 h_{ii}의 함수로서 h_{ii}가 커지면 이들 값들도 커진다. 따라서 h_{ii}가 크고 e_i도 크면 이상치라고 판단할 수 있다.

(3) 영향을 크게 주는 측도에서 DFFITS(i), D(i), AP(i), COVRATIO(i), FVARATIO(i)들은 모두 추정된 회귀계수들의 변화를 검출해내는 방법으로 만들어져서 영향을 크게 주는 측정값을 찾는 측도로 쓰이나, 이들도 모두 잔차 e_i의 함수로서 나타난다. 따라서 이들 측도에 의하여 영향을 크게 주는 측정값으로 판정될 때에도 동시에 이상치가 될 가능성이 높다.

16·4·2 이상치와 영향을 크게 주는 측정값의 취급

이상치로 판정이 되었다고 하여 이것을 무조건 버리고 나머지만으로 회귀분석을 실시하는 것은 옳은 방법이 아니다. 이상치로 판정되면 먼저 그 원인이 어디있는가를 규명하여야 한다. 그 이유로는 실험이 잘못 되었거나 데이터가 잘못 기록되었거나, 또는 틀린 원료가 사용되었거나 데이터 측정기 자체가 고장이 났다거나 등이 있을 것이다. 이와 같은 원인이 밝혀지면 가능하면 다시 실험을 하여 데이터를 대체시키는 것이 좋고, 재실험이 불가능한 경우에는 그 데이터를 제거시켜도 좋을 것이다. 원인이 뚜렷이 밝혀지지도 않았는데 이상치를 임의로 제거시키는 것은 바람직하지 못하다. 왜냐하면 데이터는 거짓말을 하지 않기 때문이다.

영향을 크게 주는 측정값으로 판정이 되면 일단 이 측정값이 어째서 가장 영향을 크게 주는가를 검토하여 해석해 볼 필요가 있다. 만약 다른 실험점들로부터 멀리 떨어져 있는 것이 원인이라면 그 중간에 몇 개의 실험점을 추가시켜 실험을 실시하고 다시 회귀분석을 해보는 것이 바람직하다. 만약 다른 실험점들로부터 멀리 떨어져 있지 않은 데도 불구하고 잔차가 커서 영향을 크게 주는 측정값으로 판정되었다면, 이것은 또한 이상치이므로 이상치의 취급과 동일한 방법으로 취급할 수 있을 것이다.

이상치와 영향을 크게 주는 측정값의 검출은 회귀진단에서는 필요한 방법이며, 컴퓨터의 발달과 더불어 방대한 계산도 신속히 수행할 수 있는 시대가 되었으므로, 회귀진단을 통한 회귀분석의 필요성이 높아져 간다고 하겠다.

〔예 16·2〕 〔예 16·1〕에서 사용된 데이터로부터 회귀직선을 적합시키고, 〈표 16·3〉에 있는 모든 측도를 구하여 이상치가 무엇이고, 영향을 크게 주는 측정값이 무엇인가를 구하라. 그리고 가능한 상호비교를 실시하여라.

풀이

h_{ii}, r_i, r_i^*에 대해서는 이미 〈표 16・2〉에서 밝혀졌으므로 여기서는 나머지 측도들의 값들을 적어서 검토해보기로 하자.

〈표 16・4〉 여섯 가지 측도들의 값

실험번호	DFFITS(i)	D(i)	M(i)	AP(i)	COVRATIO (i)	FVARATIO (i)
1	0.0413	0.0009	0.0061	0.9503	1.1659	1.1066
2	−0.4025	0.0815	2.1379	0.8058	1.1970	1.1899
3	−0.3911	0.0717	0.3039	0.8317	0.9363	0.9996
4	−0.2243	0.0256	0.4585	0.8964	1.1151	1.0953
5	0.1869	0.0177	0.0061	0.9167	1.0850	1.0675
6	−0.0086	0.0000	0.5000	0.9273	1.2013	1.1382
7	0.0772	0.0031	0.2074	0.9370	1.1702	1.1145
8	0.0563	0.0017	0.1810	0.9406	1.1742	1.1157
9	0.0854	0.0038	0.6448	0.9159	1.1997	1.1418
10	0.1728	0.0154	0.5000	0.9081	1.1521	1.1146
11	0.3320	0.0548	0.8027	0.8567	1.0878	1.0938
12	−0.0944	0.0047	0.4585	0.9234	1.1833	1.1283
13	−0.3911	0.0717	0.3039	0.8317	0.9363	0.9996
14	−0.3137	0.0476	0.1810	0.8647	0.9923	1.0256
15	0.1013	0.0054	0.1810	0.9345	1.1590	1.1085
16	0.0330	0.0006	0.3039	0.9363	1.1867	1.1253
17	0.1872	0.0179	0.0898	0.9155	1.0964	1.0755
18	−1.1558	0.6781	12.0498	0.3351	2.9587	2.9142
19	0.8537	0.2233	0.1086	0.5497	0.3964	0.6470
20	−0.2638	0.0345	0.1810	0.8863	1.0426	1.0513
21	0.0330	0.0006	0.3039	0.9363	1.1867	1.1253

(1) 〔예 16・1〕에서 설명된 〈표 16・2〉의 결과에 의해 열아홉번째 측정값이 이상치이다.

(2) h_{ii}의 값을 보면 $h_{ii} \geq 2(k+1)/n = 2(1+1)/21 = 0.1905$인 측정값은 열여덟번째뿐이다. 또한 열여덟번째 측정값은 가장 큰 $M(i)$의 값을 가지고 있다. 따라서 열여덟번째 실험점은 다른 실험점들로부터 멀리 떨어져 있다고 판단할 수 있다. [그림 16·1]에서 ▲표시가 된 점이 바로 이 점으로 다른 점들로부터 떨어져 있다.

(3) DFFITS(i)를 검토하여 보면 $|\text{DFFITS}(i)| \geq 2\sqrt{(k+1)/n} = 2\sqrt{(1+1)/21} = 0.6172$인 경우는 열여덟번째와 열아홉번째 측정값이나 열여덟번째가 좀더 큰 값을 가지고 있다.

(4) $D(i)$를 살펴보면 $F(2, 19; 0.50) = 0.719$이므로 열여덟번째 측정값이 Cook의 통계량에서 보면 영향을 주는 측정값에 가장 근사하다고 볼 수 있다.

(5) $AP(i)$의 값은 작은 것이 영향을 크게 주는 측정값인데 열여덟번째 측정값이 가장 작은 $AP(i)$를 준다.

(6) COVRATIO(i)는 COVRATIO$(i) \geq 1+3(k+1)/n = 1+3(1+1)/21 = 1.2857$이거나 COVRATIO$(i) \leq 1-3(k+1)/n = 0.7143$이면 영향을 크게 주는 측정값으로 볼 수 있다. 〈표 16·3〉에서는 열여덟번째, 열아홉번째가 모두 영향을 크게 주는 측정값으로 판단할 수 있다.

(7) 마지막으로 FVARATIO(i)는 $1-3/n = 1-3/21 = 0.8571$보다 작거나 $1+(2k+3)/n = 1+(2+3)/21 = 1.2381$보다 크면 영향을 크게 주는 측정값으로 판단할 수 있다. 여기에서 열여덟번째, 열아홉번째 측정값이 모두 여기에 해당한다.

위에서 검토된 모든 측도들의 결과를 종합하면 열여덟번째 측정값은 영향을 가장 크게 주는 측정값(the most influential observation)이라고 볼 수 있고, 열아홉번째 측정값은 이상치(the outlier)라고 볼 수 있다.

16·5 통계패키지에 의한 분석 사례

〔예 16·1〕의 데이터에 대해서 단순회귀모형을 적합시키고 이상치 및 영향을 크게 주는 측정값이 무엇인지 찾아 보아라.

16·5·1 SAS에 의한 분석 프로그램 및 결과

〈SAS 프로그램〉

```
DATA ex16_1;
   INPUT x y;
     CARDS;
        15     95
        26     71
        10     83
            ⋮
        11     86
        10    100
          ;

PROC REG;
   MODEL y=x /INFLUENCE;
   OUTPUT OUT=outset1
   RESIDUAL=residual    STUDENT=std_res
   RSTUDENT=rstd_res    H=hat
   COOKD=cook    DFFITS=dffits
   COVRATIO=covratio;

DATA outset2;
   SET outset1;
   DROP x y;

PROC PRINT DATA=outset2;
RUN;
```

MODEL 문의 옵션 중에서 INFLUENCE는 영향을 크게 주는 측정값을 찾는데 사용되는 여러 가지 측도들의 값을 출력해 주며 OUTPUT 문을 사용하면 필요한 통계량들로 이루어진 DATA SET을 만들 수 있다.

〈SAS 결과〉

```
                         Analysis of Variance
                             Sum of         Mean
     Source          DF     Squares        Square      F Value       Prob>F
     Model            1  1604.08089    1604.08089       13.202       0.0018
     Error           19  2308.58578     121.50451
     C Total         20  3912.66667

         Root MSE        11.02291     R-square        0.4100
         Dep Mean        93.66667     Adj R-sq        0.3789
         C.V.            11.76823
---------------------------------------------------------------------------
                           Parameter Estimates
                        Parameter       Standard     T for H0:
   Variable  DF          Estimate          Error    Parameter=0    Prob > |T|
   INTERCEP   1        109.873841     5.06780177         21.681        0.0001
   X          1         -1.126989     0.31017209         -3.633        0.0018
---------------------------------------------------------------------------
 OBS   RESIDUAL   STD_RES     COOK       HAT   RSTD_RES    DFFITS  COVRATIO
   1     2.0310   0.18883  0.00090   0.04792    0.18397   0.04127   1.16589
   2    -9.5721  -0.94441  0.08150   0.15451   -0.94158  -0.40252   1.19700
   3   -15.6040  -1.46226  0.07166   0.06282   -1.51081  -0.39114   0.93635
   4    -8.7309  -0.82158  0.02562   0.07055   -0.81426  -0.22433   1.11510
   5     9.0310   0.83966  0.01774   0.04792    0.83286   0.18686   1.08504
   6    -0.3341  -0.03147  0.00004   0.07262   -0.03063  -0.00857   1.20132
   7     3.4120   0.31892  0.00313   0.05799    0.31125   0.07722   1.17016
   8     2.5230   0.23567  0.00167   0.05667    0.22972   0.05630   1.17424
   9     3.1421   0.29716  0.00383   0.07986    0.28991   0.08541   1.19967
  10     6.6659   0.62797  0.01544   0.07262    0.61766   0.17284   1.15209
  11    11.0151   1.04798  0.05481   0.09075    1.05085   0.33200   1.08784
  12    -3.7309  -0.35108  0.00468   0.07055   -0.34283  -0.09445   1.18326
  13   -15.6040  -1.46226  0.07166   0.06282   -1.51081  -0.39114   0.93635
  14   -13.4770  -1.25882  0.04760   0.05667   -1.27978  -0.31367   0.99233
  15     4.5230   0.42248  0.00536   0.05667    0.41315   0.10126   1.15905
  16     1.3960   0.13083  0.00057   0.06282    0.12739   0.03298   1.18674
  17     8.6500   0.80601  0.01786   0.05211    0.79828   0.18717   1.09644
  18    -5.5403  -0.85154  0.67811   0.65161   -0.84511  -1.15578   2.95868
  19    30.2850   2.82337  0.22329   0.05305    3.60698   0.85374   0.39643
  20   -11.4770  -1.07201  0.03452   0.05667   -1.07648  -0.26385   1.04257
  21     1.3960   0.13083  0.00057   0.06282    0.12739   0.03298   1.18674
```

16·5·2 SPSS에 의한 분석 결과

Model Summary[b]

Model	R	R Square	Adjusted R Square	Std. Error of the Estimate
1	.640[a]	.410	.379	11.02

a. Predictors: (Constant), X

b. Dependent Variable: Y

Coefficients[a]

Model		Unstandardized Coefficients B	Unstandardized Coefficients Std. Error	Standardized Coefficients Beta	t	Sig.
1	(Constant)	109.874	5.068		21.681	.000
	X	-1.127	.310	-.640	-3.633	.002

Residuals Statistics[a]

	Minimum	Maximum	Mean	Std. Deviation	N
Predicted Value	62.54	101.98	93.67	8.96	21
Std. Predicted Value	-3.476	.929	.000	1.000	21
Standard Error of Predicted Value	2.41	8.90	3.12	1.39	21
Adjusted Predicted Value	72.90	100.89	94.20	7.28	21
Residual	-15.60	30.28	-3.72E-15	10.74	21
Std. Residual	-1.416	2.747	.000	.975	21
Stud. Residual	-1.462	2.823	-.018	1.018	21
Deleted Residual	-16.65	31.98	-.53	11.93	21
Stud. Deleted Residual	-1.511	3.607	.011	1.141	21
Mahal. Distance	.006	12.080	.952	2.589	21
Cook's Distance	.000	.678	.065	.149	21
Centered Leverage Value	.000	.604	.048	.129	21

▶ 참 고 문 헌 ◀

16・1. Andrews, D. F. and Pregibon D. : "Finding the outliers that matter," *Journal of the Royal Statistical Society*, B40, pp.85~93, 1978.

16・2. Berkman, R. J. and Cook, R. D. : "Outliers," *Technometrics*, 25, pp.119~160, 1983.

16・3. Belsley, D. A., Kuh, E. and Welsch, R. E. : *Regression Diagonostics*, New York, John Wiley, 1980.

16・4. Cook, R. D. "Detection of influential observations in linear regression," *Technometrics*, 19, pp.15~18, 1977.

16・5. Cook, R. D. : "Influential observation in linear regression," *Journal of American Statistical Association*, 74, pp.169~174, 1979.

16・6. Cook, R. D. and Weisburg, S. : "Characterizations of an empirical influence function for detecting influential cases in regression," *Technometrics*, 22, pp.465~507, 1980.

16・7. Hoaglin, D. C. and Welsch, R. : "The hat matrix in regression and ANOVA," *American Statistician*, 32, pp.17~22, 1978.

16・8. John, J. A. and Draper, N. R. : "Influential observations and outliers in regression," *Technometrics*, 23, pp.21~26, 1981.

16・9. Lund, R. E. : "Tables for an approximate test for outliers in linear regression," *Technometrics*, 17, pp.473~476, 1975.

16・10. Mickey, M. R., Dunn, O. J. and Clark, V. : "Note on the use of stepwise regression in detecting outliers," *Computers and Biomedical Research*, 1, pp.105~111, 1967.

16・11. Park, S. H. and Wakimoto, K. : "Detection of an influential observation on a subset of regression parameters in multiple regression," *Journal of the Japan Statistical Society*, Vol. 17, No. 1, pp.11~19, 1987.

16・12. Park, S. H. and Kim, Y. H. : "Regression diagnostics for removing an observation with animating graphics," *Statistical Papers*, Vol. 33, pp.227~240, 1992.

16・13. Park, S. H. and Kang, E. M. : "A study on detection of outliers and influential observations in linear models," *Journal of the Korean Society for Quality Control*, Vol. 16, No. 2, pp.18~33, 1988.

16・14. Park, S. H. and Huh, M. H. : "A local influence approach to regression diagnostics with application to robust regression," *Journal of the Korean Statistical Society*, Vol. 19, No. 2, pp.151~159, 1990.

16・15. Weisburg, S. : *Applied Linear Regression*, New York, John Wiley, 1980.

연 습 문 제

16・1. 식 (16・8)을 증명하라.

16・2. 식 (16・11)을 증명하라.

16・3. 식 (16・15)를 증명하라.

16・4. 식 (16・17)을 증명하라.

16・5. Cook의 통계량에서 $\frac{(\boldsymbol{b}-\boldsymbol{b}(i))'X'X(\boldsymbol{b}-\boldsymbol{b}(i))}{(k+1)s^2}=\frac{1}{k+1}\cdot\frac{h_{ii}e_i^2}{s^2(1-h_{ii})^2}$임을 증명하라.

16・6. AP통계량에서 $\frac{|X^*(i)'X^*(i)|}{|X^{*\prime}X^*|}=\left[1-\frac{e_i^2}{(1-h_{ii})SSE}\right](1-h_{ii})$임을 증명하라.

16・7. COVRATIO에서 $\frac{|s^2(i)[X(i)'X(i)]^{-1}|}{|s^2(X'X)^{-1}|}=\frac{[s^2(i)]^{k+1}}{[s^2]^{k+1}}\cdot\frac{1}{1-h_{ii}}$ 임을 증명하라.

16・8. 식 (16・35)를 증명하라.

16・9. 중학교 2학년 학생 중에서 15명을 임의로 추출하여 각 학생의 악력(kg), 신장(cm), 체중(kg)과 원반던지기에서 던진 거리(m)를 측정하여 다음의 데이터를 얻었다.

학생번호	독 립 변 수			종속변수
	x_1(악력)	x_2(신장)	x_3(체중)	y(원반던지기 거리)
1	28	146	34	22
2	46	169	57	36
3	39	160	48	24
4	25	156	38	22
5	34	161	47	27
6	29	168	50	29
7	38	154	54	26
8	23	153	40	23
9	42	160	62	31
10	27	152	39	24
11	35	155	46	23
12	39	154	54	27
13	38	157	57	31
14	32	162	53	25
15	25	142	32	23

(1) x_3를 독립변수로 하고 y를 종속변수로 하여 회귀직선을 적합시키고 〈표 16·3〉에 있는 9개의 측도를 모두 구하여 이상치가 있는가, 어떤 것이 영향을 크게 주는 측정값인가를 판정하라.

(2) x_1, x_2, x_3를 모두 사용하여 y에 대한 중회귀모형을 적합시키고, 〈표 16·3〉에 있는 9개의 측도를 모두 구하여 이상치의 존재유무와 영향을 크게 주는 측정값이 어떤 것인가를 판정하라.

16·10. 앞 장의 연습문제 15·1의 데이터를 사용하여 다음 질문에 답하라.

(1) x_1을 독립변수로 하여 y에 대한 회귀직선을 적합시킬 때에 〈표 16·3〉의 모든 측도들을 구하여, 이상치가 있는가를 판정하고, 영향을 가장 크게 주는 측정값이 어떤 것인가를 판정하라.

(2) x_1, x_2, x_3를 모두 사용하여 y에 대한 중회귀모형을 적합시키고, 〈표 16·3〉에 있는 9개의 측도를 모두 구하여 이상치의 존재유무를 판정하고, 영향을 가장 크게 주는 측정값이 어떤 것인가를 말하라.

17

편 의 추 정

우리가 지금까지 사용하여 온 선형회귀모형

$$\boldsymbol{y}=X\boldsymbol{\beta}+\boldsymbol{\epsilon}$$

은 그 회귀계수 $\boldsymbol{\beta}$를 최소제곱법에 의하여 $\boldsymbol{b}=(X'X)^{-1}X'\boldsymbol{y}$로서 추정하고 이를 이용하여 회귀분석을 하여 왔다. 그러나, 독립변수들간에 상관관계가 커지면 최소제곱법의 맹목적인 사용에는 심각한 문제점이 발생하게 된다. 그러면, 독립변수들간에 상관관계가 있을 때 어떠한 문제점이 발생하며, 이 문제점을 해결하기 위한 처방은 무엇인가를 밝혀 보기로 하자.

17·1 다중공선성의 문제

다중공선성(多重共線性, multicollinearity)이라 함은 X행렬에서 한 열이 다른 한 열, 또는 여러 열과 선형결합(linear combination)의 관계를 맺고 있는 상태를 말한다. 행렬 X가 $n\times(k+1)$ 행렬일 때 만약 독립변수들간에 완전한 다중공선성(perfect multicollinearity) 관계가 있으면 X의 계수(rank)는 $k+1$보다 작을 것이며, $X'X$행렬의 역행렬 $(X'X)^{-1}$가 존재하지 않아서 $\boldsymbol{b}=(X'X)^{-1}X'\boldsymbol{y}$의 공식을 사용할 수 없다. 완전한 다중공선성인 경우가 아니더라도 독립변수들간에 완전에 가까운 다중공선성(approximate multicollinearity)의 관계가 있어서 x_i변수들간에 완전한 선형관계는 없으나, 상당히 높은 상관관계가 존재하게 되면 $(X'X)^{-1}$은 이론상으로는 존재하나 실제로 구하기가 무척 어려우며, 따라서 $\boldsymbol{b}=(X'X)^{-1}X'\boldsymbol{y}$를 구하는 데도 어려움이 생기게 된다. 그 문제점을 파악하기 위하여 다음의 간단한 경우를 살펴보자.

두 개의 독립변수(x_1, x_2)와 하나의 종속변수(y) 사이에

$$\begin{aligned} y_i &= \beta_1 x_{1i} + \beta_2 x_{2i} + \epsilon_i \qquad (17\cdot 1) \\ \epsilon_i &\sim N(0, \sigma^2), \quad i=1, 2, \cdots, n \end{aligned}$$

과 같은 선형모형을 가정하고, 이 변수들이 모두 표준화된 변수라고 하자. 즉

$$\begin{aligned} \sum y_i &= \sum x_{1i} = \sum x_{2i} = 0 \\ \sum y_i^2 &= \sum x_{1i}^2 = \sum x_{2i}^2 = 1 \end{aligned}$$

이 성립한다고 하자. 이런 경우에는 절편항 β_0가 필요 없음을 유의하여 주기 바란다.

모형 (17·1)에 대한 행렬 $X'X$와 $X'\boldsymbol{y}$는

$$X'X = \begin{pmatrix} \sum x_{1i}^2 & \sum x_{1i}x_{2i} \\ \sum x_{2i}x_{1i} & \sum x_{2i}^2 \end{pmatrix} = \begin{pmatrix} 1 & r_{12} \\ r_{12} & 1 \end{pmatrix}$$

$$X'\boldsymbol{y} = \begin{pmatrix} \sum x_{1i}y_i \\ \sum x_{2i}y_i \end{pmatrix} = \begin{pmatrix} r_{1y} \\ r_{2y} \end{pmatrix}$$

이 되며, r_{12}는 변수 x_1과 x_2 간의 표본상관계수를 의미하며, r_{iy}는 변수 x_i와 y 간의 표본상관계수이다. 이제 β_1과 β_2의 최소제곱추정량 b_1과 b_2를 구하면

$$\begin{aligned} \boldsymbol{b} = \begin{pmatrix} b_1 \\ b_2 \end{pmatrix} &= (X'X)^{-1}X'\boldsymbol{y} \\ &= \begin{pmatrix} \dfrac{1}{1-r_{12}^2} & \dfrac{-r_{12}}{1-r_{12}^2} \\ \dfrac{-r_{12}}{1-r_{12}^2} & \dfrac{1}{1-r_{12}^2} \end{pmatrix} \begin{pmatrix} r_{1y} \\ r_{2y} \end{pmatrix} \\ &= \begin{pmatrix} \dfrac{1}{1-r_{12}^2}(r_{1y} - r_{12}r_{2y}) \\ \dfrac{1}{1-r_{12}^2}(r_{2y} - r_{12}r_{1y}) \end{pmatrix} \end{aligned}$$

이 되며, 이 추정량들의 분산은

$Var(\boldsymbol{b})=(X'X)^{-1}\sigma^2$ 의 공식으로부터

$$\begin{bmatrix} Var(b_1) & Cov(b_1, b_2) \\ Cov(b_1, b_2) & Var(b_2) \end{bmatrix} = \begin{bmatrix} \frac{1}{1-r_{12}^2} & \frac{-r_{12}}{1-r_{12}^2} \\ \frac{-r_{12}}{1-r_{12}^2} & \frac{1}{1-r_{12}^2} \end{bmatrix} \sigma^2$$

이 되며,

$$Var(b_i) = \frac{\sigma^2}{1-r_{12}^2}, \quad i=1, 2 \qquad (17 \cdot 2)$$

임을 알 수 있다. 따라서, x_1 과 x_2 간에 상관관계가 커서 $|r_{12}|=1$ 에 가까우면 식 (17 · 2)에서 분모 $1-r_{12}^2$ 은 0 에 가까운 값이 되며, b_i 의 분산은 매우 커진다. 즉, b_1 과 b_2 는 β_1 과 β_2 의 추정량으로 믿을 만한 것이 못된다.

회귀계수 β_i 의 신뢰구간을 구하여 보자. σ^2 의 불편추정량(unbiased estimator)으로 MSE 가 얻어지므로 β_i 의 $100(1-\alpha)\%$ 신뢰구간은

$$b_i \pm t\left(n-3\,;\frac{\alpha}{2}\right)\sqrt{\frac{MSE}{1-r_{12}^2}} \qquad (17 \cdot 3)$$

으로 얻어지며, $MSE/(1-r_{12}^2)$의 값이 대단히 커지면 이 신뢰구간의 폭이 매우 커져서 신뢰구간은 거의 쓸모없는 구간 추정이 될 것이다.

절편과 k 개의 독립변수를 가지고 있는 일반적인 선형회귀모형

$$\boldsymbol{y} = X\boldsymbol{\beta}+\boldsymbol{\epsilon}, \quad \boldsymbol{\epsilon} \sim N(\boldsymbol{0}, I\sigma^2)$$

에서 $n\times(k+1)$ 행렬 X 의 계수가 $k+1$ 이나 독립변수들간에 상관관계가 높은 경우에 어떠한 현상이 생기는가를 보자. $Var(\boldsymbol{b})=(X'X)^{-1}\sigma^2$ 의 관계로부터

$$\sum_{i=0}^{k} Var(b_i) = \sigma^2 tr[(X'X)^{-1}] \qquad (17 \cdot 4)$$

이 되며, 《정리 1 · 41》을 이용하여 λ_i 들이 $X'X$ 의 고유값일 때에

$$\sum_{i=0}^{k} Var(b_i) = \sigma^2 \sum_{i=0}^{k} \lambda_i^{-1} \tag{17·5}$$

이 성립된다. 그런데, 만약 x_i 들간에 완전에 가까운 다중공선성이 있으면 행렬 $X'X$ 는 거의 비정칙성(非正則性, near singularity)을 갖게 되며, 고유치 중에서 제일 작은 것은 거의 0에 가까워진다. 따라서, 식 (17·5)의 $\sum_{i=0}^{k} Var(b_i)$는 매우 커지며, 최소제곱추정량 b_i 의 사용에는 문제점이 생기게 되는 것이다.

위에서 본 바처럼 다중공선성이 있게 되면 최소제곱추정량 $\boldsymbol{b}=(X'X)^{-1}X'\boldsymbol{y}$ 의 맹목적인 사용에는 위험이 따르며, 행렬 $X'X$ 를 검토하여 다중공선성을 가지게 되면 최소제곱추정량을 사용하지 말고 다음에서 논의되는 능형회귀추정량(稜形回歸推定量, ridge regression estimator)이나 주성분회귀추정량(主成分回歸推定量, principal component regression estimator)과 같은 편의된 추정량(biased estimator)을 사용하는 것이 추정량의 통계적 정도를 더 좋게 하는 경우가 허다하다.

편의추정방법을 논의하기 전에 데이터의 다중공선성을 알아내는 방법을 소개하기로 한다. 행렬 $X'X$ 의 고유값을 구하여 0이거나 또는 0에 가까운 고유값이 존재하면 다중공선성이 있다고 얘기한다. 이 방법 외에 또 한 가지 방법을 제시하면 다음과 같다. 선형회귀모형의 X 행렬이 $n\times(k+1)$의 크기로 계수가 $k+1$ 이고 표준화되어 있다고 하자. 즉

$$x_{0j} = 1,\ \ j=1,2,\cdots,n$$
$$\sum_{j=1}^{n} x_{ij} = 0,\ \ \sum_{j=1}^{n} x_{ij}^2 = 1,\ \ i=1,2,\cdots,k$$

로 되어 있다. $\boldsymbol{\beta}$ 의 최소제곱추정량은 $\boldsymbol{b}=(X'X)^{-1}X'\boldsymbol{y}$ 이며, $E(b_i)=\beta_i$ 가 성립되고

$$Var(b_i) = c_{ii}\sigma^2,\ \ i=0,1,2,\cdots,k$$

이다. 여기서 c_{ii} 는 행렬 $(X'X)^{-1}=C$ 의 $(i+1)$번째 대각선상의 값이다.

X 행렬을

$$X = [\boldsymbol{x}_i\ \ X_i^*]$$

으로 나누어 보자. 여기서 $\boldsymbol{x}_i$ 는 X 행렬의 i 번째 열이고, X_i^* 는 $\boldsymbol{x}_i$ 를 뺀 X 행렬의 나

머지이다. 그러면

$$C=(X'X)^{-1}=\begin{bmatrix} \boldsymbol{x}_i'\boldsymbol{x}_i & \boldsymbol{x}_i'X_i^* \\ X_i^{*\prime}\boldsymbol{x}_i & X_i^{*\prime}X_i^* \end{bmatrix}^{-1}$$

이므로 c_{ii} 는

$$c_{ii}=(\boldsymbol{x}_i'\boldsymbol{x}_i-\boldsymbol{x}_i'X_i^*(X_i^{*\prime}X_i^*)^{-1}X_i^{*\prime}\boldsymbol{x}_i)^{-1}$$

가 된다. $\boldsymbol{x}_i$ 를 종속변수로 하고, 나머지 k 개의 독립변수에 대하여 회귀방정식을 적합시킬 때 얻어지는 결정계수를 R_i^2 이라 하자. 그러면

$$R_i^2=\frac{\boldsymbol{x}_i'X_i^*(X_i^{*\prime}X_i^*)^{-1}X_i^{*\prime}\boldsymbol{x}_i}{\boldsymbol{x}_i'\boldsymbol{x}_i-\left(\sum_{j=1}^{n}x_{ij}\right)^2/n},\quad i\neq 0$$

이 되는데, X 행렬이 표준화되었으므로 위의 R_i^2 공식의 분모는 1이다. 따라서,

$$\begin{aligned} c_{ii}&=[\boldsymbol{x}_i'\boldsymbol{x}_i-\boldsymbol{x}_i'X_i^*(X_i^{*\prime}X_i^*)^{-1}X_i^{*\prime}\boldsymbol{x}_i]^{-1} \\ &=(1-R_i^2)^{-1} \end{aligned}$$

로 간략히 표현되며,

$$Var(b_i)=\frac{\sigma^2}{1-R_i^2}$$

이다.

만약 $\boldsymbol{x}_i$ 가 X_i^* 의 각 열과 직교(直交, orthogonal)한다면 $R_i^2=0$ 이며, 만약 X_i^* 의 열들의 선형조합으로 거의 표현할 수 있다면 R_i^2 은 1에 가깝게 된다. 후자의 경우는 X 행렬의 열들간에 완전히 가까운 종속관계가 존재한다고 볼 수 있다. 따라서, R_i^2 을 모든 i 에 대하여 구한 후 이 중에서 최대값을 뽑았을 때 이 값이 1이면 완전한 다중공선성이 존재하고, 이 값이 1에 가까우면 완전에 가까운 다중공선성의 관계가 있나고 하겠다. $c_{ii}=(1-R_i^2)^{-1}$ 을 분산팽창계수(variance inflation factor)라고 부르며, 간략히 VIF 로 표시하기도 한다. R_i^2 의 값이 1에 가까우면 물론 c_{ii} 는 커지며, 보통 c_{ii} 의 값이 10 이상이

면 다중공선성이 있다고 말한다.

17·2 능 형 회 귀

지금까지 다루어 온 중선형회귀모형에서 행렬 X와 $\boldsymbol{y}$가 표준화(standardized)되었다고 하고 X의 열의 수를 p라 하자. 그러면 $X'X$와 $X'\boldsymbol{y}$는 각각 상관계수행렬(相關係數行列, matrices of correlation coefficients)이 될 것이다. 이 때에 최소제곱추정량 $\boldsymbol{b}=(X'X)^{-1}X'\boldsymbol{y}$와 $\boldsymbol{\beta}$ 간의 거리의 제곱을

$$L^2=(\boldsymbol{b}-\boldsymbol{\beta})'(\boldsymbol{b}-\boldsymbol{\beta}) \qquad (17 \cdot 6)$$

으로 정의하고 λ_i를 행렬 $X'X$의 고유값이라 하면, L^2의 기대값은 다음과 같이 된다.

$$\begin{aligned} E(L^2) &= E[(\boldsymbol{b}-\boldsymbol{\beta})'(\boldsymbol{b}-\boldsymbol{\beta})] \\ &= tr\{E[(\boldsymbol{b}-\boldsymbol{\beta})'(\boldsymbol{b}-\boldsymbol{\beta})]\} \\ &= E\{tr[(\boldsymbol{b}-\boldsymbol{\beta})(\boldsymbol{b}-\boldsymbol{\beta})']\} \\ &= \sum_{i=1}^{p} Var(b_i) \\ &= \sigma^2\sum_{i=1}^{p}\lambda_i^{-1} \end{aligned} \qquad (17 \cdot 7)$$

이 $E(L^2)$를 총평균제곱오차(總平均제곱誤差, total mean square error)라고도 부른다. 따라서 독립변수들간에 완전에 가까운 다중공선성이 존재하면 λ_i 중에서 거의 0에 가까운 값이 있으며 $\boldsymbol{b}$는 $\boldsymbol{\beta}$로부터 대단히 멀리 떨어져 있을 가능성이 크며 $\boldsymbol{b}$는 $\boldsymbol{\beta}$의 좋은 추정량이라고 볼 수 없다.

위의 단점을 보완하기 위하여 Hoerl과 Kennard(17·8)는 다음과 같은 추정량

$$\boldsymbol{b}(k)=(X'X+kI)^{-1}X'\boldsymbol{y},\ \ k>0 \qquad (17 \cdot 8)$$

을 고안하여 이를 능형추정량(稜形推定量, ridge estimator)이라고 불렀다. 여기서 k는 양의 상수(positive constant)로서 보통 $0<k<1$ 범위 내에 있다.

$\boldsymbol{b}(k)$는 그 기대값이

$$E[\boldsymbol{b}(k)] = (X'X+kI)^{-1}X'E(\boldsymbol{y})$$
$$= (X'X+kI)^{-1}X'X\boldsymbol{\beta} \neq \boldsymbol{\beta}$$

이 되어, 편의된 추정량이 되며 $\boldsymbol{b}(k)$의 분산은

$$Var[\boldsymbol{b}(k)] = (X'X+kI)^{-1}X'X(X'X+kI)^{-1}\sigma^2 \quad (17 \cdot 9)$$

이며, 잔차제곱합은

$$[\boldsymbol{y}-X\boldsymbol{b}(k)]'[\boldsymbol{y}-X\boldsymbol{b}(k)] = (\boldsymbol{y}-X\boldsymbol{b})'(\boldsymbol{y}-X\boldsymbol{b})+[\boldsymbol{b}(k)-\boldsymbol{b}]'X'X[\boldsymbol{b}(k)-\boldsymbol{b}] \quad (17 \cdot 10)$$

으로 $\boldsymbol{b}$로 인한 잔차제곱합보다는 크다.

능형추정량 $\boldsymbol{b}(k)$와 $\boldsymbol{\beta}$간의 거리의 제곱을 $L^2(k)$이라 정의하고, 그 기대값은

$$E[L^2(k)] = E(\boldsymbol{b}(k)-\boldsymbol{\beta})'(\boldsymbol{b}(k)-\boldsymbol{\beta})]$$
$$= \sigma^2 tr[(X'X+kI)^{-1}X'X(X'X+kI)^{-1}]+k^2\boldsymbol{\beta}'(X'X+kI)^{-2}\boldsymbol{\beta}$$
$$= \sigma^2\sum_{i=1}^{p}\lambda_i(\lambda_i+k)^{-2}+k^2\boldsymbol{\beta}'(X'X+kI)^{-2}\boldsymbol{\beta} \quad (17 \cdot 11)$$

윗 식에서 오른쪽의 첫항은 $\boldsymbol{b}(k)$의 총분산(total variance)이라고 부르며, $E\{[\boldsymbol{b}(k)-E(\boldsymbol{b}(k))]'[\boldsymbol{b}(k)-E(\boldsymbol{b}(k))]\}$에 해당되며, 둘째 항은 편의의 제곱으로 $[E(\boldsymbol{b}(k))-\boldsymbol{\beta}]'[E(\boldsymbol{b}(k))-\boldsymbol{\beta}]$에 해당된다. 식 (17・7)의 $E(L^2)$과 비교해 볼 때 Hoerl과 Kennard(17・8)는

$$E[L^2(k)] < E(L^2) \quad (17 \cdot 12)$$

이 성립되는 $k>0$의 값이 항상 존재함을 증명함으로써 능형추정량이 최소제곱추정량보다 거리의 제곱이라는 관점에서 볼 때 더 우수할 수 있음을 간파하였다. 이를 그림으로 도시하면 [그림 17・1]과 같다. 일반적으로 k가 대단히 작은 값에서 총분산은 급격히 감소하고, 편의의 제곱은 서서히 증가하기 때문에 $E[L^2(k)]$가 $E(L^2)$보다 작게 되는 $k>0$의 값이 존재한다. 그러나, k가 너무 커지면 편의의 제곱이 급격히 증가하여 $E[L^2(k)]>E(L^2)$이 되게 될 것이다.

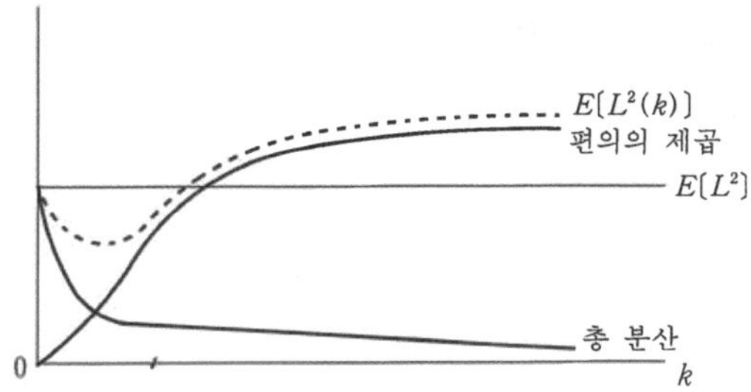

[그림 17・1] $E[L^2(k)]$의 k의 값에 따른 변화

지금까지 능형회귀(ridge regression)의 기본적인 개념을 고찰하였는데, 실제로 능형회귀를 사용하려면 k의 값을 구하는 방법을 알아야 할 것이다. 능형회귀를 다른 각도로 관찰하여 보고 데이터로부터 k의 값을 구하는 방법을 제시하여 보겠다.

17·2·1 능형추정량의 성질

행렬 $X'X$의 고유값들의 행렬을 Λ라고 하고 고유벡터들을 열로 하는 행렬을 P라고 하자. 즉

$$\Lambda = \begin{bmatrix} \lambda_1 & 0 & \cdots & 0 \\ 0 & \lambda_2 & \cdots & 0 \\ \vdots & \vdots & & \vdots \\ 0 & 0 & \cdots & \lambda_p \end{bmatrix} \qquad P = [\boldsymbol{p}_1, \boldsymbol{p}_2, \cdots, \boldsymbol{p}_p]$$

이며,

$$(X'X - \lambda_i I)\boldsymbol{p}_i = \boldsymbol{0}, \quad i=1, 2, \cdots, p$$

를 만족하고 $P'P = PP' = I$가 되며 또한

$$X'X = P\Lambda P'$$

이 성립된다.

선형모형을 $Z = XP$, $\boldsymbol{\alpha} = P'\boldsymbol{\beta}$로 변환시키면

$$\begin{aligned} \boldsymbol{y} &= X\boldsymbol{\beta}+\boldsymbol{\epsilon} = XPP'\boldsymbol{\beta}+\boldsymbol{\epsilon} \\ &= Z\boldsymbol{\alpha}+\boldsymbol{\epsilon}, \quad \boldsymbol{\epsilon}\sim N(\mathbf{0}, I\sigma^2) \end{aligned} \tag{17・13}$$

으로 표현되며, 여기서

$$Z'Z = P'X'XP = \Lambda$$

의 관계가 있다.

식 (17・13)에 있는 $\boldsymbol{\alpha}$ 의 최소제곱추정량은

$$\hat{\boldsymbol{\alpha}} = (Z'Z)^{-1}Z'\boldsymbol{y} = \Lambda^{-1}Z'\boldsymbol{y}$$

이며, 적합된 모형 $\hat{\boldsymbol{y}} = Z\hat{\boldsymbol{\alpha}}$ 의 잔차제곱합은

$$\begin{aligned} SSE(\hat{\boldsymbol{\alpha}}) &= (\boldsymbol{y}-Z\hat{\boldsymbol{\alpha}})'(\boldsymbol{y}-Z\hat{\boldsymbol{\alpha}}) \\ &= \boldsymbol{y}'\boldsymbol{y}-\hat{\boldsymbol{\alpha}}Z'\boldsymbol{y} \end{aligned} \tag{17・14}$$

이다. $\hat{\boldsymbol{\alpha}}$ 의 분산은

$$\begin{aligned} Var(\hat{\boldsymbol{\alpha}}) &= Var(\Lambda^{-1}Z'\boldsymbol{y}) \\ &= \Lambda^{-1}Z'\,Var(\boldsymbol{y})\,Z\Lambda^{-1} \\ &= \sigma^2\Lambda^{-1} \end{aligned}$$

임을 알 수 있다.

앞에서 정의한 바와 같이 $\boldsymbol{\alpha}$ 의 능형추정량을

$$\begin{aligned} \hat{\boldsymbol{\alpha}}(k) &= (Z'Z+kI)^{-1}Z'\boldsymbol{y} \\ &= (\Lambda+kI)^{-1}Z'\boldsymbol{y} \\ &= (\Lambda+kI)^{-1}\Lambda\hat{\boldsymbol{\alpha}} \end{aligned}$$

라고 하면, $\hat{\boldsymbol{\alpha}}(k)$의 분산-공분산행렬(variance-covariance matrix)은

$$\begin{aligned} Var[\hat{\boldsymbol{\alpha}}(k)] &= Var[(\Lambda+kI)^{-1}Z'\boldsymbol{y}] \\ &= (\Lambda+kI)^{-1}Z'\,Var(\boldsymbol{y})\,Z(\Lambda+kI)^{-1} \end{aligned}$$

$$= \sigma^2 \Lambda(\Lambda + kI)^{-2} \tag{17·15}$$

로서 대각선행렬이 되며 $\hat{\boldsymbol{\alpha}}(k)$가 갖는 편의(bias)의 크기는

$$E[\hat{\boldsymbol{\alpha}}(k) - \boldsymbol{\alpha}] = [(\Lambda + kI)^{-1}\Lambda - I]\boldsymbol{\alpha} \tag{17·16}$$

이다. 따라서, 총평균제곱오차는

$$\begin{aligned} E[L^2(k)] &= E[(\hat{\boldsymbol{\alpha}}(k) - \boldsymbol{\alpha})'(\hat{\boldsymbol{\alpha}}(k) - \boldsymbol{\alpha})] \\ &= tr\{Var[\hat{\boldsymbol{\alpha}}(k)]\} + (\hat{\boldsymbol{\alpha}} \text{ 의 편의})^2 \\ &= \sigma^2 tr[\Lambda(\Lambda + kI)^{-2}] + \boldsymbol{\alpha}'[(\Lambda + kI)^{-1}\Lambda - I]'[(\Lambda + kI)^{-1}\Lambda - I]\boldsymbol{\alpha} \\ &= \sigma^2 \sum_{i=1}^{p} \frac{\lambda_i}{(\lambda_i + k)^2} + \sum_{i=1}^{p} \frac{k^2 \alpha_i^2}{(\lambda_i + k)^2} \end{aligned} \tag{17·17}$$

이 됨을 증명할 수 있다. 여기서 $\boldsymbol{\alpha}' = (\alpha_1, \alpha_2, \cdots, \alpha_p)$로 나타내 준다.

식 (17·17)의 $E[L^2(k)]$를 k로 미분하면

$$\frac{dE[L^2(k)]}{dk} = -2\sigma^2 \sum_{i=1}^{p} \frac{\lambda_i}{(\lambda_i + k)^3} + 2k \sum_{i=1}^{p} \frac{\lambda_i \alpha_i^2}{(\lambda_i + k)^3}$$

이 되는데, $k=0$에서 $E[L^2(0)] = E(L^2)$이며, $L^2(k)$는 k의 연속함수이고 $k \to 0+$로 접근할 때에

$$\lim_{k \to 0+} \frac{dE[L^2(k)]}{dk} = -2\sigma^2 \sum_{i=1}^{p} \frac{1}{\lambda_i^2} < 0$$

로서 음이므로 $E[L^2(k)]$가 $E(L^2)$보다 작게 되는 k의 값이 존재한다.

식 (17·17)을 최소로 하는 k의 값을 간단한 공식으로 구할 수는 없으나, 만약 $X'X = I$라면 $E[L^2(k)]$가

$$k = p\sigma^2 / \boldsymbol{\alpha}'\boldsymbol{\alpha} \tag{17·18}$$

일 때에 최소가 됨을 참고문헌 (17·10)에서 제시하였다. 만약 능형추정량의 정의를 식 (17·8)보다 더 일반적으로

$$\boldsymbol{b}(K) = (X'X+K)^{-1}X'\boldsymbol{y} \tag{17・19}$$

$$K = \begin{bmatrix} k_1 & 0 & \cdots & 0 \\ 0 & k_2 & \cdots & 0 \\ \vdots & \vdots & & \vdots \\ 0 & 0 & \cdots & k_p \end{bmatrix}$$

으로 정의하여, p개의 다른 k의 값을 허용한다면 $\hat{\boldsymbol{\alpha}}(K)$를

$$\hat{\boldsymbol{\alpha}}(K) = (\Lambda+K)^{-1}\Lambda\hat{\boldsymbol{\alpha}} \tag{17・20}$$

으로 정의할 수 있다. 이 경우 식 (17・17)의 총평균제곱오차는

$$E[L^2(K)] = \sigma^2\sum_{i=1}^{p}\frac{\lambda_i}{(\lambda_i+k_i)^2}+\sum_{i=1}^{p}\frac{k_i^2\alpha_i^2}{(\lambda_i+k_i)^2}$$

이 되며, 이것은 $k_i=\dfrac{\sigma^2}{\alpha_i^2}$에서 최소가 됨을 쉽게 보일 수 있다.

17·2·2 k 값의 추정

다음으로 k의 값을 데이터로부터 구하는 문제를 다루어 보자. Hoerl과 Kennard (17・9)는 능형추정값 $\boldsymbol{b}(k)=(X'X+kI)^{-1}X'\boldsymbol{y}$의 정의로부터 출발하여 k의 값이 0에서 1까지 증가할 때에 각각의 $\boldsymbol{b}'(k)=(b_1(k),\ b_2(k),\ \cdots,\ b_p(k))$가 변화하는 것을 그림으로 도시하고 $b_i(k)$들의 궤적을 능형트레이스(ridge trace)라 부르고, 이 그림으로부터 $b_i(k)$의 값들이 급격히 변화하지 않고 안정되어(stabilized) 가는 k의 값을 선택해 주어야 한다고 했다. 이렇게 선택된 k의 값은 $X'X+kI$로 바꾸어 줄 때 다중공선성이 거의 제거된 상태가 되며, 능형회귀에서 가장 많이 사용되는 방법이다. 그러나, 이 방법의 약점은 많은 계산이 필요하고 각자의 주관에 따라 k의 값이 약간씩 다를 수 있다는 점이다.

두번째 방법으로 식 (17・8)의 관계식으로부터 k의 추정을

$$k = p\hat{\sigma}^2/\hat{\boldsymbol{\alpha}}'\hat{\boldsymbol{\alpha}} \tag{17・21}$$

에 의하여 한다. 즉, σ^2 대신에 불편추정값 $\hat{\sigma}^2$을 구하여 대입시키고 $\boldsymbol{\alpha}$ 대신에 $\hat{\boldsymbol{\alpha}}=P'\boldsymbol{b}$

$=P'(X'X)^{-1}X'\boldsymbol{y}$를 대입하여 k의 값을 구하는 것이다. 이처럼 한 번에 k의 값을 구하기도 하나, 반복적인 방법을 사용하여 다음과 같이 구하여 주기도 한다.

식 (17・21)에 의하여 얻어진 k를 k_1이라 하고, 이 값으로

$$\boldsymbol{b}(k_1) = (X'X+k_1I)^{-1}X'\boldsymbol{y}$$

을 구한 후에

$$\hat{\boldsymbol{\alpha}}(k_1) = P'\boldsymbol{b}(k_1)$$

을 구한다. 다음으로 이 $\hat{\boldsymbol{\alpha}}(k_1)$을 사용하여 k의 두번째 값

$$k_2 = p\hat{\sigma}^2/\hat{\boldsymbol{\alpha}}(k_1)'\hat{\boldsymbol{\alpha}}(k_1)$$

을 구한 후

$$\boldsymbol{b}(k_2) = (X'X+k_2I)^{-1}X'\boldsymbol{y}$$
$$\hat{\boldsymbol{\alpha}}(k_2) = P'\boldsymbol{b}(k_2)$$

을 얻고, 다음의 k의 값

$$k_3 = p\hat{\sigma}^2/\hat{\boldsymbol{\alpha}}(k_2)'\hat{\boldsymbol{\alpha}}(k_2)$$

을 구한다. 이와 같은 방법으로 반복적으로 하여 $k_1, k_2, k_3, \cdots, k_q$를 구하여 가는 과정에서, 만약 k_{q-1}의 값과 k_q의 값에 유의한 차이가 없으면 k_{q-1}의 값을 k의 값으로 정하여 준다.

17·2·3 예 제

15장의 〈표 15・5〉에 있는 가스 마일수(gas mileage) 데이터를 가지고 능형회귀를 다루어 보자. 먼저 능형추정값 $b_i(k)$에 대하여 능형트레이스를 그려 보면 [그림 17・2]가 된다. 독립변수가 모두 10개이므로 10개의 곡선이 그려지나 식별을 용이하게 하기 위하여 대표적인 것 5개만 그려 본 것이다. 이 그림으로부터 $0.05<k<0.2$ 사이의 k값이 선택될 수 있으며, $k=0.08$인 경우에 능형추정값을 계산하여 〈표 17・1〉에 수록하였다. 비

교하기 위하여 최소제곱추정값 $\boldsymbol{b}=(X'X)^{-1}X'\boldsymbol{y}$ 의 값도 같이 실었다.

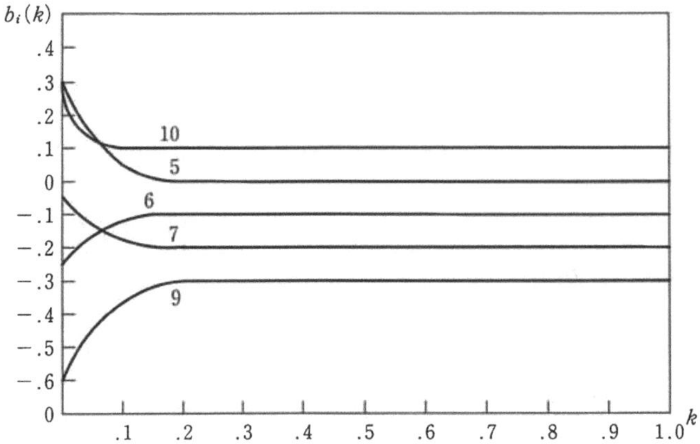

[그림 17·2] 가스 마일수 데이터의 능형트레이스

〈표 17·1〉 최소제곱과 능형추정값의 비교

추정치	변 수 번 호									
	1	2	3	4	5	6	7	8	9	10
최소제곱	0.027	−0.033	0.209	0.080	0.274	−0.244	−0.054	0.070	−0.603	0.243
능 형 (k=0.08)	0.039	−0.073	0.176	0.078	−0.034	−0.149	−0.177	0.086	−0.331	0.097

[그림 17·2]에서 보는 바와 같이, 작은 k 의 값에서는 능형트레이스의 급격한 변화를 가져오다가 $k=0.1$ 근처에서는 완만한 경사를 가짐을 볼 수 있다. $k=0$ 에서는 VIF 가 21.6 으로 매우 커서 이 데이터는 변수간에 다중공선성이 매우 큼을 알 수 있다. 그러나, k 가 증가할수록 VIF 가 감소하여 $k=0.20$ 에서는 $VIF=1.0$ 이 된다.

k 의 값을 결정하는 데 있어 능형트레이스를 사용하지 않고 식 (17·21)을 사용하면

$$\begin{aligned} k &= p\hat{\sigma}^2/\hat{\boldsymbol{\alpha}}'\hat{\boldsymbol{\alpha}} \\ &= (10)(0.00624)/0.616985 \\ &= 0.101 \end{aligned}$$

이 된다.

능형회귀에 관하여 최근에 많은 연구가 이루어지고 있는데, 관심있는 독자는 참고문헌(17・1, 17・4, 17・12, 17・13, 17・23)을 읽어보면 좋을 것이다.

17・3 주성분회귀

주성분회귀(主成分回歸, principal component regression)는 최근에 활발히 연구되고 있는 회귀분석방법으로 자세한 내용은 참고문헌 (17・2, 17・3, 17・5, 17・11, 17・13)을 참조하고, 여기서는 간단히 기술하기로 한다.

식 (17・13)과 같이 선형모형을 $Z=XP$, $\boldsymbol{\alpha}=P'\boldsymbol{\beta}$를 이용하여

$$\boldsymbol{y} = X\boldsymbol{\beta}+\boldsymbol{\epsilon} = Z\boldsymbol{\alpha}+\boldsymbol{\epsilon} \tag{17・22}$$

으로 바꾸어 주고, Λ와 P를 각각 $X'X$ 행렬의 고유값들의 행렬, 고유벡터들의 행렬이라고 하자. $\boldsymbol{\alpha}$의 최소제곱추정량은

$$\Lambda\hat{\boldsymbol{\alpha}} = Z'\boldsymbol{y} \tag{17・23}$$

을 만족시켜야 하며, 따라서 $\boldsymbol{\beta}$의 최소제곱추정량은

$$\boldsymbol{b} = P\hat{\boldsymbol{\alpha}} \tag{17・24}$$

이다.

만약에 p개의 고유값 중에서 s개가 0이라고 하자. 그러면 P의 행렬에서 고유값이 0에 대응되는 고유벡터들은 모두 0만을 포함하는 벡터가 되며, 따라서 모형 (17・22)에서 Z의 s개의 열은 모두 0으로, 모형으로부터 떨어져 나가게 된다. 따라서, 식 (17・23)은 p개의 방정식이 아니라 $g=p-s$개의 방정식만을 포함하게 된다.

P, Λ, $\boldsymbol{\alpha}$를 다음과 같이 나누어서 고찰하여 보자.

$$P = (P_g,\ P_s)$$
$$\boldsymbol{\alpha}' = (\boldsymbol{\alpha}_g',\ \boldsymbol{\alpha}_s')$$

$$\Lambda = \begin{bmatrix} \Lambda_g & 0 \\ 0 & \Lambda_s \end{bmatrix}$$

여기에서 $\lambda_1 \geq \lambda_2 \geq \cdots \geq \lambda_p \geq 0$ 으로 가정하고 첫번째로부터 g 개의 λ_i 를 포함하는 대각선행렬을 Λ_g 로 하고, Λ_s 는 그 나머지에 대한 행렬이다. 그러면 식 (17・23)은

$$\Lambda_g \hat{\boldsymbol{\alpha}}_g = P_g' X' \boldsymbol{y} \qquad (17 \cdot 25)$$

이 되며, $\boldsymbol{b}_g = P_g \hat{\boldsymbol{\alpha}}_g$ 로 표현하게 된다.

식 (17・25)에 의하여 추정되는 방법을 주성분회귀추정이라고 말한다. 고유값이 0 이 아니더라도 아주 작아서 거의 0 에 가까우면 이 값들을 0 으로 간주하고 식 (17・25)에 의하여 $\boldsymbol{\alpha}$ 를 추정할 수 있을 것이다. 예를 들어, λ_i 가 0 에 가까운 값이라 하자. 그러면

$$\Lambda = P'X'XP = (XP)'(XP)$$

이므로,

$$\lambda_i = \boldsymbol{p}_i' X' X \boldsymbol{p}_i = (X\boldsymbol{p}_i)'(X\boldsymbol{p}_i)$$

으로 표현할 수 있고, $X\boldsymbol{p}_i \approx \boldsymbol{0}$ 으로 되어 거의 영벡터(zero vector)에 가깝게 된다. 이런 경우에 $\boldsymbol{p}_i$ 를 영벡터로 간주하고 $\lambda_i = 0$ 으로 놓고 주성분회귀를 사용할 수 있다. 여기서 $X\boldsymbol{p}_i \approx \boldsymbol{0}$ 이면 X 의 열간에는 완전에 가까운 다중공선성이 존재하여, 열간에 어떤 종속 관계가 있음을 알 수 있다.

$X'X$ 의 p 개의 고유값 중에서 s 개의 고유값이 거의 0 에 가까울 경우에 $\boldsymbol{\beta}$ 의 주성분회귀추정량은

$$\boldsymbol{b}_g = P_g \hat{\boldsymbol{\alpha}}_g = P_g \Lambda_g^{-1} P_g' X' \boldsymbol{y} \qquad (17 \cdot 26)$$

로 최소제곱추정량 $\boldsymbol{b}$ 와는

$$\boldsymbol{b}_g = (I - P_s P_s') \boldsymbol{b} \qquad (17 \cdot 27)$$

의 관계가 있음을 참고문헌 (17・7)에 보였다. 따라서, 명백히 $\boldsymbol{b}_g$ 는 $\boldsymbol{\beta}$ 의 편의된 추정량이며, $\boldsymbol{b}_g$ 의 기대값과 분산은 참고문헌(17・4)에 의하여

$$E(\boldsymbol{b}_g) = \boldsymbol{\beta} - \sum_{i=g+1}^{p} (\boldsymbol{p}_i'\boldsymbol{\beta})\boldsymbol{p}_i \qquad (17 \cdot 28)$$

$$Var(\boldsymbol{b}_g) = \sigma^2 \sum_{i=1}^{g} \lambda_i^{-1} \boldsymbol{p}_i \boldsymbol{p}_i' \qquad (17 \cdot 29)$$

이 된다. 또한 $\boldsymbol{b}_g$ 와 $\boldsymbol{\beta}$ 의 거리의 제곱의 기대값(총평균제곱오차)은

$$E[(\boldsymbol{b}_g - \boldsymbol{\beta})'(\boldsymbol{b}_g - \boldsymbol{\beta})] = \sigma^2 \sum_{i=1}^{g} \lambda_i^{-1} + \sum_{i=g+1}^{p} (\boldsymbol{p}_i'\boldsymbol{\beta})^2 \qquad (17 \cdot 30)$$

이다. 식 (17・7)에서 증명한 바와 같이 최소제곱추정량 $\boldsymbol{b}$ 의 총평균제곱오차는

$$E[(\boldsymbol{b} - \boldsymbol{\beta})'(\boldsymbol{b} - \boldsymbol{\beta})] = \sigma^2 \sum_{i=1}^{p} \lambda_i^{-1} \qquad (17 \cdot 31)$$

이므로, 다중공선성의 관계가 존재하여 λ_p, λ_{p-1}, …, λ_{g+1} 이 0 에 가까운 값이면

$$E[(\boldsymbol{b}_g - \boldsymbol{\beta})'(\boldsymbol{b}_g - \boldsymbol{\beta})] < E[(\boldsymbol{b} - \boldsymbol{\beta})'(\boldsymbol{b} - \boldsymbol{\beta})]$$

이 되는 $1 \leq g < p$ 의 값이 존재하게 된다.

앞 장의 〈표 15・5〉에 있는 가스 마일수 데이터를 가지고 주성분회귀를 다루어 보자. 먼저 $X'X$ 행렬의 고유값들을 적어 보면

$$\begin{array}{ll} \lambda_1 = 5.760 & \lambda_6 = 0.210 \\ \lambda_2 = 2.650 & \lambda_7 = 0.133 \\ \lambda_3 = 0.597 & \lambda_8 = 0.081 \\ \lambda_4 = 0.270 & \lambda_9 = 0.054 \\ \lambda_5 = 0.222 & \lambda_{10} = 0.024 \end{array}$$

로서 λ_9 와 λ_{10} 은 매우 작은 값을 가지고 있다. 먼저 $\lambda_{10}=0.024$ 를 0 으로 생각하고, 이 고유값에 해당하는 고유벡터를 제거하여, 식 (17・26)에 따라서 $\boldsymbol{b}_g = P_g \Lambda_g^{-1} P_g' X' \boldsymbol{y}$ 를 구하면 〈표 17・2〉와 같다. λ_9 와 λ_{10} 을 0 으로 하여 이에 해당하는 두 고유벡터를 없앤 후 적합시킨 것도 같이 〈표 17・2〉에 실어 놓았다. 최소제곱추정값과 비교하여 볼 때 많은 차이가 있음을 알 수 있으며 총평균제곱오차를 기준으로 볼 때에 어느 쪽이 좋은가 하는

것은 식 (17・30)과 (17・31)을 비교하여 보면 알 수 있을 것이다.

〈표 17・2〉 가스 마일수 데이터의 주성분회귀추정값

추정값	변 수									
	1	2	3	4	5	6	7	8	9	10
최소제곱	0.027	−0.033	0.209	0.080	0.274	−0.244	−0.054	0.070	−0.603	0.243
주성분 ($s=1$, $g=9$)	0.023	0.064	0.284	0.123	−0.124	−0.101	−0.263	0.102	−0.293	0.153
주성분 ($s=2$, $g=8$)	−0.015	−0.119	0.176	0.081	−0.129	0.039	−0.262	0.083	−0.277	0.101

17・4 제 한 회 귀

선형회귀모형, $\boldsymbol{y}=X\boldsymbol{\beta}+\boldsymbol{\epsilon}$, $\boldsymbol{\epsilon}\sim N(\boldsymbol{0}, I\sigma^2)$, 에서 회귀계수벡터 $\boldsymbol{\beta}$에 제한조건(restriction)

$$C\boldsymbol{\beta}=\boldsymbol{0} \tag{17・32}$$

이 가해졌다 하자. 7장 4절에서는 $C\boldsymbol{\beta}=\boldsymbol{m}$으로 놓고 가설검정을 검토하였으나, 문제를 간편하게 하기 위하여 $\boldsymbol{m}=\boldsymbol{0}$으로 하고 논의하여 보기로 한다. 여기에서 X는 $n\times(k+1)$ 행렬로서 계수는 $k+1$이고 C는 $p\times(k+1)$행렬로서 계수는 $p(\leq k+1)$라고 가정한다. 이 제한조건 아래에서 $\boldsymbol{\beta}$의 최소제곱추정량은

$$\tilde{\boldsymbol{\beta}}=\{I-(X'X)^{-1}C'[C(X'X)^{-1}C']^{-1}C\}\boldsymbol{b}$$

가 됨을 식 (7・29)에서 증명하였다. 여기에서 만약 $C\boldsymbol{\beta}=\boldsymbol{0}$이 사실이라면 $\tilde{\boldsymbol{\beta}}$는 $\boldsymbol{\beta}$의 불편추정량이나 $C\boldsymbol{\beta}=\boldsymbol{0}$이 정확히 옳지 않으면 $\tilde{\boldsymbol{\beta}}$는 $\boldsymbol{\beta}$의 편의된 추정량이 된다.

이 제한추정량(制限推定量, restricted estimator) $\tilde{\boldsymbol{\beta}}$의 분산은

$$Var(\tilde{\boldsymbol{\beta}})=\sigma^2(X'X)^{-1}-\sigma^2(X'X)^{-1}C'[C(X'X)^{-1}C']^{-1}C(X'X)^{-1} \tag{17・33}$$

으로 행렬 $(X'X)^{-1}C'[C(X'X)^{-1}C']^{-1}(X'X)^{-1}$이 양정치(positive definite)이므로 $Var(\tilde{\beta}_i) < Var(b_i)$가 됨이 명백하다. 그러나, $C\boldsymbol{\beta}=\mathbf{0}$이 사실이 아닐 경우에는 $\tilde{\boldsymbol{\beta}}$는 편의된 추정량이 되며, 그 편의의 크기는

$$E(\tilde{\boldsymbol{\beta}})-\boldsymbol{\beta} = (X'X)^{-1}C'[C(X'X)^{-1}C']^{-1}C\boldsymbol{\beta} \tag{17・34}$$

이다.

$\boldsymbol{b}=(X'X)^{-1}X'\boldsymbol{y}$와 $\tilde{\boldsymbol{\beta}}$의 총평균제곱오차를 비교하여 보자. $\boldsymbol{b}$는 불편추정량으로

$$E[(\boldsymbol{b}-\boldsymbol{\beta})'(\boldsymbol{b}-\boldsymbol{\beta})] = \sigma^2 tr[(X'X)^{-1}]$$

이고, $\tilde{\boldsymbol{\beta}}$는 편의된 추정량이므로 식 (17・33)과 (17・34)로부터

$$\begin{aligned} E[(\tilde{\boldsymbol{\beta}}-\boldsymbol{\beta})'(\tilde{\boldsymbol{\beta}}-\boldsymbol{\beta})] &= tr[Var(\tilde{\boldsymbol{\beta}})]+[E(\tilde{\boldsymbol{\beta}})-\boldsymbol{\beta}]'[E(\tilde{\boldsymbol{\beta}})-\boldsymbol{\beta}] \\ &= \sigma^2 tr[(X'X)^{-1}]-\sigma^2 tr[(X'X)^{-1}C'[C(X'X)^{-1}C']^{-1}C(X'X)^{-1}] \\ &\quad +\boldsymbol{\beta}'C'[C(X'X)^{-1}C']^{-1}C(X'X)^{-2}C'[C(X'X)^{-1}C']^{-1}C\boldsymbol{\beta} \end{aligned}$$

이 된다. 따라서 총평균제곱오차의 차이는, $B=(X'X)^{-1}C'[C(X'X)^{-1}C']^{-1}C$로 놓으면,

$$\begin{aligned} &E[(\boldsymbol{b}-\boldsymbol{\beta})'(\boldsymbol{b}-\boldsymbol{\beta})]-E[(\tilde{\boldsymbol{\beta}}-\boldsymbol{\beta})'(\tilde{\boldsymbol{\beta}}-\boldsymbol{\beta})] \\ &\quad = \sigma^2 tr[B(X'X)^{-1}]-(B\boldsymbol{\beta})'(B\boldsymbol{\beta}) \end{aligned} \tag{17・35}$$

가 된다. 여기서 $B(X'X)^{-1}$은 양정치행렬이므로 $tr[B(X'X)^{-1}]>0$이며 $(B\boldsymbol{\beta})'(B\boldsymbol{\beta})$는 제곱의 형태이므로 $C\boldsymbol{\beta}=\mathbf{0}$이 성립하지 않으면 또한 양(positive)의 값이다. 따라서, $C\boldsymbol{\beta}=\mathbf{0}$이 거의 성립하는 경우에는 $(B\boldsymbol{\beta})'(B\boldsymbol{\beta})$는 작은 값을 가지며, $\tilde{\boldsymbol{\beta}}$가 $\boldsymbol{b}$보다 총평균제곱오차의 기준으로 볼 때 더 우수한 추정량이 되며, $C\boldsymbol{\beta}=\mathbf{0}$이 옳지 않아서 $(B\boldsymbol{\beta})'(B\boldsymbol{\beta})$의 값이 커지면 도리어 $\boldsymbol{b}$가 $\tilde{\boldsymbol{\beta}}$보다 좋은 추정량이 될 것이다.

어떤 추정량을 쓰는 것이 좋을 것인가를 판단하는 하나의 기준으로 식 (17・35)의 차이를 구하는 통계량

$$D = \hat{\sigma}^2 tr[B(X'X)^{-1}]-(B\boldsymbol{b})'(B\boldsymbol{b}) \tag{17・36}$$

를 만들고 최소제곱법에 의하여 일단 σ^2과 $\boldsymbol{\beta}$를 $\hat{\sigma}^2$, $\boldsymbol{b}$로 추정한 후 이를 식 (17・36)에

대입시켜 D를 구하여 보면 좋을 것이다. 만약 $D>0$이면 $\tilde{\boldsymbol{\beta}}$가 좋고 $D<0$이면 $\boldsymbol{b}$를 쓰는 것이 바람직하다. 또한 어떤 제한 조건 $C\boldsymbol{\beta}=\mathbf{0}$을 구하는 것이 가장 좋은지를 알 수 없는 경우에는 가장 적절한 제한조건 $C\boldsymbol{\beta}=\mathbf{0}$을 찾는 것이 또한 중요한 연구 과제가 될 것이다. 참고문헌(17・15, 17・16, 17・21)에서는 이와 같은 문제를 다루고 있다.

특히 필자(17・16)는 어떤 임의의 점 $\boldsymbol{x}'=(1, x_1, x_2, \cdots, x_k)$에서 반응의 추정량

$$\hat{y}(\boldsymbol{x}) = \boldsymbol{x}'\boldsymbol{b}$$
$$\tilde{y}(\boldsymbol{x}) = \boldsymbol{x}'\tilde{\boldsymbol{\beta}}$$

를 각각 고려하여, 이들의 평균제곱오차를 비교하여 보았다.

$$MSE[\hat{y}(\boldsymbol{x})] = Var[\hat{y}(\boldsymbol{x})] = \boldsymbol{x}'Var(\boldsymbol{b})\boldsymbol{x} = \boldsymbol{x}'(X'X)^{-1}\boldsymbol{x}\sigma^2$$

$$\begin{aligned} MSE[\tilde{y}(\boldsymbol{x})] &= \boldsymbol{x}'Var(\tilde{\boldsymbol{\beta}})\boldsymbol{x}+[E(\boldsymbol{x}'\tilde{\boldsymbol{\beta}})-\boldsymbol{x}'\boldsymbol{\beta}]^2 \\ &= \boldsymbol{x}'(X'X)^{-1}\boldsymbol{x}\sigma^2-\boldsymbol{x}'B(X'X)^{-1}\boldsymbol{x}\sigma^2+\boldsymbol{x}'B\boldsymbol{\beta}\boldsymbol{\beta}'B'\boldsymbol{x} \end{aligned}$$

이며, B는 앞에서 정의한 바와 같이 $B=(X'X)^{-1}C'[C(X'X)^{-1}C']^{-1}C$로 놓은 것이다.

$\hat{y}(\boldsymbol{x})$와 $\tilde{y}(\boldsymbol{x})$를 비교하기 위하여 MSE의 차이를 구하여 보면

$$\begin{aligned} D(\boldsymbol{x}) &= MSE[\hat{y}(\boldsymbol{x})]-MSE[\tilde{y}(\boldsymbol{x})] \\ &= \sigma^2\boldsymbol{x}'B(X'X)^{-1}\boldsymbol{x}-\boldsymbol{x}'B\boldsymbol{\beta}\boldsymbol{\beta}'B'\boldsymbol{x} \\ &= \boldsymbol{v}'[\sigma^2C(X'X)^{-1}C'-C\boldsymbol{\beta}\boldsymbol{\beta}'C']\boldsymbol{v} \end{aligned}$$

로 표현할 수 있으며, 여기서 $\boldsymbol{v}'=\boldsymbol{x}'(X'X)^{-1}C'[C(X'X)^{-1}C']^{-1}$를 의미한다. 따라서, 만약

$$M = \sigma^2C(X'X)^{-1}C'-C\boldsymbol{\beta}\boldsymbol{\beta}'C' \tag{17・37}$$

이 양반정치(positive semi-definite)행렬이 되면 모든 $\boldsymbol{x}$에 대하여 $D(\boldsymbol{x})\geq 0$이 성립되어서 $\tilde{\boldsymbol{\beta}}$가 $\boldsymbol{b}$보다 우수한 추정량이라고 말할 수 있을 것이다. 행렬이론을 도입하여 유도하여 보면, 행렬 M이 양반정치행렬이 되기 위한 필요충분조건은

$$\boldsymbol{\beta}'C'[C(X'X)^{-1}C']^{-1}C\boldsymbol{\beta}\leq\sigma^2 \tag{17・38}$$

이 됨을 증명할 수 있다. 즉 이 조건이 만족되면 $\hat{y}(\boldsymbol{x})=\boldsymbol{x}'\tilde{\boldsymbol{\beta}}$ 가 $\hat{y}(\boldsymbol{x})=\boldsymbol{x}'\boldsymbol{b}$ 보다 모든 $\boldsymbol{x}$ 에서 더 좋은 정도의 추정값이 된다는 의미이다.

지금까지 세 종류의 대표적인 편의된 회귀추정문제를 다루어 보았다. 이들은 모두 다중공선성의 문제가 있을 때 사용될 수 있는 것들이며, 최근에 활발히 연구되고 있는 분야로 볼 수 있다. 편의추정으로 이외에도 Stein(17・20)이 고안한 축소추정량(縮小推定量, shrunken estimator)이란 것도 있는데, 이는 최소제곱추정량 $\boldsymbol{b}$ 를 일률적으로 축소시킨 추정량

$$\tilde{\boldsymbol{\beta}}_s = c\boldsymbol{b}, \quad 0<c<1 \tag{17・39}$$

이다.

또다른 편의추정으로 Webster(17・22) 등이 제안한 고유값회귀추정량(固有값回歸推定量, latent root regression estimator)이란 것이 있는데, 이는 주성분회귀추정량과 비슷한 성격을 가지고 있는 추정방법이다.

위에서 언급한 편의추정방법들은 서로 장단점이 있으며, 어느 경우에 어떤 추정량을 써야 하는가 하는 것은 그 판단기준에 논란의 여지가 많다. 이들 편의추정량들을 비교하는 문헌(17・4, 17・6, 17・13, 17・23)을 참조하면 도움이 된다.

▶ 참 고 문 헌 ◀

17・1. Farebrother, R. W.: "The minimum mean square error linear estimator and ridge regression," *Technometrics*, Vol. 17, pp. 127~128, 1975.

17・2. Fomby, T. B., Hill, R. C. and Johnson, S. R.: "An optimal property of principal components in the context of restricted least squares," *J. Amer. Statist. Assoc.*, Vol. 73, pp. 191~193, 1978.

17・3. Greenberg, E.: "Minimum variance properties of principal component regression," *J. Amer. Statist. Assoc.*, Vol. 70, pp. 194~197, 1975.

17 • 4. Gunst, R. F. and Mason, R. L. : "Some considerations in the evaluation of alternative prediction equations," *Technometrics*, Vol. 21, pp. 55~64, 1979.

17 • 5. Hawkins, D. M. : "On the investigation of alternative regressions by principal component analysis," *Applied Statistics*, Vol. 22, pp. 275~286, 1973.

17 • 6. Hocking, R. R., Speed, R. M. and Lynn, M. J. : "A class of biased estimators in linear regression," *Technometrics,* Vol. 18, pp. 425~438, 1976.

17 • 7. Hocking, R. R. : "The analysis and selection of variables in linear regression," *Biometrics*, Vol. 32, pp. 1~49, 1976.

17 • 8. Hoerl, A. E. and Kennard, R. W. : "Ridge regression : biased estimation for non-orthogonal problems," *Technometrics*, Vol. 12, pp. 55~67, 1970.

17 • 9. Hoerl, A. E. and Kennard, R. W. : "Ridge regression : applications to non-orthogonal problems," *Technometrics*, Vol. 12, 69~82, 1970.

17 • 10. Hoerl, A. E., Kennard, R. W. and Baldwin, K. F. : "Ridge regression : some simulations," *Communications in Statistics*, Vol. 4, pp. 105~123, 1975.

17 • 11. Lott, W. F. : "The optimal set of principal component restrictions on a least squares regression," *Communications in Statistics*, Vol. 2, pp. 449~464, 1973.

17 • 12. McDonald, G. C. and Galorneau, D. I. : "A Monte Carlo evaluation of some ridge-type estimators," *J. Amer. Statist. Assoc.*, Vol. 70, pp. 407~416, 1975.

17 • 13. Marquardt, D. W. : "Generalized inverses, ridge regression, biased linear estimation and nonlinear estimation," *Technometrics*, Vol. 12, pp. 591~612, 1970.

17 • 14. Mason, R. L., Webster, J. T. and Gunst, R. F. : "Source of multicollinearity in regression analysis," *Communications in Statistics*, Vol. 4, pp. 277~292, 1975.

17 • 15. Park, S. H. : "Selecting contrasts among parameters in Scheffe's mixture models : screening components and model reduction," *Technometrics*, Vol. 20, pp. 273~279, 1978.

17 • 16. Park, S. H. : "Collinearity and optimal restrictions on regression parameters for estimating responses," *Technometrics*, Vol. 23, pp. 289~295, 1981.

17 • 17. Park, S. H., Lim, Y. B. and Choi, C. H. : "Estimation of ridge regression under the integrated mean square error criterion," *Journal of the Korean Statistical Society*, Vol. 9, No. 1, 61~78, 1980.

17 · 18. Park, S. H. and Shin, M. W. : "An explicit solution for multivariate ridge regression," *Journal of the Korean Statistical Society*, Vol. 11, No. 1, 59～68, 1982.

17 · 19. Park, S. H. and Kim, S. K. : "On sensitivity analysis in principal component regression," *Journal of the Korean Statistical Society*, Vol. 20, No. 2, 177～190, 1991.

17 · 20. Stein, C. M. : *Multiple Regression Contributions to Probability and Statistics*. Essays in honor of Harold Hotelling, Olkin, I. (ed.), Stanford Univ. Press, pp. 424～443, 1960.

17 · 21. Toro-Vizcarrondo, C. and Wallace, T. D. : "A test of the mean square error criterion for restrictions in linear regression," *J. Amer. Statist. Assoc.*, Vol. 63, pp. 558～572, 1968.

17 · 22. Webster, J. T., Gunst, R. F. and Mason, R. L. : "Latent root regression analysis," *Technometrics*, Vol. 16, pp. 513～522, 1974.

17 · 23. Wichern, D. W. and Churchill, G. A. : "A comparison of ridge estimators," *Technometrics*, Vol. 20, pp. 301～311, 1978.

연 습 문 제

17 · 1. 식 (17·2)의 $E[L^2(k)] < E(L^2)$을 만족시키는 $k>0$의 값이 항상 존재함을 증명하라.

17 · 2. 능형회귀의 총평균제곱오차 $E[L^2(k)]$가 식 (17 · 17)과 같이 됨을 상세히 밝히고 그의 미분이

$$\frac{dE[L^2(k)]}{dk} = -2\sigma^2\sum_{i=1}^{p}\frac{\lambda_i}{(\lambda_i+k)^3} + 2k\sum_{i=1}^{p}\frac{\lambda_i\alpha_i^2}{(\lambda_i+k)^3}$$

이 됨을 증명하라.

17 · 3. 식 (17 · 19)의 일반능형회귀추정량 $\boldsymbol{b}(K)=(X'X+K)^{-1}X'\boldsymbol{y}$가 사용될 때에 총평균제곱오차 $E[L^2(K)]$가 $k_i=\frac{\sigma^2}{\alpha_i^2}$에서 최소가 됨을 증명하라.

17 · 4. 식 (17 · 27)이 성립됨을 증명하라.

17・5. 식 (17・28), (17・29), (17・30)을 증명하라.

17・6. 제약조건이 $C\boldsymbol{\beta}=\mathbf{0}$ 이 아니고 $C\boldsymbol{\beta}=\boldsymbol{m}$ 일 때에 제한회귀추정량 $\tilde{\boldsymbol{\beta}}$ 를 구하고 식 (17・34)의 편의의 크기가 무엇인가를 보여라.

17・7. 제약조건이 $C\boldsymbol{\beta}=\mathbf{0}$ 이 아니고 $C\boldsymbol{\beta}=\boldsymbol{m}$ 일 때에 제한회귀추정량 $\tilde{\boldsymbol{\beta}}$ 의 총평균제곱오차가 무엇인가 구하라.

17・8. 식 (17・37)의 행렬 $M=\sigma^2C(X'X)^{-1}C'-C\boldsymbol{\beta\beta}'C'$ 이 양반정치행렬이 되기 위한 필요충분조건이 식 (17・38)의 $\boldsymbol{\beta}'C'[C(X'X)^{-1}C']^{-1}C\boldsymbol{\beta}\leq\sigma^2$ 임을 증명하라.

17・9. 식 (17・39)의 축소추정량 $\tilde{\boldsymbol{\beta}}_s=c\boldsymbol{b}$ 의 총평균제곱오차를 구하라.

17・10. 식 (17・13)의 선형모형, $\boldsymbol{y}=Z\boldsymbol{\alpha}+\boldsymbol{\epsilon}$ 에 대하여 능형추정량

$$\hat{\boldsymbol{\alpha}}(k)=(Z'Z+kI)^{-1}Z'\boldsymbol{y}$$

가 사용될 때, 어떤 임의의 점 $\boldsymbol{z}'=\boldsymbol{x}'P$ 에서의 반응의 추정량

$$\hat{y}_k(\boldsymbol{z})=\boldsymbol{z}'\hat{\boldsymbol{\alpha}}(k)$$

를 생각하여 보자. 다음을 구하라.

(1) $Var[\hat{y}_k(\boldsymbol{z})]$ (2) $E[\hat{y}_k(\boldsymbol{z})]-\boldsymbol{z}'\boldsymbol{\alpha}$ (3) $MSE[\hat{y}_k(\boldsymbol{z})]$

17・11. 식 (17・26)의 주성분회귀추정량

$$\boldsymbol{b}_g=P_g\hat{\boldsymbol{\alpha}}_g$$

가 사용될 때 어떤 임의의 점 $\boldsymbol{x}$ 에서의 반응의 추정량

$$\hat{y}_g(\boldsymbol{x})=\boldsymbol{x}'\boldsymbol{b}_g$$

를 고려하여 보자. 다음을 구하라.

(1) $Var[\hat{y}_g(\boldsymbol{x})]$ (2) $E[\hat{y}_k(\boldsymbol{x})]-\boldsymbol{x}'\boldsymbol{\beta}$ (3) $MSE[\hat{y}_g(\boldsymbol{x})]$

18

비선형회귀

18·1 서 론

우리가 이제까지 다루어 온 모든 회귀모형은 선형모형(線型模型, linear model)이었으며, 선형이란 말은 모수에 대한 선형(linear in the parameters)이란 의미이다. 종속변수 y와 독립변수 $x_1, x_2, \cdots, x_k$ 간에

$$y = \beta_0 + \beta_1 w_1 + \beta_2 w_2 + \cdots + \beta_p w_p + \epsilon \qquad (18 \cdot 1)$$

이며, w_i는 독립변수들만의 함수라면 식 (18·1)은 선형모형이다. 우리가 다루어 온 중 선형회귀

$$y = \beta_0 + \sum \beta_i x_i + \epsilon$$

도 식 (18·1)의 형태이며, 2차 다항회귀

$$y = \beta_0 + \sum \beta_i x_i + \sum_i \sum_j \beta_{ij} x_i x_j + \epsilon$$

도 또한 선형모형이다. 더 나아가서

$$y = \beta_0 + \beta_1 \sin x_1 + \beta_2 \cos x_2 + \epsilon$$
$$y = \beta_0 + \beta_1 x_1 x_2 + \beta_2 \log x_1 + \epsilon$$

등도 선형모형이며, 모수의 추정은 중선형회귀에서 사용한 방법으로 쉽게 얻어진다.

실제로 y와 x_i들간의 함수관계가 선형이 아닌 경우도 허다하며, 이러한 모형을 비선형모형(非線型模型, nonlinear model)이라고 부른다. 비선형모형은 물론, 모수에 대하여 비선형(nonlinear in the parameters)의 관계가 있다. 예를 들어, 화학반응식이나 미분방정식의 해(solution)로 나타나는 방정식은 대부분 비선형모형의 형태를 취하고 있다. 예로

$$y = \exp(\theta_1 + \theta_2 x + \theta_3 x^2 + \epsilon) \tag{18・2}$$

$$y = \frac{\theta_3}{\theta_1 - \theta_2}[\exp(-\theta_1 x_1) + \exp(-\theta_2 x_2) - \exp(-\theta_3 x_3)] + \epsilon \tag{18・3}$$

은 θ_i를 모수라 할 때, 이 모수들에 대하여 비선형이다. 위에서도 ϵ은 오차항으로 $E(\epsilon) = 0$, $Var(\epsilon) = \sigma^2$을 가정하기로 한다.

위의 식 (18・2)와 (18・3)은 모두 비선형모형이나 근본적으로 차이가 있다. 식 (18・2)는 양쪽에 기본(base)이 e인 로그함수를 취하면

$$\ln y = \theta_1 + \theta_2 x + \theta_3 x^2 + \epsilon \tag{18・4}$$

으로 이 식은 θ_i에 대하여 선형모형이다. 이처럼 적절한 변환(transformation)을 취하여 선형으로 바꿀 수 있는 모형은 근본적으로 선형(intrinsically linear)이라 부른다. 이와는 달리, 식 (18・3)과 같이 어떠한 변환을 취하여도 선형으로 바꿀 수 없는 모형은 근본적으로 비선형(intrinsically nonlinear)이라고 부른다.

이 장에서 다루는 문제는, 근본적으로 비선형인 모형에 대하여 어떠한 방법으로 모수들을 추정하는가 하는 것이다.

18・2 최소제곱추정

독립변수 $\xi_1, \xi_2, \cdots, \xi_k$와 종속변수 y 간에 모수 $\theta_1, \theta_2, \cdots, \theta_p$에 대한 어떤 비선형모형

$$y = f(\xi_1, \xi_2, \cdots, \xi_k ; \theta_1, \theta_2, \cdots, \theta_p) + \epsilon \tag{18・5}$$

이 가정된다고 하자. 여기서 오차항은 서로 독립이며 $N(0, \sigma^2)$의 분포를 따른다고 한다. 만약, $\boldsymbol{\xi}'=(\xi_1, \xi_2, \cdots, \xi_k)$, $\boldsymbol{\theta}'=(\theta_1, \theta_2, \cdots, \theta_p)$로 나타내기로 하면 식 (18・5)는 간편하게

$$y = f(\boldsymbol{\xi}, \boldsymbol{\theta}) + \epsilon \tag{18・6}$$

으로 표현될 것이다.

변수 y, ξ_1, ξ_2, $\cdots$, ξ_k에 대한 n개의 측정값을

$$(y_j, \xi_{1j}, \xi_{2j}, \cdots, \xi_{kj}), \quad j=1, 2, \cdots, n$$

으로 표현하면, 식 (18・5)과 (18・6)은 각각

$$y_j = f(\xi_{1j}, \xi_{2j}, \cdots, \xi_{kj}\ ;\ \theta_1, \theta_2, \cdots, \theta_p) + \epsilon_j$$
$$y_j = f(\boldsymbol{\xi}_j, \boldsymbol{\theta}) + \epsilon_j \tag{18・7}$$

로 쓸 수 있다. $\boldsymbol{\epsilon}'=(\epsilon_1, \epsilon_2, \cdots, \epsilon_n)$에 대한 가정은 $\boldsymbol{\epsilon} \sim N(\mathbf{0}, I\sigma^2)$으로 쉽게 표현되며, 모형 (18・7)의 오차제곱합(error sum of squares)은

$$S(\boldsymbol{\theta}) = \sum_{j=1}^{n} [y_j - f(\boldsymbol{\xi}_j, \ \boldsymbol{\theta})]^2 \tag{18・8}$$

이다. 이 오차제곱합을 최소로 하는 $\boldsymbol{\theta}$의 추정값을 $\hat{\boldsymbol{\theta}}$으로 나타내면 $\hat{\boldsymbol{\theta}}$은 $\boldsymbol{\theta}$의 최소제곱오차값(least squares estimate)이다. 그리고, 이 때에 얻어지는 잔차제곱합(residual sum of squares) SSE는

$$S(\hat{\boldsymbol{\theta}}) = \sum_{j=1}^{n} [y_j - f(\boldsymbol{\xi}_j, \ \hat{\boldsymbol{\theta}})]^2 \tag{18・9}$$

이다.

최소제곱추정값 $\hat{\boldsymbol{\theta}}$을 구하기 위하여 식 (18・8)을 $\boldsymbol{\theta}$에 대하여 편미분하면 p개의 정규방정식(normal equations)

$$\sum_{j=1}^{n} [y_j - f(\boldsymbol{\xi}_j, \boldsymbol{\theta})] \left[\frac{\partial f(\boldsymbol{\xi}_j, \boldsymbol{\theta})}{\partial \theta_i} \right]_{\boldsymbol{\theta}=\hat{\boldsymbol{\theta}}} = 0, \quad i=1, 2, \cdots, p \tag{18・10}$$

이 얻어지며, 이를 $\hat{\boldsymbol{\theta}}$에 대한 연립방정식을 풀면 최소제곱추정값이 얻어진다. 만약, 함수

$f(\boldsymbol{\xi}_j, \boldsymbol{\theta})$가 θ_i 들에 대하여 선형이라면

$$\frac{\partial f(\boldsymbol{\xi}_j, \boldsymbol{\theta})}{\partial \theta_i}, \quad i=1, 2, \cdots, p$$

은 θ_i 들을 포함하지 않을 것이며, 식 (18・10)은 쉽게 풀어진다. 간단한 예로서,

$$f(\boldsymbol{\xi}_j, \boldsymbol{\theta}) = \theta_1\xi_{1j} + \theta_2\xi_{2j} + \cdots + \theta_p\xi_{pj}$$

라면

$$\frac{\partial f(\boldsymbol{\xi}_j, \boldsymbol{\theta})}{\partial \theta_i} = \xi_{ij}, \quad i=1, 2, \cdots, p$$

가 되어, θ_i 와는 완전히 무관한 것이 된다. 그러나, 함수 $f(\boldsymbol{\xi}_j, \boldsymbol{\theta})$가 θ_i 들에 대하여 비선형이라면 이의 θ_i 에 대한 편미분은 θ_i 들의 함수로서 나타내지며, 정규방정식 (18・10)은 일반적으로 간단하게 풀리지 않는 연립방정식이 된다. 예로서, $f(\boldsymbol{\xi}, \boldsymbol{\theta}) = \exp(\theta_1\xi_1 - \theta_2\xi_2)$이고, n 개의 측정값 $(y_j, \xi_{1j}, \xi_{2j})$, $j=1, 2, \cdots, n$이 있다 하자. 그러면

$$\frac{\partial f(\boldsymbol{\xi}, \boldsymbol{\theta})}{\partial \theta_1} = \xi_1 \exp(\theta_1\xi_1 - \theta_2\xi_2)$$

$$\frac{\partial f(\boldsymbol{\xi}, \boldsymbol{\theta})}{\partial \theta_2} = -\xi_2 \exp(\theta_1\xi_1 - \theta_2\xi_2)$$

이 되고, 이를 이용하여 정규방정식을 만들면 다음과 같다.

$$\sum_{j=1}^{n}[y_j - \exp(\hat{\theta}_1\xi_{1j} - \hat{\theta}_2\xi_{2j})][\xi_{1j}\exp(\hat{\theta}_1\xi_{1j} - \hat{\theta}_2\xi_{2j})] = 0$$

$$\sum_{j=1}^{n}[y_j - \exp(\hat{\theta}_1\xi_{1j} - \hat{\theta}_2\xi_{2j})][-\xi_{2j}\exp(\hat{\theta}_1\xi_{1j} - \hat{\theta}_2\xi_{2j})] = 0$$

이것은 $\hat{\theta}_1$ 과 $\hat{\theta}_2$ 에 대한 연립방정식이나 그 해를 구하기가 쉽지 않다. 계산이 일반적으로 대단히 복잡하므로 컴퓨터를 사용하여 최소제곱추정값을 구하는 몇 가지 방법이 알려져 있으며, 이들은 다음과 같다.

(1) 선형화법 (linearization method)

(2) 최대경사법(steepest descent method)

(3) 심플렉스탐사법(simplex search method)

위의 방법 이외에 선형화법과 최대경사법을 혼용하여 만들어진 Marquardt의 방법(참고문헌 (18・9))이 있고 비선형계획(nonlinear programming)에서 사용되는 각종의 방법(참고문헌 (18・1, 18・6)) 등이 있다. 위의 세 가지 기본적인 방법에 대하여 상세히 그 내용을 살펴보자.

18・3 선 형 화 법

선형화법(線型化法, linearization method)은 Taylor 급수전개(Taylor series expansion)를 이용하여 여러 단계에서 걸친 반복(iteration)을 통하여 이루어지는 방법이다. 가정된 모형이 식 (18・7)일 때에 모수 $\theta_1, \theta_2, \cdots, \theta_p$의 초기추정값(initial estimates)이 $\hat{\theta}_{10}$, $\hat{\theta}_{20}$, $\cdots$, $\hat{\theta}_{p0}$라고 하자. 이 초기추정값은 실험자가 임의로 추측하여 넣을 수도 있고, 과거의 자료로부터 대략적으로 짐작하여 정할 수도 있는 값이다. 함수 $f(\boldsymbol{\xi}_j, \boldsymbol{\theta})$를 $\hat{\boldsymbol{\theta}}_0' = (\hat{\theta}_{10}, \hat{\theta}_{20}, \cdots, \hat{\theta}_{p0})$을 중심으로 Taylor 급수전개를 하여 일차미분(first differentiation)까지만 사용하면

$$f(\boldsymbol{\xi}_j, \boldsymbol{\theta}) \fallingdotseq f(\boldsymbol{\xi}_j, \hat{\boldsymbol{\theta}}_0) + \sum_{i=1}^{p}\left[\frac{\partial f(\boldsymbol{\xi}_j, \boldsymbol{\theta})}{\partial \theta_i}\right]_{\boldsymbol{\theta}=\hat{\boldsymbol{\theta}}_0}(\theta_i - \hat{\theta}_{i0}) \qquad (18 \cdot 11)$$

이 된다. 여기에서

$$\begin{aligned} f_j^0 &= f(\xi_j, \hat{\boldsymbol{\theta}}_0) \\ \beta_i^0 &= \theta_i - \hat{\theta}_{i0} \\ w_{ij}^0 &= \left[\frac{\partial f(\boldsymbol{\xi}_j, \boldsymbol{\theta})}{\partial \theta_i}\right]_{\boldsymbol{\theta}=\hat{\boldsymbol{\theta}}_0} \end{aligned} \qquad (18 \cdot 12)$$

으로 놓으면 이 모형은

$$y_j - f_j^0 = \sum_{i=1}^{p} \beta_i^0 w_{ij}^0 + \epsilon_j \qquad (18 \cdot 13)$$

이 되어 식 (18・1)에서 취급된 선형모형이며, β_i^0의 추정은 중선형회귀에서 많이 취급된 최소제곱이론에 의하여 쉽게 구할 수 있다. 만약,

$$W_0 = \begin{bmatrix} w_{11}^0 & w_{21}^0 & \cdots & w_{p1}^0 \\ w_{12}^0 & w_{22}^0 & \cdots & w_{p2}^0 \\ \vdots & \vdots & & \vdots \\ w_{1n}^0 & w_{2n}^0 & \cdots & w_{pn}^0 \end{bmatrix} = (w_{ij}^0)$$

$$\boldsymbol{b}_0 = \begin{bmatrix} b_1^0 \\ b_2^0 \\ \vdots \\ b_p^0 \end{bmatrix} \qquad \boldsymbol{y}_0 = \begin{bmatrix} y_1 - f_1^0 \\ y_2 - f_2^0 \\ \vdots \quad \vdots \\ y_n - f_n^0 \end{bmatrix} = \boldsymbol{y} - \boldsymbol{f}^0$$

로 놓으면 $\boldsymbol{\beta}_0' = (\beta_1^0, \beta_2^0, \cdots, \beta_p^0)$의 최소제곱추정값은

$$\boldsymbol{b}_0 = (W_0' W_0)^{-1} W_0' (\boldsymbol{y} - \boldsymbol{f}^0) \tag{18・14}$$

에 의하여 구하여진다. 이 때 $\boldsymbol{b}_0$는 제곱합

$$SS(\boldsymbol{\theta}) = \sum_{j=1}^{n} [y_j - f(\boldsymbol{\xi}_j, \boldsymbol{\theta}_0) - \sum_{i=1}^{p} \beta_i^0 w_{ij}^0]^2 \tag{18・15}$$

을 최소로 하는 $\boldsymbol{\beta}_0$의 추정값이다. 즉, $\beta_i^0 = \theta_i - \hat{\theta}_{i0}$의 추정값이 b_i^0이다. 이제

$$\boldsymbol{b}_i^0 = \hat{\theta}_{i1} - \hat{\theta}_{i0}, \ \ i = 1, 2, \cdots, p$$

로 놓자. 그러면 $\hat{\theta}_{i1}$, $i = 1, 2, \cdots, p$는 θ의 수정된 최량추정값(revised best estimates)으로 간주할 수 있다. 독자는 식 (18・8)의 오차제곱합 $S(\boldsymbol{\theta})$와 식 (18・15)의 $SS(\boldsymbol{\theta})$를 구별하여 주기 바란다. $S(\boldsymbol{\theta})$는 비선형모형 $f(\boldsymbol{\xi}_j, \boldsymbol{\theta})$이 사용되었을 때의 제곱합이고, $SS(\boldsymbol{\theta})$는 Taylor 급수전개에 의하여 선형식으로 $f(\boldsymbol{\xi}_j, \boldsymbol{\theta})$를 대신했을 때 얻어지는 제곱합이다.

다음으로 수정된 추징값 $\hat{\theta}_{i1}$의 값들을 $\hat{\theta}_{i0}$의 자리에 바꾸어 놓고, 위와 똑같은 절차를 밟아 다시 새로이 수정된 최량추정값 $\hat{\theta}_{i2}$, $i = 1, 2, \cdots, p$를 구한다. 이와 같은 절차를 여러 번 반복하는 것인데, 이를 벡터로 나타내보면 다음과 같다.

$$\begin{aligned}\hat{\boldsymbol{\theta}}_{k+1} &= \hat{\boldsymbol{\theta}}_k + \boldsymbol{b}_k \\ &= \hat{\boldsymbol{\theta}}_k + (W_k' W_k)^{-1} W_k' (\boldsymbol{y} - \boldsymbol{f}^k)\end{aligned} \tag{18・16}$$

여기에서

$$W_k = (w_{ij}^k)$$
$$\boldsymbol{f}^k = (f_1^k, f_2^k, \cdots, f_n^k)'$$
$$\hat{\boldsymbol{\theta}}_k = (\hat{\theta}_{1k}, \hat{\theta}_{2k}, \cdots, \hat{\theta}_{pk})'$$

을 의미한다.

위와 같은 반복과정(interative process)을 계속해 가다가 해(solution)가 어떤 값에 수렴한다고 판단되면 반복과정을 중단하고, 마지막 단계에서 얻은 해를 모수 $\boldsymbol{\theta}$의 추정값으로 하는 것이다. 그 방법으로 만약 k번째와 $(k+1)$번째의 반복에서 얻은 $\hat{\boldsymbol{\theta}}_k$와 $\hat{\boldsymbol{\theta}}_{k+1}$ 간에

$$|(\hat{\theta}_{i(k+1)} - \hat{\theta}_{ik}) / \hat{\theta}_{ik}| < \delta, \quad i=1, 2, \cdots, p$$

가 모두 성립하면 $\hat{\theta}_{i(k+1)}$, $i=1, 2, \cdots, p$를 해로 하게 된다. 여기서 δ는 미리 선정된 대단히 작은 값으로 $\delta=10^{-7}$과 같은 값이 쓰인다. 그리고, 매 반복단계에서 $S(\hat{\boldsymbol{\theta}}_k)$를 계산하여, 이 값이 실제로 줄어들어 가는가를 검토하여 보는 것이 좋을 것이다.

위에서 설명된 계산작업은 수작업으로 하기에는 대단히 어려우며, 컴퓨터의 도움을 받아야 할 것이다. 컴퓨터를 사용하여 계산하는 프로그램을 짤 때에 한 가지 유의할 사항은 식 (18・12)에 있는

$$w_{ij}^0 = \left[\frac{\partial f(\boldsymbol{\xi}_j, \boldsymbol{\theta})}{\partial \theta_i}\right]_{\theta=\hat{\theta}_0}$$

과 같은 미분은 구하기가 힘드므로 이 대신에

$$w_{ij}^0 = \frac{f(\boldsymbol{\xi}_j, \hat{\theta}_{10}, \hat{\theta}_{20}, \cdots, \hat{\theta}_{i0}+h_i, \cdots, \hat{\theta}_{p0}) - f(\boldsymbol{\xi}_j, \hat{\theta}_{10}, \hat{\theta}_{20}, \cdots, \hat{\theta}_{p0})}{h_i}$$

을 사용하며, h_i는 양(positive)의 매우 작은 값이다.

이 선형화법은 대부분의 비선형모형의 추정에 있어서 좋은 결과를 주나, 경우에 따라서 해의 수렴(convergence)이 매우 느리게 일어나서 많은 반복을 하여야 할 때도 있고, 또 전혀 수렴하지 않는 경우도 있다. 그러나, 이런 비선형모형의 경우는 실제로 흔하지

않다. 선형화법에 관심이 있는 독자들은 참고문헌(18・2, 18・5, 18・7)을 공부하면 도움이 될 것이다.

다음의 예제는 참고문헌 (18・12)에 실려 있고, 참고문헌 (18・5)에서도 인용된 문제로 이 선형화법을 잘 설명하여 주고 있다.

〔예 18・1〕 어떤 제품 A가 제조시에 0.50(50%)에 해당하는 클로린(chlorine)을 포함하고 있다. 이 제품의 클로린함량은 시간이 지남에 따라 감소하고 있으며, 시간에 따라 감소하는 양의 함수관계를 데이터로 추정하고자 한다. 제품이 만들어진 후 8주 후부터 2주 간격으로 총 44개의 제품에 대하여 클로린함량을 측정하였더니 〈표 18・1〉과 같은 데이터가 얻어졌다. 시간 x와 클로린함량 y 사이에 비선형모형

〈표 18・1〉 클로린함량 데이터

x(제품이 만들어진 후 경과된 시간(주))	y(클로린함량)	$\bar{y}$	$E(y)$의 추정값($\hat{y}$)
8	0.49, 0.49	0.490	0.490
10	0.48, 0.47, 0.48, 0.47	0.475	0.472
12	0.46, 0.46, 0.45, 0.43	0.450	0.457
14	0.45, 0.43, 0.45	0.437	0.445
16	0.44, 0.43, 0.43	0.433	0.435
18	0.46, 0.45	0.455	0.427
20	0.42, 0.42, 0.43	0.423	0.420
22	0.41, 0.41, 0.40	0.407	0.415
24	0.42, 0.40, 0.40	0.407	0.410
26	0.41, 0.40, 0.41	0.407	0.407
28	0.41, 0.40	0.405	0.404
30	0.40, 0.40, 0.38	0.393	0.401
32	0.41, 0.40	0.405	0.399
34	0.40	0.400	0.397
36	0.41, 0.38	0.395	0.396
38	0.40, 0.40	0.400	0.395
40	0.39	0.390	0.394
42	0.39	0.390	0.393

$$y=\alpha+(0.49-\alpha)e^{-\beta(x-8)}+\epsilon$$

을 가정하고, 선형화법에 의하여 α 와 β 를 추정하고 추정식을 그림으로 그려 보아라.

풀이

가정된 비선형모형

$$f(\boldsymbol{\xi}_j,\boldsymbol{\theta})=f(x_j\,;\,\alpha,\beta)$$
$$=\alpha+(0.49-\alpha)e^{-\beta(x_j-8)}$$

을 선형화(linearize)시키기 위하여 일차미분을 구하면

$$\frac{\partial f}{\partial\alpha}=1-e^{-\beta(x_j-8)}$$

$$\frac{\partial f}{\partial\beta}=-(0.49-\alpha)(x_j-8)e^{-\beta(x_j-8)}$$

이 된다. 만약, $\hat{\alpha}_k$, $\hat{\beta}_k$ 를 k 번째 반복해서 얻어진 수정된 추정값(revised estimates)이라 한다면 k 번째 반복에서는

$$y_j-f_j^k=[1-e^{-\hat{\beta}_k(x_j-8)}](\alpha-\hat{\alpha}_k)+[-(0.49-\hat{\alpha}_k)(x_j-8)e^{-\hat{\beta}_k(x_j-8)}](\beta-\hat{\beta}_k)+\epsilon_j$$

와 같은 α 와 β 에 대한 선형모형이 된다. 이 모형을 행렬을 사용하여 바꾸어 보면

$$\boldsymbol{y}-\boldsymbol{f}^k=W_k\begin{bmatrix}\alpha-\hat{\alpha}_k\\ \beta-\hat{\beta}_k\end{bmatrix}+\boldsymbol{\epsilon}$$

가 되며, 여기서 $\boldsymbol{f}^k$ 와 W_k 는 각각 다음과 같다.

$$\boldsymbol{f}^k=\begin{bmatrix}\hat{\alpha}_k+(0.49-\hat{\alpha}_k)e^{-\hat{\beta}_k(x_1-8)}\\ \hat{\alpha}_k+(0.49-\hat{\alpha}_k)e^{-\hat{\beta}_k(x_2-8)}\\ \vdots\\ \hat{\alpha}_k+(0.49-\hat{\alpha}_k)e^{-\hat{\beta}_k(x_n-8)}\end{bmatrix}$$

$$W_k=\begin{bmatrix}1-e^{-\hat{\beta}_k(x_1-8)} & -(0.49-\hat{\alpha}_k)(x_1-8)e^{-\hat{\beta}_k(x_1-8)}\\ 1-e^{-\hat{\beta}_k(x_2-8)} & -(0.49-\hat{\alpha}_k)(x_2-8)e^{-\hat{\beta}_k(x_2-8)}\\ \vdots & \vdots\\ 1-e^{-\hat{\beta}_k(x_n-8)} & -(0.49-\hat{\alpha}_k)(x_n-8)e^{-\hat{\beta}_k(x_n-8)}\end{bmatrix}$$

추정하고자 하는 것은

$$\begin{bmatrix} \alpha-\hat{\alpha}_k \\ \beta-\hat{\beta}_k \end{bmatrix}$$

로서, 이의 추정값은 다음과 같이 주어진다.

$$\begin{bmatrix} \hat{\alpha}_{k+1}-\hat{\alpha}_k \\ \hat{\beta}_{k+1}-\hat{\beta}_k \end{bmatrix} = (W_k' W_k)^{-1} W_k' (\boldsymbol{y}-\boldsymbol{f}^k)$$

초기추정값(initial estimates)으로서 $\hat{\alpha}_0=0.30$ 과 $\hat{\beta}_0=0.02$ 를 사용하면 다음과 같은 결론이 얻어진다.

반 복	$\hat{\alpha}_k$	$\hat{\beta}_k$	$S(\hat{\alpha}_k, \hat{\beta}_k)$
0	0.3000	0.0200	0.0263
1	0.8416	0.1007	4.4881
2	0.3901	0.1004	0.0050
3	0.3901	0.1016	0.0050
4	0.3901	0.1016	0.0050

위의 표에서 보는 바와 같이, 세번째 반복에서 네번째 반복으로 넘어 갔을 때에는 $S(\hat{\alpha}, \hat{\beta})$의 감소가 없으며, α와 β의 추정값도 변하지 않았다. 따라서, $\hat{\alpha}=0.3901$, $\hat{\beta}=0.1016$ 으로 결론질 수 있다. 한 가지 유의할 사항은 첫번째 반복에서 $S(\hat{\alpha}, \hat{\beta})$의 값이 대폭적으로 증가하였다가 그 후에 감소하였으며, 이런 현상은 선형화법에서 자주 일어날 수 있다는 것이다.

추정된 방정식은

$$\begin{aligned} \hat{y} &= 0.3901+(0.49-0.3901)e^{-0.1016(x-8)} \\ &= 0.3901+0.0999e^{-0.1016(x-8)} \end{aligned}$$

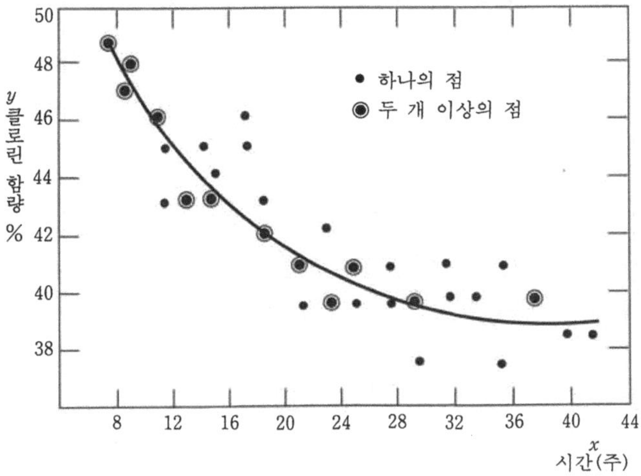

[그림 18·1] 산점도와 추정된 곡선

이다. 측정된 x의 값에서 $\hat{y}$을 구해 보면 〈표 18·1〉의 마지막 열과 같다. 그리고, 이 방정식을 데이터의 산점도 위에 그려 보면 [그림 18·1]과 같아진다.

18·4 최대경사법

최대경사법(最大傾斜法, steepest descent method 또는 steepest ascent method)은 함수 $f(\xi, \theta)$보다는 식 (18·8)에서 정의된 오차제곱합, $S(\theta)$을 최소로 하는 θ를 찾는 반복적인 계산 방법이다. 기본적인 개념은 초기점(initial point) $\hat{\theta}_0$에서 출발하여, 이 점에서부터 다음과 같은 벡터의 방향

$$-\left[\frac{\partial S(\boldsymbol{\theta})}{\partial \boldsymbol{\theta}}\right]'_{\theta=\hat{\theta}_0}=\left(\frac{-\partial S(\boldsymbol{\theta})}{\partial \theta_1},\ \frac{-\partial S(\boldsymbol{\theta})}{\partial \theta_2},\ \cdots,\ \frac{-\partial S(\boldsymbol{\theta})}{\partial \theta_p}\right)_{\theta=\hat{\theta}_0}$$

을 따라서 $S(\theta)$의 값이 최소로 감소될 때까지 따라가서 다음 점 $\hat{\theta}_1$을 잡고 다시 이 점에서 새로운 벡터의 방향

$$-\left[\frac{\partial S(\boldsymbol{\theta})}{\partial \boldsymbol{\theta}}\right]_{\theta=\hat{\theta}_1}$$

으로 옮겨가면서 $S(\boldsymbol{\theta})$가 최소가 되는 새로운 점 $\hat{\boldsymbol{\theta}}_2$를 찾아 준다. 이와 같이, 반복적으로 계산을 해 가면서 $S(\boldsymbol{\theta})$를 최소로 하는 점을 찾으려는 방법이 최대경사법이다.

실제의 계산과정에서는 함수의 미분을 구하는 것이 복잡하므로 미분을 하지 않고 주어진 점 $\hat{\boldsymbol{\theta}}_k$, $k=0, 1, 2, \cdots,$에서의 최대경사방향을 추정하는 방법을 많이 사용한다. 예로서 초기점 $\hat{\boldsymbol{\theta}}_0$에서, 최대경사방향 $-\left[\dfrac{\partial S(\boldsymbol{\theta})}{\partial \boldsymbol{\theta}}\right]_{\theta=\hat{\theta}_0}$의 추정은 다음과 같이 행한다. 먼저 $\hat{\boldsymbol{\theta}}_0$ 근처에서 2^p(또는 이것의 일부)개의 $\boldsymbol{\theta}$의 점을 선택하고, 이 점들에서 $S(\boldsymbol{\theta})$를 구한다. 이것을 $S(\boldsymbol{\theta})$의 측정값이라 하고. $\boldsymbol{\theta}'=(\theta_1, \theta_2, \cdots, \theta_p)$를 독립변수로 하는 모형

$$(S(\boldsymbol{\theta})\text{의 측정값}) = \beta_0+\sum_{i=1}^{p}\beta_i\theta_i+\epsilon \qquad (18 \cdot 17)$$

을 만들어 선형회귀분석에 의하여 β_i들을 추정하고, 이 추정값을 b_i라고 한다. 그러면

$$\boldsymbol{b}' = (b_1, b_2, \cdots, b_p)$$

의 방향은 $S(\boldsymbol{\theta})$를 가장 빠르게 증가시키는 방향이 되고, 이의 반대방향

$$-\boldsymbol{b}' = (-b_1, -b_2, \cdots, -b_p)$$

가 $S(\boldsymbol{\theta})$를 가장 빠르게 감소시키는 방향이 된다. 즉

$$-\left[\frac{\partial S(\boldsymbol{\theta})}{\partial \boldsymbol{\theta}}\right]_{\theta=\hat{\theta}_0} \fallingdotseq -\boldsymbol{b}$$

로 놓고 $\hat{\boldsymbol{\theta}}_0$에서 최대경사방향을 선택한다. 이 경사방향으로 한없이 따라갈 수는 없으므로, 어떤 상수 λ를 미리 정하여

$$\theta_i = -\lambda b_i, \quad i=1, 2, \cdots, p$$

를 만족시키는 점 $(\theta_1, \theta_2, \cdots, \theta_p)$까지만 가게 하고, 이 점에서 다시 2^p(또는 이것의 일부)개의 점을 택하여 다시 선형회귀를 적합시켜 방향을 수정하여 준다. 이런 계산작업을 반복하여 가면서 결국 $S(\boldsymbol{\theta})$를 최소로 하는 $\hat{\boldsymbol{\theta}}$의 값을 찾도록 하는 것이다.

경사가 완만하여지기 시작하여 b_i의 값들이 충분히 크지 않다고 판정되면, 이미 $S(\boldsymbol{\theta})$를 최소로 하는 최소점 $\boldsymbol{\theta}^*$의 근처에 왔다고 생각하여, 이 근처에는 $\boldsymbol{\theta}^*$를 찾기 위하

여 θ_i 들의 이차다항회귀식

$$(S(\boldsymbol{\theta})\text{의 측정값}) = \beta_0+\sum_{i=1}^{p}\beta_i\theta_i+\sum_{i\le j}^{p}\beta_{ij}\theta_i\theta_j+\epsilon \qquad (18\cdot 18)$$

을 적합시켜서 $\boldsymbol{\theta}^*$ 를 찾는 것이 바람직할 것이다. 추정된 이차다항회귀로부터 $\boldsymbol{\theta}^*$ 를 찾는 방법은 13 장의 반응표면분석에 상세히 설명되어 있다.

마지막으로, $p=2$ 인 간단한 경우에 대하여 모형 (18・17)을 적합시켜 최대경사방향

$$-\boldsymbol{b}=\begin{bmatrix}-b_1\\-b_2\end{bmatrix}$$

을 찾아내는 방법을 설명하여 보자. 여기서는 초기점 $\hat{\boldsymbol{\theta}}_0'=(\hat{\theta}_{10},\ \hat{\theta}_{20})$에 대하여서만 다루지만, 계산과정에서 순차적으로 얻어지는 다음의 점들 $\hat{\boldsymbol{\theta}}_1, \hat{\boldsymbol{\theta}}_2, \cdots$ 에 대하여도 같은 방법이 적용될 것이다.

초기점 $\boldsymbol{\theta}_0$를 θ_1과 θ_2축의 원점으로 하고, 이 주위에 [그림 18・2]와 같이 네 개의 점 $(1,1)$, $(1,-1)$, $(-1,1)$, $(-1,-1)$에서 $S(\boldsymbol{\theta})$를 계산(또는 측정)한다. 이 값들을 차례로 y_1, y_2, y_3, y_4 라 하자. 그러면 모형

$$y_i = \beta_0+\beta_1\theta_1+\beta_2\theta_2+\epsilon_i$$

에서 β_1과 β_2의 추정값인 b_1과 b_2는 다음과 같이 얻어진다.

$$\begin{bmatrix}b_0\\b_1\\b_2\end{bmatrix}=(X'X)^{-1}X'\boldsymbol{y}=\begin{bmatrix}(y_1+y_2+y_3+y_4)/4\\(y_1+y_2-y_3-y_4)/4\\(y_1-y_2+y_3-y_4)/4\end{bmatrix}$$

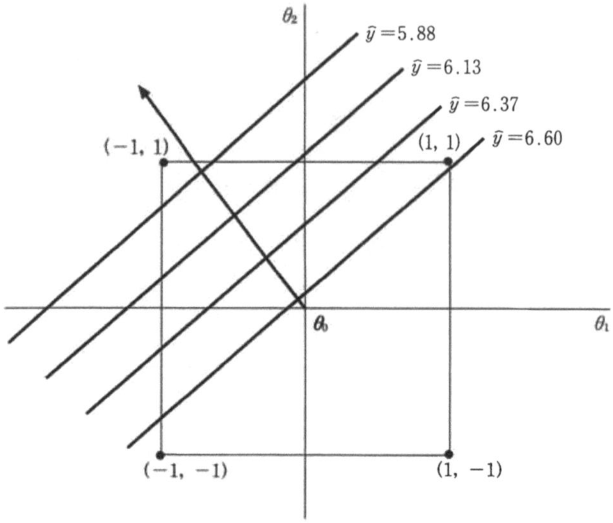

[그림 18・2] 최대경사방향

여기에서 X와 $\boldsymbol{y}$는 각각

$$X = \begin{pmatrix} 1 & 1 & 1 \\ 1 & 1 & -1 \\ 1 & -1 & 1 \\ 1 & -1 & -1 \end{pmatrix} \qquad \boldsymbol{y} = \begin{pmatrix} y_1 \\ y_2 \\ y_3 \\ y_4 \end{pmatrix}$$

이다.

만약, $y_1=7.0$, $y_2=5.4$, $y_3=7.1$, $y_4=6.9$ 라면, 추정식은

$$\hat{y} = 6.60+0.40\theta_1-0.45\theta_2$$

가 되며, 최대경사방향은

$$-\boldsymbol{b} = \begin{pmatrix} -b_1 \\ -b_2 \end{pmatrix} = \begin{pmatrix} -0.40 \\ 0.45 \end{pmatrix}$$

로 [그림 18・2]에서 화살표방향이다. 또한 이 화살표방향은 $\hat{y}$의 등고선에 직교하는 방향이기도 하다.

최대경사법에 관한 단편적인 설명이 참고문헌 (18·3), (18·4), (18·8)에 실려 있으니, 독자들은 참조하여 주기 바란다.

18·5 심플렉스탐사법

이 방법은 Spendley, Hext 와 Himsworth(18·13)에 의하여 개발된 방법으로, 함수의 최소값(또는 최대값)을 찾기 위하여 함수의 미분을 구할 필요가 없는 방법으로, 컴퓨터의 발달과 더불어 최근에 많이 사용되는 계산 방법이다. 다른 최적화수법(最適化手法, optimization methods)들이 원칙적으로 함수의 미분을 요구하는 것이 많으므로, 미분이 구하기 힘들거나 불가능한 경우에는 사용될 수 없다.

심플렉스탐사법(심플렉스探査法, simplex search method)에 대한 연구가 많아짐에 따라 여러 가지 계산 방법이 제안되었으며, 그 중 기본적인 세 가지 방법을 들면 다음과 같다.

(1) 정규심플렉스탐사법(regular simplex search method)

(2) 비정규심플렉스탐사법(non-regular simplex search method)

(3) 수정된 정규심플렉스탐사법(revised regular simplex search method)

이 책에서는 Spendley, Hext 와 Himsworh(18·13)가 제안한 정규심플렉스탐사법을 자세히 살펴보기로 하고, 기타 방법은 그 차이점만을 제시하기로 하겠다.

18·5·1 정규심플렉스탐사법

최소로 하는 오차제곱합 $S(\boldsymbol{\theta})$가 $\boldsymbol{\theta}'=(\theta_1, \theta_2, \cdots, \theta_p)$의 함수이며, 우리는 $S(\boldsymbol{\theta})$를 최소로 하는 $\boldsymbol{\theta}^*$를 찾는 것이 목적이다. 먼저 $\boldsymbol{\theta}$의 p차원 좌표상에서 $p+1$개의 좌표를 갖는 정삼각형 또는 정다면체를 생각하여 보자. 만약, $p=2$이면 세 점을 갖는 정삼각형이 되며 $p=3$이면 네 점을 갖는 정사면체가 된다. 이와 같은 것을 정규심플렉스(regular simplex) 또는 간단히 심플렉스(simplex)라고 부른다.

정규심플렉스탐사법의 기본적인 원리는 $p+1$개의 좌표에서 각각 $S(\boldsymbol{\theta})$를 구하고, 이 중에서 가장 큰 값을 갖는 좌표를 버리고 새로운 좌표를 대체시켜서 새로운 심플렉스를 형성하고, 다시 심플렉스의 좌표들에서 $S(\boldsymbol{\theta})$를 구하고 이를 비교하고, $S(\boldsymbol{\theta})$를 가장 크게 하는 좌표를 찾아 이를 버리고 새로운 좌표를 구하여 이에 대체시켜 나간다. 이와 같이 심플렉스를 서서히 움직여 가면서 $S(\boldsymbol{\theta})$를 작게 하는 쪽으로 옮겨가게 된다. 만약, 심플렉스가 움직이지 않고 똑같은 좌표들을 갖는 심플렉스가 반복된다면 심플렉스의 크기를 줄여서 다시 계산하여 간다. 이와 같은 과정을 계속하다 보면 결국은 $S(\boldsymbol{\theta})$를 최소로 하는 $\boldsymbol{\theta}^*$를 찾을 수 있게 된다.

이 방법은 $S(\boldsymbol{\theta})$가 $\boldsymbol{\theta}$에 대하여 단봉형태(單峰形態, unimodal form)인 경우에 효율적이며, 특히 초기심플렉스(initial simplex)를 잘 잡아주면 매우 좋은 방법이 된다. 구체적으로 그 계산 절차를 살펴보자.

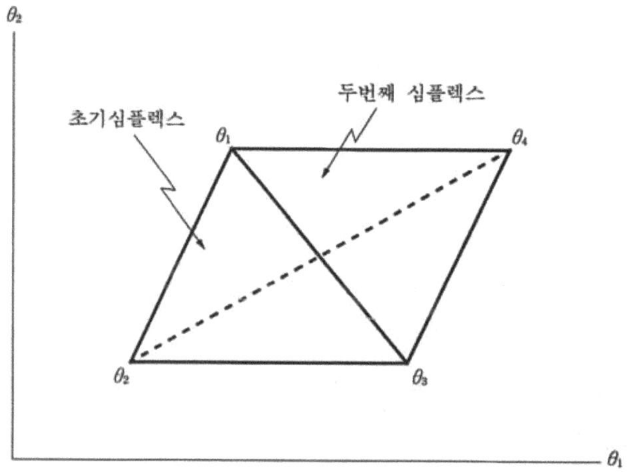

[그림 18·3] 심플렉스의 이동

먼저 2차원($p=2$)을 살펴보자. 초기심플렉스를 [그림 18·3]과 같이 $\boldsymbol{\theta}_1$, $\boldsymbol{\theta}_2$, $\boldsymbol{\theta}_3$라고 하자. 이들 좌표에서 $S(\boldsymbol{\theta}_1)$, $S(\boldsymbol{\theta}_2)$, $S(\boldsymbol{\theta}_3)$를 각각 구하여 비교하였더니 $S(\boldsymbol{\theta}_2)$가 최대라고 하자. 그러면 $\boldsymbol{\theta}_2$를 버리고 새로운 좌표

$$\boldsymbol{\theta}_4 = \boldsymbol{\theta}_1 + \boldsymbol{\theta}_3 - \boldsymbol{\theta}_2$$

를 구하여 좌표 $\boldsymbol{\theta}_1$, $\boldsymbol{\theta}_3$, $\boldsymbol{\theta}_4$를 갖는 두번째 심플렉스를 형성한다. 이렇게 심플렉스를 이동시키는 이유는 $S(\boldsymbol{\theta}_2)$가 가장 큰 값이었으므로, $S(\boldsymbol{\theta})$를 최소로 하는 $\boldsymbol{\theta}^*$가 $\boldsymbol{\theta}_1$과 $\boldsymbol{\theta}_3$ 방향 쪽으로 있을 것이라고 예상하기 때문이다.

새로운 심플렉스도 정삼각형이며, 세 좌표 $\boldsymbol{\theta}_1$, $\boldsymbol{\theta}_3$, $\boldsymbol{\theta}_4$에서 $S(\boldsymbol{\theta})$를 구하여 비교한 후 $S(\boldsymbol{\theta})$를 가장 크게 하는 것을 구한다. 만약, 이것이 $\boldsymbol{\theta}_3$라면 새로운 좌표는

$$\boldsymbol{\theta}_5 = \boldsymbol{\theta}_1 + \boldsymbol{\theta}_4 - \boldsymbol{\theta}_3$$

이 되며, 세 점 $\boldsymbol{\theta}_1$, $\boldsymbol{\theta}_4$, $\boldsymbol{\theta}_5$는 세번째 심플렉스를 형성하게 된다.

일반적으로 p차원에서 각 심플렉스의 좌표를 $\boldsymbol{\theta}_1$, $\boldsymbol{\theta}_2$, $\cdots$, $\boldsymbol{\theta}_{p+1}$이라고 하면, 새로운 좌표는 $\boldsymbol{\theta}_q$를 버리는 것이라고 할 때

$$\boldsymbol{\theta}_{p+2} = \frac{2}{p}(\boldsymbol{\theta}_1 + \boldsymbol{\theta}_2 + \cdots + \boldsymbol{\theta}_{q-1} + \boldsymbol{\theta}_{q+1} + \cdots + \boldsymbol{\theta}_{p+1}) - \boldsymbol{\theta}_q \qquad (18 \cdot 19)$$

로 구해지며, 이는 $\boldsymbol{\theta}_q$에서 대칭이동(對稱移動, reflection)된 좌표이다. 또한 심플렉스는 정다각형이므로, 하나의 꼭지점(좌표)가 $\boldsymbol{\theta}' = (\theta_1, \theta_2, \cdots, \theta_p)$라면 다른 p개의 꼭지점은 다음 D행렬의 각 행(row)이 된다.

$$D = \begin{bmatrix} \theta_1 & \theta_2 & \theta_3 & \cdots & \theta_p \\ \theta_1 + c\alpha & \theta_2 + c\beta & \theta_3 + c\beta & \cdots & \theta_p + c\beta \\ \theta_1 + c\beta & \theta_2 + c\alpha & \theta_3 + c\beta & \cdots & \theta_p + c\beta \\ \theta_1 + c\beta & \theta_2 + c\beta & \theta_3 + c\alpha & \cdots & \theta_p + c\beta \\ \vdots & \vdots & \vdots & & \vdots \\ \theta_1 + c\beta & \theta_2 + c\beta & \theta_3 + c\beta & \cdots & \theta_p + c\alpha \end{bmatrix} \qquad (18 \cdot 20)$$

여기에서 α와 β는 각각

$$\alpha = \frac{1}{\sqrt{2}\,p}[(p-1) + \sqrt{p+1}]$$

$$\beta = \frac{1}{\sqrt{2}\,p}[\sqrt{p+1} - 1]$$

이고, c는 심플렉스의 크기를 정하는 스칼라(scalar)이다.

다음으로, [그림 18・3]과 같이 심플렉스를 옮겨 가면서 최소점 $\boldsymbol{\theta}^*$ 근처에 오게 되면 똑같은 심플렉스가 다시 반복되게 된다. 이를 극복하기 위하여 한 좌표가 심플렉스에 남아서 쓰여지게 되는 횟수의 제한을 $1.65p + 0.05p^2$을 넘는 가장 작은 정수로 하였다.

만약, $p=2$ 이면 이 값은 4가 된다. 그리고, 하나의 좌표가 심플렉스에 남아 있는 횟수가 이 값을 넘으면, 즉시 이 좌표를 중심으로 해서 심플렉스의 크기를 $\frac{1}{2}$ 또는 $\frac{1}{10}$ 등으로 축소시킨다. 즉, D 행렬의 c 의 값을 $\frac{1}{2}c$ 또는 $\frac{1}{10}c$ 로 한다. 이렇게 축소시킨 후 다시 계속하여 심플렉스 계산작업을 계속하여 나간다.

계산과정을 중단하여 $\boldsymbol{\theta}^*$ 를 찾기 위해서는 다음과 같은 방법을 사용한다. 만약, 각 좌표에서 구해진 함수값, $S(\boldsymbol{\theta})$의 표준편차가 주어진 어떤 상수 ϵ 보다 작아지면, 이 과정은 끝을 맺고 함수값 $S(\boldsymbol{\theta})$ 중에서 가장 작은 값을 주는 $\boldsymbol{\theta}$가 $\boldsymbol{\theta}^*$ 가 되는 것이다. 즉, i 번째 좌표에서의 함수값을 y_i 라고 한다면 $y_1, y_2, \cdots, y_{p+1}$ 의 표준편차는

$$\sqrt{\sum_{i=1}^{p+1}(y_i-\bar{y})^2/p}$$

이며, 여기서 $\bar{y}$ 는 y_i 들의 평균이다. 이 표준편차가 ϵ 보다 작아지면 모든 계산은 끝이 나는 것이다.

간단한 예제를 들어 보기로 하자.

〔예 18・2〕 $\boldsymbol{\theta}'=(\theta_1, \theta_2, \theta_3)$의 함수가

$$\begin{aligned} S(\boldsymbol{\theta}) = & -10.1657+1.1038\theta_1-0.0872\theta_2-1.0206\theta_3 \\ & +0.7602\theta_1^2+1.4300\theta_2^2+1.1491\theta_3^2 \\ & +0.3500\theta_1\theta_2+0.500\theta_1\theta_3-0.1500\theta_2\theta_3 \end{aligned}$$

으로 주어졌다고 하자. $S(\boldsymbol{\theta})$를 최소로 하는 $\boldsymbol{\theta}^*=(\theta_1^*, \theta_2^*, \theta_3^*)'$ 을 찾아라. 심플렉스탐사법을 사용하고 $\epsilon=0.001$ 로 하여라.

풀이

정규심플렉스탐사법을 사용하기로 하고, 초기점은 $\boldsymbol{\theta}'=(-2, -2, -2)$로 잡아주고 심플렉스의 크기도 한 변의 길이를 1로 하여 주려면 $c=1$ 로 잡아주면 된다. 그러면 초기 심플렉스의 네 개의 좌표는 식 (18・20)의 D 행렬을 구하면 된다. 여기서 $p=3$ 이므로

$$\alpha=\frac{1}{\sqrt{2}\cdot 3}[(3-1)+\sqrt{4}]=0.94281$$

$$\beta=\frac{1}{\sqrt{2}\cdot 3}[\sqrt{4}-1]=0.23570$$

이며, 따라서

$$D=\begin{bmatrix} -2 & -2 & -2 \\ -1.05719 & -1.76430 & -1.76430 \\ -1.76430 & -1.05719 & -1.76430 \\ -1.76430 & -1.76430 & -1.05719 \end{bmatrix}=\begin{bmatrix} \boldsymbol{\theta}_1' \\ \boldsymbol{\theta}_2' \\ \boldsymbol{\theta}_3' \\ \boldsymbol{\theta}_4' \end{bmatrix}$$

이 된다. 위의 네 점에서 각각 $S(\boldsymbol{\theta})$를 계산하여 보면 $\boldsymbol{\theta}_1'=(-2,\ -2,\ -2)$에서 최대가 되며, 따라서 $\boldsymbol{\theta}_1$을 버리고 이를 대칭이동시켜야 한다. 대칭이동된 새로운 점 $\boldsymbol{\theta}_5$는 식 (18·19)에 의하여

$$\boldsymbol{\theta}_5=\frac{2}{3}(\boldsymbol{\theta}_2+\boldsymbol{\theta}_3+\boldsymbol{\theta}_4)-\boldsymbol{\theta}_1=\begin{bmatrix} -1.05719 \\ -1.05719 \\ -1.05719 \end{bmatrix}$$

이 되며, 두번째 심플렉스의 좌표는 $\boldsymbol{\theta}_2, \boldsymbol{\theta}_3, \boldsymbol{\theta}_4, \boldsymbol{\theta}_5$가 된다. 이처럼 계속하여 심플렉스를 움직여 가면서 $\boldsymbol{\theta}^*$의 방향으로 접근한다. 한 좌표가 심플렉스에 남아서 쓰여지게 되는 횟수를 6으로 하고 심플렉스를 축소시킬 때는 반으로 줄인다. 이와 같은 절차를 계속하여 따라가면 심플렉스가 41번째에 가서 계산을 중단하게 되며, 이 때에 $\boldsymbol{\theta}^*$의 추정값은

$$\boldsymbol{\theta}^*=\begin{bmatrix} -0.98720 \\ 0.18313 \\ 0.67208 \end{bmatrix}$$

이 되고, 이 점에서 $S(\boldsymbol{\theta})$의 값은 -11.06290이 된다. 여기서는 ϵ의 값을 0.001을 사용하였는데 만약 ϵ을 매우 작게 한다면 더 정확한 점을 얻을 수 있을 것이다. 그러나, 많은 양의 계산작업을 거쳐야 한다는 문제점을 가지고 있다.

18·5·2 비정규심플렉스탐사법

이 방법은 Nelder와 Mead(18·10)가 정규심플렉스탐사법을 약간 수정하여 만든 방법으로 사용되는 심플렉스가 정다각형 또는 정다면체를 반드시 이루지는 않기 때문에 비정규심플렉스탐사법(非正規심플렉스探査法, non-regular simplex search method)이라고 이름

을 붙였다. 심플렉스의 좌표를 $\boldsymbol{\theta}_1$, $\boldsymbol{\theta}_2$, …, $\boldsymbol{\theta}_{p+1}$ 라 하고, $\boldsymbol{\theta}_q$ 에서 $S(\boldsymbol{\theta})$가 최대값을 가졌다고 하자. 정규심플렉스탐사법에서는

$$\boldsymbol{\theta}_C = \frac{1}{p}(\boldsymbol{\theta}_1 + \boldsymbol{\theta}_2 + \cdots + \boldsymbol{\theta}_{q-1} + \boldsymbol{\theta}_{q+1} + \cdots + \boldsymbol{\theta}_{p+1})$$

라 놓을 때, 새로운 좌표는 식 (18·19)에 의하여

$$\boldsymbol{\theta}_{p+2} = 2\boldsymbol{\theta}_C - \boldsymbol{\theta}_q$$

와 같이 계산되었다. 그러나, Nelder 와 Mead(18·10)는

$$\boldsymbol{\theta}_{p+2} = (1+d)\,\boldsymbol{\theta}_C - d\boldsymbol{\theta}_q, \quad d>0$$

의 공식을 사용하였다. 여기서 만약 $d=1$ 이면 정규심플렉스탐사법과 일치한다. d 의 크기의 결정은 일단 $d=1$ 로 하여 $\boldsymbol{\theta}_{p+2}$ 를 얻은 후에 $S(\boldsymbol{\theta}_{p+2})$의 값이

$$S(\boldsymbol{\theta}_{p+2}) < S(\boldsymbol{\theta}_i), \quad i=1, 2, \cdots, p+1$$

이면, $\boldsymbol{\theta}_{p+2}$ 의 방향으로 많이 가는 것이 좋으므로 $d>1$ 로 잡아 준다. 만약

$$S(\boldsymbol{\theta}_{p+2}) > S(\boldsymbol{\theta}_i), \quad i=1, 2, \cdots, p+1$$

이면, $\boldsymbol{\theta}_{p+2}$ 의 방향으로 나아가는 것이 바람직하지 않으므로 d 의 값을 $0<d<1$ 로 취해준다. 만약, 위의 두 경우가 모두 아닌 경우에는 $d=1$ 이 무난할 것이다.

계산경험에 의하면, 사용되어지는 심플렉스의 수는 정규심플렉스탐사법에 비하여 적어지나 하나의 심플렉스를 형성할 때 더 많은 계산이 필요하다. Olsson 과 Nelson(18·11)은 비정규심플렉스탐사법이 총괄적으로 볼 때 적은 계산작업이 든다고 주장하고 있다.

18·5·3 수정된 정규심플렉스탐사법

이 방법은 정규심플렉스탐사법과 거의 같으나, 단 하나의 차이점은 정규심플렉스탐사법에서는 좌표들 중에서 $S(\boldsymbol{\theta})$를 가장 크게 하는 하나의 점만을 선택하여, 이를 대칭이동시켜 새로운 심플렉스를 만들었으나, 이 수정된 방법에서는 $S(\boldsymbol{\theta})$를 크게 하는 하나 이상의 좌표를 택할 수 있게 하고, 이 좌표들을 모두 이동시켜 새로운 심플렉스를 만드는 것

이다. 이동시킬 좌표들을 '나쁜 그룹'이라 부르고, 심플렉스에 남아 있는 좌표들은 '좋은 그룹'이라고 하자. 그러면 '나쁜 그룹'을 선정하는 방법은 다음의 절차를 사용한다.

(1) $S(\boldsymbol{\theta})$의 값을 큰 순서대로 나열한다.

(2) 먼저 제일 큰 값을 '나쁜 그룹', 나머지들을 '좋은 그룹'으로 하여 각 그룹의 평균을 내서 그 차이를 구한다. 그 다음 가장 큰 두 개를 '나쁜 그룹'에 넣고, 나머지는 '좋은 그룹'에 넣어서, 각 그룹의 평균차를 구한다. 이 과정을 계속하여 반복한다.

(3) '나쁜 그룹'과 '좋은 그룹' 간의 평균차가 가장 큰 것을 골라, 이것을 최종적으로 선정된 '나쁜 그룹'과 '좋은 그룹'으로 한다.

다음으로 '나쁜 그룹'을 버리고 새로운 좌표를 찾는 방법은 다음과 같다. 만약, 심플렉스 $\boldsymbol{\theta}_1$, $\boldsymbol{\theta}_2$, $\cdots$, $\boldsymbol{\theta}_{p+1}$의 점들이 있고, 이 중에서 $\boldsymbol{\theta}_1$과 $\boldsymbol{\theta}_2$가 '나쁜 그룹'이라고 하자. 그러면 새로운 두 개의 점 $\boldsymbol{\theta}_{p+2}$와 $\boldsymbol{\theta}_{p+3}$는 다음과 같이 결정된다.

$$\boldsymbol{\theta}_{p+2}=\frac{2}{p-1}(\boldsymbol{\theta}_3+\boldsymbol{\theta}_4+\cdots+\boldsymbol{\theta}_{p+1})-\boldsymbol{\theta}_1$$

$$\boldsymbol{\theta}_{p+3}=\frac{2}{p-1}(\boldsymbol{\theta}_3+\boldsymbol{\theta}_4+\cdots+\boldsymbol{\theta}_{p+1})-\boldsymbol{\theta}_2$$

즉,

(새로운 좌표) = 2('좋은 그룹'의 좌표들의 평균) − ('나쁜 그룹'의 좌표)와 같은 공식으로 이루어진다.

이 방법은 심플렉스를 최소점 $\boldsymbol{\theta}^*$로 빨리 이동시키므로, 결과적으로 적은 수의 심플렉스를 탐사하게 되나, 각 심플렉스에서 많은 계산이 요구되는 단점이 있다. 그러나, 이 방법이 정규심플렉스탐사법보다 전반적으로 계산이 적게 든다고 생각되어진다.

〔예 18·3〕 다음과 같이 세 점 $\boldsymbol{\theta}_1$, $\boldsymbol{\theta}_2$, $\boldsymbol{\theta}_3$에서 $S(\boldsymbol{\theta})$가 얻어졌다.

심플렉스좌표	θ_1	θ_2	$S(\boldsymbol{\theta})$
$\boldsymbol{\theta}_1$	0.20	1.14	76.04
$\boldsymbol{\theta}_2$	0.25	1.14	78.21
$\boldsymbol{\theta}_3$	0.225	1.17	78.33

수정된 심플렉스탐사법에 의하여 다음 단계의 심플렉스를 구하고, 이를 도시하여라.

풀이

$S(\boldsymbol{\theta})$의 크기순으로 나열하면 $S(\boldsymbol{\theta}_3) > S(\boldsymbol{\theta}_2) > S(\boldsymbol{\theta}_1)$이며, 평균차는

$$S(\boldsymbol{\theta}_3) - \frac{S(\boldsymbol{\theta}_2) + S(\boldsymbol{\theta}_1)}{2} = 78.33 - \frac{78.21 + 76.04}{2} = 1.205$$

$$\frac{S(\boldsymbol{\theta}_3) + S(\boldsymbol{\theta}_2)}{2} - S(\boldsymbol{\theta}_1) = \frac{78.33 + 78.21}{2} - 76.04 = 2.23$$

이므로 $\boldsymbol{\theta}_2$와 $\boldsymbol{\theta}_3$가 '나쁜 그룹'에 속하고, $\boldsymbol{\theta}_1$만이 '좋은 그룹'에 속해 있다. 따라서, $\boldsymbol{\theta}_2$에 대응되는 새로운 좌표는

$$\boldsymbol{\theta}_4 = 2\begin{pmatrix} 0.20 \\ 1.14 \end{pmatrix} - \begin{pmatrix} 0.25 \\ 1.14 \end{pmatrix} = \begin{pmatrix} 0.15 \\ 1.14 \end{pmatrix}$$

이고, $\boldsymbol{\theta}_3$에 대응되는 새로운 좌표는

$$\boldsymbol{\theta}_5 = 2\begin{pmatrix} 0.20 \\ 1.14 \end{pmatrix} - \begin{pmatrix} 0.225 \\ 1.17 \end{pmatrix} = \begin{pmatrix} 0.175 \\ 1.11 \end{pmatrix}$$

이 된다. 이를 도시하면 [그림 18·4]와 같다.

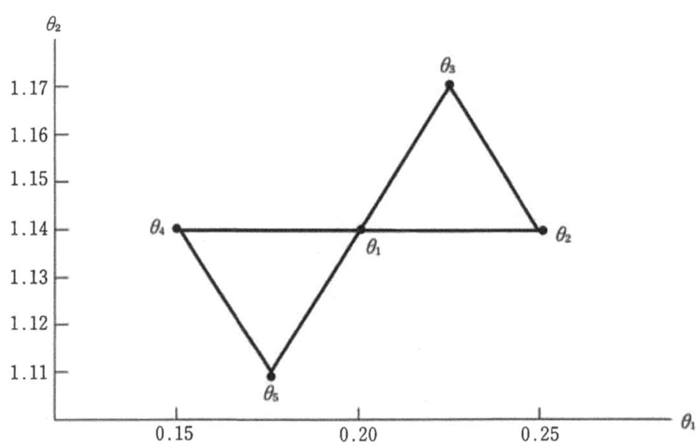

[그림 18·4] 수정된 정규심플렉스탐사법의 심플렉스이동

▶ 참 고 문 헌 ◀

18 · 1. Bazaraa, M. S. and Shetty, C. M. : *Nonlinear Programming*, New York, John Wiley & Sons, 1979.

18 · 2. Booth, G. W. and Peterson, T. L. : "Non-linear programming," *I. B. M. Share Program Pa.*, No. 687 WLNL1, 1958.

18 · 3. Box, G. E. P. and Coutie, G. A. : "Application of digital computers in the exploration of functional relationships," *Proc. Inst. Elec. Engs.*, Vol. 103, Part B, Supplement no. 1, pp. 100～107, 1956.

18 · 4. Davies, O. L. : *The Design and Analysis of Industrial Experiments*, Oliver and Boyd, London and Edinburgh, 1960.

18 · 5. Draper, N. R. and Smith H. : *Applied Regression Analysis*, New York, John Wiley & Sons, 1966.

18 · 6. Hadley, G. : *Nonlinear and Dynamic Programming*, Massachusetts, Addition-Wesley, 1964.

18 · 7. Hartley, H. O. : "The modified Gauss-Newton method for the fitting of nonlinear regression functions by least squares," *Technometrics*, Vol. 3, pp. 269～280, 1961.

18 · 8. Hicks, C. R. : *Fundamental Concepts in the Design of Experiments*, New York, Holt, Rinehart and Winston, 1964.

18·9. Marquardt, D. W. : "An algorithm for least squares estimation of non-linear parameters," *J. Soc. Ind. Appl. Math.*, Vol. 2, pp. 431～441, 1963.

18 · 10. Nelder, J. A. and Mead, R. : "A simplex method for function minimization," *Computer Journal*, Vol. 7, pp. 308～313, 1965.

18 · 11. Olsson, D. M. and Nelson, L. S. : "The Nelder-Mead simplex procedure for function minimization," *Technometrics*, Vol. 17, pp. 45～51, 1975.

18 · 12. Smith, H. and Dubey, S. D. : "Some reliability problems in the chemical industry," *Industrial Quality Contol*, Vol. 22, pp. 64～70, 1964.

18 · 13. Spendley, W., Hext, G. D. and Himsworth, F. R. : "Sequential application of simplex desings in optimization and evolutionary operation," *Technometrics*, Vol. 4, pp. 441～461, 1962.

▩ 연 습 문 제 ▩

18・1. 다음과 같은 모수 θ의 비선형모형이 있다.

$$y = e^{-\theta x}+\epsilon, \quad \epsilon \sim N(0, \sigma^2)$$

(x, y)에 관한 12개의 데이터는 우측 표와 같다.

x	y
0.5	0.96, 0.91
1	0.86, 0.79
2	0.63, 0.62
4	0.48, 0.42
8	0.17, 0.21
16	0.03, 0.05

(1) θ의 최소제곱추정값 $\hat{\theta}$을 구하기 위한 정규방정식을 구하라.

(2) θ의 초기값을 $\hat{\theta}_0=0.3$으로 하여 선형화법에 의하여 θ를 추정하라. 반복계산의 중단은 $\hat{\theta}_k$가 θ의 k번째 추정값이라 할 때,

$$|(\hat{\theta}_k-\hat{\theta}_{k-1})/\hat{\theta}_{k-1}|<0.01$$

이 성립되는 경우에 하기로 하라.

18・2. 다음과 같은 비선형모형이 있다.

$$y = \alpha+(0.49-\alpha)e^{-\beta(x-8)}+\epsilon, \quad \epsilon \sim N(0, \sigma^2)$$

(x, y)의 $n=4$개의 데이터는 우측 표와 같다.

x	y
10	0.48
20	0.42
30	0.40
40	0.39

선형화법에 의하여 α와 β를 추정하라. 초기값을 $(\hat{\alpha}_0, \hat{\beta}_0)=(0.5, 0.1)$로 잡아주어라. 다섯 번만 반복하여 계산하고, 그 결과를 구하여라.

18・3. (위의 18・2의 계속) 정규심플렉스탐사법에 의하여 (α, β)를 추정하고 싶다. 초기심플렉스의 좌표로 식 (18・20)에 의하여

$$(\alpha, \beta) = (\theta_1, \theta_2) = (0.5, 0.1)$$

으로 하고, 심플렉스의 크기는 $c=0.02$로 하고 싶다.

(1) 초기심플렉스의 나머지 두 개의 좌표를 구하여라.

(2) 심플렉스를 세 번 이동시켰을 때 생기는 세 개의 좌표와 $S(\hat{\boldsymbol{\theta}})=S(\hat{\alpha}, \hat{\beta})$을 각각 구하라.

(3) 한 좌표가 심플렉스에 남아서 쓰여지게 되는 횟수의 제한을 4라고 하고, 이 횟수가 넘으면 심플렉스의 크기를 $\frac{1}{10}$로 줄인다고 하자. 계산의 반복과정을 중단하는 표준편차의 크기를 0.00001로 한다면, 이 정규심플렉스의 방법에 의하여 얻어지는 α와 β의 값을 추정하라.

18・4. 다음의 비선형모형이 있다.

$$y = \theta_0+\theta_1x_1x_3+\theta_2x_2x_3+\theta_1\theta_3x_1+\epsilon$$
$$\epsilon \sim N(0, \sigma^2)$$

데이터 $(y_i, x_{1i}, x_{2i}, x_{3i})$, $i=1, 2, \cdots, n$가 있을 때 선형회귀추정방법에 의하여 $\theta_0, \theta_1, \theta_2, \theta_3$을 어떻게 구하면 좋을지 말하여라.

부　　록

<표 A-1> 표준정규분포표
<표 A-2> t-분포표
<표 A-3> x2-분포표
<표 A-4> F-분포표
<표 A-5> r-z′-분포표
<표 A-6> Durbin-Watson 검정의 상한과 하한
<표 A-7> 직교다항식

〈표 A-1〉 표준정규분포표

$$P[Z \le z] = \int_{-\infty}^{z} \frac{1}{\sqrt{2\pi}} e^{-\frac{t^2}{2}} dt$$

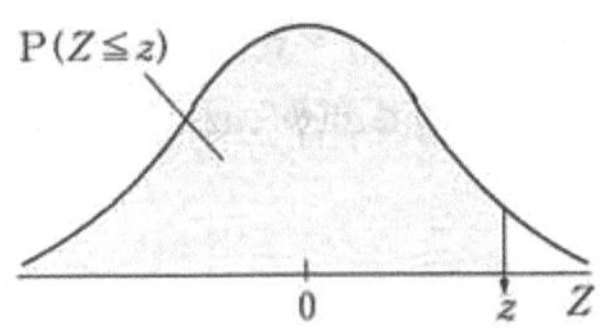

z	.00	.01	.02	.03	.04	.05	.06	.07	.08	.09
.0	.5000	.5040	.5080	.5120	.5160	.5199	.5239	.5279	.5319	.5359
.1	.5398	.5438	.5478	.5517	.5557	.5596	.5636	.5675	.5714	.5753
.2	.5793	.5832	.5871	.5910	.5948	.5987	.6026	.6064	.6103	.6141
.3	.6179	.6217	.6255	.6293	.6331	.6368	.6406	.6443	.6480	.6517
.4	.6554	.6591	.6628	.6664	.6700	.6736	.6772	.6808	.6844	.6879
.5	.6915	.6950	.6985	.7019	.7054	.7088	.7123	.7157	.7190	.7224
.6	.7257	.7291	.7324	.7357	.7389	.7422	.7454	.7486	.7517	.7549
.7	.7580	.7611	.7642	.7673	.7704	.7734	.7764	.7794	.7823	.7852
.8	.7881	.7910	.7939	.7967	.7995	.8023	.8051	.8078	.8106	.8133
.9	.8159	.8186	.8212	.8238	.8264	.8289	.8315	.8340	.8365	.8389
1.0	.8413	.8438	.8461	.8485	.8508	.8531	.8554	.8577	.8599	.8621
1.1	.8643	.8665	.8686	.8708	.8729	.8749	.8770	.8790	.8810	.8830
1.2	.8849	.8869	.8888	.8907	.8925	.8944	.8962	.8980	.8997	.9015
1.3	.9032	.9049	.9066	.9082	.9099	.9115	.9131	.9147	.9162	.9177
1.4	.9192	.9207	.9222	.9236	.9251	.9265	.9279	.9292	.9306	.9319
1.5	.9332	.9345	.9357	.9370	.9382	.9394	.9406	.9418	.9429	.9441
1.6	.9452	.9463	.9479	.9484	.9495	.9505	.9515	.9525	.9535	.9545
1.7	.9554	.9564	.9573	.9582	.9591	.9599	.9608	.9616	.9625	.9633
1.8	.9641	.9649	.9656	.9664	.9671	.9678	.9686	.9693	.9699	.9706
1.9	.9713	.9719	.9726	.9732	.9738	.9744	.9750	.9756	.9761	.9767
2.0	.9772	.9778	.9783	.9788	.9793	.9798	.9803	.9808	.9812	.9817
2.1	.9821	.9826	.9830	.9834	.9838	.9842	.9846	.9850	.9854	.9857
2.2	.9861	.9864	.9868	.9871	.9875	.9878	.9881	.9884	.9887	.9890
2.3	.9893	.9896	.9898	.9901	.9904	.9906	.9909	.9911	.9913	.9916
2.4	.9918	.9920	.9922	.9925	.9927	.9929	.9931	.9932	.9934	.9936
2.5	.9938	.9940	.9941	.9943	.9945	.9946	.9948	.9949	.9951	.9952
2.6	.9953	.9955	.9956	.9957	.9959	.9960	.9961	.9962	.9963	.9964
2.7	.9965	.9966	.9967	.9968	.9969	.9970	.9971	.9972	.9973	.9974
2.8	.9974	.9975	.9976	.9977	.9977	.9978	.9979	.9979	.9980	.9981
2.9	.9981	.9982	.9982	.9983	.9984	.9984	.9985	.9985	.9986	.9986
3.0	.9987	.9987	.9987	.9988	.9988	.9989	.9989	.9989	.9990	.9990
3.1	.9990	.9991	.9991	.9991	.9992	.9992	.9992	.9992	.9993	.9993
3.2	.9993	.9993	.9994	.9994	.9994	.9994	.9994	.9995	.9995	.9995
3.3	.9995	.9995	.9995	.9996	.9996	.9996	.9996	.9996	.9996	.9997
3.4	.9997	.9997	.9997	.9997	.9997	.9997	.9997	.9997	.9997	.9998

〈표 A-2〉 t−분포표

$P[t(\phi) \leq t(\phi\,;\,\alpha)] = 1-\alpha$

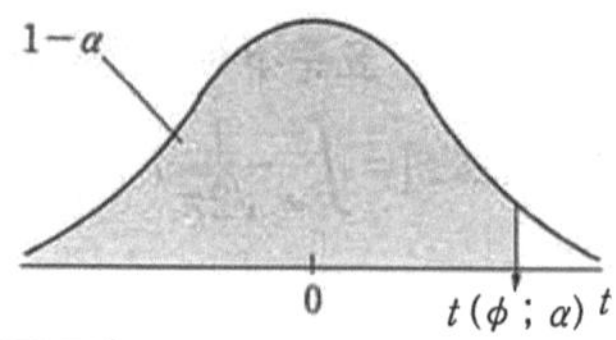

ϕ	$1-\alpha$						
	.55	.60	.65	.70	.75	.80	.85
1	0.158	0.325	0.510	0.727	1.000	1.376	1.963
2	0.142	0.289	0.445	0.617	0.816	1.061	1.386
3	0.137	0.277	0.424	0.584	0.765	0.978	1.250
4	0.134	0.271	0.414	0.569	0.741	0.941	1.190
5	0.132	0.267	0.408	0.559	0.727	0.920	1.156
6	0.131	0.265	0.404	0.553	0.718	0.906	1.134
7	0.130	0.263	0.402	0.549	0.711	0.896	1.119
8	0.130	0.262	0.399	0.546	0.706	0.889	1.108
9	0.129	0.261	0.398	0.543	0.703	0.883	1.100
10	0.129	0.260	0.397	0.542	0.700	0.879	1.093
11	0.129	0.260	0.396	0.540	0.697	0.876	1.088
12	0.128	0.259	0.395	0.539	0.695	0.873	1.083
13	0.128	0.259	0.394	0.538	0.694	0.870	1.079
14	0.128	0.258	0.393	0.537	0.692	0.868	1.076
15	0.128	0.258	0.393	0.536	0.691	0.866	1.074
16	0.128	0.258	0.392	0.535	0.690	0.865	1.071
17	0.128	0.257	0.392	0.534	0.689	0.863	1.069
18	0.127	0.257	0.392	0.534	0.688	0.862	1.067
19	0.127	0.257	0.391	0.533	0.688	0.861	1.066
20	0.127	0.257	0.391	0.533	0.687	0.860	1.064
21	0.127	0.257	0.391	0.532	0.686	0.859	1.063
22	0.127	0.256	0.390	0.532	0.686	0.858	1.061
23	0.127	0.256	0.390	0.532	0.685	0.858	1.060
24	0.127	0.256	0.390	0.531	0.685	0.857	1.059
25	0.127	0.256	0.390	0.531	0.684	0.856	1.058
26	0.127	0.256	0.390	0.531	0.684	0.856	1.058
27	0.127	0.256	0.389	0.531	0.684	0.855	1.057
28	0.127	0.256	0.389	0.530	0.683	0.855	1.056
29	0.127	0.256	0.389	0.530	0.683	0.854	1.055
30	0.127	0.256	0.389	0.530	0.683	0.854	1.055
40	0.126	0.255	0.388	0.529	0.681	0.851	1.050
60	0.126	0.254	0.387	0.527	0.679	0.848	1.046
120	0.126	0.254	0.386	0.526	0.677	0.845	1.041
∞	0.126	0.253	0.385	0.524	0.674	0.842	1.036

〈표 A-2〉의 계속

ϕ	$1-\alpha$					
	.90	.95	.975	.99	.995	.9995
1	3.078	6.314	12.706	31.821	63.657	636.619
2	1.886	2.920	4.303	6.965	9.925	31.598
3	1.638	2.353	3.182	4.541	5.841	12.924
4	1.533	2.132	2.776	3.747	4.604	8.610
5	1.476	2.015	2.571	3.365	4.032	6.869
6	1.440	1.943	2.447	3.143	3.707	5.959
7	1.415	1.895	2.365	2.998	3.499	5.408
8	1.397	1.860	2.306	2.896	3.355	5.041
9	1.383	1.833	2.262	2.821	3.250	4.781
10	1.372	1.812	2.228	2.764	3.169	4.587
11	1.363	1.796	2.201	2.718	3.106	4.437
12	1.356	1.782	2.179	2.681	3.055	4.318
13	1.350	1.771	2.160	2.650	3.012	4.221
14	1.345	1.761	2.145	2.624	2.977	4.140
15	1.341	1.753	2.131	2.602	2.947	4.073
16	1.337	1.746	2.120	2.583	2.921	4.015
17	1.333	1.740	2.110	2.567	2.898	3.965
18	1.330	1.734	2.101	2.552	2.878	3.922
19	1.328	1.729	2.093	2.539	2.861	3.883
20	1.325	1.725	2.086	2.528	2.845	3.850
21	1.323	1.721	2.080	2.518	2.831	3.819
22	1.321	1.717	2.074	2.508	2.819	3.792
23	1.319	1.714	2.069	2.500	2.807	3.767
24	1.318	1.711	2.064	2.492	2.797	3.745
25	1.316	1.708	2.060	2.485	2.787	3.725
26	1.315	1.706	2.056	2.479	2.779	3.707
27	1.314	1.703	2.052	2.473	2.771	3.690
28	1.313	1.701	2.048	2.467	2.763	3.674
29	1.311	1.699	2.045	2.462	2.756	3.659
30	1.310	1.697	2.042	2.457	2.750	3.646
40	1.303	1.684	2.021	2.423	2.704	3.551
60	1.296	1.671	2.000	2.390	2.660	3.460
120	1.289	1.658	1.980	2.358	2.617	3.373
∞	1.282	1.645	1.960	2.326	2.576	3.291

〈표 A-3〉 χ^2-분포표

$P[\chi^2(\phi) \leq \chi^2(\phi\,;\,\alpha)] = 1-\alpha$

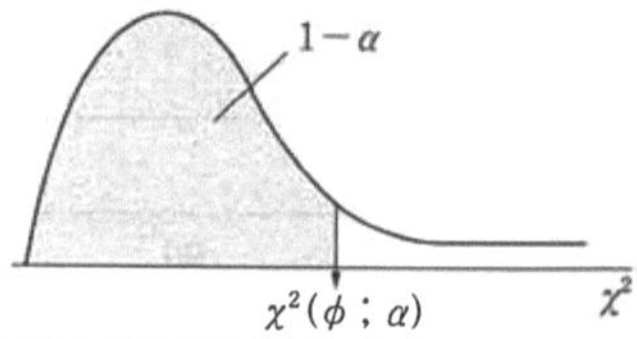

ϕ	$1-\alpha$									
	.005	.010	.025	.050	.100	.900	.950	.975	.990	.995
1	0.0^4393	0.0^3157	0.0^3982	0.0^2393	0.0158	2.71	3.84	5.02	6.63	7.88
2	0.0100	0.0201	0.0506	0.103	0.211	4.61	5.99	7.38	9.21	10.60
3	0.072	0.115	0.216	0.352	0.584	6.25	7.81	9.35	11.34	12.84
4	0.207	0.297	0.484	0.711	1.064	7.78	9.49	11.14	13.28	14.86
5	0.412	0.554	0.831	1.145	1.61	9.24	11.07	12.83	15.09	16.75
6	0.676	0.872	1.24	1.64	2.20	10.64	12.59	14.45	16.81	18.55
7	0.989	1.24	1.69	2.17	2.83	12.02	14.07	16.01	18.48	20.28
8	1.34	1.65	2.18	2.73	3.49	13.36	15.51	17.53	20.09	21.96
9	1.73	2.09	2.70	3.33	4.17	14.68	16.92	19.02	21.67	23.59
10	2.16	2.56	3.25	3.94	4.87	15.99	18.31	20.48	23.21	25.19
11	2.60	3.05	3.82	4.57	5.58	17.28	19.68	21.92	24.73	26.76
12	3.07	3.57	4.40	5.23	6.30	18.55	21.03	23.34	26.22	28.30
13	3.57	4.11	5.01	5.89	7.04	19.81	22.36	24.74	27.69	29.82
14	4.07	4.66	5.63	6.57	7.79	21.06	23.68	26.12	29.14	31.32
15	4.60	5.23	6.26	7.26	8.55	22.31	25.00	27.49	30.58	32.80
16	5.14	5.81	6.91	7.96	9.31	23.54	26.30	28.85	32.00	34.27
17	5.70	6.41	7.56	8.67	10.09	24.77	27.59	30.19	33.41	35.72
18	6.26	7.01	8.23	9.39	10.86	25.99	28.87	31.53	34.81	37.16
19	6.84	7.63	8.91	10.12	11.65	27.20	30.14	32.85	36.19	38.58
20	7.43	8.26	9.59	10.85	12.44	28.41	31.41	34.17	37.57	40.00
21	8.03	8.90	10.28	11.59	13.24	29.62	32.67	35.48	38.93	41.40
22	8.64	9.54	10.98	12.34	14.04	30.81	33.92	36.78	40.29	42.80
23	9.26	10.20	11.69	13.09	14.85	32.01	35.17	38.08	41.64	44.18
24	9.89	10.86	12.40	13.85	15.66	33.20	36.42	39.36	42.98	45.56
25	10.52	11.52	13.12	14.61	16.47	34.38	37.65	40.65	44.31	46.93
26	11.16	12.20	13.84	15.38	17.29	35.56	38.89	41.92	45.64	48.29
27	11.81	12.88	14.57	16.15	18.11	36.74	40.11	43.19	46.96	49.64
28	12.46	13.56	15.31	16.93	18.94	37.92	41.34	44.46	48.28	50.99
29	13.12	14.26	16.05	17.71	19.77	39.09	42.56	45.72	49.59	52.34
30	13.79	14.95	16.79	18.49	20.60	40.26	43.77	46.98	50.89	53.67
40	20.71	22.16	24.43	26.51	29.05	51.81	55.76	59.34	63.69	66.77
50	27.99	29.71	32.36	34.76	37.69	63.17	67.50	71.42	76.15	79.49
60	35.53	37.48	40.48	43.19	46.46	74.40	79.08	83.30	88.38	91.95
70	43.28	45.44	48.76	51.74	55.33	85.53	90.53	95.02	100.4	104.2
80	51.17	53.54	57.15	60.39	64.28	96.58	101.9	106.6	112.3	113.6
90	59.20	61.75	65.65	69.13	73.29	107.6	113.1	118.1	124.1	128.3
100	67.33	70.06	74.22	77.93	82.36	118.5	124.3	129.6	153.8	140.2

〈표 A-4〉 F-분포표

$P[F(\phi_1, \phi_2) \le F(\phi_1, \phi_2 ; \alpha)] = 1-\alpha$

$F(\phi_1, \phi_2 ; \alpha) = \dfrac{1}{F(\phi_2, \phi_1 ; 1-\alpha)}$

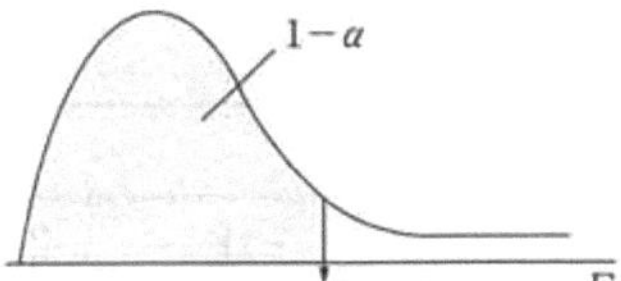

ϕ_2	$1-\alpha$	ϕ_1								
		1	2	3	4	5	6	7	8	9
1	.90	39.9	49.5	53.6	55.8	57.2	58.2	58.9	59.4	59.9
	.95	161	200	216	225	230	234	237	239	241
	.99	4,052	5,000	5,403	5,625	5,764	5,859	5,928	5,981	6,022
2	.90	8.53	9.00	9.16	9.24	9.29	9.33	9.35	9.37	9.38
	.95	18.5	19.0	19.2	19.2	19.3	19.3	19.4	19.4	19.4
	.99	88.5	99.0	99.2	99.2	99.3	99.3	99.4	99.4	99.4
3	.90	5.54	5.46	5.39	5.34	5.31	5.28	5.27	5.25	5.24
	.95	10.1	9.55	9.28	9.12	9.01	8.94	8.89	8.85	8.81
	.99	34.1	30.8	29.5	28.7	28.2	27.9	27.7	27.5	27.3
4	.90	4.54	4.32	4.19	4.11	4.05	4.01	3.98	3.95	3.94
	.95	7.71	6.94	6.59	6.39	6.26	6.16	6.09	6.04	6.00
	.99	21.2	18.0	16.7	16.0	15.5	15.2	15.0	14.8	14.7
5	.90	4.06	3.78	3.62	3.52	3.45	3.40	3.37	3.34	3.32
	.95	6.61	5.79	5.41	5.19	5.05	4.95	4.88	4.82	4.77
	.99	16.3	13.3	12.1	11.4	11.0	10.7	10.5	10.3	10.2
6	.90	3.78	3.46	3.29	3.18	3.11	3.05	3.01	2.98	2.96
	.95	6.99	5.14	4.76	4.53	4.39	4.28	4.21	4.15	4.10
	.99	13.7	10.9	9.78	9.15	8.75	8.47	8.26	8.10	7.98
7	.90	3.59	3.26	3.07	2.96	2.88	2.83	2.78	2.75	2.72
	.95	5.59	4.74	4.35	4.12	3.97	3.87	3.79	3.73	3.68
	.99	12.2	9.55	8.45	7.85	7.46	7.19	6.99	6.84	6.72
8	.90	3.46	3.11	2.92	2.81	2.73	2.67	2.62	2.59	2.56
	.95	5.32	4.46	4.07	3.84	3.69	3.58	3.50	3.44	3.39
	.99	11.3	8.65	7.59	7.01	6.63	6.37	6.18	6.03	5.91
9	.90	3.36	3.01	2.81	2.69	2.61	2.55	2.51	2.47	2.44
	.95	5.12	4.26	3.86	3.63	3.48	3.37	3.29	3.23	3.18
	.99	10.6	8.02	6.99	6.42	6.06	5.80	5.61	5.47	5.35
10	.90	3.29	2.92	2.73	2.61	2.52	2.46	2.41	2.38	2.35

〈표 A-4〉의 계속

ϕ_2	$1-\alpha$	ϕ_1								
		1	2	3	4	5	6	7	8	9
	.95	4.96	4.10	3.71	3.48	3.33	3.22	3.14	3.07	3.02
	.99	10.0	7.56	6.55	5.99	5.64	5.39	5.20	5.06	4.94
12	.90	3.18	2.81	2.61	2.48	2.39	2.33	2.28	2.24	2.21
	.95	4.75	3.89	3.49	3.26	3.11	3.00	2.91	2.85	2.80
	.99	9.33	6.93	5.95	5.41	5.06	4.82	4.64	4.50	4.39
15	.90	3.07	2.70	2.49	2.36	2.27	2.21	2.16	2.12	2.09
	.95	4.54	3.68	3.29	3.06	2.90	2.79	2.71	2.64	2.59
	.99	8.68	6.36	5.42	4.89	4.56	4.32	4.14	4.00	3.89
20	.90	2.97	2.59	2.38	2.25	2.16	2.09	2.04	2.00	1.96
	.95	4.35	3.49	3.10	2.87	2.71	2.60	2.51	2.45	2.39
	.99	8.10	5.85	4.94	4.43	4.10	3.87	3.70	3.56	3.46
24	.90	2.93	2.54	2.33	2.19	2.10	2.04	1.98	1.94	1.91
	.95	4.26	3.40	3.01	2.78	2.62	2.51	2.42	2.36	2.30
	.99	7.82	5.61	4.72	4.22	3.90	3.67	3.50	3.36	3.26
30	.90	2.88	2.49	2.28	2.14	2.05	1.98	1.93	1.88	1.85
	.95	4.17	3.32	2.92	2.69	2.53	2.42	2.33	2.27	2.21
	.99	7.56	5.39	4.51	4.02	3.70	3.47	3.30	3.17	3.07
60	.90	2.79	2.39	2.18	2.04	1.95	1.87	1.82	1.77	1.74
	.95	4.00	3.15	2.76	2.53	2.37	2.25	2.17	2.10	2.04
	.99	7.08	4.98	4.13	3.65	3.34	3.12	2.95	2.82	2.72
120	.90	2.75	2.36	2.13	1.99	1.90	1.82	1.77	1.72	1.68
	.95	3.92	3.07	2.68	2.45	2.29	2.18	2.09	2.02	1.96
	.99	7.08	4.98	4.13	3.65	3.34	3.12	2.95	2.82	2.72
∞	.90	2.71	2.30	2.08	1.94	1.85	1.77	1.72	1.67	1.63
	.95	3.84	3.00	2.60	2.37	2.21	2.10	2.01	1.94	1.88
	.99	6.63	4.61	3.78	3.32	3.02	2.80	2.64	2.51	2.41

〈표 A-4〉의 계속

ϕ_2	$1-\alpha$	ϕ_1								
		10	12	15	20	24	30	60	120	∞
1	.90	60.2	60.7	61.2	61.7	62.0	62.3	62.8	63.1	63.3
	.95	242	244	246	248	249	250	252	253	254
	.99	6,056	6,106	6,157	6,209	6,235	6,261	6,313	6,339	6,366
2	.90	9.39	9.41	9.42	9.44	9.45	9.46	9.47	9.48	9.49
	.95	19.4	19.4	19.4	19.4	19.5	19.5	19.5	19.5	19.5
	.99	99.4	99.4	99.4	99.4	99.5	99.5	99.5	99.5	99.5
3	.90	5.23	5.22	5.20	5.18	5.18	5.17	5.15	5.14	5.13
	.95	8.79	8.74	8.70	8.66	8.64	8.62	8.57	8.55	8.53
	.99	27.2	27.1	26.9	26.7	26.6	26.5	26.3	26.2	26.1
4	.90	3.92	3.90	3.87	3.84	3.83	3.82	3.79	3.78	3.76
	.95	5.96	5.91	5.85	5.80	5.77	5.75	5.69	5.66	5.63
	.99	14.5	14.4	14.2	14.0	13.9	13.8	13.7	13.6	13.5
5	.90	3.30	3.27	3.24	3.21	3.19	3.17	3.14	3.12	3.11
	.95	4.74	4.68	4.62	4.56	4.53	4.50	4.43	4.40	4.37
	.99	10.1	9.89	9.72	9.55	9.47	9.38	9.20	9.11	9.02
6	.90	2.94	2.90	2.87	2.84	2.82	2.80	2.76	2.74	2.72
	.95	4.06	4.00	3.94	3.87	3.84	3.81	3.74	3.70	3.67
	.99	7.87	7.72	7.56	7.40	7.31	7.23	7.06	6.97	6.88
7	.90	2.70	2.67	2.63	2.59	2.58	2.56	2.51	2.49	2.47
	.95	3.64	3.57	3.51	3.44	3.41	3.38	3.30	3.27	3.23
	.99	6.62	6.47	6.31	6.16	6.07	5.99	5.82	5.74	5.65
8	.90	2.54	2.50	2.46	2.42	2.40	2.38	2.34	2.32	2.29
	.95	3.35	3.28	3.22	3.15	3.12	3.08	3.01	2.97	2.93
	.99	5.81	5.67	5.52	5.36	5.28	5.20	5.03	4.95	4.86
9	.90	2.42	2.38	2.34	2.30	2.28	2.25	2.21	2.18	2.16
	.95	3.14	3.07	3.01	2.94	2.90	2.86	2.79	2.75	2.71
	.99	5.26	5.11	4.96	4.81	4.73	4.65	4.48	4.40	4.31
10	.90	2.32	2.28	2.24	2.20	2.18	2.16	2.11	2.08	2.06
	.95	2.98	2.91	2.84	2.77	2.74	2.70	2.62	2.58	2.54
	.99	4.85	4.71	4.56	4.41	4.33	4.25	4.08	4.00	3.91
12	.90	2.19	2.15	2.10	2.06	2.04	2.01	1.96	1.93	1.90
	.95	2.75	2.69	2.62	2.54	2.51	2.47	2.38	2.34	2.30
	.99	4.30	4.16	4.01	3.86	3.78	3.70	3.54	3.45	3.36

〈표 A-4〉의 계속

ϕ_2	$1-\alpha$	ϕ_1								
		10	12	15	20	24	30	60	120	∞
15	.90	2.06	2.02	1.97	1.92	1.90	1.87	1.82	1.79	1.76
	.95	2.54	2.48	2.40	2.33	2.29	2.25	2.16	2.11	2.07
	.99	3.80	3.67	3.52	3.37	3.29	3.21	3.05	2.96	2.87
20	.90	1.94	1.89	1.84	1.79	1.77	1.74	1.68	1.64	1.61
	.95	2.35	2.28	2.20	2.12	2.08	2.04	1.95	1.90	1.84
	.99	3.37	3.23	3.09	2.94	2.86	2.78	2.61	2.52	2.42
24	.90	1.88	1.83	1.78	1.73	1.70	1.67	1.61	1.57	1.53
	.95	2.25	2.18	2.11	2.03	1.98	1.94	1.84	1.79	1.73
	.99	3.17	3.03	2.89	2.74	2.66	2.58	2.40	2.31	2.21
30	.90	1.82	1.77	1.72	1.67	1.64	1.61	1.54	1.50	1.46
	.95	2.16	2.09	2.01	1.93	1.89	1.84	1.74	1.68	1.62
	.99	2.98	2.84	2.70	2.55	2.47	2.39	2.21	2.11	2.01
60	.90	1.71	1.66	1.60	1.54	1.51	1.48	1.40	1.35	1.29
	.95	1.99	1.92	1.84	1.75	1.70	1.65	1.53	1.47	1.39
	.99	2.63	2.50	2.35	2.20	2.12	2.03	1.84	1.73	1.60
120	.90	1.65	1.60	1.55	1.48	1.45	1.41	1.32	1.26	1.19
	.95	1.91	1.83	1.75	1.66	1.61	1.55	1.43	1.35	1.25
	.99	2.47	2.34	2.19	2.03	1.95	1.86	1.66	1.53	1.38
∞	.90	1.60	1.55	1.49	1.42	1.38	1.34	1.24	1.17	1.00
	.95	1.83	1.75	1.67	1.57	1.52	1.46	1.32	1.22	1.00
	.99	2.32	2.18	2.04	1.88	1.79	1.70	1.47	1.32	1.00

〈표 A-5〉 $r-z'$의 변환

$$z'=\frac{1}{2}\ln\left(\frac{1+r}{1-r}\right)$$

* $\rho=E(r)$
$\zeta=E(Z')$

r ρ	z' ζ	r ρ	z' ζ	r ρ	z' ζ	r ρ	z' ζ
.00	.0000	.25	.2554	.50	.5493	.75	.973
.01	.0100	.26	.2661	.51	.5627	.76	.996
.02	.0200	.27	.2769	.52	.5763	.77	1.020
.03	.0300	.28	.2877	.53	.5901	.78	1.045
.04	.0400	.29	.2986	.54	.6042	.79	1.071
.05	.0500	.30	.3095	.55	.6184	.80	1.099
.06	.0601	.31	.3205	.56	.6328	.81	1.127
.07	.0701	.32	.3316	.57	.6475	.82	1.157
.08	.0802	.33	.3428	.58	.6625	.83	1.188
.09	.0902	.34	.3541	.59	.6777	.84	1.221
.10	.1003	.35	.3654	.60	.6931	.85	1.256
.11	.1104	.36	.3769	.61	.7089	.86	1.293
.12	.1206	.37	.3884	.62	.7250	.87	1.333
.13	.1307	.38	.4001	.63	.7414	.88	1.376
.14	.1409	.39	.4118	.64	.7582	.89	1.422
.15	.1511	.40	.4236	.65	.7753	.90	1.472
.16	.1614	.41	.4356	.66	.7928	.91	1.528
.17	.1717	.42	.4477	.67	.8107	.92	1.589
.18	.1820	.43	.4599	.68	.8291	.93	1.658
.19	.1923	.44	.4722	.69	.8480	.94	1.738
.20	.2027	.45	.4847	.70	.8673	.95	1.832
.21	.2132	.46	.4973	.71	.8872	.96	1.946
.22	.2237	.47	.5101	.72	.9076	.97	2.092
.23	.2342	.48	.5230	.73	.9287	.98	2.298
.24	.2448	.49	.5361	.74	.9505	.99	2.647

〈표 A-6〉 Durbin-Watson 검정의 상한과 하한

* k : 독립변수의 수
d_L : 하한
d_U : 상한

5% 유의수준

n	$k=1$		$k=2$		$k=3$		$k=4$		$k=5$	
	d_L	d_U	d_L	d_U	d_L	d_U	d_L	d_U	d_L	d_U
15	1.08	1.36	0.95	1.54	0.82	1.75	0.69	1.97	0.56	2.21
16	1.10	1.37	0.98	1.54	0.86	1.73	0.74	1.93	0.62	2.15
17	1.13	1.38	1.02	1.54	0.90	1.71	0.78	1.90	0.67	2.10
18	1.16	1.39	1.05	1.53	0.93	1.69	0.82	1.87	0.71	2.06
19	1.18	1.40	1.08	1.53	0.97	1.68	0.86	1.85	0.75	2.02
20	1.20	1.41	1.10	1.54	1.00	1.68	0.90	1.83	0.79	1.99
21	1.22	1.42	1.13	1.54	1.03	1.67	0.93	1.81	0.83	1.96
22	1.24	1.43	1.15	1.54	1.05	1.66	0.96	1.80	0.86	1.94
23	1.26	1.44	1.17	1.54	1.08	1.66	0.99	1.79	0.90	1.92
24	1.27	1.45	1.19	1.55	1.10	1.66	1.01	1.78	0.93	1.90
25	1.29	1.45	1.21	1.55	1.12	1.66	1.04	1.77	0.95	1.89
26	1.30	1.46	1.22	1.55	1.14	1.65	1.06	1.76	0.98	1.88
27	1.32	1.47	1.24	1.56	1.16	1.65	1.08	1.76	1.01	1.86
28	1.33	1.48	1.26	1.56	1.18	1.65	1.10	1.76	1.03	1.86
29	1.34	1.48	1.27	1.56	1.20	1.65	1.12	1.74	1.05	1.84
30	1.35	1.49	1.28	1.57	1.21	1.65	1.14	1.74	1.07	1.83
31	1.36	1.50	1.30	1.57	1.23	1.65	1.16	1.74	1.09	1.83
32	1.37	1.50	1.31	1.57	1.24	1.65	1.18	1.73	1.11	1.82
33	1.38	1.51	1.32	1.58	1.26	1.65	1.19	1.73	1.13	1.81
34	1.39	1.51	1.33	1.58	1.27	1.65	1.21	1.73	1.15	1.81
35	1.40	1.52	1.34	1.58	1.28	1.65	1.22	1.73	1.16	1.80
36	1.41	1.52	1.35	1.59	1.29	1.65	1.24	1.73	1.18	1.80
37	1.42	1.53	1.36	1.59	1.31	1.66	1.25	1.72	1.19	1.80
38	1.43	1.54	1.37	1.59	1.32	1.66	1.26	1.72	1.21	1.79
39	1.43	1.54	1.38	1.60	1.33	1.66	1.27	1.72	1.22	1.79
40	1.44	1.54	1.39	1.60	1.34	1.66	1.29	1.72	1.23	1.79
45	1.48	1.57	1.43	1.62	1.38	1.67	1.34	1.72	1.29	1.78
50	1.50	1.59	1.46	1.63	1.42	1.67	1.38	1.72	1.34	1.77
55	1.53	1.60	1.49	1.64	1.45	1.68	1.41	1.72	1.38	1.77
60	1.55	1.62	1.51	1.65	1.48	1.69	1.44	1.73	1.41	1.77
65	1.57	1.63	1.54	1.66	1.50	1.70	1.47	1.73	1.44	1.77
70	1.58	1.64	1.55	1.67	1.52	1.70	1.49	1.74	1.46	1.77
75	1.60	1.65	1.57	1.68	1.54	1.71	1.51	1.74	1.49	1.77
80	1.61	1.66	1.59	1.69	1.56	1.72	1.53	1.74	1.51	1.77
85	1.62	1.67	1.60	1.70	1.57	1.72	1.55	1.75	1.52	1.77
90	1.63	1.68	1.61	1.70	1.59	1.73	1.57	1.75	1.54	1.78
95	1.64	1.69	1.62	1.71	1.60	1.73	1.58	1.75	1.56	1.78
100	1.65	1.69	1.63	1.72	1.61	1.74	1.59	1.76	1.57	1.78

〈표 A-6〉의 계속

1% 유의수준

n	$k=1$		$k=2$		$k=3$		$k=4$		$k=5$	
	d_L	d_U	d_L	d_U	d_L	d_U	d_L	d_U	d_L	d_U
15	0.81	1.07	0.70	1.25	0.59	1.46	0.49	1.70	0.39	1.96
16	0.84	1.09	0.74	1.25	0.63	1.44	0.53	1.66	0.44	1.90
17	0.87	1.10	0.77	1.25	0.67	1.43	0.57	1.63	0.48	1.85
18	0.90	1.12	0.80	1.26	0.71	1.42	0.61	1.60	0.52	1.80
19	0.93	1.13	0.83	1.26	0.74	1.41	0.65	1.58	0.56	1.77
20	0.95	1.15	0.86	1.27	0.77	1.41	0.68	1.57	0.60	1.74
21	0.97	1.16	0.89	1.27	0.80	1.41	0.72	1.55	0.63	1.71
22	1.00	1.17	0.91	1.28	0.83	1.40	0.75	1.54	0.66	1.69
23	1.02	1.19	0.94	1.29	0.86	1.40	0.77	1.53	0.70	1.67
24	1.04	1.20	0.96	1.30	0.88	1.41	0.80	1.53	0.72	1.66
25	1.05	1.21	0.98	1.30	0.90	1.41	0.83	1.52	0.75	1.65
26	1.07	1.22	1.00	1.31	0.93	1.41	0.85	1.52	0.78	1.64
27	1.09	1.23	1.02	1.32	0.95	1.41	0.88	1.51	0.81	1.63
28	1.10	1.24	1.04	1.32	0.97	1.41	0.90	1.51	0.83	1.62
29	1.12	1.25	1.05	1.33	0.99	1.42	0.92	1.51	0.85	1.61
30	1.13	1.26	1.07	1.34	0.01	1.42	0.94	1.51	0.88	1.61
31	1.15	1.27	1.08	1.34	1.02	1.42	0.96	1.51	0.90	1.60
32	1.16	1.28	1.10	1.35	1.04	1.43	0.98	1.51	0.92	1.60
33	1.17	1.29	1.11	1.36	1.05	1.43	1.00	1.51	0.94	1.59
34	1.18	1.30	1.13	1.36	1.07	1.43	1.01	1.51	0.95	1.59
35	1.19	1.31	1.14	1.37	1.08	1.44	1.03	1.51	0.97	1.59
36	1.21	1.32	1.15	1.38	1.10	1.44	1.04	1.51	0.99	1.59
37	1.22	1.32	1.16	1.38	1.11	1.45	1.06	1.51	1.00	1.59
38	1.23	1.33	1.18	1.39	1.12	1.45	1.07	1.52	1.02	1.58
39	1.24	1.34	1.19	1.39	1.14	1.45	1.09	1.52	1.03	1.58
40	1.25	1.34	1.20	1.40	1.15	1.46	1.10	1.52	1.05	1.58
45	1.29	1.38	1.24	1.42	1.20	1.48	1.16	1.53	1.11	1.58
50	1.32	1.40	1.28	1.45	1.24	1.49	1.20	1.54	1.16	1.59
55	1.36	1.43	1.32	1.47	1.28	1.51	1.25	1.55	1.21	1.59
60	1.38	1.45	1.35	1.48	1.32	1.52	1.28	1.56	1.25	1.60
65	1.41	1.47	1.38	1.50	1.35	1.53	1.31	1.57	1.28	1.61
70	1.43	1.49	1.40	1.52	1.37	1.55	1.34	1.58	1.31	1.61
75	1.45	1.50	1.42	1.53	1.39	1.56	1.37	1.59	1.34	1.62
80	1.47	1.52	1.44	1.54	1.42	1.57	1.39	1.60	1.36	1.62
85	1.48	1.53	1.46	1.55	1.43	1.58	1.41	1.60	1.39	1.63
90	1.50	1.54	1.47	1.56	1.45	1.59	1.43	1.61	1.41	1.64
95	1.51	1.55	1.49	1.57	1.47	1.60	1.45	1.62	1.42	1.64
100	1.52	1.56	1.50	1.58	1.48	1.60	1.46	1.63	1.44	1.65

〈표 A-7〉 직교다항식 $p_i(x)$의 값

	$n=3$		$n=4$			$n=5$				$n=6$					$n=7$				
	p_1	p_2	p_1	p_2	p_3	p_1	p_2	p_3	p_4	p_1	p_2	p_3	p_4	p_5	p_1	p_2	p_3	p_4	p_5
	−1	+1	−3	+1	−1	−2	+2	−1	+1	−5	+5	−5	+1	−1	−3	+5	−1	+3	−1
	0	−2	−1	−1	+3	−1	−1	+2	−4	−3	−1	+7	−3	+5	−2	0	+1	−7	+4
	+1	+1	+1	−1	−3	0	−2	0	+6	−1	−4	+4	+2	−10	−1	−3	+1	+1	−5
			+3	+1	+1	+1	−1	−2	−4	+1	−4	−4	+2	+10	0	−4	0	+6	0
						+2	+2	+1	+1	+3	−1	−7	−3	−5	+1	−3	−1	+1	+5
										+5	+5	+5	+1	+1	+2	0	−1	−7	−4
															+3	+5	+1	+3	+1
$\sum_j p_i^2(x_j)$	2	6	20	4	20	10	14	10	70	70	84	180	28	252	28	84	6	154	84
λ_i	1	3	2	1	$\frac{10}{3}$	1	1	$\frac{5}{6}$	$\frac{35}{12}$	2	$\frac{3}{2}$	$\frac{5}{3}$	$\frac{7}{12}$	$\frac{21}{10}$	1	1	$\frac{1}{6}$	$\frac{7}{12}$	$\frac{7}{20}$

연습문제 해답

〈1 장〉

1.6 $$A = \begin{bmatrix} 3 & 2 & 1 & \frac{1}{2} \\ 2 & 4 & 0 & 1 \\ 1 & 0 & 1 & 0 \\ \frac{1}{2} & 1 & 0 & 2 \end{bmatrix}$$

$Q = \boldsymbol{y}'A\boldsymbol{y}$

$$\frac{\partial \boldsymbol{Q}}{\partial \boldsymbol{y}} = 2A\boldsymbol{y} = \begin{bmatrix} 6 & 4 & 2 & 1 \\ 2 & 8 & 0 & 2 \\ 2 & 0 & 2 & 0 \\ 1 & 2 & 0 & 4 \end{bmatrix} \boldsymbol{y} = \begin{bmatrix} 6y_1+4y_2+2y_3+y_4 \\ 4y_1+8y_2+2y_4 \\ 2y_1+2y_3 \\ y_1+2y_2+4y_4 \end{bmatrix}$$

1.8 $L = (\boldsymbol{y}-A\beta)'(\boldsymbol{y}-A\beta) = \boldsymbol{y}'\boldsymbol{y}-\beta'A'\boldsymbol{y}-\boldsymbol{y}'A\beta+\beta'A'A\beta$

그런데, $\beta'A'\boldsymbol{y} = \boldsymbol{y}'A\beta$ 이므로

$L = \boldsymbol{y}'\boldsymbol{y}-2\beta'A'\boldsymbol{y}+\beta'A'A\beta$ 이 된다.

$$\frac{\partial L}{\partial \beta} = -2A'\boldsymbol{y}+2A'A\beta$$

1.10 (1) $A = \frac{1}{n^2}\begin{bmatrix} 1 & 1 & \cdots & 1 \\ 1 & 1 & \cdots & 1 \\ \vdots & \vdots & & \vdots \\ 1 & 1 & \cdots & 1 \end{bmatrix}$ (2) $A = I_n$

(3) $A = \begin{bmatrix} 1-\frac{1}{n} & -\frac{1}{n} & -\frac{1}{n} & \cdots & -\frac{1}{n} \\ & 1-\frac{1}{n} & -\frac{1}{n} & \cdots & -\frac{1}{n} \\ & & 1-\frac{1}{n} & \cdots & -\frac{1}{n} \\ & (\text{대칭}) & & & \vdots \\ & & & & 1-\frac{1}{n} \end{bmatrix}$

1.11 $X'X = \begin{bmatrix} 2 & 0 \\ 0 & 2 \end{bmatrix}$

$(kX'X)(kX'X) = kX'X$ 를 만족시키는 양의 상수 k 는 $k=\frac{1}{2}$ 이다.

〈2 장〉

2.1 (1) $S = \{(1,1),\ (1,2),\ \cdots,\ (1,6)$

$(2,1),\ (2,2),\ \cdots,\ (2,6)$

$\cdots$

$(6,1),\ (6,2),\ (6,6)\}$

(2)

x	2	3	4	5	6	7	8	9	10	11	12
$p(x)$	1/36	2/36	3/36	4/36	5/36	6/36	5/36	4/36	3/36	2/36	1/36

(3) $A = \{(2,1),\ (2,2),\ \cdots,\ (2,6),\ (4,1),\ (4,2),\ \cdots,\ (4,6),\ (6,1),\ (6,2),\ \cdots,\ (6,6)\}$

$B = \{(1,2),\ (2,2),\ \cdots,\ (6,2),\ (1,4),\ (2,4),\ \cdots,\ (6,4),\ (1,6),\ (2,6),\ \cdots,\ (6,6)\}$

2.3 (1) $P[24 \le T \le 28] P\left[\frac{24-28}{4} \le \frac{T-28}{4} \le \frac{28-28}{4}\right]$

$= P[-1 \le Z \le 0] = 0.500 - 0.159$

$= 0.341$

(2) $P[T \ge 36] = P[Z \ge 2] = 0.023$

(3) $P[32 \le T \le 36] = P[1 \le Z \le 2] = 0.136$

2.6 $\bar{x} = 75.383, \quad s = 2.292$

$$s_{\bar{x}} = \frac{s}{\sqrt{n}} = \frac{2.292}{\sqrt{6}} = 0.936$$

$$\bar{x} \pm t(5\,;\,0.975)\,s_{\bar{x}} = 75.383 \pm (2.571)(0.936)$$

$$= 75.383 \pm 2.406 = (72.977 \sim 77.789)$$

2.8 $\bar{x} = 97.38, \quad n = 50, \quad \sigma^2 = 1.5$

$H_0 : \mu = 98.5$

$H_1 : \mu \neq 98.5$

검정 통계량의 값은

$$z_0 = \frac{\bar{x} - 98.5}{\sqrt{\dfrac{1.5}{50}}} = -6.466$$

기각치는 $z_{\alpha/2} = z_{0.05} = 1.645$

$|z_0| = 6.466 > 1.645$ 이므로 모집단의 평균 장력이 98.5 kg/cm² 이라는 귀무가설을 기각한다.

〈3 장〉

3.1 (2) $\hat{y}_i = 29.11 + 13.64x_i$

(3) $s_{y \cdot x} = 29.1065$

(4) $r^2 = 0.6098, \quad r_{xy} = 0.7809$

(5)

요인	제곱합	자유도	평균제곱	F_0	$F(0.05)$
회귀	15887.2	1	15887.1	18.75**	4.75
잔차	10166.3	12	847.2		
계	26053.5	13			

(6) $x = 4$ 에서

$$\hat{y} = 29.11 + (13.64)(4) = 83.67$$

정비 비용은 83,670 원이 되리라고 추정된다.

3.3 정규 방정식은 식 (3.51)과 같으며, 여기서 무게는

$$w_i = \frac{1}{kx_i},\ \ i=1, 2, \cdots, n$$

가중 잔차의 합

$$\sum w_i(y_i - \hat{y}_i) = \sum w_i(y_i - b_0 - b_1 x_i)$$

는 정규 방정식을 이용하여 0이 됨을 보일 수 있다.

3.7 오차제곱합 S는

$$S = (y_1 - \beta_0)^2 + (y_2 - 2\beta_0 + \beta_1)^2 + (y_3 - \beta_0 - 2\beta_1)^2$$

이며, 이를 β_0과 β_1에 대하여 편미분하여 0으로 놓으면, 다음과 같다.

$$\frac{\partial S}{\partial \beta_0} = -2(y_1 - \beta_0) - 4(y_2 - 2\beta_0 + \beta_1) - 2(y_3 - \beta_0 - 2\beta_1) = 0$$

$$\frac{\partial S}{\partial \beta_1} = 2(y_2 - 2\beta_0 + \beta_1) - 4(y_3 - \beta_0 - 2\beta_1) = 0$$

이를 β_0과 β_1에 대하여 풀어서 각각 b_0과 b_1으로 놓으면,

$$b_0 = \frac{y_1 + 2y_2 + y_3}{6}$$

$$b_1 = \frac{2y_3 - y_2}{5}$$

가 얻어진다. 잔차제곱합은 오차제곱합 S에 β_0 대신 b_0을, β_1 대신 b_1을 대입시켜서 구할 수 있다.

〈4 장〉

4.2 $H_0: \rho = 0$의 검정은 식 (4・23)의 검정 통계량

$$t_0 = \frac{r}{\sqrt{\frac{1-r^2}{n-2}}}$$

이고, $H_0: \beta_1 = 0$의 검정 통계량은

$$t_0 = \frac{b_1}{\sqrt{\frac{MSE}{S_{(xx)}}}}$$

이다. 그런데, 위의 두 통계량은

$$r = \frac{S_{(xy)}}{\sqrt{S_{(xx)}S_{(yy)}}}$$

$$b_1 = \frac{S_{(xy)}}{S_{(xx)}}$$

$$MSE = \frac{SSE}{n-2} = \frac{1}{n-2}[S_{(yy)} - b_1^2 S_{(xx)}]$$

을 대입시켜서 서로 같음을 보일 수 있다.

4.5 (1) 추정된 회귀직선은

$$\hat{y} = 8.46 - 0.1417x$$

이고, $SSE = 0.1165$ 이다.

$$SSPE = \sum\sum(y_{ij} - \bar{y}_i)^2 = 0.0950$$

$$SSLF = SSE - SSPE = 0.0215$$

$F_0 = \dfrac{SSLF/3}{SSPE/5} = 0.377 < 5.41 = F(3, 5\,;\,0.95)$ 이므로, 직선 회귀식이 적합하지 않다고 볼 수 없다.

(2) $b_1 \pm t(8\,;\,0.975)\sqrt{\dfrac{MSE}{S_{(xx)}}}$

$= -0.1417 \pm 2.306\sqrt{\dfrac{0.01456}{180}}$

$= -0.1417 \pm 0.0207$

$\Rightarrow (-0.1624,\ -0.1210)$

4.6 (1) 추정된 회귀직선은

$$\hat{y} = 94.532 \pm 33.048x$$

이고, Durbin-Watson d 통계량의 값은

$d = 0.58210$ 이 된다.

검정 절차는 5 절을 참조하시오.

(2) 기울기 b_1 은 판매고가 일년에 평균 얼마만큼 증가하느냐를 나타낸다.

〈5 장〉

5.3 (2)

A 사

회귀 직선

$\hat{y}_{1j} = 6.7560 + 0.2811x_{1j}$

분산 분석표

요인	제곱합	자유도
회귀	221.2482	1
잔차	5.5118	5
계	226.7600	6

B 사

회귀 직선

$\hat{y}_{2j} = 12.8571 + 0.1450x_{2j}$

분산 분석표

요인	제곱합	자유도
회귀	58.8700	1
잔차	8.5071	5
계	67.3771	6

$SSE(F) = 5.5118 + 8.5071 = 14.0189$

$df_F = 5 + 5 = 10$

축소 모형의 회귀 분석 결과는 다음과 같다.

회귀 직선 : $\hat{y}_{ij} = 9.8086 + 0.2130x_{ij}$

분산 분석표

요 인	제곱합	자유도
회 귀	254.0664	1
잔 차	41.5822	12
계	295.6486	13

$SSE(R) = 41.5822$

따라서, $F_0 = \dfrac{41.5822 - 14.0189}{12 - 10} \div \dfrac{14.0189}{10}$

$= 9.831 > F(2, 10 ; 0.95) = 4.10$

∴ 두 회귀 직선은 동일하지 않다.

5.5 $SSR = \sum_{i=1}^{n}(\hat{y}_i - \bar{y})^2 = \sum_{i=1}^{n}\hat{y}_i^2 - n(\bar{y})^2$

$$= \hat{\boldsymbol{\beta}}'X'X\hat{\boldsymbol{\beta}} - \boldsymbol{y}'\left(\frac{J}{n}\right)\boldsymbol{y} = \boldsymbol{y}'\left[X(X'X)^{-1}X' - \frac{1}{n}J\right]\boldsymbol{y}$$

$$\frac{SSR}{\sigma^2} \sim \chi^{2'}\left[r(A),\ \frac{1}{2}\boldsymbol{\mu}'A\boldsymbol{\mu}\right]$$

여기서 $A = X(X'X)^{-1}X' - \frac{1}{n}J$ 는 멱등행렬이다.

$$r(A) = 1,\ \boldsymbol{\mu}'A\boldsymbol{\mu} = \beta_1^2 S_{(xx)}$$

따라서,

$$E(SSR) = tr(A\sigma^2) + \boldsymbol{\mu}'A\boldsymbol{\mu} = \sigma^2 + \beta_1^2 S_{(xx)}$$

5. 10 $$\frac{1}{y} = \frac{1}{\alpha}\cos^2\theta + \frac{1}{\beta}\sin^2\theta = \frac{1}{\alpha}(1-\sin^2\theta) + \frac{1}{\beta}\sin^2\theta = \frac{1}{\alpha} + \left(\frac{1}{\beta} - \frac{1}{\alpha}\right)\sin^2\theta$$

여기서, $y' = \frac{1}{y}$, $\alpha' = \frac{1}{\alpha}$, $\beta' = \frac{1}{\beta} - \frac{1}{\alpha}$, $x = \sin^2\theta$ 로 놓으면,

직선회귀모형은 $y' = \alpha' + \beta' x$ 가 된다.

〈6 장〉

6. 9 $$X'X = \begin{bmatrix} n & \mathbf{0}' \\ \mathbf{0} & A \end{bmatrix}$$ 라 놓으면 행렬 A 는

$$A = \begin{bmatrix} \sum(x_{1i}-\bar{x}_1)^2 & \sum(x_{1i}-\bar{x}_1)(x_{2i}-\bar{x}_2) \\ \sum(x_{1i}-\bar{x}_1)(x_{2i}-\bar{x}_2) & \sum(x_{2i}-\bar{x}_2)^2 \end{bmatrix}$$

과 같다. 따라서, b_1 의 분산은

$$Var(b_1) = \frac{\sigma^2\sum(x_{2i}-\bar{x}_2)^2}{|A|}$$

$$= \frac{\sigma^2}{\sum(x_{1i}-\bar{x}_1)^2\left[1 - \frac{[\sum(x_{1i}-\bar{x}_1)(x_{2i}-\bar{x}_2)]^2}{\sum(x_{1i}-\bar{x}_1)^2\sum(x_{2i}-\bar{x}_2)^2}\right]}$$

$$= \frac{\sigma^2}{\sum(x_{1j}-\bar{x}_1)^2(1-r^2)}$$

이 됨을 보일 수 있다.

6. 10 $$\sum_{j=1}^{n} Var(\hat{y}_j) = tr[Var(\hat{\boldsymbol{y}})]$$

$$= tr[X(X'X)^{-1}X'\sigma^2]$$

$$= \sigma^2 tr[(X'X)^{-1}X'X]$$

$$= (k+1)\sigma^2$$

6.12

$$X = \begin{bmatrix} 1 & \cos(2\pi k_1/n) & \sin(2\pi k_1/n) \\ 1 & \cos(4\pi k_1/n) & \sin(4\pi k_1/n) \\ \vdots & \vdots & \vdots \\ 1 & \cos(2n\pi k_1/n) & \sin(2n\pi k_2/n) \end{bmatrix}$$

그런데,

$$\sum_{t=1}^{n} \cos(2\pi kt/n) = \sum_{t=1}^{n} \sin(2\pi kt/n) = 0$$

이므로,

$$X'X = \begin{bmatrix} n & 0 & 0 \\ 0 & \sum_{t=1}^{n} \cos^2(2\pi k_1 t/n) & 0 \\ 0 & 0 & \sum_{t=1}^{n} \sin^2(2\pi k_2 t/n) \end{bmatrix}$$

이 된다. 또한,

$$\sum_{t=1}^{n} \cos^2(2\pi k_1 t/n) = \frac{1}{2}\sum_{t=1}^{n}[1+\cos(2\pi(2k_1)t/n)] = \frac{n}{2}$$

$$\sum_{t=1}^{n} \sin^2(2\pi k_2 t/n) = \frac{1}{2}\sum_{t=1}^{n}[1-\cos(2\pi(2k_2)t/n)] = \frac{n}{2}$$

이므로, 다음의 결과를 얻을 수 있다.

$$b_0 = \bar{y}$$

$$b_1 = \frac{2}{n}\sum_{t=1}^{n} y_t \cos(2\pi k_1 t/n)$$

$$b_2 = \frac{2}{n}\sum_{t=1}^{n} y_t \sin(2\pi k_2 t/n)$$

〈7 장〉

7.7

$$(\boldsymbol{y}-X\boldsymbol{\beta})'(\boldsymbol{y}-X\boldsymbol{\beta}) = [(\boldsymbol{y}-X\boldsymbol{b})+(X\boldsymbol{b}-X\boldsymbol{\beta})]'[(\boldsymbol{y}-X\boldsymbol{b})+(X\boldsymbol{b}-X\boldsymbol{\beta})]$$
$$= (\boldsymbol{y}-X\boldsymbol{b})'(\boldsymbol{y}-X\boldsymbol{b})+(\boldsymbol{\beta}-\boldsymbol{b})'X'X(\boldsymbol{\beta}-\boldsymbol{b})+2(\boldsymbol{y}-X\boldsymbol{b})'(X\boldsymbol{b}-X\boldsymbol{\beta})$$

그런데, $(\boldsymbol{y}-X\boldsymbol{b})'(X\boldsymbol{b}-X\boldsymbol{\beta}) = (X'\boldsymbol{y}-X'X\boldsymbol{b})'(\boldsymbol{b}-\boldsymbol{\beta}) = 0$

이므로, 오른쪽의 세번째 항은 0이고 $X'X$는 양정치 행렬이므로, $\boldsymbol{\beta} \neq \boldsymbol{b}$이면 $(\boldsymbol{\beta}-\boldsymbol{b})'X'X(\boldsymbol{\beta}-\boldsymbol{b})>0$이다.

따라서, $\boldsymbol{\beta}=\boldsymbol{b}$에서 왼쪽의 오차제곱합은 최소가 된다.

7. 8
$$X=\begin{bmatrix} a_1 & b_1 \\ a_2 & b_2 \\ \vdots & \vdots \\ a_n & b_n \end{bmatrix} \qquad X'X=\begin{bmatrix} \sum a_i^2 & \sum a_ib_i \\ \sum a_ib_i & \sum b_i^2 \end{bmatrix}$$

$$(X'X)^{-1}\sigma^2=\frac{\sigma^2}{\sum a_i^2\sum b_i^2-(\sum a_ib_i)^2}\begin{bmatrix} \sum b_i^2 & -\sum a_ib_i \\ -\sum a_ib_i & \sum a_i^2 \end{bmatrix}$$

따라서, 필요 충분 조건은 $\sum a_ib_i=0$ 이다.

7. 11 $\theta_4=-(\theta_1+\theta_2+\theta_3)$이므로 선형 회귀모형을 다음과 같이 쓸 수 있다.

$$\begin{bmatrix} y_1 \\ y_2 \\ y_3 \\ y_4 \end{bmatrix}=\begin{bmatrix} 1 & 0 & 0 \\ 0 & 1 & 0 \\ 0 & 0 & 1 \\ -1 & -1 & -1 \end{bmatrix}\begin{bmatrix} \theta_1 \\ \theta_2 \\ \theta_3 \end{bmatrix}+\begin{bmatrix} \epsilon_1 \\ \epsilon_2 \\ \epsilon_3 \\ \epsilon_4 \end{bmatrix}$$

따라서,

$$X'X=\begin{bmatrix} 2 & 1 & 1 \\ 1 & 2 & 1 \\ 1 & 1 & 2 \end{bmatrix} \qquad X'\boldsymbol{y}=\begin{bmatrix} y_1-y_4 \\ y_2-y_4 \\ y_3-y_4 \end{bmatrix}$$

이며, $\boldsymbol{\theta}$ 의 추정량은

$$\hat{\boldsymbol{\theta}}=\begin{bmatrix} \hat{\theta}_1 \\ \hat{\theta}_2 \\ \hat{\theta}_3 \end{bmatrix}=(X'X)^{-1}X'\boldsymbol{y}=\begin{bmatrix} y_1-\bar{y} \\ y_2-\bar{y} \\ y_3-\bar{y} \end{bmatrix}$$

이며,

$$SSE(F)=\boldsymbol{y}'\boldsymbol{y}-\hat{\boldsymbol{\theta}}'X'X\hat{\boldsymbol{\theta}}=\frac{1}{4}(\sum y_i)^2$$

이다.

귀무가설은 $H_0: C\boldsymbol{\theta}=\boldsymbol{0}$ 이라고 표현할 때,

$C=(1,\ 0,\ -1)$이므로,

$$Q=SSE(R)-SSE(F)=(C\hat{\boldsymbol{\theta}})'[C(X'X)^{-1}C']^{-1}C\hat{\boldsymbol{\theta}}=\frac{1}{2}(y_1-y_3)^2$$

이 되므로, 검정 통계량은

$$F_0=\frac{Q/1}{SSE(F)/1}=\frac{\frac{1}{2}(y_1-y_3)^2}{\frac{1}{4}(\sum y_i)^2}=\frac{2(y_1-y_3)^2}{(y_1+y_2+y_3+y_4)^2}$$

이 됨을 보일 수 있다.

〈8 장〉

8.7 완전 모형의 추정식 :

제품 A ; $\hat{y}_1 = -0.392+1.3826x_1+0.8813x_2$

제품 B ; $\hat{y}_2 = 3.598+1.639x_1+0.3743x_2$

완전 모형의 잔차제곱합 :

$$SSE(F) = (\boldsymbol{y}_1-X\boldsymbol{b}_1)'(\boldsymbol{y}_1-X\boldsymbol{b}_1)+(\boldsymbol{y}_2-X\boldsymbol{b}_2)'(\boldsymbol{y}_2-X\boldsymbol{b}_2)$$
$$= 29.76+45.80 = 75.56$$

축소 모형의 추정식 :

$\hat{y} = -0.0953+1.7033x_1+0.6286x_2$

축소 모형의 잔차제곱합 :

$SSE(R) = 113.94$

검정 통계량의 값은

$$F_0 = \frac{[SSE(R)-SSE(F)]/3}{SSE(F)/14} = 2.37$$

이 된다. 그런데, $F(3,14\,;0.95) = 5.14>2.37$ 이므로, 귀무가설, $H_0 : \boldsymbol{\beta}_1 = \boldsymbol{\beta}_2$ 를 기각할 수 없다.

8.8 선형변환 후 $\boldsymbol{b}$ 의 최소제곱 추정값을 $\hat{\mathbf{r}}$ 이라 하자.

만약,

$$C = \begin{bmatrix} c_1 & 0 & \cdots & 0 \\ 0 & c_2 & \cdots & 0 \\ \vdots & \vdots & & \vdots \\ 0 & 0 & \cdots & c_k \end{bmatrix} \quad \boldsymbol{z} = \begin{bmatrix} z_1 \\ z_2 \\ \vdots \\ z_n \end{bmatrix} \quad \boldsymbol{y} = \begin{bmatrix} y_1 \\ y_2 \\ \vdots \\ y_n \end{bmatrix}$$

이라 놓고, $W = XC$ 라 하면 다음이 성립한다.

$$\begin{aligned} \hat{\mathbf{r}} &= (W'W)^{-1}W'\boldsymbol{z} \\ &= C^{-1}(X'X)^{-1}C^{-1}CX\boldsymbol{y}c \\ &= cC^{-1}\boldsymbol{b} \end{aligned} \qquad \begin{aligned} \boldsymbol{z} &= W\hat{\mathbf{r}} \\ &= cXCC^{-1}b \\ &= cX\boldsymbol{b} \\ &= c\hat{\boldsymbol{y}} \end{aligned}$$

따라서, 선형변환시킨 후의 R^2을 R_z^2라고 하면,

$$R_z^2 = \frac{\sum(\hat{z}_i - \bar{z})^2}{\sum(z_i - \bar{z})^2} = \frac{c^2\sum(\hat{y}_i - \bar{y})^2}{c^2\sum(y_i - \bar{y})^2} = R^2$$

8.9 $$\boldsymbol{y} = \begin{bmatrix} \boldsymbol{y}_1 \\ \boldsymbol{y}_2 \end{bmatrix} = \begin{bmatrix} y_{11} \\ y_{12} \\ \vdots \\ y_{1n} \\ y_{21} \\ y_{22} \\ \vdots \\ y_{2n} \end{bmatrix} = \begin{bmatrix} x_1 & 0 \\ x_2 & 0 \\ \vdots & \vdots \\ x_n & 0 \\ 0 & x_1 \\ 0 & x_2 \\ \vdots & \vdots \\ 0 & x_n \end{bmatrix} \begin{bmatrix} \beta_1 \\ \beta_2 \end{bmatrix} + \boldsymbol{\epsilon}$$

$$H_0 : C\boldsymbol{\beta} = \boldsymbol{0} \Longrightarrow C = (1, \ -1)$$

$$F_0 = \frac{(C\boldsymbol{b})'[C(X'X)^{-1}C']^{-1}C\boldsymbol{b}}{MSE} = \frac{(b_1 - b_2)^2\sum x_i^2}{2MSE}$$

〈9 장〉

9.7 $$X'X = \begin{bmatrix} n & \boldsymbol{0}' \\ \boldsymbol{0} & C \end{bmatrix}$$

$$\sum_{i=1}^{k} Var(b_i) = tr[Var(\boldsymbol{b})] = \sigma^2\left[\frac{1}{n} + tr(C^{-1})\right] = \sigma^2\sum_{i=1}^{k}\lambda_i^{-1}$$

여기에서 $\lambda_0 = n$이고 $\lambda_1, \lambda_2, \cdots, \lambda_k$는 행렬 C의 고유값들이다.

$tr[X'X] = n + kc$라는 주어진 조건 아래에서 $\sum_{i=0}^{k}\lambda_i^{-1}$을 최소로 하기 위해서는 λ_i, $i = 1, 2, \cdots, k$, 가 같아야 한다. 즉, $\lambda_1 = \lambda_2 = \cdots = \lambda_k = c$

그러면, 직교 행렬 T가 존재하여

$$T'CT = CI_k \Longrightarrow C = CI_k$$

이 성립하며, 행렬 X의 열들은 서로 직교하여야 한다.

9.8 $\phi(x) = ax^2 + bx + c$, $(a \neq 0)$

$$X = \begin{bmatrix} 1 & -1 & a-b+c \\ 1 & 0 & c \\ 1 & 1 & a+b+c \end{bmatrix}$$

$$X'X = \begin{bmatrix} 3 & 0 & 2a+3c \\ & 2 & 2b \\ (\text{대칭}) & & (a+b+c)^2+c^2+(a+b+c)^2 \end{bmatrix}$$

행렬 X가 서로 직교하는 열들로 구성되려면

$$2a+3c = 0$$

$$2b = 0$$

가 되어야 하므로, 구하려는 이차 다항식은

$$\phi(x) = a\left(x^2-\frac{2}{3}\right), \quad a \neq 0$$

이다.

9.9 $\dfrac{\partial E(y)}{\partial x} = \beta_1+2\beta_2 x = 0 \Longrightarrow x^* = -\beta_1/(2\beta_2)$

$x^* = -b_1/(2b_2)$라 하고 다음의 통계량

$$u = b_1+x^* 2b_2$$

을 고려하여 보자.

$$E(u) = 0$$

$$Var(u) = Var(b_1)+4x^* Cov(b_1, b_2)+4(x^*)^2 Var(b_2)$$

$$= \sigma_u^2$$

그러면,

$$T = \frac{u/\sigma_u}{\sqrt{\dfrac{MSE}{\sigma^2}}} \sim t(n-3)$$

이 된다. 따라서,

$$T^2 = \frac{u^2/\sigma_u^2}{MSE/\sigma^2} \sim F(1, n-3)$$

이며, $100(1-\alpha)\%$ x^*의 신뢰구간은 부등식

$$\sigma^2(b_1+x^* 2b_2)^2 \leq \sigma_u^2 \cdot MSE \cdot F(1, n-3\,;\,1-\alpha)$$

을 만족시키는 x^*의 값들로 구성되어 있다. 그리고, 이 신뢰구간의 상한과 하한은 x^*의 이차 방정식

$$\sigma^2(b_1+x^*2b_2)^2 = \sigma_u{}^2 \cdot MSE \cdot F(1, n-3\,;\,1-\alpha)$$

을 만족시키는 근이 된다.

〈10 장〉

10. 3 $y_i = i\theta+\epsilon_i, \quad i = 1, 2, \cdots, n$

$$\boldsymbol{y} = \begin{bmatrix} y_1 \\ y_2 \\ \vdots \\ y_n \end{bmatrix} \quad X = \begin{bmatrix} 1 \\ 2 \\ \vdots \\ n \end{bmatrix} \quad V = \begin{bmatrix} \frac{1}{1^2} & 0 & \cdots & 0 \\ 0 & \frac{1}{2^2} & \cdots & 0 \\ \vdots & \vdots & & \vdots \\ 0 & 0 & \cdots & \frac{1}{n^2} \end{bmatrix}$$

θ 의 GLS 추정량과 그의 분산은 다음과 같다.

$$\theta^* = (X'V^{-1}X)^{-1}X'V^{-1}\boldsymbol{y} = \frac{1}{n}\sum_{i=1}^{n}(y_i/i)$$

$$Var(\theta^*) = (X'V^{-1}X)^{-1}\sigma^2 = \frac{\sigma^2}{n}$$

10. 5 $\boldsymbol{b}^* = (X'V^{-1}X)^{-1}X'V^{-1}\boldsymbol{y}$

$$\begin{aligned} Cov(\boldsymbol{p}'\boldsymbol{b}^*, \boldsymbol{q}'\boldsymbol{b}^*) &= \boldsymbol{p}'Cov(\boldsymbol{b}^*, \boldsymbol{b}^*)\boldsymbol{q} \\ &= \boldsymbol{p}'Var(\boldsymbol{b}^*)\boldsymbol{q} \\ &= \boldsymbol{p}'(X'V^{-1}X)^{-1}\boldsymbol{q}\sigma^2 \end{aligned}$$

10. 11 $$V^{-1} = \frac{1}{(1-\rho)(1+2\rho)}\begin{bmatrix} 1+\rho & -\rho/a & -\rho \\ -\rho/a & (1+\rho)/a^2 & -\rho/a \\ -\rho & -\rho/a & 1+\rho \end{bmatrix}$$

$$X = \begin{bmatrix} 1 & -1 \\ 1 & 0 \\ 1 & 1 \end{bmatrix}$$

$$X'V^{-1}X = \frac{1}{(1-\rho)(1+2\rho)}\begin{bmatrix} \frac{r}{a^2} & 0 \\ 0 & 2(1+2\rho) \end{bmatrix}$$

$$X'V^{-1}\boldsymbol{y} = \frac{1}{(1-\rho)(1+2\rho)}\begin{bmatrix} \frac{a-\rho}{a}y_1+\frac{1+\rho-2a\rho}{a^2}y_2+\frac{a-\rho}{a}y_3 \\ -(1+2\rho)y_1+(1+2\rho)y_3 \end{bmatrix}$$

$$\boldsymbol{b}^* = (X'V^{-1}X)^{-1}X'V^{-1}\boldsymbol{y}$$

$$= \begin{bmatrix} \frac{1}{r}\{(a^2-a\rho)y_1+(1-2a\rho+\rho)y_2+(a^2-a\rho)y_3\} \\ -\frac{1}{2}y_1+\frac{1}{2}y_3 \end{bmatrix}$$

10. 12 $y_i = \theta+\epsilon_i,\ \ i=1,2,\cdots,n$

$$X = \begin{bmatrix} 1 \\ 1 \\ \vdots \\ 1 \end{bmatrix} \qquad V = \begin{bmatrix} \sigma^2/w_1 & 0 & \cdots & 0 \\ 0 & \sigma^2/w_2 & \cdots & 0 \\ \vdots & \vdots & & \vdots \\ 0 & 0 & \cdots & \sigma^2/w_n \end{bmatrix}$$

$$\hat{\theta} = (X'V^{-1}X)^{-1}X'V^{-1}\boldsymbol{y} = \frac{\sum w_i y_i}{\sum w_i}$$

$$Var(\hat{\theta}) = (X'V^{-1}X)^{-1}\sigma^2 = \frac{\sigma^2}{\sum w_i}$$

〈11 장〉

11. 3 $t_0 = \frac{b_1-(-0.3)}{\sqrt{\widehat{Var}(b_1)}} = \frac{-0.1015+0.3}{\sqrt{0.00017}} = 15.21$

$t(16\,;\,0.95) = 1.746 < 15.21$

따라서, 귀무가설 $H_0 : \beta_1 = -0.3$ 은 기각된다.

11. 5 (1) $\hat{y} = 36.5227-0.1101x_1+7.8991x_2-1.3758x_3-2.4036x_4$

(2) β_3 = (국졸의 평균 숙련 시간) − (고졸의 평균 숙련 시간)

β_4 = (중졸의 평균 숙련 시간) − (고졸의 평균 숙련 시간)

(3) $\widehat{Var}(b_3) = 17.084$

$\widehat{Var}(b_4) = 8.1679$

β_3 의 95% 신뢰구간은

$b_3 \pm t(15\,;\,0.975)\sqrt{\widehat{Var}(b_3)}$

$= -1.3758 \pm (2.131)(4.133)$

$= -1.3758 \pm 8.8081$

$\Rightarrow (-10.1839,\ 7.4323)$

β_4 의 95% 신뢰구간은

$b_4 \pm t(15\,;\,0.975)\sqrt{\widehat{Var}(b_4)}$

$= -2.4036 \pm (2.131)(2.8580)$

$= -2.4036 \pm 6.0903$

$\Rightarrow (-8.4939,\ 3.6867)$

(4) $\hat{y} = 36.6370 - 0.1119x_1 + 12.2800x_2 - 3.4275x_3 - 6.7463x_4 - 0.0153x_1x_2 + 0.0166x_1x_3 + 0.0386x_1x_4 + 0.0292x_2x_3 - 4.1025x_2x_4$

하나만 예를 들어 검정하여 보자.

$H_0: \beta_5 = 0$

$H_1: \beta_5 \neq 0$

$$t_0 = \frac{b_5}{\sqrt{\widehat{Var}(b_5)}} = \frac{-0.0153}{0.05573} = -0.274$$

그런데, 기각치는 $t(10\,;\,0.95) = 1.812$ 이므로 $|t_0| < 1.812$ 가 성립하여 위의 귀무가설은 채택된다.

(5)

요인	제곱합	자유도	평균제곱	F_0
회귀	1514.345	9	168.261	13.084
잔차	128.605	10	12.860	
계	1642.950	19		

$F(9, 10\,;\,0.90) = 2.35 < 13.084$ 이므로 귀무가설 $H_0: \beta_1 = \beta_2 = \cdots = \beta_9 = 0$ 을 기각한다.

11.8

x_j	n_j	r_j	$\bar{p}_j$	$\bar{p}_j'$	$n_j\bar{p}_j(1-\bar{p}_j)$
1	250	29	0.116	−2.031	25.636
2	400	80	0.200	−1.386	64.000
3	500	180	0.360	−0.575	115.200
4	450	190	0.422	−0.314	109.778
5	300	185	0.617	0.475	70.917
6	200	150	0.750	1.099	37.500

$$X = \begin{bmatrix} 1 & 1 \\ 1 & 2 \\ 1 & 3 \\ 1 & 4 \\ 1 & 5 \\ 1 & 6 \end{bmatrix} \quad \hat{V} = \begin{bmatrix} 0.0390 & 0 & 0 & 0 & 0 & 0 \\ 0 & 0.0156 & 0 & 0 & 0 & 0 \\ 0 & 0 & 0.0087 & 0 & 0 & 0 \\ 0 & 0 & 0 & 0.0091 & 0 & 0 \\ 0 & 0 & 0 & 0 & 0.0141 & 0 \\ 0 & 0 & 0 & 0 & 0 & 0.0267 \end{bmatrix}$$

$$\boldsymbol{b}^* = (X'\hat{V}X)^{-1}X'\hat{V}^{-1}\bar{\boldsymbol{p}}' = \begin{bmatrix} -2.5313 \\ 0.5957 \end{bmatrix}$$

따라서,

$$\hat{p}' = -2.5313+0.5957x$$

$$\hat{y} = \frac{\exp(-2.5313+0.5957x)}{1+\exp(-2.5313+0.5957x)}$$

〈12 장〉

12.1 $\sum_{i=1}^{l}\sum_{j=1}^{m}(y_{ij}-\bar{y}_{i.})(\bar{y}_{i.}-\bar{y}) = \sum_{i=1}^{l}\left[(\bar{y}_{i.}-\bar{y})\sum_{j=1}^{m}(y_{ij}-\bar{y}_{i.})\right]$

그런데, $\sum_{j=1}^{m}(y_{ij}-\bar{y}_{i.})=0$ 이므로 우변의 세번째 항은 0 이다.

12.2

요인	제곱합	자유도	평균제곱	F_0	$F(0.05)$
A	3.52	3	1.17	5.47*	4.07
E	1.71	8	0.214		
T	5.23	11			

반응 온도의 수준 A_i, $i=1,2,3,4,$ 가 주는 효과를 t_i 라고 하면, 귀무가설은

$$H_0: t_1=t_2=t_3=t_4=0$$

이다.

12. 4

요인	제곱합	자유도	평균제곱	F_0	$F(0.05)$
A	36.40	4	9.10	67**	3.26
B	0.32	3	0.107	0.79	3.49
E	1.63	12	0.136		
T	38.35	19			

12. 7

요인	제곱합	자유도	평균제곱	F_0	$F(0.05)$
A	16.81	2	30.90	108.0**	4.26
B	11.96	2	5.98	20.9**	4.26
$A\times B$	1.45	4	0.362	1.27	3.63
E	2.57	9	0.286		
T	77.79	17			

〈13 장〉

13. 1 (1) 중심합성계획

(2) $\hat{y}=66.3889-1.4400x_1-2.2812x_2-1.0950x_3-11.3561x_1^2-13.6798x_2^2-3.4972x_3^2$
$+9.1000x_1x_2+0.6075x_1x_3+0.8125x_2x_3$

(3) $\lambda_1=-3.4414$ $\lambda_2=-7.8765$ $\lambda_3=-17.2153$

$\hat{y}=66.72-3.4414w_1^2-7.8765w_2^2-17.2153w_3^2$

정상점은 최대점이고 정상점을 중심으로, w_2축 쪽으로 가장 빨리 감소하고 w_1축 쪽으로 가장 작게 감소한다.

정삼점의 좌표는 다음과 같다.

$$\boldsymbol{x}_0 = \begin{pmatrix} x_{10} \\ x_{20} \\ x_{30} \end{pmatrix} = \begin{pmatrix} -0.1198 \\ -0.1286 \\ -0.1819 \end{pmatrix}$$

13.5 연습문제 9.7과 근본적으로 동일한 문제임.

13.7 3^2 요인 실험계획은 회전계획이 아니다. $\hat{y}$ 의 분산의 등고선표를 그려 보면 원점을 중심으로 원을 그리지 않는 것을 볼 수 있다.

13.8 임의의 점 $\boldsymbol{x}' = (x_1, x_2, x_3)$에서 $\hat{y}$ 의 분산을 구해 보면 다음과 같다.

$$Var(\hat{y}) = \sigma^2\Big[\frac{7}{27} - \frac{1}{6}(x_1^2+x_2^2+x_3^2) + \frac{1}{6}(x_1^4+x_2^4+x_3^4) + \frac{1}{12}(x_1^2x_2^2+x_1^2x_3^2+x_2^2x_3^2)\Big]$$

이것을 각각 x_1, x_2, x_3로 편미분하여 0으로 놓고 정리하면,

$$-2x_1+4x_1^3+x_1x_2^2+x_1x_3^2 = 0$$
$$-2x_2+4x_2^3+x_1^2x_2+x_2x_3^2 = 0$$
$$-2x_3+4x_3^3+x_1^2x_3+x_2^2x_3 = 0$$

과 같다. 이 연립 방정식을 만족시키는 해는

$$x_1^2 = \frac{1}{3},\ x_2^2 = \frac{1}{3},\ x_3^3 = \frac{1}{3}$$

이 됨을 찾을 수 있다.

〈15장〉

15.3 (1)

요인	제곱합	자유도	평균제곱	F_0	$F(0.05)$
회귀	10.7436	6	1.7906	140**	2.51
잔차	0.3070	24	0.0128		
계	11.0506	30			

(2) $a = x_1$

(3) 독립변수들간의 상관 관계도 고려해야 하므로 말할 수 없다.

(4) (a) (b)

p	변수	C_p	MSE_p	R_p^2
1	a	92.0	0.0525	0.8623
2	ab	13.98	0.0178	0.9549
3	abf	5.67	0.0136	0.9668
4	$abdf$	4.26	0.0124	0.9708
5	$abcdf$	5.31	0.0124	0.9719
6	$abcdef$	7.00	0.0128	0.9722

(c) $p=4$ 에서 C_p, MSE_p 가 최소가 되며, $p=5$ 일 때에 R_p^2 의 증가가 둔화된다고 볼 수 있다. (그림 생략)

(d) $p=4$; $abdf$ (즉, x_1, x_2, x_4, x_6)

$$\hat{y} = -1.85-0.05x_1+0.46x_2-0.11x_4+0.14x_6$$

15. 4 $(n-p-1)E(\tilde{\sigma}^2)$

$$= E\{\boldsymbol{y}'[I-X_p(X_p'X_p)^{-1}X_p']\boldsymbol{y}\}$$
$$= tr\{[I-X_p(X_p'X_p)^{-1}X_p']I\sigma^2\}+(X\boldsymbol{\beta})'[I-X_p(X_p'X_p)^{-1}X_p']X\boldsymbol{\beta}$$
$$= \{n-tr[X_p(X_p'X_p)^{-1}X_p']\}\sigma^2+(X_p\boldsymbol{\beta}_p+X_r\boldsymbol{\beta}_r)'[I-X_p(X_p'X_p)^{-1}X_p']\}(X_p\boldsymbol{\beta}_p+X_r\boldsymbol{\beta}_r)$$
$$= (n-p-1)\sigma^2+\boldsymbol{\beta}_r'X_r'[I-X_p(X_p'X_p)^{-1}X_p']X_r\boldsymbol{\beta}_r$$

따라서 $E(\tilde{\sigma}^2) = \sigma^2+\boldsymbol{\beta}_r'X_r'[I-X_p(X_p'X_p)^{-1}X_p']X_r\boldsymbol{\beta}_r/(n-p-1)$

15. 9 $Q = \int_R[Var(\hat{y})-MSE(\tilde{y}_p)]dW(\boldsymbol{x})$

$$= \int_R[Var(\hat{y})-Var(\tilde{y}_p)]dW(\boldsymbol{x})-\int_R[E(\tilde{y}_p)-E(y)]^2dW(\boldsymbol{x})$$
$$= \int_R[\boldsymbol{x}'(X'X)^{-1}\boldsymbol{x}-\boldsymbol{x}_p'(X_p'X_p)^{-1}\boldsymbol{x}_p]dW(\boldsymbol{x})$$
$$-\int_R\boldsymbol{\beta}_r'(\boldsymbol{x}_p'A-\boldsymbol{x}_r)(\boldsymbol{x}_p'A-\boldsymbol{x}_r)\boldsymbol{\beta}_r dW(\boldsymbol{x})$$
$$= \sigma^2\{tr[(X'X)^{-1}M]-tr[(X_p'X_p)^{-1}M_{pp}]\}$$
$$-\boldsymbol{\beta}_r'[A'M_{pp}A-2A'M_{pr}+M_{rr}]\boldsymbol{\beta}_r$$

〈17 장〉

17. 3 $E[L^2(K)] = \sigma^2\sum_{i=1}^{p}\frac{\lambda_i}{(\lambda_i+k_i)^2}+\sum_{i=1}^{p}\frac{k_i^2\alpha_i^2}{(\lambda_i+k_i)^2}$

$$\frac{\partial E[L^2(K)]}{\partial k_i} = \frac{-2\sigma^2\lambda_i}{(\lambda_i+k_i)}+\frac{2k_i\alpha_i^2\lambda_i}{(\lambda_i+k_i)^3} = \frac{2\lambda_i(k_i\alpha_i^2-\sigma^2)}{(\lambda_i+k_i)^3} = 0$$

$\therefore\ k_i = \frac{\sigma^2}{\alpha_i^2}$ 에서 $E[L^2(K)]$가 최소가 된다.

17.6 $C\boldsymbol{\beta} = \boldsymbol{m}$ 인 경우에

$$\tilde{\boldsymbol{\beta}} = \boldsymbol{b} + (X'X)^{-1}C'[C(X'X)^{-1}C']^{-1}(\boldsymbol{m} - C\boldsymbol{b})$$

$$\therefore\ E(\tilde{\boldsymbol{\beta}}) = \boldsymbol{\beta} + (X'X)^{-1}C'[C(X'X)^{-1}C']^{-1}(\boldsymbol{m} - C\boldsymbol{\beta})$$

편의의 크기는,

$$E(\tilde{\boldsymbol{\beta}}) - \boldsymbol{\beta} = (X'X)^{-1}C'[C(X'X)^{-1}C']^{-1}(\boldsymbol{m} - C\boldsymbol{\beta})$$

17.9 $\tilde{\boldsymbol{\beta}}_s = c\boldsymbol{b}$ 의 총평균 제곱오차는

$$\begin{aligned} &E[(\tilde{\boldsymbol{\beta}}_s - \boldsymbol{\beta})'(\tilde{\boldsymbol{\beta}}_s - \boldsymbol{\beta})] \\ &= tr[Var(\tilde{\boldsymbol{\beta}}_s)] + [E(\tilde{\boldsymbol{\beta}}_s) - \boldsymbol{\beta}]'[E(\tilde{\boldsymbol{\beta}}_s) - \boldsymbol{\beta}] \\ &= c^2 tr[Var(\boldsymbol{b})] + [cE(\boldsymbol{b}) - \boldsymbol{\beta}]'[cE(\boldsymbol{b}) - \boldsymbol{\beta}] \\ &= c^2 \sum_{i=1}^{p} Var(b_i) + (c-1)^2 \boldsymbol{\beta}'\boldsymbol{\beta} \\ &= c^2\sigma^2 \sum_{i=1}^{p} \lambda_i^{-1} + (c-1)^2 \sum_{l=1}^{p} \beta_l^2 \end{aligned}$$

17.10 (1) $$\begin{aligned} Var[\hat{y}_k(\boldsymbol{z})] &= Var[\boldsymbol{z}'\hat{\boldsymbol{\alpha}}(k)] \\ &= \boldsymbol{z}'[\sigma^2\Lambda(\Lambda+kI)^{-2}]\boldsymbol{z} \\ &= \sigma^2\boldsymbol{x}'P\Lambda(\Lambda+kI)^{-2}P'\boldsymbol{x} \end{aligned}$$

(2) $$\begin{aligned} E[\hat{y}_k(\boldsymbol{z})] - \boldsymbol{z}'\boldsymbol{\alpha} &= E[\boldsymbol{z}'\hat{\boldsymbol{\alpha}}(k)] - \boldsymbol{x}'P\boldsymbol{\alpha} \\ &= \boldsymbol{x}'P(\Lambda+kI)^{-1}\Lambda P'\boldsymbol{\beta} - \boldsymbol{x}'\boldsymbol{\beta} \\ &= \boldsymbol{x}'[P(\Lambda+kI)^{-1}\Lambda P' - I]\boldsymbol{\beta} \end{aligned}$$

(3) $$\begin{aligned} MSE[\hat{y}_k(\boldsymbol{z})] &= Var[\hat{y}_k(\boldsymbol{z})] + [E(\hat{y}_k(\boldsymbol{z})) - \boldsymbol{z}'\boldsymbol{\alpha}] \\ &= \sigma^2\boldsymbol{x}'P\Lambda(\Lambda+kI)^{-2}P'\boldsymbol{x} + [\boldsymbol{x}'(P(\Lambda+kI)^{-1}\Lambda P' - I)\boldsymbol{\beta}]^2 \end{aligned}$$

〈18 장〉

18.1 (1) $y = f(\theta, x) + \epsilon$

여기서 $f(\theta, x) = e^{-\theta x}$

따라서,

$\frac{\partial f}{\partial \theta} = -x^{-\theta x}$ 이므로

정규 방정식은,

$$\sum_{i=1}^{12}(y_i - e^{-\hat{\theta}x_i})(-x_i e^{-\hat{\theta}x_i}) = 0$$

이 되며, 이것을 풀어 쓰면 다음과 같다.

(2)

반복	$\hat{\theta}$	$S(\hat{\theta})$
0	0.300	0.1904
1	0.190	0.01739
2	0.206	0.01203
3	0.206	0.01202

따라서, $\hat{\theta} = 0.206$

18. 4 비선형 회귀모형은

$$y_j = \theta_0 + \theta_1 x_{1j} x_{3j} + \theta_2 x_{2j} x_{3j} + \theta_1 \theta_3 x_{1j} + \epsilon_j$$

$$j = 1, 2, \cdots, n$$

인데, $\theta_1\theta_3 = \theta_4$로 놓고 선형 회귀모형으로 취급하여 $\theta_0, \theta_1, \theta_2, \theta_4$를 추정한다. 즉,

$$\begin{bmatrix} \hat{\theta}_0 \\ \hat{\theta}_1 \\ \hat{\theta}_2 \\ \hat{\theta}_4 \end{bmatrix} = (X'X)^{-1}X'\boldsymbol{y}$$

여기에서 X와 $\boldsymbol{y}$는 각각

$$X = \begin{bmatrix} 1 & x_{11}x_{31} & x_{21}x_{31} & x_{11} \\ 1 & x_{12}x_{32} & x_{22}x_{32} & x_{12} \\ \vdots & \vdots & \vdots & \vdots \\ 1 & x_{1n}x_{3n} & x_{2n}x_{3n} & x_{1n} \end{bmatrix} \qquad \boldsymbol{y} = \begin{bmatrix} y_1 \\ y_2 \\ \vdots \\ y_n \end{bmatrix}$$

과 같다.

$\theta_1\theta_3 = \theta_4$의 관계식으로부터 θ_3의 추정은

$$\hat{\theta}_3 = \frac{\hat{\theta}_4}{\hat{\theta}_1}$$

과 같이 얻을 수 있다.

색 인

【ㄱ】

가설검정 59, 117, 211, 219
가중최소제곱법 99
가중합 84
가중회귀 99
검정통계량 60
검출력 60
결정계수 87, 192
결합확률분포함수 43
계수 24
계획행렬 194, 237
고유값 26
고유값회귀추정량 597
고유벡터 26
공동신뢰영역 264
공분산 44, 195
교호작용 351
구간별 선형회귀 358
구간추정 52, 55, 110, 216
귀무가설 59
근원사상 40
기각 59
기각역 60
기각치 60
기대값 42
기울기 78
꼭지점계획 478

【ㄴ】

내생변수 328
누적분포함수 41
능형추정량 583, 585
능형트레이스 588
능형회귀 583

【ㄷ】

다변량정규분포 158
다변량회귀 326
다중공선성 578
다중회귀 281
단계별 회귀방법 511
단순 75
단순회귀모형 75
단순회귀분석 72
단위행렬 14

대각선행렬 14
대립가설 59
대체모형 77
대칭행렬 14
독립변수 71
등분산 76

【ㄹ】

로지스틱반응함수 368
로지스틱변환 369

【ㅁ】

멱등행렬 23
모든 가능한 회귀 501
모수의 재조정 227
모집단상관계수 91
모집단회귀선 109
모형의 변환 141

【ㅂ】

반응변수 71
반응표면분석 425
반응함수 348
변수변환 258
변수선택 500
보통최소제곱 323
볼록다면체 478
분산 42
분산-공분산행렬 45
분산분석 96, 184
분산분석표 96, 167, 187, 199, 234, 246, 296
분할행렬 31
불편추정값 86
불편추정량 53
비선형모형 602
비정치행렬 29
비정칙행렬 24
비중심 F-분포 201
비중심 χ^2-분포 159, 225

【ㅅ】

사상 40
산점도 73
상관계수 44, 90, 92
상관계수의 검정 122
상관분석 90
상관행렬 260
선형독립 23
선형종속 23
선형화법 604
설명변수 71
소행렬식 17
수정결정계수 514
수정항 184

수준선택 149
수학변수 75
순오차제곱합 127, 233
순오차평균제곱 127
스트던트화잔차 556
스플라인함수 303
시행 40
신뢰계수 53
신뢰구간 53
신뢰수준 53
신뢰한계 53
실험계획법 149
실험영역 149
심플렉스 463
심플렉스 격자형배열법 469
심플렉스 선별계획법 471
심플렉스 중심배열법 470
심플렉스 탐사법 615

【ㅇ】

안부점 431
양반정치행렬 29
양적변수 346
양정치행렬 29
양쪽검정 60
여인수 18
역변환 146
역행렬 20
연속확률변수 40
열벡터 15
영향을 크게 주는 측정값 551, 561
오차제곱합 78
외생변수 328
우도함수 55, 83, 212
원점을 지나는 회귀 98
유의수준 60
음반정치행렬 29
음정치행렬 29
이변량정규분포 148
이분산 76
이산확률변수 40
이상치 551, 552
이원배치법 393, 397
이진법변수 346
이차형식 29
이차형식의 분포 159
일반화분산 308
일반화최소제곱추정 321
일반화최소제곱추정량 323
일원배치법 384
일치추정량 53

【ㅈ】

자기상관 131, 332
자유도 184
잔차 83

잔차벡터 552
잔차의 검토 130, 234
잔차평균제곱 192
재조정법 406
적합결정검정 126, 165, 232
적합결여제곱합 127, 233
적합결여평균제곱 127
전치행렬 14
절편 78
점추정 52, 212
접목된 다항회귀 302, 358
접목점 303
정규방정식 79, 177
정규분포 46
정방행렬 14
정준분석 433
정준형태 465
제 1 종의 오류 60
제 2 종의 오류 60
제한추정량 594
제한회귀 594
종속가변수 361
종속변수 71
중선형회귀모형 175, 183, 212
중심극한의 정리 47
중심합성계획 442
중회귀모형 175
직교다항식 295
직교다항회귀 293
직교변환 22, 433
직교중심합성계획 445
직교행렬 21
직선회귀모형 74
질적변수 346

【ㅊ】

차수 14
차원 14
채택 59
채택역 60
첨가행렬 25
총변동 88
총분산 584
총세곱오차 514
총제곱합 88, 184
총편차 87
총평균제곱오차 583
최대우도법 54, 212
최소분산추정량 54
최소제곱법 55, 78
최소제곱추정량 55, 80
최소평균제곱오차추정량 54
최우추정법 82
최적반응조건 428
최적실험계획 307
추가제곱합 296
추정값 52

추정값의 표준오차 85
추정량 52
축소추정량 597
축차 F-검정 256

【ㅋ】

크로넥카곱 329

【ㅌ】

통계량 52
통계적 추정 51
통계학 39
트레이스 19
특정함수 26

【ㅍ】

편기추정 578
평균제곱오차 497
평균제곱의 기대값 162
평균제곱편차 86
표본결정계수 89
표본공간 40
표본상관계수 92, 259
표본평균 52
표본표준편차 86, 94
표준정규분포 47
표준화된 변수 95, 259
표준화잔차 555

【ㅎ】

한쪽검정 60
행렬식 17
행벡터 15
혼합모형 527
혼합물 462
혼합물실험 462
혼합비율 462
확률 40
확률밀도함수 40
확률벡터 44
확률변수 40, 75
확률분포함수 41
확률표본 46
회귀 72
회귀계수 176
회귀분석 71
회귀선의 비교 150
회귀식 72
회귀제곱합 186
회귀진단 550
회전계획 445
회전중심합성계획 448
홍미영역 426, 432

【기 타】

6 각형실험계획 447

Andrews-Pregibon의 통계량 565

cook의 통계량 563

COVRATIO 565

C_p 515

F-분포 50

FVARATIO 566

Gauss-Markov 정리 215

hat matrix 552

Lagrange 배수법 223

Lagrange 함수 223

Mahalanobis의 거리 564

t-분포 49

Vandermonde 행렬식 18

χ^2-분포 48

저자 소개

■ 약 력

서울대학교 공과대학 화학공학과 졸업(1968)
ROTC 6기 예편(1970)
미국 노스캐롤라이나 주립대학교
산업공학 석사(1972), 통계학 박사(1975)
미국 미시시피 주립대학교
경영대학 조교수(1975-77)
서울대 통계학과 조교수, 부교수, 교수(1977-)
서울대 기초과학연구원 원장(1975-77)
한국통계학회 회장(1995-97)
서울대 학생처장(1997-99)
한국품질경영학회 회장(1999-01)
국제통계기구 이사(1997-2001)
서울대 자연과학대학 학장(2000-2002)
전국자연과학대학 학장협의회 회장(2000-2002)

■ 주요저서

통계적 품질관리, 민영사, 1984
통계자료분석, 박영사, 1985
공업통계학, 민영사, 1985
응용통계, 한국방송통신대학, 이태림 공저, 1986
통계패키지 SPSS, 박영사, 1987
전산통계개론, 자유아카데미, 1988
응용실험계획법, 영지문화사, 1990
SPSSX 통계패키지, 서울대학교 출판부, 1992
공업표준화, 한국방송통신대학, 백재욱 공저, 1995
現代質量管理統計, 吉林大學出版社, 韓之農 共著, 1995
Robust Design and Analysis for Quality Engineering, Chapman & Hall, 1996
통계적 공정관리, 민영사, 이명주·박영현 공저, 1998
통계적 품질관리(개정), 민영사, 박영현 공저, 2000
품질공학, 민영사, 2000
현대실험계획법, 민영사, 2001

회귀분석(제3판)

펴낸날 · 1981년 3월 10일 초 판
1998년 9월 10일 삼 판
2007년 10월 1일 삼 판 4쇄
지은이 · 박성현
펴낸이 · 김정식
펴낸곳 · 도서출판 민영사
등 록 · 1990년 5월 7일 제1-1050
주 소 · 서울특별시 마포구 염리동 36-249 / 201호
전 화 · (02) 711-1224~5
팩 스 · (02) 711-1226
메 일 · myspub@hanmail.net

가 격 · 25,000원

ISBN · 89-8134-034-X
978-89-8134-034-6